說郛三種

柒

［明］陶宗儀 等編

上海古籍出版社

說郛目錄

弓第八十一

碧溪詩話

宋　黃徹

李杜不可齊名

世俗誇太白賜衣調羹爲榮力士脫靴爲勇愚觀唐玄宗之於白豈眞樂道下賢者哉其意急得艷詞媟語以悅婦人耳白之論撰亦不過爲玉樓金殿鴛鴦翡翠等語社稷蒼生何頼就使滑稽傲世然東方朔不忘納諫況黃屋既爲之屈乎說者以謀讒潛寮歷攷前集愛國憂民之心如子美語一何鮮也力士閻

闒腐庸惟恐不當人主意挾主勢驅之何所不可脫靴乃其職也自退之爲蚍蜉撼大樹之喻遂使後學吞聲余竊謂如論其文章豪逸眞一代偉人如論其心術事業安可施廊廟李杜齊名眞忝竊也

淵明心乎忠愛

淵明心乎忠愛非謂枯槁其所以感歎時世推遷者蓋傷時人之急於聲利也非謂亂離其所以愁憤於干戈盜賊者蓋以王室元元爲懷也俗士何以識之

戲擬蘇張

許身一何愚自比稷與契杜陵布衣老且愚信口自比稷與契其平居趣超自是唐虞上人特夸儀秦似不可曉曬曬蘇季子六印佩何遲敝裘蘇季子歷國未知還季子黑貂敝得無妻嫂歎戰國好民蘇張爲此老不應未喻及觀薇蕨餓首陽裘馬資歷聘賤子欲適從疑誤此二柄其意甚明前言蓋戲耳

白鳥

江湖多白鳥天地有青蠅人遂以白鳥爲鷺而禮記月令群鳥養羞鄭氏乃引夏小正丹鳥白鳥之說謂

白鳥爲蚊蚋則知以對青蠅者有源矣不然江湖多白鷺有何說邪

仁愛民物

杜云築場憐穴蟻拾穗許村童人謂有仁愛民物意臨川詠促織云只向貧家促機杼幾家能有一機絲愚謂世之嚴督征賦不恤有無者雖甚然其形寬徽亟智爾

甘泉寺詩

澠陽道旁有甘泉寺因萊公丁謂曾留行記從而題

詠者甚衆碑牌滿屋孫諷有平仲酌泉曾頓轡謂之禮佛遂南行高臺下瞰炎荒路轉使高僧薄寵榮人獨傳道余獨恨其語無别自古以直道見黜者多矣豈皆貪寵榮者哉又有人云此泉不洗千年恨留與行人戒覆車害理尤甚莱公之事亦倒爲覆車乎因過之偶爲數韻其間有云已憑靜止鑑忠精更遺清泠洗讒喙蓋指二公也

留題

黃州麻城縣界有萬松亭連日行清陰中其舘亭亦

可愛適當閩山路往來留題無數東坡傷來者不嗣其意嘗有詩云十年栽種百年規好德取人無我儀又云爲問幾株能合抱殷勤記取角弓詩後碑壞有士題云舊韻無儀字蒼髯有恨聲

銀甕

老杜復見諸山得銀甕注引禮記山出器車注益瑞應圖曰王者宴不及醉刑罰中人不爲非則銀甕出昌黎我有雙飲醆其銀得朱提見漢志朱提銀八兩爲一流注朱提邑名

輕以告人

嘗恨王子猷作此君語輕以難名者告人遂使庸夫俗子忘意其間酤坊茗肆適以汚累之謫仙云但得酒中趣勿爲醒者傳此理信然東坡云此味只憂兒輩覺逢人休道北窗凉人生此樂須天賦莫遣兒曹取次知使子猷知此必鉗其喙也

友朋

司馬温公云清茶淡話難逢友濁酒狂歌易得朋雖造次間語亦在于直諒之益而退便僻之損也

理語

張無盡題武昌陵竹寺云孟宗泣竹笋冬生豈是青青竹有情影響主張非别物人心但莫負幽明語雖淺直然當于理

詩不務奇

樂天云餘霞散成綺别葉乍辭風等語麗矣不過于嘲風雪弄花月而已故寄唐生云非求宫律高不務文字奇惟歌生民病得願天子知

賓鴻

東坡云賓鴻社燕巧相違月令來賓事常疑人未曾用及觀劉夢得秋江晚泊云暮霞千萬狀賓鴻次第飛顧况云安得凌風翰肅肅賓天京又別浦鴈賓秋更佳

讀書以紙計

牧之贈何宜詩云一月讀十紙一月讀十卷古人讀書以紙計范雲詠袁叔明詩毛詩日誦九紙又袁俊家貧無書每從人假借必皆抄寫自課日五十紙爲計

十年讀書

沈攸之晚好讀書手不釋卷嘗歎曰早知窮達有命恨不十年讀書東坡再和劉景文介亭長篇云早知事大繆恨不十年讀

語須吞

東坡有欲吐狂言喙三尺怕君嗔我郤須吞嘗疑其語大怪及觀杜集亦有臨風欲動哭聲出已復吞韋蘇州高歌長安酒中憤不可吞

推敲詩

舊賈浪仙搆思僧敲月下門或引推作敲勢遂沖尹節世傳爲美談舊予太學得江御史詩一軸有督人和詩云直燒煅煉經時序若是推敲總可刪以是知雷同從非善學也

字有所本

嘗觀臨川集肯顧北山如慧約與公新崦斷崖苦當愛其斷字最有力後讀集當爲斷青寒藥許隣人斷退之詩翁憔悴斷荒棘窖谿斷林槩子厚飛徒斷雲根雖一字之法不無所本

詠杖

䂬溪云退之古藤杖詩空堂晝眠倚戶牖飛電著壁搜蛟螭故東坡鐵柱杖詩云入懷冰雪生秋思倚壁蛟龍護晝眠山谷節竹杖贊涪翁晝寢著龍挂壁皆用退之詩也

自號

溫公自稱爲叟香山居士亦嘗以自號其詩云初時被目爲迂叟近日蒙呼作隱人司馬豈慕其洛居有閑適之樂邪

豫爲世慮

岑參寄杜拾遺云聖朝無闕事自覺諫書稀退之贈崔補闕云早生得全未要忙時清諫疏尤宜空皆繆承荀卿有聽從無諫諍之語遂阿諛奸佞用以藉口以是知凡造意立言不可不豫爲天下來世慮

大者難窺

王君玉云子美之詩詞有近質如麻鞋見天子垢膩脚不襪之句所謂轉石于千仞之山勢也學者尤之過甚豈遠大者難窺乎

明分守

舍人遺織成褥段云服飾定尊卑大哉萬古程煌煌珠宮物寢處禍所嬰錦衣卷還客始覺心和平其意在明分守警貪饕屏斥玩物嚴道氣之大節豈直爲詩哉

回紇字

陰風西北來慘淡隨回紇紇字從一作鶻唐史德宗朝始改名回鶻正文非也

友于貽厥

史傳襲稱兄弟爲友于故淵明詩云再喜見友于子美云友于皆挺拔又山鳥山花吾友于南史到藎從武帝登北固樓賦詩藎受詔便就上以示其祖溉云藎定是才子翻恐卿從來文章假手于藎後每和御詩上輒手詔戲溉曰得無貽厥之力乎退之玉川詩云誰謂貽厥無基址二事正可對也

環溪詩話

宋　吳沆

御燕

嘉祐七年冬宴近臣于群玉殿英宗以皇子預坐在舍人待制之後岐公詩云翠輦生香容扈蹕黃金塗紙看揮毫介甫云何不言翠玉裝輿岐公改之以進上大悦

劉洞

劉洞不知何許人江南國破後題他州一亭云千里長江唯渡馬十年養士得何人

詩訕

來鵠洪州人咸平中名振都下然喜以詩説訕當路爲人所惡卒不第金錢花云青帝若教花裏用牡丹應是得錢人夏雲云無限旱苗枯欲盡悠悠閑處作奇峰偶題云可惜青天好雷電只能驅趂懶蛟龍亦頗韻

堠子詩

劉子儀與夏英公同在翰林子儀表爲先達章獻臨朝子儀主文在貢院聞英公爲樞密副使意頗不平作堠子詩打空呈厚貌臨官道更有人從捷徑過芝

東坡詩話

宋　蘇軾

書孟東野詩

元豐四年與馬夢得飲酒黃州東禪醉後誦孟東野詩云我亦不笑原憲貧不覺失笑東野何緣笑得原憲遂書此以贈夢得只夢得亦未必笑得東野也

題孟郊詩

孟東野作聞角詩云似開孤月口能說落星心今夜聞崔誠老彈曉角始覺此詩之妙

書淵明飲酒詩後

顔生稱爲仁榮公言有道屢空不獲年長飢至于老雖留身後名一生亦枯槁死去何所知稱心固爲好客養千金軀臨化消其寶裸葬何必惡人當解意表此淵明飲酒詩也正飲酒中不知何緣記得此許多事

題淵明詩

陶靖節云平疇交遠風良苗亦懷新非古之偶耕植杖者不能道此語非余之世農亦不能識此語之妙也

題淵明飲酒詩後

採菊東籬下悠然見南山因採菊而見山境與意會此句最有妙處近歲俗本皆作望南山則此一篇神氣多索然矣古人用意深微而俗士率然妄以意改此最可疾

題鮑明遠詩

舟中讀鮑明遠詩有字謎三首飛泉仰流者舊說是井字一云乾之一九隻立無耦坤之六二宛然雙宿是三字一云頭如刀尾如鉤中間橫廣四角六抽右

畔負兩刃左邊屬雙牛當是龜字也

記退之拋青春句

韓退之詩曰百年未滿不得死且可勤買拋青春國史補云酒有郢之富春烏程之若下春滎陽之土窟春富平之石凍春劍南之燒春杜子美亦云聞道雲安麴米春纔傾一盞便醺人近世裴鉶作傳奇記裴航事亦有酒名松醪春乃知唐人名酒多以春則拋青春亦必酒名也

書子美雲安詩

兩邊山木合終日子規啼此老杜雲安縣詩也非親到其處不知此詩之工

書子美驄馬行

余在岐下見秦州一馬驄如牛額下垂〻側立傾耳毛生肉端蕃人云此肉騣馬也乃知鄧公驄馬行云肉駿碨礧連錢動當作騣

書子美黃四娘詩

子美詩云黃四娘家花滿蹊千朵萬朵壓枝低留連戲蝶時時舞自在嬌鶯恰恰啼此詩雖不甚佳可以見子美清狂野逸之態故僕喜書之昔齊魯有大臣史失其名黃四娘獨何人哉而託此詩以不朽可以使覽者一笑

評子美詩

子美自比稷與契人未必許也然其詩云舜舉十六相身尊道益高秦時用商鞅法令如牛毛此自是契稷輩人口中語也又云知名未足稱局促商山芝又云王侯與螻蟻同盡隨丘墟願聞第一義回向心地

初乃知子美詩外尚有事在也

書子美憶昔詩

憶昔詩云關中小兒壞紀綱謂李輔國也張后不樂上爲忙謂肅宗張皇后也爲留猛士守未央謂郭子儀奪兵柄入宿衛也

題柳子厚詩

詩須要有爲而作用事當以故爲新以俗爲雅好奇務新乃詩之病

評韓柳詩

柳子厚詩在陶淵明下韋蘇州上退之豪放奇險則過之而溫麗靖深不及也所貴乎枯澹者謂其外枯而中膏似澹而實美淵明子厚之流是也若中邊皆枯澹亦何足道佛云如人食蜜中邊皆甜人食五味知其甘苦者皆是能分別其中邊者百無一二也

書子厚詩

柳子厚詩云盛時一失貴反賤桃笙葵扇安敢當不知桃笙爲何物偶閱方言簟宋魏之間謂之笙乃悟桃笙以竹爲簟也梁簡文答南王餉書云五離九折

出桃枝之翠笋乃謂桃枝竹簟也桃竹出巴渝間杜子美有桃竹歌

書樂天香山寺詩

白樂天爲王涯所讒謫江州司馬甘露之禍樂天在洛適遊香山寺有詩云當今白首同歸日是我青山獨往時不知者以樂天爲幸之樂天豈幸人之禍者哉蓋悲之也

書韓李詩

李太白詩云遺我鳥跡書飄然落巖間其字乃上古

讀之了不閑戲謂柳生李白尚氣乃自招不識字可發大笑不如韓愈倔强云我寧屈曲自世間安能隨汝巢神仙也

書淵明詩

孔文舉云坐上客常滿樽中酒不空吾無事矣此語甚得酒中趣及見淵明云偶有佳酒無夕不傾顧影獨盡悠然復醉便覺文舉多事矣

書薛能茶詩

唐人煎茶用薑故薛能詩云鹽損添常戒薑宜着更誇據此則又有用鹽者矣近世有用此二物者輒大笑之然茶之中等者用薑煎信佳也鹽則不可

書鄭谷詩

鄭谷詩云江上晚來堪畫處漁人披得一蓑歸此村學中詩也柳子厚云千山鳥飛絶萬徑人踪滅扁舟蓑笠翁獨釣寒江雪人性有隔也哉殆天所賦不可及也已

書王梵志詩

王梵志詩云城外土饅頭餡草在城裏一人喫一箇

莫嫌無滋味已上爲餡草當使誰食之我易其後兩句云預先着酒澆圖教有滋味

書黄魯直詩後

讀魯直詩如見魯仲連李太白不敢復論鄙事雖若不入用亦不無補於世也

又

魯直詩文如蝤蛑江珧柱格韻高絶盤飧盡廢然不可多食多食則發風動氣

自記吳興詩

僕爲吳興有游飛英寺詩云微雨止還作小窗幽更妍盆山不見日艸木自蒼然非至吳越不見此景也

書曹希蘊詩

近世有婦人曹希蘊者頗能詩雖格韻不高然時有巧語嘗作墨竹詩云記得小軒岑寂夜月移疎影上東牆此語甚工

書贈陳季常詩

余謫黄州與陳慥季常往來每過之輒作汁字韻詩一篇季常不禁殺故以此諷之季常既不復殺而里

中皆化之至有不食肉者皆云未死神已泣此語使人凄然也

書參寥論杜詩

參寥子言老杜詩云楚江巫峽半雲雨淸簟疎簾看奕棊此句可畫但恐畫不就爾僕言公禪人亦復愛此綺語耶寥云譬如不事口腹人見江瑶柱豈免一朶頤哉

記開右壁間詩

欲掛衣冠神武門先尋水竹渭南村却將舊斬樓蘭劍買得黄牛教子孫余舊見此詩於開右壁間愛之不知何人詩也

書彭城觀月詩

暮雲收盡溢淸寒銀漢無聲轉玉槃此生此夜不長好明月明年何處看余十八年前中秋夜與子由觀月彭城作此詩以陽關歌之今復此夜宿於贑上方遷嶺表獨歌此曲聊復書之以識一時之事殊未覺有今夕之悲懸知有他日之喜也

題秧馬歌後

吾嘗在湖北見農夫用秧馬行泥中極便頃來江西

作秧馬歌以教人罕有從者近讀唐書回鶻部族黠戛斯傳其人以木馬行水上以板薦之以曲木支腋下一蹴輒百餘步意殆與秧馬類歟聊復記之異日詳問其狀以告江南人也

跋黔安居士漁父詞

魯直作此詞淸新婉麗問其得意處自言以水光山色替却玉肌花貌此乃眞正漁父家風也然才出新婦磯又入女兒浦此漁父無乃大瀾浪乎

記西邸詩

余奉使西邸見書此數句愛而錄之云人間有漏仙兀兀三杯醉世上無眼禪昏昏一枕睡雖然沒交涉其奈暑相似相似尚如此何況真箇是

西清詩話

宋　蔡絛

李後主

南唐李後主歸朝後每懷江國且念嬪妾散落鬱鬱不自聊嘗作長短句云簾外雨潺潺春意闌珊羅衾不煖五更寒夢裏不知身是客一餉貪歡獨自莫凭欄無限關山別時容易見時難流水落花何處也天上人間含思悽惋未幾下世

高英秀

高英秀者吳越間人與贊寧爲詩友口給好罵滑稽每見眉目有異者必噂短於其後人號惡喙薄徒嘗譏名人詩病云李山甫覽漢史云王莽弄來曾半破曹公將去便平沉定是破船詩李羣玉詠鷓鴣云方穿詰曲崎嶇路又聽鈎輈格磔聲定見梵語詩羅隱云雲中鷄犬劉安過月裡笙歌煬帝歸定見鬼詩杜荀鶴云今日偶題題似着不知題後更誰題此衛子詩也不然安有四蹄贊寧笑謝而已

鳳子

韓偓詩云鶯兒咬蝕雌黃背鳳子輕盈膩粉腰事見崔豹古今注云蛺蝶大者爲鳳子

非雅語

魯旋少警悟八歲能作詩送人赴舉云送君歸去明主前若問舊時黃庭堅謫在人間今八年此以非雅語矣

紅梅

紅梅清艶兩絕昔獨盛於姑蘇晏元獻始移植西岡第中特珍賞之一日貴遊賂園吏得一枝分接由是

都下有二本公嘗與客飲花下賦詩曰若更遲開三二月北人應作杏花看客曰公詩固佳待北俗何淺也公笑曰傖父安得不然一坐絕倒王君玉聞遺花亦以詩遺公云館娃宮裡舊精神粉瘦瓊寒露蕊新關吏無端偷折去鳳城從此有雙身自爾名園爭培接遍都城矣苕溪漁隱曰王介甫紅梅詩云春半花纔發多應不奈寒北人初未識渾作杏花看與元獻之詩暗合

三 望江南

望江南朱崖李太尉鎮關西日爲亡姬謝秋娘所作後進入教坊

嘉月

謝惠連云漾舟陶嘉月王褒九懷云陶嘉月兮總駕王逸云及吉時也

悶詩

人之好惡固自不同子美在蜀作悶詩乃云捲簾唯白水隱几亦青山若使余居此應從王逸少語吾當則以樂死豈復更有悶邪

聽水詩

退之宿灘詩云浩浩復蕩蕩灘聲抑更揚黃魯直曰退之才聽水句尤見工非諳客裏夜卧飽聞聲安能周旋妙處如此耶

旋法

山陰野雪興難來佳辰强飲食猶寒皆斡旋其語使就音律近集有天上嬋雲未肯同十年江海别嘗輕皆此法也

紅麴酒

李賀云酒滴珍珠紅夏彥剛云江南人造紅麴酒

艇齋詩話

宋　曾季貍

淵明題甲子

陶淵明詩自宋義熙以後皆題甲子此說始於五臣注文選云爾後世遂因仍其說治平中有虎丘僧思悅者編淵明集獨辨其不然其說曰淵明之詩題甲子者始庚子迄丙辰凡七十年間九首皆晉安帝時所作及恭帝元熙二年庚申歲宋始受禪自庚子至庚申葢二十年豈有宋未受禪前二十年耻事二姓

而題甲子之理哉思悅之言信而有證矣

東坡有德

前人論詩初不知有韋蘇州柳子厚論字亦不知有楊凝式三者至東坡而後發此祕遂以韋柳配淵明凝式配魯國東坡真有德于三子者

天馬之子

老杜詩吾聞天子之馬走千里當是天馬之子

攤錢

老杜詩白晝攤錢高浪中攤錢今攤賭也見後漢梁

翼傳

口號

東坡海外上梁文口號曰爲報先生春睡美道人輕打五更鍾章子厚見之遂再貶儋耳以爲安穩故再遷也

長結

韓文石鼎聯云長頸高結喉中作楚語結字斷句結音髻西漢髻字皆作結字寫退之正用此也今人讀作結喉非也東坡云長頸高結喉蓋誤也

東海釣客

韋蘇州集載秦系詩自稱東海釣客少游作啓事嘗用之蓋秦氏事也

身訓我

東坡詩云公是主人身是客擧觴登望得無愁用樂天心是主人身是客身猶言我也如張飛自言身是如張翼德可共來決死乃宋彭城王義眞自關中逆歸謂宏曰身在此謝淪云身家太傅若此類甚多皆以身爲我也韓子蒼詩云身今老病投炎瘴最[illegible]

匡昨歲秋

梅澗詩話

宋 韋居安

青獅子

姚興嘗畜一馬名青獅子每親飼之養通其語言時取斗酒投大盆中與馬同飲曰吾與汝同力報國紹興辛巳之冬亮來寇尉子橋之戰大將王權先遁時興爲統領以所部四百騎敵凡十餘戰權不救援部將戴皐亦玩視不救遂與馬同沒于陣朝廷憫之厚恤加謚立廟淮甸有題絶句者云赤心許國自平時見敵捐軀更不疑權忌皐庸皆遁走同時死難只青獅

肉駿

余在岐下見秦州進一馬駿奴牛項垂[illegible]側立顛倒毛生肉端蕃人云此肉駿馬也乃知劉公駿馬行云肉駿碨礧連錢動當作肉駿

好石

張祐性酷好太湖石三吳太守多以贈之故陸魯望以詩哭之曰一林石筍散豪家

贈送

王化基送梁勗日文章換桂一枝秀清白傳家兩弟貧人多誦之

後村詩話

宋　劉後村

淵明寡和

士之生世鮮不以榮辱得喪撓敗其天真者淵明一生惟在彭澤八十餘日涉世故餘皆高枕北窗之日無榮惡乎辱無得惡乎喪此其所以爲絶唱而寡和也二蘇公則不然方其得意也爲執政侍從及其失意也至下獄過嶺晚更憂患於是始有和陶之作二公雖惓惓於淵明未知淵明果俿可否

四言自曹氏父子王仲宣陸士衡後惟陶公最高侶停雲榮篇殆突過建安矣

寒素

李贊皇頗開寒素之路及南遷或人贈詩曰八百孤寒齊下淚一時南望李崖州

家貧爲客

余讀許渾詩獨愛直道𠊱官早家貧爲客多之句非親嘗省不知其味也贈蕭兵曹詩云客道恥摇尾皇恩寛犯鱗直道𠊱官早之實也將離郊園詩云久貪辭國遠多病在家希此貧爲客多之實也

鸜鵒

鸜鵒居人多養之五月五日去其舌尖則能語聲尤清越雖鸚䳇不能過也僧虛中有詩云菖蒲花不豔鸜鵒性多靈

蹴踘

蹴踘惟鄉三復能之丁晉公亦好焉晉公詩曰背裝花屈膝白打大廉斯進前行兩步蹺𠫭立多時

詩語相似

汲長孺段太尉皆義勇奮不顧身之人至於仁愛撫養矜憐惻怛無所不至所謂剛者必仁仁者必勇也嘗觀樂天云况多剛悄性難與世同塵希文云吾生豈不幸所禀多剛腸皆心中語也自則有敢辭爲俗吏且欲活疲民又云心中有念農桑苦耳裏如聞饑凍聲范有寸懷如春風思與天下共赴姑蘇云豈辭雲水三千里由濟瘡痍十萬民與汲段正相似

詠燈

李烈祖爲徐温養子年九歲詠燈詩云主人若也勤

攬𩥇故向尊前不盡心徐不復常兒待之

謝詩

謝康樂一字百鍊乃出冶玄暉老麗密

漫叟詩話

闕名

句法

前人評杜詩云紅豆啄殘鸚鵡粒碧梧棲老鳳凰枝若云鸚鵡啄殘紅豆粒鳳凰棲老碧梧枝便不是好句余謂詞曲亦然李景有曲手捲真珠上玉下或改爲珠簾舒信道有曲云十年馬上春如夢或改云如春夢非所謂遇知音

詩無鉛粉

杜紫微不過乃曰我詩無綺羅鉛粉宜不用淮海詩亦然人戲謂可入小石調然率多子美句但綺麗太勝爾

賦出有自

陶淵明閑情賦必有所自乃出張衡同聲歌云邂逅承際會偶得充後房情好新交接慄若探湯願思爲莞蒻在下蔽匡牀願爲羅衾幬在上衛風霜

仲山

張無盡嘗和山字云安得將相似仲山人疑之以近

人所常用皆山甫也觀後漢志陽樊攢茅田服虔注云楚仲山所居又楊修荅臨淄侯牋云仲山周旦之儔只稱仲山何疑之有

白戰

歐陽文忠守潁日因小雪會飲聚星堂賦詩約不得用玉月梨梅練絮白舞鵞鶴等事歐公一篇云脫遺前言笑塵雜搜索高家窺冥漠自後四十餘年莫有繼者元祐六年東坡在潁因禱雪於張龍公獲應遂復舉前篇令末云汝南先賢有故事醉翁詩話誰能

說當時號令召聽取白戰不許持寸鐵

詩懷

子美詩草有害於人曾何生阻修芒刺在我眼焉能待時秋其憤邪嫉惡欲芟夷蘊崇之以肅清王室者中懷可見臨川有匆去艸艸無惡如比世俗俗浮薄此方外之語與乎農夫之務者也

槽洪

江漢有滸以扞制泛溢大漲則溢於平陸水退湍見舟人謂之水落槽又灘石湍激其中深僅司容舟者謂之洪若大水則不復問洪矣臨川萬里寒江正復槽東江水落水分洪以此亦謂水黃帽謂雲魂車弃遐征遠涉不能知也

爾汝

杜云爾輩可忘年含悽覺汝賢送爾維舟惜此筵汝與山東李白好自世俗觀之則爲簡傲嘗有云忘形到爾汝

雪詩

臨川愛眉山雪詩能用韻如云水下寒魚漸可叉和

羔袖能鐘手獨又盖子厚嘗云江魚或共叉又云入郡腰常折逢人手盡叉

虛

凡聚落相近期某旦集交易閧然其名爲虛柳云包飯趁虛人臨川云花間人語趁朝虛山谷荷葉裹鹽同趁虛

詩相類

少游贈坡詩云節旄零落氈餐雪辨舌縱橫印佩金詩太不等子瞻譏集句云天邊鴻鵠不易得便令作

劉隨家鷄此詩正類此

句辯

曹子建七步詩世傳煑豆燃豆萁豆在釜中泣一本云其向釜中燃豆在釜中泣其工拙淺深必有以辯之者

桐江詩話

闕名

富貴語

汞叔送李畱後知鄆洲詩乃士君子之處富貴非蕭鄙有力者所可爲詩云北州能事謌家聲東士還聞政有成組甲光寒圍夜帳綵旗風煖看春耕金釵墜鬓分行立玉麈高談四座傾富貴常情誰不愛羨君瀟洒有餘清

牧童詩

山谷七歲作牧童詩云騎牛遠遠過前村吹笛風斜隔隴聞多少長安名利客機關用盡不如君

感事

康節天津感事吟水流任意境常靜花落雖頻意自閑不似世人忙裏老生來未始得閑顔此詩殊足警人也

煎茶

唐人煎茶用薑故薛能詩云鹽損添常戒薑宜着更詩據此則又有鹽者矣近世有用此二物者輒大笑

之然茶之中等者用薑煎信佳鹽則不可

暢道姑

暢姓惟汝南有之其族尤奉道男女爲黃冠者十之八九時有女冠暢道姑姿色姸麗神仙中人也少游挑之不得乃作詩云曈人剪水腰如束一幅烏紗裹寒玉超然自有姑射姿回看粉黛皆塵俗霧閣雲窻人莫窺門前車馬任東西禮罷曉壇春日淨落紅滿地乳鴉啼

蘭莊詩話

闕名

曹子建

曹子建詩質樸渾厚春容雋永風調非後人易到陳子昂李太白慕以爲宗信乎晉以下鮮其儷也子建每誦其詩灑然有千古之想

陶潛

鍾嶸品陶潛詩文體省靜殆無長語篤意眞古辭興婉愜古今隱逸詩人之宗也可謂知言矣而寘之中品其上品十一人如王粲阮籍輩顧右於潛耶論者

稱嶸洞悉玄理曲臻雅致標揚極界以示法程自唐而上莫及也吾獨惑於處陶焉

劉太眞

劉太眞與韋蘇州書云顧著作來已足下郡齋燕集想亦云何情致暢茂趣逸之如此宋齊間沈謝吳何始精於理意緣情體物稱詩人旨後之傳者甚矣其源推足下制其橫流師摯之始關雎之亂於足下之文見之矣則知蘇州詩爲當時所貴如此

漢魏

大槩學詩須以三百篇詞及漢魏諸人詩爲主方見古人妙處自無齊梁間綺靡氣味也

逸齋詩話

題名

草上烟

河東馬鋪有驛馹善行者鋪卒名爲草上烟有勢力使命常數程打過好事作詩云過此唯尋草上烟數程打過苦尤偏

貽詩

王太尉旦從車駕過陝魏野貽詩曰昔時宰相年年替君在中書十一秋西祀東封俱已了如今好伴赤松遊王袖其詩以呈上累表請退上不許

遺詩

農桑不擾歲常登邊將無功吏不能四十二年如夢覺東風吹淚過昭陵此詩題于寢宮不著名氏冝表而出之

艸虫

僧居寧毘陵人妙工畫艸虫嘗見水墨艸虫有長四五寸者題云居寧醉筆須大失眞然筆力遒勁可愛梅聖俞詩云艸虫有纖意醉筆得正熟

春帖子

翰苑作春帖子往往秀麗可喜

金玉詩話

詞名

用藥名

藥名詩世云起自陳亞非也東漢已有離合體至唐始著藥名之號如張籍荅鄱陽客江皐歲莫相逢地黃葉霜前半夏枝子夜吟詩向松桂心中萬事喜君知是也

集句

集句自國初有之未盛也至石曼卿人物開敏以文

為戲然後大著嘗見手書下第偶成一生不得文章力欲上青雲未有因聖主不勞千里召姮娥何惜一枝春鳳凰詔下雖沾命豹虎叢中也立身啼得血流無用處着朱騎馬定何人又云年去年來來去忙為他人作嫁衣裳仰天大笑出門去獨對東風舞一場至元豐間王文公益工於此人言此起自公非也杜少陵云作詩用事要如釋語水中着塩飲水乃知塩味此說詩家秘密藏也如五更鼓角聲悲壯三峽星河影動搖人徙見凌轢造化之工不知乃用事也爾

衡搨漁陽摻悲壯漢武故事星辰影動搖方朔爲民勞之應則善用故事者如繫風捕影豈有迹耶此理殆不容聲予乃顯言之已落第二義矣

天稟

作詩者陶冶物情體會光景貴乎自得蓋格有高下才有分限不可强力至也譬之秦舞陽氣槩見秦王則戰失色淮南王安雖爲神仙謁帝猶輕其舉止此豈有素習哉予以爲少陵太白當險阻艱難流離困躓意雖卑而語未甞不高至於羅隱貫休得意偏大

誇雄逞奇語雖高而意實卑則乃知天稟自然有不能易者矣

重韻

少陵飲中八仙歌用韻船字眠字天字各用前字凡三於古未有其體予甞質之叔父文正曰此歌分八篇人人各異雖重韻無害亦周詩分章意也握牘吮墨者可不知乎

詩吞雲夢

洞庭天下聞觀自昔騷人墨客鬭麗搜奇者尤衆如水涵天影闊山拔地形高四顧疑無地中流忽有山鳥飛應畏墮帆遠却如閑皆見稱于世然莫若孟浩然氣蒸雲夢澤波動岳陽城則洞庭空曠無際氣象雄張如在目前至讀杜子美詩則又不然吳楚東南坼乾坤日夜浮不知少陵胷中吞幾雲夢也

謫仙詩

蘄州黄梅縣峰頂寺在水中央環伏萬山人跡罕到曾子阜爲令時因事登其山見梁間一板塵暗粉落蛛絲蒙冐幾不可讀滌拂久之乃謫仙詩也夜宿峰

頂寺舉手捫星辰不敢高聲語恐驚天上人世傳楊文公幼時詩者悞

押縰字

王師戾戌江左城將破或夢丱角女子行空中以自縰縰物散落如豆着地皆成人問其故曰此當死于難者後見一貴人盛冠服推墮于地云徐屯舍人也既寤聞徐鍇死圍城中云王文公兄弟在金陵和王微之哲登高齋詩押縰字平甫曰當時徐氏擅筆墨夜圍夢墮空中簁此事奇譎而盤屈强韵中可謂拽

虎手也

鳳子

韓偓詩鵝兒唼喋雄黄嘴鳳子輕盈膩粉腰不識鳳子定是何物問予姑以蝶應之問者依違而已退念藏書萬數不能貯心亦病也徐悟乃崔豹古今注耳謂蛺蝶大者爲鳳子

李后主詞

南唐李后主歸朝後每懷江國且念嬪妾散落鬱鬱不自聊常作長短句簾外雨潺潺春意將闌羅衾不

耐五更寒夢裏不知身是客一餉貪歡獨自倚闌無限關山別時容易見時難流水落花春去也天上人間含思悽惋未幾下世云

漢皐詩話　闕名

酒膽豨

豨字呼關切頑也當在山字韻劉夢得有盃前膽不豨趙觀有吞船酒膽豨之句禮部韻不收唐韻亦無此

長夜

長夜半寒誰獨悲杜陵野老骨欲折此成都詩舊集作長安非也其夜字之訛故悞作安耳况卒章之意

明甚

對霤

掖垣竹埤梧十尋洞門對霤常陰陰霤字從州本文選云二堂對霤此春深詩也而諸本作雪悞矣

蕩船

峽雲籠樹小湖日蕩船明蕩字從一作非久遊江湖者不知此文之工正文作落盖字訛也

足期

別離重相逢偶然豈足期足字舊集作定盖由字畫

小訛光上句已云泄雲無定姿

來詩

力疾生清曉來詩悲早春詩字役別未考詩題與上

下句意當從之舊作時非也

大火

大火運金氣荆揚不知秋火字從一作謂大火西流

七月詩也正文作暑今不取

連山

茂樹行相引連山望忽開茂字連山字皆從一作蒔

歸鳳翔行在正文連山作連峰非也霧樹亦然

撇捩

渡河不用船千騎常撇捩撇捩疾貌大食刀歌鬼物

撇捩辭流壕字意皆同今從之舊集作撇烈非也

辭意通

風吹巨艑作河漢鷹烟柱諸本下句作何掉鷹烟柱

蜀本何作河近見别本今從蓋于辭意通也

大路

雲斷岳蓮臨大路天晴宫柳暗長春大路陝華間地

名也晋書檀道濟從劉裕伐姚泓至潼關姚鸞屯大

路以絶道濟糧道而蜀本正作大道誤矣

陳輔之詩話　宋　陳輔之

花詩相

唐人牡丹詩云紅開西子粧樓曉翠揭麻姑水殿春若改春作秋全是蓮花詩林和靖梅花詩云疎影横斜水清淺暗香浮動月黄昏近似野薔薇也

月詩用韻

王承之云　太祖一夕翫月命學士盧多遜曰可以作詩多遜曰請用何韻　太祖曰用兒字韻多遜奏

詩曰太液池邊月上時好風吹動萬年枝誰家玉匣新開鑑露出清光些子兒

道味

愈寄孟郊部聯句云美君如道腴逸步謝天械或問道果有味乎余曰如介甫午雞聲不到禪林栢子烟中静擁衾竹鷄呼我出華胥起滅篝燈擁燎爐各據稿梧间不乘偶然聞雨落階除皆淡中意味非造此景不能形容也

好石

張祐性酷好太湖石三吳太守多遺以贈之故陸魯望以詩哭之曰一林石筍散豪家

杜詩

明朝有封事數問夜如何此幸而得之坐以待旦之意避人焚諫草騎馬欲雞栖所謂嘉謀嘉猷入告爾后于外曰斯謀斯猷惟我后之德也

文正公詩

范文正淮上遇風云一棹危於葉旁觀欲損神他年在平地無忽險中人雖弄翰戲語卒然而作驗濟加

澤之心未嘗忘也

又

范文正公雷霆日有犯姑可報吾親誰謂臣子忠難於兩全也涖官不敬戰陣無勇本非事親事禮記必以爲非孝公之謂歟

煎茶詩

唐趙璘述因話錄載其家兵部君性尤嗜茶能自煎謂人曰茶須緩火炙活水煎坡有活水還須緩火煎恐亦用此

燈火

子美夜宴左氏莊檢書燒燭短燭正不宜覩書檢閲時暫可也退之短檠二尺便且光可謂燈窓人中語猶有未便燈不能則損目不宜勤且久山谷夜堂朱墨小灯籠可謂善矣而虛堂非夜久所宜子瞻推門入室書縱横蠟紙灯籠晃雲母慣親燈火儒生酸態盡矣

怨詩

李山甫咸通中不第嘗有詩怨執政曰勸君不用誇

頭角夢裏輸贏摠未知

乃心王室

㮣遷南荒有云愁向公筵問重譯欲投章甫作文身太白云我似鷓鴣鳥南遷懶北飛皆褊枝躁辭非畎畆惓惓之義杜詩云馮唐雖晚達終覬在皇都愁來有江水焉得北之朝其賦張曲江云歸老守故林戀闕悄延頸乃心王室可知

飲傳

馮袞牧蘇州日多縱飲博因大勝以所得均與座客吟云八尺壽盤照面新千金一擲鬭精神合是賭時須賭物不堪回首乞閒人

敖器之詩話

敖器之

陶詩

陶彭澤詩如絳雲在霄舒卷自如

琵琶曲

樂譜琵琶曲有轉關六么取其聲調閒婉又有濩索梁州謂其音節閒繁

句相似

老杜雨詩云紫崖奔處黑白鳥去邊明兩江碧鳥逾

白山青花欲燃之句似之嚴王侍御云驄驚工迸洏秋月解傷神而感時花濺淚恨別鳥驚心之句似之殆是同一機軸也

鄉里

古人稱妻曰鄉里沈休文山陰柳家女詩云還家問鄉里詎堪持作夫南史張彪傳曰我不忍令鄉里落宅處姚令威曰今會稽人曰家里其義同也

拜家慶

唐人與親別而復歸謂之拜家慶盧象詩云上堂家慶畢顧與親恩邇孟浩然詩云明朝拜家慶須著老萊衣

潘子真詩話

宋　潘子真

古樂府

古樂府云東飛伯勞西飛燕黃姑織女時相見予初不曉黃姑爲何等語因讀杜公瞻所注宗懍撰荊楚歲時記乃知黃姑即河鼓也亦猶桑落之語轉呼爲索郎也

山谷

山谷言庚子山澗底百重花山根一片雨有以盡發

高臨遠之趣喜晴應詔全篇可爲楷式其卒章有慶兆民句尤穩

試茶詩

葉濤詩極不工而喜賦詠嘗有試茶詩云碾成天上龍兼鳳煮出人間蟹與蝦好事者戲云此非試茶乃碾玉匠人嘗南食也

絃管語

江南馮延巳善爲詞歌晏元獻公所爲歌詞不減馮也樂府木蘭花句都是七言晏詩云重頭歌咏響璁琤入破舞腰紅亂旋重頭入破皆絃管家語也

青瑣詩話　　元　劉斧

大丞相李公昉嘗言當時自外鎮爲麤官有學士遺外鎮官恭外鎮有詩謝云麤官乞與真虛擲賴有詩情合得嘗符彥卿知汴州有詩云全軍十萬擁雄師正是酧恩報國時汴水波濤喧鼓角隋堤楊柳拂旌旗前驅紅旆關西將環坐青蛾趙國姬爲報長安冠蓋道麤官到底是男兒公云詩意蓋有憾彌之詞其詩牌後人取去不知落於何地邑有白鶴觀向蘇子

美遊於其中壁有留題一絕韓魏公詩尤爲人稱美詩曰二蘇遺跡匡山扃賢相重來爲發明字久半隨風雨駁氣豪尤入鬼神驚直疑鸞鳳騰雲去不假江山到骨清人對甚時須自勉酒豪顛草尚垂名公詩格萬古雄豪如此又應制仁廟賞花釣魚之詩大爲士君子稱賞公歷事三朝匡扶二帝社稷宗臣國之元老樂善好事晚歲無替接引寒賤亭午忘飡出於天性近古無有也

李先生清臣者北人也方束髮則才俊辭句驚人老儒輩莫不心服一日薄遊定州時韓魏公知定州先生携刺往謁見其始太祝吏報曰太祝方寢先生求筆爲詩一絕書於刺授其吏曰太祝覺而授之詩曰公子乘閑臥絳廚白衣老吏慢寒儒不知夢見周公否曾說當時吐哺無後魏公見詩云吾知此人久矣竟有東床之選先生後應進士中甲科舉賢良爲優等方其射策天庭天子臨軒虛巳侍臣聳觀椎筆不踰數刻落筆萬言皆出入九經極孔孟之淵源盡府政之要道天下莫不傾其風采實當世之偉儒也盛

哉

張丞相士遜慶曆年懇上封章乞還政柄方許還第一日暫出遊近邑惟一僕馭馬一僕持傘復歸門吏訝其青蓋詢之乃取門曆書一絕云因思山去看山回軟帽輕紗入御臺門吏何須問張蓋兩曾身到鳳池來門吏以詩奏御仁廟愛其詩特賜銀絹各百中使傳旨云助卿遊山之費朝野榮之

蔣侍郎堂還鎮告老高如蘇公吟咏韵峭格清士君子頗稱賞之一日有僧謁公回將歸錢塘時呂濟又任臣

願得一書以光其行公曰吾無書有詩餞子之行詩曰告老於君意灑然年來無事老江邊吾師莫訝無詩去閒慢緘題必不看僧得詩遂行僧以公詩陳濟叔爲之惻然厚遇其僧且以詩愧謝公焉公之詩清而有格意旨遂到蓋皆此類也

大丞相呂夷簡一日有儒者張球獻詩曰近日厨中乏所供孩兒啼哭飯籮空母因低語告兒道爹有新詩上相公公見詩甚悅因以俸錢百緡遺之又爲引道貴官門館得依棲之公三十年居政地引援寒賤

拯濟士類外牧守得其人內卿大夫各舉其職太平之資宰相也嗚呼盛哉

范文正公鎮越民曹孫居中死於官其家大窘遺二子幼妻長子方三歲公乃以俸錢百緡賙之其他郡官從而遺之若有倍公數公爲具舟擇一老吏送轄其舟且誡其吏曰過關防汝以吾詩示之其詩曰一葉輕帆泛巨川來時暖熱去凉天關防若要知名姓乃是孤兒寡婦船公之拯濟孤貧可見也

朝魏公鎮真定時有門客彭知方爲酒使踰垣宿於室門吏報公公不究爲種竹詩曰殷勤洗濯加培莫遣狂枝亂出墻客見其詩愧甚乃和公詩云主人若也憐高節莫爲狂枝贈一柯公特以百緡遺一指使呼吏報都下市一女奴贈之公之愛士待客皆類此

唐僖宗時于化茂頗有學問依棲中丞蔡授門館一日告去作燕離巢詩云舊壘危巢泥已墮今年因傷社前歸連雲大廈無棲處更向誰家門戶飛主人見詩愴然復留

邵州魏處士高尚之士張丞相士遜召之入都不久告還丞相有詩送之曰一片閑雲來帝里歸飛不肯待秋風人皆榮之

玄散詩話

鶉名

試鶯以朝鮮厚繭紙作鯉魚函兩面俱畫鱗甲腹下
令可以藏書此古人尺素緘魚之遺制也試鶯無以
此遺邊嘗有詩云花箋製葉寄郎邊江上尋魚爲妾
傳郎處斜楊三五樹路中莫近釣翁船此貞觀中事
也

縫衣詩自太宗宮人孟浩然後鮮覩佳者近惟謝幼
膺一首字字精工不啻青出于藍也詩曰慚向粧臺

理曉粧爲郎獨自製衣裳金針入處心俱痛素線牽
時恨共長霜戶敢辭纖手冷芸窻思貼弱肌香縫成
不恠無鴻鴈贏得宵來覆妾牀爲一時傳誦

沈雲卿夢嫩美甚寒仰見天上有無二兩字明日以
告金廻秀廻秀曰美寒無火也非美乎天無二字非
人乎以鄙人觀之君當有美人桒中之喜也沈是日
果遇美人苗蘊顏色絕代才調無雙沈有詩云十三
學繡傍金牕十六梳頭壓大邦色比昭陽人第一才
同江夏士無雙沈謂金曰子之占夢卽索紞周宣不
過也

蘇紫薦愛謝眈只尺萬里靡由得親遣侍兒假眈𧝣
着小衫晝則私服于內夜則擁之而寢眈知之寄以
詩曰蘇娘一別夢魂稀來借青衫慰渴饑若使閒情
重作賦也應願作謝郞衣謝亦取女祖服衷之後爲
夫婦

說郛目録

弓第八十二

六一居士詩話

宋　歐陽修

李文正公進永昌陵挽歌辭云奠玉五回朝上帝御樓三度納降王當時羣臣皆進而公詩最爲首出所謂三降王者廣南劉鋹西蜀孟昶及江南李後主是也若五朝上帝則誤矣太祖建隆盡四年明年初郊改元乾德至六年再郊改元開寶開寶五年又郊而不改元九年已平江南四月大雩告謝于西京蓋執玉祀天者實四也李公當時人必不謬乃傳者誤云五二字一作之耳

仁宗朝有數達官以詩知名常慕白樂天體故其語多得於容易嘗有一聯云有祿肥妻子無恩及吏民有戲之者云昨日通衢遇一輜軿車載極重而羸牛甚苦豈非足下肥妻子乎聞者傳以爲笑

京師輦轂之下風物繁富而士大夫牽于事役良辰美景罕或一作襄宴遊之樂其詩至有賣花擔上看[illegible]李拍酒樓頭一作[illegible]聽管絃之句西京應天禪院有[illegible]神御殿蓋一作[illegible]在水北去河南府十餘里歲時[illegible]

拜官吏常苦晨興而留守達官簡貴每朝罷公酒三杯不交一言而退故其詩曰正夢寐中行十里不言語處喫（一作飯）三杯其語雖淺近皆兩京之實事也

梅聖俞嘗于范希文席上賦河豚魚詩云春洲生荻芽春岸飛楊花河豚當是（二字一作於此）時貴不數魚蝦（一有其狀已可怪其毒亦莫加忿腹若封豕怒目猶吳蛙庖煎苟失所入喉爲鏌鋣若此喪軀體何須資齒牙持問南方人黨護復矜誇皆言美無度誰謂死如麻我語不能屈自思空咄嗟退之來潮陽始憚餐籠蛇子厚居柳州而甘食蝦蟇一物雖可憎性命無舛差斯言作咏曾不比中藏禍無涯甚美惡亦稱此言誠可嘉）河豚常出于春暮群遊水上食絮而肥南人多與

荻芽（一作笋）爲羹云最美故知詩者謂祇破題兩句已道盡河豚好處聖俞平生苦于吟詠以閑遠古淡爲意故其構思極艱此詩作于罇俎之間筆力雄贍頃而成遂爲絕唱

蘇子瞻學士蜀人也嘗于淯井監得西南夷人所賣蠻布弓衣其文織成梅聖俞春雪詩（一有朔風三日暗吹沙蛟龍卷起貨成花花飛萬里奪曉月白日爛堆愁女媧大明墮庭階朝賀雉尾不掃粘官靴宮中才人承聖顏承臚稱壽呼南山三公免責百姓喜斗酒十千價復緊）此詩在聖俞集中未爲絕唱蓋其名重天下一篇一詠傳落人間而異域之人貴重之如此耳子瞻以余尤知聖俞者得之因以見遺余家舊畜琴一張乃寶曆三年雷會所斲距今二百五十年矣其聲清越如擊金石遂以此布更爲琴囊二物真余家之寶玩也

吳僧贊寧國初爲僧錄頗讀儒書博覽強記亦自能撰述而辭辯縱橫人莫能屈時有安鴻漸者文詞儁敏尤好嘲詠嘗街行遇贊寧與數僧相隨鴻漸指而嘲曰鄭都官不愛之徒時時作隊贊寧應聲荅曰秦始皇未坑之輩往往成羣時皆善其捷對鴻漸所道

乃鄭谷詩云愛僧不愛紫衣僧也

鄭谷詩名盛于唐末號雲臺編而世俗但稱其官爲鄭都官詩其詩極有意思亦多佳句但其格不甚高以其易曉人家多以教小兒余爲兒時猶誦之今其集不行于世矣梅聖俞晚年官亦至都官一日會飲余家劉原父戲之曰聖俞官必止于此坐客皆驚原父曰昔有鄭都官今有梅都官也聖俞頗不樂未幾聖俞病卒余爲序其詩爲宛陵集而今人但謂之梅都官詩一言之謔後遂果然斯可歎也

陳舍人從易當時文方盛之際獨以醇儒古學見稱其詩多類白樂天蓋自楊劉唱和西崑集行後進學者爭效之風雅一（一作之）變謂之崑體繇是唐賢諸詩集幾廢而不行陳公時偶得杜集舊本文多脫誤至送蔡都尉詩云身輕一鳥其下脫一字陳公因與數客各用一字補之或云落或云疾或云起或云下莫能定其後得一善本乃是身輕一鳥過陳公嘆服以為雖一字諸君亦不能到也偶得（一作偶收）

國朝浮圖以詩名于世者九人故時有集號九僧詩

今不復傳矣余少時聞人多稱其一曰惠崇餘八人者忘其名字也余亦畧記其詩有云馬放降來地鵰盤戰後雲又云春生桂嶺外人在海門西其佳句多類此其集已（一作既）亡今人多不知有所謂九僧者矣是可歎也當時有進士許洞者善為辭章俊逸之士也因會（一作命）諸詩僧分題出一紙約曰不得犯此一字其字乃山水風雲竹石花草雪霜星月（一作日）禽鳥之類于是諸僧皆閣筆洞咸平三年進士及第時無名子嘲曰張康渾裹馬許洞鬧裝妻是也

孟郊賈島皆以詩窮至死而平生尤自喜為窮苦之句（一作辭）孟有移居詩云借車載家具家具少于車乃是都無一物耳又謝人惠炭云暖得曲身成直身人謂非其身備嘗之不能道此句也賈云鬢邊雖有絲不堪織寒衣就令織得（二字一作堪纔）能（一作所）得幾何又其朝飢詩云坐聞西牀琴凍折兩三絃人謂其不止忍飢而已其寒亦何可忍也

唐之晚年詩人無復李杜豪放之格然亦務以精意相高如周朴者構思尤艱每有所得必極其雕琢故

時人稱朴詩月鍛季鍊未及成篇已播人口其名重當時如此而今不復傳矣余少時猶見其集其句有云風暖鳥聲碎日高花影重又云曉（一作晚）來山鳥鬧雨過杏花稀誠佳句也

聖俞常謂予曰詩家雖率（一作主）意而造語亦難若意新語工得前人所未道者斯為善也必能狀難寫之景如在目前含不盡之意見于言外然後為至矣賈島云竹籠拾山果瓦瓶擔石泉姚合云馬隨山鹿放雞逐野禽棲等是山邑荒僻官況蕭條不如縣古槐

根出官清馬骨高爲工也余曰語之工者固如是狀
難寫之景含不盡之意何詩爲然聖俞曰作者得於
心覽者會以意殆難指陳以言也雖然亦可畧道其
髣髴若嚴維柳塘春水慢花塢夕陽遲則天容時一作
物態融和駘蕩豈不如在目前乎又若溫庭筠雞聲
茅店月人迹板橋霜賈島怪禽啼曠野落日恐行人
則道路辛苦羈愁旅思豈不見于言外乎
聖俞子美齊名于一時而二家詩體特異子美筆力
豪儁以超邁橫絕爲奇聖俞覃思精微以深遠閑淡

爲意各極其長雖善論者不能優劣也余嘗于水谷
夜行詩畧道其一二云子美氣尤雄萬竅號一噫有
時肆顛狂醉墨灑霶霈譬如千里馬已發不可殺盈
前盡珠璣一一難柬汰梅翁事清切一作句石齒漱寒
瀨作詩三十年視我猶後輩文辭愈精一作清新心意
雖老大有如妖韶女老自有餘態近詩尤古一作若硬
咀嚼苦一作且難嘬又如食橄欖真味久愈在蘇豪以
氣轢舉世徒驚駭梅窮獨我知古貨今難賣語雖非
工謂粗得其髣髴然不能優劣之也

呂文穆公未第時薄或作嘗遊一縣志其縣名胡大監旦方
隨其父宰是邑遇呂甚薄客有譽呂二字一作踰胡曰呂君
工於詩宜少加禮胡問詩之警句客舉一篇其卒章
云挑盡寒燈夢不成胡笑曰乃是一渴俗語轉音謔睡漢
爾呂聞之甚恨而去明年首中甲科使人寄聲語胡
曰渴睡漢狀元及第矣胡答曰待我明年第二人及
第輸君一籌既而次牓亦中首選
聖俞嘗云詩句義理雖通語涉淺俗而可笑者亦其
病也如有贈漁父一篇云眼前不見市朝事耳畔惟

聞風水聲說者云患肝腎風四字一作此漁父肝藏熱而腎藏虛也又
有詠詩者云一無此六字盡日覓不得有時還自來本謂
詩之好句難得爾而說者云此是人家失却猫兒詩
人皆以爲笑也
王建宮詞一百首多言唐宮禁中事皆史傳小說所
不載者往往見于其詩如內一作兩中數日無呼喚傳
得滕王蛺蝶圖滕王元嬰高祖子新舊唐書皆不著
其所能惟名畫錄畧言其善畫亦不云其工蛺蝶也
又畫斷云工於蛺蝶及見于建詩爾或聞今人家亦

有得其圖者唐世一藝之善如公孫大娘舞劍曹
剛彈琵琶米嘉榮歌皆見于唐賢詩句遂知名于後
世當時山陵田畝潛德隱行君子不聞于世者多矣
而賤工末藝得所附託乃垂于不朽蓋其各有幸不
幸也
李白戲杜甫云借問別來太瘦生總爲從前（一作來）作
詩苦太瘦生唐人語也至今猶以生爲語助如作麽
生何似生之類是也
陶尚書穀嘗曰尖簷帽子卑凡厮短靿靴兒末厥兵

末厥亦當時語余天聖景祐間已聞此句時去陶公
尚未遠人皆莫曉其義王原叔博學多聞見稱于世
最爲多識前言者亦云不知爲何說也第記之必有
知者耳
詩人貪求好句而理有不通亦語病也如袖中諫草
朝天去頭上宮花侍燕歸誠爲佳句矣但進諫必以
章疏無直用稾草之理唐人有云姑蘇臺下寒山寺
半夜鐘聲到客船說者亦云句則佳矣其如三更不
是打（一作撞）鐘時如賈島哭僧云寫留行道影焚却坐
禪僧時謂燒殺活和尚此尤可笑也若步隨青山影
坐學白塔骨又獨行潭底影數息樹邊身皆島詩何
精麤頓（一無此字）異也
松江新作長橋制度宏麗前世所未有蘇子美新橋
對月詩所謂雲頭灧灧開金餅水面沉沉臥彩（一作綵）
虹者是也時謂此橋非此句雄偉不能稱也子美兄
舜元字才翁詩亦遒勁多佳句而世獨罕傳其與子
美紫閣寺聯句無媿韓孟也恨不得盡見耳
晏元獻公文章擅天下尤善（一作溥）爲詩而多稱引後

進一時名士往往出其門聖俞平生所作詩多矣然
公獨愛其兩聯云寒魚猶著底白鷺已飛前又絮暖
鮆魚繁豉添蓴菜（一作綠）紫余嘗於聖俞家見公自書
手簡再三稱賞此二（一作兩）聯余疑而問之聖俞曰此
非我之極致豈公偶自得意於其間乎乃知自古文
士不獨知己難得而知人亦難也
楊大年與錢劉數公唱和自西崑集出時人爭效之
詩體一變而先生老（一作老先生）輩患其多用故事至於
語僻難曉殊不知自是學者之弊如子儀（一作大年）新蟬

云風來玉宇烏先轉（一作覺）露下金莖鶴未知雖用故事何害于佳句也又如（一有大年二字）峭帆橫渡官橋柳疊鼓驚飛海岸鷗其不用故事又豈不佳乎蓋其雄文博學筆力有餘故無施而不可非如前世號詩人者區區於風雲（一作雪）草木之類為許洞所困者也

西洛故都荒臺廢沼遺迹依然見于詩者多矣惟錢文僖公一聯最為警絕云日上故陵煙漠漠春歸空苑水潺潺裴晉公綠野堂在午橋南往時嘗屬張僕射齊賢家僕射罷相歸洛（一作終）日與賓客吟宴于其

間惟鄭工部文寶一聯最為警絕云水暖鳧鷖行哺子溪深桃李臥開花人謂不減王維杜甫也錢詩好句尤多而鄭句不惟當時人莫及雖其集中自及此者亦少

閩人有謝伯初者字景山當天聖景祐之間以詩知名余謫夷陵時景山方為許州法曹以長韻見寄頗多佳句有云長官衫色江波綠學士文華蜀錦張余答云參軍春思亂如雲白髮題詩愁送春蓋景山詩有多情未老已（一作先）白髮（三字一作頭先白）野詩到春如亂雲之句故余以此戲之也景山詩頗多如自種黃花添野景旋移高竹聽秋聲園林換葉梅初熟池館無人燕學飛之類皆無愧於唐賢而仕宦不偶終以（一作於）困窮而卒其詩今已不見于世其家亦流落不知所在其寄余詩殆今三十五年矣余猶能誦之蓋其人不幸既可哀其詩淪棄亦可惜因錄於此詩曰江流無險似瞿唐蒲峽猿聲斷旅（一作盡）腸萬里可堪人謫宦經年應合鬢成霜長官衫色江波綠學士文華蜀錦張異域化為儒雅俗遠民爭識校讐郎才如夢

得多為累情似安仁久悼亡下國難留金馬客新詩傳與竹枝娘典辭懸待修青史諫草當來集皂囊莫為明時暫遷謫便將纓足濯滄浪

石曼卿自少以詩酒豪放自得其氣貌偉然詩格奇峭又工於書筆畫遒勁體兼顏柳為世所珍（一作好）余家嘗得南唐後主澄心堂紙曼卿為余以此紙書其籌筆驛詩詩曼卿平生所自愛者至今藏之號為三絕真余家寶也曼卿卒後其故人有見之者云恍惚如夢中言卿今為鬼仙也所主芙蓉城欲呼故人往

遊不得忽然驕一（一作素青）驟去如飛其後又云降于
亳州一舉子家又呼（一有其字）舉子去不得因留詩一篇
與之余亦畧記其一聯云鶯聲不逐春光老花影長
隨日脚流神（一作鬼）仙事怪不可知其詩頗類曼卿平
生語舉子不能道也
王建霓裳詞云弟子部（一作歌）中留一色聽風聽水作
霓裳（一有羽衣二字）曲今教坊尚能作其聲其舞則廢而不
傳矣人間又有望瀛府獻仙音二曲云此其遺聲也
霓裳曲前世傳記論說頗詳不知聽風聽水為何事

也白樂天有霓裳歌甚詳亦無風水之說第記之或
有遺亡（四字一作必有知者爾）
龍圖趙學士師民以醇儒碩學名重當時為人沈厚
端黙羣居終日似不能言而于文章之外詩思尤精
如麥天晨氣潤槐夏午陰清前世名流皆所未到也
又如曉鶯林外千聲囀芳草堦前一尺長殆不類其
為人矣
退之筆力無施不可而嘗以詩為文章末事故其詩
曰多情懷酒伴餘事作詩人也然其資（一作參）談笑助
諧謔敘人情狀物態一寓于詩而曲盡其妙此在雄
文大手固不足論而予獨愛其工於用韻也蓋其得
韻寬則波瀾橫溢泛入傍韻乍還乍離（一作乍去乍還）出入
回合殆不可拘以常格如此日足可惜之類是也得
韻窄則不復傍出而因難見巧愈險愈奇如病中贈
張十八之類是也余嘗與聖俞論此以謂譬如（一作大）
善馭良馬者通衢廣陌縱橫馳逐惟意所之至于水
曲蟻封疾徐（一有爾字）中節而不少蹉跌乃天下之至工
也聖俞戲曰前史言退之為人木強若寬韻可自足

而輒傍出窄韻難獨用而反不出豈非其拗强而然
貳坐客皆為之笑也
自科場用賦取人進士不復留意於詩故絕無可稱
者惟天聖二年省試采侯詩宋尚書祁最擅場其句
有色映堋雲爛聲迎羽月遲（一作馳）尤為京師傳誦當
時舉子目公為宋采侯

司馬溫公詩話

宋　司馬光

詩話尚有遺者歐陽公文章名聲雖不可及然記事一也故敢續書之

文德殿百官常朝之所也宰相奏事畢乃來押班常至日旰守堂卒好以厚朴湯飲朝士朝士有久無差遣厭苦常朝者戲爲詩曰立殘堦下梧桐影喫盡街頭厚朴湯亦朝中之實事也

惠崇詩有劍靜龍歸匣旗閑虎繞竿其尤自負者有

河分岡勢斷春入燒痕青時人或有譏其犯古者嘲之河分岡勢司空曙春入燒痕劉長卿不是師兄多犯古古人詩句犯師兄進士潘閬常謔之曰崇師爾當憂獄事吾去夜夢爾拜我爾當歸俗邪惠崇曰此乃秀才還俗事爾爲閬門也惠崇拜於門側也秀才還俗之兆耶

梅聖俞之卒也余與宋子才選韓欽聖宗彥沈文通遘俱爲三司僚屬共痛惜之子才曰比見聖俞面光澤特甚意爲充盛不如乃爲不祥也時欽聖面亦光澤文通一指之曰次至欽聖矣衆皆尤其暴謔不數日欽聖抱疾而卒余謂文通曰君雖不爲呪詛亦戲殺耳此雖無預時事然以其與聖俞同時事又相類故附之

鄭工部詩有杜曲花香醲似酒灞陵春色老於人亦爲時人所傳誦誠難得之句也

科場程試詩國初以來難得佳者天聖中梓州進士楊諤始以詩著其天聖八年省試蒲車詩云草不驚皇轍山能護帝輿是歲以策用清問字下第景祐元

年省試宣室受釐詩云顧前明主席一問洛陽人諤是年及第未幾卒慶曆二年韓欽聖試勳門賜立戟詩云凝峯畫旆轉交鐵彩支繁范景仁云曾見眞本如此傳欽聖作迎風畫旆轉映日彩支繁故兩存之蘇州進士丁偃試通英延講藝詩云白虎前芳掩金華舊事輕天心非不寤垂意在蒼生有古詩諷諫之體偃是歲奏名甚高御前下第自是二十年始及第尋卒滕元發甫皇祐五年御試律聽軍聲詩云萬國休兵外羣生奏凱中以是得第二人最爲場屋所稱

鮑當善爲詩景德二年進士及第爲河南府法曹薛
尚書映知府當失其意初甚怒之當獻孤鴈詩云天
寒稻粱少萬里孤難進不惜死君庖爲帶邊城信薛
大嗟賞自是游宴無不預焉不復以掾屬待之時人
謂之鮑孤鴈薛嘗暑月詣其廨舍當方露頂狼狽入
易服把板而出忘其幞頭薛嚴重左右莫敢言者坐
久之月上當顧見髮影大慙以公服袖掩頭而走
林逋處士錢塘人家於西湖之上有詩名人稱其梅
花詩云疎影橫斜水清淺暗香浮動月黃昏曲盡梅
之體態

魏野處士陝人字仲先少時未知名嘗題河上寺柱
云數聲離岸櫓幾點別州山時有幕僚本江南文士
進見之大驚邀與相見贈詩曰誰得名稱野元來性
不羣[illegible]仍爲延譽由是人始
重之[illegible]眞宗西祀聞其名遣中使召
之野閉戶踰垣而遁王太尉旦從車駕過陝野貽
詩曰昔時宰相年年替君在書中十一秋西祀東封
俱已了如今好逐赤松遊旦袖其詩以呈上累表請
退上不許野又嘗上寇萊公詩云好[illegible]
[illegible]又有啄木鳥詩云千林[illegible]
一[illegible]不被詩云[illegible]
[illegible]規棄之風[illegible]著作郎仍留[illegible]
[illegible]無所遺仲先詩有[illegible]
草[illegible]之趣[illegible]皆非急務也[illegible]詩有燒
葉爐中無宿火讀書窗下有殘燈仲先既沒集其詩
者嫌燒葉貧寒太甚故改葉爲藥不唯壞此一句乃
并一首亦無氣味所謂求益反損也仲先贈先公詩

有文雖如貌古道不似家貧先公臨安豐酒稅赴官
嘗有行色詩云冷於陂水淡於秋遠陌初窮見渡頭
猶賴丹青無處畫畫成應遣一生愁豈非狀難寫之
景也
丁相謂善爲詩在珠崖猶有詩近百篇號知命集其
警句有草解忘憂憂底事花能含笑笑何人少時好
蹴踘長韻其二聯云鷹鶻[illegible]雙眼龍蛇繞四肢躍來
行數步跳後立多時
寇萊公詩才思融遠年十九進士及第初知巴東縣

有詩云野水無人渡孤舟盡日横又嘗爲江南春云波渺渺柳依依孤村芳草遠斜日杏花飛江南春盡離腸斷蘋滿汀洲人未歸爲人膾炙

陳文惠公堯佐能爲詩世稱其吳江詩云平波渺渺煙蒼蒼菰蒲纔熟楊柳黄扁舟繫岸不忍去秋風斜日鱸魚香又嘗有詩云雨網蛛絲斷風枝鳥夢揺詩家零落景采石合如樵

龐穎公籍喜爲詩雖臨邊典藩文案委目不廢三兩篇以此爲適及疾亟余時爲諫官以十餘篇相示手批其後曰欲令吾弟知老夫病中嘗有此思耳字已慘澹難識後數日而薨

溫公詩話 八 五

韓退處士爲詩人放誕不拘浪跡秦晉間以詩自名常嗟一日發音宏詩云山人勞尋指上便不尚稽奥進拐吞蕭笑天欣始行爲人所稱好奇竟效鷓鴣聲頁鉉舞石空一彎題詩曰醉君去鐵舞閒臥白鷺號意蟲太后上鑑書臣進獲歌數百首唯曼卿一篇首出曰宗淵帝之文武成友厥盡去后稱制日仁宗端拱章是好詩然但曼卿詩切合題意又不甲長樂也

李長吉歌天若有情天亦老人以爲奇絶無對曼卿對月如無恨月長圓人以爲勍敵

詩云牂羊墳首三星在罶言不可久古人爲詩貴於意在言外使人思而得之故言之者無罪聞之者足以戒也近世詩人惟杜子美最得詩人之體如國破山河在城春草木深感時花濺淚恨別鳥驚心山河在明無餘物矣草木深明無人矣花鳥平時可娛之物見之而泣聞之而悲則時可知矣他皆類此不可徧舉

溫公詩話 八 六

劉槩字孟節青州人喜爲詩慷慨有氣節舉進士及第爲幕僚一任不得志棄官隱居野原山去人境四十里好游山常獨挈飯一甖窮探幽險無所不至夜則宿于巖石之下或累日乃返不畏虎豹蛇虺富丞相甚禮重之常在府舍西軒有詩云昔年曾作瀟湘客憔悴東秦歸未得西軒忽見好溪山如何尚有楚鄉憶讀書誤人四十年有時醉把闌干拍

唐之中葉文章特盛其姓名湮沒不傳于世者甚衆如河中府鸛雀樓有王之美暢諸（一云暢當）二詩暢詩曰

過臨氣鳥上高謝世人間天勢圍平野河流入斷山
王詩曰白日依山盡黃河徹海流欲窮千里目更上
一層樓二人者皆當時賢士所不數如後人擅詩名
者豈能及之哉
陳亞郎中性滑稽嘗爲藥名詩百首其美者有風雨
前湖夜輕舟乎夏涼不失詩家之體其鄙者有贈乞
雨自曝僧云不雨若令過半夏定應燋作胡蘆巴又
詠上元夜游人云但看車前牛領上十家皮沒五加
皮蔡君謨嘲之曰陳亞有心終是惡亞應聲曰蔡

襄無口便成衰
[illegible]州人善爲詩不仕少時嘗與[illegible]相同
[illegible]召見而[illegible]蓑衣詩云[illegible]酒家[illegible]
[illegible]
[illegible]
[illegible]
[illegible]
[illegible]

[illegible]
[illegible]
[illegible]
[illegible]
[illegible]
[illegible]其文[illegible]陛下游宴太頻[illegible]之笑
[illegible]初魏公罷相西判北京新進多凌慢之魏公[illegible]
[illegible]不得志嘗爲詩云花[illegible]蝶亂雨[illegible]春[illegible]

[illegible]所時人稱其微婉
元豐初宦者王紳効王建作宮詞百首獻之頗有意
思其太皇太后生日詩云太皇生日最尊榮獻壽宮
中未五更天子捧觴仍再拜寶慈侍立到天明寶慈
皇太后宮名也太后幸景靈宮駕前露面雙童女詩
曰平明彩仗幸琳宮紫府仙童下九重整頓瓏璁時
驅馬畫工闇地貌真容
歐陽公云九僧詩集已亡元豐元年秋余游萬安山
玉泉寺於進士閔交如舍得之所謂九詩僧者劍南

希晝金華保暹南越文兆天台行肇沃州簡長貴城惟鳳淮南惠崇江南宇昭峨眉懷古也直昭文館陳充集而序之其美者亦止於世人所稱數聯耳交如好治經所爲奇僻自謂得聖人微旨先儒所不能到貧無妻兒不應舉常寄食僧舍僧亦不厭苦之始居龍門山猶苦游人往來多從君萬安山屏絕人事專以治經爲事凡數十年用心益苦而去人情益遠衆非笑之交如不變益堅雖非中行其志亦可憐也

范景仁鎮喜爲詩年六十三致仕一朝思鄉里遂輕

溫公詩話　八　九

舟入蜀故人李才元大臨知梓州[illegible]迎之於道過之歸成都日與鄉人樂飲散財於親舊之貧者遂游峨眉青城山下巫峽出荊門凡朞歲乃還京師在道作詩凡二百五篇其一聯云不學鄉人誇駟馬未饒吾祖汎扁舟[illegible]不能[illegible]

[illegible]詩中有劉[illegible]都[illegible]亦年六十三[illegible]

[illegible]山[illegible]家[illegible]青山[illegible]几

[illegible]白日長時[illegible]字楚[illegible]

[illegible]金殿盡[illegible]詩人[illegible]

[illegible]

[illegible]微雨[illegible]花[illegible]

[illegible]

[illegible]中山子[illegible]詩曰[illegible]

[illegible]初[illegible]記

[illegible]曰[illegible]詩明吾[illegible]

[illegible]崔瀆曰[illegible]人以[illegible]所不爲

[illegible]終於耒陽[illegible]之至元和中其孫始收葬於鞏縣元微之爲誌[illegible]刑部[illegible]州有經耒陽

溫公詩話　八　十

子美墓詩豈但爲誌而不[illegible]遷或已遷而故冢尚存邪

[illegible]都使宅舊有過馬廳按唐韓渥詩云外使進鷹初得按中官過馬不敢嘶注云乘馬必中官馭以進謂之過馬既乘之然後蹀躞嘶鳴也蓋唐時方鎮亦傚之因而名廳事也

劉攽貢父詩話

宋　劉攽

太宗好文每進士及第賜聞喜宴常作詩賜之累朝以爲故事仁宗在位四十二年賜詩尤多然不必盡上所自作景祐初賜詩落句云寒儒逢景運報德合如何論者謂質厚宏壯眞詔旨也

劉子贈人詩云惠和官尚小師達祿須干取下惠聖之和師也達而子張學干之事或有除去官字示人口此必畨僧也其名達祿須干聞者大笑詩有詩病

俗忌當避之此偶自諧合無若輕薄子何非筆方過也

景祐中宋宣獻上楊太妃挽詩云神歸溧小廟禮祔漢餘陵文士稱其用事精當楊昌言詩曰先帝遺弓劍排雲上紫淸同時受顧託今日見升平雖不用事意思宏深足爲警語

景祐末元昊叛夏鄭公出鎮長安梅遜詩曰亞夫金鼓從天落韓信旌旗背水陳時獨刻公詩于石

僧惠崇詩云河分崗勢斷春入燒痕靑然唐人舊句而崇之弟子吟贈其師詩曰河分崗勢司空曙春入燒痕劉長卿不是師偷古人句古人詩句似師兄杜工部有峽束蒼江起巖排石樹圓項蘇子美遂用峽束蒼江巖排石樹作七言句子美豈竊詩者大抵諷古人詩多則往往爲已得也

王元之謫黃州詩曰又爲太守黃州去依舊郎官白髮生在朝與執政不相能作江豚詩以譏之曰江雲漠漠江雨來天意爲霖不干汝俗云豚出則有風雨又曰噞喁蝦魚頰肥腯譏其肥大

人多取佳句爲句圖特小巧美麗可喜皆指詠風景影似百物者爾不得見雄材遠思之人也梅聖俞愛嚴維詩曰柳塘春水慢花塢夕陽遲固善矣細較之夕陽遲則繫花春水慢何須柳也工部詩云深山催短景喬木易高風此可無瑕類又曰蕭條九州内人少豺狼多少人愼莫投多虎信所過飢有易子食獸猶長虞羅若此等句其含蓄深遠殆不可模倣

詩以意爲主文詞次之或意深義高雖文詞平易自是奇作世効古人平易句而不得其意義翻成鄙野

可笑盧仝云不即潘鈍漢非其意義自可掩口寧可勉之耶韓吏部古詩高卓至律詩雖稱善要有不工者而好韓之人句句稱述未可謂然也韓云老公眞箇似童兒汲井埋盆作小池直諧戲語耳歐陽永叔江鄰幾論韓雪詩以隨車翻縞帶逐馬散銀杯爲不工謂如中初蓄底凸處遂成堆爲勝未知眞得韓意否也永叔云知聖俞詩者莫如某然聖俞平生所自負者皆某所不好聖俞所卑下者皆某所稱賞知心賞音之難如是其評古人之詩得無似之乎

潘閬字逍遥詩有唐人風格有云久客見華髮孤棹桐廬歸新月無朗照落日有餘輝漁浦風水急龍山煙火微時聞沙上鴈一一皆南飛（歲暮自桐廬歸錢塘）僕以謂不減劉長卿

太宗晚年燒煉丹藥潘閬嘗獻方書及帝升遐懼誅匿舒州潛山寺爲行者題詩于鐘樓云遶寺千千萬萬峯（忘第二句）頑童趂暖貪春睡忘却登樓打曉鍾孫僅爲郡官見詩曰此潘逍遥也告寺僧呼行者潘已亡去

王益柔勝之爲館職年少意頗頑張掞叔文亦新貼職年長而官已高每群聚輒居上座王容于屏風題云四十餘年老健兒（此唐徐州節度王智興自詠詩句）翌日會食王正座詩下衆無不哂

李絢公素有詩贈同姓人曰吾宗天下著王勝之輒取注之曰居甘泉者以謳著（京師名倡李氏居甘泉坊善謳）賣藥者以木牛著（京師李家賣藥以木牛自表人呼爲李木牛）圍基者以憨著（李乃國手而神思昏濁人呼爲李憨子）裁幞頭者以柳著（李家幞頭天下稱善而必奧人采制歲久自以柳李呼）作詩者以豁達著（豁達老人喜爲詩所至輒自題寫詩句鄙

下而自稱豁達李老嘗書人新素墻壁主人憾怒訴官杖之拘執使市石灰更圬漫訖告官乃得縱舍聞者哂）之此數人因勝之有云遂自託不朽

梅昌言出鎮太原黃覺送詩曰五馬雍容出鎮時都人爭看好風儀文章一代誼高價忠直三朝受聖知帳下軍容森劍戟門前行色擁旌旗雲籠古戍黃榆暗雪滿長郊白草衰出去暫開貔虎幕歸來須占鳳凰池鬢間未有一莖白陶鑄蒼生尚不遲梅雅自修飾容狀偉如大喜之

黃覺仕宦不遂嘗送客都門外不及寓郵舍會一道

士取所携酒炙呼飲之既而道士舉杯攦水寫呂字
覺始悟其爲洞賓也又曰明年江南見君覺果得江
南官及期見之出懷中大錢七其次十又小錢三曰
數不可益也予藥數寸許告覺曰一以酒磨服之可
保一歲無疾覺如其言至七十餘藥亦垂盡作詩曰
床頭曆日無多子屈指明年七十三果是歲卒
李商隱有錦瑟詩人莫曉其意或謂是令狐楚家青
衣名也
祥符天禧中楊大年錢文僖晏元獻劉子儀以文章

立朝爲詩皆宗尚李義山號西崑體後進多竊義山
語句賜宴優人有爲義山者衣服敗敝告人曰吾爲
諸館職撏撦至此聞者歡笑大年漢武詩曰力通青
海求龍種死諱文成食馬肝待詔先生齒縱貴恐令
索米向長安義山不能過也元獻王文通詩口甘泉
柳苑秋風急邸爲流螢下詔書子儀書義小像寫其
詩句列左右貴重之如此
楊大年不喜杜工部詩謂爲村夫子鄉人有强大年
者續杜句曰江漢思歸客楊亦屬對鄉人徐舉乾坤

一腐儒楊默然若少屈歐公亦不甚喜杜詩謂韓吏
部絶倫吏部于唐世文章未嘗屈下獨稱道李杜不
已歐貴韓而不悅子美所不可曉然于李白而甚賞
愛將由李白超趠飛揚爲感動也
孟東野詩李習之所稱食薺腸亦苦强歌聲不歡出
門如有礙誰爲天地寬可謂知音今世傳郊集五卷
詩百篇又有集號咸池者僅三百篇其間語句尤多
寒澁疑向五卷是名士所删取者東野與退之聯句
語詩宏壯博辯若不出一手王深父云退之容有潤

色也
張籍樂府詞清麗深婉五言律詩亦平澹可愛至七
言詩則質多文少材各有宜不可强衣飾文昌有謝
裴司空馬詩曰作離華廐移蹄澁初到貧家舉眼驚
此馬卻是一遲鈍多驚者詩詞微而顯亦少其比
白樂天詩云請錢不早朝請作平聲唐人語也今人
不用厮字唐人作斯音五代已作入聲陶穀云尖簷
帽子卑凡厮是也白日金屑琵琶槽雪擺胡騰衫琵
琶與今人同杜曰皂鵰寒始急白日千呼萬喚始出

求人皆爲語病事之終始音土聲有所宿罷今甫然者音去聲二公詩自非語病

唐詩賡和有次韻（先後無易）有依韻（同在一韻）有用韻（用彼韻不必次）吏部和皇甫陸渾山火是也今人多不曉劉長卿餘干旅舍云搖落莫天迥丹楓霜葉稀孤城向水閉獨鳥背人飛渡口月初上鄰家漁未歸鄉心正欲絕何處擣征衣張籍宿江上館云楚驛南渡口夜深來客稀月明見潮上江靜覺鷗飛旅宿今已遠此行殊未歸離家久無信又聽擣砧衣兩詩偶似次韻皆奇作

也

管子曰事無終始無務多業此言學者貴能成就也

唐人爲詩量力致功精思數十年然後名家杜工部云更覺良工用心苦然豈獨畫手必苦耶

真宗問近臣唐酒價幾何莫能對丁晉公獨曰斗直三百上問何以知之曰臣觀杜甫詩速須相就飲一斗恰有三百青銅錢亦一時之善對

海陵人王綸女輒爲所憑自稱仙人字善數品形製不相犯吟雪詩云何事月娥欺不在亂飄瑞葉落人間（詩云天上有瑞木開花六出）他詩句詞意飄逸類非世俗可題金山云濤頭風倦雪山腳石蟠虯常謂綸爲清非孺子不曉其義亦有詩贈曰君爲桐葉我爲春風春風會使秋桐變秋桐不識春風面居數歲神舍女去儕然無知嫁爲廣陵呂氏妻

鞠皮爲之實以毛蹙蹋而戲（見霍去病傳注穿域蹋鞠）唐已不同矣歸氏子弟嘲皮日休云八片尖皮砌作毬火中燀了水中揉一包閑氣如常在惹踢招拳卒未休今柳三復能之述曰背裝花屈膝（屈口勿反）白打大廉斯進

前行兩步蹺後立多時柳欲見晉公無由會公蹴毬後園偶逆出柳挾取之因懷所業戴毬以見公出書再拜者三每拜毬起復于背脊幞頭間公乃笑而奇之遂延于門下然弟子拜師常理也獨毬多賤人能之每見勞于富貴子弟莫不拜謝而去此師拜弟子也術不可不慎此亦可喻大云

洪州西與滕王閣相對一僧盡覽詩板告郡守曰盡不佳因朗吟曰洪州太白方積翠倚穹蒼萬古遮新月半江無夕陽守異之遣出闔僧有朋多詩如虹收

千嶂雨潮展半江天又曰詩因試客分題僻碁爲饒
人下着低亦巧思也
王丞相嗜諧謔一日論沙門道因曰投老欲依僧客
遽對曰急則抱佛脚王曰投老欲依僧是古一句客
亦曰急則抱佛脚是俗諺全語上去投下去脚豈不
的對也王大笑
孟蜀時花蘂夫人號能詩而世不傳王平父因治館
中廢書得一軸八九十首而存者纔三十餘篇大約
似王建句若厨船進食簇時新列坐無非侍從臣日

午殿頭宣索鱠隔花催喚打魚人月頭支給買花錢
滿殿宮娥近數千遇着唱名都不語含羞急過御床
前
山東二經生同官因舉鄭谷詩云任是深山更深處
也應無計避王徭一生難之曰野鷹安得王徭一生
解之曰古人寧有失也是年必當率翎毛耳
呂景純有見無類必往復歸每至三鼓宋祈判館集
僚屬而刁彧適日不赴因邀而譙讓之王原叔戲攷
程體鄭廣文云景純過官舍走馬不曾下驀地趁朝
歸便遣官長罵李獻臣曰我爲足之云多羅四十年
偶未識摩喧（時西戎嘲氏子名摩喧）近有王宣政時時與紙錢
（刁書爲子宣政作墓銘）以古文篆隸加褾軸寄掛刁聽事會一
日大雨不出周歩聽廡間始見此圖問之從者曰掛
此已數日矣先造者往往能通念也
蘇子美魁偉與宋中道並立下䏲之笑曰交不着（京師市井語也）
號爲錐宋爲其穎利而么麽云贈詩曰譬如利
錐末所到物已破後倅洛州洛本趙地有毛遂塚聖
俞送舉處囊事爲送行詩戲之

司馬溫公論九旗之名旗與旂相近詩曰言觀其旂
左傳龍尾伏辰取號之旂然則此旂當爲芹音周人
語轉亦如關中以中爲蒸虫爲塵丹青之青爲萋也
五方語異閩以高爲歌荆楚以南爲難荆爲斤昔閩
士作清明象天破題云天道如何仰之彌高會攷官
同里遂中選荆楚士題雩用先字後曰十二峯巒旋
旋添又讀添爲天字也向敏中鎮長安土人不敢賣
蒸餅恐觸中字諱也
楊安國判監集學官飲必誦詩講以侑酒舉盃屬客

曰詩之興也諒不與上皇之世且飲酒裴如晦亦舉盃曰古者伏羲氏之王天下也不能飲矣一坐皆笑而楊不悟

泗州塔人傳下藏真身後閣上碑道興國中塑僧伽像事甚詳退之詩曰火燒水轉掃地空則真身焚矣塔本喻都料造極工巧俗謂塔頂爲天門蘇國老詩曰上到天門最高處不能容物只容身以譏在位者

古詩云袖中有短書欲寄雙飛燕以燕時物故寓言爾蜀人自京以鴿寄不浹旬而達船船浮海亦以鴿通信非虛言也史以陸機黃耳爲犬能寄書恐不然

自洛至吳更歷江淮殆數千里安能諭人而從舟楫乎或者爲奴名不然當爲神犬也

史著赫連勃勃之暴烝土築城意謂釜甑熟之然不知北方土工用春首聚土陽氣烝發用築則堅牢特甚故爾近有獻策築吳江爲甕堤土人欲以巨甕實土稍排下之不思土實則甕重不可致慮致水中則泛泛焉可止雖執政亦惑之然治河皆有甕堤形以甕耳不用陶器也

汪白爲平羅詩刺時病云穴垣補墻隙墻成垣已摧斷履補穿履履成履亦斷

晏元獻尤喜江南馮延巳歌詞其所自作亦不減延巳樂府木蘭花皆七言詩有云重頭歌詠響璁琤入破舞腰紅亂旋重頭入破皆絃管家語也歐陽文忠公見張安陸迎謂曰好雲破月來花弄影韓吏部集有李習之兩句云前之詎灼灼此去信悠悠若無可取鄭州掘一石刻刺史李翺詩曰縣君愛塼渠遶水恣行游鄙性樂山野掘地便池溝兩岸植芳芝中間

漾清流所向既不同塼鑿名自修從他後人見景趣誰爲幽主深父編次入習之集此別一李翺爾而習之不能詩也吏部讀皇甫湜詩亦譏其掎摭糞壤棄

聖俞謂尹師魯以古文名而不能詩

陳亞以藥名詠白髮云若是道人頭不白老人當日合烏頭負郎上官佖嘗勸石少傅中立慎緘石勃然曰上官佖如下官口何

韓吏部贈玉川詩曰水北山人得聲名去年去作幕下士水南山人又繼往鞍馬僕從塞閭里少室山人

索價高兩以諫官徵不起又曰先生抱材須大用宰相未許終不仕王向子直謂韓與處士作牙人商度物價也古稱駔儈今謂牙非也劉道原云本稱玄郎主玄市唐人書玄爲牙因訛爲牙理或信然今言萬爲力千爲撇非訛也若隱語爾

陳文惠尭佐以使相致仕年八十有詩云青雲岐路游將徧白髮光陰得最多搆亭號佚老後歸政者往往多効之公喜堆墨書游長安佛寺題名從者誤側硯汙鞋公性急遂窒筆於其鼻客笑失聲若皇甫湜

怒其子不暇取杖遂齕臂血流

今人呼秃尾狗爲厥尾衣之短後者亦曰厥故歐公記陶尚書詩語末厥兵則此兵正謂末賦爾末厥對早凡字

世語虛僞爲何樓蓋國初京師有何家樓其下賣物皆行濫者非沽濫稱也世語優人爲何市樂說者謂南都石駙馬家樂甚盛誑諸南市中樂人非也蓋唐元和時燕吳行役記其中已有河市穿大抵不隸名軍籍而在河市者散樂名也世謂事之陳久爲䝴蓋五代時有馬䝴爲府幕其人鄙憨有所聞見他人已

[illegible]

大貧香[illegible]者普㑹鐵盤以示賓入丈港云[illegible]列香印字通避太祖諱故託物默論

梁周翰真宗即位知誥贈郴開詩曰九重城闕新天子萬卷詩書老舍人時楊大年朱昂同在禁掖楊未及滿三十而二公皆老數見靳侮梁謂之曰公毋侮我老此老亦將留與公爾朱昂聞之背面搖手掖丁謂梁曰莫與莫與大年死不及五十

余靖兩使契丹情益親能[illegible]語作[illegible]語詩主曰

卿能道我爲卿飲靖舉曰夜筵設邏侈盛臣拜洗受賜兩朝厥荷通好情幹勤厚重微臣雅鞠拜舞祝若統福祐聖壽鐵擺嵩高俱可忒無極主大笑遂爲釂觴漢史有欒木白狼詩亦出夷語殆不若靖真胡語也劉沆亦使北陵壓之猶壓館客曰有酒如澠繫行人而不住沆應聲曰在北曰[illegible]吹出塞以何妨仁宗待人有禮不使纖微迕之二公俱謫官

古人多歌舞飲酒唐太宗每舞屬羣臣長沙王亦小舉袖曰國小不足以回旋張藏公詩云醉後歡更好

全勝未醉時動容皆是舞出語總成詩李白云要須
回舞袖拂盡五松山醉後涼風起吹人舞袖環今時
舞者必欲曲盡奇妙又恥效樂工藝益不復如古人
常舞矣古人重歌詩自隋以前南北舊曲頗似古如
公莫舞丁督護亦自簡澹唐來是等曲又不復人聽
矣近世樂府爲繁聲加重疊謂之纏聲促數尤甚固
不容一唱三歎也胡先生許太學諸生鼓琴吹簫及
以方響代編磬所奏唯采蘋鹿鳴數章而已故稍曼
延傍邇鄭衛聲或問之曰無他直纏聲鹿鳴采蘋爾

梅聖俞幼戲謝師直詩曰古錦裁詩句斑衣戲坐隅
木奴今正熟肯効陸郎無師直小名錦衣奴至十歲
讀此方悟之
石曼卿獨行京師一豪士揖之而語曰公幸過我家
石許之同入委巷抵大第藻飾宏麗錦繡珠翠殆非
人間所擬歌舞歡醉乃書爲揮毫筆驛詩數篇以金
帛數百千贈之後使騶從送還恍然不知其誰異日
殆無復省所居矣他日遇諸塗又遺以白金數兩謂
曰詩中意中流水遠愁外舊山青最爲佳句

趙少師初在漣水守館不數年後以學士知漣水舊
來者名其堂豹隱曼卿有詩曰熊非清渭逢何莫龍
臥南陽去不還年少官游今郡守蔚然疑在立談間
後莫借者
曹參嘗爲功曹而杜詩云功曹無復歎蕭何誤矣按
光武嘗謂鄧禹何以不掾功曹陳子昂云吾聞中山
相乃屬放麑翁放麑本秦西巴孟孫氏之臣謂之中
山亦誤矣唐韓皐鼓廣陵散其說謂毋丘儉諸葛誕
刺揚州衆兵討皆不成而散於廣陵爾劉道原謂漢
魏時揚州刺史治壽春儉誕皆死壽春是時廣陵屬

徐州至隋唐始爲揚州不可不察也
景祐中一人成詔道士獻方畧率皆得官有題關西
驛舍曰孤星熒熒照寒野漢馬蕭蕭五陵下廟堂不
肯用奇謀天子徒勞聘賢者萬里危機入燕薊八分
殺氣衝靈夏逢時還似不逢時已矣吾生真苟且
宋次道次西都詩以野狐落對五鳳樓言野狐落唐
人名宮人所聚也
太宗時同年數輩取名似姓者爲句云郭鄭鄭東東

野絳馬張張夏夏侯璘熙寧初有崔度崔公度王韶
王子韶又有章君陳陳君章如以西門豹對東方虬
也王丞相云馬子山騎山子馬馬給事字子山穆王八駿有山子馬之名
夂之人對曰錢衡水道水衡錢錢某爲衡水令人謝之曰正
欲作對爾實非有盜也
永州何仙姑不飲食無漏世傳其神異岳州天慶觀
柱以震折有倒書謝仙火字仙姑云雷部夫婦二人
長潤各三尺銀色莫不該信有熱于江湖間事者曰
南方賈人各以火自名一火猶一部也此賈名仙刻

木記巳物耳是亦不可知也嘗有道人自言隋唐間
人譚黃巢事甚悉因曰黃大晩節至此張安道尚書
云巢六兄弟而巢最小當第六由是推之則道人之
言信然乎
江州琵琶亭前臨江左枕湓浦地尤勝絕夏梅詩最
佳英公公儀夏云年光過眼如車轂職事羇人似馬銜若
遇琵琶應大笑何須滲泣滿青衫梅云陶令歸來爲
逸賦樂天謫宦起愁歌有絃應被無絃笑何況臨絃
泣更多又有葉氏女名桂女字月流詩似樂天當日最多情
淚滴青山酒重傾明月滿船無處問不聞商女琵琶
聲
詞人以地字作夜音杜云青袍也自公白公云也向
慈恩寺裏游不可如字學也
張湍爲河南司錄府當祭社買豬以呈尹而豬輒突
入湍家湍即捉殺之湍對尹曰律云豬無故夜入人
家主人登時殺之勿論尹笑之爲別市豬
張介以命術游公卿間寓居錢塘西湖上嘗自京師
南歸士大夫率爲詩贈之呂許公王沂公時方執政

亦皆有詩夏鄭公留守南京爲詩繼二公曰上公詩
筆千金重遁客輕裝一舸輕莫到青山更招隱且留
賢哲爲蒼生鄭公在朝數爲御史糾劾疑時宰諷旨
作青雀詩青雀孤飛毛羽單卑棲豈敢礙鵷鸞明珠
自有千金價莫爲他人作彈丸
自唐以來試進士詩號省題近年能詩者亦時有佳
句蜀人楊謂宣室受釐落句云顧前明主席一問落
陽人滕甫西旅來王云寒日邊聲斷春風塞草長傳
聞漢都護歸奉萬年觴謂有詩名題驪山詩云行人

問宮殿耕者得珠璣坂爲警策
唐人飲酒以令爲罰韓吏部詩云令徵前事爲白傳
詩云醉翻襴衫拋小令令人以絲管歌謳爲令者郎
白傳所謂大都欲以酒勸故始言送而繼承者辭之
搖首接舞之屬皆却之也至八遍而窮斯可受矣其
舉故事物色則韓詩所謂耳近世有以進士爲舉首
者其黨人意傷之會其人出令以字偏傍爲率曰金
銀釵釧鋪次一人曰絲綿紬絹綱至其黨人曰鬼魅
魍魎魁俗有謎語曰急打急圍慢打慢圓分爲四段

送在窑前初以陶瓦乃謂令耳
陳文惠善爲四句詩在江湖有詩云平波渺渺煙蒼
蒼菰蒲纔熟楊柳黄扁舟繫岸不忍去秋風斜日鱸
魚鄉文惠年六十餘纔爲知制誥[illegible]後遂至眞宰使
相致仕文惠嘗[illegible]自矜[illegible]上[illegible]後無
來者與石少傅同在[illegible]府[illegible]一致事堂有[illegible]
大飲床長五六尺嘗[illegible]其中[illegible]
[illegible]嘆曰吾頤學公堆[illegible]之[illegible]石頤小吏一[illegible]
入昇頤床[illegible]吾已[illegible]寫口字陳[illegible]

江鄰幾善爲詩清淡有古風蘇子美坐進奏院事謫
官後死吳中江作詩云郡邸獄寃誰與辨皐橋客死
世同悲用事甚精當嘗有古詩云五十踐衰境加我
在明年論者謂莫不用事能令事如己出天然渾厚
乃可言詩江得之矣江天質淳雅喜飲酒鼓琴圍棊
人以酒召之未嘗不往飲未嘗不醉已醉眠人強起
飲之亦不辭也或不能歸即留宿人家齊度風韻陶
靖節之比江嘗通判廬州有酒官善琴以坐局不得
出江且就之郡中沙門羽士及里巷能棊者數人呼

與同往郡人見之習熟因畫爲圖前列騶導有一人
騎馬靑蓋其後沙門羽士褐衣數人葛巾芒屩纍纍
相尋意思蕭散昔時無名手此畫不足傳後何必減
嵇阮也
道人張無夢在眞宗朝以處士見除校書郎無夢善
攝生梅昌言知蘇州無夢求見之先與詩壺中一粒
長生藥待與蘇州太守分好爲大言處之不宜自比
李少君而然無夢年九十死無夢詐人少時將欲屏
居山中十歲自以謂不動及出見婦人美色乃復歎

甚又狹語十餘年皆臨安定勤二數金[illegible]用道遙
筋溪食更有自[illegible]味[illegible]若老[illegible]其兒亦無道
異

蜀人李士寧好言鬼神異事[illegible]言[illegible]遊宜風
廣利王使存問已又嘗一夜有人傳梨夫命已及往
燕設甚盛飲食醉飽既寤乃在梁門外舊所謂相公
者二相神也人皆言士寧能佗心通士寧過予予故
黙作念侮戲之意日士寧不知惡在其通也士大夫
多遺其金帛錢物士寧以是財用常饒足人又以爲
有術能歸錢與李少君類矣

後山居士詩話

宋 陳師道

王師圍金陵唐使徐鉉來鉉伐其能欲以口舌解圍謂太祖不文盛稱其主博學多藝有聖人之能使誦其詩曰秋月之篇天下傳誦之其句云云太祖大笑曰寒士語爾吾不道也鉉內不服謂大言無實可窮也以請殿上驚懼相目太祖曰微時自秦中歸道華下醉臥田間覺而月出有句曰未離海底千山黑纔到天中萬國明鉉大驚殿上稱壽

孟嘉落帽前世以爲勝絕杜子美九日詩云休將短髮還吹帽笑倩傍人爲正冠其文雅曠達不減昔人謂詩非力學可致正須胸中度世耳

望夫石在處有之古今詩人共用一律唯夢得云望來已是幾千歲只似當年初望時語雖拙而意工黃叔度魯直之弟也以顧況爲第一云山頭日日風和雨行人歸來石應語語意皆工江南有望夫石每過其下不風即雨疑況得句處也

歐陽永叔不好杜詩蘇子瞻不好司馬史記余每與

黃魯直旅歎以爲異事

費氏蜀之青城人以才色入蜀宮後主嬖之號花蘂夫人効王建作宮詞百首國亡入備後宮太祖聞之召使陳詩誦其國亡詩云君王城上竪降旗妾在深宮那得知十四萬人齊解甲更無一箇是男兒太祖悅蓋蜀兵十四萬而王師數萬爾

韓退之南食詩云鱟實如惠文山海經云鱟如惠文惠文秦冠也蠔相粘如山蠔壯蠣也

白樂天云笙歌歸院落燈火下樓臺又云歸來未放

笙歌散畫戟門前蠟燭紅非富貴語看人富貴者也

楊蟠金山詩云天末樓臺橫北固夜深燈火見楊州王平甫云莊宅牙人語也解量四至吳僧錢塘白塔院詩曰到山吳地盡隔岸越山多余謂分界堠子語也

黃魯直云杜之詩法出審言句法出庾信但過之耳杜之詩法韓之文法也詩文各有體韓以文爲詩杜以詩爲文故不工耳

黃魯直謂白樂天笙歌歸院落燈火下樓臺不如杜子美云落花遊絲白日靜鳴鳩乳燕青春深也孟浩然云氣蒸雲夢澤波撼岳陽城不如九僧云雲閒下蔡邑林際春申君也蘇子瞻曰子美之詩退之之文魯公之書皆集大成者也學詩當以子美爲師有規矩故可學退之于詩本無解處以才高而好爾淵明不爲詩寫其胸中之妙爾學杜不成不失爲工無韓之才與陶之妙而學其詩終爲樂天爾

退之詩云長安衆富兒盤饌羅羶葷不解文字飲惟能醉紅裙而老有二妓號絳桃柳枝故張文昌云爲

出二侍女合彈琵琶箏也又爲季于志叙當世名貴服金石藥欲生而死者數輩著之石藏之地下豈爲一世戒邪而竟以藥死故白傳云退之服硫黃一病竟不痊也荆公詩云力去陳言誇末俗可憐無補費精神而公文體數變暮年詩益苦故知言不可不慎也

子美懷薛據云獨當省署開文苑兼泛滄浪學釣翁省署開文苑滄浪憶釣翁據之詩也

王摩詰云九天宮殿開閶闔萬國衣冠拜冕旒子美

聚作五字云閶闔開黄道衣冠拜紫宸而語益工
楊大年傀儡詩云鮑老當筵笑郭郎笑他舞袖太郎
當若教鮑老當筵舞轉更郎當舞袖長語俚而意切
相傳以爲笑
吳越後王來朝太祖爲置宴出内妓彈琵琶王獻詞
曰金鳳欲飛遭掣搦情脉脉看即玉樓雲雨隔太祖
起拊其背曰誓不殺錢王
武人出慶宮色最後庭裕陵得之會教坊獻新聲爲
作詩號瑶臺第一層

宋玉爲高唐賦載巫山神過楚襄王蓋有所諷也而
文士多効之者又爲傳記以實之而天地百神舉無
免者余謂欲界諸天當有配偶其無偶者則無欲者
也唐人記后土事以譏武后爾
黄詩韓文有意故有工老杜則無工矣然學者先黄
韓不由黄韓而爲老杜則失之拙易矣
永叔謂爲文有三多看多做多商量多也
余以古文爲三等周爲上七國次之漢爲下周之文
雅七國之文壯偉其失騁漢之文華贍其失緩東漢

而下無取焉
陳繹批答曾魯公表云爰露乞骸之請黄裳爲曾作
謝制曰備貟勸講乞骸備貟乃表語非詔語也曾彝
公謂人曰使布何所道
詩欲其好則不能好矣王介甫以工蘇子瞻以新黄
魯直以奇而子美之詩奇常工易新陳莫不好也
熙寧初有人自常調上書迎合宰相意遂丞御史蘇
長公戲之曰有甚意頭求富貴没些巴鼻便姦邪有
甚意頭没些巴鼻皆俗語也

某公用事排斥端士矯飾僞行范蜀公詠僧房假山
曰倏忽平爲險分明假奪真蓋刺之也
魯直謂荆公之詩暮年方妙然格高而體下如云似
聞青秧底復作龜兆坼乃前人所未道又云扶輿度
陽焰窈窕一川花雖前人亦未易道也然學二謝失
於巧爾
蘇詩始學劉禹錫故多怨刺學不可不慎也晚學太
白至其得意則似之矣然失於粗以其得之易也
王荆公暮年喜爲集句唐人號爲四體黄魯直謂正

堪一笑爾司馬溫公爲定武從事同幕私幸營妓而
公諱之嘗會僧廬公往迫之使妓踰墻而去度不可
隱乃具道公戲之曰年去年來來去忙暫偷閑臥老
僧床驚回一覺游僊夢又逐流鶯過短墻又杭之舉
子中老膀第其子以緋讓之客賀之曰應是窮通自
有時人生七十古來稀如今始覺爲儒貴不着荷衣
便着緋壽之鹽者老娶少婦或嘲之曰偎他門戶傍
他墻年去年來來去忙採得百花成蜜後爲他人作
嫁衣裳真可笑也

熙寧初外學置官師職簡地親多在幕府徐有學官
喜許語同府苦之詠蠅以刺之曰衣服有時遭點染
杯盤無日不追隨
唐人不學杜詩惟唐彥謙與今黃亞夫庶謝師厚景
初學之魯直黃之子謝之僑也其於二父猶子美之
於審言也然過於出奇不如杜之遇物而奇也三江
五湖平漫千里因風石而奇爾
謝師厚廢居於鄧王左丞存其妹婿也奉使荆湖枉
道過之夜至其家師厚有詩云倒着衣裳迎戶外盡
呼兒女拜燈前
世稱杜牧南山與秋色氣勢兩相高爲警絕而子美
才用一句語盡工曰千崖秋氣高也
魯直有癡弟畜漆琴而不御蟲蝨入焉魯直嘲之曰
龍池生壁蝨而未有對魯直之兄大臨且見牀下以
溺器畜生魚問知其弟也大呼曰我有對矣乃虎子
養溪魚也
歐陽公謫永陽聞其倅杜彬善琵琶酒間請之杜正
色盛氣而謝不能公亦不復强也後杜置酒數行遽

起還內微聞絲聲且作且止而漸近久之抱器而出
手不絕彈盡暮而罷公喜甚過所望也故公詩云坐
中醉客誰最賢杜彬琵琶皮作絃自從彬死世莫傳
皮絃世未有也
尚書郎張先善著詞有云雲破月來花弄影簾幕卷
花影墮輕絮無影世稱誦之張三影王介甫謂雲破
月來花弄影不如李冠朦朧澹月雲來去也冠齊人
爲六州歌頭道劉項事慷慨雄偉劉潛大俠也喜誦
之

往時青幕之子婦妓也善爲詩詞同府以詞挑之妓
答曰清詞麗句永叔子瞻曾獨步似恁文章寫得出
來當甚强
黄詞云斷送一生唯有破除萬事無過盖韓詩有云
斷送一生唯有酒破除萬事無過酒纔去一字遂爲
切對而語益峻又云杯行到手更留殘不道月明人
散謂思相離之憂則不得不盡而俗士改爲留連遂
使兩句相失正如論詩云一方明月可中庭可不如
滿也

子瞻謂孟浩然之詩韻高而才短如造内法酒手而
無材料爾
魯直乞猫詩云秋來鼠輩欺猫死窺甕翻盤攪夜眠
聞道貍奴將數子買魚穿柳聘銜蟬雖滑而可喜千
載而下讀者如新
龍圖孫學士覺喜論文謂退之淮西碑叙如書銘如
詩
子瞻謂杜詩韓文顔書左史皆集大成者也
少游謂元和聖德詩于韓文爲下與淮西碑如出兩
手蓋其少作也
王夫人晁載之之母也謂庾子功名富貴有如韓魏
公而未有文士也
退之作記記其事爾今之記乃論也少游謂醉翁亭
記亦用賦體
莊荀皆文士而有學者其説劍成相賦篇與屈騷何
異楊子雲之文好奇而卒不能奇也故思苦而詞艱
善爲文者因事以出奇江河之行順下而已至其觸
山赴谷風搏物激然後盡天下之變子雲唯好奇故
不能奇也

歐陽公謂退之爲樊宗師志便似樊文其始出于司
馬子長爲長卿傳如其文唯其過之故兼之也
退之以文爲詩子瞻以詩爲詞如教坊雷大使之舞
雖極天下之工要非本色今代詞手唯秦七黄九爾
唐諸人不迨也
韓退之上尊號表曰析木天街星宿清潤北嶽醫閭
神鬼受職曾子賀赦表曰鈞陳太微星緯咸若昆崙
渤澥濤波不驚世莫能輕重之也後當有知之者

國初士大夫例能四六然用散語與故事爾楊文公刀筆豪贍體亦多變而不脫唐末與五代之氣又善用古語以切對爲工乃進士賦體爾歐陽少師始以文體爲對屬又善叙事不用故事陳言而文益高次退之云王特進莫年表奏亦工但傷巧爾

元祐初起范蜀公於家固辭其表云六十三而致仕固不待年七十九而造朝豈云知禮是時文潞公作八十餘一召而來人各有所志也

昔之黠者滑稽以玩世曰彭祖八百歲而死其婦哭

之慟其鄰里共解之曰人生八十不可得而翁八百矣尚何尤婦謝曰汝輩自不諭爾八百死矣九百猶在也世以癡爲九百謂其精神不足也又曰令新視事而不習吏道召胥魁具道笞十至五十及折杖數令遽止之曰我解矣笞六十爲杖十四耶魁笑曰五十尚可六十猶癡邪長公取爲偶對曰九百不死六十猶癡

唐語曰二十四考中書令謂汾陽王也而無其對或以問平甫平甫應聲曰萬八千戶冠軍侯不唯對偶精切其貴亦相當也

范文正公爲岳陽樓記用對語說時景世以爲奇尹師魯讀之曰傳奇體爾傳奇唐裴鉶所著小說也

柳三變游東都南北二巷作新樂府骫骳從俗天下詠之遂傳禁中仁宗頗好其詞每對必使侍從歌之再三三變聞之作宮詞號醉蓬萊因內官達後宮且求其助仁宗聞而覺之自是不復歌其詞矣會改京官乃以無行黜之後改名永仕至屯田員外郎

寧拙毋巧寧朴毋華寧粗毋弱寧僻毋俗詩文皆然

魏文帝曰文以意爲主以氣爲輔以詞爲衛子桓不足以及此其能有所傳乎

魯直與方蒙書頃洪甥送令嗣二詩風致灑落材思高秀展讀賞愛恨未識面也然近世少年多不肯治經術及精讀史乃縱以助詩故致遠則泥想達源自能追琢之必皆離此諸病漫及之爾與洪朋書云龜父所寄詩語益老健甚慰相期之意方君詩如鳳雛出鷇雖未能翔于千仞竟是真鳳爾

老杜云長鑱長鑱白木柄我生託子以爲命黃獨無

苗山雪盛短衣數挽不揜脛徃時儒者不解黃獨義
或為王精學者承之以予攷之蓋黃獨是也本草赭
魁注黃獨肉白皮黃巴漢人蒸食之江東謂之土芋
余求之江西謂之土卵煑食之類芋魁云
余讀周書月令云反舌有聲佞人在側廼解老杜百
舌過時如發口君側有讒人之句
韋蘇州詩云憐君臥病思新橘試摘纔酸亦未黃書
後欲題三百顆洞庭須待滿林霜余徃以為蓋用右
軍帖中贈子黃甘三百者比見右軍一帖云奉橘三

百枚霜未降未可多得蘇州蓋取諸此
余評李白詩如張樂於洞庭之野無首無尾不主故
常非學工斯人所可擬議吾友黃介讀李杜優劣論
曰論文正不當如此余以為知言
與潘邠老書曰大受今安在其詩甚有理致語又工
也
又曰但詠五言覺翰墨之氣如虹猶足貫日爾
禮部員外郎裴說寄邊衣詩曰深閨乍冷開香篋玉
箸微微濕紅頰一陣霜風殺柳條濃煙半夜成黃葉
重重白練明如雪獨下閑階轉淒切秪知抱杵擣秋
砧不覺高樓已無月時聞塞鴈聲相喚紗窗只有燈
相伴幾展齊紈又懶裁離腸恐逐金刀斷細想儀形
執牙尺回刀剪破澄江色愁捻金針信手縫惆悵無
人試寬窄時時舉手勻殘淚紅牋漫有千行字書中
不盡心中事一半殷勤託邊使裴說詩句甚麗零陵
摠記載說詩一篇尤詠說也
世語云蘇明允不能詩歐陽永叔不能賦曾子開秦
少游詩如詞韓詩如秋懷別元協律南溪始泛皆佳

作也
鮑照之詩華而不弱陶淵明之詩切於事情但不文
耳
子厚謂屈氏楚詞如離騷乃效頌其次效雅最後效
右丞蘇州皆學于陶王得其自在
后山長公守徐嘗與客登項氏戲馬臺賦詩云路失
玉鈎芳草合林亡白鶴野泉清廣陵亦有戲馬臺其
下有路號玉鈎斜唐高宗東封有鶴一隻乃詔諸州
為老氏築宮名以白鶴公蓋誤用而後所取信故不

得不辯也

裕陵常謂杜子美詩云勳業頻看鏡行藏獨倚樓謂甫之詩皆不迨此

吕某公歸老于洛常游龍門還闔者執筆歷請官稱公題以詩云思山乘興看山回烏帽綸巾入帝臺門吏不須詢姓字也曾三到鳳池來

曹南院爲秦帥嗍氏方與舉國入寇公自出禦之戰于三都谷大敗之嗍氏遂衰其幕府獻詩云賢守新成蓋代功臨危方始見英雄三都谷路全師入十萬

[illegible]一戰空殺氣尚疑横塞外捷音相繼徧寰中君王看降如綸命旌節前驅馬首紅

太祖夜幸後池對新月置酒問當直學士爲誰曰盧多遜召使賦詩請韻曰些子兒其詩云太液池邊看月時好風吹動萬年枝誰家玉匣開新鏡露出清光些子兒太祖大喜盡以坐間飲食器賜之

韓魏公爲陝西安撫開府長安李待制師中過之李有詩名席間使爲官妓賈愛卿賦詩云願得貔貅十萬兵大　巢穴一時平歸來不用封侯印只問君王乞愛卿

某守與客行林下曰栢花十字裂顧客對其倅晚食菱方得對云菱角兩頭尖皆俗諺全語也

杭妓胡楚龍靚皆有詩名胡云不見當時丁令威年來處處是相思若將此恨同芳草却恐青青有盡時

張子野老于杭多爲官妓作詞而不及靚靚獻詩云天與羣芳十樣葩獨分顏色不堪誇牡丹芍藥人題徧自分身如皷子花子野於是爲作詞也

王岐公詩喜用金玉珠璧以爲富貴而其兒謂之至

寶丹

閩士有好詩者不用陳語常談寫投梅聖俞荅書曰子詩誠工但未能以故爲新以俗爲雅爾

蘇公居潁春夜對月王夫人曰春月可喜秋月使人愁耳公謂前未及也遂作詞曰不似秋光只與離人照斷腸老杜云秋月解傷神語簡而益工也

余登多景樓南望丹徒有大白鳥飛近青林而得句云白鳥過林分外明謝朓亦云黄鳥度青枝語巧而弱老杜云白鳥去邊明語少而意廣余每還里而每

覓老復得句云坐下漸人多而杜云坐深鄉里敬而官益工乃知杜詩無不有也

周盤龍以武功爲散騎常侍齊武帝戲之曰貂蟬何如兜鍪對曰貂蟬生于兜鍪外大父潁公罷相以節出師太原其詩曰兜鍪却自貂蟬出敢用前言戲武夫李待制師中以材業自任嘗帥秦以事去其詩曰兜鍪不勝任猶可冠貂蟬

東坡居惠州廣守月饋酒六壺吏嘗跌而亡之坡以詩謝曰不謂青州六從事化爲烏有一先生

王斿平甫之子嘗云今語例襲陳言但能轉移爾世稱秦詞愁如海爲新奇不如李國主已云問君能有幾多愁恰似一江春水向東流但以江爲海爾

許彦周詩話

襄邑許顗

詩話者辯句法備古今紀盛德錄異事正訛誤也若含譏諷著過惡誚紕繆皆所不取僕少孤苦而嗜書家有魏晉文章及唐詩人集僅三百家又數得奉教聞前輩長者之餘論今書籍散落舊學廢忘其能記憶者因筆識之不忍棄也嗟乎僕豈足言哉人之於詩嗜好去取未始同也强人使同已則不可以已所見以俟後之人烏乎而不可哉建

炎戊申六月初吉日襄邑許顗序

詩壯語易苦語難深思自知不可以口舌辯

燕燕于飛差池其羽之子于歸遠送于野瞻望不及泣涕如雨此辭可泣鬼神矣張子野長短句云眼力不知人遠上溪橋東坡子由詩云登高回首坡壠隔惟見烏帽出復沒皆遠紹其意

李太白作草創大還詩云髣髴明窓塵死灰同至寂第不曉此語後得李氏鍊丹法至明窓寧丹砂妙藥

老杜北征詩曰微爾人盡非于今國猶活餘以爲
許陳元禮何也蓋禍亂既作惟賞罰當則再振否則
不支持矣元禮首議太眞國忠輩近乎一言興邦宜
得此語儻無此舉雖有李郭不能展用
淮陰勝而不驕乃能師李左車最奇特事荊公詩云
將軍北面師降　此事人間久寂寥李廣誅霸陵尉
薄於德矣東坡詩云今年定起故將軍未肯先誅霸
陵尉用事當如此向背
箜篌狀如張箕搡手摘絃出聲盧玉川詩云捲却羅

袖彈箜篌此語亦未可議諸司馬溫公嘗語程正叔
云詩證古人誤處當兩存之勿加詆訾也
韓退之詩云銀燭未銷窗送曙金釵欲醉座添香殊
不類其爲人乃知能賦梅花不獨宋廣平
退之見神仙亦不伏云我能屈曲自世間安能從汝
巢神仙賦謝自然詩曰童騃無所識作誰氏子詩曰
不從而誅未晚耳惟華山女詩頗假借不知何以得
此
凡作詩若正爾填實謂之點鬼簿亦謂之堆垜死屍

能如猩猩毛筆詩云平生幾兩屐身後五車書又如
云管城子無食肉相孔方兄有絕交書精妙明密不
可加矣當以此語反三隅也
詩人寫人物態度至不可移易元微之李娃行云髻
鬟峨峨高一尺門前立地看春風此定是娼婦退之
華山女詩云洗粧拭面着冠帔白咽紅頰長眉青此
定是女道士東坡作芙蓉城詩亦用長眉青三字云
中有一人長眉青炯如微雲淡疎星便有神仙風度
季父仲山先大夫同祖弟也讀書精苦作詩有源流

昔嘗上書晚以特奏名得一官政和間爲製宮詞三
百首嘗和進今錄一絕於此染指可以知鼎味也其
詞曰輕寒滲滲透衾羅玉剪銅壺漏水多常是未明
供御服夢回頻問夜如何騎道君皇帝在府邸殿
進薦急意謂得美官翌日臺章論列作詩害經旨遂
報罷調南劍州順昌縣尉後卒于揚州三
先伯父治平四年舉進士第一少從丁寶臣遊李覯
爲歐陽文忠公王文公所稱重其試公生明賦曰至
達者制者既已去矣則明白洞達者乃其自然此至

□之語也嘗作詠史詩曰天下有誅賞敢□□
宗並君集意恐勞臣疑至公一以發智術相雜寄
□哉功名士汲汲尚趨時推斯志也縱蹈滄海餘
□可也在熙寧間爲荆公薦竟不委曲壽去集養齋
爲司馬溫公呂獻可呂微仲范堯夫諸公所知元豐
七年自都官外郎奔祖父喪卒于黄州東坡辦衣襚
之
有李氏女者字少雲本士族嘗適人夫死無子棄家
着道士服往來江淮間僕頃年見之金陵其詩有云

幾多郴紫風翻雪無數桃花水浸霞殊無脂澤氣又
喜煉丹砂僕亦得其方大抵類魏伯陽法而有銖兩
加精詳者也嘗語僕曰我命薄故恐不能成此業耳
後二年再見之其瘦骨立蓋丹未成而少雲已病僕
問曰子丹成欲仙乎惟其瘦則鶴背能勝也笑曰恐
相戲耶病中作梅花詩云素艷明寒雪清香任曉風
可憐渾似我零落此山中壽卒後檢方書見丹法及
此詩錄之
晦堂心禪師初退黄龍院作詩云不任唐朝寺閑爲
宋地僧生涯三事衲故舊一枝藤乞食隨緣過逢山
任意登相逢莫相笑不是嶺南能此詩深靜平實道
眼所了非世間文士詩僧所能髣髴也
僧義了字廓然本士族鍾離氏事佛慈璣禪師爲侍
者僕頃年追見佛慈老人廓然與僕在嵩山游甚久
頗能詩僕愛其兩句云百年休問幾時好萬事不勞
明日看不獨喜其語蓋取其學道體歇擺落自在如
此
東坡作妙善詩寫御容詩美則美矣然不若丹青引

云將軍下筆開生面又云褒公鄂公毛髮動英姿颯
爽來酣戰後說畫玉花驄馬而曰至尊含笑催賜金
圉人太僕皆惆悵此語微而顯春秋法也
李太白詩云玉窗青青下落花花已落又曰下階□
不贅語蓋奇
請紫姑神大抵能作詩然不甚造入曾儔一士人家
請之既降偶書院中子弟作贈詩因卒請賦頃刻
書滿紙其警句云雲捲滕王閣盆翻白帝城可喜也
近時僧洪覺範頗能詩其□□□□□□云□□□□

師賓武其氣豈止吞噬羽公得李祁不[illegible]與[illegible]如[illegible]
詩在掌股此詩當與黔安並驅也頃年僕在長沙相
從游年其他詩亦甚佳如二[illegible]
長篇轉柳陰頗似文與可所作殊不[illegible]于[illegible]
作小詞情思婉約似少游至今能誦參寥[illegible]名世[illegible]
不能及
東坡贈李常詩戒其殺生宋云君勿棄此篇嚴詩編
杜集謂嚴武也工部史有武昌和數首又梅花詩云
憑仗幽人收艾蒳國香和雨入莓苔艾蒳香名正[illegible]

彥周詩話　八

上莓苔也出本草及沈氏香譜又紅梅詩云玉人頩
頩固多姿頩怒色普庚切見神女賦婦人怒則面赤
杜詩飯抄雲子白雲之子雨也言如雨點爾荀子雲
篇又葛洪丹經用雲子碎雲母也今蜀中有碎礫狀
如米粒圓白雲子石也又杜詩云萬里名王子何年
別月支異花開絕域滋蔓匝清池漢使徒空到神農
竟不知露翻兼雨打開拆漸離披不曉此詩指何物
張騫廟空倒又本草不收定非蒲萄也
齊梁間樂府詩云愛惜加窮袴防閑託守宮今日牛

羊上空隴當時近前面發紅
老杜作麗人行云賜名大國虢與秦其卒曰慎勿近
前丞相嗔虢國秦國何預國忠事而近前即嗔耶東
坡言老杜似司馬遷蓋深知之
司空圖唐末竟能全節自守其詩有綠樹連村暗黃
花入麥稀誠可貴重又云四座賓朋兵亂後一川風
月笛聲中句法雖可及而意甚委曲
鮑明遠松栢篇悲哀曲折其末不以道自釋僕竊恨
之

彥周詩話　八　七

明遠行路難壯麗豪放若決江河詩中不可比擬
似賈誼過秦論
老杜作曹將軍丹青引云一洗萬古凡馬空東坡贊
吳道子畫壁詩云筆所未到氣已吞吾不得見其畫
矣此兩句二公之詩各可以當之
李長吉詩云楊花撲帳春雲熱才力絕人遠甚如池
塘春水慢花塢夕陽遲雖爲歐陽文忠所稱然不逮
長吉之語
古人文章不可輕易反覆熟讀加意思索庶幾其見

之東坡送安惇落第詩云故書不厭百回讀熟讀深
思子自知僕嘗以此語銘坐右而書諸紳也東坡海
外方盛稱柳柳州詩後嘗有人得罪人浮見黎子
雲秀才說海外絕無書適渠家有柳文東坡日夕玩
味嗟乎雖東坡觀書亦須著意研窮方見用心處耶
柳柳州詩東坡云在陶彭澤下韋蘇州上渚晨詣超
師院讀佛經詩即此語是公論也
六朝詩人之詩不可不熟讀如芙蓉露下落楊柳月
中疎鍛鍊至此自唐以來無人能及也退之云齊梁

及陳隋衆作等蟬噪此語吾不敢議亦不敢從
陶彭澤詩顏謝潘陸皆不及者以其平昔所行之事
賦之於詩無一點愧辭所以能爾
東坡海南詩荊公鍾山詩超然邁倫能追逐李杜陶
謝
荊公愛看水中影此亦性所好如秋水寫明河迢迢
藕花底又桃花詩云晴溝漲春花週遮倚覌紅影移
魚虹皆覩其影也其後云攀條弄芳畏晼晚已見黍
雪盤中毛事見家語

李邯鄲公作詩格句自三字至九字十一字有五句
成篇者盡古今詩之格律足以資詳博不可不知也
伯父娶邯鄲孫女嘗聞邯鄲公與小宋飲酒舉一物
隸事以多者爲勝飲不勝者他人莫敢遷席
梅聖俞詩句句精鍊如焚香露蓮泣聞磬清鷗邁之
類宜乎爲歐陽文忠公所稱其他古體若朱絃疏越
一唱三歎讀者當以意求之寵嬖曹氏作一日曲爲
曹氏也
孟浩然王摩詰詩自李杜而下當爲第一老杜詩云

不見古人王右丞又云吾憐孟浩然皆公論也
韓子玉祭文郊寒島瘦元輕白俗此語具眼客見詰
曰子盛稱白樂天孟東野詩又愛元微之詩而取此
語何也僕曰論道當嚴取人當恕此八字東坡論道
之語也
歐陽文忠公重讀徂徠集詩莫辯超然能破萬古毀
譽食仁民詩忠厚愛人可爲世訓
作詩壓韻是一巧中秋夜月詩押尖字數首之後一
婦人詩云蚌人光透彀犀角暈盈尖又記人作七夕

詩押江尼字衆人竟和無成詩者僕時不曾賦後臣
讀藏經呼喜鵲爲錦尼乃知讀書不厭多
爲生之句取其形似故辭多迂弱趙昌畫黄蜀葵東
坡作詩云檀心紫成暈翠葉森有芒揣摸刻骨造語
壯麗後世莫及
杜牧之題桃花夫人廟詩云細腰宫裏露桃新脉脉
無言度幾春畢竟息亡緣底事可憐金谷墜樓人僕
嘗謂此詩爲二十八字史論
宣和之初何㮚文縝丞相爲中書舍人道君皇帝以

御畫雙鵲賜之諸公多賦詩韓駒子蒼待制時爲校
書郎賦詩二章曰君王妙畫出神機弱羽爭巢並占
時想見春風鳩鵲觀一雙飛上萬年枝舍人簪筆上
蓬山禁路春風從駕還天上飛來兩鳥鵲爲傳喜色
到人間
韋蘇州詩云落葉滿空山何處尋行迹東坡用其韻
曰寄語庵中人飛空本無迹此非才不逮蓋絶唱不
當和也如東坡羅漢贊云空山無人水流花開此八
字還許人再道否

張籍王建樂府宫辭皆傑出所不能追逐李杜者氣
不勝耳
孟東野詩苦思深遠可愛不可學僕尤嗜愛者長安
羇旅步一詩
蘇大監文饒文敎作鴻溝詩云置俎均牢甕衰冠倍
沐猴方矜几上肉已墮帳中籌海獄歸三尺衣冠閟
丘路人猶指似山下是鴻溝
陳無己賦宗室畫詩云滕王蛺蝶江都馬一紙千金
不當價又作曾子固挽辭云丘園無起日江漢有東

流近世詩人莫及
外祖父邵安簡公布衣時上平元昊策又嘗勸仁廟
早立太子晚年自樞府出知越州又移知鄆州其薨
也岐公作挽辭云被褐曾陳定羌策汗青猶著立儲
書春風澤國吟殘落夜雨溪堂宴豆疎前輩詩不獨
語句精鍊且是着趣
鄭周卿僕鄉人也公肅右丞之孫能詩一日鄭之鉅
郡而愛妾死作詩云鶴歸空有恨雲散本無心於情
念中猶稍自在也後娶熊氏晉如之女丙午丁未年

鄭州中都縣連年與盜賊鏖戰隤然獨有儒[illegible]
晉錄其功上之後不報今不知消息可憐哉
曹景宗探韻得競病字詩云去時兒女啼歸來笳鼓
競借問路傍人何如霍去病沈約詩人嗟賞之
李衛公作步虛辭云仙女侍董雙成桂殿夜寒吹玉
笙曲終却從仙官去萬戶千門空月明河漢女玉鍊
顏雲駢往往到人間九霄有路去無迹裊裊天風吹
佩環嗚呼皆人傑也哉
李父仲山在楊州時事東坡先生聞其教人作詩云

熟讀毛詩國風與離騷曲折盡在是矣僕嘗以語[illegible]
語太高後年齒益長迺知東坡先生之善誘人也
韓退之詩云照耐馬上知為誰此七字用意哀愁過
於痛哭
阮步兵辭六停昏雖似智矣然禮法之士憎之如仇
幾至於死幸武帝保護之耳而老杜詩云遂令阮籍
貧熟醉為身謀此工部善看史書當有解此意者
春秋五傳東高閣獨抱遺經究終始此詩退之稱盧
玉川也玉川子春秋傳僕家舊有之今亡矣辭簡而
道[illegible]聖人之意為多後世有深於經而見盡者[illegible]
知退之之不妄許人也
夢中賦詩往往有之宣和巳亥僕在拱州宿城北鄠
和叔家夜夢行大路中寒沙沒足其傍皆田苗丘隴
一婦人皂衣素裳行田間曰此中無沙易行僕從之
不能登婦人援僕手登焉月明如晝彌望皆野田麥
苗婦人求詩引僕藉草坐有矮墩臺一上有紙筆僕
題詩四句云閑花亂草春春有秋鴻社燕年年歸青
天霜下麥苗濕古道月寒人迹稀抬筆欲上有聲驚

覺宛然記憶是歲大病後亦無他
聯句之盛退之東野李正封也城南聯句云紅皺曬
簷瓦黃團繫門衡是說乾棗與瓜蔞讀之猶想見退
北村落間氣象征蜀聯句云刑神詫黿旗陰焰颭犀
札盡影刻之功而語仍壯李正封善押韻如從軍聯
句押水沙妻漓皆不可及
書山水詩少陵數首後無人可繼者惟荆公觀燕公
山水詩前六句差近之東坡煙江疊嶂圖一詩亦差
近之

退之桃源行云種桃處處皆開花川源遠近蒸紅霞
狀花卉之盛古今無人道此語
本朝王元之詩可重大抵語迫切而意雍容如身後
聲名文集草服前衣食簿書堆又云澤畔騷人正憔
悴道傍山鬼謾歌歔大類樂天也
玉川子送伯齡詩云努力事干謁我心終不平玉川
子在王涯書院中會食不能自別枉陷於禍哀哉
栢舟仁人之詩也憂心悄悄愠于群小簡兮賢者之
詩也碩人俁俁公庭萬舞赫如渥赭公言錫爵能容

恐如此宜乎賢矣
鍾山有一詩云當年睥睨此山阿欲着紅樓貯綺羅
今日重來無一事却騎羸馬下坡陀此王荆公許直不
爲荆公所喜然此詩實可懷也
詩家力量猶如弓之斗力其未挽時不知其難也及
其挽之力不及處分寸不可强若出塞曲云落日照
大旗馬鳴風蕭蕭鳴笳三四發壯士慘不驕又入塞
詩云汝陽讓帝子眉宇眞人天虬髯似太宗色映塞
外春此等力量不容他人

洪覺範在潭州水西小南臺寺覺範作冷齋夜話有
云詩至李義山爲文章之厄僕至此蹙頞無語渠再
三窮詰僕不得已曰夕陽無限好只是近黃昏覺範
曰我解子意矣即時删去今印本猶存之蓋已前傳
出者
僕年十七歲時先大夫爲江東漕李端叔高秀實皆
父執也適在金陵二公游蔣山僕雖年少數從杖屨
之後在定林說元微之詩引事皆有出處屈曲隱奥
高秀實皆能言之僕不覺自失因思古人讀書多出

語皆有來處前輩亦讀書多能知之也
高秀實又云元氏艷詩麗而有骨韓偓香奩集麗而
無骨時李端叔意喜韓偓詩誦其序云咀五色之靈
芝香生九竅咽三危之瑞露美動七情秀實云動不
得也勸不得也
李太白詩云問予何事棲碧山笑而不答心自閑桃
花流水窅然去別有天地非人間東坡嶺外詩云老
人爭看烏角巾應緣曾現宰官身溪邊古路三叉口
獨立斜陽數過人賀知章呼李白爲謫仙人世傳東

豈是戒禪師後身僕竊信之
白樂天詩云春色辭門柳秋聲到井梧此語未爲
誰人把盞慰深幽閑自無慘落更愁吉有清溪三百
曲不辭相送到黃州南枝北枝春事休榆錢可穿
帶柔定自沈郎作詩瘦不應春能生許愁此東坡
直梅詩二章作詩名貌不出者當深攷二詩
宣和癸卯年僕游嵩山峻極中院法堂後簷壁間有
詩四句云一團茅草亂蓬蓬驀地燒天驀地空爭似
滿爐煨榾柮慢騰騰地熱烘烘字畫極草草其旁題

書四字云勿毀此詩寺僧指示余曰此是司馬溫
公親書也嗟乎此言豈有感於公耶又於壁間大字
隸書曰旦光願來其上一字公兄也第三字犯正叔
也又壁間題云登山有道徐行則不困措足於實地
則不危皆公隸書
林和靖梅詩云疎影橫斜水清淺暗香浮動月黃昏
大爲歐陽文忠公稱賞大凡和靖集中梅詩最好梅
花詩中此兩句尤奇麗東坡和少游梅詩云西湖處
士骨應槁只有此詩君壓倒僕意東坡亦是戲言也

[illegible]詩對屬[illegible]叔原秀才詩云[illegible]
之千水龍虎鬭封未一[illegible]
李杜作華清宮詩云雨露偏金穴乾坤入醉鄉如此
天下焉得不亂
宋顏延之問己與靈運優劣於鮑照照曰謝五言如
初發芙蓉自然可愛君詩鋪錦列繡亦彫繢滿眼此
明遠對面褒貶而人不覺善論詩也特出之
韓熙載仕江南每得俸給盡散後房歌姬熙載披衲
持鉢就諸姬乞食率以爲常東坡以玉帶贈寶覺

覺酬以磨衲東坡作詩謝之曰病骨難堪玉帶圍鈍
根仍落箭鋒機欲教乞食歌姬院故與雲山舊衲衣
江南野史亦載韓事與此小異
錢希白內翰作擬唐詩百篇備諸家之體自序曰今
之所擬不獨其詞至於題目豈欲拋離本集或有率
跡斯亦見之本傳故其擬張籍上裴晉公詩曰午橋
莊上千竿竹綠野堂中白日春富貴極來惟歎老功
名高後傳輕身嚴更未報皇城裏勝賞時游洛水濱
昨日庭趨三節度淮西曾是執戈人擬古當如此類

倣方可傳

王晉卿得罪外謫後房善歌者名囀春鶯乃東坡所見也亦遂爲密縣馬氏所得後晉卿還朝尋訪微知之作詩云佳人已屬沙吒利義士今無古押衙僕在密縣與馬縉輔游甚久知之最詳縉輔在其兄處猶見之國色也西清詩話中載此事云過郵邑見之傳誤也

李義山詩字字假鍊用事宛約仍多近體惟有韓碑詩一首古體有曰塗抹堯典舜典字點竄清廟生民

詩豈立段碑時躁辭耶

岑參詩亦自成一家蓋嘗從封常清軍其記西域異事甚多如優鉢羅花歌熱海行古今傳記所不載者也

黃魯直愛與郭功父戲謔嘲調雖不當盡信至如曰公做詩費許多氣力做甚此語切當有益於學詩者不可不知也

春水滿四澤夏雲多奇峯秋月揚明輝冬嶺秀孤松此爲長康詩誤編入彭澤集中

元稹作樹萱錄載入夫差墓中見白居易張籍李賀杜牧諸人賦詩皆能記憶句法亦各相似最後老杜亦來賦詩記其前四句云紫領寬袍漉酒巾江頭蕭散作閑人秋風有意吹蘆葉落葉無情下水濱嗟乎若數君子皆不能脫然高蹈猶爲鬼耶殊不可曉也若以爲元稹自造此辭則數公之詩尚可庶幾而少陵四句非元所能道也

唐時有清遠道士同沈恭子游虎丘詩曰余本長殷周遭羅歷秦漢討之至唐則二千餘歲矣顏魯公愛

而刻之且有詩曰客有神仙者於茲雅麗傳蓋稱爲神仙也李衛公追和魯公刻清遠道士詩曰逸人綴清藻前哲留篇翰則逸人指清遠而前哲謂魯公也其後裴日休陸龜蒙輩皆和之仙耶鬼耶則不必辨然僕獨深愛其詩中數句云吟挹川之陰步上山之岸山川共澄澈光彩交凌亂白雲蓊欲歸青草忽消半嗚呼借使非神仙亦一才鬼也

天棘夢青絲江覺範硬差天棘作柳高秀實云天棘天門冬也嘗以秀實之言爲正顧天聲相近又蔓似

青絲又江南徐鉉家本云天棘蔓青絲若蔓生如青絲尤見是天門冬秦州詩云無風雲出塞不夜月臨關無風雲動不夜而月當細思之句法至此古今一人而巳

杜牧之作赤壁詩云折戟沉沙鐵未銷自將磨洗認前朝東風不借周郎便銅雀春深鎖二喬意謂赤壁不能縱火為曹公奪二喬置之銅雀臺上也孫氏霸業繫此一戰社稷存亡生靈塗炭都不問只恐捉了二喬可見措大不識好惡

韓退之聽穎師彈琴詩云浮雲柳絮無根蒂天地闊遠隨飛揚此泛聲也謂輕非絲重非木也啾啾百鳥群忽見孤鳳凰泛聲中寄指聲也躋攀分寸不可上吟繹聲也失勢一落千丈強順下聲也模不曉琴聞之善琴者云此數聲最難工自文忠公與東坡論此詩作聽琵琶詩之後後生隨例云云柳下惠則可吾則不可故特論之少為退之雪冤

黃嗣徽少年時讀書有後聲不幸為後母訴於官隸軍籍王岐公丞相宣借得之題其謀字使抄書一過

觀宋復古郡中所畫山水使子弟賦詩詞藏節諸賢公館之頃刻成一絕句曰匣有瑤琴篋有書稽遲留未卜吾廬主人況是丹青手乞取生涯似畫圖岐公大嗟賞之及問知曲折以故人子奏於朝乞以門客恩澤承務郎特補之命下之日暴卒窮命如此哉

王君玉內翰初登第調揚州江都縣令題九曲池詩云越調隋家曲當年亦九成哀音巳亡國廢沼尚留名儀鳳終沉影鳴蛙祇沸聲凄涼不可問落日背蕪城晏元憲閱詩賞歎薦為館職又嘗乞夢於后土祠

夜得報云君年二十七官至四品時年正二十七大惡之過歲乃稍自安後以禮部侍郎樞密直學士致仕未改官制時正四品年七十二云

五年不出青門道邂逅壽春此一回忽憶秦州貴公子桃花落盡合歸來此高秀實城東寄江愁州詩

羅隱詩云只知事逐眼前過不覺老從頭上來此語殊有味

若有人兮坐山楹雲衣兮霞纓秉芳兮欲寄路漫兮難征獨惆悵而狐疑蹇獨立兮忠貞此寒山詩雜錄

屈宋復生不能過也

蜀陝路間有溪曰韓溪蕭又終追淮陰處也劉涇戶漕題詩一絕云豪傑相從意氣中憐才偏倒爲蕭公後來可是無奇客東閤投名尚不通

李義山錦瑟詩曰錦瑟無端五十絃一弦一柱思華年莊生曉夢迷蝴蝶望帝春心托杜鵑滄海月明珠有淚藍田日暖玉生煙此情何待成追憶只是當時已惘然古今樂志云錦瑟之爲器也其柱如其絃數其聲有適怨清和又云感怨清和昔令狐楚侍人能

彈此四句詩中四句狀此四曲也章子厚曾疑此詩而趙推官深爲說如此

老杜詩不可議論亦不必稱讚苟有所得亦不可不記也如唐太宗相工見之龍鳳之姿天日之表而杜詩云眞氣驚戶牖可謂工而盡又經昭陵詩云文物多師古朝廷半老儒直辭寧戮辱賢路不崎嶇太宗智勇英峙武定天下而能如此最盛德也

古樂府云藁砧今何在言夫也山上復有山言出也何當大刀頭破鏡飛上天言月半當還也王明之在藍縣心有所愛比至京師爲岐公丞相强留之逾時作詩云黃金零落大刀頭玉箸歸期畫到秋紅錦寄魚風逆浪碧簫吹鳳月當樓佇勞知我今宵別香螺窺人一夜愁好去渡江千里夢滿天梅雨是蘇州此詩之巧可傳也

段成式與溫廷筠雲藍紙詩賦序曰予在九江出意造雲藍紙輒分送五十枚其詩曰三十六鱗充使時數番猶得表相思蓋能八十一鱗鯉三十六鱗也至宋景文詩云君軒結戀蕭蕭馬尺素愁憑六六魚又

使六六三十六也

南齊楊侃性豪侈舞人張靜婉腰圍一尺六寸能掌上舞唐人作楊柳枝辭云認得楊家靜婉腰後人誤却家字只使楊靜婉誤矣

元稹微之樂府古題序云詩之爲二十四名賦頌銘贊文誄箴詩行詠吟題怨嘆篇章操引謠謳歌曲辭調皆詩人六義之餘

王筠爲沈約作草木十詠直寫文辭不加篇題約曰此詩指物呈形無假題注東坡作竹鼬鼠詩標寫匪

腦醜陋之態讀之亦是想見風彩漁陽參撾起於禰
衡參字音七鑒反徐鍇引古歌辭以證此字云邊城
晏開漁陽摻黃塵蕭蕭白日暗
李義山賦云豈如河畔牛星隔年祇聞一過不及苑
中人柳終朝剩得三眠注漢苑中有人形柳一日三
起三倒
楊炎歌云雪面淡娥天上女鳳簫鸞翅欲飛去玉釵
翹碧步無塵楚腰如柳不勝春為元載侍姬薛瑤英作
也

五馬事無知者陳正敏云孑孑干旟在浚之都素絲
紕之良馬五之以謂州長建旟作太守事又漢官儀
注駟馬加左驂右騑二千石有左驂以為五馬然前
輩楊劉李宋最號知僻事豈不知讀漢官儀注而疑
之耶故俱存之不敢以為是以俟後之知者
李太白云子夜吳歌動君心李義山詩云鶯能子夜
歌云晉有子夜者善歌非特數也
先伯父熙寧九年四月二十七日夜夢至一處牓曰
清香館東偏有別院東壁有詩牌云魏野上公功德院
山東李白其詩曰秋風吹桂子只在此山中待得蕭
風起還應生桂叢桂叢日以滿清香何時斷只為愛
清香故號清香館伯父自作記夢一篇書之甚詳豐
記季父說少張元豐五年自房陵召還一日忽獨言
曰清香館自後多不屑世間事或默坐終日人莫測
問其曲折
古詩云上山採交藤交藤何首烏也服之令人多壽
生子有采采芣苢之意衛風云伊其相謔贈之以芍
藥陸農師說芍藥破血欲其不成子姓耳不知真有

此意否
季父仲山病中夢至一處泛舟環衣皆奇峯可愛賦
詩云山色濃如滴湖光平如席風月不相識相逢便
相得既寤而言之後數日卒叔父楚若先大父母弟
肅壯而亡少時獨不為時學愛穀梁春秋與鄉郴州
文作詩用事無一言蹈襲者其所著撰號呃奇集自
序曰水激之以亂石則有聲廚藏之以囊器則聲奇
不下者二城田單因而縱兵文獨不待呃而後奇季
兵火間散落不可復得略記其序數句以見其措意

如此

長安慈恩寺有數女仙夜游題詩云黄子陂頭好月明强踏華筵到曉行煙波山色翠黛横折得落花遺恨生化爲白鶴飛去明夜又題一首云湖水團團夜如鏡碧樹紅花相掩映北斗闌干移曉柄有似佳期常不定長安南山下一書生作小圃蒔花木一日有犢車麗女下飲於庭邀書生同席既去作詩云相思無路莫相思風裏楊花只片時惆悵深閨獨歸處曉鶯啼斷綠楊枝皆鬼仙詩婉約可愛

司馬公諱池仁廟朝待制温國文正公之父也作行色詩云冷于陂水淡于秋遠陌初窮見渡頭賴得丹青無畫處畫成應遣一生愁又黄公諱庶魯直之父作大孤山詩云銀山巨浪獨天險比于一片崔嵬心人傳温公家舊有一琉璃盞爲官奴所碎落尹怒令糾録聽温公區處公判云玉爵弗揮典禮雖聞於往記彩雲易散過差宜恕于斯人又魯直作詩用事壓韻皆超妙出人意表蓋其傳襲文章種性如此

饒德操爲僧號倚松道人名曰如璧作詩有句法苕學副其才情不愧前輩也嘗作銘贊古文其作佛米贊謂武將念佛以米記數得三升也將軍念佛難於違辭而曰時平主聖萬國自靖不殺而武不征而正矯矯虎臣無所用命移將東南介我佛會又聞我曹念佛三昧喑嗚叱咤化爲佛聲三令五申易爲佛名一佛一米爲米三升自升而斗自斗而斛念之無窮太倉不足觀此雖柳子厚曲折不過是矣

柳子厚守柳州日築龍城得白石微辨刻畫曰龍城柳神所守驅厲鬼山左首福土氓制九醜此子厚自記也退之作羅池廟碑云福我兮壽我驅厲鬼兮山

之左蓋用此事

唐高宗御群臣宴賞雙頭牡丹詩上官昭容一聯云勢如聯璧友情若臭蘭人計之必一英奇女子也

東坡受知神廟雖謫而實欲用之東坡微解此意論賈誼謫長沙事蓋自況也人作神廟挽詞云別馬空思櫪枯葵已泫霜此非深悲至痛不能道此語在元祐間獲見章作告裕陵文云將帥用命爭酬未報之恩神靈在天難逃不漏之網後人輒謂東坡以微文

謗訕天乎寧有是哉
俞秀老紫芝詩有云有時俗事不稱意無限好山都
上心雖狷然中實人情也
有客泊湘妃廟前夜半偶不寐見輿衛入廟中置酒
鼓瑟心悸不敢窺殆明方散隱隱絕水浮空一因人
廟中見詩四句墨色猶未乾云碧杜紅蘅縹緲香冰
絲彈月弄新凉峯巒向曉渾相似九處堪疑九斷腸
神惟不足言但詩殊佳故錄之
錢昭度能詩嘗作呂申公夷簡生日詩曰磻溪重得

彥周詩話　八　二十八

呂維嶽再生申當時詩格律止此然可謂着題也已
晁無咎在崇寧間次李承之長短句韻以予承之曰
射虎山邊尋舊迹騎鯨海上追前約便與世江湖永
相忘還堪樂不獨用事的確其指意高古深悲而喜
怨似離騷故特錄之
韓退之云横空盤硬語妥帖力排奡蓋能殺縛事實
與意義最難能知其難則可以論詩矣此所以稱孟
東野也
楊舜部友夔長僕十餘歲同在姑蘇時嘗發孫堅
墓楊作詩云闔閭城邊荒古丘昔誰葬者孫將軍
無行客為下馬時有牧童來放牛嗚呼舜部今亡矣
此詩皆工必傳于世也
楊華既奔梁元魏胡武靈后作楊白華歌令宮人連
臂踏之聲甚淒斷柳子厚樂府云楊白華風吹渡江
水坐令宮樹無顏色搖蕩春心幾千里回看落日下
長秋哀歌未斷城烏起言婉而情深古今絕唱也還
舊歌云陽春二三月楊柳齊作花春風一夜入閨闥
楊花飄落入南家含情出戶腳無力拾得楊花淚沾

彥周詩話　八　二十九

臆秋去春來雙燕子願銜楊花入窠裏此辭亦自奇
麗錄之以存古出樂府廣題云
風定花猶舞鳥鳴山更幽世傳荊公改舞字作落字
其語頓工然風定花猶落廼梁謝貞八歲時所作春
日閑居詩也從舅王筠奇之曰追步惠連矣
會老堂口號曰金馬玉堂三學士清風明月兩閑人
初謂清風明月古通用語後讀南史謝譓傳曰入吾
室者但有清風對吾飲者惟當明月歐陽文忠公文
章雖優辭亦精緻如此

老杜衡州詩云悠悠委薄俗鬱鬱回剛腸此語甚悲昔蒯通讀樂毅傳而涕泣後之人亦當有味此而泣者也

陳克子高作贈別詩云淚眼生憎好天色離腸偏惱病心情雖韓渥温庭筠未嘗措意至此

王豐父待制岐公丞相之子少年詞賦登科文章世其家我先伯父狀元實岐公客僕亦獲事待制公世所見者表章序記應用之文耳其詩精密人鮮知者如白髮衰天癸丹砂養地丁意脉貫串尚勝三甲六

丁之語此所謂參禪中參活句也又作柱杖詩云老境得爲丘壑伴醉鄉還勝子孫扶其風味雍容如此天下有公論僕不敢私豐父丈嘗與僕言班孟堅兩都賦華壯第一然只是文辭若叔皮北征賦云劇蒙公之疲民兮爲强秦兮築怨此語不可及僕嘗三復玩味之知前輩觀書自有見處

李夫人賦序云帝悲感爲作詩曰是邪非邪立而望之偏僕因曰此則退之走馬來看立不正之所擬者也

陶彭澤歸去來辭云既自以心爲形役奚惆悵而獨悲是此老悟道處若人能用此兩句出處有餘裕也

東坡詩不可指摘輕議辭源如長河大江飄沙卷沫枯槎束薪蘭舟繡鷁皆隨流矣珍泉幽澗澄澤靈沼可愛可喜無一點塵滓只是體不似江河讀者幸以此意求之

鮮于子駿作九誦東坡大稱之云友屈宋於千載之上覩堯祠舜祠二章氣格高古自東漢以來鮮及前輩稱賛人畧緣實也

世間花卉無踰蓮花者蓋諸花皆藉暄風暖日獨蓮花得意于水月其香清涼雖荷葉無時亦自香也梁江從簡爲採荷調云欲持荷作柱荷弱不勝梁欲持荷作鏡荷暗本無光此語嘲何敬從而波及蓮荷矣

春時穠麗無過桃柳桃之夭夭楊柳依依詩人言之也老杜云顛狂柳絮隨風去輕薄桃花逐水流不知緣誰而波及桃花與楊柳矣

樂府記大言小言詩錄昭明辭而不書始于宋玉何也豈誤耶有說耶

梁武帝作白紵舞辭四句令沈約改其辭爲四時白紵之歌帝辭云朱絃玉柱羅家筵飛管促節舞少年短歌留日未肯前含笑一轉私自憐嗟于麗矣古今富爲第一也

作詩淺易鄙陋之氣不除大可惡客問何從去之僕曰熟讀唐李義山詩與本朝黄魯直詩而深思焉則去也客言李杜詩中說馬如相馬經有能過之者乎僕曰毛詩過之曰六經固不可擬然亦未嘗子細說馬相態行步也僕曰願熟讀之兩驂如舞此騶語所

謂花路羊行是也兩驂如手此騶語所謂熟使與是也思之便覺走過掣電傾城知與神行電邁躡恍忽爲難騎耳

韓退之元和聖德詩云駕龍十二魚魚雅雅其深於詩者耶

裴休題泐潭云泐潭形勝地祖塔在雲湄浩劫有窮日真風無墜時歲華空自老消息竟誰知到此輕塵慮功名自可遺詩格律止此然裴參黄檗好語不不慍不怒也

孤村芳草遠斜日杏花飛大丞相萊國公寇忠愍之語

蜀道觀中鑿井得一碑刻文似賦似贊曰有物有物可大可久採乎蠶食之前用乎火化之後成湯自上而臨下麥父虎中而見受氣應朝光功參夜漏白英聚而雪態黄酥凝而金飄聘制不已神趣鬼聚金歟玉歟天年永壽無著於文訣之在目後有隱士言是漢時陰真人所著鍊丹法後雜著于子玉碑僕恨不得其門戶耶復存之

說郛目錄

弓第八十三

滄浪詩話

宋 嚴羽

詩辯

禪家者流乘有小大宗有南北道有邪正學者須從最上乘具正法眼悟第一義若小乘禪聲聞辟支果皆非正也論詩如論禪漢魏晋與盛唐之詩則第一義也大曆以還之詩則小乘禪也已落第二義矣晚唐之詩則聲聞辟支果也學漢魏晋與盛唐詩者臨濟下也學大曆以還之詩者曹洞下也大抵禪道惟在妙悟詩道亦在妙悟且孟襄陽學力下韓退之遠甚而其詩獨出退之之上者一味妙悟而已惟悟乃爲當行乃爲本色然悟有淺深有分限有透徹之悟有但得一知半解之悟漢魏尚矣不假悟也謝靈運至盛唐諸公透徹之悟也他雖有悟者皆非第一義也吾評之非僭也辯之非妄也天下有可廢之人無可廢之言詩道如是也若以爲不然則是見詩之不廣參詩之不熟耳試取漢魏之詩而熟參之次取晋宋之詩而熟參之次取南北朝之詩而熟參之次取

沈宋王楊盧駱陳拾遺之詩而熟參之次取開元天寶諸家之詩而熟參之次獨取李杜二公之詩而熟參之又盡取晚唐諸家之詩而熟參之又取本朝蘇黃以下諸家之詩而熟參之其真是非自有不能隱者儻猶於此而無見焉則是野狐外道蒙蔽其真識不可救藥終不悟也夫學詩者以識爲主入門須正立志須高以漢魏晉盛唐爲師不作開元天寶以下人物若自退屈即有下劣詩魔入其肺腑之間由立志之不高也行有未至可加工力路頭一差愈騖愈

遠由入門之不正也故曰學其上僅得其中學其中斯爲下矣又曰見過於師僅堪傳授見與師齊減師半德也工夫須從上做下不可從下做上先須熟讀楚詞朝夕諷詠以爲之本及讀古詩十九首樂府四篇李陵蘇武漢魏五言皆須熟讀即以李杜二集枕藉觀之如今人之治經然後博取盛唐名家醞釀胸中久之自然悟入雖學之不至亦不失正路此乃是從頂𩕳上做來謂之向上一路謂之直截根源謂之門謂之單刀直入也　詩之法有五曰體製曰格力曰氣象曰興趣曰音節　詩之品有九曰高曰古曰深曰遠曰長曰雄渾曰飄逸曰悲壯曰淒婉　其用工有三曰起結曰句法曰字眼　其大槩有二曰優游不迫曰沉着痛快　詩之極致有一曰入神詩而入神至矣盡矣蔑以加矣惟李杜得之他人得之蓋寡也　夫詩有別材非關書也詩有別趣非關理也然非多讀書多窮理則不能極其至所謂不涉理路不落言筌者上也詩者吟詠情性也盛唐諸人惟在興趣羚羊掛角無跡可求故其妙處透徹玲瓏不

可湊泊如空中之音相中之色水中之月鏡中之象言有盡而意無窮近代諸公乃作奇特解會遂以文字爲詩以才學爲詩以議論爲詩夫豈不工終非古人之詩也蓋於一唱三歎之音有所歉焉且其作多務使事不問興致用字必有來歷押韻必有出處讀之反覆終篇不知着到何在其末流甚者叫噪怒張殊乖忠厚之風殆以罵詈爲詩詩而至此可謂一厄也然則近代之詩無取乎曰有之吾取其合於古人者而已國初之詩尚沿襲唐人王黃州學白樂天

文公劉中山學李商隱盛文肅學韋蘇州歐陽公學韓退之古詩梅聖俞學唐人平澹處至東坡山谷始自出己意以爲詩唐人之風變矣山谷用工尤爲深刻其後法席盛行海內稱爲江西宗派近世趙紫芝翁靈舒輩獨喜賈島姚合之詩稍稍復就清苦之風江湖詩人多效其體一時自謂之唐宗不知止入聲聞辟支之果豈盛唐諸公大乘正法眼者哉嗟乎正法眼之無傳久矣唐詩之說未唱唐詩之道或有時而明也今既唱其體曰唐詩矣則學者謂唐詩誠止

於是耳得非詩道之重不幸邪故予不自量度輒定詩之宗旨且借禪以爲喻推原漢魏以來而截然謂當以盛唐爲法 後捨漢魏而獨言盛唐者謂古律之體備也 雖獲罪於世之君子不辭也

詩體

風雅頌既亡一變而爲離騷再變而爲西漢五言三變而爲歌行雜體四變而爲沈宋律詩五言起於李陵蘇武 或云枚乘 七言起於漢武柏梁四言起於漢楚王傅韋孟六言起於漢司農谷永三言起於晉夏侯湛九言起於高貴鄉公以時而論則有建安體 漢末年號曹子建及鄴中七子之詩 黄初體 魏年號與建安相接其體一也 正始體 魏年號嵇阮諸公之詩 太康體 晉年號左思潘岳二張二陸諸公之詩 元嘉體 宋年號顏鮑謝諸公之詩 永明體 齊年號齊諸公之詩 齊梁體 通兩朝而言之 南北朝體 通魏周而言之與齊梁體一也 唐初體 唐初猶襲陳隋之體 盛唐體 景雲以後開元天寶諸公之詩 大曆體 大曆十才子之詩 元和體 元白諸公 晚唐體 本朝體 通前後而言之 元祐體 蘇黄陳諸公 江西宗派體 山谷爲之宗 以人而論則有蘇李體 李陵蘇武也 曹劉體 子建公幹也 陶體 淵明也 謝體 靈運也 徐庾體 徐陵庾信也 沈宋體 佺期之問也 陳拾遺體 陳子昂也

王楊盧駱體 王勃楊炯盧照鄰駱賓王 張曲江體 始興文獻公九齡也 少陵體 太白體 高達夫體 高常侍適也 孟浩然體 岑嘉州體 岑參 王右丞體 王維 韋蘇州體 韋應物也 韓昌黎體 柳子厚體 韋柳體 蘇州與儀曹合言之 李長吉體 李商隱體 即西崑體也 盧仝體 白樂天體 元白體 微之樂天其體一也 杜牧之體 張籍王建體 謂樂府之體同也 賈浪仙體 孟東野體 杜荀鶴體 東坡體 山谷體 后山體 后山本學杜其語似之者但數篇他或似而不全又其他則本其自體耳 王荊公體 公絶句最高其得意處高出蘇黄陳之上而與唐人尚隔一關 邵康節體 陳簡齋

體陳去非與義也亦江西之派而小異楊誠齋體其初學半山后山最後亦學絕句於唐人已而盡棄諸家之體而別出機杼蓋其自序如此也又有所謂選體選詩時代不同體製隨異今人例謂五言古詩爲選體非也柏梁體漢武帝與羣臣共賦七言每句用韻後人謂此體爲柏梁體玉臺體玉臺集乃徐陵所序漢魏六朝之詩皆有之或者但謂纖艷者玉臺體其實則不然西崑體即李商隱體然兼溫庭筠及本朝楊劉諸公而名之也香奩體韓偓之詩皆裾裙脂粉之語有香奩集宮體梁簡文傷於輕靡時號宮體其他體製尚或不一然大槩不出此耳有古詩有近體即律詩也有絕句有雜言有三五七言自三言而終以七言隋鄭世翼有此詩秋風清秋月明落葉聚還散寒鴉棲復驚相思相見知何日此時此夜難爲情有半五六言晉傅玄鴻鴈生塞北之篇是也

有一字至七字唐張南史雪月花草等篇是也又隋人應詔有三十字凡三句七言一句九言不足爲法故不列於此也有三句之歌高祖大風歌是也古華山畿二十五首多三句之詞其他古詩多如此者有兩句之歌荆卿易水歌是也又古詩有青驄白馬共戲樂女兒子之類皆兩句之詞也有一句之歌漢書枹鼓不鳴董少年一句之歌也又漢童謠千乘萬騎上北邙梁童謠青絲白馬壽陽來皆一句也有口號或四句或八句有歌行古有鞠歌行放歌行長歌行短歌行又有單以歌名者行名者不可枚述有樂府漢成帝定郊祀立樂府采齊楚趙魏之聲以入樂府以其音詞可被於絃歌也樂府俱備衆體兼統衆名也有楚詞屈原以下倣楚詞者皆謂之楚詞有琴操古有水仙操辛德源所作別鶴操高陵牧子所作有謠沈炯有獨酌謠王昌齡有箜篌謠穆天子之傳有白雲謠也曰吟古詞有隴頭吟

孔明有梁父吟相如有白頭吟曰詞選有漢武秋風詞樂府有木蘭詞曰引古曲有霹靂引走馬引飛龍引曰詠選有五君詠唐儲光羲有羣鴻詠曰曲古有大堤曲梁簡文有烏棲曲曰篇選有名都篇京洛篇白馬篇曰唱魏武帝有氣出唱曰弄古樂府有江南弄曰長調曰短調有四聲有八病四聲設於周顒八病嚴於沈約八病謂平頭上尾蜂腰鶴膝大韻小韻旁紐正紐之辨作詩正不必拘此蔽法不足據也又有以歎名者古詞有楚妃歎明君歎以愁名者文選有四愁樂府有獨處愁以哀名者選有七哀少陵有八哀以怨名者古詞有寒夜怨玉階怨以思名者太白有靜夜思以樂名者齊武帝有估客樂宋臧質有石城樂以別名者子美有無家別垂老別新婚別有全篇雙聲疊韻者東坡經字韻詩是也有全篇

字皆平聲者天隨子夏日詩四十字皆是平又有一句全平一句全仄者有全篇字皆仄聲者梅聖俞酌酒與婦飲之詩是也有律詩上下句雙用韻者第一句第三五七句押一仄韻第二句第四六八句押一平韻者唐章碣有此體不足爲法謾列於此以備其體耳又有四句平入之體四句仄入之體無關詩道今皆不取有轆轤韻者雙出雙入有進退韻者一進一退有古詩一韻兩用者文選曹子建美女篇有兩難字謝康樂述祖德詩有兩入字後多有之有古詩一韻三用者文選任彥昇哭范僕射詩三用情字也有古詩三韻六七用者古焦仲卿妻詩是也有古詩重用二十許韻者焦仲卿妻詩是也有古詩旁取六七許韻者韓退之此日足可惜篇是也凡雜用東江陽庚青六韻歐陽公謂退之遇寬韻

故考入他韻非也此乃用古韻耳於集韻自見之 有古詩全不押韻者 古採蓮曲是也 有律詩至百五十韻者 少陵有古韻律詩白樂天亦有之而本朝王黃州有百五十韻五言律 有律詩止三韻 唐人有六句五言律如李益詩漢家今上郡秦塞古長城有日雲常慘無風沙自驚當今天子聖不戰四方平是也 有律詩徹首尾對者 少陵多此體不可槩舉 有律詩徹首尾不對者 盛唐諸公有此體如孟浩然詩掛席東南望青山水國遙舳艫爭利涉來往接風潮問我今何適天台訪石橋坐看霞色曉疑是赤城標又水國無邊際之篇又太白牛渚西江夜之篇皆文從字順音韻鏗鏘八句皆無對偶 有後章字接前章者 曹子建贈白馬王彪之詩是也 有四句通義者 如少陵神女峯娟妙昭君宅有無曲留明怨惜夢盡失歡娛是也 有絕句折腰者 有八句

折腰者 有擬古 有連句 有集句 有分題 古人分題或各賦一物如云送某人分題得某物也或曰探題 有分韻 有用韻 有和韻 有借韻 如押七之韻可借八微或十二齊韻是也 有協韻 楚詞及選詩多用協韻 有今韻 有古韻 如退之此日足可惜詩用古韻也蓋選詩多如此 有古律 陳子昂及盛唐諸公多此體 有今律 有頷聯 有頸聯 有發端 有落句 結句也 有十字對 劉眘虛滄浪千萬里日夜一孤舟 有十字句 常建一徑通幽處禪房花木深等是也 有十四字對 劉長卿江客不堪頻北望塞鴻何事又南飛是也 有十四字句 崔顥黃鶴一去不復返白雲千載空悠悠又太白鸚鵡西飛隴山去芳洲之樹何青青是也 有扇對 又謂之隔句對如鄭都官昔年共照松溪影松折碑荒僧已無今日還思錦城事雪消花謝夢何如是也蓋以第一句對第三句第二句對第四句 有借對 孟浩然廚人具雞黍稚子摘楊梅太白水舂雲母碓風掃石楠花少陵竹葉於人既無分菊花從此不須開是也 有就句對 又曰當句有對如少陵小院迴廊春寂寂浴鳧飛鷺晚悠悠李嘉祐孤雲獨鳥川光暮萬里千山海氣秋是也前輩於文亦多此體如王勃龍光射斗牛之墟徐孺下陳蕃之榻乃就句對也 論雜體則有風人 上句述其語下句釋其義如古子夜歌讀曲歌之類則多用此體 藁砧 古樂府藁砧今何在山上復有山何當大刀頭破鏡飛上天辭隱語也 五雜俎 見樂府 兩頭纖纖 亦見樂府 盤中 玉臺集有此詩蘇伯玉妻作寫之盤中屈曲成文也 迴文 起於竇滔之妻織錦以寄其夫也 反覆 舉一字而誦皆成句無不押韻反覆成文也李公詩格有此二十一字詩 離合 字相拆合成文孔融漁父屈節之詩是也

雖不關詩之重輕其體製亦古 建除 鮑明遠有建除詩每句首冠以建除平定等字其詩雖佳蓋鮑本工詩非因建除之體而佳也 字謎 人名 卦名 數名 藥名 州名 如此詩只成戲謔不足法也 又有六甲十屬之類 及藏頭歇後等體 今皆削之近世有李公詩格泛而不備惠洪天廚禁臠最為誤人今此卷有旁參二書者蓋其是處不可易也

詩法

學詩先除五俗一曰俗體二曰俗意三曰俗句四曰俗字五曰俗韻 有語忌有語病語病易除語忌難除語病古人亦有之惟語忌則不可有 須是本色

須是當行　對句好可得結句好難得發句好尤難
得　發端忌作舉止收拾貴在出場　不必太着題
不必多使事　押韻不必有出處用事不必拘來歷
下字貴響造語貴圓　意貴透徹不可隔靴搔痒
語貴脫洒不可拖泥帶水　最忌骨董最忌趂貼
語忌直意忌淺脉忌露味忌短音韻忌散緩亦忌廹
促　詩難處在結裹譬如番刀須用北人結裹若南
人便非本色　須參活句勿參死句　詞氣可頡頏
不可乖戾　律詩難於古詩絕句難於八句七言律

詩難於五言律詩五言絕句難於七言絕句　學詩
有三節其初不識好惡連篇累牘肆筆而成既識羞
愧始生畏縮成之極難及其透徹則七縱八橫信手
拈來頭頭是道矣　看詩須着金剛眼睛庶不眩於
旁門小法（禪家有金剛眼睛之說）　辯家數如辯蒼白方可言詩
（荊公評文章先體製而後文之工拙）詩之是非不必爭試以己詩置之
古人詩中與識者觀之而不能辨則真古人矣

詩評

大曆以前分明別是一副言語晚唐分明別是一副
言語本朝諸公分明別是一副言語如此見方許具
一隻眼　盛唐人有似麁而非麁處有似拙而非拙
處　五言絕句衆唐人是一樣少陵是一樣韓退之
是一樣王荊公是一樣本朝諸公是一樣　盛唐人
詩亦有一二濫觴晚唐者晚唐人詩亦有一二可人
盛唐者要當論其大槩耳　唐人與本朝人詩未論
工拙直是氣象不同　唐人命題言語亦自不同雜
古人之集而觀之不必見詩望其題引而知其爲唐
人今人矣　大曆之詩高者尚未失盛唐下者漸入

晚唐矣晚唐之下者亦墮野狐外道鬼窟中　或問
唐詩何以勝我朝唐以詩取士故多專門之學我朝
之詩所以不及也　詩有詞理意興南朝人尚詞而
病於理本朝人尚理而病於意興唐人尚意興而理
在其中漢魏之詩詞理意興無迹可求　漢魏古詩
氣象混沌難以句摘晉以還方有佳句如淵明採菊
東籬下悠然見南山謝靈運池塘生春草之類謝所
以不及陶者康樂之詩精工淵明之詩質而自然耳
謝靈運之詩無一篇不佳　黃初之後惟阮籍詠

懷之作極爲高古有建安風骨晉人舍陶淵明阮嗣宗外惟左太沖高出一時陸士衡獨在諸公之下　顏不如鮑鮑不如謝文中子獨取顏非也　建安之作全在氣象不可尋枝摘葉靈運之詩已是徹首尾成對句矣是以不及建安也　謝朓之詩已有全篇似唐人者當觀其集方知之　戎昱在盛唐爲最下已濫觴晚唐矣戎昱之詩有絕似晚唐者權德輿之詩却有絕似盛唐者權德輿或有似韋蘇州劉長卿處　冷朝陽在大曆才子中爲最下馬戴在晚唐諸

人之上劉滄呂溫亦勝諸人李頻不全是晚唐間有似劉隨州處陳陶之詩在晚唐人中最無可觀薛逢最淺俗　大曆以後吾所深取者李長吉柳子厚劉言史權德輿李涉李益耳　大曆後劉夢得之絕句張籍王建之樂府吾所深取耳　李杜二公正不當優劣太白有一二妙處子美不能道子美有一二妙處太白不能作　子美不能爲太白之飄逸太白不能爲子美之沉鬱太白夢遊天姥吟遠離別等子美不能道子美北征兵車行垂老別等太白不能作論

詩以李杜爲準挾天子以令諸侯也　少陵詩法如孫吳太白詩法如李廣少陵如節制之師　少陵詩憲章漢魏而取材於六朝至其自得之妙則前輩所謂集大成者也　觀太白詩者要識真太白處太白天才豪逸語多卒然而成者學者於每篇中要識其安身立命處可也太白發句謂之開門見山　李杜數公如金鳷擘海香象渡河下視郊島輩直蟲吟草間耳　人言太白仙才長吉鬼才不然太白天仙之詞長吉鬼仙之詞耳　玉川之怪長吉之瑰詭天地

間自欠此體不得　高岑之詩悲壯讀之使人感慨孟郊之詩刻苦讀之使人不懽楚詞惟屈宋諸篇當讀之外惟賈誼懷長沙淮南王招隱操嚴夫子哀時命宜熟讀此外亦不必也　九章不如九歌九歌哀郢尤妙　前輩謂大招勝招魂不然　讀騷之久方識真味須歌之抑揚涕洟滿襟然後爲識離騷否則如戛釜撞甕耳　唐人惟柳子厚深得騷學退之李觀皆所不及若皮日休九諷不足爲騷　韓退之琴操極高古正是本色非唐賢所及　釋皎然之詩在

唐諸僧之上唐詩僧有法震法照無可護國靈一清
江無本齊己貫休也　集句惟荆公最長胡笳十八
拍混然天成絶無痕迹如蔡文姬肺肝間流出　擬
古惟江文通最長擬淵明似淵明擬康樂似康樂擬
左思似左思擬郭璞似郭璞獨擬李都尉一首不似
西漢耳　雖謝康樂擬鄴中諸子之詩亦氣象不類
至於劉玄休擬行行重行行等篇鮑明遠代君子有
所思之作仍是其自體耳　和韻最害人詩古人酬
唱不次韻此風始盛於元白皮陸本朝諸賢乃以此

而鬬工遂至往復有八九和者　孟郊之詩憔悴枯
槁其氣局促不伸退之許之如此何耶詩道本正大
孟郊自爲之艱澁耳　孟浩然之詩諷詠之久有金
石宫商之聲　唐人七言律詩當以崔灝黄鶴樓爲
第一　唐人好詩多是征戍遷謫行旅離别之作往
往能感動激發人意　嵇子卿詩幸有絃歌曲可以
喻中懷請爲遊子吟冷冷一何悲絲竹屬清聲慷慨
有餘哀長歌正激烈中心愴以摧欲展清商曲念子
不能歸今人觀之必以爲一篇重複之甚豈特如蘭

亭絲竹管絃之語耶古詩正不當以此論之也　十
九首青青河畔草鬱鬱園中柳盈盈樓上女皎皎當
窻牖娥娥紅粉粧纖纖出素手一連六句皆用疊字
今人必以爲句法重復之甚古詩正不當以此論之
也　任昉哭范僕射詩一首中凡兩用生字韻三用
情字韻夫子值狂生千齡萬恨生猶是兩義猶我故
人情生死一交情欲以遣離情三情字皆用一意
天厨禁臠謂平韻可重押若或平或仄則不可彼但
以八仙歌言之耳何見之陋邪詩話謂東坡兩耳韻

兩耳義不同故可重押要之亦非也　劉公幹贈五
官中郎將詩昔我從元后整駕至南鄉過彼豐沛都
與君共翺翔元后蓋指曹操也至南鄉謂伐劉表之
時豐沛都喻操譙郡也王仲宣從軍詩云籌策運帷
幄一由我聖君聖君亦指曹操也又曰竊慕負鼎翁
願厲朽鈍姿是欲效伊尹負鼎干湯以伐桀也是時
漢帝尚存而二子之言如此一曰元后二曰聖君正
與荀彧比曹操爲高光同科或以公幹平視美人爲
不屈是未爲知人之論春秋誅心之法二子其何辭

古人贈答多相勉之詞蘇子卿云願君崇令德隨時愛景光李少卿云努力崇明德皓首以爲期劉公幹云勉哉修令德北面自寵珍杜子美云君若登台輔臨危莫愛身往往是此意有如高達夫贈王徹云吾知十年後季子多黄金金多何足道又甚於以名位期人者此達夫偶然漏逗處也

考證

少陵與太白獨厚於諸公詩中凡言太白十四處至謂世人皆欲殺吾意獨憐才醉眠秋共被携手日同

行三夜頻夢君情親見君意其情好可想遯齋閑覽謂二人名旣相逼不能無相忌是以庸俗之見而度賢哲之心也予故不得不辯　古詩十九首非止一人之詩也行行重行行樂府以爲枚乘之作則其他可知矣　古詩十九首行行重行行玉臺作兩首自越鳥巢南枝以下别爲一首當以選爲正　文選長歌行只有一首青青園中葵者郭茂倩樂府有兩篇次一首乃仙人騎白鹿者仙人騎白鹿之篇予疑此詞岩岩山上亭以下其義不同當又别是一首郭茂倩不能辨也　文選飲馬長城窟古詞無人名玉臺以爲蔡邕作　古詞之不可讀者莫如巾舞歌文義漫不可解又古將進酒芳樹石留陳章行等篇皆使人讀之茫然又朱鷺雉子班艾如張思悲翁上之回等只二三句可解豈非歲久文字舛訛而然耶　木蘭歌促織何唧唧文苑英華作　唧何切切又作歷歷樂府作唧唧復唧唧又作促織何唧唧當從樂府也　願馳千里足郭茂倩樂府作願借明駝千里足酉陽雜俎作願馳千里明駝足漁隱不考妄爲之辨

木蘭歌最古然朔氣傳金柝寒光照鐵衣之類已似太白必非漢魏人詩也　木蘭歌文苑英華直作韋元甫名字郭茂倩樂府有兩篇其後篇乃元甫所作也　班婕妤怨歌行文選直作班姬之名樂府以爲顔延年作　孔明梁父吟步出齊東門遥望蕩陰里樂府解題作遥望陰陽里青州有陰陽里田疆古冶子解題作田疆固野子　南北朝人惟張正見詩最多而最無足省發所謂雖多亦奚以爲　西清詩話載晁文元家所藏陶詩有問來使一篇云爾從山

中來早晚發天目我屋南山下今生幾蘗薔薇葉已抽秋蘭氣當馥歸去來山中山中酒應熟予謂此篇誠佳然其體製氣象與淵明不類得非太白逸詩後人謾取以入陶集爾　文苑英華有太白代寄翁參樞先輩七言律一首乃晚唐之下者又有五言律三首其一送客歸吳其二送友生遊峽中其三送袁明甫任長江集本皆無之其家數在大曆正元間亦非太白之作又有五言雨後望月一首對雨一首望夫石一首冬日歸舊山一首皆晚唐之語又有秦樓

出佳麗四句亦不類太白皆是後人假名也　文苑英華有送史司馬赴崔相公幕一首云崢嶸丞相府清切鳳皇池羨爾瑶臺鶴高棲瓊樹枝歸飛晴日好吟弄惠風吹正有乘軒樂初當學舞時珍禽在羅網微命若遊絲願托周周羽相銜漢水湄此或太白之逸詩也不然亦是盛唐人之作　太白集中少年行只有數句類太白其他皆淺近浮俗決非太白所作必誤入也　迎旦東風騎蹇驢絕句決非盛唐人氣象只似白樂天言語今世俗圖畫以爲少陵詩漁隱亦辯其非矣而黃伯思編入杜集非也　少陵有避地逸詩一首云避地歲時晚竄身筋骨勞詩書遂墻壁奴僕且旌旄行在僅聞信此生隨所遭神堯舊天下會見出腥臊題下公自註云至德三載丁酉作此則真少陵語也今書市集本並不見有　舊蜀本杜詩並無註釋雖編年而不分古近二體其間略有公自註而已今豫章庫本以爲翻鎮江蜀本雖分雜註又分古律其編年亦且不同近寶慶間南海漕臺開杜集亦以爲蜀本雖刪去假坡之註亦有王原叔以

下九家而趙註比他本最詳皆非舊蜀本也　杜集註中坡曰者皆是托名假僞漁隱雖嘗辨之而人尚疑者蓋無至當之說以指其僞也今舉一端將不辨而自明矣如楚岫八峰翠註云景差蘭亭春晝千峰楚岫碧萬木郢城陰且五言始於李陵蘇武或云枚乘漢以前五言古詩尚未有之寧有戰國時已有五言律句耶觀此可以一笑而悟矣雖然亦幸而有此漏逗也　杜註中師曰者亦坡曰之類但其間半僞半真尤爲殽亂惑人此深可嘆然具眼者自默識之

耳　崔灝渭城少年行百家選作兩首自秦川已下別爲一首郭茂倩樂府止作一首文苑英華亦止作一首當從樂府英華爲是矣　玉川子天下薄夫苦耽酒之詩荆公百家詩選止作一篇本集自天上白日悠悠懸以下別爲一首當從荆公爲是　太白詩斗酒渭城邊壚頭耐醉眠乃岑參之詩誤入太白塞上曲騮馬新跨紫玉鞍者乃王昌齡之詩亦誤入昌齡本有二篇前篇乃秦時明月漢時關也　孟浩然有贈孟郊一首按東野乃貞元元和間人而浩然殁於開元二十八年時代懸遠其詩亦不似浩然必誤

入　杜詩五雲高太甲六月曠摶扶太甲之義殆不可曉得非高太乙耶乙與甲盖亦相近以星對風亦從其類也至於杳杳東山攜漢妓亦無義理疑是攜妓去盖子美身於絶句喜對偶耳應度如此更俟宏識　王荆公百家詩選盖本於唐人英靈間氣集其初明皇德宗薛稷劉希夷韋述之詩無少增損次序亦同孟浩然止增其數儲光羲後方是荆公自去取[illegible]讀之盡佳非其選擇之精盖盡唐人詩無不可

觀者至於大曆已後其去取深不滿人意况唐人如沈宋王楊盧駱陳拾遺張燕公張曲江賈至王維獨孤及韋應物孫逖祖詠劉眘虛綦毋潛劉長卿李長吉諸公皆大名家李杜韓柳以家有其集故不載而此集無之荆公當時所選當據宋次道之所有耳其序乃言觀唐詩者觀此足矣豈不誣哉今人但以荆公所選歛袵而莫敢議可嘆也　荆公有一家但取一二首而不可讀者如曹唐二首其一首云年少風流好丈夫大家望拜漢金吾閑眠曉日聽啼鴂笑倚春風伏轆轤深院吹笙從漢婢靜街調馬任奚奴牡

丹花下鈎簾畔獨倚紅肌捋虎鬚此不足以書屏幛可以與閭巷小人文背之詞又買劍一首云青天露坂雲霓泣黑地潛驚鬼魅愁但可與師巫念誦耳予嘗見方子通墓誌唐詩有八百家子通所藏有五百家今則世不見有惜哉　柳子厚漁翁夜傍西巖宿之詩東坡删去後二句使子厚復生亦必心服謝朓洞庭張樂地瀟湘帝子遊雲去蒼梧野水還江漢流停驂我悵望輟棹子夷猶廣平聽方藉茂陵將見

求心事俱已矣江上徒離憂予謂廣平聽方藉茂陵
將見求一聯刪去只用八句方爲渾然不知識者以
爲何如

珊瑚鉤詩話卷一

宋　張表臣

古之聖賢或相祖述或相師友生乎同時則見而師之生乎異世則聞而師之仲尼祖述堯舜憲章文武顏回學孔子孟軻師子思之類是也義易成于四聖詩書歷乎帝王晉之乘楚之檮杌魯之春秋其義一也孔子曰其事則齊桓晉文其文則史其義則丘竊取之矣楊雄作太玄以準易法言以準論語作賦箴皆有所準班孟堅作二京賦擬上林子虛左太沖作

三都賦擬二京屈原作九章而宋玉述九辯枚乘作七發而曹子建述七啓張衡作四愁而仲宣述七哀陸衡作擬古而江文通述雜體雖華藻隨時而體律相倣李唐羣英唯韓文公之文李太白之詩務其陳言多出新意至于盧仝貫休輩效其顰張籍皇甫湜輩學其步則怪且醜僵且仆矣然退之南山詩乃類杜甫之北征進學解乃同于子雲之解嘲鄆州溪堂之什依于國風平淮西碑之文近于小雅則知其有所本矣近代歐公醉翁亭記步驟類阿房賦畫錦堂

記議論設盤谷序東坡黃樓賦氣力同乎晉問赤壁賦卓絕近于雄風則知有自來矣而韓文公廟記鍾子巽哀詞時出險怪葢游戲三昧閒一作之也善學者當先量力然後措詞未能祖述憲章便欲超騰飛翥多見其喑噎而狼狽矣

杜甫云軒墀曾寵鶴杜牧云欲把一麾江海去皆用事之誤葢衞懿公好鶴鶴有乘軒者則軒車之軒耳非軒墀也顏延年詩云屢薦不入官一麾乃出守則麾麾去耳非麾旄也然子美讀萬卷書不應如是殆

傳寫之繆若云軒則善矣牧之豪放一時引用之誤或有之耶

東坡讀隋書地理誌云黃州永安郡州東有永安城圖經謂春申君故城葢非是春申之居乃在吳國今無錫惠山有春申君廟庶幾是乎予謂楚都申郢故黃歇封于春申如齊之孟嘗魏之信陵趙之平原各在其地也黃之永安爲春申故城葢始封也謂之春者蘄春壽春是也謂之申者申光之閒是也其必兼二城而封焉猶田文之食嘗薛耳後楚并吳秦侵申郢楚遷壽春黃歇始請吳之故宮都焉然行相事亦嘗去國所以有廟者後人作之也

東坡作詩歎賈梁道爲魏忠臣然不能紹其子於後而使充懷姦附晉以首成濟之禍予無羞徐世勣爲唐佐命乃不能正其君于初而使敬業發憤僞周以倡誅武之謀嗚呼豈忠孝之道父不能傳之于其子子不能獻之于其父耶熙豐閒王氏變法新進附之而仲弟平甫幾焉不其賢乎呂公守正舊交佐之而子弟之背焉不其戾乎噫是是非非非是是非人各

有心不可革而化耶安得穪十二家世濟忠誠者乎

黃帝史倉頡四目神明觀察衆象始爲古文古文者科斗是也周宣史籀變古文而爲大篆是謂籀文秦焚詩書丞相李斯始變籀文而爲小篆是名玉箸獄吏程邈刱作新書法務徑捷是名隸書後漢王次仲初作八分是爲楷法楷法之變行草生焉張伯英王右軍之徒善之此古今通行之書體也篆法又有繆書者不知所起用以書符印取綢繆糾纏之象有倒薤者世傳務光辭湯之禪居清泠之陂植薤而食清

鳳時至見棐交偃像爲此書以寫道經有鳥書者周史佚作所寫赤雀丹烏之祥以書旂幡取飛翔之狀有懸針者漢曹喜所作象針鋒纖抽之勢以書五經篇目取貫穿經指之義有垂露者亦喜所掰取草木婀娜垂露之象皆出新意有飛白者生于隸法漢靈帝施理鴻都門蔡邕見役人以堊成字心有悅焉歸而作之用以題宮殿門榜有散隸者小變隸體晉黃門郎衛巨山所作也又云兼善蟲書或云蟲書卽蟲爲之書予疑鳥書自謂雀烏之祥專作禽鳥之象當

別有蟲篆如孫臏斬龐涓于古木之下作蟲書以揭之今人傳寫蟲蛾之狀殆其遺法耶

東坡云董如郎中安丘人能詩于寶元康定間其書尤工而人莫知僕以爲勝李西臺也豫章與李端叔書云比得荆州一詩人高荷極有筆力使之淩厲中州恐不減晁張恨公不識耳夫高董之詞翰二公稱道如此必非尋常者而人或不知識剡今之世抱負材術而嗟不遇者可勝歎哉

東坡先生人有尺寸之長瑣屑之文雖非其徒驟加獎借如曇秀吹將草木作天香妙總知有人家住翠微之句仲殊之曲惠聰之琴皆咨嗟嘆美如恐不及至于士大夫之善又可知也觀其措意葢將攬天下之英才提拂誘掖教載成就之耳夫馬一驂驥坂則價十倍士一登龍門則聲烜赫足以高當時而名後世矣嗚呼惜公逝矣而吾不及見之矣

予讀杜詩云江漢思歸客乾坤一腐儒功業頻看鏡行藏獨倚樓歎其含蓄如此及云虎氣必騰上龍身寧久藏蛟龍得雲雨鵰鶚在秋天則又駭其奮迅也

草深迷市井地僻懶衣裳經心石鏡月到面雪山風愛其清曠如此及云退朝花底散歸院柳邊迷君隨丞相後我住日華東則又怪其華豔也久客得無淚故妻歎及晨囊空恐羞耻留得一錢看嗟其窮愁如此及云香霧雲鬟濕清輝玉臂寒笑時花近靨舞罷錦纏頭則又疑其侈靡也至讀識歸龍鳳質威定虎狼都風塵三尺劍社稷一戎衣則又見其發揚而蹈厲矣五聖聯龍袞千官列鴈行聖圖天廣大宗祀日光輝則又得其雄深而雅健矣許身一何愚自比稷

與契雖乏諫諍忞恐君有遺失則又知其許國而愛
君也對食不能飧我心殊未諧人生無家别何以爲
烝黎則知其傷時而憂民也未聞夏商衰中自誅褒
妲堂堂太宗業樹立甚宏達斯則隱惡揚善而春秋
之義耳巡非瑤水遠迹是雕墻後天王守太白竚立
更搔首斯則愛深思遠而詩人之旨耳至于上有蔚
藍天垂光抱瓊臺風帆倚翠蓋暮把東皇衣乃神僊
之致耶惟有摩尼珠可照濁水源欲闘弟一義回向
心地初乃佛乘之義耶嗚呼有能窺其一二者便可

名家況深造而具體者乎此予所以稚齒服膺華顛
未至也

韓退之作羅池廟碑迎饗送神詩蓋出于離騷而晁
无咎効之作楊府君碣系云范之山兮石水砥木蕭
蕭兮草靡靡侯愛我邦兮歸萬里山中入兮春復秋
日慘慘兮雲幽幽侯壯長兮所居游侯之來兮民喜
風飄帷兮雨霑几鼓淵淵兮舞侯飛紛進拜兮侯鄉
里侯不可見兮德可思侯行不來兮民心悲謂侯飲
食兮無去斯福爾之土兮以慰民之思予謂雖之韓

文中豈復可辨耶

度世古玄歌云始青之下月與日兩半銅斗合成一
大如彈丸黄如橘就中佳味甜如蜜出彼玉堂入金
室子若得之慎勿失退之樊宗師銘云惟古于詞必
已出降而不能乃剽賊後皆指前公相襲從漢迄今
用一律寥寥久哉莫覺屬神祖聖伏道絶塞既極乃
通發紹述文從字順各有職有欲求之此其躅宋子
京堂姦臣贊云三宰嘯凶牝奪晨林甫將蕃黄屋奔
鬼質敗謀興元甦崔栁倒持李宗覆韓宗之文皆宗

於古然退之爲之則有餘一京勉之則不足又施於
史詞似非所宜矣

高郵陸仲仁畫王右軍支道林許遠游三高圖以獻
晁以道以道命予題詩于後中有云巳乘雲氣驂鳳
麟六百餘歲無斯民想像壁月何當覩虎頭摩詰俱
泯淪誰其畫者陸仲仁遠紹乃祖高無倫以道歎曰
後世視陸生爲何等人耶予觀高郵寺壁曹仁熙畫
水感事傷時呈以道舍人舍人先有題詠高不可及
予詩云曹生畫手信有神毫端風雨生霧浯波濤不

合來翻屋鮫鰐何須欲噬人湯湯此水勢方割陽侯齊怒馮夷搏鼈擲鯨呿海岳驚霧塞雲昏光景薄開元將軍愛驊騮拳奇滅沒監九州時危徵物豈易得寫此尚可銷人憂未有乃孫畫乃水遍客見之心欲死雷奔電擊走中原魚怖龍愁寧忍視先生道眼高崑崙耶將妙語破迷津中流險絕待舟楫四海浩蕩須經綸我衰甘作淮海客身脫垂涎頭雪白驚心未定畏湍湍欲覓平波泛家宅比身端的老江湖雨笠煙簑是所圖他年但飽揚州米今日寧論覔杜珠以

道攬之云此詩波瀾亦可駭矣因舉昔人云斯文可愛可畏亦可姤也

詩以意爲主又須篇中練句句中練字乃得工耳以氣韻清高深眇者絕以格力雅健雄豪者勝元輕白俗郊寒島瘦皆其病也

篇章以含蓄天成爲上破碎雕鎪爲下如楊大年西崑體非不佳也而弄斤操斧太甚所謂七日而混沌死也以平夷恬澹爲上怪險蹶趨爲下如李長吉錦囊句非不奇也而牛鬼蛇神太甚所謂施諸廊廟則駭矣

椅靡不可不擇也不擇則龍蛇蛙蚓往往相雜矣瑕瑜不可不知也不知則瓊盃玉斝且多玷缺矣

斯文盛于漢魏之前而衰于齊梁之後杜老云縱使王揚操翰墨劣于漢魏近風騷又云竊攀屈宋宜方駕恐與齊梁作後塵意謂是耳

退之作南海神廟碑序祀事之大神次之尊固已讀之令人生肅恭之心其述孔公嚴天子之命必躬必親云遂陞舟風雨少弛雲馭陰解日光穿漏又云省

牲之夕載陽載陰將事之夜天地開除月星明穊五鼓既作牽牛正中公乃盛服以入卽事又云牲肥酒香神具醉飽百神祕怪恍惚畢出蜿蜿蜒蜒來饗飲食又云祥飈送馭旗纛旄麾飛揚晻靄穹龜長魚踴躍後先其造語用字一至如此不知何物爲五臟何物爲心胸耶

又退之大理評事王適墓誌云聞金吾李將軍年少喜士乃蹐門告曰天下奇男子王適願見白事一見語合意盡從史節度昭義軍張甚怒視法度士欲闖

無顧忌大語有以君平生告者即遣客鈎致君曰丑子不足以共事立謝客仕至鳳翔判官不樂去王涯獨孤郁欲薦不可疴卒銘曰咢也不可以柽車馬也不可使守閫佩王長裾不利走趨祇繫其逢不繫巧愚不諧其須有銜不袪鑚石埋銘以列幽爈予歎曰斯文中之虎耶晁無咎爲其季父沈丘縣令端中作誌亦無蓰行事但嗟其不遇而云詩文章隷則元和以前勝士也黄庭堅見而歎曰永懐而善悠鬱然類驛黄未嘗以此許人也銘曰目賤耳貴藍田之璞以

爲塊東家尚儞而況乃雄輩虎炳不玩以遠沒身雜蓀蕙以爲辭兮以慰夫離散之魂擧斯世而一人知兮則吾不既以聞尚遺此後晁子曰斯文中之鳳耶不然何魁雄如彼而焕爛若是乎

金陵鳳凰臺在城之東南四顧江山下窺井邑古題詠惟讁僊爲絶倡其詩曰鳳凰臺上鳳凰游鳳去臺空江自流吳時花草埋幽徑晋代衣冠成古丘三山半落青天外二水中分白鷺洲總爲浮雲能蔽日長安不見使人愁予游覽壁間刻宋齊丘詩與梁棟間懸令人詩而乃無此篇予作絶句曰騎鯨僊伯已淩波奈爾三山二水何地老天荒成脉脉鳳凰臺上獨來過

睢陽雙廟俗謂之五侯廟雙廟者爲張許忠烈而始建廟也五侯者南雷賈與同功皆受封爵亦作其像於廡廡耳古今歌詠惟王荆公黄豫章爲警策王詩云就死得處所至今猶耿光此獨身如在誰令國不亡黄詩云縱使賀蘭非長者未妨南八是男兒予官宋城題詩云張許昭鴻烈南雷賈共霊無瑕雙白璧

有罹五華星懐悟音容在傷時涕淚零向來丹鳳闕猶帶大[illegible]蓋當是時[illegible]人始去城下之役故云耳又絶句云漁陽突騎滿關東百戰孤城挫賊鋒唐室興亡繫公等九原可作更誰從目以爲無媿前人

劉禹錫作金陵詩云千尋鐵鎖沉江底一片降旗出石頭當時號爲絶倡又六朝中石頭城詩云山圍故國週遭在潮打空城寂寞回白樂天讀之曰吾知後人不復措筆矣其自矜云餘雖不及然亦不辜樂天之賞耳

前人作詩未始和韻自唐白樂天與元微之爲二浙觀察往來置郵筒倡和始依韻而多至千言少或百數十言篇章甚富其自耀云曹公謂劉玄德曰天下英雄唯使君與操耳予於微之亦云豈詩人豪氣例愛矜誇耶安知後世乜有異論

陳叔易居陽翟澗上村號澗上丈人無仕宦意崇觀間朝廷召之郡守勸駕不得已而起晁以道時致仕居嵩山有詩云處士誰人爲作牙盡携猨鶴到京華從今隣壑堪惆悵六六峯前只一家而叔愈過澗上

丈人陳恬故居詩云北山去已遠南山去已近駈車兩山間舉策聊一問昔有隱君子出處頗矛盾平生勇且剛垂老畏而愼皆譏之也後靖康間以道亦起而女第四娘適唐氏者頗復詭其出焉

長松之名前世未有以道居嵩少叔亦作詩求之云松上花兮松下根食之年貌與松隣君今既是松間容採送衰翁亦可人以道答云長松不經黃帝手小斸漫翻嵩室雲縱有何堪寄夫子鴟頭寶氣白氤氲了亦和之云暫隱嵩高六六峯未乘雲氣御飛龍白餐白石求黃石更採長松寄赤松

東坡稱陶靖節詩云平疇交遠風良苗亦懷新非古之耦耕植杖者不能識此語之妙也僕居中陶稼穡是力夏秋之交稍旱得雨雨餘徐步清風獵獵禾黍競秀濯塵埃而泛新綠乃悟淵明之句善體物也

白樂天有西省北院新作小軒東通騎省與李常侍飲詩東坡爲中書舍人數本省不得來往謂執政曰說公應使簡要道通河必樹離插棘蓋謂此也大抵近世爲禁太密問人則疎晁以道書楊大年館宿詩

示予曰嚴更初道爭傳鼓下直朱門對掩關夜半不聞宣室召水沉香斷漆書閑且云嘗宿閣下矣乃在司馬門外使人恨生身之晚不得見太平之風也予因和其詩云翰林歷歷侵華蓋禁掖明明侍紫微自昔詞臣最清切帝宸高拱借光輝

退之雙鳥詩或云謂佛老或云謂李杜東坡李太白贊云天人幾何同一漚謫僊非謫乃其游揮斥八極隘九州化爲兩鳥鳴相酬一鳴一止三千秋開元有道爲少留縻之不可矧肯求乃知謂李杜也

珊瑚鉤詩話卷二

劉仲原得銅斛二於左馮翊其一云始元四年造其二云甘露元年十月造數量皆同云容十斗後刻云重四十斤以今權量校之容三斗重十有五斤乃知古今不同漢書于定國飲酒至一石不亂晉劉伶一飲一石五斗解酲則是飲三斗而一斗五升扶頭耳

魏誌云曹公帳下有典君持一雙戟八十斤則是一戟重十五斤兩戟共重三十斤耳

五馬之事不見于書以詩言之孑孑干旟在浚之都素絲組之凡馬五之周禮注云州長建旟太守視之

漢御五馬或云古乘駟馬車至漢太守出則加一馬漢官儀注法

退之有言曰清而容物恕以及人蘇于美進邸之會謂人曰食中無饅羅畢夾座上安得有國舍虞比竟以此語招覆鼎之禍畢氏羅氏蕃人之好以羊羹之肉餅異而食者因號畢羅或問湯餅謂之不托何也曰未有刀機時以手托之既用刀機則不托矣出李濟翁資暇集

飲酒痛醑謂之舉白唐人云卷白波義起于漢擒白波賊戮之言意氣之快耳如今人稱文字警絕謂之掃凡馬取杜甫一掃萬古凡馬空也

呼驢曰衛未知所本豈衛地多驢故云耳耶命驢曰蔡亦是意也

樂部中有促拍催酒謂之三臺唐士云蔡邕自持書御史累遷尚書不數日間遍歷三臺樂工以邕洞曉音律故製曲以悅之又始作樂必曰絲抹將來益絲竹在上鍾鼓在下絲以起之樂乃作亦唐以來如是

非古所謂合止柷敔也

寒食之名起于禁火拜掃之儀因於禮經昔者宗子去在他國庶子無廟孔子許望墓爲壇以時祭祀此其本也端五之號同于重九角黍之事肇于風俗昔日屈原懷沙忠死後人每年以五色絲絡粽教而弔之此其始也後世以五字爲午則誤矣

奕棊取一道人行五子謂之蹙融融者戎也生于黄帝蹙鞠戎旅之間爲戲耳庾元規曰蹙戎者今之蹙

融也漁謂之格五取五子相格之義以名之耳樗蒱起自老子今謂之呼盧取純色而勝之之義以名之耳

唐開元中教舞馬四百蹄衣以文綉飾以珠玉和鑾金勒星粲霧駁俯仰赴節曲盡其妙每舞藉以巨榻杜詩云鬬鷄初賜錦舞馬既登床初明皇命五方小兒分曹鬬鷄勝者纏以錦段舞馬則藉之以榻耳祿山之亂散徙四方魏博田承嗣一日享軍樂作而馬舞不休以爲妖而殺之後人嗟其不遇顏太初曰引

重致遠馬之職也變其性而爲俳優其謂之妖而死也宜矣

予年十五時感傷寒至六七日因重將斃父母環而泣之忽夢二皂持馬呼予乘之自城武東北道濟兗郡縣直抵嶽祠入西偏門列諸曹院至一所見紫衣人據案云爾安得殺某命取鏡燭之非是遣予去若一僧相引巡觀諸院因徙甚衆既而復出廟門二皂持馬在焉已據鞍于街東民居若茶肆者覩府吏十輩内一人乃姑丈惠澤字慎徽亟下馬揖之慕已蔽身簾箔間挽而出之問何故且云姑丈棄世數年安得在此爲吏渠唯一叩之主何事曰戶案還知某之壽命有官祿否乎曰非某所司然嘗切見之公有年在他日當來作監河侯乃相别上馬復遵舊塗歸馬至城北墮一池颯然悸汗出徧體而疾去矣常誌之豈予不偶于世而將官于地下乎今潦倒流離從人貸粟生不爲監河侯而死乃爲之可發一笑

新官併宿謂之爆直或云豹直南山有文豹霧雨七日不下食者欲以澤其毛衣而成其文章取豹伏之

象非爆迸之義杜牧詩云南朝四百八十寺多少樓臺烟雨中帝王所都而四百八十寺當時已爲多而詩人侈其樓閣臺殿焉近世二浙福建諸州寺院至千區福州千八百區秔稻桑麻連亘阡陌而游惰之民竄籍其間者十九非爲落髮修行也避差役爲私計耳以故居積貨財貪婬酒色鬬毆爭訟公然爲之而其弊未有過而問者有識之士每歎息于此

盧秉侍郎嘗爲江南郡掾丁傳舍中題詩云青山白髮病參軍旋糶黄粱置酒罇但得有錢留客醉也勝

騎馬傍人門王荆公見而稱之立薦于朝不數年登貳卿近時韓駒待至董耘尚書以詩文見知貴近圖于天子自諸生三四年至法從嗚呼士有片文隻字而遭遇如此者

靖康元年冬十一月　騎長驅薄王畿無一障之阻春爲城下盟歸渡大河莫或邀擊予竊料其知吾無謀審吾無勇必且再至冬十月作將歸賦以書投胡少汲欲求侍養公以啓事見答曰伏承王薄秘書鑑以華牋副之隹什屬辭近右陳義甚高横槊賦詩不廢軍中之樂登高舒嘯少賒社下之歸祝頌之深数

渠奚既遂堅留在帥幕下數日

淵聖手詔沓至曰金人分兩道深入必已京師卿可提所部兵前來捍又曰金人分兩道深入已渡大河卿可將見在兵速來赴援公即日出次于郊不三四日遇敵于杞力戰敗績予傷之以詩曰遥將他年重作師此日難傷心關東道白首戴南冠公宿儒戎事非長應幾以禮與人相終始者

祖陳公大雅爲人剛果文章似之再舉不第裂文身示不復踐場屋能詩爲清獻趙公所知踰八十乃死死昱日復甦索筆題詩曰去柳陂中過令人急戰功兵交千騎没血染一川紅衆氏皆豚犬唐家盡虎龍壯圖成慷慨擲劍向西風題畢乃逝味其言豈葛從周王彦璋之徒歟英雄之氣毅然猶在也

際無已先生語予曰今人愛杜甫詩一句之内至切取數字以髣像之非善學者學詩之要在乎立格命意用字而已予曰如何等是曰冬日謁玄元皇帝廟詩叙述功德反復外意事核而理長閬中歌辭致峭

麗語脉新奇句清而體好兹非力格之妙乎江漢詩言乾坤之大腐儒無所寄其身博雜行言雖蟲得失不如兩忘而寓于道兹非命意之深乎贈蔡希魯詩云身輕一鳥過力在一過字徐步詩云花蘂上蜂鬚功在一上字兹非用字之精乎學者體其格高其意練其字則自然有合矣何必規規然髣像之乎

王臨川詩云細數落花因坐久緩尋芳草得歸遲此與杜詩見輕吹鳥毳隨意數花鬚命意何異予詩云雲移鳥滅没風霽蝶飛翻此與東坡飛鴻群往白鳥

孤没作語何異茲可爲智者道不可與愚者說也予挈家過吳江有詞云垂虹亭下扁舟住松江煙雨長橋暮白紵聽吳歌佳人淚臉波微傾金鑿落莫作思家惡綠鴨與鱸魚如何可寄書有士人覽之曰不聞鴨解附書云何言鴨予不荅信乎桺子厚云作之難知之又難雖覓之賞爲少也晁元昇作田直儒墓表云故承議郎田君既葬八年其遠姻宣德郎晁端智來治茲城拜君墓下感松檟就荒阡陌蕭然謂其里人曰君有德于爾鄉而不加敬其流風餘烈尚接

人耳目而封域遂至此况歷世之久拱木盡矣宜無有知者奈何乃屬其族兄晁端中爲文以表之將託於金石未刻也無咎見之意若未快曰敢以一字易叔父之未安者乎曰云何曰欲換遠姻二字爲婭可否蓋姊妹之夫曰婭也

唐周邯自蜀買奴曰水精善沉水乃崑崙白水之屬也邯疑懼唐之險必有怪使水精入之久乃出曰下有關不可渡得珠貝而還毋過潭洞多令探求輒得珍寶至浙或云八角井有神龍時遊水面意有餘下探復使覘之經夕始出躍于井口有金爪拏而入尸遂亡也又有農夫耕地得劍磨洗適市値價古售以百千未可至百萬約來且取之夜歸語妻子此何異而價至是庭中有石偶以劍指之立碎詰旦人載鏹至則歎叱曰劍光已盡不復買農夫苦問之曰此是破山劍唯可一用吾欲持之破寶山耳農夫悵恨旬月不能已予有詩云采玉應求破山劍探珠仍遣水精奴用此事耶

杜詩云虎氣必騰上龍身寧久藏蓄劍詩也　傳虎

丘常有劍氣狀如虎延津劍躍化爲龍也晉元康三年武庫火咸見漢高祖斬白蛇劍穿屋壁飛去許眞人名旌陽有蛟害人投劍斬之至唐復出漁者網而獲之又武勝之知靜江縣事忽于灘中見雷公踐微雲逐一小蛇勝之以石投焉得一銅劍有文曰許旌陽斬蛟第三劍云予作劍詩曰蛇蛟已盡定飛去雷電欻驚重下來

開元中河西將宋青春驍猛　畏之西　犯邊每戰運劍大呼執馘而旋未嘗中鋒鏑後獲吐蕃王帥問

曰衣大蟲皮者觱葦何不能害曰常見青龍夾陣而來兵刃所及如擊銅鐵我以爲神助將軍也乃知劍之異澶淵之役安床子弩于城上使卒守之因着弩邊忽䇝驚起擊而發之遂中敵軍退于曾戯作詩曰床弩天誅韓闔覽劍鋒神助宋將軍

韓嫣以佞倖竊富貴作金彈射飛鳥長安人常逐之曰家饑寒逐彈丸荆山下多美玉居人以璞抵鵲符載蓄寶劍水斷蛟龍他日截飯裁而食劍乃頹頓西戎獻寶刀割玉如泥周穆王常藏之予曾戯題曰射

飛何必捐金彈抵鵲虛煩用夜光妙玉昆吾寧剸豕斷蛟干越豈刲羊

李衛公鎮南徐甘露寺僧有戒行公贈以方竹杖出大宛國蓋公之所寶也及公再來問杖無恙否僧欣然曰已規圓而漆之矣公嗟惋彌日予近在淞江播郎幕暇日與同僚遊甘露寺偶題近作小詞於壁間云樓橫北固盡日厭厭雨欸乃數聲歌但渺漠江山煙樹寂寥風物三五過元宵尋柳眼覓花英春色知處落梅嗚咽吹徹江城暮脉脉數飛鴻杳歸期折[illegible]風凝佇長安不見烽起夕陽間魂欲斷酒初醒獨下危梯去其僧頑俗且瞶憫然謂同官曰方泥得一堵好壁可惜寫了予知之戯曰近日和尚耳明否曰昔聰如舊予曰恐賢眼目亦自來不認得物事壁間之題謾坼墁之便是甘露寺祖風也聞者大笑

晁以道贈予詩曰春去欣搜粟秋來謾讓軍以予勤率鄉人捐貲助國及募驍東兵赴援也又曰迷樓賦就夢何處雙廟詩成淚不孤以予嘗作是賦陳古義以刺今及作此詩哀往事以傷時耳又曰顛我何堪

鳴玉佩如今不得侍金華予乃戯之曰公鳴玉佩來幾何時耶蓋公元祐黨人之家上書邪等禁錮不得仕二十餘年靖康中始落致仕爲中書舍人兼太子詹事後得待制已暮齡矣

世傳丹砂煉爲黃金碎以染筆入石不去名曰紅沫予侍先人官歷陽嘗覽李翔作白字書霸王廟碑而其法不傳亦紅沫之類歟

武侯創八陣圖與木牛流馬法後人俱不能得故予八陣圖詩云八陣功成妙用藏木牛流馬法俱亡後

來議得常山勢縱有桓溫恐未許
東坡死李方叔誄之曰道大不容才高爲累皇天后
土知平生忠義之心名山大川還千古英豪之氣可
謂簡而當矣晁无咎死張文潛銘之曰車堅馬良不
得出門策駑駕柄道上紛紛茲亦可悲矣

珊瑚鉤詩話卷三

杜詩第一篇贈韋左丞丈云今欲東入海即將西去
秦或問云何曰道不行故也又云尚憐終南山回首
清渭濱嘗擬報一飯況懷辭大臣白鷗没浩蕩萬里
誰能馴何謂也曰鳥獸不可與同羣終南清渭且徘
徊而不忍別況辭大臣而欲去國哉自以謂得言之
解

遊龍門奉先寺云天闕象緯逼雲臥衣裳冷予曰星
河垂地空翠濕衣欲覺聞晨鐘令人發深省予曰鐘
磬清心欲生緣覺

玄都壇歌云王母晝下雲旗翻予解云味道集虛偃
真降焉故秋典詩曰西望瑤池降王母

同諸公登慈恩寺塔詩云回首叫虞舜蒼梧雲正愁
予解曰周滿瑤池樂未央卒云黃鵠去不息哀鳴何
所投君看隨陽鴈各有稻粱謀解曰黃鵠譬高舉遠
引莫知所如往者隨陽鴈譬志在隨人拘于祿仕者
天寶十三載先生始得官時上蘢澄天下且亂故有
虞舜之思周滿之戒且歎識者見幾而作吾人懷祿

未快也

示從孫濟云權門多噂沓且欲尋諸孫解曰尊尊沓沓言不忠信貌詩所以言背憎也且復尋諸孫則莫如我同姓萱草秋已死竹枝霜不繁淘米少汲水汲多井水渾刈葵莫放手放手傷葵根所來爲宗族亦不爲盤餐小人利口實薄俗難可論勿受外嫌猜同姓古所敦解曰萱忘憂而已死竹可愛而不蕃則荒落甚矣水濁而不復其清源葵傷而不芘其根本則宗族乖離之況也此詩人因物而興飲中八僊歌云

李白一斗詩百篇長安市上酒家眠天子呼來不上舡自稱臣是酒中僊解曰范傳正李白碑云白多陪侍從之遊他日泛白蓮池公不在宴皇情既洽召公作序公時被酒高力士扶以登舟世云不上舡何穿鑿如此

曲江三章云即事非今亦非古予曰在今古間長歌激越梢林莽子曰振響林谷比屋豪華固難數吾人甘作心似灰弟姪何傷淚如雨予曰按先生進雕賦表云今賈馬之徒得排金門上玉堂者衆矣獨臣衣不蓋體常寄食于人夫衆豪華而已貧賤所謂士賢能而不用國之耻也吾雖甘心若死灰然而弟姪之傷涕零如雨何耶蓋行成而名不彰友朋之罪也親戚不能致其力聞長歌之哀所以涕洟也耶又曰短衣疋馬隨李廣看射猛虎終殘年予曰猶足以消英豪之氣凡如是者甚衆辭多不載

曹王皐封于曹濟陰濟北諸李皆其裔也有貞觀開元兩朝賜書五千卷世實而讀之仕者蟬聯不絕流直諫議藏書萬卷爲閣以居之而子孫不能肄業有

士人題詩曰莫遣中有蠹書魚蓋恐其壞而不能世也

蓋巖者徐之永安鎮邵氏僕也朴魯有絕力能兼衆人之役其主不以爲異一夕有豪賊六人刼持其家衆室盡逃恣所取傷五人殺首者一人將出巖手办追之衆謂一夫不足畏巖力戰賊駭汗伺其困蓋奮戟朴一賊斃乃引去然終無一人助之復追逬賊曰還爾物因擲金帛道上巖不知其訐也却顧逗遛遂莫及巖齧臂指自恨無人主其才而使已盡滅賊

明日邑吏至邏近郊獲餘黨徵巖于邑邑白大府賞
以法聞巖之勇者莫不驚異或曰彼偶然奮不顧死
耳予曰非也人惟處死之難徒勇而無義雖死不貴
巖之勇以衛其主奮一身以當衆賊卒以取勝可謂
難矣嗚呼巖僕隷也今之爲僕者或聚千指緩急鮮
有爲用況以寡敵衆如巖之忠勇者身居賤隷而其
爲凛然適于義彼有居朝廷尸祿位而以士夫自名
一持于患害反畏縮求免不欲一毫損于巳況能元
忠以自見乎然則巖非特異于童僕也因傳其事以

爲世有貴者勸焉濟北晁端中元升記予讀元升書
𦂳巖事知君子之用心也善善惡惡所以風天下耶
惜乎巖之絕力始不蒙主人之異爾巖之忠勇終不
聞三人之厚賞天下之事每每如此君子所爲歎息
也哉
天寶末祿山陷西京大搜文武朝臣及與儐樂工不
旬日得梨園弟子數百人大會于凝碧池樂作梨園
舊人不覺歔欷相對泣下群逆露刃脇之而悲不巳
有雷海清者投器于地西向慟哭支解于庭聞之者
莫不傷痛時王維被拘于菩提寺賦詩曰萬戶傷心
生野煙百僚何日再朝天秋槐花落深宮裏凝碧池
頭奏管絃他日緣此詩得不死然愧于雷海清多矣
杜牧之息夫人詩曰細腰宮裏露桃新脉脉無言幾
度春至竟息亡緣底事可憐金谷墜樓人與所謂莫
以今朝寵能忘舊日恩看花滿眼淚不共楚王言語
意遠矣蓋學有淺深識有高下故形于言者不同矣
春明上林苑花滿洛陽城崔湜詩也湜弱冠登科不
十年掌貢舉父揖同省爲侍郎及登宰輔始三十有

七容止端雅文辭清麗嘗暮出端門下天津橋馬上
吟此句時張說爲工部侍郎望之杳然而歎曰此句
可効此位可得其年不可及也使湜今終當時朝士
豈能出其右哉故杜詩云文章一小枝于道未爲尊
或以此也
李抱眞鎭潞州軍資匱之有僧爲衆所信公謂曰假
和尚之道以濟吾軍如何僧曰無不可者公曰但言
請于毬場焚身某當自使宅穿一地道通連火作即
潛入僧喜從之遂陳狀積薪貯油因爲七日道場晝

夜香燈梵唄公亦引僧視穴使不疑公率監軍僚吏膜拜以捧入擅施堆于其傍由是士女駢闐捨財億計七日遂擊鍾舉火已塞地道矣須臾灰燼明日藉所施得數十萬軍資取足別求所謂舍利者選地造塔瘞焉出尚書故實

張燕公遭姚元之奏明皇怒曰卿與御史共按其事急呼中丞李林甫以詔付之林甫曰說多智謀是必困之處于劇地崇曰丞相得罪未宜太逼曰公必不恐即說害林甫以詔付餘御史中路以墜馬告初說

旬月前有門下生切寵婢將寘于法生呼曰公無緩急用人乎見色不能禁人之常情何靳靳于一婢耶說奇其語釋之且付已婢生去杳不聞問忽一日直詣說有憂色曰感公之恩欲報久矣今聞公為姚相所譏禍且至願公平生所寶以免難得公歷指數之曰未也又凝思良久忽曰近有以雞林夜明簾為獻者生曰足矣因請手札數行懇求于九公主且曰上獨不念在東宮時恩始終其惠乃反以讒見怒耶明日公主謁上具奏云上感動勑高力士就御史臺宣所按事並罷書生亦不復見昔畱侯致白璧以謝項仇孟嘗獻狐裘以脫楚難蔡昭愛佩刀無辜見畱虞叔捐圭則庶幾免罪姚崇之事近之若書生者不護小行而能排難解紛殆學士之流乎亦聰明疏通善知人矣

客有獻李衛公以古木者云有異公命剖之作琵琶槽自然其文成白鴿予嘗語晁次膺曰公綠頭鴨琵琶詞誠妙絕蓋自曉風殘月之後始有移舡出塞之曲然某亦嘗有一詩公曰云何曰白鴿潛來入紫槽

朱鸞飛去唳青霄江邊塞上情何恨瀛府霓裳曲再調謾道靈妃鼓瑤瑟虛傳僊子弄雲璈小憐破得春風恨何似今宵月正高曰詩亦不惡

酒有若下謂烏程也九醞謂宜城也千日中山也滿桃西涼也竹葉豫北也土窟春滎陽也石涷春富平也燒春劍南也桑落陝右也烏孫國有青田核莫知其木與實而核如五六斤瓠空之盛水俄而成酒劉章曾得二焉集賓設之一核才盡一核又熟可供二十客名曰青田壺歷城北有使君林魏正始中鄭公

慾二伏避暑于此取大蓮葉置硯格上盛酒三升以簪刺葉令酒與柄通屈莖吸之鄉氣清洌名曰碧筩酒予詩曰釀憶青田核觴宜碧藕筩直須千日醉莫放一杯空近時以黃柑醞酒號洞庭春色以糯米藥麴作白醪號玉友皆奇絕者耳

予暇日曾作酒具詩三十首有引曰咸通中皮襲美著酒中十詠其自序云夫聖人之誡酒禍也深矣在書爲沉湎在詩爲童羖在禮爲豢豕在史爲狂藥余飲至酣徒以爲融肌柔神消沮迷喪頽然無思以天

地大順爲隄封傲然不持以洪荒至化爲爵賞抑無懷氏之民乎葛天氏之民乎噫天之不全于也多矣獨以麴蘗全之于是徵其具悉爲之詠以繼東皐子酒譜之後而有酒星酒泉酒篘酒床酒壚酒樓酒旗酒樽酒城酒鄉之詠以示吳中陸魯望魯望和之且曰昔人之於酒有注爲池而飲之者有象爲龍而吐之者親徐盜甕間而臥者將實舟中而浮者景山有酒鎗嵇叔夜有酒杯皆傳于世故復添夫詠予覽之慨然歎曰予亦嗜酒而好詩者也昔退之有言送王含曰少時讀醉鄉記私怪隱居者無所累于世而猶有是言豈誠旨于味耶及讀阮籍陶潛詩然後知彼雖偃蹇不欲與世接然猶未能平其心或謂事物是非相感發於是有託而逃焉者也雖然尚未有盡者中古之時未知麴蘗杜康肇造爰作酒醴可名酒后近世以來人徒酤酗李白一斗爲詩百篇自名酒僊鄙食其辨士也初見沛公稱高陽酒徒杜根賢者也逃難宜城爲酒家傭保鄭廣文貧而好飲蘇司業送酒錢杜子美無錢賒酒而詩言酒債周官有酒正則

掌之者必有其人以法式授酒材則醞之者必有其物翰林詩曰鸕鷀杓鸚鵡杯夫杓者勺也勺酒而錯之杯中者也工部詩曰莫笑田家老瓦盆自從盛酒長兒孫夫盆者槃也載酒而寘之座中也韓奕詩云顯父餞之清酒百壺壺便提挈故陶令掛之于車上呂公負之于杖頭遇興則傾之鴟夷之與名者耳絲衣詩云兕觥其觩旨酒思柔觥爲爵罰而于定國飲至一石不亂劉伯倫既醉以五斗斛酲快飲痛醲則用之盎觚角之出類者耳注云觚受二升觶三升角

四升散五升而觥七升又兕角爲之形器特異于是更作酒后酒僊酒徒酒保酒錢酒債酒正酒材酒杓酒盆酒壺酒觥一十二詩而附益之庶古今詞志而終始相成之義耶詩多不載

古今詩體不一太師之職掌敎六詩風賦比興雅頌備焉三代而下雜體互出漢唐以來鐃歌鼓吹拂舞予俞因斯而興晉宋以降又有回文反復寓憂思展轉之情雙聲疊韻狀連駢嬉戲之態郡縣藥石名六甲八卦之屬不勝其變古有采詩官命曰風人以見

風俗喜怒好惡皮日休云踈杉低通　泠鷺立亂浪此雙聲也陸龜蒙嘗曰廚愉吳都姝眷戀便殿宴此疊韻也劉禹錫曰東邊日出西邊雨道是無情却有晴杜詩曰俱飛蛺蝶元相逐並蔕芙蓉本自雙又曰滿目飛明鏡歸心折大刀此皆風言又戲作俳優體二首純用方語云異俗吁可怪斯人難並居家家養烏鬼頓頓食黃魚舊識難爲態新知已暗疎治生且耕鑿只有不關渠西歷青羌坂南留白帝城於菟侵客恨粔籹作人情瓦卜傳人語畬田費火耕是非何處定高枕笑浮生予嘗有語云碧藕連根絲不斷紅蕖着子意何多亦風人類也又婺州山中詩云作剛捉詹卸呼田欵乃儂山塘莫車水梅雨正分龍亦方語也

予近作示客云刺美風化緩而不迫謂之風采摭事物摛華布體謂之賦推明政治莊語得失謂之雅形容盛德揚勵休功謂之頌幽憂憤悱寓之比興謂之騷感觸事物託於文章謂之辭程事較功考實定名謂之銘援古刺今箴戒得失謂之箴猗遷抑揚永言

謂之歌非鼓非鍾徒歌謂之謠步驟馳騁斐然成章謂之行品秩先後敘而推之謂之引聲音雜比高下短長謂之曲吁嗟慨歎悲憂深思謂之吟吟詠情性總合而言志謂之詩蘇李而上高簡古澹謂之古沈宋而下法律精切謂之律此詩之語衆體也帝王之言出法度以制人者謂之制絲綸之語若日月之垂照者謂之詔制與詔同詔亦制也道其常而作彝憲者謂之典陳其謀而成嘉猷者謂之謨順其理而迪之者謂之訓屬其人而告之者謂之誥即師衆而申

之者謂之誓四官使而命之者謂之命出于上者謂之教行于下者謂之令時而戒者勅也言而諭之者宜也誥而揚之者贊也登而崇之者冊也言其倫而析之者論也度其宜而揆之者議也別嫌疑而明之者辨也正是非而著之者說也記者記其事也紀者紀其實也纂者纘而述焉者也策者條而封焉者也傳者傳而信之也序者緒而陳之也碑者披列事功而載之金石也碣者揭示操行而立之墓隧也誄者累其素履而質之鬼神也誌者識其行藏而謹其終

始也檄者激發人心而諭之禍福也移者自近移遠使之周知也表者布臣子之心致君父之前也牋者修儲后之問伸宮闈之儀也簡者質言之而畧也啓者文言之而詳也狀者言之于公上也牒者用之於官府也捷書不緘插羽而傳之者露布也尺牘無封指事而陳之者劄子也青黃黼黻經緯以相成者總謂之文也此文之異名也客有問古今體制之不一者勞于應答乃著之篇以示焉予以百司從直駕止建康一日謁內相朱子發論文甚洽適有數青貴俱在座顧不肖而謂諸人曰茲人文學該贍尤長于詩然坐是以窮耳意謂古人有言詩能窮人故也予奮然荅曰內翰之言誤矣夫詩非能窮人待窮者而後工耳此歐陽文忠公之語也以不肖觀之猶爲未當詩三百六篇其精深醇粹博大宏遠者莫如雅頌然鴟鴞之詩周公所作也泂酌之詩召公所作也詩云吉甫作頌穆如清風其詩孔碩其風肆好顧不美乎數君子者顧不達而在上功名富貴人乎何能詩窮人又何必待窮者而後工耶漢唐以來不暇多舉近

時歐陽公王荊公蘇東坡號能詩三人者亦不貧賤又豈碌碌者所可追及然則謂詩能窮人者固非矣謂待窮者而後工亦未是也夫窮通者時也達則行于天下窮則獨善其身政不在能詩與不能詩也座客爲之憮然

石林詩話卷上

宋　葉夢得

趙清獻公以清德伏一世平生畜雷氏琴一張鶴與白龜各一所向與之俱始除帥成都蜀風素侈公單馬就道以琴鶴龜自隨蜀人安其政治聲藉甚元豐間旣罷政事守越復自越再移蜀時公將老矣過泗州渡淮前巳放鶴至是復以龜投淮中旣入見先帝問閣卿前以匹馬入蜀所携獨琴鶴廉者固如是乎公頓首謝故其詩有言馬尋舊路如歸去龜放長淮

不再來者自紀其實也

劉貢父天資滑稽不能自禁遇可諧謔雖公卿不避與王荆公素厚荆公後當國亦屢謔之雖每爲絶倒然意終不能平也元豐末爲京東轉運使貶衡州監酒雖坐他累議者或謂嘗以時相姓名爲戲惡之也元祐初起知襄州淳于髡墓在境内嘗以詩題云敬言動相國大笑絶冠纓流轉有餘智滑稽全姓名師[illegible]稷下衡盡南荆贅壻不爲辱旅墳知客卿又[illegible]師厚善謔譯詩云善謔知君意何傷衛武公

蓋記前事且以自解云

晏元獻公留守南郡王君玉時巳爲館閣校勘公特請于朝以爲府簽判朝廷不得巳使帶館職從公外官帶館職自君玉始賓主相得日以賦詩飲酒爲樂佳時勝日未嘗輒廢也嘗遇中秋陰晦齋厨夙爲備公適無命旣至夜君玉密使人伺公曰巳寢矣君玉亟爲詩以入曰只在浮雲最深處試憑絃管一吹開公枕上得詩大喜卽索衣起徑召客治具大合樂至夜分果月出遂樂飲達旦前輩風流固不凡然幕府

有佳客風月亦自如人意也

歐陽文忠公記梅聖俞河豚詩春洲生荻芽春岸飛楊花破題兩句巳道盡河豚好處謂河豚出于暮春食柳絮而肥殆不然今浙人食河豚始于上元前常州江陰最先得方出時一尾至直千錢然不多得非富人大家預以金啗漁人未易致二月後日益多一尾纔百錢耳柳絮時人巳不食謂之斑子或言其腹中生蟲故惡之而江西人始得食蓋河豚出于海初潮俱上至春深其類稍流入于江公吉州人故[illegible]

知者江西事也

姑蘇州學之南積水瀰數頃傍有小山高下曲折相望蓋錢氏時廣陵王所作既積土山因以其地瀦水今瑞光寺即其宅而此其別圃也慶曆間蘇子美謫廢以四十千得之爲居旁水作亭曰滄浪歐陽文忠公詩所謂清風明月本無價可惜秖賣四萬錢者也子美既死其後不能保遂屢易主今爲章僕射子厚家所有廣其故址爲大閣又爲堂山上亭北跨水復有山名洞山章氏併得之既除地發其下皆嵌空大

石又得千餘株亦廣陵時所藏益以增累其隙兩山相對遂爲一時雄觀土地蓋有所歸也

王荆公晩年詩律尤精嚴造語用字間不容髮然意與言會言隨意遣渾然天成殆不見有牽率排比處如含風鴨緑鱗鱗起弄日鵞黄裊裊垂讀之初不覺有對偶至細數落花因坐久緩尋芳草得歸遲但見舒閒容與之態耳而字字細攷之若經檃括權衡者其用意亦深刻矣嘗與葉致遠諸人和頭字韻詩往返數四其末篇有云名譽子真矜谷口事功新息困壺頭以谷口對壺頭其精切如此後數月復取本追改云豈愛京師傳谷口但知鄉里勝壺頭今集中兩本並存

蔡天啓云荆公每稱老杜鈎簾宿鷺起丸藥流鶯囀之句以爲用意高妙五字之模楷他日公作詩得青山捫虱坐黄鳥挾書眠自謂不減杜語然不能舉全篇余嘗頃以語薛肇明肇明後被旨編公集求之終莫得或云公但得此一聯未嘗成章也

禪宗論雲門有三種語其一爲隨波逐浪句謂隨物

應機不主故常其二爲截斷衆流句謂超出言外非情識所到其三爲函蓋乾坤句謂泯然皆契無間可伺其深淺以是爲序予嘗戲謂學子言老杜詩亦有此三種語但先後不同波標菰米沉雲黑露冷蓮房墜粉紅爲函蓋乾坤句以落花游絲白日靜鳴鳩乳燕青春深爲隨波逐浪句以百年地僻柴門迥五月江深草閣寒爲截斷衆流句若有解此當與渠同參

歐陽文忠公詩始矯崑體專以氣格爲主故其言多平易疏暢律詩意所到處雖語有不倫亦不復問而

學之者往往遂失于快直傾囷倒廪無復餘地然公詩好處豈專在此如祟徽公王手痕詩玉顏自昔爲身累肉食何人與國謀此自是兩段大議論而抑揚曲折發見于七字之中壯麗雄勝字字不失相對雖崑體之工者亦未易比言意所會要當如是乃爲至到

許昌西湖與子城密相附緣城而下可策杖往來不涉城市云是曲環作鎮時取土築城因以其地導潩水瀦之略廣百餘畝中爲橫堤初但有其東之半耳

其西廣于東增棓而水不甚深宋莒公爲守時因起黄河春夫浚治之始與西湖通則其詩所謂鑿開魚鳥忘情地展盡江湖極目天者也其後韓持國作大亭水中取其詩名之曰展江然水面雖濶西邊終易堙塞數十年來公厨規利者遂涸以爲田歲入纔得三百斛以佐釀酒而水無幾矣予爲守時復以還舊稍益開浚渺然眞有江湖之趣莒公詩更有一篇中云向晚舊灘都浸月過寒新木便生烟尤風流有味而世不傳往往但記前聯耳

賈文元曲水園在許昌城北有大竹三十餘畝潩河貫其中以入西湖最爲佳處初爲本州民所有文潞公爲守得之買潞公自許移鎮北門而文元爲代一日挈家往游題詩壁間云畫船載酒及芳辰丞相園林潩水濱虎節麟符抛不得却將淸景付閑人遂延使持詩寄北門潞公得之大喜卽以地券歸賈氏文元亦不辭而受然文元居京師後亦不復再至園今荒廢竹亦殘毀過半

杜正獻公自少淸羸若不勝衣年過四十鬚髮卽盡

白雖立朝孤峻凜然不可屈而不爲奇節危行雍容持守不以有所不爲爲賢而以得其所爲爲幸歐陽文忠公素出其門公謝事居宋文忠適來爲守相與歡甚公不甚飲酒惟賦詩唱酬是時年已八十然憂國之意猶慷慨不已每見于色歐公嘗和公詩有云貌先年老因憂國事與心違始乞身公得之大喜常自諷誦當時以謂不惟曲盡公志雖其形貌亦在模寫中也

元豐初□人來議地界韓丞相玉汝自樞密院都承

吉出分畫玉汝有愛妾劉氏將行劇飲通夕且作樂府詞留別翌日神宗已密知忽中批步軍司遣兵爲般家追送之玉汝初莫測所因久之方知其自樂府發也蓋上以恩禮待下雖閨門之私亦恤之如此故中外士大夫無不樂盡其力劉貢父玉汝姻黨即作小詩寄之以戲云嫖姚不復顧家爲誰謂東山久不歸卷耳幸容攜婉孌皇華何啻有光輝玉汝之詞由此亦遂盛傳于天下

神宗皇帝天性儉約奉慈壽宮尤盡孝道慈聖太后

嘗以乘輿服物未備因同天節作珠子鞍轡爲壽神宗一御于禁中後藏去不復用一日與兩宮幸後苑賞花慈聖輦至神宗即降步親扶慈聖出輦屢却不從聞者太息慈聖上僊李奉世時爲侍郎進挽詩有云珠韉昔御恩猶在玉輦親扶事已非蓋記此二事神宗覽之泣下

蔡天啓云嘗與張文潛論韓柳五言警句文潛舉退之暖風抽宿麥清雨捲歸旗子厚壁空殘月曙門掩候蟲秋皆爲集中第一

司馬溫公熙寧間自長安得請留臺歸始至洛中嘗以詩言懷云三十餘年西復東勞生薄宦等飛蓬所存舊業惟清白不負明君有樸忠早避宣煩真得策未逢危辱早收功太平觸處農桑滿羸取閭閻鶴髮翁出處大節世固不容復議是時雖以論不合去而神宗眷禮之意愈厚然猶以避煩畏辱爲言況其下者乎元祐初起相至是十七年矣度公之意初蓋未嘗以自期也

外祖晁君誠善詩蘇子瞻爲集序所謂溫厚靜深如

其爲人者也黃魯直常誦其小雨愔愔人不寐臥聽羸馬齕殘蔬愛賞不已他日得句云馬齕枯萁喧午夢誤驚風雨浪翻江自以爲工以語舅氏無咎曰吾詩實發于乃翁前聯余始聞舅氏言此不解風雨翻江之意一日憩于逆旅聞傍舍有澎湃鞺鞳之聲如風浪之歷船者起視之乃馬食于槽水與草齟齬于槽間而爲此聲方悟魯直之好奇然此亦非可以意索適相遇而得之也

元豐間蘇子瞻繫大理獄神宗本無意深罪子瞻時

相進呈忽言蘇軾于陛下有不臣意神宗改容曰軾固有罪然于朕不應至是卿何以知之時相因舉軾檜詩根到九泉無曲處世間唯有蟄龍知之句對曰陛下飛龍在天軾以爲不知已而求之地下之蟄龍非不臣而何神宗曰詩人之詞安可如此論彼自詠檜何預朕事時相語塞章子厚亦從旁解之遂薄其罪子厚嘗以語余且以醜言詆時相曰人之害物無所忌憚有如是也

開簾風動竹疑是故人來與徘徊花上月空度可憐

宵此兩聯雖見唐人小說中其實佳句也鄭谷詩睡輕可恐風敲竹飲散那看月在花意蓋與此同然論其格力適堪揭酒家壁與市人書扇耳天下事每患自以爲工處着力太過何但詩也

蜀人石翼黄魯直黔中時從游最久嘗言見魯直自矜詩一聯云人得交游是風月天開圖畫卽江山以爲晚年最得意每舉以教人而終不能成篇蓋不欲以常語雜之然魯直自有山園燕坐圖畫出水作夜窗風雨來之句余以爲氣格當勝前聯也

詩下雙字極難須使七言五言之間除去五字三字外精神興致全見于兩言方爲工妙唐人記水田飛白鷺夏木囀黄鸝爲李嘉祐詩王摩詰竊取之非也此兩句好處正在添漠漠陰陰四字此乃摩詰爲嘉祐點化以自見其妙如李光弼將郭子儀軍一號令之精彩數倍不然如嘉祐本句但是詠景耳人皆可到要之當令如老杜無邊落木蕭蕭下不盡長江袞袞來與江天漠漠鳥雙去風雨時時龍一吟等乃爲超絶近世王荆公新秋浦漵綿綿靜薄晚園林往往

青與蘇子瞻浥浥爐香初泛夜離離花影欲摇春皆可以追配前作也

詩終篇有操縱不可拘用一律蘇子瞻林行婆家初閉戶翟夫子舍尚留關始讀殆未測其意蓋下有娟娟缺月黄昏後嫋嫋新居紫翠間繫懣豈無羅帶水割愁還有劍鋩山四句則入頭不怕放行寧傷于拙也然繫懣羅帶割愁劍鋩之語大是險譚亦何可屢打

長篇最難晉魏以前詩無過十韻者蓋常使人以意

逆志初不以序事傾盡爲工至老杜述懷北征諸篇窮極筆力如太史公紀傳此固古今絶唱然八哀八篇本非集中高作而世多尊稱之不敢議此乃揣骨聽聲耳其病蓋傷于多也如李邕蘇源明詩中極多累句余嘗痛刊去僅名取其半方爲盡善然此語不可爲不知者言也

江干初雪圖眞蹟藏李邦直家唐蠋本世傳爲摩詰所作末有元豐間王禹玉蔡持正韓玉汝章子厚王和甫張邃明安厚卿七人題詩建中靖國元年韓師

朴相邦直厚卿同在二府時前七人者所存唯厚卿而已持正貶死嶺外禹玉追貶子厚方貶玉汝和甫邃明則死久矣故師朴繼題其後曰諸公當日聚巖廊半謫南荒半已亡惟有紫樞黄閣老再開圖畫看瀟湘是時邦直在門下厚卿在西府紫樞黄閣謂二人也厚卿復題云曾游滄海困驚瀾晩涉風波路更難從此江湖無限興不如秖向畫圖看而邦直亦自題云此身何補一毫芒三辱淸時政事堂病骨未爲山下土尚尋遺墨話存亡余家有此模本併録諸公詩續之每出慨然自元豐至建中靖國幾三十年諸公之名宦亦已至矣然始皆有願爲圖中之游而不暇得故禹玉云何日扁舟載風雪却將簑笠伴漁人玉汝云君恩未報身何有且寄扁舟夢想中其後廢謫流竄有雖死不得免者而江湖間此景無處不有皆不得一償厚卿至爲危辭蓋有激而云豈此景無不可得亦自不能踐其言耳

韓持國雖剛果特立風節凜然而情致風流絶出流輩許昌崔象之侍郎舊第今爲杜君章家所有廳後

小亭僅丈餘舊有海棠兩株持國每花開時輒載酒日飲其下竟謝而去歲以爲常至今故老猶能言之余嘗于小亭柱間得公二絶句其一云濯錦江頭千萬枝當年未解惜芳菲而今得向君家見不怕春寒雨濕衣尚可想見當時氣味韓忠憲公嘗帥蜀持國兄弟皆侍行尚少故前兩句云爾其二云長條無風亦自動柔艷著雨更相宜漫其後句曾存之家池中爲上亦有海棠十許株余爲守時歲亦與王幼安諸弟地屢飲然此公勝處不能繼也

詩之用事不可牽强必至于不得不用而後用之則
事辭爲一莫見其安排鬭奏之迹蘇子瞻嘗爲人作
挽詩云豈意日斜庚子後忽驚歲在巳辰年此乃天
生作對不假人力温庭筠詩云有用甲子相對者云
風捲蓬根屯戊巳月移松影守庚申兩語本不相類
其題云與道士守庚申時聞西方有警事解后適然
固不可知然以其用意附會觀之疑若得此對而就
爲之題者此蔽于用事之弊也前輩詩材亦或預爲
儲蓄然非所當用未嘗强出余嘗從趙德麟假陶淵

石林詩話 〈八 卷上 十三

明集本蓋子瞻所閲者時有改定字末手題兩聯云
人言盧杞是姦邪我覺魏公真嫵媚又槐花黄擧子
忙促織鳴懶婦驚不知偶書之耶或將以爲用也然
子瞻詩後不見此語則固無意于必用矣王荆公作
韓魏公挽辭云木稼曾聞達官怕山頹今見哲人萎
或言亦是平時所謂魏公之薨是歲適雨水氷前一
歲華山崩偶有二事故不覺爾
世言社日飲酒治聾不知其何據五代李濤有春社
從李昉求酒詩云社公今日没心情爲乞治聾酒一
瓶惱亂玉堂將欲徧依稀巡到第三廳昉時爲翰林
學士有月給内庫酒故濤從乞之則其傳亦已久矣
社公濤小字也唐人在慶侍下雖官高年皆稱小字
濤性疏達不羈善諧謔與朝士言亦多以社翁自名
聞者無不以爲笑然亮直敢言後官亦至宰相
韓退之雙鳥詩殆不可曉頃嘗以問蘇丞相子容云
意似是指佛老二學以其終篇本末考之亦或然也
杜子美病柏病橘枯椶枯柟四詩皆興當時事病柏
當爲明皇作與杜鵑行同意枯椶比民之殘困則其

石林詩話 〈八 卷上 十四

篇中自言矣枯柟云猶含棟梁具無復霄漢志當爲
房次律之徒作惟病橘始言惜哉結實小酸澁如棠
梨末以比荔枝勞民疑若指近侍之不得志者自漢
魏以來詩人用意深遠不失古風惟此公爲然不仰
語言之工也
劉貢父以司空圖詩中咄喏二字辯晉書所載石崇
豆粥咄嗟而辦爲誤以喏爲嗟非也孫楚詩自有三
命皆有極咄嗟不可保之語此亦豈是以喏爲嗟古
今語言固有各于一時本不與後世相通者咄嗟皆

聲也自晉以前未見有言咄殷浩所謂咄咄逼人蓋拒物之聲嗟乃嘆聲咄嗟猶言呼吸疑是晉人一時語故孫楚亦云爾

頃見晁無咎舉魯直詩人家圍橘柚秋色老梧桐張文潛斜日兩竿眠犢晚春波一眼去鳧寒皆自以爲莫能及

王荊公詩有老景春可惜無花可留得莫嫌柳渾青終恨李太白之句以古人姓名藏句中蓋以文爲戲或者謂前無此體自公始見之余讀權德輿集其一

篇云藩宣秉戎寄衡石崇位勢年紀信不留弛張良自媿樵蘇則爲愜瓜李斯可畏不顧榮宦尊毋陳農訟利家林頤巖巘貿郭躬歛積忌滿寵生嫌養蒙恬勝智疎鐘皓月曉晚景丹霞異澗谷永不綴山梁冀無累頗符生肇學得展禽尚志從此直不疑支離疎世事則德輿已嘗爲此體乃知古今文章之變殆無遺藴德輿在唐不以詩名然詞亦雅暢此篇雖主意在立別體然亦自不失爲佳製也

石林詩話卷中

楊大年劉子儀皆喜唐彦謙詩以其用事精巧對偶親切黃魯直詩體雖不類然亦不以楊劉爲過如彦謙題漢高廟云耳聞明主提三尺眼見愚民盜一抔雖是着題然語皆歇後一抔事無兩出或可略土字如三尺律三尺喙皆可何獨劍乎耳聞明主眼見愚民尤不成語余數見交游道魯直意殊不可解蘇子瞻詩有買牛但自損三尺射鼠何勞挽六鈞亦與此同病六鈞可去弓字三尺不可去劍字此理甚易知

也

蘇子瞻嘗兩用孔稚圭鳴蛙事如水底笙簧蛙兩部山中奴婢橘千頭雖以笙簧易鼓吹不礙其意同至已遣亂蛙成兩部更邀明月作三人則成兩部不知爲何物亦是歇後故用事寧與出處語小異而意同不可盡牽出處語而意不顯也

學者多議子瞻木杪見龜趺以爲語病謂龜趺不當出木杪殊未之思此題程筠充墓歸真亭也東南多葬山上碑亭往往在半山間未必皆平地則下視木

龜趺出水秋何足怪哉

李薦陽翟人少以文字見蘇子瞻子瞻喜之元祐初知舉薦適就試意在必得薦以觀多士及放章援程文大喜以爲薦無疑遂以爲魁既拆號悵然出院以詩送薦歸其曰平時謾識古戰場過眼終迷日五色盖道其本意薦自是學亦不進家貧不甚自愛嘗以書責子瞻不薦已子瞻後稍薄之竟不第而死

劉季孫平之子能作七字家藏書數千卷善用事送孔宗翰知楊州詩有云詩書眥國真男子歌吹揚州

作貴人多稱其精當爲杭州鈐轄子瞻作守深知之後嘗以詩寄子瞻云四海共知霜鬢滿重陽曾插菊花無子瞻大喜在潁州和季孫詩所謂一篇向人寫肝肺四海知我霜鬢須盖記此也

文同字與可蜀人與蘇子瞻厚爲人靖深超然不攖世故善畫墨竹作詩騷亦過人熙寧初時論既不一士大夫好惡紛然同在館閣未嘗有所向背時子瞻數上書論天下事退而與賓客言亦多以時事爲譏誚同極以爲不然每苦口力戒之子瞻不能聽也出爲杭州通判同送行詩有北客若來休問事西湖雖好莫吟詩之句及黃州之謫正坐杭州詩語人以爲知言

楊文公在翰林以讒佯狂去職然聖眷之不衰嗣疾愈即起爲郡未幾復以判祕監召既到闕以詩賜之曰瑣闥往年司制誥共嘉藻思類相如蓬山今日詮墳史還仰多聞過仲舒報政列城歸覲後疏恩高閣拜恩初諸生濟濟彌瞻望鉛槧諸詢辯魯魚祖宗愛惜人材保全忠賢之意如此文公後卒與寇萊公力

排宮闈協定大策功雖不終其盡力於國者亦可以無愧也

古詩有離合體近人多不解此體始於孔北海余讀類文得北海四言一篇云漁父屈節水潛匿方與時進止出寺施張呂公饑釣闔口渭旁九域有聖無土不王好是正直女回于滅海外有截隼逝鷹揚六翮不奮羽儀未彰龍蛇之蟄比他可忘玟璇隱耀美玉韜光無名無譽放言深藏按轡安行誰謂路長此篇合魯國孔融文舉六字徐而考之詩二十四句每

章四句離合一字如首章云漁父屈節水潛匿方與時進止出寺施張第一句漁字第二句水字漁犯水字而去水則存者爲魚一第三句有時字第四句有寺字時犯寺字而去寺則存者爲日字離魚與日而合之則爲魯字下四章須此始古人好奇之過欲以文字示其巧也

劉丞相莘老殿試時蘇丞相子容爲詳定官子容後尹南京莘老復僉判在幕中相與歡甚元祐初莘老自中司入爲左丞子容猶爲翰林學士承旨及莘老

石林詩話　卷中　四

遷黃門子容始爲左丞莘老宿東省嘗以詩寄子容云曆門早歲預登龍僉幕中間託下風敢謂彈冠煩貢禹屛思移疾避胡公蓋記前事而子容答子有末路自驚黃髮老平時曾識黑頭公之句當時以爲盛事又三年莘老既相而罷子容始踐其位云

王荊公少以意氣自許故詩語惟其所向不復更爲涵蓄如天下蒼生待霖雨不知龍向此中蟠又濃綠萬枝紅一點動人春色不須多平治險穢非無力潤澤焦枯是有材之類皆直道其胸中事後爲郡牧判官從宋次道盡假唐人詩集博觀而約取晚年始盡深婉不迫之趣乃知文字雖工拙有定限然亦必視初壯雖此公方其未至時亦不能力强而遽至也

高荷荆南人學杜子美作五言頗得句法黃魯直自戎州歸荷以五十韻見魯直極愛賞之皆和其言有云張侯海內長句晁子廟中雅歌高郎少加筆力我知三傑同科張謂文潛晁謂無咎也無咎聞之頗不平荷晚爲童貫客得蘭州通判已死既不爲時論所與其詩亦不復傳云

石林詩話　卷中　五

杜牧詩清時有味是無能閑愛孤雲靜愛僧擬把一麾江海去樂游原上望昭陵此蓋不滿於當時故末有望昭陵之句汪輔之在場屋能作賦累與鄭毅夫滕達道齊名以意氣自負既登第久不得志常鬱鬱不樂語多譏刺元豐初始爲河北轉運使未幾坐累謫官累年遇赦牽復知虞州謝表有云淸時有味白首無能蔡持正爲侍御史引杜牧詩爲證以爲怨望遂復罷

古今人用事有趁筆快意而誤者雖名輩有所不免

蘇子瞻石建方欣洗腧厠姜龐不解歎蟏蛸按漢書腧厠本作厠腧盎中衣也二字義不應可顛倒用魯直啜羹不如放麑樂羊終愧巴西本是西巴見韓非子蓋貪于得韻亦不暇省爾

寇萊公南遷道過襄州當留一絶句于驛亭曰沙堤築處迎丞相驛吏催時送逐臣到了輸他林下客無榮無辱自由身林下客大槩言之初無所主名也胡祕監旦素不爲公所喜時適居郡下既聞之遂以林下客爲公爲已發且有矜快之語聞者無不皆笑

詩人以一字爲工世固知之惟老杜變化開闔出奇無窮殆不可以形迹捕如江山有巴蜀棟宇自齊梁遠近數千里上下數百年只在有與自兩字間而吞納山川之氣俯仰古今之懷皆見于言外滕王亭子粉墻猶竹色虛閣自松聲若不用猶與自兩字則餘八言凡亭子皆可用不必滕王也此皆工妙至到人力不可及而此老獨雍容閑肆出於自然略不見其用力處今人多取其已用字模放用之偃蹇狹陋盡成死法不知意與境會言中其節凡字皆可用也

謂古人詩多意所喜處誦憶之久往往不覺誤用爲巳語綠陰生晝寂孤花表春餘此韋蘇州集中最爲警策而荆公詩乃有綠陰生晝寂幽草弄秋妍之句大抵荆公閱唐詩多於去取之間用意尤精觀百家詩選可見也如蘇子瞻山圍故國城空在潮打西陵意未平此非誤用直是取舊句縱橫役使莫彼我爲辨耳

慶曆八年王則叛貝州既誅始則河北大名定武真定高陽爲四路置帥更命儒臣以韓魏公自鄆

州徙鎮各大與方略事無不自親嘗有題養眞亭詩云所期清策處不是愛精神又云吏民還解否吾豈苟安人其志可見矣郡圃號衆春會歲饑涉春未嘗一游陳薦在幕府以詩請公云水底魚龍思鼓吹沙頭鷗鷺望旌旗公亟答之云細民溝壑方援手別館鶯花任送春在鎮五年政聲流聞自是天下遂屬以爲相

王荆公在鍾山有馬甚惡蹄齧不可近一日兩校牽在庭下告公請鬻之蔡天啓時在坐曰世安有不可

調之馬第乂不騎騎耳即趣捉其鬉一躍而上不用銜勒馳數十里而還荆公大壯之自作集句詩贈天啓所謂老來勇成癖能騎生馬駒者後又有身着青衫騎惡馬日行三百尚嫌遲心源落落堪爲將卻是君王未備知士大夫盛傳荆公以將帥之材許天啓紹聖初章申公當國首欲進天啓侍從會執政有不恱者乃出爲永興軍路提舉常平因欲稍遷爲帥會丁内艱不果猶是用荆公遺意也

元豐間嘗乂旱不雨裕陵禁中齋禱甚力一日夢有

僧乘馬馳空中口吐雲霧既覺而雨大作翌日遣中貴人道夢中所見物色于相國寺三門五百羅漢中第十三尊畧彷彿即迎入内視之正所夢也王丞相禹玉作喜雨詩云良弼爲霖辜宿望神僧作霧應精求元參政厚之仙驥籲雲穿仗下佛花吹雨匝天流蓋記此相國寺羅漢本江南李氏時物在盧山東林寺曹翰下江南盡取其城中金帛寶貨連百餘舟私盜以歸無以爲之名乃取羅漢每舟載十許尊獻之詔因賜于相國寺當時謂之押載羅漢云

荆公詩用法甚嚴尤精于對偶嘗云用漢人語止可以漢人語對若參以異代語便不相類如一水護田將緑去兩山排闥送青來之類皆漢人語也此惟公用之不覺拘窘卑凡如周顒宅在阿蘭若婁約身隨窣堵波皆以梵語對梵語亦此意嘗有人面稱公自喜田園安五柳但嫌尸祝擾庚桑之句以爲的對公笑曰伊但知柳對桑爲的然庚亦自是數蓋以十日數之也

舊中書南廳壁間有晏元獻題詠上竿伎一詩云百

尺竿頭裊裊身足騰跟掛駭傍人漢陰有叟君知否抱甕區區亦未嘗當時固必有謂文潞公在樞府嘗一日過中書與荆公行至題下特遲留誦詩乂之亦未能無意也荆公他日復題一篇於詩後云賜也能言未識眞誤將心許漢陰人桔槔俯仰何妨事抱甕區區老此身

張景修字敏叔常州人余太父客也少刻苦作詩至老不衰典雅平易時多佳句元豐末爲饒州浮梁令邑子朱天錫以神童應詔景修作詩送之天錫到闕

會忘取本州公據爲禮部所部因擊登聞鼓院繳昰修所送詩爲證神宗一見大稱賞之翌日以語宰相王禹玉恨四方有遺材即令召對禹玉言不欲以一詩召人恐長浮競不若俟其秩滿赴部命之遂止令中書籍記姓名比景修罷官任神宗已升遐亦命矣大觀中始與余同爲祠曹郎中年已幾七十有詩數千篇大父元祐自湖南憲請宮祠歸景修嘗以詩寄曰聞說年來請洞霄江湖奉使久勤勞有神仙處間方得用老成時退更高借宅但須新種竹尋僊想見

舊栽桃浮梁居士塵埃甚須髮而今也二毛其詩大抵類此流落無聞亦可惜也

常待制秩居汝陰與王深父皆有盛名於嘉祐治平之間屢召不至雖歐陽文忠公亦重推禮之其詩所謂笑殺潁川常處士十年騎馬聽朝雞者是也熙寧初荆公當國力致之遂起判國子監太常禮院聲譽稍減于前嘗一日大雪趨朝與百官待官於仗舍秩已來寒甚不可忍忡然若有所恨者乃舉文忠詩以自戲曰凍殺潁川常處士也來騎馬聽朝雞

前輩詩文各有平生自得意處不過數篇然他人未必能盡知也毗陵正素處士張子厚善書余嘗於其家見歐陽文忠子棐以烏絲欄絹一軸求子厚書文忠明妃曲兩篇廬山高一篇畧云先公平日未嘗矜大所爲文一日被酒語棐曰吾詩廬山高今人莫能爲唯李太白能之明妃曲後篇太白不能爲唯杜子美能之至于前篇則子美亦不能爲唯吾能之也因欲別錄此三篇也

余居吳下一日出閶門至小寺中壁間有題詩一絕

云黃葉西陂水漫流蘧蒢風急滯扁舟夕陽暝色來千里人語雞聲共一丘意極喜初不書名氏問寺僧云吳縣冦主簿所作今官滿去矣歸而問之吳下士大夫云冦名國寶蓋與余同年然皆莫知其能詩余與國寶榜下未嘗往來亦識不省其爲人已而數爲好事者舉此詩始有言國寶徐州人久從陳無已學乃知文字淵源有所自來亦不難辨恨不得多見之也

宋景文公子京不甚爲韓魏公所知故公當國子京

多補外嘉祐末始再入爲翰林學士偶朝會于京四病謁告以表自陳云不獲預率舞之列魏公見之殊不樂

元祐初駕幸太學呂丞相微仲有詩中間押行字韻管闕諸人皆和秦學士觀一聯云法天璧水遥迎仗映月深衣不亂行諸生聞之亦閧然觀爲人喜傲謔然此句實迫於趂韻未必有意也

高麗自太宗後久不入貢至元豐初始遣使來朝神宗以張誠一館伴令問其復朝之意云其國與契丹

爲隣每因契丹誅求藉不能堪國主王徽常誦華嚴經祈生中國一夕忽夢至京師備見城邑宮闕之盛覺而慕之乃爲詩以記曰惡業因緣近契丹一年朝貢幾多般移身忽到中華裏可惜中宵漏滴殘余大觀間館伴麗人常見誠一語錄備載此事故事使人到闕不過月許日卽遣發余館伴時上欲留觀殿試放牓及上池遂幾七十日使者頗修謹詳雅余撫之既厚每相感餞行至占雲館而別其副韓激如馬上忽使人持一大玉帶贈余云此唐故物其家世傳以爲寶今以爲獻且于笏上自書一詩相示云泣涕汍瀾欲別離此生無復再來期設將寶玉陳深意莫忘思人見物時余以麗使故事無解挽例力辭之其詞雖樸拙然亦可見其意也

唐詩僧自中葉以後其名字班班爲當時所稱者甚多然詩皆不傳如經來白馬寺僧倒赤烏年數聯僅見文字所錄而已陵遲至貫休齊巳之徒其詩雖存然無足言矣中間惟皎然最爲傑出故其詩十卷獨全亦無甚過人者近世僧學詩者極多皆無超然自

得之氣往往反拾掇摸倣士大夫所殘棄又自作一種僧體格律尤凡俗世謂之酸餡氣子瞻有贈惠通詩云語帶煙霞從古少氣含蔬筍到公無嘗語人曰頗解蔬筍語否爲無酸餡氣也聞者無不皆笑

池塘生春草園柳變鳴禽世多不解此語爲工蓋欲以奇求之耳此語之工正在無所用意猝然與景相遇借以成章不假繩削故非常情所能到詩家妙處當須以此爲根本而思苦言難者往往不悟鍾嶸詩品論之最詳其略云思君如流水既是卽目高臺多

悲風亦惟所見清晨登隴首差無故實明月照積雪
非出經史古今勝語多非補假皆由直尋顏延之謝
莊尤爲繁密於時化之故太明泰始中文書殆同書
抄近任昉王元長等辭不貴奇競須新事邇來作者
寖以成俗遂乃句無虛語語無虛字牽攣補衲蠹文
已甚自然英旨罕遇其人余每愛此言簡切明白易
曉但觀者未嘗留意耳自唐以後既變以律體固不
能無拘窘然苟大手筆亦自不妨削鐻於神志之間
斲輪於甘苦之外也

姑蘇城外寒山寺夜半鐘聲到客船此唐張繼題城
西楓橋寺詩也歐陽文忠公嘗病其夜半非打鐘時
蓋公未嘗至吳中今吳中山寺實以夜半打鐘繼詩
三十餘篇余家有之往往多佳句王荆公編百家詩
選從宋次道借本中間有暝色赴春愁次道改赴字
作起字荆公復定爲赴字以語次道曰若是起字人
誰不能到次道以爲然

張文定安道未第時貧甚衣食殆不給然意氣豪舉
未嘗少貶與劉潛李冠石曼卿往來山東諸郡任氣
使酒見者皆傾下之沛縣有漢高祖廟并歌風臺前
後題詩人甚多無不推頌功德獨安道高祖廟詩曰
縱酒疏狂不治生中陽有土不歸耕偶因亂世成功
業更向翁前與仲爭又歌風臺曰落魄劉郎作帝歸
樽前感慨大風詩淮陽反接英彭族更欲多求猛士
爲蓋自少已不凡矣

京師職事官舊皆無公廨雖宰相執政亦就舍而居
每遇出省或有中批外奏急速文字則省吏徧持於
私第呈押既稽緩又多漏泄元豐初始建東西府於

右掖門之前每府相對爲四位俗謂之八位裕陵幸
尚書省迴嘗特臨幸駐輦環視久之時張侍郎文叅
以詩慶宰執元參政厚之和云黃閣勢連東鳳闕紫
樞光直右銀臺蓋東府與西闕相近西府正直右掖
門崇寧末蔡魯公罷相始賜第于梁門外大觀初再
入因不復還府居自是相繼何丞相伯通鄭丞相達
夫與今王丞相將明皆賜第援魯公例皆于私第治
事而二府往往多虛位或爲書局官指射以置局與
元豐本意稍異也

俞紫芝字秀老揚州人少有高行不娶得浮屠心法所至翛然而工于作詩王荆公居鍾山秀老數相往來尤愛重之每見于詩所謂公詩何以解人愁初日芙蕖映碧流未怕元劉妨獨步不妨陶謝與同游者是也秀老嘗有夜深童子喚不起猛虎一聲山月高之句尤爲荆公所賞亟和云新詩比舊仍增峭若許追攀莫太高秀老卒于元祐初惜時無發明之者不得與林和靖一流槩見于隱逸其弟澹字清老亦不娶滑稽善諧謔洞曉音律能歌荆公亦喜之晚年作

漁家傲等樂府數闋每山行即使澹歌之然澹使酒好罵不若秀老之介靜一日見公云吾欲去爲浮屠但貧無錢買祠部爾公欣然爲置祠部澹約日祝髮既過期寂無耗公問其然澹徐曰吾思僧亦不易爲公所贈祠部已送酒家償舊債矣公爲之大笑黄魯直嘗作三詩贈澹其一有云客夢超然世去髮脱塵冠平明視清鏡正爾良獨難蓋述荆公事也

石林詩話卷下

姑蘇南園錢氏廣陵王之舊圃也老木皆合抱流水奇石參錯其間最爲上王翰林元之爲長洲縣宰時無日不攜客醉飲常有詩曰他年我若功成後乞取南園作醉鄉今園中大堂遂以醉鄉名之大觀末蔡魯公罷相欲東還詔以園賜公公即戲以詩示親黨云八年帷幄竟何爲更賜南園寵退師堪笑當時王學士功名未有便吟詩

至和嘉祐間場屋舉子爲文尚奇澁讀或不能成句

歐陽文忠公力欲革其弊既知貢舉凡文涉彫刻者皆黜之時范景仁王禹玉梅公儀等同事而梅聖俞爲參詳官未引試前唱酬詩極多文忠無譁戰士銜枚勇下筆春蠶食葉聲最爲警策聖俞有萬蟻戰時春日暖五星明處夜堂深亦爲諸公所稱及放牓平時有聲如劉輝輩皆不預選士論頗洶洶未幾時傳遂閧然以爲主司耽于唱酬不暇詳考校且言以五星自比而待我曹爲蠶蟻因造爲醜語自是禮闈不復敢作詩終元豐末幾三十年元祐初雖稍稍爲

之要不如前日之盛然是牓得蘇子瞻爲第二人子由與曾子固皆在選中亦不可謂不得人矣

蘇明允至和間來京師既爲歐陽文忠公所知其名翕然韓忠憲諸公皆待以上客嘗遇重陽忠憲置酒私第惟文忠與一二執政而明允乃以布衣參其間都人以爲之異禮席間賦詩明允有佳節屢從愁裏過壯心時傍醉中來之句其意氣尤不少衰明允詩不多見然精深有味語不徒發正類其文如讀易詩云誰爲善相應嫌瘦後有知音可廢彈婉而不迫哀

石林詩話　卷下　二

而不傷所作自不必多也

張先郎中字子野能爲詩及樂府至老不衰居錢塘蘇子瞻作倅時先年已八十餘視聽尚精詳家猶畜聲妓子瞻嘗贈以詩云詩人老去鶯鶯在公子歸來燕燕忙蓋全用張氏故事戲之先和云愁似鰥魚知夜永懶同蝴蝶爲春忙極爲子瞻所賞然俚俗多喜傳詠先樂府遂掩其詩聲識者皆爲恨云

元厚之知制誥嘗夢至僊府與三上者聯書名傍有告之曰君三人蓋兄弟也覺而思之莫知所謂未幾召入爲學士時韓持國維楊元素繪先已在院一日因書奏列名三人名皆從糸始悟夢中兄弟之意豈造物以是爲戲耶已而持國元素皆外補厚之尹京後三年復與元素還職而鄧文約相繼爲直院則三人之名又皆從絞絲蓋終始皆同決非偶然以此推之仕官升沉進退亦何可以人力計許大夫選嘗作四翰林詩記其事厚之和云聯名適似三株樹傳玩驚看五朶雲此亦一時之異也

晉魏間詩尚未知聲律對偶然陸雲相謔之辭所謂

石林詩話　卷下　三

日下荀鳴鶴雲間陸士龍者乃指爲的對至四海習鑿齒彌天釋道安之類不一乃知此體出於自然不待沈約而後能也舊不解四海彌天爲何等語因讀梁惠皎高僧傳載鑿齒與安書云夫不終朝而雨六合者彌天之雲也弘淵源而潤八極者四海之流也故摘其語以爲戲耳始晉初爲佛學者皆從其師姓如支遁本姓關從支謙學故爲支道安以佛學皆本釋迦爲師請以釋命氏遂爲定制則釋道安者亦其姓也

詩語固忌用巧太過然緣情體物自有天然工妙雖巧而不見刻削之痕老杜細雨魚兒出微風燕子斜此十字殆無一字虛設雨細着水面爲漚魚常上浮而淰若大雨則伏而不出矣燕體輕弱風猛則不能勝惟微風乃受以爲勢故又有輕燕受風斜之語至穿花蛺蝶深深見點水蜻蜓款款飛深深字若無穿字款款字若無點字皆無以見其精微如此然讀之渾然全似未嘗用力此所以不礙其氣格超勝使晚唐諸子爲之便當入魚躍練波拋玉尺鶯穿絲柳織

金梭體矣七言難于氣象雄渾句中有力而紆餘不失言外之意自老杜錦江春色來天地玉壘浮雲變古今與五更鼓角聲悲壯三峽星河影動摇等句之後常恨無復繼者韓退之筆力最爲傑出然每苦意與語俱盡和裴晉公破蔡州回詩所謂將軍舊壓三司貴相國新兼五等崇非不壯也然意亦盡于此矣不若劉禹錫賀晉公留守東都云天子旌旗分一半八方風雨會中州語遠而大體也

人之材力信自有限李翺皇甫湜皆韓退之高弟而二人獨不傳其詩不應散亡無一篇存者計是非其所長故不多作耳退之集中有題湜公安園池詩後云爾雅注蟲魚定非磊落人又有用將濟諸人捨得業孔顏意若譏其徒爲無益而勸之使不作者翺見於遠遊聯句惟前之詎灼灼此去信悠悠一出之後遂不復見亦可知矣然二人以非所工而不作愈於不能而强爲之亦可謂善用其短矣

元豐既行官制準唐故事定宰相上事儀以御史中丞押百官班拜於階下宰相荅拜於阼階上時王禹

玉除左僕射蔡持正右僕射神宗命郎尚書省行之二人力辭帝不可曰既以董正治官不得不正其名分于始此國體非爲卿設也二人乃受命時元厚之已致仕居吳以詩賀王禹玉有前殿聽宣中禁制南宮看集外朝班星辰影落三階下桃李陰成四海間之句時最爲盛事自是相繼入相者皆不復再講此禮信不可常行也

劉季孫初以左班殿直監饒州酒王荆公爲江東提刑巡歷至饒按酒務始至廳事見屏間有題小詩曰

呪喃鶯子語梁間底事來驚夢裏閒說與傍人渾不解杖藜攜酒看芝山大稱賞之問專知宫誰所作以季孫言卽召與之語嘉歎升車而去不復問務事既至傳舍適郡學生持狀立庭下請差官攝州學士公判監酒殿直一郡大驚遂知名云

舊說徐敬業敗與駱賓王俱不死皆去爲浮屠以免賓王居杭州靈隱事因續宋之問詩人始知之而唐新書不載今宋詩乃見賓王集中惟破題鷲嶺鬱岧嶢龍宫隱寂寥兩句是宋作自樓觀滄海日門聽浙

江潮以後五韻皆賓王所續方武后初革命天下所共嫉敬業與賓王首唱義則世哀之而爲陳戒理或有之此詩不知後人因其傳而錄之賓王集耶或本集固自爲賓王作而收之也然賓王集乃古本非後人所裒次者若此詩當時已是錄于集中則賓王之不死亦一證也

魏晉間人詩大抵專工一之如侍宴從軍之類故後來相與祖習者亦但因其所長取之耳其雲出不正中七子與江淹雜之是也梁子云作詩品皆云某人詩出于某人亦以此然論陶淵明乃以爲出於應璩此語不知其所據應璩詩不多見惟文選載其百詩一篇所謂下流不可處君子愼厥初者與陶詩了不相類五臣注引文章錄云曹爽用事多違法度璩作此詩以刺在位意若不分有補于一者淵明正以脫畧世故超然物外爲意顧區區在位者何足槩其心哉且此老何曾有意欲以詩自名而追取一人而模放之此乃當時文士與世進取競進而爭長者所爲何期此老之淺蓋蠑之陋也

江淹擬湯惠休詩日暮碧雲合佳人殊未來古今以爲佳句然謝靈運園景早以滿佳人猶未還謝玄暉春草秋更綠公子未西歸卽是此意嘗怪兩漢間所作騷文未嘗有新語直是句句規模屈宋但換字不同耳至晉宋以後詩人之輩其弊亦然若是雖工亦何足道蓋當時祖習共以爲然故未有託之者耳一

嵇康幽憤詩云性不傷物頻至怨憎昔慙下惠今愧孫登蓋志士會之恸也吾嘗讀世說知康乃人宗室婚審如此雖不忤鍾會亦安能免死耶然稱阮籍口

不臧否人物以爲可師殊不然籍雖不臧否人而作青白眼亦何以異籍得全于晉直是早附司馬師陰託其庇耳史言禮法之士嫉之如讐賴司馬景王全之以此而言之非附司馬氏未必能脫禍也今文不人不此而進表一篇乃不所作以恐至此亦何所不可爲之著論鄙世俗之士以爲猶虱處乎裩中而委折於司馬氏獨非裩中乎觀康尚不屈於鍾會肯賣魏而附晉乎世俗但以迹之近似者取之槩以爲嵇阮吾每爲之太息也

晉人多言飲酒有至于沉醉者此未必意眞在于酒蓋方時艱難人各懼禍惟託于醉可以粗遠世故蓋自陳平曹參以來已用此策漢書記陳平于劉呂未判之際日飲美酒戲婦人是豈眞好飲耶曹參雖與此異然方欲解秦之煩苛付之清淨以酒杜人是亦一術不然如蒯通輩無事而游說者且將日走其門矣流傳至嵇阮劉伶之徒遂全欲用此爲保身之計此意惟顏延年知之故五君詠云劉伶善閉關懷情滅聞見韜精日沉飲誰知非荒宴如是飲者未必則飲醉者未必眞醉也後世不知此凡溺于酒者往往以嵇阮爲例濡首腐脅亦何恨于死耶

古今論詩者多矣吾獨愛湯惠休稱謝靈運爲初日芙蕖沈約稱王筠爲彈丸脫手兩語最當人意初日芙蕖非人力所能爲而精彩華妙之意自然見于造化之妙靈運諸詩可以當此者亦無幾彈丸脫手雖是輸寫便利動無留礙然其精圓快速發之在手筠亦未能盡也然作詩審到此地豈復更有餘事韓退之贈張籍云君詩多態度靄靄春空雲司空圖記戴

叔倫語云詩人之辭如藍田日暖良玉生煙亦是形似之微妙者但學者不能味其言耳

王介字中甫衢州人博學善譏誚嘗舉制科不中與王荊公遊甚款然未嘗降意少相下熙寧初荊公以翰林學士被召前此屢召不起至是始受命介以詩寄云草廬三顧動幽蟄蕙帳一空生曉寒用蕙帳事蓋有所諷荊公得之大笑他日作詩有丈夫出處非無意猿鶴從來自不知之句蓋爲介發也

詩禁體物語此學詩者類能言之也歐陽文忠公守

汝陰嘗與客賦雪于聚星堂舉此令往往皆閣筆不能下然此亦定法若能者則出入縱橫何可拘礙鄭谷亂飄僧舍茶煙濕密洒歌樓酒力微非不去體物語而氣格如此其卑蘇子瞻凍合玉樓寒起粟光搖銀海眩生花超然飛動何害其言玉樓銀海韓退之兩篇力欲去此弊雖冥搜奇譎亦不免有縞帶銀杯之句杜子美暗度南樓月寒生北渚雲初不避雲月字若隨風且開葉帶雨不成花則退之兩篇工殆無以愈也

韓魏公初鎮定武時年纔四十五德望偉然中外莫不傾屬公亦自以天下爲任御事不憚勤勞晚作閱古堂嘗爲八詠其疊石藥圃湧泉三篇卒章云主人未有銘功處日視崔嵬激壯懷吾心盡欲醫民病長得憂民病不銷誰知到此幽閑地多少餘波濟物來其意氣所懷固已見于造次賦詠之間終成大勳豈徒言之而已哉

五代王仁裕知貢舉王丞相溥爲狀元時年二十六後六年遂相周世宗猶及本朝以太子太保罷歸班年纔四十二前此所未有也溥初拜相仁裕猶致仕無恙嘗以詩賀溥云一戰文場拔趙旗便調金鼎佐無爲白麻驟降恩何極黃髮初聞喜可知跋勅按前人到少築沙堤上馬歸遲立班始得遥相見親洽爭如未貴時溥在位每休沐必詣仁裕從容終日蓋唐以來座主門生之禮尤厚今王丞相將明霍侍郎端友牓南省奏名時知舉四人安樞密處厚劉尚書彦修與今鄧樞密子常范右丞謙叔吾亦忝點檢試卷官鄧范不惟及見其登庸可以繼仁裕且同在政府則仁裕所不及也

烏臺詩案

宋　朋九萬

山村絶句

煙雨濛濛雞犬聲有生何處不安生但教黄犢無人佩布榖何勞也勸耕

此詩意言是時販私鹽者多帶刀杖故取前漢龔遂令人賣劒買牛賣刀買犢曰何爲帶刀佩犢意言但得鹽法寬平令民不帶刀劒而買牛犢則民自力耕不勞勸督以譏鹽法太峻不便也

又

老翁七十自腰鐮慙愧春山笋蕨甜豈是聞韶解忘味邇來三月食無鹽

此詩意言山中之人飢貧無食雖老猶自採笋蕨充飢時鹽法峻急僻遠之人無鹽食用動經數月若古之聖賢則能聞韶忘味山中小民豈能食淡而樂乎以譏鹽法太急也

贈孫莘老

嗟余與子久離群耳冷心灰百不聞若對青山談世事當須舉白便浮君

任杭州通判日轉運司差往湖州相度堤岸利害因與知湖州孫覺相見作詩與之某是時約孫覺并坐客如有言及時事者罰一大盞雖不指言時事是非意言時事多不便不得説也

又

天目山前淥浸裾碧瀾堂下看銜艫作堤捍水非吾事閑送苕溪入太湖

爲先曾言水利不便却被轉運司差相度堤岸又云作堤捍水非吾事意言本非興水利之人以譏

水利之不便也

秋日牡丹

一朶妖紅翠欲流春光回照雪霜羞化工只欲呈新色不放閑花得少休

杭州一僧寺內秋日開牡丹花數朶陳襄作絶句某和之此時譏當時執政以化工比執政以閑花比小民言執政但欲出新意擘畫令小民不得暫閑也

寄子由

眼看時事力難任貪戀君恩退未能遲鈍終須投劾去使君何日換聾丞

某初到杭州寄弟轍詩此詩云眼看時事力難任時事謂新法青苗助役等事也言已才力不能勝任意亦是譏新法事煩難了辦也

和劉攽韻

白髮相望兩故人眼看時事幾番新曲無和者應思郢論少畀之且借秦嵗惡詩人無好語夜長鰥守向

誰親少思多睡無如我鼻息如雷撼四鄰

熙寧九年劉攽寄秦字韻詩與某尋和之此詩云眼看時事幾番新以譏近日更立新法事多也

獨樂園

青山在屋上流水在屋下中有五畝園花竹秀而野花香襲杖屨竹色侵盞斝樽酒樂餘春棋局消長夏洛陽古多士風俗猶爾雅先生卧不出冠蓋傾洛社雖云與衆樂中有獨樂者才全德不形所貴知我寡先生獨何事四海望陶冶兒童誦君實走卒知司馬持此欲安歸造物不我舍名聲逐吾輩此病天所赭撫掌笑先生年來學瘖啞

司馬光在西京葺一園名獨樂園作詩寄之此詩言四海望光執政陶冶天下以譏見任執政不得其人又言兒童走卒皆知其姓字終當進用緣光曾言新法不便既言終當進用光意亦譏朝廷新法不便終用光改變此法也又言光却瘖默不言意望光依前上言攻擊新法也

送劉攽通判泰州

君不見阮嗣宗臧否不挂口莫誇舌在牙齒牢是中惟可飲醇酒讀書不用多作詩不須工海邊無事日日醉夢魂不到蓬萊宫秋風昨夜入庭樹蓴絲未老君先去君先去幾時回劉郎應白髮桃花開不開

此詩云君不見阮嗣宗臧否不挂口莫誇舌在齒牢是中惟可飲醇酒言當學阮籍口不臧否人物惟可飲酒勿談時事意以譏新法不便不容人直言也

留題風水洞

春山磔磔鳴春禽此間不可無我吟路長漫漫傍江浦此間不可無君語金鯽池邊不見君追君直過定山村路人皆言君未遠騎馬少年清且婉風岩水穴舊聞名只隔山溪夜不行溪橋晚溜浮梅萼知君繫馬岩花落出城三日尚逶遲妻孥怪罵歸何遲世上小兒誇疾走如君相待今安有

熙寧七年二月二十七日游杭州風水洞節推李佖知軾到來先行三日留彼見待某到彼于壁上留題詩末句云世上小兒誇疾走如君相待今安有意以譏諷世之小人多務急進也

送李清臣

珥筆西歸近紫宸太平典冊不緣麟付君此事寧論笋載我當時舊過秦門外想無千斛米篋中猶有百年人看君兩眼明如鏡休把春秋坐素臣

李清臣差修國史賦詩送之某于仁宗朝曾進論二十五首皆論往古得失賈誼漢文帝時人追論秦之過失作過秦論史記載之某妄以賈誼自比意欲李清臣于國史中載所進論

御史獄中遺子由

聖主如天萬物春小臣愚暗自亡身百年未滿先償債十口無歸更累人是處青山可埋骨他年夜雨獨傷神與君今世為兄弟更結來生未了因

予以事繫御史臺獄府吏稍見侵自度不能堪死獄中不得一別子由故作詩授獄卒梁成以遺子由

說郛目錄

弓第八十四

庚溪詩話

宋　西郊野叟

藝祖皇帝常有詠月詩曰未離海底千山黑纔到天中萬國明大哉言乎撥亂反正之心見于此詩矣又竊聞上微時客有詠初日詩者語雖工而意淺陋上所不喜其人請上詠之即應聲曰太陽初出光赫赫千山萬山如火發一輪頃刻上天衢逐退羣星與殘月蓋本朝以火德王天下及上登極僭竊之國以次削平混一之志先形於言規模遠矣

太宗皇帝既輔　藝祖皇帝創業垂統暨登寶位尤留意斯文每進士及第賜聞喜宴必製詩賜之其後累朝遵為故事宰相李昉年老罷政家居曲宴必宣赴坐昉獻詩曰微臣自愧頭如雪也向鈞天侍玉皇上俯和曰珍重老臣純不已我慚寡昧繼三皇時皆榮之蘇易簡在翰林一日上召對賜酒謂之曰君臣千載遇易簡應聲曰忠孝一生心呂端參知政事上一日宴後苑釣魚賜之斷句曰欲餌金鉤殊未達磻溪頭問釣魚人端實以進曰愚臣鈞直難堪用宜問濠梁結網人既而端遂拜相君臣會遇形于賡歌此與唐虞賡載事雖異而實同也

眞宗皇帝聽斷之暇惟務觀書每觀一書畢既有篇詠命近臣賡和故有御製觀尚書詩春秋周禮禮記孝經詩各三章讀宋書陳書各二章讀後魏書各三章讀北齊書二章讀後周書隋唐書各三章讀五代史後唐晉史漢史周史各三章可謂好文之主也

文宗皇帝當持盈守成之世尤以斯文為急每進士聞喜宴必以詩賜之景祐元年所賜詩末句曰寒儒

逢景運報國合如何言宏大而有激勵眞詔旨也山東李庭臣嘗言　人有持錦臂鞲鬻于市者其上織成詩一聯恩袍草色動仙籍桂香浮乃景祐五年賜進士詩也聖製周宜遠播而仁化所覃雖[illegible]獠亦知敬愛庭臣遠以千金易之作小屏几硯間見之者莫不改容瞻敬嘉祐初龍圖閣直學士尚書吏部郎中梅摯公儀出守杭州上御製詩以寵賜之其首章曰地有吳山美東南第一州梅既到杭州欲侈上之賜遂建堂山上曰有美歐陽修為記以述之亦人臣之

榮遇也

光堯壽聖太上皇帝當内修外攘之際尤以天德服遠至于宸章睿藻日星照垂者非一至紹興二十八年將郊祀有司以太常樂章爲序失次文義弗協請遵眞宗仁宗朝故事親製祭享樂章詔從之自郊五宗廟原廟等共有十四章肆筆而成睿思雅正宸文典贍所謂大哉王言也至于一時閒適遇景而作則有漁父辭十五張清新簡遠備騷雅之體其辭有曰薄晚烟林淡翠微江邊秋月已明輝縱横遠棹適天

機水底閑雲片段飛又曰青草開時已過船錦鱗躍處浪痕圓竹葉酒柳花氊有意沙鷗伴我眠又曰水涵微雨湛虛明小笠輕簑未要晴明鑑裏穀紋生白鷺飛來空外聲辭多不能盡載觀此數篇雖古之騷人詞客老于江湖擅名一時者不能跂及又一章曰春入朝陽花曉霧弄滄波載與俱歸又若何此又有進用賢才之意閑治體也　上皇帝以英睿之資宸文聖作煥然超卓方居王邸時從太上皇帝視師江左經由京口題詩金山曰屹然山立桄中流彈壓東南二百州狂　來臨須破膽何勞平地戰貔貅辭壯而旨深已包不戰而屈人兵之意也今上皇帝躬受内禪踐祚以來未嘗一日暫怠　與之　毎形於詩辭如新秋雨過述懷有曰平生雄武心覽鏡朱顔在豈惜常憂勤規模須廣大如春晴有感曰春風歸草木曉日麗山河物滯欣逢泰時豐自此多神州應未遠當繼沛中歌觀此則規恢之志大矣如幸秘閣宴羣臣賜詩曰稽古右文懋非德禮賢下士法前王欲臻至治觀熙洽更馨謨猷爲贊襄俯和丞相史浩詩

有曰誰欲元首明自得股肱喜又曰虛心欲受人忠言資逆耳朕瘠天下肥至樂無易此觀此則任賢聽諫虛己愛民之心切矣至如詠德壽宮冷泉亭古風有曰孰云人力非自然千岩萬壑藏雲烟上有峥嶸倚空之翠壁下有潺湲漱玉之飛泉一堂虛敞臨佳沼密陰交加森翠篠山頭草木四時芳闌畔歲寒長不老又曰日長雅趣超塵俗散步逍遙快心目山光水色無盡時都將挹向杯中醁觀此則篤于奉親盡天下之養者無不至矣如春賦曰泱上青之流濁

勸功於九農碧草萋其帶露遊絲飄其曳空丹綠兮衆芳迢逢兮春風春風兮歸來信吹萬之不同又曰碧實朱英穠苞艷葩榮于春者冬必悴纍于夏者秋必花擢喬松于歲寒出奇卉于天涯知深仁之被物曾何閒四時與幽遐吾將觀登臺之熙熙包八荒而爲家穆然若東風之振槁灑然若膏雨之萌芽則生生之德無時不在又何美乎眩目之芳華觀此則所以贊天地化育一視而同仁者深矣眞帝王之用心也當今皇太子夙禀岐嶷之資篤日就月將之道方

其處恭邸時在三王中閲經史習藝業爲最多每爲詩篇辭語高妙岩省時備員講官每請退則與同僚詠嘆敬服不已今育德春宫之久諒製作深造灝靈之體但以在遠不可得而聞竊覩賡主上新秋雨過述懷詩有曰中[illegible]月異王氣山河在萬物飾昭回稽首王言大其辭如是其意宏遠矣

漢高帝大風歌不事華藻而氣槩遠大眞英主也武帝秋風辭言固雄偉而終有感慨之語故其末年幾至于變魏文父子橫槊賦詩雖遒壯抑揚而乏帝王之度六朝以後人主言非不工而纖麗不逞無足言也

唐文皇既以武功平隋亂又以文德致太平于篇咏尤其所好如曰昔乘疋馬去今驅萬乘來詞氣壯偉固人所膾炙又嘗觀其過舊宅詩曰新豐停翠輦譙邑駐鳴笳一朝辭此去四海遂成家益其詩語與功烈眞相副也

唐宣宗微時以武宗忌之遁跡爲僧一日遊方遇黄蘖禪師因同行觀瀑布黄蘖曰我咏此得一聯而下

韵不接宣宗曰當爲續成之黄蘖云千岩萬壑不辭勞遠看方知出處高宣宗續云溪澗豈能留得住終歸大海作波濤其後宣宗竟踐位志先見于詩矣然自宣宗以後接懿僖之時宇内遂不靖則作波濤之語豈非讖耶

少陵詩非特紀事至于都邑所出土地所生物之有無貴賤亦時見于吟咏如云急須相就飲一斗恰有青銅三百錢丁晉公謂以是知唐之酒價也建炎巳酉歲車駕駐蹕建康比錢串仲赴召命儀亦以事至

彼與之同邸申仲以能詩自負常作詩話甚詳余偶用其剪紙刀渠頗斬之且曰此刀唯吾鄉所造者頗佳他處不及也余戲之曰仙鄉剪刀雖佳然不及太原也錢曰太原唯出銅器未聞出剪刀也余曰君深于詩而不知此耶子美詩曰焉得幷州快剪刀剪取吳淞半江水吾豈妄言哉錢大笑因而定交世謂六一居士歐陽永叔不好杜少陵詩觀六一詩話載陳從易舍人初得杜集舊本多脫誤其送蔡都尉詩云身輕一鳥其下脫一字陳公與數客各用一字補之

或云落或云起或云下其後得善本乃身輕一鳥過陳歎服以爲雖一字諸君不能到也

又曰唐之晚年無復李杜豪放之格但務以精意相高而已又集古目錄曰泰嶧山碑非眞杜甫直謂棗木傳刻爾杜有李潮八分小篆歌云嶧山之碑野火焚棗木傳刻肥失眞故也六一于杜詩旣稱其雖一字人不能到又稱其格之豪放又取以證碑刻之眞僞誰可謂六一不好之乎言未可信也

江南五月梅熟時霖雨連旬謂之黃梅雨然少陵曰南京西浦道四月熟黃梅湛湛長江去冥冥細雨來益唐人以成都爲南京則蜀中梅雨乃在四月也及讀柳子厚詩曰梅實迎時雨蒼茫値晩春愁深楚猿夜夢斷越雞晨海霧連南極江雲暗北津素衣今盡化非爲帝京塵此子厚在嶺外詩則南粤梅雨又在春末知是梅雨時候所至早晩不同

杜子美遊龍門奉先寺詩天闕象緯逼雲臥衣裳冷此寺在洛陽之龍門按韋述東都記龍門號雙闕以與大內對峙若天闕然此詩天闕指龍門也後人謂

共屬對不切改爲天闚王介甫改爲天閱蔡興宗又謂世傳古本作天闚引莊子用管闚天爲證以余觀之皆臆說也且天闕象緯逼雲臥衣裳冷乃此寺中即事耳以彼天闕之高則勢逼象緯以我雲臥之幽則冷侵衣裳語自混成何必屑屑較瑣碎失大體哉

澄江朱正民舉直嘗云少陵今夕行指意不苟其語云今夕何夕歲云徂則言歲除夜也更長燭明不可孤則言夜永人多守歲不寐當有以自遣也咸陽客舍一事無則言旅中少況且無幹也相與博塞爲

娛此則言爲此猶賢乎巳也葢謂窮冬佳節旅中𣲖夕無事方可爲此自遣耳他時不可也則正民覩少陵事亦苟矣正民乃余先太夫人族弟沈晦元同榜登科其人簡率而議論有直氣爲廣德軍教授舍山縣令而卒惜哉

蔡元長京旣貴享用侈靡喜食鶉每預蓄養之烹殺過當一夕夢鶉數千百訴于前其一鶉居前致辭曰食君廩中粟作君羮中肉一羮數百命下箸猶未足羮肉何足論生死猶轉轂勸君宜勿食禍福相倚伏

覩此亦可爲饕餮而暴天物者之戒

昔人臨岐執別回首引望戀戀不忍遽去而形于詩者如王摩詰云車徒望不見時見起行塵歐陽詹云高城巳不見況復城中人東坡與其弟子由別云登高回首坡壠隔時見烏帽出復沒或紀行人巳遠而故人不復可見語雖不同其惜別之意則同也昌黎韓退之和裴晉公詩云秋臺風日迥正好看前山後東坡和陶詩云前山正好數後騎且莫驅此語雖不同而寄情物外夷曠優游之意則同也王摩詰漢江臨汎詩曰江流天地外山色有無中六一居士平山堂長短句曰平山欄檻倚晴空山色有無中豈用摩詰語耶然詩人意所到而語偶相同者亦多矣其後東坡作長短句云記取醉翁語山色有無中則專以爲六一語也

吳門蠡口瀕太湖乃范蠡自此乘扁舟泛五湖也鄭毅夫獬有詩曰千重越甲夜成圍戰罷君王醉不知若論破吳功第一黃金只合鑄西施

宋景文有詩曰捫蝨須逢英俊主釣鼇豈在牛蹄涔

小物以大爲對而語壯氣勁可嘉也又東坡一聯曰聞說騎鯨遊汗漫亦嘗捫蝨話悲辛則律切而語益奇矣

前人咏落花世傳二宋兄元憲公祁詩爲工元憲詩云漢皋佩冷臨江失金谷樓危倒地香景文詩云將飛更作回風舞巳落猶成半面粧固佳矣而余襄公靖安詩亦工云金谷巳空新步障馬嵬徒見舊香囊不減二宋也而景文公又有五言殘花詩一聯云香歸蜜房盡紅入燕泥乾雖不用事亦自是佳句

韓退之聯句云遙岑出寸碧遠目增雙明固爲佳句後見謝無逸云忽逢隔水一山碧不覺舉頭雙眼明若敷衍退之語然句亦清快亦自可喜也京師德寺東廊三學院壁間題曰明月斜秋風冷今夜故人來不來教人立盡梧桐影皆傳呂先生洞賓所題也靖康間遊京師天清寺于僧房壁間得一絶云空餘綠綺琴嬾把新聲寫不見臨卬人誰是知音者不題名氏想有感而題之也

盧贊元襄宣和末靖康間爲吏部侍郎詩篇極多向

嘗得其數十篇皆清拔可喜後因兵火失之尚記其贈皷琹者曰試將鍾子山水意一洗退之氷炭腸恨失其全篇

紹興初余之官建康艤舟溧陽郵亭見壁間題云十年棄微官歸來事却棹扁舟訪安期要覓如瓜棗不知膏粱珍惡食詩自好田園苦無多生理但艸艸濁酒時一樽孤斟從醉倒然不著名氏不知何人所作觀其言淡而旨遠要非汩沒名利而不知返者也

昔年過邵伯陳矍登平野亭見梁間題曰地勢如掀掌天形似覆盤三星羅戶牖北斗掛闌干曉色芙蕖靜秋香桂子寒更無山礙眼剩覺水雲寬此劉濤無言詩此詩蓋盡得斗野之景物也

舊傳有太守因旱祈雨于龍潭得小雨而未甚應作一絶云祈雨精神尚未通浮雲開闔有無中龍潭恐我羞歸去畧灑些些表不空因寫詩投潭中纔郎大雨隨足

陳樽待制紹興中樽嘗從諸大將爲謀議官頗好脩養之方且自以爲得道嘗題于所居曰神仙多是大

羅客我比大羅還一格有箇續其後曰行滿三千我四千功成八百我九百

嘗見蘭溪范安茂云嚴陵一士人忘其姓名能詩好爲大言而間有可取者如詠林影曰日月明方見乾坤墻郤消詠扇曰大柄如歸手蚊蟲莫浪飛言皆類此不能盡記也

靖康之變虜原爲虜擄嘗將文人勝士陷于彼者不少紹興庚申辛酉河南關陝之地暫復有自關中歸者壁間見詩二絶云鞞鼓轟轟聲徹天中原廬井半

蕭然鶯花不管興亡事粧點春花似昔年又云渭干
沙淺鴈來棲渭漲沙深鴈不歸江海一身多少事焉
風明月我需衣
夢筆驛邇江淹舊居姚宏令聲一絕可警後學者詩
云一宵短夢驚流俗千載高名掛里閭遂使晚生矜
此意癡眠不讀半行書

紫微詩話

宋　呂伯恭

晁伯禹載之學問精確少見其比嘗作昭陵夫人詞
詩云殺翁分我一杯羹龍種由來事杳冥安用生兒
作劉季暮年無骨葬昭陵

晁以道詠之西池唱和詩有旌旗太一三山外車馬
長楊五柞中椰外雕鞍公子醉水邊紈扇麗人行殆
絕唱也

高秀實茂華人物高遠有出塵之姿善爲文辭嘗和
予高郵道中詩有中途有眼占星聚一夕披顔學霧
收之句便覺予詩急迫少從容閑暇處

汪信民革嘗作詩寄謝無逸云問訊江南謝康樂溪
堂春木想扶疎高談何日看揮麈安步從來可當車
但得丹霞訪龐老何須狗監薦相如新年更勵於陵
節妻子同鉏五畝蔬饒德操見此詩謂信民曰君詩
日進而道日遠矣蓋用功在彼而不在此也

洪龜父朋寫韵亭詩云紫極宮下春江橫紫極宮中
百尺亭水入方洲界玉局雲映連山羅翠屏小楷四

行餘翰墨主人一枝書仙靈文簫釆鸞不復逐至今
神界花宴宴作詩至此殆無遺恨矣
宣和末林子仁斂功嘗夏均父倪詩云嘗憶它年接
緒餘饒三落托我迂疎溪橋幾換風前柳僧壁今留
醉後書忘記下四句饒三德操也表叔范元實既從
山谷學詩要字字有來處嘗有詩云夷甫雖黃須倚
閤君卿唇舌要施行
從叔知止少年作詩云彭澤有琹常無弦大令舊物
惟青氊我亦四壁對黙坐中有一床供晝眠元實深

賞愛之云殆似山谷少時詩也
外弟趙才仲少時詩夕陽綠隙明等句精確可喜才
仲少學柳文曾詩晁以道輩許之皆以才仲能爲古
人之文也夏均父倪文詞富贍儕輩少及嘗以天寒
霜雪繁游子有所之爲韻作十詩留別饒德操不愧
前作也
晁季一貫之嘗訪杜于師與不遇留詩云草堂不見
浣花老折得青松度水歸
衆人傚學山谷詩時晁叔用冲之獨專學老杜詩

求生西方時秀實獨求生兜率
叔用嘗戲謂余云我詩非不如子作得子詩只是子
差熟耳余戲荅云只熟便是精妙處叔用大笑以爲
然
王立之直方病中盡以書畫寄交舊余亦得書畫數
種與余書云劉玄德生兒不象賢蓋譏其子不能
守其圖書也余初未與立之相識而相與如此夏均
父嘗寄立之詩云書來整整復斜斜蓋謂其病中作
字如此饒德操酷愛徐師川俯雙廟詩開元天寶關

衮衮見諸公不聞張與許名在臺省中之句
張先生子厚與從祖子進同年進士也張先生自登
科不復仕居毘陵紹聖中從祖自中書舍人出知睦
州子厚小舟相送數程別後寄詩云籬鷃雲鵬各有
營匆匆相別未忘情悵君不在蓬籠底共聽蕭蕭夜
雨聲先生少有與多夢嘗作夢錄記夢中事如售寶
藏今失之先生夢中詩如楚峽雲嬌宋玉愁月明溪
淨印銀鈎襄王定是思前夢又抱霞衾上玉樓又無
限寒鴉冐雨飛紅樹高高出粉墻之句殆不類人間

人也
紹聖初嘗訪祖父榮陽公於歷陽既歸乘小舟泝松江至烏江還書云今日江行風浪際天嘗記往時京師作詩云若厭塵沙隨馬足却思風浪拍船頭也
紹聖初榮陽公自潮中赴懷州叔祖睢州邂逅於鎮江別後叔祖寄絶句云江南江北來昨夜同枝宿平明一聲起四顧以極目
江西諸人詩如謝無逸富贍饒德操蕭散皆不減潘邠老大臨精苦也然德操爲僧後詩更高妙殆不可

及嘗作詩勸予專意學道云向來相許濟時功大似頻伽餉遠空我已定交木上座君猶求舊管城公文章不療百年老世事能排雙頰紅好貸夜窻三十刻胡床趺座究幡風
邠老嘗寄德操均父詩云文如二稚徒懷璧武似三明却驥弓松檜參天西邑路時時騎馬訪龐公文如二稚謂德操武似三明謂均父也後德操爲僧名如璧始詩之讖也
吳春卿參政以資政殿大學士知河南過郭店謁故

相公墓詩云漢相岩岩眞國英門庭曾是接諸生陽秋談論四時具河岳精神一坐傾議者以爲頗盡文靖儀觀論議云滕元發甫賀正獻公拜相啓云玉璜釣瀨家傳渭水之符金鼎調元代出山東之相又云寰區大庥盡還仁祖之風朝野一辭復見申公之政當時稱誦之
劉師川莘老丞相幼子力學有文嘗贈舍弟詩云大阮平生予所愛小阮相逢亦傾蓋濟陽未識情更親信手新詩落珠貝楊氏作公誰料理臧孫有後誠可

喜長亭木落風雨多無酒飲君如別何余時爲濟陽縣主簿大阮謂知止也
曾子固舍人爲太平州司戸時張伯玉瑑作守歐公王荆公諸人皆與伯玉書以子固屬之伯玉殊不爲禮一日就後廳召子固作大排唯賓主二人亦不交一談也既而召子固於書室謂子固曰人皆謂公爲曾夫子必無所不學也子固辭避而退一日請子固作六經閣記子固屢作終不可其意廼謂子固曰吾試爲之即令子固書曰六經閣者諸子百家皆在焉

不盡尊經也其下文不能具載又令子固同書傳中隱晦事其應答如流因大服始有意廣尋與書矣

崇寧初滎陽公自曹州與相州太守劉壽臣唐大學士兩易會於滑州守陳修伯師錫殿院也坐中有詩云金馬舊游三學士玉麟交政兩諸侯蓋記當時事也

元符初滎陽公謫居楊道孚爲州法曹椽嘗從公出游以職事遽歸遣公詩云雨綠霜紅郭外田山濃水淡欲寒天參軍抱病陪清賞一檄呼歸亦可怜公甚

稱之李方叔豸嘗作寒食詩千株蠟炬出嚴闈走馬天街賜近臣我亦茅簷自鑽燧爂針燒艾撿銅人又嘗贈汝州太守詩云安得吾皇四百州皆如此郡二千石

滎陽公元符末起知單州登城樓詩云斷霞孤鶩欲寒天無復青山礙目前世路崎嶇飽經歷始知平地是神仙

楊道孚深愛義山嫦娥應悔偷靈藥碧海青天夜夜心以爲作詩當如此學

仲清源君嘗言前身當是陶淵明愛酒不入遠公社故流轉至今耳

正獻公自同知樞密院出知定州謝上表有云特以百年舊族荷累聖不貲之恩一介微軀辱主上非常之遇又云謂臣世服近僚有均休共戚之義察臣旁無厚援絕背公死黨之嫌又云進不敢希功而生事退不敢弛備以驕官

竹坡老人詩話

宣城周少隱

杜少陵遊何將軍山林詩有雨抛金鎖甲苔臥綠沉鎗之句言甲拋於雨爲金所鎖鎗臥于苔爲綠所沉有將軍不好武之意余讀薛氏補遺乃以綠沉爲精鐵謂隋文帝賜張奫以綠沉之甲是也不知金鎖當是何物後又讀趙德麟侯鯖謂綠沉爲竹乃引陸龜蒙詩一架三百竿綠沉森杳冥此尤可笑

戴良少所推服每見黃憲必是降薄悵然若有所失母問汝何不樂乎復從牛醫兒所來耶王履道詩不

見牛醫王叔度郎尋馬磨許文休語雖工然牛醫乃叔度之父耳非叔度也

聰聞復錢塘人以詩見稱於東坡先生余遊錢塘甚久絕不見此老詩松闗老人謂余言東坡倅錢塘時聰方爲童行試經坡謂坐客言此子雖少善作詩近參寥子作昏字韻詩可令和之聰和篇立成云千點亂山橫紫翠一鈎新月掛黃昏坡大稱賞言不減唐人因笑曰不須念經也做得一箇和尚是年聰始爲僧東坡詩云君欲富餅餌會須縱牛羊殊不可曉河朔土人言河朔地廣麥苗彌望方其盛時須使人縱牧其間踐蹂令稍疎則其收倍多是縱牛羊所以富餅餌也

維揚之擾衣冠皆南渡王邦憲客宛陵與其鄉人相遇作集句云楊子江頭楊柳春衣冠南渡多崩奔柳條弄色不忍見東西南北更堪論誰謂他鄉各異縣豈知流落復相見青春作伴好還鄉爲問淮南米貴賤其叙事有情致爲可喜近時集句所未有也

集句近世往往有之唯王荆公得此三昧前人所傳如雨荒深院菊風約半池萍之句非不律切但苦無思耳

孔毅父喜集句東坡嘗以指呼市人如使兒戲之觀其寄孫元忠詩云不恨我衰子貴時經濟實藉英雄姿君有長才不貧賤莫令斬斷青雲梯驊騮作駒已汗血坐看千里當霜蹄省郎京君必俯拾君特侯印取豈遲殆不減胡笳十八拍也

紹興初有退相寓永嘉獨陳用中彥才雖鄰不謁及

再相有鷹之者止就部汪邑連江戲作小詩云命賦安能比鉅公偶然年月與時同只因日上爭些子笑向連江作醉翁蓋其所生年月時適與時宰同但日差異耳

東坡遊西湖僧舍壁間見小詩云竹暗不通日泉聲落如雨春風自有期桃李亂深塢問誰所作或告以錢塘僧清順者即日求得之一見甚喜自是而順之名出矣余罶錢塘七八年間有能誦順詩者往往不遠前篇政以所見之未多耳然而使其止於此亦足傳也

竹坡詩話 〈八〉 三

米元章少時作邑會歲大旱遣吏捕蝗甚急有鄰邑宰忽移文責之謂吏驅蝗入境元章取公牒作一絕大書其背而遣之云蝗蟲本是天災不由人力擠排若是敝邑遣去却煩貴縣發來見者大笑

東萊蔡伯世作杜少陵正異甚有功亦時有可疑者如峽雲籠樹小湖日落船明以落爲蕩且云非久在江湖間者不知此字之爲工也以余觀之不若落字爲佳耳又春色浮山外天河宿殿陰以宿爲沒沒字不若宿字之意味深遠明甚大抵五字詩其點化正在一字間而好惡不同乃如此良可怪也

客有誦淵明閑情賦者想其於此亦是不淺或問坐客淵明有侍兒否皆不知所對有一人言有之問其何以知曰所謂雍端年十三不識六與七此豈非有侍兒耶於是坐客皆發一笑

杜少陵之子宗武以詩示阮兵曹兵曹答以斧一具而告之曰欲子斫斷其手不然天下詩名又在杜家矣余嘗觀少陵作宗武生日詩云自從都邑語已伴老夫名詩是吾家事人傳世上情則宗武之能詩爲

竹坡詩話 〈八〉 四

可知矣惜乎其不可得而見也

士大夫與淵明作詩往往故爲平澹之語而不知淵明制作之妙已在其中矣如讀山海經云亭亭明玕照落落清瑶流豈無彫琢之功蓋明玕謂竹清瑶謂水與所謂紅皺曬簷瓦黄團繫門衡者異矣

樞密張公嵇仲喜談兵論邊事面目極嚴冷而作小詩有風味岐王宮有侍兒出家爲比丘尼者公賦詩云六尺輕羅染麴塵金蓮步穩襯緗裙從今不入襄

王夢蘋盡巫山一朵雲殊可喜也

徐陵玉臺新詠序云南都石黛最發雙蛾北地燕支偏開兩臉崔正熊古今注云燕支出西方土人以染中國謂之紅藍以染粉爲婦人色而俗乃用胭脂或臙脂字不知其何義也杜少陵林花看雨臙脂濕亦用此二字而白樂天三千宮女臙脂面却用此二字殊不可曉

潮州韓文公祠有異木世傳退之手植去祠十數步種之輒死有題文公祠者云韓木有情春谷暖鱷魚無種海潭清者是也

竹坡詩話　五

李石柳公權俱與唐文宗論詩李石云人生不滿百常懷千歲憂畏不逢也晝短苦夜長暗時多也何不秉燭遊勸之照也古人作詩之意未必爾然人臣進言要當如此及文宗有人皆苦炎熱我愛夏日長之句公權但云薰風從南來殿閣生微涼而已殊不寓規諫之意何也蓋責文宗享殿閣之涼而不知人間之苦所以譏之深矣曉人豈不當如是邪

氷肌玉骨清無汗水殿風來暗香滿繡簾一點月窺人欹枕釵橫雲鬢亂起來庭戶悄無聲時見疏星渡河漢屈指西風幾時來不道流年暗中換世傳此詩爲花蘂夫人作東坡嘗用此作洞仙歌曲或謂東坡託花蘂以自解耳不可知也

王荊公作集句得江州司馬青衫濕之句欲以全句作對久而未得一日問蔡天啓江州司馬青衫濕可對甚句天啓應聲曰何不對梨園弟子白髮新公大喜

梁太祖受禪姚垍爲翰林學士上問及裴延裕行止日朔知其人文思甚捷垍曰向在翰林號爲下水舡太祖應聲曰卿便是上水舡議者以垍爲急灘頭上水舡魯直詩云花氣薰人欲破禪心情其實過中年春來詩思何所似八節灘頭上水舡山谷點化前人詩而其妙如此詩中三昧手也東南之有蠟梅蓋自近時始余爲兒童時猶未之見元祐間魯直諸公方有詩前此未嘗有賦此詩者政和間李端叔在姑谿元夕見之僧舍中嘗作兩絕其後篇云程氏園當尺五天千金爭賞凭朱欄莫因今日家家有便作尋常

竹坡詩話　六

兩等香觀端叔此詩可以知前日之未嘗有也

近世士大夫家所藏杜少陵逸詩本多不同余所傳古律二十八首其間一詩陳叔易記云得於管城人家冊子葉中一詩洪炎父記云得之江中石刻又五詩謝仁伯記云得於盛文肅家故書中猶是吳越錢氏所錄要之皆得於流傳安得無好事者亂真然而如巴西聞收京云傾都看王屋正殿引朱衣又云剋復誠如此安危在數公又舟過洞庭一篇云蛟室圍青草龍堆擁白砂護江蟠古木迎擢舞神鴉又一篇

云說道春來好狂風大放顛吹花隨水去翻却釣魚船此決非他人可到其爲此老所作不疑西湖諸寺所存無幾唯南山靈石猶是舊尾寺僧言頃時有數道人來丐食拒而不與乃題詩屋山而去至今猶存字畫頗類李北海是唐人書也其詩云南鳴數回泉石西峯幾疊煙雲登携飲以爲侶顏寓李甲蕭耘後好事者譯之前一句乃呂字第二句洞字第三句賓字是洞賓與三人者來耳李甲近世人東坡以比郭恕仙善畫而有文餘不知其爲何人當亦是神仙也

東平王輿周爲余言東平人有居竹間自號竹谿翁者一夕有鬼題詩竹間云墓前古木號秋風墓尾幽人萬慮空唯有詩魂銷不得夜深來訪竹谿翁世傳鬼詩甚多常疑其僞爲此詩傳於輿周鄉里必不妄矣鬼之能詩是果然也

凡詩人作語要令事在語中而人不知余讀太史公天官書天一鎗棓矛盾動搖角大兵起杜少陵詩云五更鼓角聲悲壯三峽星河影動搖蓋暗用遷語而語中乃有用兵之意詩至於此可以爲工也

白樂天長恨歌云玉容寂寞淚闌干梨花一枝春帶雨人皆喜其工而不知其氣韻之近俗也東坡作送人小詞云故將別語調佳人要看梨花枝上雨雖用樂天語而別有一種風味非點鐵成黃金手不能爲此也

自古詩人文士大抵皆祖述前人作語梅聖俞詩云南隴鳥過北隴叫高田水入低田流歐陽文忠公誦之不去口魯直詩有野水自添田水滿晴鳩却喚雨鳩來之句恐其用此格律而其語意高妙如此可謂

譽學前人者矣

林和靖賦梅花詩有踈影横斜水清淺暗香浮動月黄昏之語膾炙天下殆二百年東坡晚年在惠州作梅花詩云紛紛初疑月挂樹耿耿獨與參横昏此語一出和靖之氣遂索然矣張文潛云調鼎當年終有實論花天下更無香此雖未及東坡高妙然猶可使和靖作衙官政和間余見 份司業和曾公衮梅詩云絶艶更無花得以𦳝香唯有月相知亦是奇絶使醉翁見之未必專賞和靖也

世所傳退之遺文其中載嘲鼾睡二詩語極怪譎退之平日未嘗用佛家語作詩今云有如阿鼻尸長喚忍衆罪其非退之作決矣有如鐵佛闘皺眉石人戰搖體之句太似鄙俚退之何嘗作是語小兒輩亂真如此者甚衆烏可不辨

有數貴人逭休沐携歌舞燕僧舍者酒酣誦前人詩因過竹寺逢僧話又得浮生半日閑僧聞而笑之貴人問師何笑僧曰尊官得半日閑老僧却忙了三日謂一日供帳一日燕集一日掃除也

羅叔共言頃歲錢塘有葛道人者無他技能以業縫爲生得金即沽酒自飲往來湖上間數歲矣人無知之者一日爲寺僧修履口中微有聲狀若哦詩者僧怪而問之葛生笑曰今日偶得句耳問之乃云百囀已休鶯哺子三眠初罷蠶飛花自是人始知其爲詩人世之露才揚己急于人知者聞斯人之風亦可少愧矣

詩人造語用字有着意道處往往頗露風骨如滕元發月波樓詩野色更無山隔斷天光直與水相連是

也只一直字便是着力道處不惟語稍崢嶸兼亦近俗何不云野色更無山隔斷天光自與水相連爲微有蘊藉然非知之者不可以語此

有明上人者作詩甚艱求捷法于東坡東坡作兩頌以與之其一云字字覓奇險節節累枝葉咬嚼三十年轉更無相涉其一云衡口出常言法度法前軌人言非妙處妙處在于是乃知作詩到平淡處要似非力所能東坡嘗有書與其姪云大凡爲文當使氣象崢嶸五色絢爛漸老漸熟乃造平淡余以謂不但爲

文作詩者尤當取法于此

劉元素名博文與余爲同郡其爲人靜退有守好作詩而語不妄發内子朱賢而善事其夫每舉按齊眉則相敬如賓一日元素與客飲分韻得楣眉其詩云青眼相看吾可知精神渾在鬣陽時只因嫁得東君後雨淚相看是別離詩成坐客皆不悅後數日而其妻亡蓋詩讖也

郭功父晚年不廢作詩一日夢中作遊采石二詩明日書以示人曰予決非久于世者人問其故功父曰

余近時有欲尋鐵索排橋處只有楊花慘客愁之句豈特非余平日所能到雖前人亦未嘗有也忽得之不祥不逾月果死李端叔聞而笑曰不知杜少陵如何活得許多歲

詩中用雙疊字易得句嬾如水田飛白鷺夏木囀黃鸝此李嘉祐詩也王摩詰乃云漠漠水田飛白鷺陰陰夏木囀黃鸝摩詰四字下得最爲穩切若杜少陵風吹客衣日杲杲樹攪離思花冥冥無端落木蕭蕭下不盡長江衮衮來則又妙不可言矣

楊次翁守丹陽米元章過郡留數日而去元章好易他人書畫次翁作羹以飯之曰今日爲君作河豚其實他魚元章疑而不食次翁笑曰公可無疑此贗本耳其行送之以詩有淮海聲名二十秋之句林子中見之謂次翁曰公言無乃過與次翁笑曰二十年來何處不知有米顛子邪余游濡須識次翁之孫侃爲余道此

杜牧之嘗爲宣城幕遊涇溪水西寺留二小詩其一云李白題詩水西寺古木回巖樓閣風半醉半醒遊

三日紅白花開山雨中此詩今載集中其一云三日去還住一生焉再遊含情碧溪水重上粲公樓此詩今榜壁間而集中不載乃知前人好句零落多矣

晁以道家有宋子京手書杜少陵詩一卷如握節漢臣歸乃是禿節新炊聞黃粱乃是聞黃粱以道跋云前輩見書自多不如晚生少年但以印本爲正也不知宋氏家藏爲何本使得盡見之想其所補亦多矣

韓退之城南聯句云庖霜鱠玄鯽淅玉炊香秔語固奇甚魯直云庖霜刀落鱠執玉酒明船雖依退之而

駸駸直與少陵分路而揚鑣矣若明眼人見之自當作兩等看不可與退之同調也

錢塘闕子東爲余言熙寧中有長老重喜會稽人少以捕魚爲生然日誦觀世音菩薩不少休舊不識字一日輒能書而又能作偈頌嘗作頌云地爐無火囊空雪似楊花落歲窮乞得苧麻縫敗衲不知身在寂寥中此豈捕魚者之所能哉解悟如此蓋得觀音智慧力也

余讀東坡和梵天僧守詮小詩所謂但聞煙外鐘不

見煙中寺幽人行未已草露濕芒屨唯應山頭月夜夜照來去未嘗不喜其清絕過人遠甚晚遊錢塘始得詮詩云落日寒蟬鳴獨歸林下寺松扉竟未掩片月隨行屨時聞犬吠聲更入青蘿去乃知其幽深清遠自有林下一種風流東坡老人雖欲回三峽倒流之瀾與溪壑爭流終不近也

杜牧之華清宮三十韻無一字不可人意其叙開元一事意直而詞隱曄然有騷雅之風至一千年際會三萬里農桑之語置在此詩中如使伶優與嵇阮輩並席而談豈不敗人意哉

錢塘強幼安爲余言頃歲調官都下始識博士唐庚因論坡詩之妙子美以來一人而已其叙事簡當而不害其爲工如嶺外詩敘虎飲水潭上有蛟尾而食之以十字說盡云潛鱗有飢蛟掉尾取渴虎只著渴字便見飲水意且屬對親切他人不能到也

韓退之薦士詩云孟軻分邪正眸子看瞭眊杳然粹而精可以鎮浮躁蓋爲孟東野也余嘗讀孟東野下第詩云棄置復棄置情如刀劍傷及登第則自謂春

風得意馬蹄疾一日看盡長安花一第之得失喜憂至于如此宜其雖得之而不能享也退之謂可以鎮浮躁恐未免于過情

東坡喜食燒猪佛印住金山時每燒猪以待其來一日爲人竊食東坡戲作小詩云遠公沽酒飲陶潛佛印燒猪待子瞻採得百花成蜜後不知辛苦爲誰甜

東坡性喜嗜猪在黃岡時嘗戲作食猪肉詩云黃州好猪肉價賤如糞土富者不肯喫貧者不解煮慢着火少着水火候足時他自美每日起來打一碗飽得

自家君莫管此是東坡以文滑稽耳後讀雲仙散錄載黃昇日食鹿肉二斤自晨煮至日影下西門則曰火候足矣乃知此老雖煮肉亦有故事他可知矣

福唐黃文若言南徐刁氏子字麟浮十歲賦竹馬詩云小兒騎竹作驊騮猶走東西意未休我已童心無一在十年渾付水東流後十歲果卒有有誌其墓者以比李長吉蓋文章早成古人有之然亦人之所忌也

道士林靈素以方術顯於時有附之而得美官者頗

自矜有驕色或戲作靈素畫像詩云當日先生在市廛世人那識是真仙只因學得飛昇後雞犬相隨也上天

紅燭秋光冷畫屏輕羅小扇撲流螢瑶階夜色涼如水坐看牽牛織女星此一詩杜牧之王建集中皆有之不知其誰所作也以余觀之當是建詩耳蓋二子之詩其清婉大畧相似而牧多險側建多平麗此詩蓋清而平者也

兩京作斤賣五谿無人採此高力士詩也魯直作食筍詩云尚想高將軍五谿無人採是也張文潛作薺羹詩乃云論斤上國何曾飽旅食江城日至前嘗慕藜羹最清好固應加糝愧吾緣則是高將軍所作乃薺詩耳非筍詩也二公同時而用事不同如此不知其何故也

承議郎任隨成字師心劉景文甥也嘗謂余言景文昔爲忻州守閒數日率一謁晉文公祠既至祠下必與神偶語久之乃出文公亦時時來謁景文景文閉閤若與客語者則神之至也一日於廣坐中謂一椽

曰天帝當來召君吾亦嘗繼往坐客皆相視失色已而椽果無疾而逝劉亦相繼而亡去後一日死而復甦起作三詩乃復就暝其一云中宮在天半其上乃吾家紛紛鸞鳳舞往往芝木華揮手謝世人聳身入雲霞公暇詠天海我非世人儔其二云仙都非世間天神繞横殿高低霞霧匀左右龍蛇徧雲車山嶽聳風蟄天地擅從茲得舊游萬動毫端變其三云從來英傑自銷磨好笑人天事更多艮上巽中爲進發手車安穩渡銀河詩成謂其家人曰吾今掌事雷部中

不復爲世間人矣
馮均州爲余言頃年平江府雍熙寺每遇夜月明有婦人歌小詞于廊廡間者就之不見其詞云蒲目江山憶舊遊汀洲花草弄春柔長亭艤住木蘭舟好夢易隨流水去芳心空逐曉雲愁行人莫上望京樓客有聞而錄之者姑蘇士子慕容嵓卿見而驚曰君何從得此詞客語之故嵓卿悲歎久之曰此余亡妻之詞無知之者明日視之乃其妻旅櫬所在

大梁景德寺峨眉院壁間有呂洞賓題字寺僧相傳

以謂頃時有蜀僧號峨眉道者戒律甚嚴不下席者二十年一日有布衣青裘昂然一偉人來與語良久期以明年是日復相見於此願少見待也明年是日日方午道者沐浴端坐而逝至暮偉人果來問道者安在曰亡矣偉人歎息良久忽復不見明日書數語於堂側壁間絕高處其語云落日斜西風冷幽人今夜來不來教人立盡梧桐影字畫飛動如翔鸞舞鳳非世間筆也宜和間余遊京師猶及見之

李京兆諸父中有一人嘗爲博守者不得其名其人極廉介一日迓監司于城門吏報酉時守亟命閉關已而使者至不得入相與語於門隙使者請入見曰法當閉鑰不敢啓關請以詰朝奉迎又京遞至發緘視之中有家問即令滅官燭取私燭閱書閱畢命秉官燭如初當時遂有閉關迎使者滅燭看家書之句廉白之節昔人所高矯枉太過則其弊遂至於此

東坡在黃州時嘗赴何秀才會食油果甚酥因問主人此名爲何主人對以無名東坡又問爲甚酥坐客皆曰是可以爲名矣又潘長官以東坡不能飲每爲

設醴坡笑曰此必錯著水也他日忽思油果作小詩求之云野飲花前百事無腰間唯繫一葫蘆已傾潘子錯著水更覓君家爲甚酥李端叔嘗爲余言東坡云街談市語皆可入詩但要人鎔化耳此詩雖一時戲言觀此亦可以知其鎔化之功也

唐人作樂府者甚多當以張文昌爲第一近時高郵王觀亦可稱而人不甚知觀嘗作遊俠曲云雪擁燕南道漲闊中夜行千里不見讐怒須如立釘出門氣吹霧南山雞未啼腰間解下聶政刀袖中擲下朱亥

椎冷笑邯鄲乳口兒此篇詞意大似李太白候未入文昌之室耳至莫惱翁篇云穀垂乾穗豆垂角雨足年登不勝樂烏巾紫領銀鬚長白酒滿盆翁自酌翁醉不知秋色涼兒捋翁鬚孫撼床莫惱翁翁年已高百事慵遂與文昌爭衡矣

本朝樂府當以張文潛爲第一文潛樂府刻意文昌往往過之頃在南都見倉前村民輸麥行余嘗見其親藁其後題云此篇効張文昌而語差繁乃知其喜文昌如此輸麥行云余過宋見倉前村民輸麥止車

槐陰下其樂洋洋也晚復過之則扶車半醉相招歸矣感之因作輸麥行云以補樂之遺塲頭雨乾塲地白老稚相呼打新麥半歸倉廪半輸王免教縣吏相催迫羊頭車子毛布囊淺泥易涉登前岡倉頭買券槐陰涼清嚴官吏兩平量出倉掉臂呼同伴旗亭酒美單衣換半醉扶車歸路涼月出到家妻具飯一年從此皆閑日風雨閉門公事畢射狐置兔歲蹉跎百壺社酒相經過

元微之作李杜優劣論謂太白不能窺杜甫之藩籬況堂奥乎唐人未嘗有此論而稹始爲之至退之云李杜文章在光焰萬丈長不知羣兒愚那用故謗傷則不復爲優劣矣洪慶善作韓文辨證著魏道輔之言謂退之此詩爲微之作也微之雖不當自作優劣然指稹爲愚兒豈退之之意乎黄師是赴浙憲東坡與之姻家置酒餞其行使朝雲侍飲坐間賦詩有綠衣有公言之句後人乃謂綠衣小官猶惜其不留是有公言也時朝雲語師是曰他人皆進用而君數補外何也是謂公言而綠衣則東坡指朝雲也

呂舍人作江西宗派圖自是雲門臨濟始分矣東坡寄子由云贈君一籠牢收取盛取東軒長老來則是東坡子由爲師兄弟也陳無己詩云鄉來一瓣香敬爲曾南豐則陳無己承嗣鞏和尚爲何疑余嘗以此語客爲林下一笑無不撫掌

古今詩人多喜効淵明體者如和陶詩非不多但使淵明愧其雄麗耳韋蘇州云霜露悴百草時菊獨妍華物性有如此寒暑其奈何掇英泛濁醪日入會田家盡醉茅簷下一生豈在多非唯語似而意亦大似

蓋意到而語隨之也

頃歲朝廷多事郡縣不頒曆所至晦朔不同朱希真避地廣中作小盡行一詩云藤州三月作小盡梧州三月作大盡哀哉官曆今不頒憶昔昇平淚成陣我今何異桃源人落葉爲秋花作春但恨未能與世隔時聞喪亂空傷神與夫山中無曆日寒盡不知年無間然矣

江淮間有水禽號魚虎翠羽而紅首顔色可愛人罕識之崔德符通羊道中詩所謂翠裘錦帽初相識魚

虎彎環略岸飛是也余至興國數月郡去通羊二百里猶未及識詢之土人亦無識者每誦德符詩想像一見而已

張文潛中興碑詩可謂妙絕今古然潼關戰骨高於山萬里君王蜀中老之句議者猶以肅宗即位靈武明皇既而歸自蜀不可謂老於蜀也雖明皇有老於劍南之語當須說此意則可若直謂老於蜀則不可

楊子雲好著書固已見誚于當世後之議者紛然往往詬詈而意殊不盡唯陳去非一詩有識有評而不出四十字楊雄平生書肝腎閑雕鐫晚于玄有得始悔賦甘泉使雄早大悟亦何事於玄賴有一言善酒箴真可傳後之議雄者雖累千萬言未必能出諸此也

柳子厚別弟宗一詩云零落殘紅倍黯然雙垂別淚越江邊一身去國六千里萬死投荒十二年桂嶺瘴來雲似墨洞庭春盡水如天欲知此後相思夢長在荆門郢樹煙此詩可謂妙絕一世但夢中安能見郢樹煙煙字只當用邊字蓋前有江邊故耳不然當改

云欲知此後想思處望斷荆門郢樹煙如此即是穩當

汪內相將赴臨川曾吉父以詩迎之有白玉堂中曾草詔水晶宮裏近題詩之句韓子蒼改云白玉堂深曾草詔水晶宮冷近題詩吉父聞之以子蒼爲一字師

柳子厚與浩初上人看山詩云海畔尖山似劍鋩秋來處處割愁腸若爲化得身千億散上峯頭望故鄉議者謂子厚南遷不得爲無罪蓋未死而身已在刀

山矣

杜子美北征詩云海圖拆波濤舊繡移曲折天吳及紫鳳顛倒在短褐可謂窮矣及賦韋偃畫古松詩則云我有一匹好東絹愛之不減錦繡段已令拂拭光零亂請君放筆爲直幹子美乃有餘絹作畫材何也余嘗戲作小詩示少陵云百尺寒松老幹枯韋郎筆妙古今無何如莫惜鵝溪絹留取天吳紫鳳圖使少陵尚無恙當爲我一捧腹也

今日校譙國集適此兩卷皆公在宣城時詩其爲見時先人以公真藁指示某是時已能成誦今日讀之如見數十年前故人終是面熟但句中時有與昔時所見不同者必是痛遭俗人改易爾如病起一詩云病來久不上層臺（謂宣城疊嶂樓也）隱有蜘蛛徑有苔多少山茶梅子樹未開齊待主人來此篇最爲奇絕今乃改云爲報園花莫惆悵故教太守及春來非特意脉不倫然亦是何等語又如櫻桃欲破紅改作綻紅梅粉初墜素改作梅葩殊不知綻葩二字是世間第一等惡字豈可令入詩來又喜雨晴詩云豐穰未可期

疲瘵何日起乃易疲瘵爲瘦飢若當時果有瘦飢二字則此老大段窘也

竹坡其誰乃宣城都公周少隱自謂然詩話非具史筆則未易作要見其詮次高下抑揚品題有眼目耳非檀能詩聲則何以有所決擇州教官戴文舉姻家也出其編遺郡丞魏公茂丞又傳而示守陸子東併勉鏤板于郡閣爲貽傳未見之書當世墨客子卿焉可嘉也歲在丁亥六月既望論彝書

臨漢隱居詩話

宋　魏泰

竹有黑點謂之斑竹非也湘中斑竹方生時每點上苔錢封之甚固土人斫竹浸水中用草穰洗出苔錢則紫暈斕斑可愛此眞斑竹也韓愈曰剝苔吊斑林角黍餌沉蒙是也

李肇國史補載韓愈游華山窮極幽險心悸目眩不能下發狂號哭投書與家人別華陰令百計取之方能下沈顏作聲書以爲肇妄載豈有賢者輕命如此

余觀退之贈張詩云洛邑得休告華山窮絕徑倚岩睨海浪引袖拂天星磴蘚澾拳跼梯飇颭伶俜悔狂已咋指垂戒仍鐫銘則知肇記爲信然而沈顏爲妄辨也

班固云春秋五傳謂左丘明公羊高穀梁赤鄒氏夾氏又云鄒氏無書夾氏未有書而韓愈贈盧仝詩曰春秋五傳束高閣獨抱韋編究終始不知此二傳果何等書也

韋絢集劉禹錫之言爲嘉話錄載劉希美詩云年年歲歲花相似歲歲年年人不同希夷之舅宋之問愛此句欲奪之希夷不與之問怒以土囊壓殺希夷世謂之問末節貶死乃劉生之報也吾觀之問集中儘有好處而希夷之句殊無可采不知何至壓殺乃奪之眞狂死也

梅堯臣贈朝集院鄰居詩云壁隙透燈光籬根分井口徐鉉亦有喜李少保卜鄰云井泉分地脉砧杵共秋聲此句尤賢遠矣

唐人詠馬嵬之事者多矣世所稱者劉禹錫曰官軍誅佞倖天子捨妖姬羣吏伏門屏貴人牽帝衣低回

轉美目清日自無輝白居易曰六軍不發將奈何宛轉蛾眉馬前死此乃歌詠祿山能使官軍皆叛逼迫明皇明皇不得已而誅楊妃也噫豈特不曉文章體裁而造語拙惷抑已失臣下事君之禮也老杜則不然其禮征詩曰惟昔艱難初事與前世別不聞夏商衰中自誅褒妲方見明皇鑑夏商之敗畏天悔過賜妃子死官軍何預焉唐闕史載鄭畋馬嵬詩命意似而詞句凡下此說無狀不足道也

李光弼代郭子儀入其軍號令不更而旌旗改色及其亡也杜甫哀之曰三軍晦光彩烈士痛稠叠前人謂杜甫句爲詩史盖謂是也非但叙塵迹摭故實而已

古樂府中木蘭詩焦仲卿詩皆有高致讒世傳木蘭詩爲曹子建作似矣然其中云可汗問所欲漢魏時夷狄未有可汗之名不知果誰之詞也杜牧木蘭廟詩云彎弓征戰作男兒夢裏曾驚學畫眉幾度詩歸還把酒拂雲堆上祝明妃殊有美思也

皇甫湜題浯溪頌曰次山有文章可惋只在碎亦善評文者

元稹作李杜優劣論先杜而後李韓退之不以爲然詩曰李杜文章在光焰萬丈長不知羣兒愚何用故謗傷蚍蜉撼大木可笑不自量爲微之發也

韓退之有李花詩云夜領張徹投盧仝乘雲同到玉皇家長姬香御四羅列縞裙練帨無參差及讀盧仝詩云買羊沽酒謝不敏偶逢明月耀桃李正此之謂也

寇萊公七月十四日生魏野詩云何時生上相明日是中元李文定公迪八月十五日生於唫中作中秋八月詩以獻僅數百言皆以月況文定其中句有蟾輝吐光育萬種我公蟠屈爲心胸老桂根株撼不折我公得此爲誌節孤輪碾空周復圓我公得此爲機權餘光燭物無洪細我公得此爲經濟終篇大率皆如此雖造語粗淺亦豪爽也默以歌行自負不介贈三豪詩謂之歌豪以配石曼卿歐陽永叔晚節益縱酒落魄文章尤狂鄙熙寧末以特奏名得同出身

一命得臨江軍新塗縣尉年近七十卒

楊億劉筠作詩務積故實而語意輕賤一時慕之號西崑體識者病之

詩惡蹈襲古人之意亦有襲而愈工若出於己者益患之愈精則造語愈深也魏人章疏云福不盈身禍將溢世韓愈則曰歡華不滿眼咎責塞兩儀李華吊古戰場文曰其存其没家莫聞知人或有言將信將疑娟娟心目夢寐見之陳陶則云可憐無定河邊骨猶是春閨夢裏人益愈工於前也

李固爲處士純盜虛名韓愈雖與石洪溫造李渤游
而多侮薄之所謂水北山人得名聲去年去作幕下
士水南山人今又往鞍馬僕從照閭里少室山人索
價高兩以諫官徵不起彼皆刺口論時事有力未免
遭驅使
孟郊詩蹇澁窮僻琢削不假眞若吟而成觀其何法
格力可見矣其自謂夜吟曉不休苦吟神鬼愁如何
不自閑人與身爲讐而退之薦其詩云榮華肖天秀
捷疾愈響報何也

池州齊山石壁有刺史杜牧處士張祜題名其旁又
刊一聯云天下起兵誅董卓長沙子弟最先來與題
名一手書也此句乃呂溫詩全篇曰恩驅義感即風
雷誰道南方乏武才
歐陽文忠公作詩話稱周朴之詩曰風暖鳥聲碎日
高花影重以爲佳句此乃杜荀鶴之句非朴也
予每評詩多與存中合予頃年嘗與王荆公評詩予
謂凡爲詩當使挹之而源不窮咀之而味愈長至如
永叔之詩才力敏邁句亦雄健但恨其少餘味爾荆

[illegible]不然如行人仰頭飛鳥驚之句亦可謂有味矣
然至今思之不見此句之佳亦竟莫原荆公之意信
乎所見不殊不可强同也
鼎澧道中有甘泉寺過客多酌泉瀹茗天禧末寇萊
公準南遷題名寺壁天聖初丁晉公復南遷又題名
而行其後范諷爲湖南安撫感二相連斥遂作詩云
平仲酌泉方頓轡謂之禮佛向南行層巒下瞰炎荒
路轉使高僧薄寵榮
夏鄭公竦評老杜中秋月詩初升紫塞外已隱暮雲

端以爲意在肅宗也鄭公善評詩也吾觀退之煌煌
東方星奈此衆客醉豈順宗時作乎東方謂憲宗在
儲也
劉禹錫云賈生王佐才衛綰二車戲同遇漢文時何
人居重位賈生當文帝時流落不偶而死是也衛綰
以車戲事文帝爲郎爾及景帝立稍見親用久之御
史大夫封建陵侯景帝末年始拜丞相在文帝時實
未居重位也
人豈不自知耶反自愛其文章乃更大繆何也劉[illegible]

錫詩固有好處及其自稱平淮西詩云城中喔喔晨雞鳴城頭鼓角聲和平爲盡李愬之美又云始知元和十四歲四海重見昇平年爲盡憲宗之美吾不知此兩聯爲何等語也

賈島云獨行潭底影數息樹邊身其自注云二句三年得一吟雙淚流知音如不賞歸卧故山秋不知此二句有何難道至於三年始成而一吟淚下也楊衡自愛其句云一一鶴聲飛上天此尤可笑也

韋應物古詩勝律詩李德裕武元衡律詩勝古詩五

字句又勝七字張籍王建詩格極相似李益古律詩相稱然皆非應物之比也

黄庭堅喜作詩得名好用南朝人語專求古人未使之事又一二奇字綴葺而成詩自以爲工其實所見之僻也故句雖新奇而氣乏渾厚吾嘗作詩題其篇後略云端求古人遺琢抉手不停方其拾璣羽往往失鵬鯨蓋謂是也

[illegible]長韻律詩善叙事其宅無大好處籌筆驛[illegible]自爲一集之冠五言小詩如海雲含扉山樹帶蟬蹤平蕪遠更綠斜日寒無輝此殆其庶幾乎

白居易亦善作長韻叙事但格制不高局於淺切又不能更風操雖百篇之意只如一篇故使人讀而多厭也

蘇舜欽以詩得名學書亦飄逸然其詩以奔放豪健爲主梅堯臣亦善詩雖乏高致而平淡有工世謂之蘇梅其實與蘇相反也舜欽嘗自歎曰平生作詩被人比梅堯臣寫字比周越良可笑也

周越爲尚書郎在天聖景祐間以書得名輕俗不近古無足取也

元豐癸亥春予謁王荆公於鍾山因從容問公比作詩否公曰久不作矣蓋賦詠之言亦近口業然近日復不能忍亦時有之予曰近詩自何始可得聞乎公笑而口占一絶云南圃東岡二月時物華撩我有新詩含風鴨緑鱗鱗起弄日鵝黄嫋嫋垂此之眞爲佳句也

前輩詩多用故事其引用比擬對偶親切亦甚有可

觀者楊察謫守信州及其去也送行至境上者十二人隱父於餞筵作詩以謝皆用十二故事其詩曰十二天之數今宵席客盈位如星占野人若月分卿極醉巫山側聯吟嶰琯清他年爲舜牧恊力濟蒼生用故事亦恰好

慶曆中李淑罷翰林學士知鄭州會奉祠柴陵作詩三絶其恭帝詩最渉嫌忌曰弄楯牽車晩鼓催不知門外倒戈回荒墳斷壠逾三尺猶認房陵半仗來既爲仇家陳述古抉其事以聞褫一職

至和中阮逸爲王宮教授有宗室能詩多與逸唱和逸有句曰易立泰山名難枯上林柳有言其事者朝廷方治之會逸復以請求受賕事因廢斥之

張鑄健吏也性亦滑稽爲河北轉運使以事謫知信州是時以屯田員外郎葛源新得提舉銀銅坑冶信州在所提舉源欲爲鑄發擧狀移牒令鑄供歷任脚色狀鑄不平作詩寄之曰銀銅坑冶是新差職任催綱擧一牒更使下官供脚色下官蹤跡轉沉埋源有慚色

王摩詰閉戶著書多歲月種松皆作老龍鱗一本作皆老作龍鱗尤佳

苕溪漁隱叢話

宋 胡仔

古今詩人以詩名世者或只一句或只一聯或只一篇雖其餘別有好詩不專在此然播傳後世膾炙於人口者終不出此夫豈在多哉如池塘生春艸則謝康樂也澄江靜如練則謝宣城也隴首秋雲飛則柳吳興也風定花猶落則謝元正也鳥鳴山更幽則王文海也空梁落燕泥則薛道衡也楓落吳江冷則崔信明也庭草無人隨意綠則王胄也凡此皆以一句名

于競大唐傳湖州德清縣南前溪村則南朝集樂之處今尚有數百家習音樂江南聲妓多自此出所謂舞出前溪者也復齋漫錄言陳劉刪詩山邊歌落日也上舞前溪唐崔顥詩舞愛前溪妙歌憐子夜長按智匠古今樂錄晉車騎將軍沈玩作前溪而非舞也益復齋不曾見于競大唐傳故不知舞出前溪耳

東坡大江東去赤壁詞語意高妙眞古今絕唱近時有人和此詞題於郵亭壁間不著其名詞雖粗豪亦氣槩可取今謾筆之詞曰炎精中否歎人材委靡都無英物[illegible]馬長驅三犯闕誰作連城堅壁楚漢吞并曹劉割據白骨今如雪書生鑽破簡編說甚英傑天意眷我中[illegible]吾君神武小曾孫周發海岳封疆俱效職狂　何勞追滅翠羽南巡叩閽無路徒有冲冠髮[illegible]耿耿劍鋒冷浸秋月

元豐間都人李嬰調蘄水縣令作滿江紅一曲往黃州上東坡東坡甚喜之其詞云荊楚風煙寂寞近中秋時候露下冷蘭英將謝葦花初秀歸燕殷勤辭紫

陌鳴蛩淒楚來窗牖又誰念江邊有神仙飄零久櫍栞膝攜笻手驥望眼鬪吟口秪紛紛萬事到頭何有君不見淩煙冠劍客何人氣貌長依舊歸去來一曲爲君吟爲君壽

賈耘老舊有水閣在苕溪之上景物清曠東坡作守時屢過之題詩書竹於壁間沈會宗又爲賦小詞云景物因人成勝槩滿目更無塵可得等閒簾幕小欄干衣未解心先快明月清風如有待誰信門前車馬隘別是人間閑世界坐中無物不清涼山一帶水一

沠流水白雲長自在其後水閣屢易主今已摧毀久矣遺址正與余水閣相近同在一岸景物悉如會宗之詞故余嘗有鄙句云三間小閣賈耘老一首佳詞沈會宗無限當時好風月如今捴屬續溪翁蓋謂此也

劉義落葉詩云返蟻難尋穴歸禽易見巢滿廊僧不厭一片俗嫌多鄭谷柳詩云半煙半雨溪橋畔間杏開桃山路中會得離人無限意千絲萬絮惹春風或戲謂此二詩乃落葉及柳謎子觀者試一思之方知

其善謎也

溫飛卿曉春曲云家臨長信往來道乳燕雙雙拂煙艸油壁車輕金犢肥流蘇帳曉春雞報籠中嬌鳥煖尤睡簾外落花閑不掃衰桃一樹近前池似惜容顏鏡中老殊有富貴佳致也

裴璘詠白牡丹詩云長安豪貴惜春殘爭賞先開紫牡丹别有玉杯承露冷無人起翫月中看時稱絕唱以余觀之語句凡近不若胡武平詠白牡丹詩云璧堂月冷難成寐翠幄風多不奈寒其語意清勝過裴璘遠矣如皮日休詠白蓮詩云無情有恨何人見冷風清欲墮時若移作詠白牡丹詩有何不可覺更清切耳曼卿詠小桃二絕句云生色淺紅綬帶長宮簾寒在井欄香誰家升上瑤池品先得春風一面粧本分桃花寒食前小桃長是上春天二喬二趙俱傾國女弟嬌彊意自先其模寫命意豈不佳哉

歐公和劉原父揚州時會堂絕句云積雪猶封蒙頂樹驚雷未發建溪春中洲地煖萌芽早入貢宜先百物新注云時會堂造貢茶所也余以陸羽茶經考之

不言揚州出茶惟毛文錫茶譜云揚州禪智寺隋之故宫寺傍蜀岡其茶甘香味如蒙頂焉第不知入貢之因起於何時故不得而誌之也

唐茶惟湖州紫筍入貢每歲以清明日貢到先薦宗廟然後分賜近臣紫筍生顧渚在湖常二境之間當採茶時兩郡守畢至最爲盛集此蔡寬夫詩話之言也蔡但知其一而不知其二按陸羽茶經云浙西以湖州上常州次湖州生長興縣顧渚山中常州義興縣生君山懸脚嶺北峯下唐義興縣重修茶舍記

義興貢茶非舊也前此故御史大夫李栖筠實典是
邦山僧有獻佳茗者會客嘗之野人陸羽以爲芬香
甘辣冠于他境可薦於上栖筠從之始進萬兩此其
濫觴也厥後因之徵獻浸廣遂爲任土之貢與常賦
之邦侔矣故玉川子詩云天子須嘗陽羡茶百草不
敢先開花正謂是也當時顧渚義興皆貢茶又鄰壤
相接白樂天守姑蘇聞賈常州崔湖州茶山境會想
羡歡宴因寄詩云遥聞境會茶山夜珠翠歌鐘俱遶
身盤下中分兩州界燈前合作一家春青娥遞舞應

茗溪漁隱 八 五

爭妙紫筍齊嘗各鬪新自歎花時北窓下蒲黃酒對
病眠人唐袁高爲湖州刺史因修貢顧渚茶山作詩
云禹貢通遠俗始圖在安人後生失其本職吏不敢
陳亦有姦佞者因茲欲求伸動至千金費日使萬姓
貧我來顧渚源得與茶事親黎甿輟耕農采掇實苦
辛一夫且當役盡室皆同臻捫葛上欹壁蓬頭入荒
榛終朝不盈掬手足皆鱗皴悲嗟遍空山艸木爲不
春陰嶺牙未吐使曹牒已頻心爭造化先走挺麋鹿
均選納無日夜擣聲昏繼晨衆功何枯槁俯視彌傷

神皇帝尚巡狩東郊路多堙阔圍繞天涯所獻惟艱
勤况減兵華用兼兹困疲民未知供御餘誰合分此
珍顧省忝邦守有慙復因循茫茫滄海間丹憤何由
申此詩雅得詩人諷諫之體可尚也
詩云誰謂荼苦爾雅云檟苦荼注樹似梔子今呼早
采者爲荼晚采者爲茗一名荈蜀人名之苦荼故東
坡乞茶栽詩云周詩記苦荼茗飲出近世初緣厭粱
肉假此雪昏滯蓋謂是也六一居士嘗新茶詩云泉
甘器潔天色好坐中揀擇客亦佳東坡守維陽於石

茗溪漁隱 八 六

塔寺試茶詩云禪窓麗午景蜀井出氷雪坐客皆可
人鬬器手自潔正謂諺云三不點也
魯直諸茶詞余謂品令一詞最佳能道人所不能言
尤在結尾三四句詞云鳳舞團團餅恨分破教孤另
金渠休淨隻輪慢碾玉塵光瑩湯響松風早減二分
酒病味濃香永醉鄉路成佳境恰如燈下故人萬里
歸來對影口不能言心下快活自省
錫宴明日絕句云宴罷回來日欲斜平康坊裏那人
家幾多紅袖迎門笑爭乞釵頭利市花清明日絕句

云無花無酒過清明興味都來似野僧昨日鄰家乞
新火曉窗分與讀書燈二詩何況味不同如此亦可
見其老少情懷之異也
裴說云讀書貧裏樂搜句靜中忙此二事乃余日用
者甘貧守靜自少至老飽諳此味矣
學者欲博讀異書余謂退之之進學解云上規姚姒
渾渾無涯周誥湯盤詰屈聱牙春秋謹嚴左氏浮誇
易奇而法詩正而葩下逮莊騷太史所錄子雲相如
同工異曲若只讀此足矣何必多皆異書

曹元寵本善作詞特以紅窗迥戲詞盛行于世遂掩
其名如望月婆羅門一詞亦豈不佳詞云漲雲暮捲
漏聲不到小簾櫳銀河淡掃澄空皓月當軒高挂秋
入廣寒宮正金波不動桂影朦朧佳人未逢歎此夕
與誰同望遠傷懷對景霜蕭愁紅南樓何處想人在
長笛一聲中凝淚眼立盡西風此詞語病在霜蕭愁
紅之句時太早耳曾端伯編雅詞乃以此詞爲楊如
晦作非也
收之于題詠好異于人如赤壁云東風不與周郎便
銅雀春深鎖二喬題商山四皓廟云南軍不袒左邊
袒四老安劉是滅劉皆反説其事至題烏江亭則好
異而畔于理詩云勝敗兵家事不期包羞忍恥是男
兒江東子弟多才俊卷土重來未可知項氏以八千
人渡江敗亡之余無一還者其失人心爲甚誰肯復
附之其不能卷土重來決矣
題吳江三賢堂內陸龜蒙詩云千首文章二頃田囊
中未有一錢看却因養得能言鴨驚破王孫金彈丸
談苑云陸龜蒙居笠澤有內養自長安使杭州舟出

舍下彈其一綠頭鴨龜蒙遽從舍出大呼曰此綠頭
有異善人言吾將獻天子今持此死鴨以詣官內養
少長宮禁信然厚以金帛遺之因徐問龜蒙曰此鴨
何言龜蒙曰常自呼其名遊道場山何山詩云白水
田頭問行路小溪深處是何山高人讀書夜達旦至
今山鶴鳴夜半汪彥章何山何氏書堂記云寺有何
氏書堂圖記相承以何氏爲晉何楷楷嘗讀書此山
後爲吳興太守以其居爲寺而名其山
東坡在潁州時因歐陽叔弼讀元載傳歎淵明之絶

識遂作詩云淵明求縣令本緣食不足束帶向督郵小屈未爲辱飜然賦歸云豈不念窮獨重以五斗米折腰嘗口腹云何元相國萬鍾不滿欲胡椒銖兩多安用八百斛以此殺其身何翅抵鵲玉往者不可悔吾其反自燭淵明隱約栗里柴桑之間或飯不足也顔延年送錢二萬即日送酒家與蓄積不知紀極至藏胡椒八百斛者相去遠近豈直睢陽蘇合彈與蜣蜋糞丸比哉

鍾嶸評淵明詩爲古今隱逸詩人之宗余謂陋哉斯

言豈足以盡之不若蕭統云淵明文章不羣詞彩精拔跌宕昭彰獨超衆類抑揚爽朗莫之與京橫素波而傍流干青雲而直上語時事則指而可想論懷抱則曠而且真加以貞志不休安道苦節不以躬耕爲恥不以無財爲病自非大賢篤志與道汚隆孰能如是乎此言盡之矣

東坡汲江水煎茶詩云活水還須活火烹自臨釣石取深清大瓢貯月歸春甕小杓分江入夜瓶此詩奇甚道盡烹茶之要且茶非活水則不能發其鮮馥東

坡深知此理矣余頃在富沙嘗汲溪水烹茶色香味俱成三絕又況其地產茶爲天下第一宜其水異於地處用以烹茶水功倍之至于浣衣尤更潔白則水之輕清益可知矣近城山間有陸羽井水亦清甘實好事者爲名之羽著經言建州茶未得詳則知羽不曾至富沙也

歲寒堂詩話

宋　張戒

韓退之詩愛憎相半愛者以爲雖杜子美亦不及不愛者以爲退之於詩本無所得自陳無已輩皆有此論然二家之論詩俱過矣以爲子美亦不及者固譽以爲退之於詩本無所得者謗何容易耶退之詩大抵才氣有餘故能擒能縱顛倒崛奇無施不可放之則如長江大河瀾翻洶湧滾滾不窮收之則藏形匿影乍出乍没姿態橫生變怪百出可喜可愕可畏可

服也蘇黃門子由有云唐人詩當推韓杜韓詩豪杜詩雄則杜詩之雄有可以兼韓之豪也此論得之詩文字畫大抵從胸臆中出子美篤於忠義深於經術故其詩雄而正李太白喜任俠喜神仙故其詩豪而逸退之文章侍從故其詩文有廊廟氣退之詩正可以太白爲敵然二豪不並立當屈退之第三

柳柳州詩字字如珠玉精則精矣然不若退之變態百出也使退之收斂而爲子厚則易使子厚開拓而爲退之則難矣意味可學而才氣則不可也

韋蘇州詩韻高而氣清王右丞詩格老而味長雖稱五言之宗匠然互有得失不無優劣以體韻觀之右丞詩格老而味遠不逮蘇州至於詞不迫切而味甚長雖韋蘇州亦不可及也

世言白少傅詩格卑雖誠有之然亦不可不察也元白張籍詩皆自淘浣中出專以道得人心中事爲工本不應格卑但其詞傷於太煩其意傷於太盡遂成冗長卑陋爾比之盧仝韓偓俳優之詞號爲格卑則有間矣若收斂其詞而少加含蓄其意味豈復可及

也蘇端明子瞻喜之獨甚良有由然皮日休曰天下皆汲汲樂天獨恬然天下皆悶悶樂天獨捨旃仕若不得志爲可龜鑒焉此語得之

退之於籍湜輩皆兒子蓄之獨於東野極口推重雖退之謙抑亦不徒然世以配賈島而鄙其寒苦蓋未之察也郊之詩寒苦則信矣然其格致高古詞意精確其才亦豈可易得論詩文當以文體爲先警策爲後若但取其警策而已則楓落吳江冷豈足以定優劣孟浩然微雲淡河漢疎雨滴梧桐之句東野集中

未必有也然使浩然當退之大敵如城然聯句亦必困矣子瞻云浩然詩如內庫法酒却是上尊之規模但欠法才爾此論盡之

韋蘇州律詩似古劉隨州古詩似律大抵下李杜韓退之一等便不能兼隨州詩韻度不能如韋蘇州之高簡意味不能如王摩詰之清遠然其筆力豪贍氣格老成則皆過之與杜子美並時其得意處子美之匹亞也長城之目蓋不徒然

張司業詩與元白一律專以道得人心中事爲工但

白才多而意切張思深而語精元體輕而詞躁爾律詩雖有意味而少文遠不逮李義山劉夢得杜牧之然籍之樂府諸人未必能也

李義山劉夢得杜牧之三人筆力不能相上下大抵工律詩而不工古詩七言尤工五言微弱雖有佳句然不能如韋柳王孟之高致也義山多奇趣夢得有韻牧之專事華藻此其優劣耳

杜牧之敘李賀詩云騷人之苗裔又云少加以理奴僕命騷可也牧之論李賀詩乃李太白樂府中出瑰奇譎怪則似之秀逸天縱則不及也賀有太白之語而無太白之韵而白以意爲主失於少文賀以詞爲主而失於少理各得其一偏故曰文質彬彬然後君子

王介甫只知巧語之爲詩而不知拙語亦詩也山谷只知奇語之爲詩不知常語亦詩也歐陽公詩專以快意爲主而蘇端明詩專以刻意爲工李義山詩只知有金玉龍鳳杜牧之詩只知有綺羅脂粉李長吉詩只知有花草蜂蝶而不知世間一切皆詩也惟杜

子美則不論在山林在廊廟遇巧則巧遇拙則拙遇奇則奇遇俗則俗或放或刻或奮一切物一切事一切意無非詩者故曰吟多意有餘又曰詩盡人間興誠哉是言

孔子曰詩三百一言以蔽之曰思無邪世儒解釋終不了余嘗觀古今詩人然後知斯言良有以也詩序有云詩者志之所之也在心爲志發言爲詩情動於中而形於言其正少其邪多孔子刪詩取其思無邪者而已自建安七子六朝有唐及近世諸人思無邪

者惟杜子美陶淵明耳餘皆不免落邪思也六朝顏鮑徐庾唐李義山國朝黄魯直乃邪思之尤者魯直雖不多說婦人然其韻度矜持冶容太甚讀之使足以蕩人心魄此正所謂邪思也魯直專學子美然子美詩讀之使人凛然興起肅然生敬詩序所謂經天地育孝敬人倫美教化移風俗者也豈可以魯直

娛書堂詩話

宋　趙與虤

唐許渾題孫處士居云高歌懷地肺遠賦憶天台極爲的對眞誥云金陵者洞虛之膏腴句曲之地肺注云其地肥故曰膏腴水至則浮故曰地肺

古樂府云愛惜加窮絝防閑托守宫冷齋夜話云窮絝漢時語今襠袴也然未詳所出按西漢上官后傳宫人使令皆爲窮袴多其帶服虔曰窮袴有前後襠不得交通也師古云卽今之緄襠袴也

東坡謂晨飲爲澆書李黄門謂午睡爲攤飯陸務觀有絶句云澆書滿挹浮蛆瓮攤飯橫眠夢蝶床莫笑山翁見機晚也勝朝侍一生忙

康與之在高宗朝以詩章應制與左璫狎適睿思殿有徽祖御畫時爲卓絶上時持玩以起羹墻之悲璫下直竊攜至家而康適來留之飲因出示之康給璫入取殽核輒書一絶于上曰玉輦宸遊事已空尚餘奎藻眝春風年年花鳥無窮恨盡在蒼梧夕照中璫見之大駭然無可奈何明日伺間扣頭請死上大怒

亟取視之天威頓霽但一慟而已
宗人紫芝贈李道士云教人知道甲笑客問勾庚前
人所未對亦警語也
白樂天詩云倦倚繡床愁不動緩垂綠帶髻鬟低遼
陽春盡無消息夜合花前日又西好事者畫爲倦繡
圖

二老堂詩話

闕名

江州陶靖節集末載宣和六年臨漢曾紘謂靖節讀
山海經詩其一篇云形夭無千歲猛志固常在疑上
下文義不貫遂按山海經有云刑天獸名口銜干戚
而舞以此句爲刑天舞干戚因筆畫相近五字皆訛
岑穰晁詠之撫掌稱善予謂紘說固美然靖節此題
十三篇大槩篇指一事如前篇之所言夸父同此篇
恐專說精衛銜木填海無千歲之壽而猛志常在化
去不悔若併指刑天似不相續又況末句云徒設在
昔心良晨詎可待何預干戚之猛耶後見周紫芝竹

坡詩話第一句復襲紘意以爲巳說皆誤矣
劉禹錫淮陰行云無柰脫葉時清淮春浪軟黃魯直
云淮陰行情調殊美語氣尤穩切春無脫葉時不可
解當待博物洽聞者證也予嘗見古本作挑菜時東
坡惠州詩云水生挑菜渚恐用此乎
蘇文忠公詩文少重複者惟人生如寄耳十數處用
雖和陶詩亦及之蓋有感於斯言此句本起魏文帝

樂府

歐公詩云玉勒爭門隨仗入牙牌當殿報班齊或未解其事今朝殿爭門者往往隨仗而入及在廷排立定駕將御殿閤門持牙班排齊小黃門接入上先坐後幄黃門復出揚聲云入人齊未行門當頭者應云人齊上即出方轉照殿衛士即鳴鞭罷此乃是駕出時也

老人十拗朱新仲鄞川志有郭功父老人十拗詩謂不記近事記遠事不能近視能遠視哭無淚笑有淚

夜不睡日睡不肯坐多好行不肯食軟要食硬兒子不惜惜孫子大事不問細碎事問少飲酒多飲茶煖不出寒即出丁巳歲予年七十二目視花昏耳中無時不作風雨聲而實兩脚不勘其間因補一聯云夜雨稀聞聞耳雨春花微見見空花是亦兩拗也嘗錄寄朱元晦朱大以爲然遂貼兩句云自憐他日肯宰相今日痴聾作富家

予家舊有米元章書長壽菴三字後兩句云人是西方無量佛壽如南極老人星不知何人詩或曰元章自作也

比紅兒詩話

宋 馮曾

北齊馮淑妃名小憐後主惑之願得生死一處荀奉倩妻曹氏病熱奉倩乃出中庭取冷還以體熨之

孫綽情人詩云碧玉破瓜時呂洞賓詩云功成當在破瓜年楊文公謂俗以破瓜爲二八

顏回望吳門馬見一疋練孔子曰馬也然則馬之光景一疋長耳後人號馬爲一疋

齊武帝宮人不聞端門鼓漏聲置鍾景陽樓上應五鼓及三鼓宮人聞鍾聲早起粧飾出南史

潘妃有琥珀釧一雙直至七十萬

馬明生隨神女入室卧紫金床

王獻之情人桃葉歌云桃葉復桃葉渡江不用楫但渡無所苦我自來迎接

羿請不死之藥於西王母其妻姮娥竊而服之得仙奔入月中爲月精

甄皇后每寢寐家中髣髴見如有持玉衣覆其上者

華山記云頂上有池生千葉蓮服之羽化

范寬之得妓人結絲合歡香囊寄詞云謝娘梔子賣妃莧佩

王訓雜詩云動衣千里香

林下詩談

闕名

范靖同妻沈氏坐後園觀洒翠池又上洗心亭共索筆研為咉水曲沈氏先成曰輕鬟學浮雲雙蛾擬初月水澄正落釵萍開理垂髮靖奇之不復敢作沈氏小字滿願

王淑英婦劉孝綽之妹幼有詞藻春日淑英之宮劉不克從寄贈以詩曰粧鉛點黛拂輕紅鳴環動佩出房櫳看梅復看柳淚滿春衫中時人傳誦之

厲玄度江見一婦人屍收葬之夜夢在一處如深山中明月初上清風吹衣遥聞有吹笙聲音韻縹緲忽有美女在林下自詠云紫府參差曲清宵次第聞及就試得緱山月夜聞王子晉吹笙題用夢中語作第三第四句竟以是得賞舉進士人以為葬婦人之報

鄙嘗謂高達夫燕歌行千載稱之第一篇皆三韻一換獨鐵衣遠戍下五韻差不稱耳顏敷應聲戲改曰邊庭飃颻那可渡絕域蒼茫無所掠殺氣三時作陣雲寒聲一夜傳征柝却佳

膂凌波以藕絲連蝌錦作囊四角以鳳毛金飾之實以辟寒香以寄鍾觀玉觀玉方寒夜讀書一佩而徧室俱煖芳香襲人鳳毛金者鳳皇頸下有毛若綬光明與金無二而細軟如絲週春必落山下人拾取織為金錦名鳳毛金明皇時國人奉貢宮中多以飾衣夜中有光惟貴妃所賜最多裁以為帳燦若白日

子瞻在惠州與朝雲閑坐時青女初至落木蕭蕭悽然有悲秋之意命朝雲把大白唱花褪殘紅朝雲歌喉將轉淚滿衣襟子瞻詰其故荅曰奴所不能歌是

枝上柳綿吹又少天涯何處無芳艸也子瞻翻然大咲曰是吾政悲秋而汝又傷春矣遂罷朝雲不久抱疾而亡子瞻終身不復聽此詞

楊炯初見鄭義真誦其姪女容華臨鏡曉粧詩鄭大擊節後誦巳作數十首鄭皆曰不如首作炯為之汗背容華詩曰啼鳥驚眠罷房櫳曙色開鳳釵金作縷鸞鏡玉為臺粧佀臨池出人疑向月來自憐方未已欲去復徘徊

貞元中有周存者性喜放生嘗放一鯉魚戲為詩送

作陸氏稱之末云倘若成龍去還施潤物功後入試試題爲白雲向空盡詩既成苦于無結忽憶鯉魚詩因改二字云倘若從龍出還施潤物功遂得通籍

詩話雋永

元　愉正巳

寒食詩

寒食詩云寒食家家挿柳枝戀春春亦不多時兒孫只解花前醉青塚能消幾個悲此賈秋壑作於德祐元年上母墳回至集賢堂所作豈非亡國之讖語

海鰍行

鮮于伯幾經歷作海鰍行云至元辛卯之季冬浙江連日吹腥風有物死轉泥沙中非黿非鼉非蛟龍神物失勢誰爲雄萬刃封割江水紅九州之外四海通出内日月涵虛空汪洋浩瀚足爾容胡爲一出蕩忘反麋軀鼎俎蝦蜆同吁嗟人有違與窮無以外慕殘厥躬古來妄動多災凶

風之始

吳給事女敏慧工詩詞後歸華陽陳子朝名儒也號年甙一妾緣此遂染風疾一日親戚來問吳同妾在側指妾曰此風之始也役西南士夫凡有所惑者輒以風之始爲口實

巴家富詩

李蘩學次女適巴長適鄒巴貧甚李亦安之嘗戲作詩云誰道巴家窘巴家十倍鄒池中羅水馬庭下列蝸牛燕麥紛無數榆錢散不收夜來添驟富新月掛銀鈎

白紙詩

士人郭暉因寄問安誤封一白紙去細君得之乃寄一絶云碧紗窓下啟緘封盡紙從頭徹尾空應是仙郎懷別恨憶人全在不言中

來歲狀元賦

祥符中西蜀有二舉人同硯席既得舉貧于索旁郡乃能辦行已迫歲始發鄉里懼引保後時窮日夜行至劍門張惡子廟號英顯王其靈響震三州過者必禱焉二子過廟已昏晚大風雪苦寒不可夜行遂禱於神各占其得失且祈夢爲信草草就廟廡下席地而寢入夜風雪轉甚忽見廟中燈燭如晝然後肴俎甚盛人物紛然往來能傳導自遠而至聲振四山皆岳瀆貴神也既就席賓主勸酬如世人二子大懼足[illegible]可奈何潛起伏暗處觀焉酒行忽一神曰帝命吾儕作來歲狀元賦當議題一神曰以鑄鼎象物爲題既而諸神皆一之韻且各刪潤更改商確又久之遂畢朗然誦之曰當召作狀元者魂魄授之二子默喜私相謂曰此正爲吾二人發迨將曉見神各起致別傳呼出廟而去視廟中寂然如故二子素聰警各盡記其賦函寫爲書帙後無一字忘相與拜賜鼓舞而去倍道以行笑語欣然惟恐富貴之逼身也至京適及引保就試過省益志氣洋溢半驗矣至御試二子

坐東西廊御題出果鑄鼎象物賦韻脚盡同東廊者下筆思廟中所書惜然一字不能上口間關過西廊問之西廊者望見東廊來者曰御題驗矣我乃不能記欲起問子幸無隱也東廊者曰正欲問子也於是二子交相疑曰臨利害之際乃見平生且此神賜而獨私以自用天其殛爾邪各忿怒不得意草草信筆而出唱名二子皆被黜狀元乃徐奭也既見印賣賦二子比廟中所記者無一字異也二子歎息始悟凡得失皆有假手者遂皆罷筆不復事筆硯恨不能認

其姓名云

詩詞餘話

元　俞焯

陳古遇平江人也作詩高古無朱末氣惜不媚于時嘗有志怪莫飲二詩立意高遠不在建安黃初下志怪云沉沉萬仞淵下有驪龍珠佩之壽松喬售之富侔都貪夫臨淵羨重利輕微軀百金不龜藥千金水犀珠丹砂與翠羽陸產海所無齎裝濤浪中巨鬣光烱如粲粲兩青童駢肩問所須再拜上珠翠敢問龍起居青童粲玉齒雲龍卧玄虛爲君窮珠山鞭雲取長軀雲急風更惡蒼梧來時徐丹藥兩須失哀哉飽鯨魚莫飲酒云莫飲酒酒醜罵人繞盆走酒香入腦頭欲旋罵聲漸低涎落口草履有長短飾腳可試否未論身后五車書已隨生前一盃酒又有馬別主詞哀恍悽斷足以警薄俗詞云馬別主兮涕泗沾臆士別主兮喜見顔色于嗟馬兮〻戀而駐于嗟士兮去弃而背皆有益於世教惜不多見

波景高吳興烏程人亦佳子也流落不遇於世人莫不知其能詞一日見其嘗和龍洲指甲詞纖利可愛

其詞云新脫魚鱗平分鵝管愛勤居今記掐恨香蕉愁悰細說剗情嫩竹怨雨新翻旋撲梅英壯鬢匹飲珠領重交游道寒嬌無奈哭輕拈杏帶淺揭湘裙宮相也學則纚時綰就同心羞自看解傳梧頻覷藏闌羅袖歸鞭鞍重數刻印闌干暗鮮綃囊倦捲揮瑶琴餧乳鶯兒綉閣問蒼天風流處路鷄頭新剝消遺情郎悶詞蓋沁園春詞也

詹天游名正字可大風流才思不減昔人故宋駙馬楊鎮有十姬皆絕名粉兒者尤勝一日招天遊宴盡

出諸姬佐觴天遊屬意於粉兒口占一詞云淡淡青天一點春嬌羞一口兒嬰一梭玉一雲白藕香中見西子玉梅花下見昭君不曾真個也消魂楊遂以粉兒贈之曰天游真銷人魂也後為翰林學士熊納文嘗以軟香遺之因作慶清朝慢以謝極形容也其詞云紅雨爭妍芳塵生潤將春都揉成泥分明惠風微送搏搦花枝欸欸扞酥薰透嬌羞無奈濕雲癡偏斷稱霓裳霞佩玉骨冰肌梅不似蘭不似風流處那更著意閑時驀地生綃扇內涼浮動好風微醉得準無氣力海棠一色睡胭脂滋味韻人花氣爭知

朱燦本武臣常為內夫人妹內官弟婿啟理廟見之大加賞異特旨授官至參知政事具啟云環堂座之九星貂珥曾參於畫室羅嬪嬙之九御魚軒嘗綴於形闈但從天上之神仙來結人間之嘉會所由遠爾夫豈偶然令弟從長奕世近龍光月殿斯沾於湛露舍妹夫人十年陪鳳輦霓裳猶粲於朝霞木流紅葉之無心琴續朱絃而有託瑶臺不怕雪甫歌釆鸞之詩玉杵曾擣霜辱聘雲英之詠朱乃武舉狀元溫

州人理廟徵時識之

理宗時李亶歸化朝廷命學士院制詔以褒之時黃其當筆以思已成而其起句有難為辭者蓋以父全逆節故也往請於後村云臣子之心忠君而愛父春秋之法內夏而外　黃大歟踏郎以應詔

約房之府君既卒貧無以歸好事者為作一疏求賻贈平淡簡易截斷眾流其起聯云有喪未舉行道之人忍聞見義不為秉彝之天安在四六尤難作宋末如方岳李劉諸公騈花儷葉芳媲麗至有一句

十餘字者則失其爲四六之體矣與其事異而何從孰若字平而句雅去陳腐取渾成方可以言制作之妙如近世徐耕莘辭郡倅濟覩理書末云招非其招士固且爲小相役則徃役我未免於鄉人時以斆役不及赴也用事切著對之無出其右

元　涵虛子

馬東籬如朝陽鳴鳳張小山如瑤天笙鶴白仁甫如鵬摶九霄李壽卿如洞天春曉喬夢符如神鰲鼓浪費唐臣如三峽波濤官大用如西風鵰鶚王實甫如花間美人張鳴善如彩鳳刷羽關漢卿如瓊筵醉客鄭德輝如九天珠玉白無咎如太華孤峰已上十二人爲首等貫酸齋如天馬脫羈鄧玉賓如幽谷芳蘭滕玉霄如碧漢閒雲鮮于去矜如奎璧騰輝商政叔如朝霞散彩范子安如竹裏鳴泉徐甜齋如桂林秋月楊淡齋如碧海珊瑚李致遠如玉匣昆吾鄭廷玉如佩玉鳴鑾劉廷信如摩雲老鶻吳西逸如空谷流泉秦竹村如孤雲野鶴馬九皐如松陰鳴鶴石子章如蓬萊瑤草盍西村如淸風爽籟朱廷玉如百草爭芳庾吉甫如奇峯散綺楊立齋如風烟花柳楊西菴如花柳芳妍胡紫山如秋潭孤月張雲莊如玉樹臨風元遺山如窮崖孤松高文秀如金盤牡丹阿魯威如鶴唳青霄呂止菴如晴霞結綺荆幹臣如珠簾鸚

鵠薩天錫如天風環珮薛昂夫如雪窗翠竹顧均澤如雪中喬木周德清如玉笛横秋不忽麻如閑雲出岫杜善夫如鳳池春色鍾繼先如騰空寶氣王仲文如劍氣騰空李文蔚如雪壓蒼松楊顯之如瑶臺夜月顧仲清如鵰鶚冲霄趙文寶如藍田美玉趙明遠如太華晴雲李子中如清廟朱瑟李叔進如壯士舞劍吳昌齡如庭草交翠武漢臣如遠山叠翠李宜夫如梅邊月影馬昂夫如秋蘭獨茂梁進之如花裏啼鶯紀君祥如雪裏梅花子伯淵如翠柳黄鸝王廷秀

如月印寒潭姚守中如秋月揚輝金志甫如西山爽氣沈和甫如翠屏孔雀睢景臣如鳳管秋聲周仲彬如平原孤隼吳仁卿如山間明月秦簡夫如峭壁孤松石君寶如羅浮梅雪趙公輔如空山清嘯孫仲章如秋風鐵笛岳伯川如雲林樵響趙子祥如馬嘶芳草李好古如孤松掛月陳存甫如湘江雪竹鮑吉甫如老蛟泣珠戴善甫如荷花映水張時起如鴈陣驚寒趙天錫如秋水芙蕖尚仲賢如山花獻笑王伯成如紅鶯戲波已上七十人次之又有董解元盧疎齋鮮于伯機馮海粟趙子昂班彦功王元鼎董君瑞查德卿姚牧庵高拭史敬先施君美汪澤民輩凡百五人不著題評抑又其次也虞道園張伯雨楊鐵崖輩俱不得與可謂嚴矣

詞旨

元　陸輔之

夫詞亦難言矣正取近雅而又不遠俗予從樂笑翁遊深達奧旨製度所法因從其言命韶暫作詞旨語近而明法簡而要俾初學易于入室云陸輔之識

詞說

命意貴遠用字貴便造語貴新煉字貴響古人詩有翻案法詞亦然詞不用雕刻刻則傷氣務在自然周

清真之典麗姜白石之騷雅史梅溪之句法吳夢窗之字面取四家之所長去四家之所短此翁之要訣學者所謂刻鵠不成尚類鶩者也不可與俗人言可與知者道對句好可得起句好難得收拾全藉出場

凡觀詞須先識古今體製雅俗脫出宿生塵腐氣然後知此語咀嚼有味靳王孫韓鑄字亦顏雅有才思嘗學詞于樂笑翁一旦與周公瑾父買舟西湖泊荷花而飲酒半公瑾舉似亦顏學詞之意翁指花云蓮子結成花自落

詞云清空二字亦一生受用不盡指迷之妙盡在是矣學者必在心傳耳傳以心會意有悟入處然須跳出窠臼外時出新意自成一家若屋下架屋則為人之賤僕矣

製詞須布置停勻血脈貫穿過片不可斷意如常山之蛇救首救尾沈伯時樂府指迷多有好處中間一兩段亦非詞家之語

屬對

小雨分山斷雲籠日不伐採春　烟横山腹鴈點秋容吳叔

聲聲慢　問竹平安點花番次徐淵　犀椰蘇晴故溪歇雨美成

清平樂　虛閣籠雲小簾通月白石法曲獻仙音　蟬碧勾花鴈紅

擷月丁夢菴前調　落葉霞飄敗窗風咽吳夢窗仝　風泊波驚露

零秋冷秋曉白蓮前人　花匝么絃象奩雙陸陸園扇法曲獻仙音　珠蹙

花輿翠翻蓮額紫木香　汗粉難融袖香新竊同上　種石生

雲移花帶月翁處靜齊樂天　斷浦沉雲空山掛雨史邦卿綺羅香　畫

裏移舟詩邊就夢同上齊樂天　硯凍凝花香寒散霧周草窗同

調　繫馬橋空移舟岸易黃雙溪仝　疏綺籠寒淺雲棲月丁

寒　竹深水遠臺高石出施梅川　香苒沾袖粉甲留痕去[illegible]

復来就船換酒隨地攀花梅川調雨爲酥催冰做水王清搜
做冷欺花將烟困柳邦卿春雨巧剪蘭心偷粘草甲前人春雪
羅袖分香翠綃封淚陳董甫池面冰膠墻腰雪老白石
簟邀涼琴書換日全薄袖禁寒輕妝媚晚花翁倒葦沙
閒枯蘭洲冷高竹屋綠芰擎霜黃花招雨全紫曲迷香
綠窗夢月李篔房瞻雨敲花柔風過柳全霜杵敲寒風
燈搖夢吳夢窗盤絲繫腕巧篆垂簪重午翠葉垂香玉容
消酒姜白石金谷移春玉壺貯暖張寄閑茶花擁石池臺約
花欄檻全問月賒晴憑春買夜丁南湖醉墨題香閒簫

詞旨　三

弄玉周草窗

樂笑翁奇對

隨花甃石洗泉通沼掃花游斷碧分山空簾剩月瑣寒窗
沙淨草枯水平天遠解連環接葉巢鶯平波捲絮高陽臺
晴光轉樹曉氣分嵐聲聲慢鶴響天高水流花淨壺中天
料理琴書袁猶今古真珠簾欵竹門深移花檻小一萼紅
掃花尋逕撥葉通池全亂雨敲春深帷帶晚瑣窗寒
蔽過雨隔水呼燈懷舊游浪捲天浮山邀雲去壺中天
帘衝波筱根愛葉湘月波湧蘭觴隣分杏酪慶春澤雲映

山輝柳分溪影法曲獻仙音荷衣消翠蕙帶餘香聲聲慢淺
草朝霜融泥木燕慶清朝香尋古字譜拾歌聲甘州行歌
趁月喚酒延秋解語花穿花覓路傍柳尋蹤聲聲慢門當
竹逕路管臺城纍絲濕霧扇錦翻桃因花整帽
借柳維船並前詞

警句

悶來彈鵲又攪碎一簾花影徐幹臣二郎神漏足不來馬蹄
難駐門掩一庭芳景全前盡吸西江細斟北斗萬象爲
賓客扣舷獨笑不知今夕何夕念奴嬌花影吹笙滿地

詞旨　四

淡黃月石湖醉落魄寒光庭下水連天飛起沙鷗一片丹陽
湖西江月涼滿北窗休共軟紅說並全燈花結片時春夢江
南天濶惟有兩行低鴈如尺倚畫樓月並全人在煠
紅流翠趙醉林上元波底夕陽紅濕趙彥謁金門應把花卜歸
期幾替又重數稼軒是他春帶愁來春歸何處却不解
帶將愁去翠銷香煖雲屏更那時酒醒劉龍洲燕子
不歸花有恨小院春深謝靜寄海棠影下子規聲裏立
盡黃昏洪平齋相思無處說相思笑把畫羅小扇覓春
詞徐山民南柯子妾心移得在君心方知人恨深前調驚起半

屏幽夢淡月啼鴉劉小山清平樂千樹壓西湖寒碧白石賦梅波
心蕩冷月無聲仝前人揚州慢昭君不慣胡沙遠但暗憶江
南江北仝墻頭喚酒誰問信城南詩客岑寂高柳晚
蟬報西風消息仝紅衣問甚時同賦三十六陂秋色仝
冷香飛上詩句仝念奴嬌一般離思兩消魂馬上黃昏樓
上黃昏劉小山一剪梅絮飛春盡天遠書沉日長人瘦花翁燭
影搖紅仝前臨斷岸新綠生時是落紅帶愁流處記當
日門掩梨花剪燈深夜語史邦卿綺羅香春雨愁損玉人日日
畫欄獨凭仝雙飛燕恐鳳鞋挑菜歸來萬一灞橋相見仝東

詞旨　五

風第一枝春雪自憐詩酒瘦難應接許多春色仝喜遷鶯元夕愁萬
斛為春瘦了怕春知高竹屋金人捧露盤梅驚愁攪夢更不管
瘦郎心醉仝祝英臺近悠悠歲月天涯一分秋一分憔悴
張東澤桂枝香落葉西風吹老幾番醒醉仝露侵宿雨疏簾
淡月照人無寐仝算只藕花知我意猶把紅芳留客
仝念奴嬌春在賣花聲裏王貴英夜行船試花春雨濕晴韓蕭閒浪淘沙
負與蕭郎眉語不如舞錯伊州劉後村清平樂賦妓何處消魂
初三夜月第四橋春羅谷椰稍春一硯梨花雨周蕭齋點絳脣薄
倖東風薄情游子薄命佳人仝椰稍春賦椰花怪別來胭脂

慵傅被東風偷在杏稍趙山臺繡衣對菱花與說相思看
誰瘦損陸云西瑞鶴仙清絕影也別知心惟有月蕭結山霜天曉角梅
花開猶是十年前人不似十年前後丁寧記取兒家
碧雲隱約紅霞直下小橋流水門前一樹桃花李肩吾清
平樂又是羊車過也月明花落黃昏黃玉林清平樂宮詞連呼酒
上琴臺去秋與雲平吳夢窗甘州靈岩簾半捲帶黃花人在
小樓仝南樓不恨吹橫笛恨曉風千里關山仝高陽臺落梅
玉奴最晚嫁東風來結梨花幽夢仝清江月有梅綠陰青子
老溪橋羞見東鄰嬌小並仝月落盃空無影仝齊天樂不約

詞旨　六

舟移楊椰繫有緣人映桃花見仝倦尋芳過舊妓漸老芙蓉
猶是帶霜看仝不成又是教人恨待倩楊花去問月湖
吉花天珠簾捲上還重下怕東風吹散歌聲趙釣月風入松燕
子不來東風無語又黃昏琴心不度春雲遠斷腸難
托啼鵑夜深猶倚垂楊二十四欄陳西麓絳都春寄相思偏
仗椰枝待拆尊前唱奈東風吹落絮飛甚等閒
半委東風半委小橋流水張寄閒瑞鶴仙待情猶未又粉蝶
見住落花不去濕重尋香兩翅怎知人一點新愁寸
心萬里雲隱吟情閒遠仝壺中天斷雲過雨花前歌扇梦

迷雨畫[illegible]水龍吟但良宵空有亭亭霜月作相思伴
燕子銜來相思自道玉瘦不禁春病湯西村二郎神宿粉殘
香隨夢冷落花流水知天遠倦尋芳都將千里芳心十
年幽夢分付一聲啼鴂祝英臺近不妨綵筆銀箋翠樽水
自管領一庭秋色中秋春在欄干咫尺李賓房壺中天寄閬州亭
聽年今夜玉尊知醉何處仝開簾深掩梨花雨誰問
東陽瘦仝探芳信和草窗幾番鵑外斜陽闌干倚遍恨楊柳
遮愁不斷歸醉夜堂歌舞月挤殘春眠李秋厓浪淘沙參差
護晴窗戶土竹可心期暗數總寂寞當年酒籌花浦倩

春愁小樓今夜雨暗粉疎紅為誰匀注都負了燕約
鶯期更閒却柳烟花雨張梅崖綺羅香夢魂欲度蒼茫去怕
夢鶯還被愁遮草窗高陽臺休殺潘鬢影怕綠窗年少人
驚仝柳花花深深處柳陰陰處一片笙歌仝少年遊一掬春
情斜月杏花屋王碧山醉魄落採碎花心嗆碎淡黃雪仝翠
簟一池秋水半牀露半牀月仝霜天曉角恰是斷魂江上
柳越春深越瘦仝謁金門室秋燈一庭秋雨更一聲秋鴈
仝醉蓬萊歸故山昨宵風雨涼到木犀屏趙元甫相思引重見落泠
楓紅舞白石黃簾綠幕蕭蕭夢燈前幾換秋風吳夢窗贈宏菴

鴈風吹裂雲痕小樓一縷斜陽影[illegible]一架
鞦韆蒲荷醉花碧仝六幺令看画船盡入西湖[illegible]都半湖
春日西湖

樂笑翁警句

和雲流出空山年年淨洗花香不了南浦春水寫不成書
只記得相思一點解連環孤鴈纔放些情意早瘦了梅花
一半也知不作花看東風何事吹散探春雪霽見說新愁
如今也到鷗邊西湖醒醉一乾坤真珠簾莫開簾怕見飛
花怕聽啼鵑並仝須待月許多都付與秋聲聲慢幾日不

來一片蒼雲未掃掃花遊春風不奈垂楊柳吹却絮雲
多少齊天樂帶天香吹動一身秋甘州贈桂卿茂樹石牀因
坐久又却被清風留住慶宮春恐不住低低問春仝不
知能聚愁多少霜葉飛老妓

詞眼

燕嬌鶯姹潘元質綠肥紅瘦易安籠柳嬌花仝籠燈燃月
清真醉雲醒月夢窗挑雲研雪碧山柳昏花暝梅溪翠陰香遠
千里玉嬌香怨竹屋蝶悽蜂慘守齋柳腴花瘦西村縮燕吟鶯
仝燕昏鶯曉秋崖漁烟鷗雨翠顰紅妬可竹愁胭恨粉

至片約星期 爲 南今雲古 上 甚烟霏雨 東 蘂 寫

簡 恐鼎恨紆 穉紅換紫 聯詩換酒 還歆試

舞　舞勾歌引　三生春夢

單字集虛

任看正待作怕從間愛奈似但料想更算況悵怏早

儘嗟憑歎方將未已應若莫念甚

兩字　缺

此本還在沈伯時樂府指迷之後古雅精妙較是

輸他一着也若新巧清麗是冊亦未可少也元跋

四六餘語

宋相國道

帝王之制備載乎書典謨訓誥誓命之文多以四字爲句惟鮮對偶後之制誥間以六字而以四字成聯者亦多賦者古詩之流今之則四六矣詩三百篇其間長短之句固無幾是以盡四字句之旨此四者殆四六之所從祖徽廟以于闐玉增八寶有九寶其文云範圍天地幽贊神明保合太和萬壽無疆王初寮帥詔曰太極函三通太和于一氣乾元用九增寶篆

于萬年包括靈文無一遺者

祭春牛文

東坡手澤云元豐六年十一月二十七日天欲明夢吏持紙一幅其上題云請祭春牛文余取筆疾書云三陽既至庶艸將興爰出土牛以戒農事衣被丹青之好本出泥塗成毀須臾之間誰爲喜愠吏微笑曰此兩句復當有怒者傍有一吏云不妨此是喚醒他

盤洲祭勾芒神文曰天子命我盡牧南海之民農人告予將有西疇之事念銅虎謹班春之職出土牛豐

嗣歲之期此當是帥廣時所作意雖與東坡不同而詞語瓌妙似之

玉牒

玉牒所記非止本支而凡一朝大政事大號令大更革拜罷皆在焉仙原積慶特其一條耳前此進玉牒備書表章能備言之惟子湖一表終始對說其辭云帝系勤鴻榮科條於屬籍聖謨啓祐嚴訓典於寶藏堯統漢緒肇泒別于天潢周誥商盤儼仙躔於東璧惟昭穆親疎之有序與文章詞令之當傳麟趾振振

共仰宗盟之益茂虞書渾渾更瞻聖作之相輝其形容玉牒方爲兩盡

語對

詔聖中蔡京館遼使李儼萏泥使者留館頗久一日儼方飲忽持盤中杏曰來未開花如今多杏京卽舉梨謂之曰去雖葉落未可輕離

天生對偶

舊說以紅生白熟脚色手文寬焦薄脆之屬爲天生對偶觸類索之亦有經前人紀載者聊疏于此如三年太守舊日老翁相公公相子人主主人公泥肥禾長木落石出斷送一生惟有破除萬事無過北斗七星三四點南山萬壽十千年迅雷風烈風雷雨絕地天通天地人筵上枇杷本是無聲之樂草間蚯蜢還同不繫之舟皆絕工者又有書語兩句而諡于俗諺曰堯之子不肖舜之子亦不肖諺曰外甥多似舅吾力足以舉百鈞不足以舉一羽諺曰便重不便輕之類是也

作賦用事

晚唐五代間詩人作賦用事亦有甚工者如江文蔚天窗賦云一竇初啓如鑿開混沌之時兩瓦乍飛類化作鴛鴦之後又土牛賦云飲水俄臨誇盟津之拳塞虞關倘許疑函谷之丸封

儷文

政和中新創禁中儺儀有旨令翰苑撰文翟公選當直其畧云南正司天無俾神人之雜夏后鑄鼎以絕山林之姦苟非聖神孰知情狀頃刻進入人服其敏而工

月泉吟社

潜齋吳渭

社規

本社預于小春月望命題至正月望日收卷月終結局請諸處吟社用好紙楷書以便謄副而免于差舛引書州里姓號以便供賞而不致浮湛切望如期差人來問浦江縣西地名前吳吳知縣位對面交卷守回標照應俟評校畢三月三日揭曉賞隨詩冊分送此固非足浼我同志亦姑以講前好求新益云

誓詩壇文

月泉舊社久褰詩錦之華季子後人獨倣禮羅之意遂從昨歲徧致新題春日田園頗多襍興東風桃李又是一番鄉邦之勝友雲如湖海之英游雷動古囊交集鉅軸横陳誰揭青銅尚詢黃髮無含女學何至教琢玉哉不用道謀是在主爲室者俾得臣而寓目與身犯以同心聆惟驗吟良出工苦所貴相觀而善亦多自負所長能雄萬夫定差與絳灌等伍如降一等乃待以季孟之間欲辛甘燥濕之俱齊固甚難以曲直輕重而見欺亦不可念偉事或偶成於戲劇讒言特借譽而揄揚我詩如鄶曹何幸縱觀于諸老此聲得梁楚誓將不負于齊盟一點無他三辰在上

詩評

詩有六義興居其一凡陰陽寒暑草木鳥獸山川風景得于適然之感而爲詩者皆興也風雅多起興而楚騷多賦與比漢魏至唐傑然如老杜秋興八首深詣詩人闡與興之入律者宗焉春日田園襍興此題借題于石湖作者固不可舍田園而泛言亦不可泥

田園而他及舍之則非此詩之題泥之則失此題之趣有因春日田園間景物感動性情意與景融辭與意會一吟風頃悠然自見其爲襍興者此真襍興也不明此義而爲此詩他未暇悉論往往敘實者多入于賦稱美者多近于頌甚者將襍興二字體貼而相去益遠矣諸公長者惠顧是盟而屑之教形容模寫盡情極態使人詠之如遊輞川如遇桃源如共柴桑墟里撫榮木觀流泉種東皋之苗摘中園之蔬與義熙人相爾女也如入豳風國邦者桑者競載陽之光

旹而聆倉庾之歎好其音也如夢霖時雍之世出而作入而息優游于耕鑿食飲而謳歌之起吾後先也其餘瓌辭藻思粲然畢陳應接有所不暇姑次第其篇什附以管見俟覽者細訂之若曰折衷則吾豈敢

春日田園雜興

羅公福第一名杭清吟社三山 連文鳳伯正號應山

老我無心出市朝東風林壑自逍遥一犂好雨秧初種幾道寒泉藥旋澆放犢曉登雲外壟聽鶯時立柳邊橋池塘見說生新草已許吟魂入夢招

評曰衆傑作中求其粹然無疵極整齊而不窘邊幅者此爲冠

司馬澄翁第二名義烏馮澄 字澄翁號來青

繡蘭春思倩吟鞭着面和風軟似綿黄犢烏犍秧栽侯雄蜂雌蝶菜花天把鋤徤婦踏燒壟抱甕丈人分野泉忙事關心在何處流鶯不聽聽啼鵑

評曰起善包括兩聯説田園的而雜興寓其中末語亦不泥

高宇第三名杭州西 塾梁相字必大

膏雨初晴布穀啼村村景物正熈熈誰知農圃無窮樂自與鶯花有售期彭澤歸來惟種柳石湖老去只能詩桃紅李白新秧綠問着東風總不知

評曰前聯妙于細合後聯引陶范不爲事縛句

法更高末借言襍奥的是老手

郛八

說郛目録

弓第八十五

郛八 弓八十五 一

佩觿卷上

唐　郭忠恕

佩觿者童子之事得立言於小學者也其一曰造字之旨始於象形孔子曰牛羊之字以形舉也中則止戈反正傳止戈爲武反正爲乏而省聲禮鷙蟲攫搏鄭注从鳥摯省聲今作鷙省非也說文云从執聲至若春秋姓字地名更見尚書宋齊傳本隸寫古文學者知之不可具舉有以冰爲凝說文冰魚陵翻凝筆陵翻亦通用之有以渴音竭說文字林渴音其列翻水竭字古文以貞爲鼎籀文以鼎爲則其矛楯有如此者刑罰从寸古罰如此謂持刀詈人元命苞

以寸作寸應對从士古對如此漢文帝以言多非誠乃去口从士疊惡太盛古疊如此言決罪三日得宜乃从三日太盛改作三田嫫貴爲神月令注以爲神其嫫故从示其立教有如此者衞鬱之字是謂隸省本作衞鬱前寧之字是謂隸加本作寍寧詞朗之字是謂隸行本作詹朖寒熱之字是謂隸變本作寒爇其逸駕有如此者塗泥爲途說蝨颯爲早幕篤與爲取与肖子爲甲胄其相承有如此者畚山之縣爲當塗古文尚書作畚後依山立當塗縣今在宣州戰洞之文爲熒澤事見春秋後序穆公之謚既作繆史傳不同潸湑之詩又作漆詩與說文字別其遷革有如此者佳人之爲嘉期佳美也五禮婚姻曰嘉慶善也所宜依經用字不當作佳僅得之爲近遠僅以免身僅得守算僅有存者僅鏡也耗少也非遠近平生之爲外甥謂我舅者吾謂之甥即从男是此三字其淺陋有如此者五十二家書都來寶李祭酒涪說今五十二家書並不合本體必非蕭子雲所作蓋後人妄爲之三百六十體更是榛蕪王南賓作又切韻首列三百六十體多失部居不可依據考字左回老字右轉謹案考从丂丂苦果翻老从匕匕火霸翻裴務齊切韻序云左回右轉非也其野言有如此者雀鴿背恭翻之鴿鎗鏱音義皆闕之鏱澆潑背末翻之潑此皆非古字王存乂切韻序去形聲會意施行已久其僻率有如此者昭穆義紖李祭酒涪說爲漢諱昭音釗改音韶失之也紖案說文自有佋穆之字以昭爲佋蓋借音耳杕

杜文乖杕大計翻北齊河北毛詩本多作狄唐楊國忠以杕杜之杕爲笏杖之杖人多笑之乇陔倫卦之乇音豚爲毛五經文字以乇聚之也胡卦之毋音無用毋父母之母今公羊序如此失之矣其濫讀有如此者馬頭人爲長人持十爲斗苛爲止句虫謂詘中言不合諸經解字已上具說文序其下亦然張顛所作卅荅云吟則尔有用古今訓地乃土乙力中興書舟在二間爲舟爾亘字从二間舟今之隸書轉舟爲月而何法盛中興書乃以舟在二間爲舟航字謬也春秋說人十四心爲德詩說二在天下爲酉國志曰在天上爲吳晉書黃頭小人爲恭叅圖以人負告爲造新論之金昆配物謂銀字从金昆後漢之白

水稱祥時王莽作剪刀錢文曰貨泉有類白水眞人字應漢光武中興自中興已下至此皆出顏氏家訓馮則行馬水邊符融斷獄有書生妻爲人所殺夜夢乘馬一邊溼一邊乾又見
天上水中各一日融曰必馮昌也幽則挂絲山上亦志張伯德夢山上挂絲古者曰共
爲幽州乎秋七月拜幽州刺史董識千里草董卓秉政童謠曰千里草何青青十日卜不得
生一日春占一日夫謝小娥傳父夫爲盜所殺夜夢人曰一日夫門東艸乃春蘭字也
三刀之夢爲州王濬夢懸三刀於梁上俄益一刀後爲益州牧八人之詞有
火萬回於閿鄉市叫曰今夜有八人過是夕有大火災合者人一口魏武帝嘗賜群臣酪
器上書一合字楊修口合人一口也貞者与上人梁武帝時有僧与人爭田帝狀後書一貞
字劉顯曰貞与上人也八女之解祿山沙門一行云兩角女子綠衣裳端坐太行邀君

佩觿　八　三

王一止之月自滅亡一正字也八女一作一止止兩日之詳昌號晉郭璞云永昌有二
日之象其後隆昌亦同如蠹亂之軌于截同之是夢棗必驗丁固夢井中生棗以問趙直直
曰棗者四十八字壽不過四十八卒君賜棗先知漢武帝呼東方朔來來遂進前帝再叱之
朔曰兩來棗字再叱四十九也陛下欲賜臣棗四十九枚也詠尹成章唐蘇許公詠尹字曰
丑有餘足甲不全身見君無口如伊少人稱朱表識梁史水星在斗宿之下知星者曰斗下木
朱字朱姓常王也吉乃十一口鍾輅前定錄杭州臨安令張宣求官唱名前三月夢女子
曰妾有十一口依在昔境後果受湖州安吉令杏爲十八口大業拾遺云隋煬帝南幸江都
杏娘侍煬帝作塬子令曰香娘十八日也杏娘曰羅字四維也其寓言有如此者繇
棖鑵鏸代紺盞鈒環之字毳祠槐爊作髯鴟魁炙之

文已上出顏氏家訓三蒼用卧作尼丘之尼字林用隹爲乎
準之準軍陳直齊翻爲陣始於逸少小學章形埻於領翻爲
影本乎稚川字苑忌諱出自宋明以騧馬字紛似騧改作騸草創起
於天后唐天后以而埊⊙囝又作〇𠺞𢘑𡔈𡕀𠡦曌𡘙鬄儉𡆠國代天地日月星君臣載初年
正照證聖授載國等字文帝之隨中去辵隨文以周齊不遑寧處故去辵辵音走也
遂隋作次山之冐咋加荒元于謚隋煬曰毓其多僻有如此者
古章貢水合爲贛感新一音水名在南康之罪名今高邑城本
是鄗之一字地在常山本名鄗鄗火犀火各二翻漢光武改爲高邑其離合有
如此者改鄭爲莫綠頰鄭以難分更豳爲邠因似幽

佩觿　八　四

而致誤其袂惑有如此者並唐玄宗故事史文具之魯國洞水洞音
時出兗州圖經吳興大艑戶剛翻出說文序史通河橋贊舔船艑之類淛則申州
川名浙音師出申州離記及圖經餠則登眞藥訣登眞隱訣有餌飯方已上四字
省字書無之其獨擅有如此者尚書考興工乘馬首開元
文字子在母懷于祿書以缺字从垂旁唐玄度以弁
互爲隸省其不典有如此者鼓字从支蚰字从也陜
字从夾陝从夾夾式立翻从二出人之人从人民之人者非恐字从凡其繆誤
有如此者龜黽从龜辭亂从舌席下著帶惡上安西
此四句出叅文序其俗訛有如此者金華則金畔著華總扇

則木旁作扇此二句出顏氏家訓飛禽即須安鳥水族便應著魚蟲屬要在虫旁草類皆从兩中已上出陸氏釋文序其蕪累有如此者其二曰四聲之作始於譬況蓋孔子受經之說中則近煙傳尤輪朱股杜注云字音近煙爲燼禮償戍衣鄭云並當爲燼而翻語生焉孫炎所作魏朝以降蔓衍寔繁世變人移音訛字替徐仙民翻易爲神石郭景純翻倏爲羽鹽劉昌宗用承音乘許叔重讀皿爲猛先儒傳受不敢弛張迨乎切韻之興屢加釐革即支章移翻脂旨夷翻魚語居翻虞遇俱翻共爲一韻先蘇前翻仙相然翻尤羽侯翻侯乎溝翻俱論是切

佩觿　五

已上陸氏切韻序又云欲廣文路自可清濁皆通若賞知音即須輕重有異加以楚夏聲異南北語殊人用其鄉相傳非一同言異字同字異言或失在淺浮或滯於沈濁比人言者多爲一例如而靡異邪不定之詞也非殊莫辨復扶又翻重也復音服返也寧論過古禾翻經過過古卧翻超過上出釋文序已有以見知如字之爲知貞義翻謀子孫如字之爲孫先困翻讓是謂四聲徵召如字之爲召上照翻公小大如字之爲大他蓋翻學乃从一韻敦都昆翻厚之爲敦丁聊翻弓書卷巳翻佐之爲龍卷古本翻又依紐陶如字丘之爲皋陶余招翻鄉黨如字之爲黨之仰翻[illegible]

用鄰鄰一作翻木音人如字民之爲人音小君獄如字酬之爲獻辛禾翻象全借別字其約文有如此者風如字之爲曰風去聲男女如字之爲女尼據翻于名譽去聲之爲毀譽平聲大象賦云有少微之養寂無進賢之見譽辭叅器府之樂肆佩貫索之刑書自敗如字之爲敗補邁翻他譽敗二字亦出釋文序其求意有如此者羅作冪禮經有之爲作蓮左傳有之音義一而體別水爲沝之火翻謂水爲林南方火爲娓許尾翻吳楚之間謂火爲娓二字出說文形聲異而物同皿音猛今說文但更立一音者非音盌明丙翻佳乎翻說文占音街字意同而讀異其交相有如此者二百爲皕音祕二十爲廿音入顏黃門稽聖賦云魏

佩觿　六

嬳何多一孕四十中山何夥有子百廿三十爲卅先合翻四十爲卌先入翻其務省有如此者菲音斐幾按菲平聲爲芳菲上聲爲菲薄幾平聲爲庶幾上聲爲不定敗之義上平乾別借言子射按借去聲爲借貸入聲爲借貸射去聲爲埶射僕射入聲爲姑射射弓去入難分陸氏釋文序云書音之用本示童蒙而儒或用假借爲音更令學者疑昧其疑韻有如此者衣被之爲襏被於上去而曲分不如字易之爲不方久翻臧就故實而押韻其拘息有如此者牛車之車尺遮翻本無居音讀若居樂只之只之尒翻本無質音讀若質狄子之子弋汝翻本無余音讀若余朝廷之廷徒勁翻本無亭音讀若亭其疑古有如此者顏淵之[illegible]

讀之烏玄翻如泉水名之治直吏二翻讀之如理其[illegible]有如此者以陳郗郝史籍互書陳完奔齊以國爲氏而史記謂之田氏又郗郝二姓皆望在河南故史有互文號郭韓何周號叔亦謂之郭叔又周武王母弟唐叔虞後封於韓韓滅子孫分散江淮間以韓爲何隨音生變遂爲何氏載筆通用其聲近有如此者万俟爲墨祈爲祗慈爲斤慈闕氏爲燕支令支爲零岐其方言有如此者滆翻爲沼沼當爲滆王存又讀陸氏切韻誤也項切許緣緣當爲緣用字誤說攻公分作兩音登升共爲一韻此兩句出陸氏說文共歸音有如此者跲分非貧滓還南王寶存又說此字也又云翻入其音鎮入夷音不可名爲切韻其分徐醉祥歲芭切

偏鷁　七

媿里祛猗攻切古紅古冬已上李涪言所進切韻中多如此誤其淆澗有如此者拾如字音拾音涉級弟如字音悌音如字如爲辟又世庸其贊韻有如此者諸家以經史借用字加陸氏切韻本爲王南賓存又刪之點竄未書於今尚有若干爲若柯俗謂若干爲若柯言如許物于柯音變也等物爲底物又俗以何等物爲何底物亦音訛變也已上出顏氏刊謬正俗胡樂蠻婆之號琵琶爲蠻婆搜神記謂摎仲舒下馬之陵長安有董仲舒墓人過者多下馬因名曰下馬陵後人語訛轉名蝦蟆陵矣事出兩京記故白氏琵琶引云家近蝦蟆陵下住河朔謂無曰毛漢書毛音無與無同義巴蜀謂北曰卜詩云自西自東自南自北皆無思不服取其協韻有古歌得云丁紇開元玄宗朝引鄰歌云得董紇那也紇那得董那遺風矣

河東船車楊州銅器多訛音雜曰吉黎天后朝侍御史侯思止出自卑賤言音不正病屬斷屠諸同列曰今斷屠宰雞豬魚驢俱居不得喫空喫米麵如儒何得飽爲崔獻可所笑天后知之缽囉護嚕之文內典加口而彈舌佛經真言彈舌者多非本字皆取聲近者从口以識之麒麟琵琶之字才子從俗而入聲近代文集率多此類其尚俗有如此者其三曰傳寫之差始則五日三家閏月爲門五日三家當爲己亥學者知之帝虎魯魚又書三傳帝成虎魯成魚中則興雲剖疑詩云有渰萋萋興雨祁祁作興雲者誤顏黃門之推說稚川說縩完先覺傳云縩完葺牆重複其字者三完當爲宇李祭酒涪說雞尸虎穴之譏太史公記曰寧爲雞口戰國策音義曰尸雞之主則口當爲尸後漢樊曅爲天水守涼州歌曰寧見

偏鷁　八

乳虎穴不入冀城寺齊代江南木穴皆誤作六並傳寫失也妒媚提福之殊英布與自愛姬生於妒媚媚當作嫺嫺妒也義見世家又之禍漢書提福上字从示音匙匕之匙俗或从手誤也楊震之鱣非鱣鱓音善是也鱣鮮陟連翻音非作丞相之林是狀始皇本紀二十八年丞相隗狀王綰等議於海上俗作隗林者非也摎毒嫪摎音劉是作嫪郎到翻非田肯云肯漢書田肯是作肯者非削柹一作柹肺柿芳吠翻削柹是作風肺者蕞木用最灌木爲蕞木周續毛詩注音祖會翻非或別本作最皆非也自雞尸已下顏氏家訓說不齊之稱窣䶵按不齊如虛音謂伏之伏作窣者非李祭酒說蕭何之目鄼侯又注文穎曰鄼音贊臣瓚曰今南陽鄼縣是也孫檢曰有二縣字音多亂其屬沛郡者音嵯屬南陽者音贊案茂陵書蕭何國在南陽字作鄼音贊今皆作鄼字所由亂也臣案說文別有酇字音嵯

戈翻未知孰是

元二之文古今說異後漢書鄧騭傳永初元年冬時遭元二之災顏師古注曰元二即元元也古書字當作再讀即於上字之下爲小二字言此字當兩度言之後人不曉遂讀爲元二或同之陽九或附之百六甚爲謬矣今岐州石鼓銘凡重言者皆爲二字此義亦同

丞尉之印偏旁亂眞漢書伏波將軍馬援上書臣所假伏波將軍印書伏字犬外向成皐令印皐字爲自下羊縣丞印四腊下羊尉印白下人人下羊即一縣長吏印文不同恐天下不正者多詐印所以爲信也宜齊同薦曉古文字者事下大司空正郡國印章奏可

尚書以恕作怒案字書恕古仁恕之恕字今或本云古悊怒之怒非也

禮記以視爲古字又禮記注以視爲古示字大與說文石經相乖

是故老子上卷改載爲哉唐玄宗朝詔朕欽承聖訓覃思玄宗頃改道德經載字爲哉仍屬上何及乎識定衆以爲然遂錯綜眞詮因成注解云

佩觿　九

洪範一篇更頗普禾翻作陂唐玄宗詔典讀旣作雖曰不刊文字或訛豈必相襲朕聽政之暇乙夜觀書匪徒閱於微言實欲暢於精理每讀尚書洪範至無偏無頗遵王之誼三復斯文並皆協韻唯頗一字實則不倫又周易泰卦中無平不陂釋文陂字亦有頗音疑之與頗訓詁無別爲陂則文亦會意爲頗則聲不成文應由煨燼之餘編簡隊缺傳受之際差舛相沿原始要終須有刊革朕雖先覺兼訪諸儒僉以爲然終非獨斷宜改頗字爲陂仍宣示國學

驗二篆亦部居有說太宰五百四十部以小篆爲宗大篆或重複焉

變八分則筆削難安八分之說流俗有二或曰八分篆法二分隸文又云皆以八字勢有偃波臣以爲二說皆非也今案書有八體一曰大篆二曰小篆三曰刻符四曰蟲書五曰摹印六曰署書七曰殳書八曰隸書漢蔡邕以隸作八分體蓋八體之後又分此法謂之八分近矣

蔡中郎以豊禮音同豐芳弓翻

李丞相持束千賜翻作亦此二字李少監陽冰說

刊謬正俗混說逢逄逢房風翻迎也字從夆夆封芳翻逄步江翻人姓出北海傳有逄丑父字從夅夅下江翻顏氏刊謬正俗乃云逄姓之逄與逢遇之逢妄爲別字釋訓無據且祭單䋆字同作云假借逢逄文別豈可需同只有所短兹矣

見於五經字書不分挍校挍古効翻比挍校戶教翻校尉又將校滅耳以說文

陸氏釋文知之張氏五經文字皆从木非也

徵長孫氏則曰可知而不可行謂氷凝竭渴之類檢本知之長孫即訥言也

驗張司業參又云久訛而不敢改五經文字往往有之

則有寵字丑壠翻爲寵力孔翻錫思歷翻字爲錫余章翻用攵普卜翻代文將无亡夫翻混旡已利翻若斯之流便成兩失已上釋文序

有以毆擊之毆烏口翻爲毆起虞翻

佩觿　十

逐遌徼之徼古弔翻爲傲古堯翻倚竈杖之桰他念翻爲栝古活翻柏木名之濕他币翻爲下溼深立翻地名之邢口堅翻爲邢戶丁翻芙草名之苞平表翻爲厥包百茅翻聆恨之聆下計翻爲盼匹莧翻兮深窔之窔明華翻爲虒房扁翻

科厄之厄牛果翻爲困厄於革翻進趫之本土刀翻爲本布衮翻末三十之卉先合翻爲百卉許貴翻來假之假古額翻爲假工下翻手校尉之校戶教翻爲比校古效翻冥昧之昧莫佩翻爲兒昧莫撥翻夭折之夭於小翻爲夭於邪翻如典多誤已上經

蛇虫之虫許鬼翻爲蟲直中翻易丈尔翻蟲豸之豸爲獬廌

鑪紐爲之鷹爲㼌鷹即見翻鍊錯之鍊德紅翻爲鍜鍊
東之墮許規翻爲惰徒果翻慢獸名之獦音葛見山海經
躔業翻堤滯之堤丁禮翻爲隄丁兮翻防奔越之越
青起翻七俱翻逑及之逑音大非翻爲始且草名之
奪翻爲筆札人姓之受部導翻爲承受麋麃之麃力谷
鎬爲翻千朝翻須爛之須火外翻爲斯須相俞翻蚯蚓之
蝅翻爲翻才含翻蘭欈櫨之闌翻皮變翻爲闌古還翻樓
語之事入翻入翻又爲胥相居翻徒疋直之疋正字八分爲匹
片敝遷這之這魚變翻爲者回刺戕之戕竹甚翻爲

佩觿　八　十一

翻兒之兒莫教翻爲完胡官翻全牝牡之牡莫厚
翻之麗美羊之羙古刀翻爲美明鄙翻惡僬僥之僥
翻古堯翻倖振旅之嗔徒年翻爲嗔充人翻怒美鐵
之鈆翻爲鈆余專翻錫僣他迭翻侻他浮翻之僣爲踰僣
子含翻木翻一作之砦士介翻爲指擦千葛翻帆舡之舡古容
翻翻土緣翻苽蔣之苽古胡翻爲瓜古華翻果鈇椹之
椹知林翻亷甚翻石稔翻啚吝之啚方美翻爲圖同奴翻謀交
互之故爲氐丁禮翻宿水名之泒古胡翻爲宗派
翻卸翻思夜翻爲㿐丁求翻亭鳥鳴之㕮古肴翻爲

已上俗章流其順非有如此者刀有都高丁聊二翻
翻俗別爲刀俞有丹敉弋騎二翻俗別爲俞著有咄
句知主呈略知虐四翻俗別爲著愁有牛吝五八二
翻俗別爲愁椎有尺佳他回二翻俗別爲推今蜀中从手足
之手音他回翻从人才之才者音尺佳翻台有湯來羊支二翻俗別爲允
一作台屏有必郢皮經二翻俗別爲屏否有方久符鄙
二翻俗別爲否單有都安上演二翻俗別爲单余有
亦吾成遮二翻俗別爲余麥有盧小連竹二翻俗別
爲裘有胡賣胡麥二翻俗別爲畫旬有九遇古侯

佩觿　八　十二

古侯三翻俗別爲勾拔有蒲八蒲末二翻俗別爲扳
索有先各所戟二翻俗別爲索玉有欣救魚録息足
相逐四翻俗別爲玉乾有古丹求焉二翻俗別爲乹
沈有直林式稔二翻俗別爲沉華有戶瓜呼瓜二翻
俗別爲花其浮僞有如此者於是聊舉三科仍分上
段三科見上十段即中下篇鱗類而長寔繁有徒至若仲子手文
宋武公生仲子生而有文在其手曰爲魯夫人士衡灑血陶侃字士衡灑血成公字桂陽
鶴紫列仙傳桂陽蘇耽得仙後忽有白鶴數十集郡東門樓上以爪畫地作字曰城郭是人民非三
百年後當復歸司農牛角漢末大司農鄭玄
宸謂是耽焉牛角抵牆成八字事符

佐又何間焉

佩觿卷中

唐　郭忠恕

平聲自相對

仝全　上音同从人下工　下是篆文仝从入
櫳攏　並力公翻上房櫳下櫳攏
僮憧　上音童僮僕下昌容翻行皃
鍾鐘　並章容翻上酒器下鐘磬
橦撞　上徒東翻木名下宅江翻刺也
樅摐　上千凶翻松葉柏身下初江翻打鐘
松[扌公]　上祥容翻木名下章容翻不安皃
杠扛　並古䆫翻上牀前橫木下扛鼎
幢憧　上昌容翻往來下直江翻塔也
桵挼　上人隹翻小木下奴禾翻手挼
祠祠　並似茲翻上祠祭下祠褘
梶提　上成之翻木名下庭齊翻提攜

褘禕　上音翬美下音暉禕服翬一本作褘
椎推　上直追翻機車下他回翻推挽
枝枚　上章移翻枝柯下莫回翻條枚
栘移　上成䜭翻唐棣下與之翻加也
樗摴　並丑朱翻上樗散下摴蒱
楎揮　並許歸翻上在牆者謂之楎下揮霍
楡揄　並羊朱翻上木名下揄揚
褕偷　上羊殊翻行皃下他侯翻偷竊
樞摳　上昌朱翻樞機下可侯翻摳衣
株[扌朱]　上陟虞翻根株下止臾章喩二翻
櫨攎　並力胡翻上櫨木下張攎
欙摞　上力隹翻禹山乘欙下洛戈翻理也
杇扝　上溫胡翻墁也下億于翻指麾
檯擡　並唐來翻上木名下擡舉
徘俳　上音裴徘徊下盆皆翻俳優
槯摧　並才回翻上木名亦木節下折也
榛搸　上責人翻榛栗下子人翻琴聲
禋禋　並於人翻上与[illegible]同下禋于六宗

掄掄 上力旬翻毋掄 下力昆翻擇也
禪禪 上士仙翻禪律 下音丹衣也
柖招 上市照翻木名 下朱僑翻招辟
榣揺 竝余招翻上木名下動也
槎搓 上常加翻木名 下千何翻手搓
枷挀 上音家枷杻下 巨迦翻擊也
榴𢱢 上力州翻石榴 下正抽字
樛摎 上經由翻樛木下音 留摎毐人名亦人姓
優優 竝億由翻上 優遊下優倡

屯乇 上陟倫翻屯也 下徒門翻乇聚
梭捘 上先刀翻木船之 一下詩由翻捘搜
權攉 竝巨負翻上權衡 又黃英下攉誠
桃挑 上徒刀翻木名 下他揺翻挑剔
楊揚 竝余章翻上柳也 亦州名下舉也
螽螽 上之容翻螽斯 也下古蜂字
蕳簡 上加顏翻地名 下皆産翻簡策
樓摟 上樓櫓也下音力 朱翻弗曳弗摟
枯拈 上陟林翻枯几 下泥黶翻拈掇

佩觿 八 十五

檎擒 竝巨今翻上 果名下捉也
凌淩 竝力升翻上 冰凌下侵凌
盲肓 上木庚翻日疾 下火䜣翻膏肓
肰肬 上而先翻犬肉 下于求翻贅也
柃拎 竝郎丁翻上柃 檻下手懸把物
禾禾 上胡戈翻禾黍 下公兮翻曲木
牛爿 上宜休翻牛羊 下从良翻析木
辛辛 上去乾翻辛過 下息人翻苦辛
肜彤 上余隆翻祭名 下徒冬翻赤色

根拫 上古痕翻根本也 下戶恩翻急引也
梴挻 上丑先翻木長皃 下式連翻柔也
逢逄 上符容翻迎也 下平江翻姓也
㢟延 上丑延翻行步㢟 延下余先翻遲也
伶伶 竝郎丁翻上伶倫 樂工下伶俜行皃
吟吟 上郎丁翻吟吟語 下女今翻吟詠
巛巛 上昌緣翻山川 下祖來翻川壅
迂迀 上羽俱翻違也 下古丹翻進也
尃專 上芳夫翻布也 下之沿翻擅也

椿摏 上涉江翻椿橛 下書容翻㨔也
棎探 上土占翻果名 下土含翻取也
槍搶 上七揚翻兵器 下楚庚翻攙搶
楒揌 上息兹翻木名 下孫來翻搓揌
㯕撕 竝先圭翻上㯕 撕木皃下提撕
班斑 竝布姦翻上 班剝下斑文
鑴鐫 上音攜觿也下 子緣翻刻也
梁粱 竝力張翻上 津梁下粱米
尤尢 上于求翻過也 下乙皇翻弱也

尻凥 上苦高翻脽也 下矩魚翻仲尼凥
恂恂 上似荀翻領端也 下相倫翻信也
姑姑 上處占翻姑姑輕薄 下古胡翻父之姊妹
扠杈 上丑佳翻以拳加 人下初加翻農具
秜柅 上力脂翻稻死來年 更生下女夷翻木名
攕櫼 上沙占翻攕攕女手 下所咸翻木与杉同
纕縗 上思羊翻馬絡腹 下千回翻囚服
棚掤 上步萌翻棧也下 悲陵翻以手覆矢
棖掁 竝直庚翻上棖臬 門旁木下觸也

佩觿 八 十六

龍籠 竝力公翻上 天龍下竹器
薕簾 竝力占翻上 薕草下竹簾
蕭簫 竝先凋翻上 草名下樂器
藍籃 竝力三翻上染 草下盛物籠
蓴篿 上音純菜名下 徒丸翻竹器
萁箕 上求之翻豆萁 下姜之翻竹器
苕笤 上余昭翻蕭也 下余針翻竹名
桴捊 竝芳無翻上 桴棟也下擊鼓
茭筊 上下交翻竹索 下加肴翻馬芻

惟帷 上以隹翻思也下 于威翻在旁曰帷
窀窀 竝陟倫翻下棺也下 徒門翻火見穴中
葴箴 竝之深翻上 含漿下箴規
邛笻 竝巨容翻上 黃下竹可為杖
緌綏 上人隹翻纓也 下先隹翻安也
鳷鴟 上巨支翻鳥名 下充之翻鳶也
佻佻 上天凋翻輕佻下 徒凋翻獨行皃
軒軒 上云俱翻鞶革 下居言翻弓衣
駒駒 上力山翻馬白腹 下五郎翻千里駒

徬徨　並胡光翻上暇也下徬徨
𡰥尼　上以脂翻陽𡰥地名下女夷翻女僧
儴儴　上汝陽翻人名下恩羊翻儴徉
榹搋　上息移翻山桃下丑皆翻以拳加物
洚浲　上戶公翻水道下戶江翻水名
奞奞　上之追翻木似栍下苦圭翻星名
麋麇　上亡悲翻下几云翻並鹿類
柤抯　並側加翻上果名亦藥滓下挹也出說文
睽睽　上巨追翻脽也下若圭翻卦名
冋冏　上息鉗翻又火玄翻規也下王權翻
睎睎　並香衣翻上日乾也下視也
芃芃　上步風翻苗盛下古肴翻茭花藥
徉徉　並余章翻上詐也下儴徉徙倚
脩脩　上土力翻日不正下先尤翻脯也
庠痒　上序羊翻庠序下敘章翻病也亦余庠翻
槻摫　並居隨翻上木名可作弓下振摫裁制
銀鋃　上宜斤翻白銀下力當翻鋃鐺鎖
査查　上才邪翻大皃下士加翻水中浮木

佩觿　八　十七

枰抨　上皮并翻木名下奔耕翻彈也
圭㘸　上工攜翻土圭測景下戶光翻草木生皃
柃怜　上巨炎翻紺名下來田翻愛也
㥏惆　上丑尤翻惆悵下直尤翻單帳与幬同
扔扔　並如升翻上木也下引也
瞜膢　上力朱翻目皃下力于翻八月祭名也
蚔蚳　上音祇蛙也下文知翻螘子
偕偕　上古諧翻俱也下口皆翻惡行
欃攙　上士咸翻欃也下初咸翻攙槍祅星
褆禔　上田兮翻衣也下士支翻福也
杯抔　上奔來翻杯勺下步侯翻手掬也長陵一抔土是也亦古文裒字
盂盂　上羽俱翻器也字从于思之于下公丹翻盤也字从干祿之干
聆聆　上音琴山岡語曰信下聆遂亦音也下力丁翻聞也
稍梢　並所交翻上船柂尾也又枝稍亦蕭梢良馬芟也又音宵

殫殫　上都兮翻染繒黑石亦金日殫人名下都干翻盡也
嚻嚻　上虛嬌翻聲也下牛刀翻謔也
欀欀　上汝羊翻有因而盜下息羊翻木皮中以白米擣為麪
拼栟　上兵爭翻以利使人又及下也從也下保並翻栟櫚木
瞴膴　上文扶翻目瞴瞜下火孤翻無骨腊又文扶翻地名在弘農
杸投　上臣朱翻軍中之士所持也司馬法執羽杸下徒侯翻擲也
痲痳　上莫加翻風病从疒林匹賣翻下力吟翻氣疾从山林之林
般般　上博干翻辟也象舟之後殳以進之下音班从丹青之丹出漢賈誼傳
脽睢睢　上示隹翻脽上立后土祠中七余翻下音綏

佩觿　八　十八

秩柣扶　上方無翻再生稻中下並音符中山有柣蘇亦柣疎下扶持
媱娙婬　上音遙妖嬈中余針翻婬蕩下五莖翻娙武帝夫人名
襑樳撏　上中並徐林翻上衣博大中木似楸下徐廉翻与撏同
襛穠欀　並女容翻上襛華中華木厚皃亦而容翻下木名
穲樆摛　上中並呂支翻上彼黍穲穲中果名下丑支翻舒也
虵蛇　上余脂翻逶迤出莊子下是遮翻蛇也
瓬瓴　上戶南翻治槀幹下力丁翻瓮似瓶也
㕣岊　上古危字出古文尚書下乞貢翻山名也
芹芹　並其斤翻上藥名下水菜
䡅蓂　並莫丁翻上車輞鑁下蓂莢
肦盼　上扶文翻大首也下布還丕還二翻分瑞今作一字兩音者非朱育說

篁篁　竝胡光翻上華葉榮也下小竹叢風篁成韻是

平聲上聲相對

灃澧　上芳風翻下歷弟翻竝水名
樬揔　上七宗翻樅也亦木名下子孔翻揔計
披柀　上賁肩翻披開下碑詭翻木名
杝扡　上弋支翻杝架下吐可翻曳也亦舒也
圯圮　上音怡橋名下符鄙翻毀也
椅掎　上於宜翻椸也下居矣翻掎摭
徛倚　上丘奇翻行皃下於綺翻依也
栺指　上止而翻木名下之視翻手指
柎拊　上方于翻木名下方父翻拊石
拘枸　上苣虞翻拘忌下工后翻枸杞
梅挴　上莫來翻果名下莫改翻貪也
椐据　上居云翻椐樻木出交趾下居殞翻拮据
坻坁　上直尼翻小渚下都禮翻隴坂

十九

枌扮　上扶分翻枌榆下伏粉翻握動也又摹買翻亂也
揩楷　上口皆翻揩摩下口駭翻楷式
漙溥　上徒官翻零露皃下裴古翻溥天之下
滔淊　上他牢翻滔天下胡感翻淊滔
芊芊　上篆文羊字下古余翻氣上出也芊一作止余翻
椯揣　上市專翻木名下所解翻揣摩
樽撙　上祖孫翻樽罍下子本翻撙節
朾打　上卓埜翻聲也下得冷翻擊也
僑撟　上其遥翻僑如人名下巨眇翻行皃
枹抱　上百交翻木也下蒲草翻懷也一作懷抱
杷把　上平加翻木杷亦枇杷木下鄙馬翻握
橋撟　上其昭翻橋梁下巳小翻舉手
標摽　上必昭翻標準下小翻摽有梅亦作
倭倭　上烏禾翻倭國下烏果翻行皃

祖祖　上似与翻好也又子邪翻縣名下作古翻祖父
彷仿　上陪郎翻彷徨下方兩翻彷彿
橈撓　上仍昭翻蘭橈又女校翻枉橈下女絞翻撓亂
涇涇　上堅青翻水名下巨井翻寒也
泠冷　上歷丁翻清泠也下魯打翻涼冷又魯頂翻姓
櫌擾　上於求翻種地中也下如沼翻亂也
綱網　上古郎翻綱紀下文枉翻網罟
慺僂　上音婁心也下古宇翻姓
瓜爪　上工華翻果也下側絞翻手爪
杴扲　上虛嚴翻杴杋下若敢翻難也
紉紐　上女鄰翻蹹繩下女九翻結也
岡罔　上古郎翻山脊下亡朗翻欺也
美羙　上公刀翻羔羊下苗洧翻善也

二十

莞莞　上戶官翻草名下与管翻同地名
材材　上徂來翻材質下勑紂翻械也
从从　上泉雍翻順也下糾景翻兩也
苽苽　上古胡翻苽蔣下側絞翻草名
才才　上徂來翻文才下偏旁手字
夂夊　上思隹翻行皃下竹儿翻从後至也
小小　上偏旁心字下私兆翻小大
叉叉　上初加翻交手下側絞翻古文爪字
秆秆　上羽俱翻禾不秀也下古旱翻稾穰
科科　上苦戈翻科等下之堅翻酌也又丁口翻枓栱
豐豊　上芳風翻大也下音礼从卌豆
潸潸　上斉兼翻沈潸下所姦所版二翻淚下皃
褌惲　上古寬翻衣也下於殞翻重厚
睅暖　上況袁翻大目也下奴管翻温也
鈷鉆　上陟林翻鍛具下公戶翻鈷鉧
杖技　上莫紛翻小枝下武紛翻杖也

冡　上音蒙从曰下知　髗翻冡亭从一
往仕　上堂哭翻彳行从　上下助耳翻从士
佳往　上古柴翻美也　下丘弭翻往步
櫂擢　上来何翻㧍擢木　下来可翻裂也
几几　上古文奇字人也　下居履翻几案
瞻膽　上之廉翻視也　下丁感翻肝膽
偏偏　上匹先翻不正　下必纂翻周帀
苛笴　上乎歌翻毒草下　稾笴二音箭也
幘憤　上扶云翻憤飾　下房吻翻怒也
褫褫　上音斯福也下丈　尒翻蟹帶三褫
紙紙　上丁禮翻絲滓　下之氏翻繭紙
簞蕈　上都干翻簞食　下常紾翻葶藶
擥檻　上力甘翻擥持　下胡黯翻檻也
腎臀　上石忍翻水藏也下　胡簡翻睆臀無畀視
暉睴　上火韋翻日光　下胡本翻視皃
蚩蚩　上赤之翻蟲名亦侮也　下丑善翻蟲行从中

佩觿　八　三十一

緶綆　上卑連翻縫也　下古杏翻井索
箘菌　上苦筠翻竹名一曰　桂下渠殞翻地蕈
搒榜　上蒲庚翻行也　下北朋翻木片
獎奘　上阻羊翻健犬出說　文下徂朗翻大也
慊慊　上力占翻帷也　下苦黍翻恨也
冤冕　上於袁翻枉也屈　也下亡辯翻冠冕
雉雉　上居隨翻鳥名下　直几翻亦鳥名
麈麈　上所庚翻獸大如　兔下之庾翻鹿屬
迁迂　上与阡同阡陌　下武於翻遠也
椑捭　上羊移翻果似柿下　北買翻鬼谷捭闔篇
貧貪　上皮巾翻乏財　下失冉翻蒜姓
沆沈　上胡官翻沈瀾泣也　下九委翻水熟也
沋沈　上丁求翻水名下　直林土稔二翻
脾脾　上許宜翻嚌欲潰　下胡老翻肝也
昭昭　上之遥翻明也下　尺沼翻齊人昭目
攗攗　上莫悲翻水芰名　下居殞翻拾也
臉瞼　上七占翻靨也　下己冉翻目也
泚泚　上旁支翻木名在楚　下千禮翻水清也

仉仉　上符咸翻輕也　下之兩翻人姓
肪昉　上扶良甫王二翻肪　也下方兩翻明也
徂沮　上才吾翻往也　下才古翻淺也
扵㫃　上知升翻旌旗杠　下於幹翻旌旗皃
恒愃　上戶登翻常也　下況晚翻寬心
批批　上匹迷翻署也下子　禮側買二翻殺也
銀錕　上語巾翻白金　下古本翻車轂
沅沇　上魚袁翻水名在洮　翻下余準翻水名
槍搶　上千羊翻兵器下　千兩翻頭搶地
坥坦　上千如翻益部謂蝮蝪　為坦下天版翻平也
斜钭　上似嗟翻曲也下天　口翻人姓出姓苑
桐挏　上徒公翻木也下達孔翻　呂氏百官有挏捩捩動也
莊莊　上側霜翻敬也从壯士之壯下　莫古翻藥有知莊从牡丹之牡

佩觿　八　三十二

柔杼　上如舟翻和也字从戈矛之矛　下石与翻木也字从我予之予
撣樿　上徒干翻觸也太玄經云撣　擊具名下音善木名可為勺
棷掫　上子戾蒜后二翻薪也下子侯翻夜　戍守所擊也亦色久翻持物相著
壬𡈼　上如林翻北方干也字中畫長下　他頂翻人壬然而立也从ノ下土
汜氾　上音凡水名字从巳巳乎感翻　下詳里翻亦水名从辰巳之巳
扳板　上布𫍿翻挽也公羊傳曰　扳隱而立下布綰翻木板
杇朽　上乙孤翻秦謂之杇關東　謂之槾下虛久翻腐也
撩橑　上落蕭翻盜骨也亦力道　翻撩前木下音聊取也
宭窘　上居云翻屋皃一曰与困同　亦与羣同下渠殞翻迫急

嶲 上胡圭翻似馬一角又均隣翻子嶲鳥下息委翻越嶲郡

裯禂 上丁牢翻衹裯衹丁兮翻短衣又直留翻衾也下丁老翻馬祭

枕枕 上于求翻木名下直卅翻繫牛弋又之荏州禁二翻所以承首也

棓棓 上蒲侯翻古易曰君子棓多益寡又礼曰汚尊而棓飲下步項翻史記白棓以職也

謟諂 上土高翻字从舀舀弋沼翻下丑冉翻字从臽臽胡減翻

衹祇柢 上翹支翻神祇中章移翻適也下丁禮翻木也

抄秒杪 上初交翻抄錄亦初教翻中下竝彌小翻中禾芒下末也

几凡几 上市朱翻鳥羽也中梵字平聲皆也作凡訛下居水翻案屬

毌毋母 上古九翻穿物也中武扶翻禁止之辭下莫厚翻父母

佩觿 六 二十三

栞栞栞 上中竝口于翻背夏書隨山栞木也下工殄翻小束也

晞睎睎 上中竝向衣翻上日氣乾中視也下希㕛翻䀏起

西襾酉 上先分翻金方中火下翻上下相蒙下羊久翻丣酉

邛卬卭 上共恭翻蜀地中五禾翻木節下五郎翻又宜兩翻高望也

脁朓皢 上許堯翻豕美脁也中烏皎若皎二翻深月也下呼了翻明也又作曉从日者明

疷底底 上巨支翻病也中丁禮翻下也下音指致也

批枇 上匹迷翻批署下芳脂翻枇杷亦卑水翻所以載生體

潘審 上蒲官翻出莊子下尸荏翻詳也

延延 上七古征字延行也下息子翻遷也今作徙訛

麠麈 上古擕翻下之庾翻竝鹿屬

勭動 上亭東翻未成人出王存又切韻下特董翻運動

虡簴 上共魚翻菜似蘇下其魚共呂二翻牛筐也

軝軧 上具移及宜二翻長轂之軝以朱約之詩曰約軝錯衡下丁禮翻大車後也

平聲去聲相對

揀棟 上都公翻揀打下都弄翻屋棟也　卑畀 上必支翻尊卑也下必寐翻与也

梧梧 上五胡翻梧桐下五故翻受也　林𣏟 上力深翻山林下匹債翻麻紵

梯悌 上他兮翻梯蹬下他弟翻去淚　擕嶲 上平宜翻提擕下子遂翻嶲里地名

棑排 上皮拜翻船頭下皮皆翻排比　櫰壞 上音櫰木大葉而黑下工壞翻毀也

佩觿 八 二十四

泒派 上音孤水名下匹賣翻水源　搥槌 上直追翻擊也下丈媿翻蠶槌

檳擯 上必人翻檳榔下必刃翻擯斥　椌控 上口江翻木虛心下苦貢翻引也

援楥 上音袁援引下火願翻履法　橎播 上甫爰翻堅木下北卧翻播種也

繇䌛 上余么翻皋繇下音胄卜兆辭　窌窌 上力交翻深空皃下力救翻石窌地名

揎楦 上音宣揎手下許愿翻木楦　汘汗 上七賢翻水名下胡幹翻液汗

檈擐 上辭緣翻圜案下音串擐甲　傳傅 上呈專翻傳受下方遇翻人姓

杭抗 上戶剛翻杭州下苦浪翻抗枭　怏怏 上衣良翻怏也下英養翻悵怏

清凊 上七經翻清濁下千定翻溫凊　憸懺 上子廉翻憸抵也下叉鑒翻懺悔

吞昚 上土根翻噬也下古惠翻人姓　鍜鍛 上戶家翻鍛鍜下丁亂翻鍛鍊

檀撿　上徒干翻木名下時彥翻專也
官宦　上古桓翻官職下胡慣翻仕宦
丁丅　上當青翻丙丁下是古文下字
羈罵　上已知翻馬絡也与羈同下莫駕翻惡言
葭葮　上古牙翻葭菼下徒玩翻草名
幝憚　上充山翻幝車幝下徒案翻難也
无旡　上文夫翻虛无下普溉翻巳也
丰丯　上芳風翻丰茸草下音界草見
芝芝　上止而翻神艸下扶泛翻艸浮木
萈莧　上火丸胡官二翻山羊下侯綻翻菜名
旬旬　上徐勻翻十日也下許伷翻動目
紗紗　上所加翻紗帛下乙敓翻急戾从弦省
槽摷　上在刀翻馬槽下在到翻手提
柳枊　上巨容翻櫸柜柳木也下五浪翻繫馬柱
攄櫖　上丑居翻舒也下良御翻木名
朵朵　上勿芳莫耕二翻棟也庿也下古文困
儌徼　上古堯翻僥倖下古予翻術也小道也
鍊鍊　上德紅翻鍊鏅車轄下來甸翻鍊金

佩觿　八　二十五

咬吠　上於交翻惡聲下符乂翻犬吠
橝撢　上徒含翻木名灰可染下他紺翻取也
箄箅　上補移翻取魚器下傅庚翻甑之蔽
鞭鞕　上卑連翻策也下五更渠敬二翻堅也
㐺𠂢　上牛林翻衆立兒下匹賣翻水分流
捘梭　上七旬翻推也亦子內翻下先禾翻織梭
仚企　上許延翻高舉也下丘賜翻望也
檐擔　上余廉翻正簷字下丁甘都濫二翻荷也
樵撨　上前斉翻柴也下煎邪翻推也
桭振　上之人翻篩也又挾振木下之人之刃二翻奮也
爯再　上昌仍翻舉也下作代翻重也
䍦罹　上呂支翻䍦縷下所奇色介二翻恭也
弓弓　上居中翻弓矢下大旦翻古文彈
㯫據　上其魚翻㯫搭藩籬下居御翻依據也
瞳疃　上徒公翻目瞳子下他動翻曈色
眏映　上於良翻眏暎目[illegible]下於定翻掩日也

英莫　上於京翻英華下火旱翻闕
瞑瞑　上莫丁莫見二翻合目下莫定翻目將眠
杶扎　上丑均翻木名下丁十翻搣也
鬇髻　上丁乘翻鬇鬡髮疎下古脂翻結髮
瘳廖　上勑牛翻病差下力救翻人姓
羊芉　上以常翻牛羊下如甚翻稍甚皃
汦泒　上与坻同水中可居下正泒字水名
痁痞　上式古翻瘧也下古路翻小兒口瘡
羨羡　上以支翻江夏地名下似面翻慕也
亢元　上古郎苦浪二翻高也下魚袁翻善之長
丞承　上石陵翻官名下石證翻縣名
倈徠　上落哀翻見也下洛代翻勞也
儒偄　上人朱翻儒敦下乃奐翻弱也
椽掾　上直專翻椽桷下以絹翻官名
泿浪　上宜巾翻水名下力宕翻波也
頑頏　上五山翻惡也下焉救翻顫也
痤座　上才戈翻癤也下才卧翻座位
閼閎　上千救翻門扇下戶萌翻閎夭人名

佩觿　八　二十六

橙橙　上直耕翻果名下都鄧翻几也
泉臮　上慈鉛翻水泉下巨意翻及也俗作泉
褒袌　上不刀翻美也下古袍字
㳄次　上敘連翻次液也从水下千賜翻次第从一二之二
澌凘　上先智翻死之言澌也下息茲先智二翻水上冰也
秅秏　上丈加翻秭數別名又丁固翻不東又齊陰縣下呼報翻減也
涷凍　上德紅翻水名出發鳩山亦瀧涷沾漬又都貢翻瀑雨下德紅翻東凌又都弄翻冬凍
楗犍　上巨負翻關似升關木為之亦音居偃翻西楗縣名在日南下渠焉翻犍為縣在嘉州
椹揕　上陟林翻鐵椹斫木質下知鴆翻擊也史記右手揕其胷
盼盼　上布還符分二翻大首皃下匹莧翻美人動目皃

膗腄 上竹垂翻瘢胝又丁求翻東萊縣下士僞翻眠也

瞪贈 上作恒翻舉目作態也下昨亘翻以玩好相送

纁緟 上許云翻玄纁下直容翻增益也又直用翻繒縷也

任任 上丁方翻任䟽行急下而令翻勝也又姓又而禁翻川也

賁賁 上扶云翻三尺龜又保昆翻虎賁又音祕下尺曳翀合二翻

檹擠𢊁 上子兮翻門橤也中將西子計二翻排擠也傾擠若之何下祭劑二音

萑雈雚 上之追翻草多皃中胡官翻鴟屬下工奐翻鳥也

叚叚叚 上乎加翻目中白也中乎嫁翻閑也下丁貫翻鍛脯

疵庛庀 上秦兹翻瑕疵中千賜翻耒而也長一寸下必至翻庇廕也

佩觿 八 二十七

肝盱旰 一古安翻木藏也二況于翻盱眙縣三古旦翻張目也四亦古旦翻日晚

冋向 上古熒翻郊冋也下許亮翻所向趣也

莁筮 上文夫翻莁荑草下成制翻卜筮

垠埌 上魚斤翻垠岸下來宕翻出莊子

抽柚 上丑牛翻拔也下以秀翻江南橘之人者

匚医 上方于翻器也亦古簠字下烏計翻盛弩箭器也

平聲入聲相對

枝敕 上招宜翻木別生下丑力翻正也

云𠫓 上王分翻云為下他勿翻不孝子一云疏通皃

戈弋 上古禾翻干戈下与方翻弋射

將将 上即羊翻从爿从肉下力捯翻牛白脊从爪从牛

持栫 上直支翻把也下竹革翻槌也

模摸 上莫胡翻楷模下音莫捫摸

棺捾 上古桓翻棺椁下於活翻掐捾也

慱博 上徒官翻憂心下布郭翻厚从十

茉茉 上互瓜翻兩刃臿下丈山翻山薊

檇撮 上子灰翻木作下倉活子活二翻

還遝 上戶官翻迴也下徒合翻合也

文攵 上亡分翻文章下普卜翻擊也

囚囙 上徐由翻繫囚也下女恰翻甲囚貪也

錫鍚 上弋良翻馬額飾下先擊翻金錫

椋掠 上力將翻車椋木下力勺翻抄掠

蚑蛂 上音祇蟲行也下蒲結翻蛂蟥蟲

觕桷 上千胡翻与麤同下苦岳翻榱桷

暘晹 上余章翻暘谷日出下音亦日覆暫見

夌麥 上方升翻高也下莫責翻來牟也

巴卪 上博加翻蛇名地名下子結翻瑞信

餗餗 上德紅翻東郡館名下桑谷翻鼎實

慆帢 上土刀翻悅樂下土刀苦恰二翻巾帢

佩觿 八 二十八

䵡默 上籀文肬字下莫北翻犬黑皃

昜易 上余章翻光也下音亦變也

苗苗 上明昭翻田苗下徒歷翻蓨苗草

嵒喦 上五咸翻山高皃下尼輒翻地名

緣綠 上弋全翻因緣下呂玉翻色也

田甶 上徒年翻土田下分物翻鬼頭

厤曆 上大禾翻和也下力的翻律曆一作厤

毫亳 上胡刀翻毛也下蒲各翻州名

勻勺 上雅均翻勻調下之若翻杓勺

秩秩 上音敷已見平字下丈一翻官秩

鳺鴂 上甫無翻鳺鳩下也篩余日二翻鳥名

劦劦 上力支翻人姓出字苦下胡頰翻同力

裼禓 上余章舒羊二翻道上祭下先的翻袒衣

乎寽 上戶吾翻語助下呂戍翻捋取

豚豚 上徒門翻豚魚下丁木翻尾下亦与豝同

忉忉 上丁高翻憂心切忉下牟則翻精誠

趺趹 上甫無翻跏趺坐下大結翻趹踢也

牧牧 上土刀翻牛行遲下卜卜翻放牧

抓振　上工華翻引也　下普百翻彼拍
箭鈞　上鶏中翻竹竹鈞　下抱角翻車輦
華筆　上兵笛翻草名　下彼乙翻筆札
瘍瘍　上以醉翻頭創与瘡　同下益翻脈瘍
敭敭　上余章翻對敭　下余益翻攺也
豝豝　上必加翻豕也下丁　角丁木二翻龍尾蛇
殳殳　上示朱翻戈殳　下莫勿翻沈也
蔥蔥　上千公翻菜下　呼瓦翻菲蔥
呼呼　上火乎翻叫也　下力別翻雞鳴
乇乇　上徒門翻聚也下　竹華翻草生皃
麻麻　上莫加翻紵也　下來翻理也
翎翎　上力丁翻羽也下　与翕同出漢史
祴祴　上古哀翻夏樂章名下　古得翻內典有衣祴
梔梔　上防脂方分二翻梔也　下蒲結翻用手擊物
相相　上思羊翻又息亮翻下五悉　翻去樹皮又柚柄柱下木

佩觿　八　二十九

滴滴　上式羊翻滴河从商商式羊翻　下丁狄翻水滴从商商古啻字
磨磿　上門禾翻琢磨字从广广音儼从林林匹貟　翻下力翻字从厂厂音罕从秝秝音歷
伕伕　上音夫凡日晷長爲潦短爲旱倉爲伕　伕者邪臣進正臣疏下以貲翻粟也
袀袀　上居匀翻衣傳曰袀服振振　下以匀翻易曰不如西鄰礿祭
揨楟　上宅耕翻出周禮或从亨　作撞也下古鑊翻椊椊
斟斟　上止深翻勺也下止入翻　斟盛也汝南謂䁛盛爲斟
涑涑　上先侯翻浣也又音粟水名　在河東下七乍翻北地水名
駁駁　上無分翻駁馬百駒下步角　北角二翻馬雜色亦作駮
踢踢　上土郎徒浪二翻跌踢下他曆翻　跡踢獸名左右有首出山海經

梓梓捋　上來與來古二翻黃梓木可染中才半　翻帆梓亦來搭翻木名下來拔翻捋取
場場場　上音長治穀處中音　傷耕壟下音亦疆場
搯搯掐　上中並他刀翻上掐也　中揩也下苦洽翻爪掐
支叏支　上章移翻度支也中土刀翻滑也鼓　字从此鼓音古下普卜翻小擊也
祆祆袚　上呼賢翻祆神中乙喬翻祆　祥下分物翻袚禊又苦吠翻
旳旳的　上羊倫翻日光中下並　都厤翻中也下指的
戓彧或　上各何翻地名中　北翻下音郁文章盛
剶剝剢　上丑緣翻削也中北角　翻割也下丁木翻刀鉏
篿蕁蕁　上徒丸翻竹器中殊荏翻水　菜下匹各翻蕁苴大蘘荷

佩觿　八　三十

槫摶搏　上音扶槫桑中音團　摶飯下音博擊搏也
月冃月　上偏旁舟二偏旁丹　川三偏旁肉下魚曰翻
犾　上魚斤翻犬相咋　下亭歷翻北也
肰胈　上而旃翻肉也下　蒲末翻出莊子
筋筋　上居欣翻肉之有力者也下　方卓翻手足指筋之鳴者也

佩觿下

唐 郭忠恕

上聲自相對

寵竉 上丑隴翻寵愛 下力董翻孔竉

枳抧 上側尒翻木名 下側買翻打也

峙峙 並直市翻上山形下止也

抒杼 上時与翻除也 下直呂柚与二翻木

岠岠 並其呂翻上山岠海下大山名

褚褚 上竹呂翻姓也 下中呂翻衣

楮楮 上丑呂翻木名 下朱也翻擊也

栲拷 並苦浩翻上木名下拷打

肇肈 並呈了翻上擊也 下初也又戟屬

杇朽 上休九翻敗也 下古巧字

橄撖 上古覽翻果名 下胡黯翻人姓

梗梗 並古杏翻上桔梗藥下梗槩

佩觿 八 三十一

寑寢 並七稔翻上寢室下寢疾

檢撿 上居儉翻書檢 下呂掩翻撿手

罨掩 並於撿翻上奄也下掩藏

叩叩 並苦后翻上京兆藍田鄉下叩頭

櫓擄 並來古翻上彭排下搖動

拱栱 並居竦翻上斂手也下樸栱

杻扭 並女久翻上木名下手轉兒

暏睹 並丁古翻上旦明也下睹物与覩同

也乜 上羊者翻之也 下彌也翻蕃姓

啓啓 上康禮翻開也 下啓睹二音人名

莒筥 並居許翻上地名下竹器

捧棒 上芳隴翻擎也 下步項翻打也

晩晚 並巫遠翻上旱晚下色肥澤

杲昊 上古老翻白澤 下胡老翻昊天

勦勦 並子小翻上勞也下絕也

皖睆 上音緩縣在廬江 下戶版翻大目

市巿 上時止翻市肆 下阻史翻止也

后居 上胡口翻君也 下古侯古二翻美石

挺梃 並徒鼎翻上挺出下木片

昄昄 上匹版補版二翻星多白 下步版翻日光

柜拒 上九呂翻柜柳木 下其呂翻拒張

攬攬 並盧敢翻上撽攬下与擥同採也

槀槀 上苦道翻枯槀与槁同 下公道翻槀秸

改攺 上公亥翻更也从戊己之己 下羊止翻攺大剛卯以逐鬼也从辰巳之巳

宷寀 上丑殄翻察宷从采取之采 下尸稔翻察也从釆釆蒲莧翻

朕朕 上直引翻目童子也又吉凶形兆謂之兆朕字从月 下直錦翻天子所稱朕我也自秦始皇始稱字从几 月真由翻

熲穎潁 上古迥翻篋名 中余項翻禾秀 下余項翻水名

上聲去聲相對

佩觿 八 三十二

宄究 上歸止翻姦宄 下居又翻究窮

軌軓 上九聡翻軌轍 下音范車前軾

揀楝 上背版翻擇也 下米見翻木名

拄柱 上知庾翻指拄 下直主翻梁柱

芮芮 上音內草名 下而稅翻虞芮

捲棬 上居篆翻舒捲 下其綫翻牛鼻棬

受受 上殖酉翻傳受 下都導翻人姓

胏肺 上側耻翻噬乾胏 下芳廢翻金藏

兖袞 上羊戊翻兖也 下古本翻袞服

豕彖 上式是翻与豕同 下他貫翻彖象

罒四 上亡往翻罒羅 下息利翻數名

臼臼 上古文尚字 下巨九翻杵臼也

艸丱 上丑道翻艸木 下古患翻總角

匕匕 上卑水翻匕匙也 下呼嫁翻變匕也

免兔 上美選翻脫也 下湯故翻獸

广厂 上魚檢翻因巖爲屋 下呼旰翻山石之崖

挽輓 上巫遠翻引也 下巫販翻輓車

弗串 上初限翻炙肉弗 下古患翻穿也

椵椵　上古雅翻下徒玩翻蓟木名　欓欓　上多朗翻木名下胡曠翻打也

杖杕　上直兩翻持也下大計翻杕杜　姆娒　上莫古莫布二翻女師下古侮字

店居　上丁念翻舍也下徒點翻閉戶　晛晛　上胡典翻日見下明典奴甸二翻日光

拒抮　上其呂翻拒張下之刃翻与振同　栩栩　上音詡木名下丁外翻縣在馮翊

瞟瞟　上匹小翻瞭也下匹召翻暴　勁勁　上公冷翻刑也下居正翻健也

忍忍　上而軫翻隱忍下魚未翻怒也

冃曰　上莫保翻重覆皃下莫報翻小兒蠻夷頭衣

忮忮　上支義翻害也下披義翻衣也

居居　上余舟翻与㡯同居㡯下丁念翻所以扃戶

檽檽　上而充翻襦襄下而戍翻檽莖又女又翻染也

縰縱　上山尔翻冠纖也所以結之下子用翻放也

駊駊　上博我翻駊騀下經弄翻彊馬又巨奇其義二翻

牡壯　上莫厚翻牝牡又牡丹華也从牛下側亮翻壯士从爿从士

彼彼　上甫委翻彼此下甫委冰義二翻論語子西彼哉

柿柹　上方廢翻斫木片也从市朿音子下鉏里翻果名也

汱汰汏　上音畎水名中音太沙汰下音大濤也

擬擬擬　上中立魚紀翻上禾盛皃中比擬也下午載翻門下木

采采采　上七改翻从爪木中蒲莧翻从八木曲頭下徐醉翻禾秀

己已巳马　上居里翻身也二羊止翻止也三詳里翻辰名四下感翻草木之華發

這這　上延寛翻古誕字下魚變翻迎也

上聲入聲相對

瑑琢　上音篆珪璧文下竹角翻琢玉　豕豕　上施是翻豬也下丑足翻絆豕之足

疋足　上五下翻正也下即玉翻手足　膞膊　上之爽翻亦市兗翻切肉下譜各翻肩膊

捻捻　上而審翻果名下乃叶翻指捻　皿血　上眉永翻器皿下呼決翻血脈

毐毒　上烏改翻繆毐下徒木翻苦毒　㥯急　上於近翻謹也隱从此下居立翻疾也

假徦　上簡雅翻不真下加額翻至也　孩核　上胡改翻動也下戶革翻果核

仸伏　上於兆翻尪弱下博穢翻人姓　汞录　上胡孔翻水銀滓下力木翻水录录

夭夨　上乙小翻夭折下阻力翻傾頭　启居　上口禮翻明星下東木翻尾下孔

綹絡　上力酉翻絲綹下郎各翻經絡　犬犮　上企吠翻狗有懸蹄下蒲末翻老犬

悚悚　上先勇翻懼也下叉危翻疾也　皀皀　上於小翻遠望也下万立翻穀粒

戺戹　上城里翻霤外下於革翻乜也　少少　上中兆翻不多下他末翻蹈也步字从此

懇懇　上若很翻誠也下亡角翻美也　蒞籋　上古文莅字草名下尼輒翻檝箸

陜陝　上遐甲翻隘也从二人下失冉翻郡名从二入

帊杓　上丁了翻絹帊也下亦丁了翻丕心又之若翻痛杓

戾及　上儒衍翻柔弱从尸主之尸下古文服字从尸尸音節

取敢耴　上千庾翻取与中而葉翻動也下張聶翻耴耳

笱苟茍 上中並工后翻上取魚竹器中草名下巳力翻慎言也
鼓鼔鼓 上音古鐘鼓从壴支他刀翻从攴从皮者皆非也中於几翻㰻欬驢鳴下之錄工五二翻擊鼓也从攴 攴普卜翻

去聲自相對

憒憒 並古對翻上婦人裂窗下恨也　庫厙 上苦故翻貯物舍下始夜翻人姓
槢摺 上子賤翻木名下音習摺芴　杆扞 上古案翻檀木下胡旦翻拒扞
挍校 上音教比挍下胡教翻校尉　[木弁]拚 並皮變翻上屬杵下与抃同
帳帳 上丑亮翻惆帳下知亮翻帳設　袖袖 上似祐翻衣袖下力救翻祝也
胄胄 並直祐翻上胄胤下介胄　晏晏 並於諫翻上天清也下晩也安也

佩觿　八　三十五

挂桂 上古賣翻懸挂下古惠翻木名　宙宙 上直祐翻宇宙下似祐翻山穴与岫同
㝡最 上才句翻積也下子外翻極也　閇閉 上丑住翻塞門下博計翻手拒門
幼幻 上幽謬翻幼少下胡盼翻幻惑　媦媢 上去未翻楚人呼妹下莫告翻婦妒夫
怶帔 上悲備翻險也下披義翻衣也　孝孝 上虛教翻孝悌下加孝翻孝導
詷詗 上音洞譈詷下火夐翻自言長　笵范 上防口翻与範同下亦防口翻人姓
劵券 上丘願翻契券下巨願翻勞劵　柲祕 並兵媚翻上戟柄一曰矛屬下祕藏
撌樻 上房沸翻擊也下巨位翻木名　淠濞 上匹賁翻水出丹陽下浮匹翻水出汝南
泮泮 並普半翻上泮宮下冰解　戾戾 上他計翻幡車之旁下來計翻曲也
蔽蔽 並公壞翻上草名下竹名蔽一作蔽　掞棪 並失驗翻上擒也下木名又失冉翻

廢癈 並芳吠翻上屋廢下疾也　祽䘹 上子內翻祭名下千內翻禪衣
掉棹 上徒弔翻搖也下直效翻楫也　徇徇 並思閏翻上以身從物下自衒名行
沁沁 並七鴆翻上水名下冷也　稅裞 並子對翻上征也下賻終者衣被
妒姤 上丁故翻嫉妒說文作妒下古候翻卦名
晬睟 上子對翻周年也下雖遂翻視皃又潤澤皃
檴擭 上胡霸胡郭二翻木名下胡誤翻布擭分解也亦戶博翻柞擭阱也淺則施之
禬檜擓 並古外翻上地名中建木置石以推敵下收也
况況況 並虛訪翻上發語之端中寒冰也下形況亦修況琴名今多通用下字

去聲入聲相對

佩觿　八　三十六

崒崪 上秦醉翻止也下昨没翻山皃　卂丮 上息進翻疾飛不見其羽下几遂翻持也
駛駃 上山利翻疾也下古穴翻駃騠駃　措棤 上千姤翻安也下思脊翻皮甲錯
帨悅 上音稅手巾下弋雪翻喜悅　伏伏 上音服俯伏下音大地名在海中
妹妺 上莫佩翻姊妹下音末妺妻　樜摭 上之夜翻木出發鳩山下之石翻拾也
喙啄 上許穢翻口下丁角翻鳥啄　朩木 上匹刃翻麻屬下莫卜翻東方之行
措借 上資昔翻憒措下子夜翻假借　臭狊 上蚩又翻香臭下古役翻犬視也
柘拓 上之夜翻木名下他各翻開也　肖肸 上須妙翻似也下許乙翻振肸也
樀摘 上丁菂翻管也下丁麥翻掌耳　債債 上側賣翻欠財也下主革翻客毒人
晦晦 上荒內翻月盡下莫六翻月病　藋籊 上徒弔翻草名下他歷翻籊籊竹竿

系系 上胡計翻緒也下莫狄翻細絲

抓搌 上側教翻抓刺下普官翻搌覼

束朿 上千賜翻木芒下收錄翻束縛

福福 上芳又翻衣一幅下芳伏翻福祐

亞凸 上於嫁翻大也下徒結翻高起

僭僣 上子念翻蹐度下他迭翻侻也侻音脫輕也

詠諫 上千賜翻讖諫下音速衙也

榷摧 上与棹同下直角翻扳也

突突 上烏吊翻東南隅謂之突下徒兀翻衝突

胙胙 上在誤翻祭餘肉下在各翻累日也

片斤 上匹硯翻判木也下昌石翻逐也俗廢字

昏唇 上倉故翻安也下音稽地在清河

肳肳 上文弗翻目瞑又呼沒翻下莫拜翻肳䀢

菽茿 上差句翻鳥巢下張𨇾翻小葉

縛縛 上升眷而眷二翻鮮色下附博翻纏也

賣賣 上買賣字下音育讀贖覿犢之類皆从此

鈌鈠 上大計翻私鑄錢鈌其左足下父末翻鏧鈠

軑軷 上大計翻車轄又徒蓋翻下蒲末翻祭取軷以軷道

𢢞憏 上倉旦翻慘也慘於劫翻下先列翻殘帛

厲廙 上息祀翻不利也下逸即翻行屋也亦敬也

耒禾 上郎內翻耒耜也神農所作下力悅翻禾禾麥知多少

刺刺 上七賜翻芒刺又千亦翻鍼刺下來末翻戾也

沬沫 上莫貝翻水名漢史以爲頮字下莫割翻水沫亦水名

丱卉 上音諱草總名今用下字爲丱變也下先合翻三十并也俗作卅又爲二十字

枘抐 上音芮楚辭云不量鑿而正枘下奴骨翻內物水中

康康 上七賜翻㡉舍也下郎達翻廣雅行庵也亦獄皇

眛眜眛 上莫佩翻暗也中莫佩翻目不明也下莫曷翻目中見眜

彴約彴 上思順翻循也亦辭閏翻緫師宣令中之約翻倚也下之若翻橫木渡水也

灸炙炙 上救九二音灸烙也中之夜翻啖炙下之亦翻火炙也

戊戌戍 上莫候翻辰名中王伐翻兵器下辛聿翻戌亥

盼盻肹 上五計下戾二翻淡視中匹莫翻美人動目下許乙翻佛肹古人

藉籍䇥 上慈夜翻藉艸中慈亦翻文籍下初百初角二翻擊也

茂茷茷筏 上莫候翻草盛二徒再翻草皃三扶又翻草皃四防曰翻桴栰

入聲自相對

沐沭 上莫卜翻沐浴下音述水名

佶佶 上巨乙翻正也閑也下許吉翻行也

㮇掬 並居六翻上柏㮇下掬撮

乙乚 上於乞翻甲乙也下於八翻氣出地皃一本二字作乙乚

㮃握 並依角翻上木帳下把握也

𣝗𣝗 上補達翻海中大船下北末翻除也

柏拍 上卜陌翻松柏下溥陌翻打也

杌扤 並五忽翻上檮杌下動也又音月

柫拂 上甫物翻連枷下字勿翻拂拭

不不 上分物翻非也下五割翻木無頭

栝括 並古活翻上矢栝弦下包括

梜挾 上古陌翻木理亂下胡頰翻懷挾

稙植 上竹力翻早種下常弋翻立也

柙押 上胡甲翻虎兕出于柙下甲壓二音

椶掇 上之劣翻藻椶下都括翻拈掇

角角 上古岳翻頭角下來谷翻角里先生

洌冽　並良薛翻，上水清也，下水寒也
悊悊　上先擊翻，畏敬；下之列翻，智也
抉抉　上古穴翻，盂器；下烏穴翻，抉出
濕溼　上他币翻，水名；下式入翻，水溼
柮拙　上五滑翻，斲也；下之劣翻，不巧
怺帓　上莫葛翻，忘也；下莫八翻，帶也
栻拭　並失職翻，上栻局，下拭刷也
秷桎　上中栗翻，穫禾；下之日翻，桎梏
淅淛　上先擊翻，淅米；下之列翻，淛江
颭颭　上火律翻，小風；下火劣翻，亦小風
樀摘　上丁狄翻，屋樀；下知革翻，採摘
幅愊　上方六翻，布帛度；下匹逼翻，誠也
飾飭　上失力翻，修飾；下丑力翻，与勑同
谷谷　上古祿翻，山谷；下巨勺翻，口上文
擻擻　上工益翻，出莊子；下胡亦翻，羽擻
釋釋　並尸隻翻，上解也，下漬米也
檡擇　上舒亦翻，梬棗；下音宅，揀擇
榻搨　並土盍翻，上牀榻也，下摸搨

格挌　並古伯翻，上格式，下挌擊也
楁搭　並他荅翻，上欜木，下摸搭，亦音荅，手搭
柆拉　並盧合翻，上木自折，下手拉
洛洛　上盧各翻，水名；下遐各翻，洛澤，澤音鐸
籥籥　並弋勺翻，上雀麥，下管籥
鵠鳩　上胡屋翻，鳥名；下巨乙翻，鳩鳩，出字統
箹約　並烏角翻，上小籥，下白芷
莌筅　並重六翻，上蓄莌艸；下樂似箏，十三絃
柷祝　並之六翻，上柷敔，下巫祝
釋釋　上以石翻，釋祭也；下徒各翻，褻也
籛戔　並莫結翻，上剖竹，下無也
首苜　上莫割翻，目不正也；下莫卜翻，苜蓿菜
朸扐　並力得翻，上木之理也，下揲扐之扐
隺雀　上胡沃翻，高也；下即略翻，小鳥
穀穀　並古祿翻，上禾也，下木名
脈脈　並莫革翻，上斜視也；下血脈也，从永者從
伯佰　並補陌翻，上積木，下承接
析折　上先擊翻，分析；下之舌常列二翻，拉折

椄接　並即葉翻，上續木，下承接
恰帢　並苦洽翻，上用心恰恰，下士服，魏武製也
楪揲　並舒葉翻，上木名，下乗也
极扱　上巨業翻，插也；下初洽翻，取也
湇湆　並丘及翻，上大羹，下幽溼
莢筴　上古叶翻，莢莢；下古協古洽二翻，筴也
袷拾　上江洽翻，劒飾；下音十，收拾
搭榙　並徒合翻，上指搭，下柱上木也
擢櫂　並直角翻，上拔擢，下棹櫂木
朴扑　上匹各翻，木素；下匹木翻，手打
昳昳　並徒結翻，上日昃，下日出
楫揖　上即葉翻，舟楫；下一入翻，揖讓
協協　並胡頰翻，上和合，下束帶也
㨶㯖　上他克翻，打也；下徒得翻，木名
朳扒　並必札翻，上無齒杷，下破聲
聿聿　上女涉翻，竹聿；下余律翻，述也
伋彶　並居立翻，上于思名，下行兒
拮桔　並居列翻，上拮据，手病；下桔槔

揊楅　上彼力翻，畜也；下方力翻，擊聲
祏袥　上常隻翻，宗廟主也；下他各翻，衣領廣大
麩麩　上神欲翻，人姓；下与即翻，麥麩
刖刖　上魚曰翻，截足，从日月之月；下五刮翻，舟也
椊捽　並才骨翻，上椊杌，以柄內孔；下手捽也
榷搉　並古岳翻，以木渡水曰榷，又榷酤；下揚搉，与揚同
樸撲　上匹角翻，樸素；下匹卜翻，拭也，亦捕角翻，相撲
梲捝　上之悅翻，梁上楹也；下徒活他活二翻，解也
楬揭　上渠列翻，有所表識也；下丘竭翻，高舉也，擔也，又其謁翻
汨汩　上莫的翻，汨羅江，又音骨，没也，从曰非；下于筆翻，流水

澤澤上柞伯翻恩澤亦波澤下徒落翻尭爵云冬冰之洛澤洛退各翻

袟秩並直乙翻上乾袟袟祭也朱平說下官秩秩序也失不爲袟是應夢者

摋榝上桑達翻抹摋掃滅下所八翻似茱萸實赤

揲楪上余涉成設二翻揲蓍也下楪榆縣在雲中与涉翻

郄郤上去逆翻姓也作郄郄並訛下去約翻前郤作却者俗

柝坼上他各翻重門擊柝下丑格翻裂也此二字俗皆从斥

夾夾上古洽翻持也从二人下施隻翻竊物入懷从二入

袷祫上居怯候夾二翻衣領與衱同下億夾胡夾二翻祭也

棟棟揀上所責翻上亦棟中亦木名下揀擇取物也

𢧵戜上于逼翻与域同下居墨翻即邦或字与國同

浹浹上即葉翻十二月爲浹下杜甲子叶二翻渫浹也

干祿字書

唐　顏元孫

史籀之興備存往制筆削所誤抑有前聞豈惟豕上加三蓋亦馬中闕五迨斯以降舛謬寔繁積習生常爲弊滋甚元孫伯祖故祕書監貞觀中刊正經籍因錄字體數紙以示讎校楷書當代共傳號爲顏氏字樣懷鉛是賴汗簡攸資時訛頓遷歲久還變後有羣書新定字樣是學士杜延業續修雖稍增加然無條貫或應出而靡載或詭衆而難依且字書源流起於上古自改篆行隸漸失本真若總據說文便下筆多礙當去泰去甚使輕重合宜不揆庸虛久思編緝頃因閑暇方契宿心遂參校是非較量同異其有義理全僻罔弗畢該點畫小虧亦無所隱勒成一卷名曰干祿字書以平上去入四聲爲次每轉韻處朱點其上具言俗通正三體大較則有三體非謂每字總然偏旁同者不復廣出謂㕣殳氐同曰召之是類也字有相亂因而附焉謂形形宄究禕禕之類是也所謂俗者側皆淺近唯籍帳文案券契藥方非涉雅言用亦無爽儻能改革善不可加所謂通者相承久遠可

以施表奏牋啓尺牘判狀固免詆訶若須作文言及選曹銓試兼擇正體用之尤佳所謂正者並有憑據可以施著述文章對策碑碣將爲允當進士考試理宜必遵正體明經對策貴合經注本文碑書多作八分任別詢舊則有此區別其故何哉夫筮仕觀光惟人所急循名責實有國恒規既考文辭兼詳翰墨昇沉是繫安可忽諸用捨之間尤須折衷目以干祿義在茲乎輕短汲深誠未達於涯涘岐多路惑庶有歸於適從如曰不然請俟來哲

平聲

聰聰聰上中通下正諸從忩者並同他皆倣此　功功上俗下正　蒙蒙　叢叢　筒筩並上通下正　童僮上童幼下僮僕古則反是今所不行　衷衷　鴻鴻　雄雄　虫蟲並上俗下正　沖种上沖和下种幼　躬躳並正　彤彤上赤色徒冬反下祭名音融　龍龍龍　從從並上中通下正　逢逢上俗下正諸同聲者並準此唯降字等從夅　恭恭　肅肅並上俗下正　穠穠穠華字上通下正　兇凶上通下正亦懼也許勇反　鍾鐘上酒器下鐘磬字今並用上字　邦邦　雙雙　支支　卮巵　篩簁　廚廚　規規　兒皃　澌斯　耆耆　窺窺並上俗下正　羸羸　箎篪並上通下正　麾撝上旌麾下謙撝字其指撝亦作麾　隋隨上國名下追隨　羈羇上羈勒下羇旅　祇秖上神祇巨支反下適秖章移反　卑畀上尊卑下畀与必寐反　禕褘上禕美音漪下褘褕

干祿字書　二

[illegible]辤辭上中並辤讓下辭說今作辞俗作辞非也　玆玆兹　耆耆耆[illegible]　鴟鴟鴟　醫醫醫並上俗中通下正　私私　蕤蕤　淄淄　层尼　蚩蚩　釐釐並上俗下正　狸狸　夷夷　龜龜　衰衰　恭恭　丕丕　絲絲　疑疑並上通下正　貽詒上貽遺下詒言　齋齋上齋粢音咨下齋戒側皆反　微微　徽徽　輝暉　肥肥　歸歸　胥胥　虛虛　踈疏　於於　葅菹　猪豬　鋤鉏並上通下正　蒭芻上中通下正　膚膚膚上俗中通下正　俞俞　殳殳並上俗下正諸從殳者並準此　儒儒　襦襦　駈驅　厨廚並上通下正　扶扶上俗下正　鳧鳧上通下正　苻符上人姓下符契　鶵雛並正　麁麄麤上中通下正此与精粗義同今以粗音才古反相承已久　壺壺　爐鑪　蒱蒲　蘓蘇　啚圖並上俗下正　徒徒上通下正　塗途上塗泥下途路　徂殂上往下死　黎黎　埿泥　蜺霓並上俗下正　溪谿　子亐　携攜並上通下正　堤隄上俗下正　互氐上通下正諸從氐者並準此　賫齎上通下正　臍臍並正　稽稽上俗下正　鷄雞並正　犀犀上俗下正　棲栖並正　鞋鞵　蛙鼃並上通下正　崖涯上山崖下水際亦音儀　埋薶　懷懷　犲豺並上通下正　堦階堦砌字上俗下正合作階級之階　俳徘上俳優字音排下俳佪字音裴　揩楷上揩洗苦皆反下模楷苦駭反　灰灰　臺臺　囬回並上俗下正諸字有從回者並準此　頹頹　盃杯並上通下正　灾災並正　才材上文才下材質　囙因上俗下正　珎珍　辰辰　鄰隣　麐麟並上通下正　瞋嗔上瞋目下嗔怒　屯屯上屯厄下屯聚　分分　裙帬並上通下正　殷慇上殷姓下慇懃　觔筋

干祿字書　三

上通下正忻欣並正勤懃上勤勞下慇懃猿猨蝯上俗中通下正今不行蘐蘐
原原樊樊並上俗下正翻翻上通下正怨冤上俗下正鴛鴦上鴛鴦下鴛鴦
蕃藩上蕃屏亦音繁下藩屏肫豚罇樽巛坤並上通下正皃宇寛寬
冦冠看看單單並上俗下正安安上通下正懽歡並正磐盤上磐石下
盤器餐飧上千安反字亦作飱下息魂反删刪關關攀攀並上俗下正鰥鰥
鰥寡字上通下正乹乾乾上俗中通下正下亦乾燥虔虔上通下正遷遷牽牽
邊邊怜憐仝仝權權愆愆焉焉並上俗下正燃然然燒字上通下
正年秊厘廛延延鐫鐫鉛鉛沿船並同鳶鳶專專甎塼並上
通下正烟煙並正弦絃上弓弦下琴絃仚仚上高舉皃許延反鮑明遠書勢云鳥介負

干祿字書　四

躍下企望丘踼反飈飄上俗下正標摽上標記字必遙反下摽擊字頻小反喬喬尭
堯蕉樵斵料斷遙並上俗下正迢遙並正燋焦焦爛字上通下正梟
梟上通下正儌僥並僥倖字古堯反相承已久字書作儌今不行用僥亦焦僥字謂南方短人也
音譙尭鵰雕並正彫凋上彫飾下凋落宵霄上夜下雲宵俗作霄非也妖祅上妖
夭下祅祥今亦用上字繇繇上皐繇字下卜兆辭音胄餚肴上俗下正巢巢上通下正
抄杪上初交又初教反下杪末字弥小反皋臯皐上俗中通下正篙槁所以刺船上通
下正窂牢鼇鼇翶翱並上俗下正曺曹上通下正褒襃並正多用下字謟
諂上土高反諸字同聲者並從舀下丑冉反諸字同聲者並從臽鼉鼉上俗下正騾驘靴
鞾呵訶並上通下正歌謌並正多用上字苽瓜鵶鴉並上俗下正衙衙

邛邪柤樝槎查詐誇麽麼並上通下正覃覃蠶蠶並上俗下正
含含聃聃並上通下正墻牆牆床牀牀庄荘莊並上俗中通下正其
粧粉合用此字相承從米已久商商觴觴並上俗下正膓腸上通下正場塲埸
上音長中音傷下音亦壃疆強彊瘡創下亦創造章章羗羌粮糧並上
通下正涼涼炎涼字上俗下正傍旁旁上中通下正臧臧臧上俗中通下正
當當囊囊凰皇鳳皇字並上俗下正喪喪光光岡岡剛剛並上通下
正芒邙北邙山上俗下正上芒刺字音亡黌黌橫橫迎迎旍旌明朙
京京輕輕盈盈上通下正羸羸上羸多下秦姓鎗鎗上鐘聲楚庚反鎗音當今
並以為鐺釜字更無別體亭亭上亭通亦亭字字下祭亭字庭庭坰坰霝靈並上

干祿字書　五

俗下正冥冥萍蓱並上通下正耕耕上俗下正罌罌爭爭並上通下正
劉劉劉上俗中通下正流流上俗下正留留上通下正休休上通下正鄒鄒
鉚翻収收牟牟上通下正球璆並正脩修上脯脩下修飾兜兜溝溝
鍭猴並上通下正隂陰陰上通中下正簪簪侵侵並上俗下正砧碪
上通下正字亦作椹衿襟並正婬媱上婬蕩字音淫下妖媱字音遥潛潛上俗下正塩
鹽簷檐僉僉奩匳音連詹詹沾霑並上通下正馮憑上通下正氷
冰與與矜矜滕勝縄繩陵陵並通下正淩凌上浸淩下氷凌蒸
烝上衆也火氣亦祭名今並通用上字楞稜弓弘滕縢上俗下正能能凾函
上通下正鬆鬆又古憾反上通下正凡凡上通下正

上聲

攤𢑬上攤持下𢑬寒　隴壠上隴坂下北壠　冢塚上冢嫡下塚壠　悚竦上慚悚下竦敬

蛘蚌　講講並上通下正　徙徙上通下正　帋紙　氏氏並上通下正　伎技

呰此　尒介　爾爾並上通下正　旨旨上中通下正　兕兕兕上俗中通

下正　峙峙跱上俗中下正　市市　裏裏　恥恥　齒齒並上俗下正　心止

軌軌並上通下正　宄究上奸宄字下究竟字　否否可否及否泰字同今俗並作否非也

把把上把毀下把橋　喜憙上喜樂下憙好許吏反　壹壹上俗下正　幾幾上通

掾旅　黍黍　巨巨並上俗下正　蘛籅　与與　所所　楚楚　叙敘並上

通下正　楮褚上竹呂反下丑呂反　儛舞　鯆鯆並上俗下正　俯俛並俯仰字俗以

干祿字書　六

俛音免非也然作上字爲勝　竪豎　耴取並上通下正　皷鼓上俗下正　鞊殺土

土虍虎　苦苦並上通下正　覩睹並正　簿薄上簿籍下厚薄　軆體　蠡蠡

並上俗下正又力奚反　禮礼並正多行上字　洗洒並正上亦姑洗字下亦洒掃字　啓啓

祢禰並上通下正　解解解上俗中通下正　罷罷上通下正　採采上通下正　綵

彩上緒綵下采彩　倭倭上奴罪反下於僞反　隱隱隱上俗中通下正　笋筍　准準

巹登並上通下正　堇槿上堇菜下木槿　慜憫上慜傷下憫默　隕殞上隕墜下死　偃

偃坂阪上通下正阪亦阪泉字蒲板反　菀苑上藥名下園苑　本本　懇懇　衮袞

並上通下正　斷斷斷上俗中通下正　欵款　亶亶　散散　懣懣並上俗下正　饌

滿字亦懣一音亡本反　浣澣　椀盌　簳笴並上通下正　秆稈並正　纂纘纂

組下繼纘　版板上通下正下亦坂蕩字　簡揀上簡冊下揀擇相承並用上字　典典　殄

丼並上俗下正　璽璽　尠尠　兗兗　沔沔並上通下正　剪翦上俗下正　彖

瑑上圭璧文音篆下琢玉竹角反　叐夭　遶繞　趙趙　肇肇　垗兆並上通下正

巧巧　鮫鮫並上通下正　㛮嫂嫂上俗中通下正　燥燥上俗下正　掃埽上通

下正　棗棗　蚤蚤　藻藻　擣擣　皥皞　老老　惱惱並上通下正　皂皁

槀稾　寶寶　考考並上通下正　坐坐坐上俗中通下正　瑣瑣　菓果　木果

字並上俗下正　寘窴寘上俗中通下正　寫寫　假假並上俗下正　舉舉　瓦瓦

鮓鮓並上俗下正　粿粺粿上寨瓜粿中下並蔘粿　覧覽攬擥並上通下正

養養　兩兩　枉枉上俗下正　象爲　鏁鎖　爽爽並上通下正　莽莽　髓

干祿字書　七

黽黽　整冏冏並上俗下正　景景　豕豕　騁騁　礦鉚並上通下正　鯁

哽上刺在喉下哽咽作鯁亦通　北並上通下正亦音蒲猛反　迥迥上俗下正　泠冷

上力鼎反下力丁反　友友　丑丑　阜阜　缶缶　牖牖　受受　臼臼並上俗下

正並諸從臼者並準此　咎咎　韭韭　畝畝並上通下正　走走走上中通下正

后后　苟苟　狗狗並上俗下正　叟叜上通下正　扣叩上牽馬也下叩擊也亦作

扣　寢寢上通下正　甚甚上通下正　忝忝上俗下正　檢檢上檢束字音歛今以爲檢

捡及檢尋字下書檢及撿則字居儼反　掾掾上通下正　等等上通下正　減減上俗下正

去聲

凍凍　夣夢並上俗下正　毳毳並正　義義　譬譬並上俗下正　戲戲上通

下正偹俻備𥧲寐寐並上俗中通下正顡類置置懘懘秘秘祕

嗣㷊亟並上俗下正器器上通下正鼻鼻帥帥伺似弑弑並上通下

正愧媿𩨻懿並正殺殺殺上俗中通下正𧶠貲上通下正著著著上俗

中通下正御御廄廄並上俗下正遽遽筋筯並上通下正勾句數數

並上俗下正喻諭上通下正慕慕度度步步並上俗下正妬妒顧顧

菟兎厝措並上通下正醋酢上酸也下酬酢字今並作酢傃遡向也並正宿

𡪏帶帶泰泰並上俗下正冣冣兊兌頼賴膾膾並上通下正聟

壻埒歲歲歲並上俗中通下正閙鬧荔茘戾戾隸隸獘弊弊

祭蓺藝𡙡裔勢勢瘞瘞並上俗下正楔禊契挈脆脃繋繫

干祿字書　八

継繼薊薊並上通下正叡睿篲彗並正苐第次第字上俗下正逮逯

上及也徒計反俗音徒再及非也下人姓音錄𣲖派掛挂上俗下正𥁞盡上通下正腦

陁恠怪並上俗下正戒戒丯介並上通下正佩珮上帶也下玉珮也古並作

佩孛孛對對並上俗下正退退輩輩袋岱𠚣斉刧劾並上通下

正埋肉並正多行上字唯弔書作肉廢癈上妨廢下癈疾祓祓祓除字音拂癈亦音拂

上俗下正喙喙上許穢反下丁角反訛訛亂亂晉晉疊疊並上俗下正厷

慗憖亂亂疢疢儁儁並上通下正亦作俊字奮奮糞糞並上俗下

正訓訓上通下正憲憲上俗下正獻獻劵券券字本從刀從力古倦字建建

並上通下正万萬並正迺遒遁遁上俗下正噴歕並正粲粲乱亂偘侃僁

𣁽嘆歎舘館㮸蒜俗作筭並上俗下正懊懦冣寙爨爨並上通下

正宦宦奠𥹞並上俗下正諫諫鴈雁並上通下正麪麫變變羡

羡並上俗下正鷰燕宴宴遍徧並上通下正線綫並正卞弁上人姓下

𠀠弁古並作弁廌薦上本獬廌字觸邪獸也音丈買反相承別用豸字以廌薦字作薦亦通㕣

𠮥召上俗中下正諸從召者準此巢耀弔弔並上俗下正燿曜咲笑並上

通下正廟庿並正㒵皃貌上俗中通下正効效上功下放效字或作斅挍校

上比挍下校尉棹櫂上通下正撓撓上奴效反又音饒下撓攪字火高反閙鬧上通下正

盜盜撡操暴暴𨃍躁並上俗下正竈竈上通下正耄耄上通下正馱

䭾剉剉斫草並上俗下正夏夏上俗下正覇霸上通下正射䠶赦赦並正

干祿字書　九

晻暗上通下正闇暗上幽闇下日無光今行下字迊匠况況恙恙上俗下正

㨾樣狀狀壯壯並上通下正竟境貿貿勁勁並上俗下正硬鞕

孟孟𠄢正並上通下正清凊溫凊字俗作清非也倿佞上俗下正聽聽宁

定廷廷並上通下正俗音庭非也令臭臭廄廄舊舊貿貿冨富隽

售並上俗下正獸獸並正鬪鬭鬭上俗中通下正㓂寇上俗下正紝絍並正

音汝鴆反譛譖上俗下正艶豔上通下正爓燄並正秤稱上俗下正應膺上物

相應下言相應蹬隥上通下正汎泛並正

入聲

穀轂哭哭僕僕並上俗下正曝暴上通下正宍肉凤夙肅肅鬱

倏並上俗下正尗叔上通下正鞠鞫上鞠養又蹴鞠其六反下鞫罪執熟上誰也下
責也古作執今不行汲沃嚳嚳並上俗下正督督篤篤並上通下正局局
局上俗中通下正足足屬屬並上通下正學學擢擢並上俗下正朔朔
梨稍斷斷遷遯並上通下正岳嶽並正樸朴上樸素下愿朴字亦鞭普卜反
悉悉悉上俗中通下正膝膝迊匹卛率漆漆並上俗下正逸逸卒
卒窣窣並上通下正帙袠帨帨並正戢戢鬱鬱颷飆乞乞並上
俗下正厥厥闕闕發發上俗下正襪韈上通下正勃勃突突奪奪
並上俗下正煞敍殺上俗中通下正拔拔上俗下正鐵鐵鐵上中通下正節
節決決蔑蔑熱熱滅滅並上俗下正鱉鼈鈌缺切切竊竊

干祿字書　八　十

徹徹潔潔並上通下正悊哲並正蘖孽上庶孽下妖孽刷刷上刮刷下拭刷
噎咽上食噎下咽喉亦嗚咽紊羅敵敵狄狄嫡嫡閴閴並上俗下正
㭊析歷歷覓覓並上俗下正鶂鶂上六鶂下鶂首戚慼上親下憂益益
席席索索栢柏並上俗下正隙隙郄郤腋掖並上通下正跡迹
役役蹠跖摭拓並正下亦開拓字貊狛貊字上通下正其獸名者字作貘奕
奕上赫奕下帷奕藉籍上藉草下簿籍筴筞策上俗中通下正冊冊革革馘
馘並上通下正搤扼並正摘擿上採竹革反下擿他歷反雜雜上通下正臘
蠟上臘祭下蠟俗字從葛非也蹹踏迊匝匝匝並上通下正狹狹插揷
並上通下正愶協獵獵並上通下正楖楫輒輒並上通下正慴懾慴

下失氣也亦作讋怗帖上安怗下券帖澀澁緝緝並上俗下正諸與緝同聲者並準此
若若上通下正禴礿並正瀹淪上煮淪下煬淪鑿鑿惡惡鶴鶴
並上俗下正貉貉愽博並上通下正蘀籜上草木落下筍皮也餝飾棘棘
稷稷直直色色穡穡嗇嗇嘿默並上俗下正惑或憼懋並上
通下正克尅上克能下尅勝脅脅劫刼並上通下正

有唐大曆九季歲次甲寅正月庚子朔七日景午
姪男真卿於湖州刺史宅東廳院書之

干祿字書　八　十一

金壺字考

釋適之

卿雲 卿音慶　三能 能音台

星宿 宿音秀　苋 古天字

倒景 景音影　格澤 音鶴鐸黃白色氣

觜觿 音咨攜星名西方宿　娵訾 音鄒咨魯分野

參 音森星名　虹 音絳虹霓也

重蜺 虹霓同　彴約 彴音雹奔星

渾天 渾上聲　九閡 閡音該九天之上

黔嬴 神名　烈缺 電光也

沆瀣 音項駭北方夜半氣　朩介 介音餲

朒朓 朒音忸月朔東見朓音眺月晦西見　朏 音菲又音沛月出也

期月 期音基　昒桼 昒音忽日未明時

陽鼂 鼂朝同早也　三朊 朊音尼三七二百一十歲

日昳 昳音迭晚也　饟 式掌切日西而食

炎歊 歊音枵暑也　孟陬 陬音鄒

宴娭 娭音嬉神樂　沆蕎 蕎古災字

欃槍 音攙鎗彗星　顥氣 顥音昊

禊事 禊音係除惡祭也　困敦 敦音頓太歲在子

敦牂 牂音臧太歲在午　矞霱 霱音聿祥雲

雩宗 宗音禜祭水旱　大蜡 蜡音乍年終祭

疈辜 疈音逼牲胥也周官以祭四時百物　日施 施音移

馮夷 馮音憑河神　涒灘 音君灘太歲在申

鬱壘 壘音律　遺輿 遺音遣輕舉也

鬱陶 鬱音蘊　須搖 搖音臾

玄默 默音弋太歲在壬　隋星 隋音妥

龍猇 猇音鬭龍尾星　巫覡 覡音亦女曰巫男曰覡

祋祤 音對許邑名　番禺 音潘愚縣名

瀧水 瀧音雙縣名　汨羅 汨音密水名又音博縣名

牂牁 音臧歌郡名　取慮 音趨閭邑名

慮虒 音盧夷邑名　朱提 音殊時邑名

盧維 音雷雍二水　盟津 盟音孟邑名

不其 其音箕邑名　繁峙 峙音止縣名

犍為 犍音虔縣名　都龐 龐音龍邑名

琅邪 邪音耶郡名　邪谷 邪音耶邑名

令居 令音蓮邑名　先零 零音蓮邑名

龍兊兊音奪趙地　肝眙音干怡縣名
方與音房豫邑名　裴縣裴音非邑名
曲逆音去遇地名　徐氏音朱精邑名
朐䏰音瞿閭蟲也巴郡多此因以名邑　枹罕音夫謙邑名
臨朐朐音瞿邑名　雍州雍去聲
緱氏緱音溝邑名　平谷谷音欲縣名
樂浪音落邑名　鄠杜鄠音户縣名
并州并音兵　蔣浪浪音郎縣名
陽翟翟音價　邯鄲音寒丹

金壺字考　八　三

城父父音甫邑名　茌平茌音持又音仕縣名
隰州隰音襲　鄮縣鄮音貿
嵊縣嵊音繩　虹縣虹音絳
贛榆贛音紺縣名　費縣費音秘
郯城郯音談縣名　單父音善父縣名
儋州儋音丹　澠淄音繩脂縣名
會稽會音貴　鄐城鄐音咎縣名
射洪射音石縣名　鄄城鄄音絹邑名
沁侵去聲沁州州沁水縣　鄜州鄜音夫郡名

邛州邛音窮　隆慮音林閭邑名
閿鄉閿音聞縣名　新淦淦音幹縣名
徙縣徙音斯　盩厔音周質邑名水曲曰盩山曲曰厔
倭人倭數尼切邑名　濟寧濟上聲
葉縣葉音攝　涪州涪音浮
宕渠宕音蕩蜀地　郃陽郃音盒縣名
郴州郴音琛　沭陽沭音述縣名
郾城郾音晏縣名　崞縣崞音郭
苛嵐音可婪州名　敦丘敦音頓縣名

金壺字考　八　四

郟縣郟音夾　華山華去聲
濼水濼音粕　檇李檇音醉嘉興
桑乾乾音干　越嶲嶲音髓郡名
褒余余音斜二水名　滇南滇音顛
霅川霅直甲切湖州　貣尾貣音階山名
乘丘乘音盛邑名　梁父父音甫山名
鄆城鄆音運縣名　灩澦灩音豔亦作灩澦蜀水
句屚音鉤漏邑名　邛僰僰音蒲從人不從火蜀夷
虒祁虒音斯虎有角者虒祁地名　邛筰音窮昨

岣嶁音矩呂衡山　溮水溮音九
芒碭碭音蕩山名　九嵏嵏音宗山名
若邪邪音耶溪名　圌山圌音垂
河壖壖音軟河邊地　邗溝邗音寒地名
禚音酌齊地　萑苻音丸蒲鄭地
虒亭虒音遞吳興亭名　姑射射音夜山名
厹猶厹音求邑名　罕幵音罕牽羌地
惡池音滹沱水名　天姥姥音母山名
黑尿音眉擽　峴山峴胡典切在襄陽

金壺字考　五

龜茲音丘慈國名　休屠音朽儲匈奴王號
高麗麗平聲　剡溪剡音揜又音閃
身毒音天竺又曰天篤　康居居音渠
月支月音肉支如字亦作氏　于闐闐音甸西域國名
國土土音度又入聲梵音　顓頊頊音勗
帝嚳嚳音酷　咎繇音皋陶同
倉頡頡音絜古制字者　召公召音邵
仲虺虺音毀　石碏碏音鵲
甪里先生甪音鹿　酈食其音歷異饑

臺駘音胡治人名　御鞬鞬音抽
曾蒧蒧音點同　樊於期於音烏
曹大家家音姑　金日磾日磾音密低
伍員員音云又音運姓也　雋不疑雋徂兗切人名
小弁弁音盤　寒浞浞食角切
滑稽滑音骨　莫囂囂音敖
夫差音夫釵　藺相如藺音吝
酇侯酇才何切蕭何封邑　蘧子馮蘧音委
句踐句音鉤　穀於菟穀乃后切后本上聲於菟音烏塗

金壺字考　六

秺侯秺音妒　亢倉音庚桑
繁延壽繁音婆纓之繁同　佷鼂鼂丑錦切人名
王子晉晉音集盛貌　演門演音迭宋門
李左車車音扯平聲　胡母母音巫姓也
毋丘毋音巫姓也　賁音肥姓也
璩音渠姓也　笪音妲姓也
覃音尋姓也　惲音蘊上聲姓也
尉遲尉音鬱姓也　郁郅郅音質姓也邑名
冒頓頓音蠖　柳玭玭音駢

如埻　埻音蜀
于頔　頔音迪
谷離　音鹿離，匈奴王名
罽賓　罽音記，國名，織毛為罽
髙頫　頫音兜
方俟尚　音木其，其屑
嫪毒　音涝藹，土人之無行者
摎毐　音劉藹，秦始皇時人，俗誤以嫪毐為秦人
荀彧　彧音郁
吐谷渾　音突，谷寵
孟昶　昶音敞
閼氏　音臙脂，單于后
可汗　音克寒
冒頓　音墨啜，匈奴
契丹　契音乞
突厥　厥音屈，北夷
僕射　射音夜
洗馬　洗音銑，宜從氵，從冫者相沿久也，又姓

金壺字考　七

率更　率音律
班行　行音杭
委積　積音恣
朝請　請音靜，春曰朝，秋曰請
廷尉平　平音病
鷹紲　鷹音紲
趣馬　趣此苟切，養馬官
票姚　俱去聲，霍票姚
凝脂　凝音佞
椎結　結音髻
傖父　傖士耕切，吳人名中國人者
郎罷　罷音罷，閩人呼父
岐嶷　嶷音逆，岐知也，嶷識也
寧馨兒　寧去聲
單粥　粥音育
劖鑱　鑱音斂
音檢閣
衆生　衆音中

玄端　端音冕
亮陰　音梁闇
中典　中去，典黌
毋追　毋音牟，追音堆，夏后冠名
冔冠　冔音許，殷后冠名
女紅　紅音工
平反　反音翻
甄陶　甄音真
蔵事　蔵音闡，備也
裝潢　潢去聲，裱褙也
崛隗　音摧頹
落魄　魄音托
肸蠁　肸黑乙切，響聲布也，蠁音向，知聲蟲也，甘泉賦肸蠁言振作如蟲之紛起也
縱衡　音宗橫
尸解　解音蟹
袒免　音但問
倥偬　音空惚

金壺字考　八

蕪菹　蕪郎假切，菹音鮮，蜀人放誕曰川蕪菹
逗遛　逗音豆，不進貌
楚些　些息个切
句讀　讀音豆，旁點曰句，中點曰讀
便辟　音駢劈
犧尊　犧音梭
選懦　懦音軟
蛳螺　音傴僂
睥睨　音聘睨
枕藉　音鎮借
無射　射音亦，陽律
長物　長去聲
闖　丑禁切，窺覘也
黮闇　音參暗，不明貌
鑪漏　鑪音盧，討切
呰窳　音紫羽，懶弱也
苦窳　音古羽，器病缺也
炙盤　盤音泉

肉好　肉柔上聲錢美淵　膜拜　膜音模胡禮禮長跪拜
井幹　幹音寒　發率　率音律
箭韶　箭音簫　㥯几　㥯音印依也
服匿　器也如罌用受酒酪　博塞　塞音賽
蹻屩　屩音腳　矰繳　繳音酌
卒愁　愁音曹　天弢　弢音韜同
覼縷　覼音羅委曲也次序也　妖齇　齇音
枹鼓　枹音孚擊鼓槌　叵羅　叵音頗酒器
殺胾　胾音恣骨體曰殺切肉曰胾　綸巾　綸音關

金壺字考　八　九

旖旎　音倚你旗舒貌　頖宮　頖音泮同
柲欓　音弼黨擊仆也　盤飧　飧音孫
強飯　強上聲飯飯同　肅爽　爽音霜駿馬又神鳥
欸乃　音襖藹棹聲　矛盾　盾音吮
比鄰　比平聲又音枇　皐比　比平聲虎皮
黃能　能奴來切三足鼈　斷髮　斷上聲
彤勣　勣音責弊也　委蛇　音透遙
乾沒　乾音干　荼首　音茶茂雨頭麻
窅窊　音窈蛙佳花形　風裁　裁音再又音在

剛愎　愎音闢　糊塗　音忽突
僕區　僕隱也區音歐匿也楚文王作僕區之法　般若　音鉢惹
昭假　假音格　旁魄　魄音薄廣被也
逕庭　庭音聽隔遠貌　彳亍　音斥觸小步
翱翔　音犀比　鋗筩　音項同盛錢瓶又受投密事
諞信　音屈伸　戲下　戲音麾同
倜倀　音稠悵　野燒　燒去聲
方良　音罔兩　慫慂　音總勇縱臾同
靚薄　靚音亮事不善　勞勩　勩音異

金壺字考　八　十

儻蕩　蕩音蕩　柴池　柴音差
闒茸　音踏冗一作闒磨弛貌　逡巡　逡音逡
集詬　音韻候無志節　槮差　音參雌
揣靡　靡音摩　憖遺　憖魚僅切強也傷也
飣餖　音訂豆肴移　襄尺　襄音讓君與臣射襄地尺許
扣空　扣音掘空彎人聲　宿留　音秀溜須待也
焒人　焒廁同　參差　不齊貌
搒掠　音邦亮笞也　休告　凡休假者吉曰告凶曰寧
磔之　磔音責支解也　壓　音意叩也

噂囈音嵩藝衆語又衆言也　梵唄音范敗羅音吟聲
鶡鴂鶡音第鴂音決　必熭熭音憩日中必熭又作熭
橐鞬音高堅盛弓矢　唁音彥弔失位也
䚟愒䚟厭也抑也愒息也愒音桀　賵音諷助死車馬
兵燹燹音銑野火也　扶服音匐匐
棹楔楔音屑門旁兩木表宅樹坊　蜂蠆蠆音喝長尾爲蠆短尾爲蜂
騕褭褭音鳥馬名　跬步跬奎上聲又犬蘂切半舉足也
皋如皋音皋澤貌又臯丸　摸稜音模楞
薅草薅音蒿拔去田艸　矗音觸聳上貌

金壺字考　十一

㛪散㛪音盤屈足也散音姍行貌　阿誰阿音兀
㬥熏音烈摯貿次不坦夷舉事務以乘於人爲賢也
跫然跫音凶人行聲跫然喜　足跰跰音繭皮起也
杕杜杕音弟木獨生孤高　逿墜逿音蕩失據而倒
汚蠛蠛音滅血染也　呼謈謈音袍痛冤聲
襏襫音撥釋雨衣也　三鱣鱣音善
馘馘馘音號截耳又獲也　傝㒌音塔颯不謹貌
夏楚夏音檟教刑　臧否否音鄙又方九切
橇丘妖切其行泥上　區脫區音甌邊境上望伏宿土室

譸張譸音周誑也　疵纇纇音類纇
耐可耐音能　佔嗶佔音占
骨朶朶音都　昌歜歜徂感切昌蒲葅左享有昌歜
擨歋音耶于手相笑弄也　擱音縮緊也貫䌷賦䌷如囚拘
嬲之嬲音鳥戲相擾也　惄音溺憂也思也
仰給仰音釀本去聲　米瀧瀧音瀧強本上聲漬米
敝倪倪音恍恍惚貌　鳥號號平聲弓名
放宕宕音蕩　抶音叱笞擊也
乩疑乩稽同一作卟　湛盧湛去聲歐冶所鑄劍湛然如水黑也

金壺字考　十二

丹堊堊音惡白土　騷除騷音掃
奇中中去聲　屬鏤音祝閭劍名
闛鞈音堂榻鼓聲　僇剠僇剠同
縣絕縣懸同　艸具惡食也
媮食媮偷同苟且而食又媮存　語塞塞入聲
廁牏牏音投糞函又近身小汗衫　趣駕趣音促
腰路腰音屆著道也　亡何亡音無
鬩墻鬩聲激切訟也　慫然慫音聳懼也
要領要平聲裳之會在要衣之會在領　抏敝抏吾官切摧挫也

嘂詨 叫呼同　婉瘱 瘱音懿柔順貌

拘閡 閡礙同　槷慁 音浮思曲閑又閑之屏

揞厭 厭音業推手曰揞引手曰厭　愕眙 眙音怡驚貌

贔屭 音避戲作力貌一曰鼇為贔　傻俙 音倚希又音倚喜彷彿也

閑 音諳法也　畚鍤 畚音本

齟齬 音阻語齒不相值　鼻䶑 䶑女六切

畀 音與對舉也　蟲豸 豸音雉有足曰蟲無足曰豸

抹撥 撥音撒手擊曰撥　呫囁 音貼聶多言也

辟易 辟音逼避開也　跰側 跰音尾一作雁陋也

金壺字考　八　十三

奇龐 龐音雜餘也　韙之 韙音偉是也美也

䟐 䟐同音視音取物　邊陲 陲音垂遠邊

磴 音僜磴也　倥成 倥音龜幾也

韎韐 音妹鴿韎茅蒐所染赤色韐韠也也合韋為之士服韎韐之衣

恚 音謂恨怒也　碓 音對臼也

酎金 酎音紂漢諸侯助金釀酒薦廟　一苶 苶音聶疲貌

絫息 絫音累累懼而喘息　暴室 暴音薄被庭曬衣室

共張 共音公具也張音帳設也　娟蜎 音隈遠宮室深廣處

蠖濩 蠖烏郭反濩胡郭反義同前　頭會 從人頭數

箕斂 令民出穀以箕斂之　罔阹 阹音區遮禽獸闌陣也

葭莩 音加浮蘆根白皮至薄者　盱衡 眉上曰衡舉眉揚目曰盱衡

霧紛 紛粉同　逌爾 逌古攸字笑貌

齘齕 音以益齘齧也齕咬也　睽鑿 音隻戾不可行也

罜麗 音獨鹿小網也　款識 識音志

卼臲 音杌捏不安貌　馬箠 箠音垂上聲策也

坳堂 坳凹同　尻 苦高切脊梁盡處

謰說 謰音抄記作勦亦音抄人言未終而代說　剞劂 音羈厥刻鏤刀

觖望 觖音決怨望　嫳 儒劣切嬈也

金壺字考　八　十四

緜蕝 蕝音最蕝同東茅表位習禮其中　大耋 耋音迭八十日耋

囟 音信一作顖腦也　充牣 牣音刃滿也

襯衣 襯材去聲近身衣　齔 音徹毀齒

勰 音協同思之和也　斂 音聶塞也

迨還 音合沓行相合也　沕 音勿水石之理又音密沕

䔥傷 䔥迄逆切傷痛也　朅來 朅音挈又音桀褰齋辭猶言歸去來也

中詷 詷慮政切知其處以言告之也　茜 千去聲染絳也

戽斗 戽虎去聲抒水具　卷人 卷音還講也

杳篠 篠音眺深遠也　游徼 徼音叫邏卒

偵 音稱又去聲邏伺也　溺溲 奴弔切便也
甗甈 音要窓不安也　窔窔 音要杳室隱暗處
櫂歌 擢棹同所以進船　桔槔 桔音戛引水具
拮据 音結居据又音據手口共作　結襪 結音計
僢 音舛淮南子分流僢馳　才諝 諝上聲有才智也
鐘簴 簴渠上聲鍾柎足也　㕮 音甫咀嚼也
夌遟 陵遲同漸早遲也　塵滓 滓音子濁也
斞 音俱酌也把也　九馗 馗首逵又音求九道也
彍騎 彍音霍騎去聲唐兵　羑里 羑音有

金壺字考　八　十五

痁病 痁音苫瘧也　醵金 醵音遽會錢飲酒
韡 音拙人名　㥏惇 音陳惇不安定也
窶藪 音樓數數上聲爲戴器者又四足几　甌窶 窶音樓便側之地
裋褐 音竪　蒟醬 蒟音矩木實可爲醬
斮斫 斫音酌一作斮擊也　菆塗 菆欑同殯也聚木蓋棺而塗之也
虣 虣暴同周禮司虣　一切 切音砌眾也一切大凡也
旅弓 旅音盧黑弓　破鷂 同鷂要
猰貐 猰音軋食人獸　劙 刀劙切切肉也
切劘 劘音磨　椶櫚 音宗閭樹也一名蒲葵

郣霈 音乞慄馬不傷蹄也　屈軼 軼音佚堯時指佞屮
摐 音瘡撞也　金㚇 㚇音宗馬冠
嫫母 嫫音模醜女　闃寂 闃音鬩從臭靜也
次且 趑趄同　芃芃 音蓬草盛
賸 音盛依作剩　乳 音掘昧無力又草名
齷齪 音握錯局隘急貌　萌櫱 櫱蘗同斫木斷而復生
姑洗 洗音銑樂律　跅弛 跅音托不遵法度
僝僽 音孱驟言罵也　拈鬮 鬮音鳩又音鉤取也
囁嚅 音聶儒口動貌　扊扅 音掩怡戶限木

金壺字考　八　十六

三岔 岔音詫三分路　大纛 纛音導又音毒羽幢又軍中大皂旗
皸瘃 音軍竹東瘃　眞贗 贗音鴈僞也
漫漶 漶音煥分別貌　鴆毒 鴆直禁切毒鳥以其羽歷飲食則殺人
憨癡 憨音酣癡也　邋遢 音獵榻不整貌
酒帘 帘音簾酒旗　瘈瘲 音記縱病也
卓犖 犖音洛超絕也　殿屎 音店希民呻吟愁也
窈糾 窈音杳糾其紹切幽遠而愁結也　晨風 鸇也
旨鷊 音止逆草如綬　毋丘 毋音貫濟陰地
猗儺 音婀娜柔順貌　蠨蛸 音蕭梢小蜘蛛

屨緰　緰音須人名
鄹丘　鄹音奏齊人又鄹縣
淩陰　淩去聲冰室也
朱襮　襮音博領也
頡頏　音絜杭飛上曰頡飛下曰頏
高禖　禖音梅從示從木求子祠
頹然　頹音堆大朴之貌
髩　音閃書不俗作髩
蜄氣　蜄音腎
大窾　窾音款空也
弇　音掩弇山又耿介
蘉　音忙勉也
奰　音弊不醉而怒
蠲除　蠲音娟
瑱　他甸切充耳也
匉訇　音砰轟大聲也
悋　音吝
攟　舉蘊切拾也亦取也

郱郚鄑　音洴茲吾三邑名
彄　音傴公于漚
茹蘆　音如閭茜也
坐啞　啞上聲
搊箏　搊音匿持也
庋　音紀又音貴庋閣所以藏食物
訑慢　訑音誕放也
暋　音閔書暋不畏死亦作敃
受脤　脤音腎社肉
火齊　齊去聲珠名
餳飴　餳徐盈切滑澤也
砉然　砉音獲皮肉相離聲
朘　最平聲老子朘作
填撫　填音鎮
譋　音凋顛同弄言也
酳　音胤漱口以酒
齦　音墾齧很肉
捃　居運切義同前

金壺字考　八　十七

觱　音必寒氣也
賨　音悶滯也
病革　革音亟急也
枘鑿　枘音芮木耑所以入鑿
隼　音笋鷙鳥
下邽　邽音圭地名
剚刃　剚音恣插刀也
九方歅　歅音自善相馬者
槱　音又又音友積柴燎以祭天
咠　音戢眾口貌
飛燐　燐音吝鬼火
垚　堯同土高也
贅疣　疣音尤瘤也
菡　含上聲草木木花未散
壎篪　音萱池壎亦作塤樂器
犴狴　犴音岸又音寒狴音陛獸名又獄也
匯　音賄水回合
姹女　姹音宅美女

剸　音團截木也又音專
搶攘　搶士耕切攘音能亂貌
搰搰　音骨用力貌
莛楹　莛音庭屋梁楹柱也
卅　音颯三十也
椹　音針斫木鑕也俗用爲桑椹字非
劻勷　勷音攘遽也
粻　音張糧也
淖約　淖音綽
迟　音只近也
賅存　賅音該贍也具也
瘡痏　痏音賄
脞　音坐小也
勉旃　旃音与之也
汞　胡孔切水銀也
兄　亦音薰
骼　音格人骨也
戩穀　戩音翦又音晉薦福祥也

金壺字考　八　十八

馵音就馬科　觳音觳音扣鳥了欲出者
太僂僂音僂水肓物謂之僂　痀僂痀音居曲脊僂身向前也
九斿斿音旒旗也　於邑於音烏短氣
糾纆糾音九絞也纆音墨兩股索　埏埴埏音羶陶人爲器者
淩誶誶昨力切誚責也　駘蕩駘音待廣人之意
簉初救切倅也又廁疾也　傴僂傴於語切僂注前
荃宰荃音詮香艸也謂君宰謂臣　烏奕烏音昔猶言蟬聯不絕
謇極謇音蹇吃也極音棘急也謂語吃而急也　爑鑠音荒黎乾酪也以爲酪母
划音華划撥進船　綦隮綦音其極也

金壺字考　八　十九

複道複音福重也上下有道曰複道　諦音帝審也
畔換強恣貌猶跋扈也　讙嚾音喧囂貌
嘽咺音灘暄舒緩貌　譠厚譠音引隱謹也
嫸研嫸魚屠切研音酌容止倩獻也　尪音汪尪者面向天
紞音睒紞之乖者　眠娗眠莫典切娗音殄欺慢之語也
仳傀音痞灰醜貌　儃僈音但慢閑緩貌
娓音米又音袂美也　歁姁歁喜兼切姁音許輕易人也
憋懯音瞥敷急速貌　楶音節梁上欂櫨
蟦慧鷙音蟦　唬音哮虎怒貌

蕺菇同葦菜似韭　唵嗞音唵茲日入處
喑啞喑音蔭啞音叉倚下切　管轄轄胡入切車軸頭鐵
嚄唶音獲責唶又音借大聲歎也　猋馳猋音標疾風自下而上
麃麃音鹿武貌　鏗鎗鎗音轟鍾聲相雜
璐同路玉名　甂甋音詹垂洞名
錄囚錄音慮　炙輠輠音禍本上聲車盛膏器
舛午午音迕　姻嫪嫪音澇戀惜也
相近音禳祈祭寒暑也　奓音租又音播張也開也
醝才何切酨也　躇階躇音綽超階而丞

金壺字考　八　二十

駊音駊騀雜爲駊　李傕傕音角

俗書證誤

宋　顔愍楚

美 從大從火非
倏 從攸從犬從大非
彜 從糸從分非
解 從刀牛從羊非
覔 從爪從不非
斂 聚斂從攵從欠非
豐 從二丰從曲非
萬 數也万非
佞 從安從妄非
畫 從亜從卍非
鬱 俗作鬰非
覃 從早從甲非
吴 從矢從天非
覽 從監從亽非
奈 奈何從大從木非
覷 音聚窺覷從虛非

博協 從十從小非
陝 陜西從從人非
諫 從柬從東非
糾赳 從丩從斗非
背 從北從北非
觀 從雚從崔非
聖 從壬從王非
纂 從目從日非
兩 從入從両非
翰 從人從羽從翁非
麁 從口從四非
覺 從同從西從目從直非
讒 從毚從二兔非
劍 從刀從刅非
遙 從夕從不非
尋 從口從几非

俗書證誤　八　一

毚 從人從々非
裏 從亠從重非
廚 庖廚從广從從一從豆非
毋 音無從丿從丿非
夏 夏然音忽從百從夂非
殿 音敝馬余厩非
壑 從谷從步非
兩 從丙從内非
帶 從卌從世非
疾 從夫非
樓數 從婁從婁婁非
舊 從臼從旧非
韲 從非從齊非
寂 從叔從宀非
虧 從雐從虍非
盥 從心從[illegible]非
嚏 噴嚏從土從是從走非
頻 從亞從步非

亂 從丿從乚從亻從乙非
内 出内從入從人非
刺 音次從朿從東非
疋 尺傍從足從豆非
脊 温脊從丷從丿非
軌 從九從丸非
幼 從力從刀非
潛 潛贊從兟從扶非
勢 從土從幸非
奮 從田從臼非
郵 從垂從𡍮非
慶愛 從心從必非
宓 姓也邑也從心用從必非
樗 從木從牙從才從手非
藝 從𠃨從自從丞非
鑿 從鑿從凿非
獻 從鬳從大献非
迴 從冋從向非

俗書證誤　八　二

穎 從禾 從示非
纔 從㲋 從毚非
宦 從宀 從冗非
繼斷 從𢇍 從㡭從𠃊非
助 從且 從耳非
同 從口 從㕣非
奇 異也零也從犬 從立非
滅 從氵 從冫非
睢 從且 從目非
陷 從臽 從舀非
步 從少反止也 從少非
留 從丣 從卯非
朿 音次木芒也 與東異
竊 從禼從米 從𥞜非
衡 從角從大 從魚非
某 從甘從木 從其從小非
虎 從虍凡此類從少 從声非
免 從兔從 從兎非

俗書證誤 八 三

稟 從禾 從示非
習 從羽凡此類 從之俗作習
恐 從巩 從凡非
熏 從𡆧 從田非
勇 從用 從田非
余 音途從入從 余非
秘 從示 從禾非
獎 從犬 從大從廾非
疋 從𤴓不合從足凡 疏楚胥等字從之
凌 從几 從几非
采 從爪從木 從米非
炙 從月 從夕非
朋 邪書 從月從月非
青 從丹 從月非
氾 音凡從巳從已非 凡範笵等從之
懷 從十從衣 從忄非
舌 從干 從千非

訛習諸字附

戊 原音茂 今務
疋 原音梳音 雅今匹
誆 原誆音今誆 騙訛匡音
大 原音惰今音 泰又丁蓋切
鄗 縣名原音 號切今火
戶 原音扈 今護
解 原音嫁 今介
部 原音剖 今簿
鬪 原從門從𨸏 今作鬬
咬 原音爻今口 齩之齩
听 原疑謹切笑 也今訛作聽
那 原平聲今 那邊去聲
做 原直信切今 做又祖去聲
歹 原音遏 今好歹
諕 原與嚇同音罅 今諕嚇誤虎音
幫 今幫 貼

俗書證誤 八 四

這 今這廝 這等
着 原著 今着實
歪 今歪斜 外平聲
句 原句今勾引音 鉤勾足勾當音遘
賠 今賠 賍
掯 今勒 掯
唆 今唆使 音梭
閣 原閤 今拈閣
哄 今欺 哄
丟 今丟 棄
拐 今拐 帶
瞎 今眼盲 音轄
趲 今催 趲
躲 今躲 避
怎 今怎生音 臻上聲
拿 原拏 今拿捉
撦 今扯
輭 今軟

兎今兎　檐今簷
宂今冗　樸今樸
逈今逈　鴙今雉
尋今尋　衘今銜
鹹今鹹　神今神
軌今軌　攜今攜
內今内　舊今舊
炯今烱　呂今呂
脊今脊

字書誤讀

宋　王雱

誤讀者斯字本無他音可疑而不識者信口謬傳習矣不察今據所聞特錄出以免伏獵杕杜金根之譏當與奇字參看每賓客在座間讀字之誤者在相知則爲正之不相知唯唯而已磨兜堅吾師也

䮲封䮲音移又音異誤馳　妃嬪嬪音頻誤賓
逦𨓏𨓏音鬬碍也誤𨓏　災沴沴音戾誤疹
馬謖謖音速誤稷　詖閭詖音小誤庾

螭頭螭音痴誤離　孤鶩鶩音木皃也誤婺
魑魅魑音痴誤離　㒖直㒖音豹㒖直吏官誤瀑
㤼懞㤼音伻㤼也誤駢　瞠乎瞠敕爭切直視貌誤儻
崢嶸音錚弘誤爭榮　屛營音平盈誤丙榮
氷檗檗擘同誤蘗　彊埸埸音易誤場
斡旋斡烏活切誤幹　靚粧靚音靜妝飾也誤倩
如綫綫線同誤賤　睒閃閃音缺誤𦤀
蔓延蔓音萬誤慢　潸然潸音山涕也誤潛
矜寡矜音鰥誤兢　武塈塈音塈則天名誤空

颶風　颶音具海中大風誤貝　金塹　塹音漸誤經

不勝　勝音升誤聖　璚瑤　璚瓊同誤橋

潢汙　潢音黃誤橫　萑苻　音丸蒲誤隹符

百揆　揆音睽誤睽　暴白　暴音僕誤抱

暴露　同前　嚬咻　音嬪許誤頻休

麈尾　麈音主誤塵　貪婪　婪音嵐誤休

卞壺　壺音閫誤壺　史籀　籀音宙誤漂

侯鯖　鯖音征誤倩　老嫗　嫗音禦誤傴

精牰　牰音粗誤捔　甪里　甪音鹿誤角

字書誤讀　八　二

蘸水　蘸莊陷切以物淬水誤醮　顋然　音疾大貌誤鬆

牀笫　笫音滓誤第　雨雹　雹音薄誤砲

鯢魚　鯢音綦誤復　黈纊　黈偷上聲黃綿爲圓挂於冕垂兩耳誤黃

土苴　苴直吕切誤注　竣事　竣音悛又音逡誤峻

悃愊　愊音璧誤幅　枹鼓　枹音孚誤庖

听然　听音㗊笑貌誤聽　剛愎　愎音弼誤復

刁斗　刁音凋誤刀　踣仆　踣音匐誤陪

貪冒　冒音墨誤帽　雞肋　肋音勒誤筋

瓦礫　礫音歷誤爍　蜥蜴　音昔亦誤淅暘

覆瓿　瓿薄口切誤剖　駔儈　駔臧上聲誤祖儈古外切合市人牙儈也

有郤　郤音隙誤却　岐嶷　嶷音逆誤疑

鄜州　鄜音孚誤鹿　潟鹵　潟音錫誤瀉

閿鄉　閿音聞誤受　滮池　滮音彪誤盈

俶儻　俶音惕誤叔　緡錢　緡音昆誤昏

檛鼓　檛職瓜切誤戈　柳玭　玭音蘋誤比

王嫩　嫩美同誤徽　巾櫛　櫛側瑟切誤節

秋獮　獮音銑誤彌　膃肭　膃烏骨切力音內誤温

罅漏　罅虛訝切誤滹　譌傳　譌訛同誤僞

字書誤讀　八　三

滑稽　滑音骨誤猾　瘐死　瘐音庾誤瘦

楚些　些音梭去聲誤些小之些　提撕　撕音西誤斯

雋永　雋音吮肥肉誤俊　媿恧　恧音忸誤而

祆廟　祆音軒誤妖　李陽冰　冰音凝誤水

骫骳　音委敝屈骫也誤滑髓　紕緞　緞音假誤古

不啻　啻音翅誤啼　酗酒　酗音煦誤洶

內帑　帑音儻誤奴　宓子賤　宓音伏又音密誤必

澶淵　澶音蟬誤擅　臨邛　邛音窮誤卬

龍罽　罽音双誤隴　擊筑　筑音竹似箏十三絃誤亢

汜水 汜音似誤泛
泛觴 泛音捧誤汎
朝鮮 音招仙誤潮銑
果蓏 蓏音裸誤預
押闔 押音擺誤押
土苴 土郎雅切苴音鮓誤土地之上苞苴之苴
脁朓 音遙豕朓又音恣恨視也誤遙此
鐃歌 鐃音撓如鈴無舌誤磽
棧道 棧音綻誤賤

縱臾 音總勇誤本音
石埭 埭音代誤棣
草菅 菅音姦茅也又姓誤管
饕餮 餮音怗誤殄
芟夷 芟音衫誤殳
一抔 抔音掊誤杯
覼縷 覼音羅誤彌
紛呶 呶音撓讙聲誤奴
龍準 準音拙又讀如字

字書誤讀　天　四

欃槍 欃初銜切槍音琤
讋服 讋懾同誤龍
斗杓 杓音標誤勺
翛然 翛音消誤修
渢渢 音泛中庸之聲又音逢水聲誤颯
朘削 朘音宣誤俊
徙倚 徙從扁凭倚誤徒
蒹葭 葭音加葦屬誤霞
齗齗 懇同又音所誤

挐舟 挐音拿誤奴
斬轂 轂音速誤轂
鍼砭 砭音邊又去聲誤貶
根蔕 蔕音帝誤帶
玫瑰 音枚瑰誤文魁
捭臂 捭音罷又不禕誤椁
悛倪 悛音逡誤俊
覬覦 音寄俞誤剴俞
狡猱 猱奴刀切誤柔

奇衺 邪同誤矛
況味 況貺同誤騰
日晷 晷音軌日景也誤咎
糗餉 餉式亮切誤向
捐軀 捐音圜誤娟
釜鬵 鬵音尋誤鬲
愧 音貴誤上聲
道 上聲誤去聲
箬笠 箬音若誤匿

淄澠 澠音繩易牙辨淄澠又有沔如澠誤黽
姦宄 宄音軌誤九
有奇 奇音肌零也誤其
蚔鄧 鉃同賈誼賦鏌鄧為蟻誤覽
隄防 防音方誤房
弮 音圈弩弓誤拳
匪頒 匪音分誤本音
騶 音芻誤驟
單至 單音戰輕發也誤本音

字書誤讀　八　五

佺 音賈堅也癡也誤姬
噍類 噍音譙誤焦
鳶 音圓誤淵
奸長 奸音干誤本音
參夷 參音三夷三族也誤參差之參
齎 音躋誤加
刲夬 刲音奎誤本音
嗾 音叟使犬嗾誤族
儵然 儵音倏急疾也誤消

招 音翹招入州舉也招過揭也誤本音
八廚 廚音皮誤廚
朱紘 紘音宏誤紋
輔 上聲誤去聲
殊死 殊如字斬刑誤誅
純衣 純音準誤本音
蚩 音蚩蟲名誤蟲
罥塗 罥音眩誤員
階戺 戺音市堂廉也誤延

狗監（楊得意爲狗監）薦相如誤狗盜　昕（音欣旦頁）將由誤斥

字格

唐　竇臮

晉弟尚書君子竇長翰墨師張王文章凌班馬詞藻雄贍草隸精深平生著碑誌詩篇賦頌章表凡十餘萬言較其巨麗者有天寶中獻人同賦三殿蹴踘賦以諷興諫諍爲宗致君救時爲本帝乃咨爾可編策書中使王人榮耀戚里龍章鳳篆寵錫儒門及乎晚年又撰述書賦總七千四百六十言精窮旨要詳辨秘義無深不討無細不聞微五典三墳考九丘八索

詩騷禮易文選詞林猶不盡所知故别結語立言曲中幽奧一字一句數義傍通尚書君學究天人才通詁訓注解分析皆憑史傳注有未盡在此例中意有未窮出此格上凡古今明哲正文呼字尊貴長老各言其親或取便引官或因言稱爵句則兩字三字五言四言而于其以之間或六或八跂時革命之際舉一相從慮學者致疑仍施朱點發此語之理例别有字格存焉凡一百二十言并注二百四十句且褒貶還同謚法披文惑切撫己崩摧手跡宛然如向來之

故筆天成卓爾成千載之分襟考義銘心言笑在目
十枚先折痛貫肝腸兩眼既枯哀纏骨髓
忘情鵰鶚向風自成騫翥天然鴛鴻出水更好容儀質朴天仙玉女粉黛何施斷磨
錯綜雕文萬種巧妙體裁一舉一措盡有憑據意態迴翔動靜厥趣相隨不倫前濃後薄
半斂半成枯槁欲兒選南氣脉斷絕專成宜師一家今古不雜有意忘立乃就非工不精
正衣冠踏掩若行若止日正行勉檢趨蹡加步如驟日行草雷擊電奔龍蛇出沒日草章草中
隸古蹤踏娜打日章神非意所到可以識知日神聖理絕名言潛心意得日聖文經天緯地可大
可久日文武迴戈挽戟拉虎拏豹日武能千里風流日能妙百般滋味日妙精功業雙極日精
古除去常情日古逸縱任無方日逸高超然出衆日高偉精采照射日偉老無心自達日老

喇逞能越妙日喇嫩力不副心日嫩薄闕于圓備日薄強筋力露見日強穩結構平正日穩
快真趣不停日快沉深而意遠日沉緊開合密緻日緊憀舉止閑詳日憀浮若無所歸日浮
容閑不容容日容淺浮于流俗日淺豐筆墨相副日豐茂字外有餘日茂實氣感風雲日實
輕筆道流便日輕瘠爽中有方日瘠疎違犯陰陽日疎拙不依淺巧日拙重質勝于文日重
纖文過于質日纖貞骨清神正日貞艷少古多今日艷峻頓絕頻達日峻潤古趣調暢日潤
險不期而然日險怯下筆不猛日怯畏無端羞澁日畏姸姿態挪打日姸媚意居形外日媚
祕藏鋒隱迹日祕細運用精神日細熟過猶不及日熟雄別負英威日雄雌氣候不定日雌
飛若滅若没日飛爽蕭灑飄然日爽動如欲奔飛日動成一家體度日成禮動合典章日禮
法宜循規備日法典從師約法日典則可以傳授日則偏惟守一門日偏乾無復光輝日乾

滑迅乏風采日滑駛波瀾驚法日駛放流浪不群日放閑輕駕超殊日閑拔孤雲作逸日拔
鬱勝勢與起日鬱秀翔集難名日秀束典至不弘日束穠五味加足日穠峭峻中勁利日峭
散有初無終日散質自少妖姸日質魯本宗淡泊日魯肥過臨洞寬沒而有餘日肥瘦鶴立
喬松長而不短日瘦壯力在意充日壯寬綽散無撿日寬

字林

宋 呂忱

分毫字辨

勁 功也驗也　效 法也 通用
函 音咸函谷 音含容也　亟 音激急也 音器數也
脩 脯也長也從月　修 爲也從彡 亦通用
祼 音灌祭 從示音祈　裸 雜上聲從衣 凡服從衣
角 音脚　甪 音鹿 獸名
氷 音兵　冰 音凝 亦作冰

壺 音胡　壼 音閫
豙 音海日也　啄 音卓
祇 音祈神祇　祗 音支適所以之辭
欹 音猗歎也　敧 音溪斜也
疐 音致跲也　建 音智速也
羨 似面切又音涎 貪慕也餘也　羡 音線 歆羡
瞳 音同 目童子　曈 日曈曨又從月 月出也
誤 謬也　悮 惑也 通用
悟 覺也　晤 對也

瑤 音遙　珤 音寶 義同
犛 音犂 大牛　漦 音時 涎沫 國亡而漦在
剺 音黎 割也　嫠 音黎 嫠婦 無夫也
頿 音須 呂額　䇓 音須 立而待也
禪 音然歸也 齋擅代也　襌 音丹 衣不重
飧 音孫 夕食　餐 千山切 素餐 亦作湌
佯 音楊 詐也　徉 音楊 徜徉
廌 豸同　薦 音箭 進也 又無牲而祭
員 音袁　貟 音云 又音運

友 音有 朋友　犮 音跋 犬走貌 古祓
菅 音奸 艸名　管 古緩切
艽 音逑　芁 音交 藥名
余 音餘　佘 音蛇 姓
刀 刀斧　刁 音凋 刁斗 又姓
子 子孫　孑 音結
卮 音痆沿 也具也　匕 音比 匙也 匕首 小刀也
競 音近 爭競　兢 音京 兢兢
酹 音耒 祭以酒沃地　酎 音宙 三重釀酒

閤 音各
傳 音椽又音篆從叀
摶 音博擊也
毆 毆上聲俗作毆
祟 從山從宗
紿 音態欺也
嬴 音盈姓
羸 祼同亦作蠃
蠃 螺同蜂屬
祐 音右神助

字林 八 三

裒 裒多益寡
褎 同上褎衣
袤 音茂延袤南北曰袤
袲 音侈音娜衣長也又音移宋地
褭 音鳥騕褭
褢 懷同
陜 音狹從入隘也
毐 音藹亭毒西域國音獨毒害

閤 音蛤內中小門
傅 音富又音附從甫
搏 音縛鶻搏
歐 音甌姓也又歐刀
祟 音歲從出從示神禍
詒 紿通
嬴 盈同餘也
蠃 騾同
羸 音雷瘦也
祜 音戶
襃 博毛切褒奬
褎 音右褎然舉首
衺 邪同
褏 袖同
裛 音邑香囊又香襲衣
陝 音閃從人
毒 音藹士之無行者
甹 從丁可也

寍 從心安也 亦通用
塲 音亦彊場
具 音懼備也
旡 音既飲食逆氣不得息
毋 音無從ノ禁止
柰 果名
膝 膝戟
瞑 目瞑
西 東西

字林 八 四

糜 賚也爛也粥也
蘖 麴蘖
孽 孽子
盱 同前張目遠視 盱水
鐘 樂器
戍 音庶人荷戈守邊
愿 謹愿
刺 音辣戾也乖刺
皿 音猛器也

塲 音長亦作場
貝 音背寶貝
无 音無
母 父母中二點象女乳
毌 貫同
奈 奈何 亦借用
綮 音綮筋肉結處
暝 日夕
襾 音亞覆也
糜 鶉也亦作縻
櫱 音孽黃木也水櫱
旴 音盱日出
鍾 酒器又量名
戊 地支
願 情願
刺 音次又音戚
四 音肆
樗 樗散

撈 撈滿
揀 亦作東揀也
泠 音零水清
冷 亦作零冷澤
淊 胡感切深也
滔 音韜水盛
掐 音滔掐取
掐 音恰爪掐
謟 音滔疑也
諂 丑談切一作讇
頪 水名
瀬 木名
頩 音景光也
朽 腐也
杇 音烏塗墁器
頪 俱音郛穗也
㓻 音剛備也
蒇 黙同人名

字林 八 五

棟 木名
炙 音久又去聲
炙 音隻
叵 音頗不可
巨 大也
䆞 音摧毀也
墮 音惰墜落 亦作墜 三
爪 側絞切手足甲
瓜 古華切
龜 音焦灼龜卜兆
龜
穴 音閱
宂 音茸散也冗也
幹 幹事
斡 斛入聲斡旋又音管運也
淚 淚同
汨 音骨水流又亂也音密汨羅
蘀 艸木皮又落也

籜 竹籜創音托
澤 音鐸氷結
澤 水澤
芈 音米從干芈鳴又楚姓
芊 音千艸盛又千
筴 策同
莢 音劫莢榆莢
卬 音昂又音仰
卭 音節臨卭
迊 作答切俗作匝周也遍也
市 同前
枀 音森從宂從木
罙 音深從冂從米深也
禓 音陽從示道上祭
裼 音錫从衣
簟 徒點切竹席
簞 慈荏切菌類
睽 卦名

字林 八 六

睽 違也
祛 音區從示禳也遣也
袪 從衣袖也舉也
班 班行
斑 駁文
諫 諍也
諫 刺同
祫 音峽合祭
袷 音夾衣無絮
辨 別也
辯 論也
辦 辦事
辮 花辮
犀 獸名
犀 音犀堅也又犀利
薄 厚薄又音博薄暮
簿 簿書
毫 毫毛

毫 地名　　雎 音雖水名又香季切恣睢
雎 音疽從且鳥名　　本 根本
本 音叨杜來見貌　　荀 音洵州名又姓
笱 笋同　　拆 音冊開也
折 音折又音舌　　柝 音託木柝
析 音昔分也　　賾 音宅又士革切深也
頣 音夷俗作頤養也　　肜 音融祭名音琛船行貌
彤 音同赤也　　瘦 瘠瘦
廋 音捜匿也一作廋　　瘐 囚饑寒死

字林　七

庚 倉庚又姓　　窳 苦窳缺也
瓜 呰瓜惰也上四字俱音雨　　蓏 音裸艸實
泮 泮宮　　泮 冰解
厎 音指致也厎績　　底 同上又音邸底裏
楊 木名姓　　揚 發也州名又揚雄姓
捋 盧活切撮取也　　埒 音列等也土封道
貫 貫市　　貰 音世貸也賒也又音射
胄 胄子從月　　冑 甲冑從月曰帝冑
月 上有短中連左不連右　　月 肉同

纂 纂逆　　纂 纂集
爨 炊爨　　釁 血塗亦作衅
亹 [illegible]亹同　　亹 音尾勉也
首 元首　　首 古首
塾 音孰家學　　墊 音店昏墊
禜 音詠祭名　　榮 榮華
僭 子念切僭越　　僣 音鐵
第 次第　　第 音滓床簀
鹽 俗作塩　　盬 音古

字林　八

類 同類　　纇 絲也
沫 音末涎沫又水名　　沬 音昧水名又小星
衆 音忠暨同義　　衆 衆多
肆 音四　　肄 音異習也
穀 禾也　　穀 楮木皮可作紙
曌 日月相望　　望 朔望
辭 詞也　　辤 不受通用
庫 庫藏　　厙 音舍姓也
舀 音舀凡舀臼舀之類從之　　臽 音陷小阱凡陷欲之類從之

四 切同天平聲
丱 音慣束髮
鶵 音紆損也
段 從殳片段凡鍛從此
齋 音咨攝齋
維 維繫
唯 亦獨也三字俱起語辭音委唯諾
學 從爻
與 從与

凸 音突
卄 音念二十併也
鶖 音楸飛舉貌
叚 從殳凡叚從此
齎 音資裝也音躋送也
惟 思惟又獨也
覺 從爻
舉 從与
輒 輒敢

字林　九

轍 車轍
盲 音萌從目目盲
蘧 同前蘧蒢竹席又疾不能俯
鼈 鼈類
龜 甲虫
𡖓 音祠營求也又還也
豊 音禮澧同
隹 音追鳥之短羽總名亦曰隹
函 音聽從水

肓 音荒從月膏肓
遽 音渠自得貌又姓
黿 音元
鼉 音陀類魚有足
鼃 蛙同
蕢 項同
豐 音峯澧同
佳 音加美也
囦 音淵從水

喀 款聲
譞 音萱多言又智也
獧 同上又音絹狂獧
藻 水艸
巴 音怡從巴吳之巴楚謂橋為巴
衦 音托從衣衣衸又開衣領
昜 陽同
庬 音茫
卿 從夕從卯

格 手把着也俱音客
儇 同上又呼關切慧利也
滌 洗滌
把 音瘖從人巴把之巳壞也
祏 音石從示廟中藏木主石室
易 音亦
龐 音旁高屋也又姓音龍充實也
鄉 從良從卩
陋 地名

字林　十

腼 煮也爛也俱音而
仝 音全從入
仚 音軒從人輕舉貌又人在山上
篷 編竹覆舟車
褫 音馳又音侈從衣奪衣也
湏 火爨切爛也從氵
嗃 叫呼聲俱音哮
音同盡與
春 憒同

仝 音同從人
仚 仙同從入
蓬 艸名
禠 音斯從示福也
須 斯須從彡
嚆 嚆矢之鳴者
背 𦟝同

鴈同雁　隺同鶴鶴
弁同笲笄　挂同掛
恠同怪　嘆同歎
剷同剗　搡同拜
概同槩　咲同笑
阨同隘　筦同管
閡同礙　𢡟同憊
椉同乘　皁同皂
妒同妬　菀同鬱

字林　八　十一

帚同箒　彗同彗
灟同劉　敶同陳
遂同箭　剏同創
蹔同暫　尠同鮮
蓺同藝　𪀶同毀
辠同罪　龢同和
澣同浣　柬同簡
佚同逸　卟同稽亦作乩
囏同艱　魭同禍

旹同時　袠同帙
玈同盧　䊸同邾
蔕同柢　隃同遙亦作遣
綫同線　昞同映
晦同訽　俶同倜
胍同脈　諐同愆
凷同塊　聊同鄉亦作聊
犆同粗　阱同穽
埜同野　屮同草

字林　八　十二

侂同托　瓡同執
秃同劇　䁥同昵
勣同績　敕同勑
迋同誑　悳同德
𢁺同格　㮚同栗
岊同節　銕同鐵
与同與亦作予　朶同果亦作[illegible]
僊同仙　䙴同遷
弃同棄　[illegible]同醯

跂 仝同　溢 衵同
墬 地同亦作墜　旬 丐同
朘 屆同　砦 寨同
灋 法同　秊 年同
穗 穟同　璿 旋同
璚 瓊同　喆 哲同
蹠 跖同　媿 愧同
鏁 鎖同　揜 掩同
圂 溷同　蘂 蕋同亦作蕊

字林　八　十三

矔 雞同　摹 模同
靤 靦同　飰 飯同
孏 嬾同　搤 扼同亦作掜
泝 遡泝同　憸 儉同
耆 驕同　詧 察同
穡 濇同　彧 郁同
愳 惧同　飢 肌同
謏 萱同　欵 款同
袘 拖同　庚 叓同

眂 眡剪同　单 課同
枏 楠同　叅 参同
厝 措錯同　佗 他同
寓 宇同　遅 迟遲同
䫉 貌同　紃 循同
鷔 鼇同　豔 艶同
[illegible] 喬同　肎 肯宵同
亯 享同　𢇍 絕同
旦 晨同　范 範同

字林　八　十四

政 正同　炤 照同
譱 善同　忼 慷同
巺 撰同　駴 駭同
勦 剿同　夸 侉同
蕐 花同　詹 瞻同
闚 覘同　朱 囷同
坊 防同　圖 圗同

音義異同

荐舉 薦通　鹵掠 虜通

葴紳 縉通亦作搢　財擇 裁通
俛仰 俯通　澹然 淡通
媮安 偷通　勉彊 強通
辟如 譬通　啓達 暢通
臨況 睨通　闒阻 遏通
縣繫 懸通　奚翅 啻通
戲下 麾通　擔用 贍通
相稽 譏通　行理 李通
儋石 擔通　諳諜 牒通

虛喬 憍通　樊然 繁通
焦瘁 憔通　選蠕 愞通
方皇 徬通　蒼黃 倉皇通
枝梧 支吾通

畫同音異

車 音居　車騎　車 扯平聲　左車又姓
差 音叉　差錯　差 音釵　差使　夫差
虹 音紅　虹蜺　虹 音絳　虹縣
涯 音牙　涯涘　天涯　涯 音崖　兩涯 二韻通用

否 音鄙　否泰　臧否　否 俯九切　可否
已 音紀　人已　已 音以　已矣
泄 音曳　泄泄　泄 音渫　漏泄
曳 音動　曳曳　曳裙　曳 延結切　曳涅 河名
汜 音似　汜水　汜 音泛　汜濫
裨 音卑　裨補　裨 音湃　偏裨
杓 音標　斗杓　杓 音若　杯杓 二韻通用
軼 音逸　奔軼　屈軼　軼 音迭　侵軼 二韻通用
些 梭去聲　楚些　些 寫平聲　些微

倒 音到　顛倒　倒 音島　傾倒 二韻通用
衍 音燕　衍文　衍 音演　敷衍 二韻通用
燕 音烟　幽燕　燕 音宴　燕雀
繆 音牟　綢繆　繆 音謬　紕繆
筴 音策　籌筴　筴 音甲　蓍筴
瞑 音酩　瞑睥　瞑 音面　瞑眩
焉 音言 語終辭　焉 音夷 周官司寇行決焉使劑介之
捄 音救　捄益扶衰　捄 音抱 盛土虆中
徵 音止　徵羽　徵 音貞　明徵

一字數音

敦有九音　灰韻音堆詆也詩敦彼獨宿注獨處不移貌寘戲欲從甃敦而度高乎泰山甃敦皆小丘名　元韻音惇大也姓敦名洽衛之醜人又音豚敦煌郡名　寒韻音團聚貌詩敦彼行葦　蕭韻音雕畫弓天子弓也一作弴　準韻音準布帛幅廣也周禮内宰出其度量敦制　阮韻音遯左傳渾敦　隊韻音對器名周禮珠槃玉敦　願韻音頓豎也又太歲在子曰困敦　號韻音導覆也覆

燾一作敦周禮司几筵每敦一几

灑有八音　馬韻音灑灑落雨灑與洒通用下同　銑韻音癬肅恭貌禮記一爵而色洒如　薺韻音洗洒滌洒心　紙韻音徙落也　蟹韻音所買切洒掃又爾雅大瑟謂之灑　寘韻音曬　卦韻音曬汛也古作洒　支韻音廝分也相如傳灑沈澹災言分散其漯水以安其災溝洫志釃二渠以引河音同

差有七音　支韻音义宜切不齊也差池參差　佳韻音釵使也詩穀旦于差夫差吳王名　歌韻音磋禮記御者差沐浙米瀋爲沐也荒差人名　麻韻音叉不相値也差錯　卦韻音瘥病除也又較也　禡韻音詫異也　箇韻音挫足跌也過也周禮　有差分重差之法

苴有六音　魚韻音疽苞苴苴杖　虞韻音葅酢菜之類　麻韻音槎水中浮草也詩如彼棲苴補苴語韻子與切履中草也　馬韻音鮓糟魄也莊子上苴以治天下　遇韻將豫切終軍苴白茅於

江淮

湛有六音　侵韻湛溺　鹽韻音尖禮記湛熾必潔　覃韻湛湛　感韻丈減切澄也澹也　沁韻音浸漬也又音鴆投物水中也内則湛諸美酒　勘韻夾陷切露貌湛然

繆有五音　尤韻綢繆　音樛穆皇后傳郎自繆死　篠韻繆繞　宥韻紕繆　屋韻繆公昭繆

行有四音　庚韻行路　陽韻班行　敬韻行檢絳韻行

厭有四聲　平厭厭無厭　上厭然　去不厭　入
厭服
比有四聲　平比鄰卑比　上比部大比　去阿比
比其反也　入比比皆然
沈有四音　侵韻沈潛　覃韻音潭陳勝傳涉之為
王沈沈者　寑韻音審姓也　沁韻音酖溺也
數有四音　麌韻何足數　遇韻分數　覺韻頻數
沃韻數罟
射有四音　禡韻騎射　夜韻僕射　陌韻擭射

錫韻無射　藥韻在此無射
句有四音　虞韻音拘須句地名　尤韻音鉤句吳
地名高句麗遼東國名句踐越王名　宥韻音遘
句當又姓　遇韻音據章句又句容縣名
愞有四音　緩韻奴亂切弱也漢武紀畏愞棄市考
工記馬不契需　箇韻奴臥切一作懦　虞韻儒
轉切義同　銑韻乳兖切選愞又司馬遷傳以奥
脆之體
辟有三音　寘韻音譬辟如辟世音避　陌韻音璧惟辟

作福辟除不辭大辟音闢又音僻便辟放辟邪辟偏
辟
酇有三音　歌韻音嵯又音鄌蕭何所封邑　翰韻
音贊邑名　寒韻音攢周禮百家為酇聚也
蔞有三音　虞韻蔞蒿　尤韻同上　麌韻考工記
為萬蔞
長　共　與　屏　卷　渾　從
齊　强　那　皆三聲
惡　假　葬　適　單　樂　解

參　說　圭　皆三聲

説郛目録

弓第八十六

六義圖解

朱　王應電

六義貫珠圖

此圖本出六書本義六義相關圖但只系本象形字彼因指事之義不明遂誤爲指事故别爲中數圖欲使多見則易明也

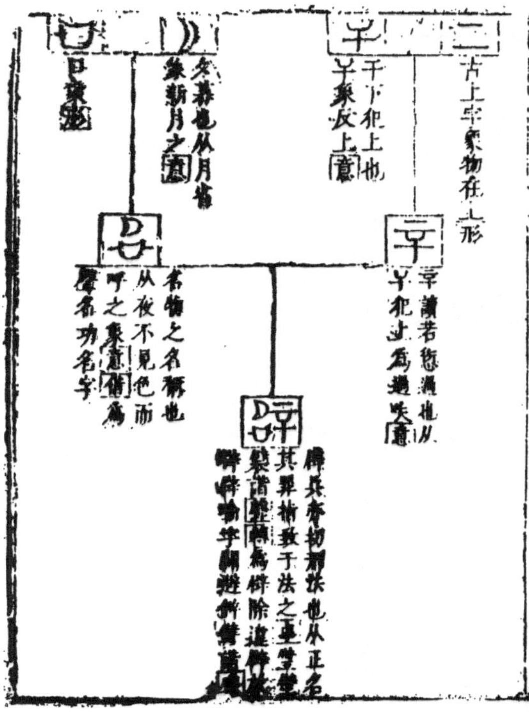

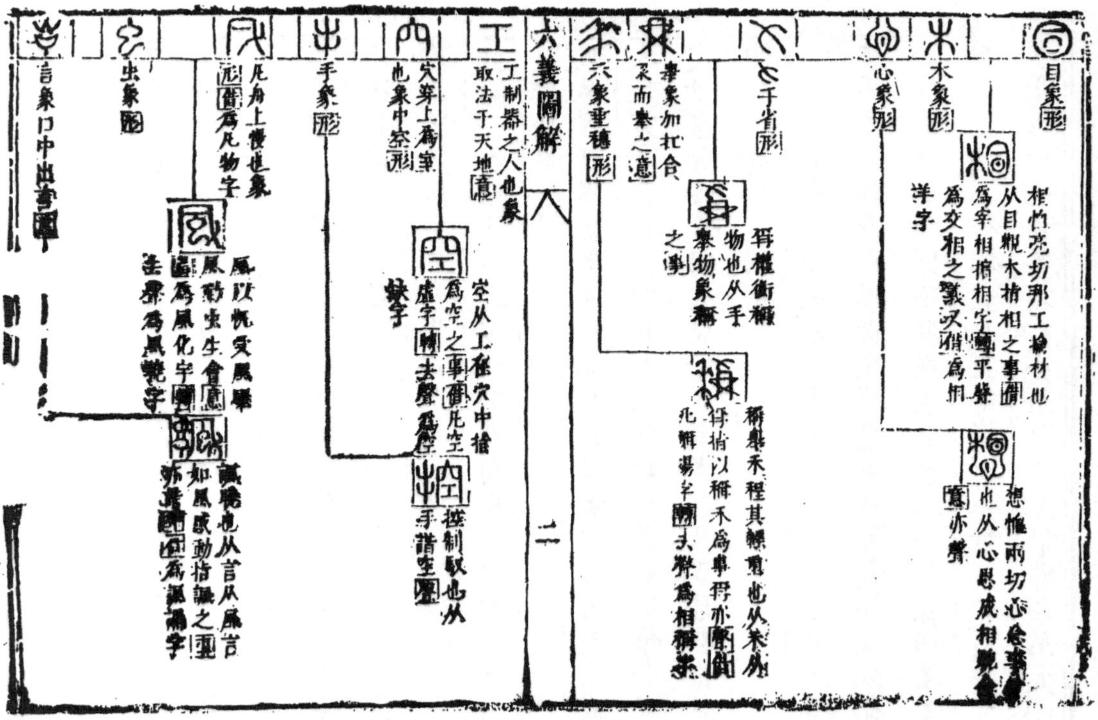

六義相關圖

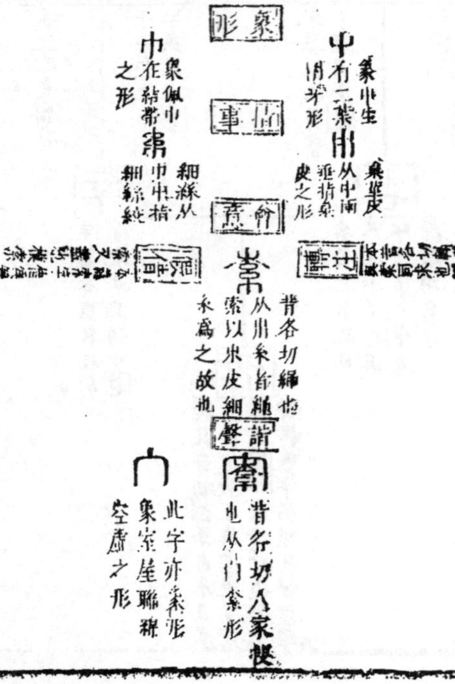

筆勢論畧

晉　王羲之

告汝子敬吾觀汝書性過人仍未閑規矩父不親教自古有之今述筆勢論十篇開汝之性凡諸字勢總立十章章有指歸定其模楷審其舛謬撮其要實録其便宜或變體處多罕測其木轉筆者衆莫識其原懸針垂霧之法固難體制揚波騰氣之勢足可迷人故謂變其所由堪愈膏肓之疾今書樂毅論一本筆勢論一篇貽子藏之勿播於外窮研篆籀功省而易成纂習精專形彰而勢顯存意學者兩月可見其成天性靈者百日即知其本此筆勢可爲家珍學者秘之也有名擧筆則久矣始克有成妍精罩思審諸規矩存其要畧以爲斯論

一曰凡欲書時先乾研墨安筆水中研墨須調不得生用生用即浸滲漫澁點筆之法只可大如豉麥也不宜多點多點則不利橫畫之法不得緩緩則不緊豎牽之法不得急宜卓把筆筆頭先行筆管須卓立豎傷則曲也倚竿之勢亦須緩干戈形勢頭尾大小

輕健妙好真書如此行草任意

二曰初學字時不可盡其形勢先想字成意在筆前一徧正其脚手二徧須形勢三徧須稍令似本四徧加其道潤五徧每加抽拔使不生澁如筆下未滑不可便休三行兩行臨之未取滑健為能勿計其徧數也

三曰平穩為本分間布置上平齊平均其體勢大者促之令小小者縱之令大自然寬狹得所不失其宜橫則正若長舟之截江渚竪則直如冬笋之挺寒谷

也

四曰作點之法皆須磊磊如大石當衢路或如蹲鴟或如蝌蚪或如瓜子凡此之類各稟其宜用之落筆之法殼殼若長松之倚谿也

五曰立人之法如鳥在桂首亻彳之類是也利脚之法彎彎如角弓見鳥張焉爲鳥是也急引疾牽如雲中之電還遠之流是也

六曰日月自用等字之側中畫不得綱其右右又宜粗中畫之法遠近宜均上下得所並須遮相掩蓋不可孤露影象也一云勿令偏枯點畫既勾自然

七曰用筆之法復有數勢藏鋒者大側筆者之抽筆者人態筆者必爲懸筆者失矣息筆者逐過歷筆者於將戰筆者合含蹶筆者或幾翻筆者先光疊筆者時寺起筆者不下打筆者廣度

八曰擊不宜緩緩則鈍礫筆不宜遲遲則失力復不宜促促則大㶊啄不宜斜斜則失勢烈角不宜峻峻則拙二字合為一體者宜寬寬則陋重者不宜長單者不宜小復不宜大密勝疎短勝長也

九曰字體之形不宜上闊下狹如此則輕重不相稱也太密則似痾瘵纏身不能轉舒過疎則似翔禽瀕水諸處皆慢傷長則似既死之虺腰間無力傷短則似已踐之蛙形醜而闊此爲大忌

十曰學者有二種若擬倣學者要須似本緩緩臨時定其形勢勿失規矩若擬自下要急者但少得形勢復令快健手脚輕便衆據得所方圓大小各不犯或一點失所若美女無一目一畫失所如壯士無一肱樂毅之本王氏累世學此得成自外皆達勿以難

學而慢之此論日有丹陽僧求吾書不復與也

筆陣圖

晉 衛夫人

夫三端之妙莫先乎用筆六藝之奧莫匪乎銀鉤昔秦丞相斯見周穆王書七日興歎患其無骨蔡尚書邕入鴻都觀碣十旬不返嗟其出羣故知達其源者少闇於其理者多近代以來殊不師古而緣情棄道。纔記姓名或學不該贍聞見又寡致使成功不就虛費精神自非通靈感物不可與談斯道。今刪李斯筆妙更加潤色總七條并作其形容列事如左貽諸子孫永爲模範庶將來君子時復覽焉筆要取崇山絕仞中兎毛八九月收之其筆頭長一寸管長五寸鋒齊腰強者其硯取前涸新石潤澀相兼浮津耀墨者其墨取廬山之松烟代郡之鹿膠十年以上強如石者爲之紙取東陽魚卵虛柔滑淨者先學寫字先學執筆若眞書去筆頭二寸一分若行草書去筆頭三寸一分執之下筆點畫芟波屈曲皆須盡一身之力而送之若初學先大書不得從小善鑒者不寫善寫者不鑒善筆力者多骨不善筆力者多肉多骨微

肉者謂之筋書多肉微骨者謂之墨猪多力豐筋者
聖無力無筋者病一一從其消息而用之
一　如千里陣雲隱隱然其實有形
丶　如高峯墜石磕磕然實如崩也
丿　陸斷犀象
乚　百鈞弩發
丨　萬歲枯藤
乀　崩浪雷奔
𠃌　勁弩筋節

右七條筆陣出入斬斫圖執筆有七種有心急而執
筆緩者有心緩而執筆急者若執筆近而不能緊者
心手不齊意後筆前者敗若執筆遠而急意前筆後
者勝又有六種用筆結構圓備如篆法飄颺灑落如
章草凶險可畏如八分窈窕出入如飛白耿介特立
如鶴頭鬱拔縱橫如古隸然心存委曲每爲一字各
象其形斯造妙矣書道畢矣永和四年上虞製記

王右軍書衛夫人筆陣圖後

夫紙者陣也筆者刀矟也墨者鍪甲也水硯者城池
也心意者將軍也本領者副將也結構者謀略也颺
筆者吉凶也出入者號令也屈折者殺戮也夫欲書
者先乾研墨凝神靜思預想字形大小偃仰平直振
動令筋脉相連意在筆前然後作字若平直相似狀
如算子上下方整前後齊平此不是書但得其點畫
爾昔宋翼常作此書翼是鍾繇弟子繇乃叱之翼三
年不敢見繇即潛心改迹每作一波常三過折筆每
作一點常隱鋒而爲之每作一橫畫如列陣之排雲
每作一戈如百鈞之弩發每作一點如高峯墜石屈

折如鋼鈎每作一牽如萬歲枯藤每作一放縱如足
行之趣驟翼先來書惡晉太康中有人於許下破鍾
繇墓遂得筆勢論翼乃讀之依此法學名遂大振欲
眞書及行書皆依此法若欲學草書又有別法須緩
前急後字體形勢狀等龍蛇相鈎連不斷仍須稜側
起復用筆亦不得使齊平大小一等每作一字須有
點處且作餘字總竟然後安點其點須空中遙擲筆
作之其草書亦復須篆勢八分古隸相雜亦不得急
令墨不入紙若急作意思淺薄而筆即直過惟有畫

草及章程行狎等不用此勢但用擊石波而已其擊石波者缺波也又八分更有一波謂之隼尾波即鍾公泰山銘及魏文帝受禪碑中已有此體夫書先須引八分章草入隸字中發人意氣若直取俗字不能先發羲之少學衛夫人書將謂大能及渡江北游名山比見李斯曹喜等書又之許下見鍾繇梁鵠書又之洛下見蔡邕石經三體書又於從兄洽處見張昶華岳碑始知學衛夫人書徒費年月耳羲之遂改本師仍於衆碑學習焉遂成書爾時年五十有三或恐

風燭奄及聊遺教於子孫耳可藏之石室千金勿傳

筆髓論　唐　虞世南

敘體

文字經藝之本王政之始也蒼頡象山川江海之狀蟲蛇鳥獸之迹所爲六體戰國政異俗殊書文署別秦患多門約爲八體筆病訛謬凡五易焉並不述用筆之妙及乎蔡邕張索之輩鍾繇衛王之流皆造意精微自悟其道也

辯應

心爲君妙用無窮故爲君也手爲輔承命竭股肱之

用故也力爲任使纖毫不撓尺丈有餘故也管爲將帥處運用之道執生殺之權虛心納物守節藏鋒故也毫爲士卒隨管任使跡不凝滯故也字爲城池大不虛小不孤故也

指意

用筆須手腕輕虛虞安吉云未解書者一點一畫皆求象本乃轉自取拙豈成書耶太緩而無筋太急而無骨側管則鈍慢而肉多豎筆直鋒則乾枯而露

終其謨也麁而不銳細而能壯長者不爲有餘不爲不足

釋眞

筆長不過六寸捉管不過三寸眞一行二艸三指實掌虛右軍云書虛紙强筆强紙弱筆强者弱之弱者强之遲速虛實若輪扁斵輪不疾不徐得之於心應之於手口所不能言也拂掠輕重若浮雲蔽晴天波擊勺截若微風搖於碧海氣如奔馬亦如朵鉤輕重出乎心而妙用應其手然凡體約八分勢同章艸

而各有趣無問巨細皆有虛散其鋒圓毫藴按轉易也豈眞書一體篆艸章行八分等當覆腕上搶掠毫開下撤撥歷鋒轉則稍有筋力指端橫鉤蹲駐轉腕之狀矣

釋行

行書之體略同於眞至於頓挫磐礴若猛獸之搏噬進退斂距若秋鷹之迅擊故覆腕搶毫乃按鋒而直引其縮也則外拓內旋結鋒而環轉結者上蹙旋毫不絕內轉鋒也加以掉筆聯毫若石璺玉瑕自然之理亦如長空遊絲容曳而來往又以虫網絡壁勁而復虛遊絲斷而能續皆契以天眞同於輪扁義之云每作一點畫皆懸管掉之令其鋒開自然勁健

釋艸

艸即縱心奔放覆腕轉蹙懸管聚鋒柔毫外拓左爲外右爲內伏連卷收攬吐納內轉藏鋒也既如舞袖揮拂而縈紆又若垂藤摎盤而繚繞蹙旋轉鋒亦如騰猿過樹逸蚪得水輕兵追虜烈火燎原或體雄而不可抑或勢逸而不可止縱狂逸不違筆意也羲之

云透嵩華而不高踰懸壑而能越或連或絕如花亂飛若雄若強逸意不相副亦何益矣但先緩引興心逸自急也仍接鋒而取興興盡即已又生楳鋒毫任毫端之奇象兎絲之縈結轉剔刓角多鉤篆體或如虵形亦如兵陣故兵無常陣字無常體矣謂如水火勢多不定故云字無常定也

契妙

欲書之時當收視反聽絕慮凝神心正氣和則契於心神不正書則欹斜志氣不和字即顛仆同魯廟

之器虛則欹滿則覆中則正正者冲和之謂也然字雖有質跡本無爲稟陰陽而動靜體萬物以成形達性通變其常不主故知書道玄妙必資神遇不可以力求也必須心悟不可以目取也字形者如目之視也爲目有止障明執字體既有質滯爲目所視遠近不同如水在方圓豈由其水且筆妙喻水方圓喻字所視即同遠近即異故明執字體也字有態度心之暢也心悟非心合於妙也借如鑄銅爲鏡非匠者之明假筆轉心非毫之致妙必在澄心運思至微至妙

之間神應思徹又同鼓瑟綸音妙響隨意而生握管使鋒逸態逐毫而應學者心悟於至道書契於無爲苟涉浮華終懵於斯理也

書法

唐　歐陽詢

排疊

字欲其排疊疏密停均不可或濶或狹如壽臺畫筆麗羸變糸旁言旁之類八訣所謂分間布白又曰調勻點畫是也高宗書法所謂堆垜亦是也

避就

避密就疏避險就易避遠就近欲其彼此映帶得宜又如廬字上一撇既尖下一撇不當相同府字

一筆向下一筆向左逢字下辵拔出則上必作點亦避重疊而就簡徑也

頂戴

字之承上者多惟上重下輕者頂戴欲其得勢如疊壘棠鷺驚鸞馨聲醫之類八訣所謂正如人上稱下載又謂不可頭輕尾重是也

穿插

字畫交錯者欲其疏密長短大小勻停如中弗井曲冊兼禹禺爽爾襄甬耳婁由垂卓無密之類八

訣所謂四面停勻八邊具備是也

向背

字有相向者有相背者各有體勢不可差錯相向如非卯好知和之類是也相背如北兆肥根之類是也

偏側

字之正者固多若有偏側欹斜亦當隨其字勢結體偏向右者如心戈衣幾之類向左者如夕朋乃勿少女之類正如偏者如亥女丈乂互不之類字

法所謂偏者正之正者偏之又其妙也八訣又謂勿令偏側亦是也

挑㧖

字之形勢有須挑㧖者如戈弋武九氣之類如獻勵散斷左邊既多須得右邊㧖之如省炙之類上偏者須得下㧖之使相稱乃善

相讓

字之左右或多或少須彼此相讓方爲盡善如馬旁糸旁鳥旁諸字須左邊平直然後右邊可作字

否則妨礙不便如纖字以中央言字上畫短讓兩糸出如辦其中近下讓兩辛出如鷗鷳馳字兩旁俱上狄下潤亦當相讓使不妨礙然後爲佳此類是也

補空

如我哉字作點須對左邊實處不可與成戟戈諸字同如襲辟餐贛之類欲其四滿方正也如醴泉銘建字是也

貼零

如令今冬寒之類是也

粘合

字之本相離開者即欲粘合使相着顧揖乃佳如諸偏旁字臥鑒非門之類是也

滿不要虛

如園圃圖國四包南隔目四勻之類是也

意連

字有形斷而意連者如之以心必小川州水求之類是也

覆冒
字之上大者必覆冒其下如雲頭穴宀𠆢頭奢金
食夆巷泰之類是也
垂曳
垂如都鄉卿卯夆之類曳如永支欠皮更辶走民
也之類是也
借換
如醴泉銘秘字就示字右點作必字左點此借換
也黃庭經庭字㬎字亦借換也又如靈字法帖中

或作𦉢或作小亦借換也又如蘇之爲蘓秋之爲
秌鵝之爲鵞爲䳘之類爲其字難結體故互換如
此亦借換也所謂東映西帶是也
增減
字有難結體者或因筆畫少而增添如新之爲新
建之爲建是也或因筆畫多而減省如曹之爲曹
美之爲美但欲體勢茂美不論古字當如何書也
應副
字之點畫稀少者欲其彼此相映帶故必得應副
相稱而後可又如龍詩讐轉必一畫對一畫相應
亦相副也
撑拄
字之獨立者必得撑拄然後勁健可觀如可下承
亭寧丁手司卉草矛巾千予于弓之類是也
朝揖
字之凡有偏旁者皆欲相顧兩文成字者爲多如
鄒謝鋤儲與三體成字者尤欲相朝揖八訣所謂
迎相顧揖是也

救應
凡作字一筆纔落便當思第二三筆如何救應如
何結裹書法所謂意在筆先文向思後是也
附麗
字之形體有宜相附近者不可相離如形影飛起
超飲勉凡有文欠支旁者之類以小附大以少附
多是也
回抱
回抱向左者曷丐易菊之類向右者如艮鬼包旭

乜之類是也

包裹

謂如園圃打圈之類四圍包裹也尚向上包下幽凶下包上匱匡左包右旬匃右包左之類是也

却好

謂其包裹鬬湊不致失勢結束停當皆得其宜也

小成大

字以大成小者如門辶下大者是也以小成大則字之成形及其小字故謂之小成大如孤字只在末後一乁寧字只在末後一勾欠字一拔弋字一點之類是也

小大成形

謂小字大字各字有形勢也東坡先生曰大字難於結密而無間小字難於寬綽而有餘若能大字結密小字寬綽則盡善盡美矣

小大　大小

書法曰大字促令小小字放令大自然寬猛得宜譬如日字之小難與國字同大如一字二字之疎亦欲字畫與密者相間必當思所以位置排布令相映帶得宜然後爲上或曰謂上小下大上大下小欲其相稱亦一說也

左小右大

此一節乃字之病左右大小欲其相停人之結字易於左小而右大故此與下二節皆字之病也

左高右低　左短右長

此二節皆字之病不可左高右低是謂單肩左短右長八訣所謂勿令左短右長是也

褊

學歐書者易於作字狹長故此法欲其結束整齊收斂緊密排疊次第則有老氣書譜所謂密爲老氣此所以貴爲褊也

各自成形

凡寫字欲其合而爲一亦好分而異體亦好由其能各自成形故也至於疎密小大長短濶狹亦然要當消詳也

相管領

欲其彼此顧盼不失位置上欲覆下下欲承上左右亦然

應接

字之點畫欲其互相應接兩點者如小八小自相應接三點者如系則左朝右中朝上右朝左四點如然無二字則兩旁二點相應中間相接又作小亦相應接至於丿乀水木州無之類亦然已上皆言其大略又在學者能以意消詳觸類而長之可也

五十六種書法

唐　韋續

自三皇已前結繩爲政至太昊文字生焉所以依類象形謂之文形聲相益謂之字著於竹帛謂之書書者以代結繩之政也故字有六文一曰象形日月是也二曰指事上下是也三曰諧聲江河是也四曰會意武信是也五曰轉注考老是也六曰假借令長是也又云字有五易蒼頡變古文史籀製大篆李斯製小篆程邈隸書漢代作艸是也其八體者更加刻符摹印蟲書署書殳書傭信是也并大小篆爲八後漢東陽公徐安于捜諸史籍得十二時書皆象神形又加三十三體共定五十六種書列于後

一

太昊庖犧氏獲景龍之瑞始作龍書

二

炎帝神農氏因上黨羊頭山始生嘉禾八穗作八穗書用頒行時令

三

黄帝史蒼頡寫鳥跡爲文作篆書

四

因卿雲作雲書少昊帝時也

五

少昊金天氏作鸞鳳書以鳥紀官文章衣服取象古文

六

科斗書者因科斗之名故飾之以形不知年代或云顓頊高陽氏所作

書法　章　二

七

帝嚳高辛氏以人紀事作仙人形書車器衣服皆爲之

八

帝堯陶唐氏因軒轅靈龜負圖作龜書

九

夏后氏作鐘鼎書以鐘鼎形爲篆也

十

殷湯時仙人務光作倒薤書

十一

周文王史史佚作虎書有虎不害人名騶虞因茲始也

十二

周文王赤雀銜書集戶武王丹鳥入室以二祥瑞故作鳥書

十三

周法魚書者因素鱗躍舟所作

十四

書法　章　三

填書者亦周之媒氏作魏韋誕用題宮闕王廙王隱皆好之

十五

大篆書周宣王臣史籀所作也

十六

複篆者亦史籀所作漢武帝用題建章闕

十七

殳書者伯氏所職文記笏武記殳因而制之

十八

小篆者周時所作漢武帝得汾陽鼎即其文也

十九

仙人篆者古者所有李斯蕃辯古文字改爲篆形也

二十

麒麟書者魯西狩獲麟仲尼反袂拭面稱吾道窮弟子申爲素王紀瑞所製書

二十一

轉宿篆者宋司馬以熒惑退舍所作也象蓮花未開形也

二十二

蟲書者魯秋胡妻浣蚕所作

二十三

傳信鳥跡者六國時書節爲信象鳥形也

二十四

細篆者李斯摹寫始皇碑序皆用此體

二十五

小篆者李斯刪古文始皇以祈禱名山皆此書

二十六

[illegible]

二十七

古隸書者程邈獄中變大篆所作始皇嘉焉釋[illegible]御史[illegible]書也

二十八

徒隸之書[illegible]程邈[illegible]因爲徒隸書也

二十九

署書者蕭何所作用題蒼龍白虎二觀

三十

稾書者行狎之文也晉衛瓘索靖善之

三十一

氣候書者漢文帝時令司馬長卿採晨禽屈伸之體升伏之狀象四時爲書

三十二

芝英書者六國時各以異體爲符信所製也

三十三

芝英書者漢代有靈芝三莖[illegible]殿前遂作歌芝英之曲

三十四
金錯書者古之錢銘周之泉府漢之銖兩刀布所製也

三十五
尚方大篆者程邈所述後人飾之斯法爲

三十六
鶴頭書者與偃波皆詔版所用漢尺一之簡是也

三十七
偃波書即版書狀如連文謂之偃波

三十八
蚊脚書者尚詔版也其字仄纖垂下有似蚊脚

三十九
垂露篆者漢章帝時曹喜作也

四十
懸針篆者亦曹喜所作有似[illegible]用題五經篇目

四十[illegible]
[illegible]

之艸聖

四十二
飛帛書者蔡邕待詔見門下吏堊帚成字所作

四十三
一筆書者張芝所製其狀崎嶇有循環之狀

四十四
八分書者王次仲所作魏鍾繇謂之章程書

四十五
蛇書者魯人唐終夢蛇遶身寤而作之

四十六
行書者正之小僞也鍾繇謂之行狎書

四十七
散隸者衛恒所作跡同飛白也

四十八
散仄書者晉王右軍所作也

四十九
藁及行隸者鍾繇變之義獻好之

五十

體書者二王重變行隸及藁體所作也

五十一

艸書者王羲之飾古亦甚善

五十二

虎爪書者王僧虔擬龍爪所作也

五十三

鬼書者宋元嘉中京口有人震死臂上有篆似八分書也

五十四

外國書者何馬鬼魅王之所授其形似小篆

五十五

天竺書者梵王所作涅槃經所謂四十二章經也

五十六

飛書者河東山徹所作

九品書

唐　韋續

上古創意製字務在形質自夏禹之後乃精妙間生體換屢移實難具美今繼其約古品藻錄其長分爲三等皆旁通上中下總一百九人列之于後

上上十九人

夏禹作象形篆以銘鍾鼎

周史籀大篆

高祖神堯皇帝行隸

魯司寇文宣王大篆

太宗文皇帝行艸

至道大聖大明孝皇帝八分

秦相李斯小篆

後漢崔瑗隸艸等書

後漢蔡邕隸篆八分

後漢杜伯度章艸時稱艸聖

後漢王綺正隸艸

[illegible]漢師宜官正隸

仙人務光倒薤篆
漢張芝艸
魏梁鵠八分
吳皇象八分
魏鍾繇正書散隸
王羲之正書行艸飛白
唐張旭大小艸正書
上中十三人
秦程邈正行

漢蕭何署及艸隸
漢武帝正篆
後漢張旭八分及艸
後漢王次仲正隸及八分
魏韋誕正章艸及署
晉索靖行書
晉衛瓘行艸隸
晉李矩妻衛夫人正行
晉羊衜母蔡夫人正書

晉衛恒隸書艸書
齊王僧虔行艸
晉王獻之行艸飛白
上下十三人
漢武帝行艸八分
漢張彭祖行艸
魏鍾會八分
晉庾亮妻荀夫人正行篆隸
晉庾翼行艸

晉謝安行艸
晉桓溫行艸
晉虞安吉正艸大篆
宋羊欣艸隸
陳智永禪師正艸
晉王洽八分隸
梁武帝正行艸篆
晉庾亮行艸
中上十四人

後漢張旭正艸
晉王克行艸
晉阮籍行艸
晉嵇康艸
晉劉伶行艸
晉王曠行隸
晉王凝之行隸艸
晉王徽之行隸艸
宋史稜行隸

齊蕭思話行艸
歐陽詢正行
陸簡之行艸
褚遂良正行隸艸
虞世南正艸

中中十一人

後漢羅肹行
後漢皇甫規妻馬夫人行隸
後漢趙襲行隸

吳大帝孫權行艸
晉阮咸行艸
晉王戎行艸
晉郗超行艸
宋王藻之行艸
梁蕭子雲行隸
陳阮研正行
周庾信行及艸

中下十二人

後漢崔寔行隸
吳大帝孫權行隸艸
晉桓玄行隸
晉郗愔行隸
宋謝靈運行隸
齊周顒行艸
陳沈君理行艸隸
賀知章大行
陸彥遠行艸

梁陶隱居行艸
陳蔡塈正行艸
仙人司馬鍊師正及大篆
下上八人
魏鍾毅行隸
晉陸機行艸
謝藴行艸
晉郗愔妻傅夫人正篆
齊張融行艸

梁簡文帝行隸
邵陵王行艸
陳張正見行艸
下中十人
吳王孫皓行隸
晉王子敬行隸
晉山濤行隸
齊武帝行艸
齊丘道護正艸

梁庾肩吾隸行艸
梁陸倕行艸
隋賀混行艸
房允齡行艸
薛稷行艸
下下九人
蜀相許靖行艸
晉虞綽行隸
齊王晏行艸

齊簡靜行艸
北齊劉逖行艸
周鮮于斯彥行艸
張士隱行艸
北齊魏夫人正行
晉康昕行艸

書品優劣

唐 韋續

篆人

李陽冰書若古釵倚物力有萬夫李斯之後一人而已

八分書五人

梁昇卿如驚波往來巨石前却

盧藏用如露潤花妍煙凝修竹

張廷珪如古木崩沙花開映竹

韓擇木如龜開萍葉鳥散芳洲

史惟則如鷹足印沙深淵躍魚

眞行書二十二人

薛稷如風驚苑花雪惹山栢

蕭誠如舞鶴交影騰猿在空

韋陟如蟲穿古木鳥踏花枝

李邕如華岳三峰黄河一曲

蔡邕如古質放意自如一家

宋儋如暮春花發夏柳低枝

徐浩固多精熟無有異趣

顔眞卿如鍒絶劍摧驚飛逸勢

沈千運如饑鷹殺羽忍瘦筋骨

關採如淵月沉珠露花濯錦

鄭虔如風送雲收霞催月上

李璆如垂藤差池古木將折

吳郁字體綿密不謝當時

賴文雅如騰沙鬱霧潮浪揚鷗

賀知章縱筆如飛酌而不竭

何昌裔子敬餘波時時可覯

宋之望天性卓絶而功未深

張從申遠近稱善獨步江外

李清吉變化自逸代有斯人

釋玄悟骨氣無雙迥出時輩

釋湛然子書之後難可比肩

釋崇簡臨寫逸少時有亂眞

艸書十二人

張旭筆鋒詭怪點畫生意

孫過庭丹崖絕壑筆勢堅勁
張懷瓘繼以章艸新意頗多
張芬孤松倚身弱艸垂露
張彪孤峰削成藏筋露骨
鄔彤寒鴉栖木平岡走兎
陸曾驚波躍魚深水潛龍
史鱗逸氣雄振超然不群
梁耿錯落魚文縱橫鳥跡
房黃婉美分霱春鶯欲嬌

書品優劣　八　韋　三

沈益春鶯窺魚秋蛇赴穴
釋懷素援毫掣電隨身萬變

續書品

唐　韋續

上品上六人

張芝章艸　鍾繇眞正篆八分
王羲之破體以上三人出悟　王獻之
程邈　崔瑗

上品中七人

蔡邕　索靖
梁鵠　鍾會

續書品　八　韋　一

衛瓘　韋誕
皇象

上品下十一人

崔寔　王廙
王洽　郗愔
李式　庾翼
衛夫人　羊欣
歐陽詢　虞世南
褚遂良

中上品七人

張昶　衛恒

杜預　張翼

郗嘉賓　阮研

漢王元昌

中中品十二人

謝安　康昕

桓玄　丘道護

許靜　蕭子雲

陶弘景　釋智永

劉珉　房玄齡

陸柬之　王知敬

中下品七人

孫皓　張超

謝道韞　宋炳

宋文帝　齊高帝

謝靈運

下上品十三人

陸機　袁崧

李夫人　謝朓

庾肩吾　蕭綸

王褒　斛斯彥明

房彥謙　殷令明

張大隱　闡靜文

錢毅

下中品十人

范曄　蕭思話

張融　梁簡文帝

劉逖　王晏

周顒　王崇素

釋智果　虞綽

下下品七人

劉穆之　褚淵

梁武帝　梁元帝

沈君理　陳文帝

張正見

終

書評

唐　韋續

陸彥遠　韓滉
顏眞卿　賀知章
張從申　陸長源
永禪師　史陵
辯才　歐陽通
裴行儉　董鋋
韓澤　徐浩

懷素　趙模
崔邈　齊推
歸登　張弘靖
鄭餘慶　王參元
柳宗元　殷啓
左興宗　皇甫閱
袁滋　盧左元
釋惟則　諸伯陽
裴佶　劉伯芻

蕭結　李則
李巽　韋渠年
吳通微　通玄
雷咸　李泌
褚存貞　長文
夏侯玄　姚向
許康佐　李戎
歸融　楊敬之
鄭絪　裴麟

權璩　賀拔其
封敖　寇章
李景初　房直溫
柳公權　李虞
劉夢錫　楊泰
柳公綽　崔卓
段環　賈易
馬署　高元裕
裴休　李佁

張迫　李安章
倖梨　孤屠
屠耆單于
虞世南書體段遒媚舉止不凡能中更能妙中更妙
歐陽詢書若艸裏蛇驚雲間電發若金剛之瞋目力
士之揮拳
孔琳書放縱快健筆勢流利二王已後難其比肩但
功夫少故劣於羊欣
蕭子雲書如上林春花遠近瞻望無處不發

褚遂良書字裏金生行間玉潤法則溫雅美麗多方
又一婦泥壁書作大字方丈觀者日有數千
張越書如蓮花出水明月開天露發金峰雲低玉嶺
衛夫人書如揷花舞女低昂芙蓉又如美女登臺僊
娥弄影又若紅蓮映水碧沼浮霞
桓夫人書快馬入陣屈伸隨人也
傅操書如金花細落徧地玲瓏荆玉分輝逸崑璀璨
王羲之書若壯士拔劒壅水絕流頭上安點如高峰
墜石作一橫畫若千里陣雲捺一偃波若風雷震駭
作一竪畫如萬歲枯藤立一倚竿若虎臥鳳闕自上
揭竿如龍躍天門
李斯書骨氣風雲方圓妙絕
嵇康書如抱琴半醉咏歌高眠又若衆鳥時翔羣烏
作散
宋文帝書如叢裡花紅雲間白日
陸柬之書彷彿堪看依稀可擬
王紹宗書筆下流利快健難方就視熟若轉增妙美
徑廣書若鴻鵠弄翅頡頏飛翔

書評

梁　袁昂

王右軍書如謝家子弟縱復不端正者爽爽有一種風氣王子敬書如河洛間少年雖有充悅而舉體沓拖殊不可耐羊欣書如大家婢為夫人雖處其位而舉止羞澁終不似真徐淮南書如南岡士大夫徒好尚風範終不免寒乞阮研書如貴冑失品次叢悴不復排突英賢王儀同書如晉安帝非不處尊位而都無神明施肩吾書如新亭傖父一往見似揚州人共語便音態出陶隱居書如吳興小兒形容雖未成長而骨體甚駿快殷鈞書如高麗使人抗浪甚有意氣滋韻終乏精味袁崧書如深山道士見人便欲退縮蕭子雲書如上林春花遠近瞻望無處不發曹喜書如經論道人言不可絕崔子玉書如危峰阻日孤松一枝有絕望之意師宜官書如鵬羽未息翩翩自逝韋誕書如龍威虎振劒拔弩張蔡邕書骨氣洞達爽爽有神鍾司徒書字十二種意意外殊妙實亦多奇邯鄲淳書應規入矩方圓乃成張伯英書如漢武帝

愛道憑虛欲仙索靖書如飄風忽舉鷙鳥乍飛梁鵠書如太祖忘寢觀之喪目皇象書如歌聲繞梁琴人捨徽衛恒書如插花美女舞笑鏡臺孟光祿書如崩崖人見可畏李斯書世為冠蓋不易施平張芝經奇鍾繇特絕逸少鼎能獻之冠世四賢共類洪芳不滅羊真孔草蕭行范篆各一時絕妙右二十五人自古及今皆善能書奉勑遣臣評古今書臣既愚短豈敢輒量江海但聖旨委臣斟酌是非謹品字法如前伏願照覽謹啓普通四年二月五日內侍中尚書令袁昂啓凡百具之如卿所品臣謂鍾繇書意氣密麗若飛鴻戲海舞鶴遊天行間茂密實亦難過蕭思話書走墨連綿字勢屈強若龍跳天門虎臥鳳闕薄紹之書字勢蹉跎如舞女低腰仙人嘯樹乃至揮毫振紙有疾閃飛動之勢臣淺見無聞塘於明滅寧敢謬量山海以聖命自天不得斟酌過失是非如獲湯炭

論篆

唐　李陽氷

吾志於古篆殆三十年見前人遺跡美則美矣惜其未有點畫但偏傍摹刻而已緬想而達亢卦造書之意乃復仰觀俯察六合之際焉於天地山川得方圓流峙之常於日月星辰得經緯昭回之度於雲霞艸木得霏布滋蔓之容於衣冠文物得揖讓周旋之禮於眉髮口鼻得喜怒慘舒之分於蟲魚禽獸得屈伸飛動之理於骨角齒牙得擺拉咀嚼之勢隨手萬變

任心有成可謂通三才之品彙備萬物之情狀者矣嘗痛孔壁遺文汲冢舊簡年代浸遠謬誤滋多蔡中郎以豐同豊李丞相持束爲東亦魚魯一惑涇渭同流學者相承靡所遷復每一念至未嘗不廢食雪泣攬筆長歎焉天將未喪斯文也故小子得篆籀之宗旨皇唐累聖遠兹八葉天生尅復之主人樂維新之命以淳古爲務以文明爲理欽若典謨嚋咨故實誠願刻石作篆備書六經立於明堂爲不刊之典號曰大唐石經使萬代之後無所損益仰聖朝之鴻烈法高代之盛事死無恨矣

王次仲秦始皇時製八分建初中以隷艸作楷法字方八分言有模楷又蕭子良云靈帝時王次仲飾隷爲八分二家俱言後漢而兩帝不同又王次仲始皇時載序仙記始皇徵不至制檻車送之於道化爲大鳥出在檻外翻飛而去又漢世祖有二王次仲善隷書始爲楷法至靈帝好書時多能者而師宜官甚矜其能每書輒削其柎梁鵠乃益板飲之酒候其醉而竊其柎鵠亦工書至選部尚書曹操平荆州假司馬

使在祕書以勤書自效曹公常懸帳中及釘壁翫之謂勝宜官鵠字孟皇魏宮題額皆鵠書秦燒先典而古文絶矣漢武帝時人已不復知有古文謂之科斗尚書漢朝秘藏不得見魏初傳古文者出於邯鄲淳敬侯寫尚書後以示淳而淳不別敬侯謂顗書其序篆書曰秦時李斯號爲工篆諸山及銅人銘皆李斯書也漢建初年曹喜少異於斯亦善書邯鄲淳師焉略究其妙韋誕師淳而不及誕以能書遷補侍中魏氏寶器題名皆誕書末又有蔡邕採斯喜之法爲古

今雜形然精密理閑不如淳也其序隸書有上谷王次仲隸書始爲楷法至靈帝時好書多能者而師宜官最大則一字徑丈小則方寸千言或時不持錢詣酒家飲因書其壁顧觀者以售酒直計錢足而滅之梁鵠竊其本以工書其序書曰漢興而有艸書不知作者姓名至章帝時齊相杜伯度號善作篇復有崔瑗崔實二人皆稱習杜氏然字甚多而體瘦崔氏甚得筆勢而結字小疏弘農張伯英者因而轉精甚巧凡家之衣帛必書而後練之臨池學書池水盡黑下

筆必爲楷則號怱怱不暇艸書寸紙不見遺至今世人爲寶之韋仲將謂之艸聖伯英弟文舒者次伯英仲將伯英弟子有名於世殊不及文舒也

永陽筆訣

唐　李永陽

側者側下其筆使墨精暗墜徐乃反揭則稜利矣乃

側勢第一

永字頭一點是也

先左揭其腕次輕蹲其鋒取勢緊則乘機頓剉借勢出之疾則失中過又成俗

勒勢第二

即是永字第二筆橫畫之法築鋒而策仰筆而後收

准此用筆之形勢自彰矣

努勢第三

努者即是永字第三筆爲努筆之法豎筆而徐行近左引勢一本無近左引勢四字勢不欲直直則無力矣

凡傍卷微曲感筆累走而進之直則衆勢失力滯則神氣怯散夫勢須側鋒顧右潛趯輕挫其揭

趯勢第四

即是努筆下殺筆趯起是也法須挫衄一云其法异

回轉筆出鋒竚思消息之則神一作先蹤不墜矣
傍鋒輕揭借勢之不勁筆不趯趯則意不深趯與
挑一也鋒貴于澁出適期于倒取所謂欲挑而還
置也

策勢第五

策者即永字第五筆其法始築筆而仰策徐轉筆而
成形係形以獲妙則逈爾而趯聳也
仰筆潛鋒以鱗勒之決揭腕趯一作趯勢欲右潛
鋒之要在盡勢暗捷歸于右也夫策筆仰鋒豎趯

借勢峻傾于掠也

掠勢第六

掠者即永字第六筆法從策筆下左出而鋒利下不
墜則自然佳
撇過謂之掠借于策勢以輕駐鋒右揭其腕加以
迅出勢旋于左法在澁而勁意欲暢而腕遲留則
傷于緩滯厥疾之旁永木左皆是也夫側鋒左出
謂之掠

啄勢第七

即永字第七筆也其法則側筆而速進勁硬若鐵石
而不墜於斯為妙矣
左向之勢須盡為啄接筆蹲鋒潛壓于右借勢收
鋒迅直旋合須精嶮岈出去其緩滯白烏字頭斜
皆是也夫筆鋒及紙為啄在潛動而啄之

磔勢第八

即是永字第八筆其法始入筆緊築而仰便下徐行
勢足以磔開其筆或藏鋒出鋒由重鋒緩則其質肥
宜以嶮澁而遒勁徐行勢而後磔藏鋒出鋒竟必固

也
右逸之波皆名磔右揭其腕逐勢緊趯傍筆迅磔
盡勢輕揭滯以暗收在勁迅得之夫磔法筆鋒須
趯勢欲嶮而澁得勢而輕揭暗收存勢候其勢盡
磔之

張長史十二意筆法

唐　顔眞卿

予罷秩醴泉特詣東洛訪金吾長史張公請師筆法長史于時在裴儆宅憩止已一年衆師張公求筆法或有得者皆曰神妙僕頃在長安二年師事張公竟不蒙傳授使知是也人或問筆法者張公皆大笑而已即對艸書或三紙五紙皆乘興而散不復有得其言者僕自再遊於洛下相見眷然不替僕因問裴儆足下師敬長史有何所得曰但得絹屏素本數軸亦常請論筆法唯言倍加功學臨寫書法當自悟矣僕自停裴家月餘日因與裴儆從長史言話儆前請曰旣承九丈奬諭日月滋深夙夜工勤溺于翰墨儻得聞筆法要訣則終爲師學以冀至於能妙豈任感戴之誠也長史久不言乃左右眄視拂然而起僕乃從行歸來竹林院小堂張公乃當堂踞坐床而命僕居乎小欄而曰筆法玄微難妄傳授非志士高人詎可與言要妙也書之求能且功眞艸〃以授之可須思妙乃曰夫平爲橫子知之乎僕思以對曰常聞長史

令爲一平畫皆須縱橫有象此豈非其謂乎長史乃笑曰然又曰直爲縱子知之乎曰豈不爲直者必不令邪曲之謂乎曰均爲間子知之乎曰嘗蒙示間不容光之謂乎曰密爲際子知之乎曰豈不爲築鋒下筆皆令宛成不令甚疎之謂乎曰鋒爲末子知之乎曰豈不謂末以成畫其鋒健之謂乎曰力爲骨體子知之乎曰豈不謂趯筆則點畫皆有筋骨字體自然雄媚之謂乎曰輕爲曲折子知之乎曰豈不謂鉤筆轉角折鋒輕過之謂乎亦謂轉角爲圓過之謂乎曰決爲牽掣子知之乎曰豈不謂掣決意柱鋒使不怯滯令險峻而成以謂之決乎曰補爲不足子知之乎曰豈不爲點畫或有失趁者則以引點畫救之謂乎曰損爲有餘子知之乎曰豈不謂趣長筆短常使意勢有餘畫若不足之謂乎曰巧爲布置子知之乎曰豈不謂欲書先預想字形布置令其平穩或意外字體令有異勢是謂之巧乎曰稱爲大小子知之乎曰豈不謂大字蹙之令小小字展之爲大兼爲茂密所以爲稱乎長史曰子言頗皆近之矣夫書道之妙

煥乎其有爲自外之竒妙所以不盡世之書者宗之
王元常逸跡曾不睥睨筆法之妙遂廻霄同獻之書
謂之古肥張旭書謂之今瘠古今殊異肥瘠頗反如
自省覽有異衆説鍾繇巧趣精細始自機神肥瘦古
今豈易致意眞跡雖少可得而推逸少至於學鍾勢
巧形容及其獨運意疎字緩譬楚人習夏不能無楚
過言不絶未爲篤論又子敬之不逮逸少猶逸少之
不逮元常學子敬者畫虎也學元常者畫龍也余雖
不習久得其道不習而言必慕之歟儻著巧思思盈

半矣子其勉之功精勤悉自當妙筆眞卿前請曰幸
蒙長史傳授筆法敢問工書之妙何如得齊於古人
張公曰妙在執筆令得圓轉勿使拘攣其次識法謂
口傳授之訣勿使無度所謂筆法在也其次在於布
置不慢不越功便令宜其次紙筆精佳其次變法適
懷縱捨規矩五者備矣然後齊於古人矣敢問執筆
之理頗得聞乎長史曰予傳於筆法得之於老舅彥
遠曰吾聞昔日説書若學有功而跡不至後聞於褚
河南公用筆當須知印泥畫沙始而不悟後於江島
見沙地平靜令人意悅欲書乃偶以利鋒畫其勁險
之狀明利媚好乃悟用筆如錐畫沙使其藏鋒畫乃
沉著當其用鋒常欲使其透過紙背此功成之極矣
眞州用筆悉如畫泥沙則其道至矣是乃其迹可久
自然齊於古人矣但思此理以專想功用故其畫點
不得妄動子其書紳余遂銘謝再拜逡巡而退自此
得功墨之術于茲五年眞州自知可成矣

四體書勢

晉　衛恒

昔者黃帝創制造物有沮誦蒼頡者始作書契以代結繩蓋覩鳥跡以興思也因而遂書則謂之字有六義焉一曰指事上下是也二曰象形日月是也三曰形聲江河是也四曰會意武信是也五曰轉注考老是也六曰假借令長是也夫指事者在上爲上在下爲下象形者日滿月虧象其形也形聲者以類爲形以配爲聲也會意者止戈爲武人言爲信也轉注者以老壽考也假借者數言同字其聲雖異文意一也

自黃帝至三代其文不改及秦用篆書焚燒先典而古文絕矣漢武時魯恭王壞孔子宅得古文尚書春秋論語孝經時人已不復知古文謂之蝌蚪書漢世秘藏希得見魏初傳古文者出於邯鄲淳恒祖敬侯爲寫淳尚書後以示淳而淳不別至正始中立三字石經轉失淳法因蝌蚪之名遂效其形太康元年汲縣人盜發魏襄王塚得策書十餘萬言按敬侯所書猶有髣髴古書者數種其一卷論楚事者最爲上妙恒竊悅之故竭愚思以讚其美愧不足以廁前賢之作冀以存古人之象焉古無別名謂之字勢云

黃帝之史沮誦蒼頡眺彼鳥跡始作書契紀綱萬事垂法立制帝典用宣質文著世爰暨暴秦滔天作戾大道既泯古文亦滅魏文好古世傳丘墳歷代莫發眞僞靡分大晉開元弘道敷訓天垂其象地耀其文天地乃位燦美其章因聲附意類物有方日處君而盈其度月執臣而虧其傍雲委蛇而上布星離披以舒光禾卉莽尊以垂穎山嶽峩嵯而連岡蟲蟲起蟄而若動鳥似飛而未揚觀其措筆綴墨用心精專勢和體均發止無間或守正循檢規折矩旋或方圓靡則因事制權其曲如弓其直如絃矯然特出若龍騰于川森爾下頹若雨墜於天或引筆奮力若鴻鴈高飛邈邈翩翩或縱肆婀娜若流蘇懸羽靡靡綿綿是故遠而望之若翔風厲水清波漪漣就而察之有若自然信黃唐之遺跡爲六藝之範先籀篆蓋其子孫隸草乃其曾玄覩象以致思非言辭之所宣

昔周宣王時史籀始著大篆十五篇或與古同或與

古異世謂之籀書者也及平王東遷諸侯力政家殊
國異而文字乖形秦始皇帝初兼天下丞相李斯乃
損益之罷不合秦文者斯作蒼頡篇中車府令趙高
作爰歷篇太史令胡毋敬作博學篇皆取史籀太篆
或頗省改所謂小篆者或曰下邽人程邈爲獄吏得
罪始皇幽繫雲陽十年從獄中作大篆少者增益多
者損減方者使圓圓者使方奏之始皇始皇善之出
以爲御史使定書或曰邈所定乃隸字也自秦壞古
文有八體一曰大篆二曰小篆三曰刻符四曰蟲書

五曰摹印六曰署書七曰殳書八曰隸書王莽時使
司空甄酆校文字部改定古文復有六書一曰古文
孔氏壁中書也二曰奇字卽古文而異者三曰傳書
秦篆書也四曰佐書卽隸書也五曰繆篆所以摹印
也六曰鳥書所以書幡信也許氏撰說文用篆書爲
正以爲體例最可得而論也秦時李斯號爲工篆諸
山及銅人銘皆斯書也漢建初中扶風曹喜少異於
斯而亦稱善邯鄲淳師焉略究其妙韋誕師淳而不
及也太和中誕爲成都太守以能書留補侍中魏氏

寶器銘題皆誕書也漢末又有蔡邕采斯喜之法爲
古今雜形然精密閑理不如淳也邕作篆勢曰因爲
鳥跡蒼頡循聖作則制文體有六篆妙巧入神或象
龜文或比龍鱗紆體放尾長翅短身頹若黍稷之垂
穎蘊若蟲蛇之棼縕揚波振撃龍躍鳥震延頸脅翼
勢似凌雲或輕舉内投微本濃末若絶若連似氷露
緣絲凝垂下從者如懸衡者如編杪者邪趣不方不
圓若行若飛跂跂翩翩遠而望之象鴻鵠羣遊絡繹
遷延近而視之端際而不可得見指撝不可勝原研

桑不能數其詰屈離婁不能覩其隙間般倕揖讓而
辭巧籀誦拱手而韜翰處篇籍之首目粲斌斌其可
觀摛華豔於紈素爲學藝之範先嘉文德之弘懿蘊
作者之莫刊思字體之俯仰舉大略而論旃秦旣用
篆奏事繁多篆字難成卽令隸人佐書曰隸字漢因
行之獨符印璽幡信題署用篆隸書者篆之捷也上
谷王次仲始作楷法至靈帝好書時多能者而師宜
官爲最大則一字徑丈小則方寸千言甚矜其能或
時不持錢詣酒家飲因書其壁顧觀者以佳酒討錢

足而滅之每書輙削而焚其柎梁鵠乃益爲版而飲
之酒候其醉而竊其柎鵠卒以書至選部尚書宜官
後爲袁術將今鉅鹿宋子有耿球碑是術所立其書
甚工云是宜官書也梁鵠奔劉表魏武帝破荆州募
求鵠鵠之爲選部也魏武欲爲洛陽令而以爲北部
尉故懼而自縛詣門署軍假司馬在秘書自效是以
今者多有鵠手跡魏武帝懸著帳中及以釘壁玩之
以爲勝宜官今宫殿題署多是鵠書鵠宜爲太子邯
鄲淳宜爲小字鵠謂淳得次仲法然鵠之用筆盡其

勢矣鵠弟子毛弘教於秘書今八分皆弘法也漢末
有左子邑小與淳鵠不同然亦有名魏初而有鍾胡
二家爲行書法俱學之於劉德昇而鍾氏小異然亦
各有其巧今大行於世作隸勢曰鳥跡之變乃爲佐
隸蠲彼繁文崇此簡易厥用既行體象有度煥若星
陳鬱若雲布其大徑尋細不容髮隨事從宜靡有常
制或穹窿恢廓或櫛比鍼列或砥平繩直或蜿蜒繆
戾或長斜角趣或規旋矩折修短相副異體同勢奮
筆輕舉離而不絶纖波濃點錯落其間若鍾簴設張

庭燎飛煙嶄巖嵯峨高下屬連似崇臺重宇層雲冠
山遠而望之若雲龍在天近而察之如心亂目眩奇
姿譎誕不可勝原研桑所不能計宰賜所不能言何
草篆之足算而斯文之未宣豈體大之難覩將秘奥
之不傳聊佇思而詳觀舉大較而論旃

漢興而有草書不知作者姓名至章帝時齊相杜伯
度號稱善作篇後有崔瑗崔寔亦皆稱工杜氏結字
甚安而書體微瘦崔氏甚得筆勢而結字小疎弘農
張伯英者因而轉精其巧凡家之衣帛必書而後練

之臨池學書池水盡黑下筆必爲楷則常曰忽忽不
暇草書寸紙不見遺至今世尤寶其書韋仲將謂之
草聖伯英弟文舒者次伯英又有姜孟穎梁孔達田
彦和及韋仲將之徒皆伯英弟子有名於世然殊不
及文舒也羅叔景趙元嗣者與伯英並時見稱於西
京而矜巧自與衆頗惑之故伯英自稱上比崔杜不
足下方羅趙有餘河間張超亦有名雖然與崔氏同
州不如伯英之得其法也崔瑗作草書勢曰書契之
興始自頡皇寫鳥跡以定文章爰曁末葉典籍彌繁

時之多辟政之多權官事荒蕪勦其墨翰惟作佐隸舊字是刪草書之法蓋又簡略應時諭指用於卒迫兼功并用愛日省力奇險之變豈必古式觀其法象俯仰有儀方不中矩圓不中規抑左揚右兀若竦崎獸跂鳥峙志在飛移狡兔暴駭將奔未馳或黝䵵䵶黗狀似連珠絕而不離畜怒怫鬱放逸生奇忽凌遽惴慄若據槁臨危旁點邪附似蜩螗揭枝絕筆收勢餘綖糺結若杜伯揵毒看隙緣巇騰蛇赴穴頭沒尾垂是故遠而望之漼焉若沮岸崩崖就而察之一畫

不可移機微要妙臨時從宜略舉大較髣髴若斯

法書苑

周越

鶴頭皷脚

二書皆漢詔板所用各象形

葬玉埋香

土溪編事王蜀時秦州節度使王承儉築城獲尾楷中有石刻曰隋開皇二年渭州刺史張崇妻王氏銘文有深深葬玉鬱鬱埋香之語也

筆虎

寶泉謂李陽冰篆

屈玉垂金

有泉又作小篆贊曰丞相斯法神慮清深釵頭屈玉鴈足垂金

李陽冰書

陽冰李大夫書云某志在古篆於天地山川一作山河得方圓流峙之常日月星辰得經緯昭回之度於雲霞草木得霏布滋蔓之容於衣冠文物得揖遜周旋之體法於眉口鼻得喜怒慘舒之分於虫魚鳥獸

得屈伸飛動之理於骨角齒牙得拉攦咀嚼之勢隨手萬變任心所成常痛孔壁遺文伋冢舊簡年代浸遠謬誤滋多蔡中郎以豐爲豊李相府以東爲東使學者無據耳

論右軍書

陽冰又與李嗣眞皆論王右軍體云羲之每不同者以變難儔樂毅論太史箴體皆正直有忠臣烈士之象告誓文曹娥碑容皆慘悴有孝子之象遺遥篇孤鴈賦跡遠趣高有拔俗抱素之象畫象贊洛神賦姿

儀雅麗有矜莊嚴肅之象凡所揮染皆見義以成字以得意

僧傑

隋僧敬脫善作方丈大字號曰僧傑

戈淞遍眞

唐太宗學虞監隸書每難於戈淞一日書戩字召世南補寫其戈以示魏鄭公曰仰窺聖作内戩字戈淞遍眞帝賞其鑒識

茯苓芝

唐李邕善書仍自刻多假立刻字人名如茯苓芝黃仙鶴之類是也

韋草

杜操字伯度善草書章愛之詔令上表亦作草字謂之韋草

屋漏痕

顏魯公與懷素同學草書於鄔兵曹或謂曰張長史見公孫大娘舞劍器始得低昂回翔之狀兵曹有之乎懷素以古釵腳對魯公曰何如屋漏痕懷素抱魯

公唱賦復問師何所得曰觀夏雲奇峯及壁折路常師之

手畫肚

王昭宗云書翰由水墨積胃虞七被中以手畫肚

古今雜體

宋末王融圖古今雜體有六十四書少年倣効家藏紙貴而風魚蟲鳥是七國時書元長皆作隸字故貽後來所詰湘東王遣沮陽令韋仲定爲九十一種次功曹謝善勛增其九法合成百體其中以八卦爲書

以一爲太爲兩法不差一字方寸千言

衍極序

鄭子經閩人也所稱回溪肯亭皆其先世此書包括古今論著精核殆不媿其家風者與惟謂虞褚爲廢揄不無大過豈知顏川於褚耶至論張即之陳讜之廢法實臨池之戒也是編爲吾師泰泉先生家藏有劉有定著釋頗詳贍不能盡刻也刻此爲用筆鑒焉

隆慶二年秋八月羅浮山樵黎民表書

衍極

元　莆田鄭杓

至朴篇第一

至朴散而八卦興八卦興而書契肇書契肇而篆籀
滋飛天八會巳前不可得而詳也皇頡以降凡變五
矣其人亡其書存古今一致作者十有三人焉予生
千載之下每覽昔人殘銘斷碣未嘗不爲之歔欷而
三歎也在昔結繩之政始分龍穗之章中敷於是倉
史氏出仰觀俯察以造六書通天地之幽秘爲百王

之憲章非天下之至精其孰能與於此若稽古大禹
既平水土鑄鼎象物勒銘告成而功被萬世三代之
末周籀蔚有奇秀篆隸攸祖孔子採摭舊作緣飾篆
文天授其靈物物垂則呂政暴興天人之道壞亂極
矣李斯者適際其時陶埏偃仰專名擅作悉燔舊章
天下行泰篆矣程邈亦參定篆文增衍隸佐趣時便
宜蔡邕鴻都石經爲古今不刊之典張芝鍾繇咸得
其道伯英聖於一筆書元常神妙於銘石王羲之負
高人之才一發新韻晉宋能人莫敢訾擬李陽冰生

於中唐獨蹈孔轍潛心改作過於秦斯張旭天分極
深渾然無跡顏眞卿含弘光大爲書統宗其氣象足
以儀表衰俗五代而宋奔馳崩潰靡所底止蔡襄毅
然獨起可謂間世豪傑之士也嗚呼書其難哉文籍
之生久矣能書者何關希焉蓋夫人能書也吾求其
能於夫人是以難也今予得其人而不表章之使來
者無所取則以至乎書道之妙予則有罪也厥今區
夏同文奎璧有爛興能間作黼黻皇猷三代以還莫
此爲盛大比之制巳興保氏之敎必立草茅論著或

者有取焉爾

書要篇第二

六書之要其諧聲乎聲原於虛而妙於物言者聲之
宣也書者聲之寄也飛龍肇音濬哉僩乎其罔聞也
夾漈山人肯是正之有音無文者多矣皇元圖書重
啓人文諧聲之義實宗乎五雖古之三皇龍書穗書
雲人諸作蔑以加諸猗歟休哉商之劍薤周之虎書
魚書其象形邪曰夷考禽書龜鸞諸體不過名物作
也曰孔壁舊書皆科斗文字作城之文獨顯於世曰

古文雜用籀體非一於科斗也蓋古文有塡書麟鳳鍾鼎篆有垂露複書雜體隸之八分變而飛白行草草木隸隸本篆篆出於籀籀始於古文皆體於自然效法天地然則予何取衷哉曰漢時遠步晉唐至宋滋弗逮矣倉史之跡遠矣幣刀鼎鬲世復寡傳贊皇石刻其非西周乎詛楚其興於近代乎石鼓泰山碑斝於兩京遺書舊畫學者不可不厭觀焉黃庭謂非右軍其誰作耶曰永僧徐浩輩爲之也樂毅論舊本希見於世宋初王侍書別寫刻之洛神賦亦後人託

獻之而詭行之慕田丙舍其鍾大尉之懿乎霜寒鼓帖其王會稽之與乎李陽冰庶子泉銘怡亭刻石二世詔無是過也浯溪碑雅厚雄深森嚴於瘞鶴萬安記其蔵敍乎郎官廳壁序祭濠州文末年誥身同出一轍所謂不約於法而允蹈焉者一歸歐虞褚薛之疲爾張顛旭宗與曰宗古文籀篆其開於程蔡乎石室之書今亡矣其言曰書肇於自然陰陽生焉形勢立焉勢來不可止勢去不可遏若日月雲霧若蟲食葉若利刀戈縱橫皆有意象左廻右顧無使孤露頭護尾力在字終疾澁之分執筆之度八體變法之玄寵崔瑗之儔咸受業焉光和建安諸作高明粹精非魏晉所擬議籀隸與篆同筆意與張留侯蕭相國談筆道鍾大傅著論可爲格言矣諸葛武侯其知書之變矣楊子雲訓纂其說文切韻之本乎同溪書衡肯亭包彖其義則衍極竊取之矣夫字有九德九德則法法始乎庖犧成乎軒頡盛乎三代草乎秦漢極乎晉唐萬世相因體有損益而九德莫之有損益也或曰九德孰傳乎天傳乎曰天傳之又問自得曰無

愧於心爲自得

造書篇第三

至哉聖人之造書也其得天地之用乎盈虛消長之理奇雄雅異之觀靜而思之漠然無朕散而觀之萬物紛錯書之時義大矣哉自秦以來知書者不少知造書之妙者爲獨少無他由師法之不傳也或曰三代不聞其囂囂也漢魏以降何其瑣瑣耶曰古昔之民天淳未瀉動靜云爲自中乎矩夏商以前非無傳也略也保民之教立於周官後世漸尚巧智設官師

以訓敕之去本愈遠而防之愈密去道愈疎而言之愈切夫法者書之正路也正則直直則易易則可至至則妙未至亦不爲迷人偭則邪邪則曲曲則難於是閩中蘇援轉腕濡夺以梟亂世俗君子道諸學者審其正易邪難幾於方向矣然則子襄阻誦氏法乎曰法倉頡四目而神靈其造書天雨粟鬼夜哭有諸曰吾不知也李斯云九百年後有發吾筆竟者卒如其言曰陽水非直繼斯者也蔡邕學書嵩山石室得素書八角乘芒凫物授以筆法何其神耶曰古書至

秦而絕斯邈之法復絕微邕斯然矣鍾繇見筆經於韋誕求之不得誕死而發其墓又秘之將死授其子會大康中許人破冢遂得之何其秘耶曰法者天下之公也奚其秘王羲之筆論同志求之弗與誡其子孫勿傳曷傳乎曰天將啓之人能秘之顔魯公下問於長史宜有異對而獨以鍾書十二意何耶曰發之也其曰妙在執筆又曰如錐畫沙如印印泥書道盡矣索靖之銀鉤蠆尾顔清臣之屋漏懷素之壁坼及釵股諸法不若是之明且要也或曰李斯險人書奚傳曰君子不以人廢言顔氏之書李重光易議之李氏之書可乎曰使天下塞其兌閉其門可也唐數宋史何黜乎曰未修之書也古今書品其效尤班固人物表與孫虔禮姜堯章之譜何夺乎曰譜其細而遺其大趙伯肆之辨妄所以作也宣和譜石峻等書其誕章之尤者也蘭亭考愈松續考濫采雜言吾不知其然也黄伯思之論其自欺者也

古學篇第四

秦廢古學諸書不可行矣蒙恬書經胡母敬等剽掠

遺範造倉頡博學諸書散落復盡然道在兩間法出於道書雖不傳法則常在故執筆貴圓字貴方篆貴圓隸貴方圓效天方法地圓有方之理方有圓之象隸不隸吾不知其爲書也紫真授羲之其似乎或曰梁武謂元常古肥子敬今瘦子敬不逮逸少逸少不逮元常學者以二王比肩曰父作之子述之逸少無蹟可尋獻之則未至也羲之曰意在筆前字居心後存筋藏鋒滅跡隱端而分起伏諸用又題衛氏筆陣曰夫書先引八分章草入隸字中草書象篆隸入務

相雜斯言旨哉衛氏曰善鑒不書善書不鑒又刪去
斯筆妙而分七勢可與八永參焉張懷瓘十法其成
頌之緒論乎翰林禁經發諸家筆意背拋引蠆毒法
趯戈曰清潤進遊而左顧善於形容矣邊彩鄔側其
月剖築未善也蕭何韋誕其能署書乎或問廣成子
應候僧一行釋徽燕卿葛氏諸作極論題署其幾去
乎曰法則法矣然泉忌諱適足以累法眞卿之劍池
陽冰之講臺從橫生動不假修飾其署書之雄秀者
乎陳旅之記能持論矣世稱李邕善題署然其銘刻

欲虞褚數公若優乎曰古之銘石典重端雅使人興
起於千載之下邕以行押相參後世寖異百出邕作
俑也歐虞褚深得書理信本傷於勁利伯施過於純
孰登少開闔之勢柳誠懸其遊張顛之閫與乎徐李
沈宋諸家殆鬭其藩落者乎韓擇木韓秀實李莒李
儉純有古意太白得無法之法乎美行之昌黎知其
理而弱淺子厚雅稱碩亮而有永興公之餘韻議者
以退之爲極疏利曰彼[illegible]乎神九方歅之相馬也黄
魯直云書道弊於唐末惟楊凝式有古人筆意曰中

流失㴑一壺千金請問宋之名家曰錢忠懿杜祁公
之流便蘇才翁倩仲之爽峭蘇子瞻之才贍米元章
之清拔加於人一等矣蹈道則未也若夫魯直之瓌
變劉濤諸人所不能及惜乎熊之靡靡也然其眞行
多得於瘞鶴問周越李時雍錢離景伯曰如法何夫
說張孝祥范成大法乎曰此而法天下無法矣然則
卽之諸人其稱降乎曰吁磔裂塗地矣或問蔡京卞
之書曰其悍誕姦鬼見於顏面吾知千載之下使人
掩鼻而過之也曰張卽之陳讜之書一時籍甚豐碑

鉅刻散流江左迨今書家尚祖餘習曰速勿爲所染
如深焉雖盧扁無所容其靈矣然則某自知耶曰知
則不爲也人生不幸不聞過大不幸而恥蘇氏有言
曰書於魯公文於昌黎詩於工部至矣或曰彼人耳
若夫呂巖鍾離權之瑰雄神險不其愈乎曰吾論書
不論仙然抱朴稱皇象爲書聖陶眞逸有稹仙之論
或問懷素草書擬於長史君謨有僕奴之譏過乎曰
人無百歲之壽而有千歲之信豪傑從起相知於異
世之下斸然若合符節米逵曰人莫不飲食也鮮能

知味也夫張公者人龍也藐焉寡儔而素欲兼[illegible]
與之方駕九地之下重天之巔乎然則高閑亞栖之
流歟曰二僧跚若後矣程了之持敬可謂知其本矣
或曰朱元晦諸賢其簡畢乎曰道德之充乎中而溢
乎外也王子文書感與其幾矣書學何所止曰場身
而已矣然則張伯高行業未彰獨以書酬身益乎曰
吾聞之精於一則盡善偏用智則無成聖人疾沒世
而名不稱彼張公者東吳之精夫之五百再見伯英
以此養生以此忘形以此玩世以此流名

天五篇第五

大地之數合乎五皇極之道中於五四時之用成於
五六書之變極於五是故古文如春籀如夏篆如秋
隸如冬八分行草歲之餘閏也隸之興也其周之末
造乎其民趨於簡陋乎或問石鼓顯於李唐韓退之
韋應物以爲周文王宣王時歐陽永叔蘇子瞻謂非
史籀不能作而夾漈以爲秦文信乎曰以漆文知之
然則筆昜始乎曰尚矣書曰作會非筆何會紀於太
常非筆何紀蘇望歐陽棐以三仁爲漢趙德大洪景

伯非之諒也或曰古書籀隸其淪淪乎久矣而何言
之骨那曰吾聞達於理者古今不能易審其幾者鬼
神莫能閟夫道一而已矣然則用筆有異乎曰有請
問曰篆用直分用側隸楷曰間出存乎其人其人可
得聞乎曰顏柳篆七而分三歐褚分八而篆二問行
草曰篆多稧序問以分側有不書之遺意焉然則執
筆有異乎曰夫執筆者法書之機鈐也近世善執筆
者莫如張顏吾以此按天下圖書不能逃乎玉尺也
夫善執筆則八體具不善執筆則八體廢寸以內法

在掌指寸以外法兼肘腕掌指法之常也肘腕法之
變也魏晉間帖掌指字也嗚呼師法不傳人便其所
習便其所習此法之所以不傳故惠施卒而莊子深
瞑不言鍾子期死而伯牙毀琴絕絃蓋傷世之難與
知也或曰絳州潘氏蒐摭奇畫秘楮昉於倉頡訖於
[illegible]禊其雅博乎曰淳化間太宗出內藏古蹟命王著
臨榻工用精嘉大觀絳潭猶有似人之喜戲魚黔江
暴汝無慮數十有無不足計也汪季路之辨審矣曰
營舂道二十萬購夫子廟碑劉潛夫十餘載求邕[illegible]

塔銘琛乎日鳴都斷石猶有存者其古刻之天球乎黄初鈌里記詞翰爾雅其南金乎漢碑三百餘蝕亡幾何君悶道夏淳于碑可以全見古人而竊君謨隸纂其憂思深矣魏晉相承善學隸古莫如鍾王自庾謝蕭阮諸人神氣浸殊體式未散歷隋而唐始有專門之學自此盖分矣嗚呼媮風漸起其末造之孱民乎豪傑之生不數其精神猶参錯於元化之間乎書不盡言言不盡意孔氏遺蹟陽冰獨神會之曾公之書懐素喜而有得似不在語言文字之𠇍乎諸子之

窮高極微長於詞說知本者厭於言或問衍極曰極者中之至也易爲而作也曰吾懼夫學者之不至也

元人書無踰趙榮祿雖古靡于榮祿卒能自以其法擅元至今者也顧同時若鄭子經不獨記著所不少及至訴斥永與北海而讁讁以金石魏晉防人便其所習總之陰擯榮耳然榮祿名高亦足以豪吾恐鄭口不勝趙手至論法于寸以内外掌指腕肘之說真書家名言也

說郛目録

弓第八十七

書譜

吳郡孫過庭

夫自古之善書者漢魏有鍾張之絕晉末稱二王之妙王羲之云頃尋諸名書鍾張信為絕倫其餘不足觀可謂（缺二字）鍾張云沒而羲獻繼之又云吾書比之鍾張鍾當抗行或謂過之張草猶當雁行然張精熟池水盡墨假令寡人耽之若此未必謝之此乃推張邁鍾之意也考其專擅雖未果于前規摭以兼通故無慚于即事評者云彼之四賢古今特絕而今不逮

古古質而今妍夫質以代興妍因俗易雖書契之作適以記言而淳醨一遷質文三變馳騖沿革物理常然貴能古不乖時今不同弊所謂文質彬彬然後君子何必易雕宮于穴處反玉輅于椎輪者乎又云子敬之不及逸少猶逸少之不及鍾張意者以為評得其綱紀而未詳其始卒也且元常專工于隸書百英猶精于草體彼之二美而逸少兼之擬草則餘真比真則長草雖專工小劣而博涉多優總其終始匪無乖互謝安素善尺牘而輕子敬之書子敬嘗作佳書與之謂必存錄安輒題後答之甚以為恨安嘗問敬卿書何如右軍答云故當勝安云物論殊不爾子敬又答時人那得知敬雖權以此辭折安所鑒自稱勝父不亦過乎且立身揚名事資尊顯勝母之里曾參不入以子敬之豪翰紹右軍之筆札雖復粗傳楷則實恐未克箕裘況乃假託神仙恥崇家範以斯成學孰愈面墻後羲之往都臨行題壁子敬密拭除之輒書易其處私為不惡羲之還見乃歎曰吾去時真大醉也敬乃內慚是知逸少之比鍾強專博斯別子

敬之不及逸少無或疑焉余志學之年留心翰墨味鍾張之餘烈挹羲獻之前規極慮精專時逾二紀有乖入木之術無間臨池之志觀夫懸鍼垂露之異奔雷墜石之奇鴻飛獸駭之資鸞舞蛇驚之態絕岸頹峰之勢臨危據槁之形或重若崩雲或輕如蟬翼導之則泉注頓之則山安纖纖乎似初月之出天涯落落乎猶衆星之列河漢同自然之妙有非力運之能成信可謂智巧兼優心手雙暢翰不虛動下必有由一畫之間變起伏于峰杪一點之內殊衄剉（作）挫于

芒況云積其點畫乃成其字曾不旁窺尺牘俯習寸陰引班超以爲辭援項籍而自滿任筆爲體聚墨成形心昏擬效之方手迷揮運之理求其妍妙不亦謬哉然君子立身務修其本楊雄謂詩賦小道壯夫不爲況復溺思毫釐淪精翰墨者也夫潛神對弈猶標坐隱之名樂志垂綸尚體行藏之趣詎若功禮樂妙擬神仙猶埏埴之罔窮與工鑪而並運好異尚奇之士翫體勢之多方窮微測妙之夫得推移之奧賾著述者假其糟粕藻鑒者挹其菁華固義理之會歸

信賢達之兼善者矣存精寓賞豈徒然歟而東晉士人互相陶染至于王謝之族郗庾之倫縱不盡其神奇咸亦挹其風味去之滋永斯道愈微方復聞疑稱疑得末行末古今阻絕無所質問設有所會緘秘已深遂令學者茫然莫知領要徒見成功之美不悟所致之由或乃就分布于累年向規矩而猶遠圖真不悟習草將迷假令薄解草書粗傳隸法則好溺偏固自閡通規詎知心手會歸若同源而異派轉用之術猶共樹而分條者乎加以趨事適時行書爲要題勒

方畐真乃居先草不兼真始于專謹真不通草殊非翰札真以點畫爲形質使轉爲情性草以點畫爲情性使轉爲形質草乖使轉不能成字真虧點畫猶可記文迴互雖殊大體相涉故亦旁通二篆俯貫八分包括章草涵泳飛白若毫釐不察則胡越殊風者焉至如鍾繇隸奇張芝草聖此乃專精一體以致絕倫伯英不真而點畫狼藉元常不草使轉縱橫自茲以降不能兼善者有所不逮非專精也雖篆隸草章工用多變濟成厥美各有攸宜篆尚婉而通隸欲精而

密草貴流而暢章務檢而便然後凜之以風神溫之以妍潤鼓之以枯勁和之以閑雅故可達其情性形其哀樂驗燥濕之殊節千古依然體老壯之異時百齡俄頃嗟乎不入其門詎窺其奧者也又同時而書有乖有合合則流媚乖則彫疏略言其由各有其五神怡務閑一合也感惠徇知二合也時和氣潤三合也紙墨相發四合也偶然欲書五合也心遽體留一乖也意違勢屈二乖也風燥日炎三乖也紙墨不稱四乖也情怠手闌五乖也乖合之際優劣互差得時

不如得器得器不如得志若五乖同萃思遏手蒙五
合交臻神融筆暢暢無不適蒙無所從當仁者得意
忘言罕陳其要旨學者希風叙妙雖述猶疏徒立其
工未敷厥旨不揆庸昧輒效所明庶欲弘既往之風
規導將來之器識除繁去濫覩迹明心者焉代有筆
陣七行中畫執筆三手一作圖貌乖舛點畫湮訛頃見南
北流傳疑是右軍所製雖則未詳眞僞尚可發啓童
蒙既常俗所存不藉編錄至於諸家勢評多涉浮華
莫不外狀其形內迷其理今之所撰亦無取焉若乃

師宜官之高名徒彰史牒邯鄲淳之令範空著縑緗
暨乎崔杜以來蕭羊以往代祀綿遠名氏滋繁或藉
甚不渝人亡業顯或憑附增價身謝道衰加以糜蠹
不傳搜祕將盡偶逢緘賞時亦罕窺優劣紛紜殆難
覼縷其有顯聞當代遺迹見存無俟抑揚自標先後
且六文之作肇自軒轅八體之興始于嬴正其來尚
矣厥用斯弘但今古不同妍質懸隔既非所習文亦
略諸復有龍蛇雲露之流龜鶴花英之類乍圖眞于
率爾或寫瑞于當年巧涉丹青工虧翰墨異夫楷式

非所詳焉代傳羲之之子子敬筆勢論十章文鄙理
疎意乖言拙詳其旨趣殊非右軍且右軍位重才高
調清詞雅聲塵未泯翰牘仍存觀夫致一書陳一事
造次之際稽古斯在豈有貽謀令嗣道叶義方章則
頓虧一至于此又云與張伯英同學斯乃更彰虛誕
若指漢末伯英時代全不相接必有晉人同號史傳
何其寂寥非訓非經宜從棄擇夫心之所達不易盡
于名言言之所通尚難形于紙墨可謂彷彿其狀綱紀
其辭冀酌希夷取會情境闚而未談請俟將來今撰

執使轉用之由以祛未悟執謂深淺長短之類是也
使謂從橫牽掣之類是也轉謂鉤鐶盤紆之類是也
用謂點畫向背之類是也方復會其數法歸於一途
編列衆工錯綜羣妙舉前賢之未及啓後學於成規
窮其根源析其枝派貴使文約理贍迹顯心通披卷
可明下筆無滯詭詞異說非所詳焉然今之所陳務
裨學者但右軍之書代多稱習良可據爲宗匠取立
指歸豈惟會古通今亦乃情深調合致使摹搨日廣
研習歲滋先後著名多從散落歷代孤紹非其效歟

試言其由畧陳數言正如樂毅論黄庭經東方朔畫讚太師箴蘭亭集序告誓文斯並代所傳眞行絕致者也寫樂毅則情多怫鬱書讚則意涉瓌奇黄庭經則怡懌虛無太史箴又縱橫爭折暨乎蘭亭興集思逸神超私門誡誓情拘志慘所謂涉樂方笑言哀已嘆豈惟駐想流波將貽嘽嗳之音（一作奏）馳神睢渙方思藻繪之文雖其目擊道存尚或心迷議舛莫不強名爲體共習分區豈知情動形言取會風騷之意陽舒陰慘本乎天地之心既失其情理乖其實原夫

所致安有體哉夫運用之方雖由己出規模所設信屬目前差之一毫失之千里苟知其術適可兼通心不厭精手不忘熟若運用盡于精熟規矩闇于胸襟自然容與徘徊意先筆後瀟灑流落翰逸神飛亦猶弘羊之心預乎無際庖丁之目不見全牛嘗有好事就吾求習吾乃麤舉綱要隨而授之無不心悟手從言忘意得縱未窮于衆術斷可極於所治矣若思通楷則少不如老學成規矩老不如少思則老而愈妙學乃少而可勉勉之不已抑有三時時然一變極

其分矣至如初學分布但求平正既知平正務追險絕既能險絕復歸平正初謂未及中則過之後乃通會通會之際人書俱老仲尼云五十知命而七十從心故能達夷險之情體權變之道變由謀而後動動不失宜時然後言言必中理是以右軍之書末年多妙當緣思慮通審而一氣和平不激不厲而風規自遠子敬已下莫不鼓努爲力標置成體豈獨工用不侔亦乃神情懸隔者也或有鄙其所作或乃矜其所運自矜者將窮性域絕于誘進之途自鄙者尚屈情

涯必有可通之理嗟乎蓋有學而不能未有不學而能者也考之即事斷可明焉然消息多方性情不一乍剛柔以合體忽勞逸而分驅或恬澹雍容內涵筋骨或折挫槎枿外曜鋒芒察之者尚精擬之者貴似況擬不能似察不能精分布猶疏形骸未檢跳躍之態未覩其妍窺井之談已聞其醜縱欲搪突羲獻誣罔鍾張安能掩當年之目杜將來之口慕習之輩猶宜慎諸至有未悟淹留偏追勁疾不能迅速翻效遲重夫勁速者超逸之機遲留者賞會之致將反其速

行臻會美之方專溺于遲終爽絕倫之妙能速不速所謂淹留因遲就遲詎名賞會非其心閑手敏難以兼通者焉假令衆妙攸歸務存骨氣骨既存矣而遒潤加之亦猶枝幹扶踈凌霜雪而彌勁花葉鮮茂與雲日而相輝如其骨力偏多遒麗蓋少則若枯槎架險巨石當路雖妍媚云闕而體質存焉若遒麗居優骨氣稍劣譬夫芳林落蕊空照灼而無依蘭沼漂蓱徒青翠而奚託是知偏工易就盡善難求雖學宗一家而變成多體莫不隨其性欲便以爲姿質直者則

勁　遒剛狠者又倔强無潤矜斂者弊于拘束脫易者失于規矩溫柔者傷于軟緩躁勇者過于剽迫狐疑者溺于滯澁遲重者終于蹇鈍輕瑣者染于俗吏斯皆獨行之士偏翫所乖易曰觀乎天文以察時變觀乎人文以化成天下況書之爲妙近取諸身假如運用未周尚虧工于祕奧而波瀾之際已濬發于機鋒必能傍通點畫之情博究始終之理鎔鑄蟲篆陶鈞草隸錯五材之並用儀形太極象八音之迭起感會一方至若數畫並施其形各異衆點齊列爲體互乖一點成一字之規一字乃終篇之准違而不犯和而不同留不常遲遣不恒疾帶燥方潤將濃遂枯泯規矩于方圓遁鉤繩之曲直乍顯乍晦若行若藏窮變態于毫端合情調于紙上無間心手忘懷楷則自可背羲獻而無失違鍾張而尚工譬夫絳樹青琴殊姿共豔隋珠和璧異質同妍何必刻鶴圖龍竟慙眞體得魚獲兔猶恡筌蹄聞夫家有南威之容乃可論于淑媛有龍泉之利然後議于斷割語過其分實累樞機吾嘗盡思作書謂爲甚合時稱識者輒以引

示其中巧麗曾不留目或有誤失翻被嗟賞既昧所見尤喻所聞或以年職自高輕致陵誚余乃假之以細縹題之以古目則賢者改觀愚夫繼聲競賞毫末之奇罕議鋒端之失猶惠侯之好僞似葉公之懼眞是知伯子之息流波蓋有由矣夫蔡邕不謬賞孫陽不妄顧者以其玄鑒精通故不滯于耳目也向使奇音在爨庸聽驚其妙響逸足伏櫪凡識知其絕羣則伯喈不足稱伯樂未可尚也至若老姥遇題扇初怨而後請門生獲書凡父削而子懊知與不知也夫上

膚於不知已而申于知已彼不知也曷足怪乎故莊子曰朝菌不知晦朔蟪蛄不知春秋老子云下士聞道大笑之不笑之則不足以爲道也豈可執冰而咎夏虫哉自漢魏已來論書者多矣妍蚩雜糅條目糾紛或重述舊章了不殊于旣往或苟興新說竟無益于將來徒使繁者彌繁闕者仍闕今撰爲六篇分成兩卷第其工用名曰書譜庶使一家後進奉以規模四海知音或存觀省緘秘之旨余無取焉

續書譜

宋　姜堯章

總論

眞行草書之法其源出于蟲篆八分飛白章草等圓勁古淡則出于蟲篆點畫波發則出于八分轉換向背則出于飛白簡便痛快則出于章草然而眞草與行各有體製歐率更顔平原輩以眞爲草李邕李西臺輩以行爲眞亦以古人有專工正書者有專工草書者有專工行書者信乎其不能兼美也或云草書

千字不抵行書十字行書十字不抵眞書一字意以爲草至易而眞至難豈眞知書者哉大抵下筆之際盡做古人則少神氣專務遒勁則俗病不除所貴熟習兼通心手相應斯爲妙矣白雲先生歐率更書訣亦能言其梗槩孫過庭論之又詳皆可參稽之

眞書

眞書以平正爲善此世俗之論唐人之失也古今眞書之妙無出鍾元常其次則王逸少今觀二家之書皆瀟洒縱橫何拘平正良由唐人以書判取士而士

大[illegible]有科舉習氣顔魯公作干祿字書是其證也[illegible]類[illegible]後相襲故唐人下筆應規入矩無復晉[illegible]且字之長短小大斜正踈密天然[illegible]謂如[illegible]字之長西字之短口字之小體字之大朋字之斜[illegible]字之正千字之踈萬字之密畫多者宜瘦畫少者宜肥魏晉書法之高良由各盡字之真態不以私意參之耳或者專喜方正極意歐顔或者專務匀圓專師虞永或謂體須稍匾則自然平正此又有徐會稽之病或云欲其蕭散則自不塵俗

此又有王子敬之風豈足以盡書法之美哉真書用筆自有八法吾嘗採古人字列之以為圖今畧言其指點者字之眉目全藉顧盼精神有向有背隨字異形横直畫者字之骨體欲其堅正匀淨有起有止所貴長短合宜結束堅實丿音撇乀音弗者字之手足伸縮異度變化多端要如魚翼鳥翅有翩翩自得之狀挑剔者字之步履欲其沉實晉人挑剔或帶斜拂或横引向外至顔柳始正鋒為之正鋒則無飄逸之氣轉折者方圓之法真多用折草多用轉折欲少駐駐則有力轉欲不滯滯則不遒然而真以轉而後遒草以折而後勁不可不知也懸鍼者筆欲極正自上而下端若引繩若垂而復縮謂之垂露翟伯壽問于米老曰書法當何如米老曰無垂不縮無往不收此必至精至熟然後能之古人遺墨得其一點一畫皆昭然絶異者以其用筆精妙故也大令以來用筆多失一字之間長短相補斜正相拄肥瘦相混求妍媚于成體之後至于今世尤甚

用筆

用筆不欲太肥肥則形濁又不欲太瘦瘦則形枯不欲多露鋒芒則意不持重不欲深藏圭角則體不精神不欲上小下大不欲左低右高不欲前多後少歐率更結體雖太嚴而用筆特備衆美雖少楷而翰墨[illegible]落追縱鍾王來者[illegible]能及已顔柳結體既異古人[illegible]筆復溺一偏余評二家為書法之一變數百年間人爭效之字畫剛勁高明固不為無助而魏晉風味[illegible]地矣然柳氏大字偏傍清勁可喜更為奇妙近世[illegible]有效之者則俗濁不足[illegible]故知與其太肥不若[illegible]

硬也

草書

草書之體如人坐臥行立揖遜忿爭乘舟躍馬歌舞擗踊一切變態非苟然者又一字之體率有多變有起有應如此起者當如此應各有義理王右軍書羲之字當字得字深字慰字最多多至數十字無有同者而未嘗不同也可謂所欲不踰矩矣大凡學草書先當取法張芝皇象索靖等章草則結體平正下筆有源然後倣王右軍申之以變化鼓之以奇崛若泛

學諸家則字有工拙筆多失誤當連者反斷當斷者反續不知起止不悟轉換隨意用筆任筆賦形失悞顛錯反爲新奇自太令以來已如此矣況今世哉然而襟韵不高記憶雖多莫湔塵俗若使風神蕭散下筆便當過人自唐以前多是獨草不過兩字連屬累數十字而不斷號曰連綿遊絲此雖出於古人不足爲奇更成大病古人作草如今人作眞何嘗苟且其相連處特是引帶嘗攷其字是點畫處皆重非點畫處偶相引帶其筆皆輕雖變化多端未嘗亂其法度張顛懷素最號野逸而不失此法近代山谷老人自謂得長沙三昧草書之法至是又一變矣流至于今不可復觀唐太宗云行行若縈春蚓字字若綰秋蛇惡無骨也大抵用筆有緩有急有有鋒有無鋒有承接上文有牽引下字乍徐還疾忽往復收緩以倣古急以出奇有鋒以耀其精神無鋒以含其氣味横斜曲直鉤環盤紆皆以勢爲主然不欲相帶則近于俗横畫不欲太長長則轉換遲直畫不欲太長多則神凝以捺代乀以發代走走亦以捺代之惟丿則間用

之意盡則用懸鍼意未盡須再生筆意不若用垂露耳

用筆

用筆如折釵股如屋漏痕如錐畫沙如壁坼此皆後人之論折釵股者欲其屈折圓而有力屋漏痕者欲其無起止之迹錐畫沙者欲其勻而藏鋒壁坼者欲其無破置之巧然皆不必若是筆正則鋒藏筆偃則鋒出一起一倒一瞬一明而神奇出焉常欲筆鋒在畫中則左右皆無病矣故一點一畫皆有三轉一波

乚拂皆有三折一丿又有數笑一點者欲與畫相應
兩點者欲自相應三點者必一點起一點帶一點應
四點者一起兩帶一應筆陣云若平直相似狀如筭
子便不是書又如口圖詰當行草尤當泯其稜角以寬
閑圓美為佳心正則筆正意在筆前字居心後皆名
言也故不得中行與其工也寧拙與其弱也寧勁與
其鈍也寧速然極須淘洗俗姿則妙處自見矣大要
執之欲緊運之欲活不可以指運筆當以腕運筆執
之在手手不主運運之在腕腕不知執又作字者亦

須略考篆文須知點畫來歷先後如左右之不同剌
剌之相異王之與玉示之與衣以至泰奉泰春形同
體異理殊得其源本斯不浮矣孫氏有執使轉用之
法執謂深淺長短使謂縱橫牽掣轉謂鉤環盤紆用
謂點畫向背豈偶然哉

用筆

作楷墨欲乾然不可太燥行草則燥潤相雜潤以取
妍燥以取險墨濃則筆滯燥則筆枯亦不可不知也
筆欲鋒長勁而圓長則含墨可以運動勁則有力圓
則妍美予嘗評世有三物用不同而理相似良弓則
之則來舍之則急往世俗謂之揭箭好方技之則曲
舍之則勁直如初世俗謂之回性筆鋒亦欲如此若
一引之後已曲不復挺又安能如人意耶故長而不
勁不如弗長勁而不圓不如弗勁蓋紙筆墨皆書法
之助也

行書

嘗考魏晉行書自有一體與草不同大率眞以便於
揮運而已草出於章行出於眞雖曰行書各有定體

縱復晉代諸賢亦苦不相遠蘭亭記及右軍諸帖第
一謝安石大令諸帖次之顏陽蘇米亦後世可觀者
大要以筆老為貴少有失悞亦可輝映所貴乎濃纖
間出血脈相連筋骨老健風神洒落姿態備具眞有
眞之態度行有行之態度草有草之態度必須博習
可以兼通

臨摹

摹書最易唐太宗云卧王濛于紙中坐徐偃于筆下
可以嗤蕭子雲唯初學者不得不摹亦以節度其手

[illegible]是[illegible]名筆置之几案懸之座右朝
夕締觀思[illegible]筆之理然後可以摹臨其次雙鉤廓
填須精意摹搨迺不失位置之美耳臨書易失古人
位置而多得古人筆意摹書易得古人位置而多失
古人筆意臨書易進摹書易忘經意與不經意也夫
臨摹之際毫髮失真則精神頓異所貴詳謹也所有
蘭亭何翅數百本而定武爲最佳然定武本有數樣
今取諸本參之其位置長短大小無不同而肥瘠剛
柔工拙要妙之處如人之面無有同者以此知定武

超雖石刻又未必得真蹟之風神矣字書全以風神
不邁爲主刻之金石其可苟哉雙鉤之法須得墨暈
雖出字外或郭填其內或朱其背正得肥瘦之本體
亦然尤貴于瘦使工人刻之又從而刮治之則瘦者
于變爲肥矣或云雙鉤時須倒置之則亦無容私意
抵其間誠使下本明上紙薄倒鉤何害若下本晦上
字厚却須能書者爲之發其筆意可也夫鋒芒圭角
爲之精神人抵雙鉤多失此又須朱其背時稍致意

書丹

筆得墨則瘦一朱則肥故書丹尤以瘦爲奇而圓熟
美潤常有餘燥勁者古常不足朱使然也欲刻者不
失真未有若書丹者然書時盤薄不無少勞韋仲將
升高書凌雲臺榜下則鬚髮已白藝成而下斯之謂
歟若鍾繇李邕又自刻之可謂難矣

情性

藝之至未始不與精神通其說見于昔黎送高閑序
孫過庭云一時而書有乖有合合則流媚乖則彫疎
神怡務閑一合也感惠徇知二合也時和氣潤三合

也紙墨相發四合也偶然欲書五合也心遽體留一
乖也意違勢屈二乖也風燥日炎三乖也紙墨不稱
四乖也情怠手闌五乖也乖合之際優劣互差又云
消息多方性情不一乍剛柔以合體忽勞逸而分驅
或恬淡雍容內涵筋骨或折挫槎枿外曜鋒芒察之
者尚精擬之者貴似至于未悟淹留偏追勁疾不能
迅速翻效遲重夫勁速者超逸之機遲留者賞會之
致將反速行臻會美之方專溺于遲終爽絕倫之妙
能速不速所謂淹留因遲就遲詎名賞會非其心閑

手簸難以兼通者焉假令衆妙攸歸務存骨氣骨存矣遒潤加之亦猶枝幹蕭疎凌霜雪而彌勁花葉鮮茂與雲日而相輝如其骨力偏多遒麗蓋少則枯槎架險巨石當路雖妍媚云闕而體質存焉若遒麗居優骨氣將劣譬夫芳林落蘂空照灼而無依蘭沼漂萍徒青翠而奚托是知偏工易就盡善難求雖學宗一家而變成多體莫不隨其性欲便以爲姿質直者則徑挺不遒剛狠者又倔強無潤矜斂者弊于拘束脫易者失於規矩溫柔者傷於軟緩躁勇者過于

剽迫狐疑者溺於滯澁遲重者終於拙鈍輕瑣者染於俗吏斯皆獨行之士偏玩所乖必能旁通點畫之情博究始約之理鎔鑄蟲篆陶鈞草隸至若數畫並施其形各異衆點齊列爲體互乖一點成一字之規一字乃終篇之準違而不犯和而不同留不常遲遣不常疾帶燥方潤將濃遂枯泯規矩于方圓遁繩鈎之曲直乍顯乍晦若行若藏窮變態于毫端合情調于紙上無間心手忘懷楷則背羲獻而無失違鍾張而尚工其言盡善故具載

血脈

字有藏鋒出鋒之異粲然盈楮欲其首尾相應上下相接爲佳後學之士隨所記憶圖寫其形未能涵容皆支離而不相貫穿黃庭小楷與樂毅論不同東方畫讚又與蘭亭殊旨一時下筆各有其勢固應爾也予嘗歷觀古之名書無不點畫振動如見其揮運之時山谷云字中有筆如禪句中有眼豈欺我哉

燥潤 用筆條

勁媚 見情性條

方圓

方圓者眞草之體用眞貴方草貴圓方者參之以圓圓者參之以方斯爲妙矣然而方圓曲直不可顯露直須涵泳一出于自然如草書尤忌横直分明横直多則字有積薪束葦之狀而無蕭散之氣時時一出斯爲妙矣

向背

向背者如人之顧盼指畫相揖相背發于左者應于右起于上者伏于下大要點畫之間施設各有情理

求之古人惟王右軍爲妙

位置

假如立人挑土田王衣示一切偏旁皆須餘狹長則右有餘地矣在右者亦然不可太密太巧太密太巧是唐人之病也假如口在左者皆須上齊鳴呼喉嚨等是也在右者皆欲與下齊和扣等是也又如冖須令覆其下走辶皆須能承其上審量其輕重使相負荷計其大小使相副稱爲善

疏密

書以疏爲風神密爲老氣如佳之四橫川之三直魚之四點畫之九畫必須下筆勁靜疏密停勻爲佳當疏不疏反成寒乞當密不密必至凋疏

風神

風神者一須人品高二須師法古三須紙筆佳四須險勁五須高明六須潤澤七須向背得宜八須時出新意則自然長者如秀整之士短者如精悍之徒瘦者如山澤之臞肥者如貴遊之子勁者如武夫媚者如美女欹斜如醉仙端楷如賢士

遲速

遲以取妍速以取勁先必能速然後爲遲若素不能速而專事遲則無神氣若專事速又多失勢

筆勢

下筆之初有搭鋒者有折鋒者其一字之體定于初下筆凡作字第一字多是折鋒第二三字承上筆勢多是搭鋒若一字之間右邊多是折鋒應其左故也又有平起者如隸畫藏鋒者如篆畫大要折搭多精神平藏善含蓄兼之則妙矣

書斷卷一

宋　張懷瓘

古文

按古文者黃帝史蒼頡所造也頡首有四目通於神明仰觀奎星圜曲之勢俯察龜文鳥跡之象博采衆美合而爲字是曰古文孝經援神契云奎主文章蒼頡倣象是也

大篆

按大篆者周宣王太史史籀所作也或曰柱下史始

變古文或同或異謂之爲篆篆者傳也傳其物理施之無窮甄酆定六書三曰篆書八體書法一曰大篆又漢書藝文志史籀十五篇並此也以史官製之用以教授謂之史書凡九千字

籀文

周太史史籀所作也與古文大篆小異後人以名稱書謂之籀文七略曰史籀者周時史官教學童書也與孔氏壁中古文體異甄酆定六書二曰奇字是也

小篆

小篆者秦丞相李斯所作也增損大篆異同籀文謂之小篆亦曰秦篆

八分

按八分者秦羽人上谷王次仲所作也王愔云王次仲始以古書方廣少波勢建初中以隸草作楷法字爲八分言有模楷始皇得次仲文簡略赴急疾之用甚喜遣召之三徵不至始皇大怒制檻車送之於道化爲大鳥飛去

隸書

按隸書者秦下邽人程邈所作也邈字元岑始爲縣吏得罪始皇幽繫雲陽獄中覃思十年益小篆方圓而爲隸書三千字奏之始皇善之用爲御史以奏事煩多篆字難成乃用隸字以爲隸人佐書故曰隸書

章草

按章草漢黃門令史史游所作也衛恒李誕並云漢初而有草法不知其誰蕭子良云章草者漢齊相杜操始變藁法非也王愔云漢元帝時史游作急就章解散隸體麤書之漢俗簡惰漸以行之是也

行書

按行書者後漢潁川劉德升所造也行書即正書之小僞務從簡易相間流行故謂之行書王愔云晉世以來工書者多以行書著名鍾元常善行書是也爾後王羲之獻之並造其極焉

飛白

按飛白書者後漢左中郎蔡邕所作也王隱王愔並云飛白變楷制也本是宮殿題署勢既勁文字宜輕微不滿名爲飛白王僧虔云飛白八分之輕者邕在鴻都門見匠人施堊帚遂創意焉

草書

按草書者後漢徵士張伯英所造也梁武帝草書狀曰蔡邕云昔秦之時諸侯爭長羽檄相傳望烽走驛以篆隸難不能救急遂作赴急之書今之草書也

汲冢書

汲冢書蓋魏安釐王時衛郡汲縣耕人於古冢中得之竹簡漆書科斗文字雜寫經史與今本校驗多有異同耕人姓不不字呼作彪其名曰準出春秋後序文選中注出尚書故實

李斯

秦丞相李斯曰自上古作大篆頗行於世但爲古遠人多不詳今刪略繁者取其合體參爲小篆斯善書自趙高已下咸見伏焉刻諸名山碑璽銅人並斯之筆書泰望紀功石乃曰吾死後五百三十年當有一人替吾迹焉出蒙恬筆經斯妙篆始省改之爲小篆著蒼頡篇七章雖帝王質文世有損益終以文代質漸就澆漓則三皇結繩五帝畫象三王肉刑斯可況也古文可爲上古大篆爲中古小篆爲下古三古謂實草

隸謂華妙極於華者羲獻精窮其實者籀斯始皇以和氏之璧琢而爲璽令斯書其文今泰山嶧山及秦望等碑並其遺迹亦謂傳國之偉寶百世之法式斯小篆入神大篆入妙

李斯書如爲冠蓋不易施手出書評

蕭何

前漢蕭何善篆籀爲前殿成覃思三月以題其額觀者如流何使禿筆書出羊欣筆陣圖

後漢蔡邕字伯喈陳留人儀容奇偉篤孝博學能畫善音明天文術數工書篆隸絕世尤得八分之精微體法百變窮靈盡妙獨步今古又刱造飛白妙有絕倫喈八分飛白入神大篆小篆隸書入妙女琰甚賢明亦工書伯喈入嵩山學書於石室內得一素書八角垂芒篆寫李斯并史籀用筆勢伯喈得之不食三日乃大叫喜歡若對數十人喈因讀誦三年便妙達其旨伯喈自書五經於大學觀者如市 出羊欣筆法

蔡邕書骨氣洞達爽爽爲神 出袁昂書評

崔瑗

崔瑗字子玉安平人曾祖蒙父駰子玉官至濟北相文章蓋世善章草書師於杜度媚趣過之點畫精微神變無礙利金百鍊美玉天姿可謂冰寒於水也袁昂云如危峰阻日孤松一枝王隱謂之草賢章草入神小篆入妙

張芝

張芝字伯英性好書凡家之衣帛皆書而後練尤善章草又善隸書韋仲將謂之草聖又云崔氏之肉張氏之骨其章草急就章字皆一筆而成伯英草行入神隸書入妙

伯英書如漢武愛道憑虛欲仙 出袁昂書評

張昶

張昶字文舒伯英季弟爲黄門侍郎尤善章草書類伯英時人謂之亞聖文舒章草入神八分入妙隸入能

劉德升

劉德升字君嗣潁川人桓靈之世以造行書擅名既

以草刱亦甚妍美風流婉約獨步當時胡昭鍾繇並師其法世謂鍾繇善行狎書是也而胡書體肥鍾書體瘦亦各有君嗣之美也

師宜官

師宜官南陽人靈帝好書徵天下工書於鴻都門至數百人八分稱宜官爲最大則一字徑丈小則方寸千言甚矜能而性嗜酒或時空至酒家因書其壁以售之觀者雲集酤酒多售則鏟滅之後爲袁術將鉅耿球碑術所立宜官書也

宜官書如鵬羽未息翩翩自逝（出袁昂書評）

梁鵠

梁鵠字孟皇安定烏氏人少好書受法於師宜官以善八分書知名舉孝廉爲郎亦在鴻都門下遷選部郎靈帝重之魏武甚愛其書常懸帳中又以釘壁以爲勝宜官也于時邯鄲淳亦得次仲法淳宜爲小字鵠宜爲大字不如鵠之用筆盡勢也

左伯

左伯字子邑東萊人特工八分名與毛弘等列小異

於邯鄲淳亦擅名漢末又甚能作紙漢興有紙代簡王和帝時蔡倫工爲之而子邑尤行其妙故蕭子良答王僧虔書云子邑之紙研妙輝光仲將之墨一點如漆伯英之筆窮神盡思妙物遠矣邈不可追

胡昭

胡昭字孔明潁川人少而博學不慕榮利有夷皓之節甚能籀書眞行又妙衛恒云胡昭與鍾繇並師於劉德升俱善草行而胡肥鍾瘦尺牘之迹動見模楷羊欣云胡昭得張芝骨索靖得其肉韋誕得其筋張華云胡昭善隸書茂先與荀勗共整理記籍又立書博士置弟子教習以鍾胡爲法可謂宿上矣

鍾繇

魏鍾繇字元常繇少從劉勝入抱犢山學書三年遂與魏太祖邯鄲淳韋誕等議用筆繇乃問蔡伯喈筆法於韋誕誕惜不與乃自搥胸嘔血太祖以五靈丹救之得活及誕死繇令人盜掘其墓遂得由是繇筆更妙繇精思學書卧畫被穿過表如厠終日忘歸每見萬類皆書象之繇善三色書最妙者八分（出羊欣筆陣圖）

繇尤善書於曹喜蔡邕劉德升眞書絶世剛柔備焉點畫之間多有異趣可謂幽深無際古雅有餘秦漢以來一人而已雖古之善政遺愛結於人心未足多也尚德哉若其行書則羲之獻之之亞草書則衛索之下八分則有魏受禪碑稱此爲最也大和四年薨追八十矣元帝隸行入神草八分入妙鍾書有十二種意外巧妙絶倫多奇（出袁昂書評）

鍾會

鍾會字士季元常少子善書有父風稍備筋骨美兼

行草尤工隸書遂逸致飄然有凌雲之志亦所謂劍則丁將鎮鄴焉會嘗詐爲荀勗書就勗母鍾夫人取寶劒會兄弟以千萬造宅未移居勗乃潛畫元常形像會兄弟入見便大感慟勗書亦會之類也會隸行草章草並入妙

韋誕

魏韋誕字仲將京兆人太僕端之子官至侍中伏膺於張伯英兼邯鄲淳之法諸書並善題署尤精明帝凌雲臺初成令仲將題榜高下異好宜就點正之因

危懼以戒子孫無爲大字楷法袁昂云如龍挐虎據劒拔弩張張茂先云京兆韋誕誕子熊潁川鍾繇繇子會並善隸書初青龍中洛陽許鄴三都宮觀始就詔令仲將大爲題署以爲永制給御筆墨皆不任用因奏蔡邕自矜能書兼斯喜之法非紈素不妄下筆夫欲善其事必利其器若用張芝筆左伯紙及臣墨兼此三具又得臣手然後可以逞徑丈之勢方寸千言然草跡之妙亞乎索靖也嘉平五年卒年七十五將八分隸書章草飛白入妙小篆入能兒康字元

將工書子熊字少季亦善書時人云名父之子克有二事世所美焉

又云魏明帝凌雲臺成誤先釘榜未題署以籠盛誕轆轤長絙引上使將榜題去地二十五丈誕危懼戒子孫絕此楷法 出書法錄

書斷卷二

宋　張懷瓘

王羲之

晉王羲之字逸少曠子也七歲善書十二見前代筆說於其父枕中竊而讀之父曰爾何來竊吾所秘羲之笑而不荅母曰爾看用筆法父見其小恐不能秘之語羲之曰待爾成人吾授也羲之拜請今而用之使待成人恐蔽兒之幼令也父喜遂與之不盈朞月書便大進衛夫人見語太常王策曰此兒必見用筆訣近見其書便有老成之智流涕曰此子必蔽吾名

晉帝時祭北郊更祝版工人削之筆入木三分三十三書蘭亭序三十七書黃庭經書訖空中有語卿書感我而況人乎吾是天台丈人自言眞勝鍾繇羲之書多不一體出羊欣筆陣圖

逸少善草隸八分飛白章行備精諸體自成一家法千變萬化得之神功逸少隸行草章草飛白五體俱入神八分入妙妻郗氏甚工書有七子獻之最知名玄之凝之徽之操之並工草

又

羲之嘗以章草荅庾亮亮示翼翼見乃歎伏因與羲之書云　吾昔有伯英章草十紙過江顛沛遂乃亡失嘗歎妙跡永絕忽見足下荅家兄書煥若神明頓還舊觀舊說羲之罷會稽住蕺山下旦見一老姥把十許六角竹扇出市王聊問此欲貨耶一枚幾錢荅云二十許右軍取筆書扇扇五字姥大悵惋云老舉家朝飡唯仰於此云何書壞王荅云無所損但道是王右軍書字請一百既入市人競市之後數日復以

數十扇來請請更書王笑而不荅又云羲之曾自書表與穆帝專精任意帝乃令索紙色類長短濶狹與王表相似使張翼寫効一毫不異乃題後荅之羲之初不覺後更詳看迺歎曰小人亂眞乃爾羲之性好鵝山陰曇孃村有一道士養好者十餘王淸旦乘小船故往看之意大願樂乃告求市易道士不與百方譬說不能得之道士言性好道久欲寫河上公老子縑素早辦而無人能書府君若能自屈書道德經各兩章使合羣以奉羲之停半日爲寫畢籠鵝而歸大

以爲樂又嘗詣一門生家設佳饌供給意甚感之欲以書相報見有一新榧几至滑淨王便書之草正相半門生送王歸郡比還家其父已刮削都盡兒還失書驚懊累日 出圖書會粹

又

晉穆帝永和九年暮春三月三日常遊山陰與太原孫統承公孫綽興公廣漢王彬之道生陳郡謝安石高平郗曇重熙太原王蘊叔仁釋支遁道林并逸少子凝徽操之等四十有一人修祓禊之禮揮毫製序

興樂而書用蠶繭紙鼠鬚筆遒媚勁健絕代更無凡二十八行三百二十四字有重者皆搆別體就中之字最多 出法書要錄

王獻之

王獻之字子敬尤善草隸幼學於父次習于張芝爾後改變制度別刱其法率爾師心冥合天矩初謝安請爲長史太元中新造太極殿安欲使子敬題榜以爲萬代寶而難言之乃說韋仲將題淩雲臺之事子敬知其旨乃正色曰仲將魏之大臣寧有此事使其若此知魏德之不長安遂不之逼子敬年五六歲時學書右軍從後潛掣其筆不脫乃歎曰此兒當有大名遂書樂毅論與之學竟能極小真書可謂窮微入聖筋骨緊密不減於父如大則尤直而寡態豈可同年唯行草之間逸氣過也及論諸體多劣右軍總而言之季孟差耳子敬隸行草章草飛白五體皆入神八分入能

又

羲之爲會稽子敬出戲見北館新白土壁白淨可愛

子敬令取掃帚沾泥汁中以書壁爲方丈一字晻曖斐亹極有勢好日日觀者成市羲之後見歎其美問誰所作答曰七郎羲之於是作書與所親曰子敬飛白大有直是圖於此壁子敬好書觸遇造玄有一好事年少故作精白紗裓著往詣子敬便取裓書之草正諸體悉備兩袖及褾略周自歎比來之合年少覺王左右有凌奪之色於是刺裓而走左右果逐及於門外鬭爭分裂衣少年纔得一袖而已子敬爲吳興羊欣父不疑爲烏程令欣時年十五六書已有意爲

子敬所知子敬往縣入欣齋欣齋著新白絹裙晝寢子敬乃書其裙幅及帶欣覺歡樂遂寶之後以上朝廷

又

獻之嘗與簡文帝書十許紙題最後云下官此書甚合作願聊存之此書爲桓玄所寶玄愛重二王不能釋手乃撰縑素及紙書正行之尤美者各爲一秩常置左右及南奔雖甚狼狽猶以自隨將敗並投于江或謂小王爲小令非也獻之爲中書令卒于官族弟珉代之時以子敬爲大令季琰爲小令 出法書要錄

王脩

王脩字敬仁仲祖之子官至著作郎少有秀令之譽年十三著賢令論劉真長見之嗟歎不已善隸行書嘗就右軍求書乃寫東方朔畫讚與之王僧虔曰敬仁書殆窮其妙王子敬每看咄咄逼人昇平元年卒年二十四始王導愛好鍾氏書喪亂狼狽猶衣帶中盛尚書宣示過江後以賜逸少逸少乞敬仁敬仁卒其母見此書平生所好以入棺敬仁隸行入妙殷仲堪書亦敬仁之亞也

荀輿

荀輿能書嘗寫狸骨方右軍臨之至今謂之狸骨帖 出尚書故實 一

謝安

謝安字安石學正於右軍右軍云卿是解書者然知解書爲難安石猶善行書亦猶衛洗馬風流名士海内所瞻王僧虔云謝安入能書品錄也安石隸行草並入妙兄尚字仁祖萬石並工書

王廙

晉平南將軍侍中王廙右軍之叔父工隸飛白祖述張衛法復索靖書七月二十六日一紙每寶玩之遭永嘉喪亂乃四疊綴衣中以渡江今蒲州桑泉令豆盧器得疊跡猶在 出國史異纂

戴安道康昕

晉戴安道隱居不仕總角時以雞子汁溲白瓦屑作鄭玄碑自書刻之文既奇麗書亦妙絶又有康昕亦善草隸王子敬常題方山亭壁數行昕密改之子敬後過不疑又爲謝居士題畫像以示子敬子敬歎能

以爲西河絶矣晰字君明外國人官至臨沂令

韋昶

晉韋昶字文休仲將兄康字元將涼州刺史之玄孫官至頴川太守散騎常侍善古文大篆及草狀貌尤古亦猶人則抱素木則封冰奇而且勁太元中孝武帝改治宫室及廟諸門並欲使王獻之隸草書題榜獻之固辭乃使劉瓌以八分書之後又使文休以大篆改八分焉或問王右軍父子書君以爲云何答曰二王自可謂能未是知書也又妙作筆王子敬得其

筆歎爲絶世義熙末卒年七十歲餘文休古文大篆草書並入妙

蕭思話

宋蕭思話蘭陵人父源冠軍瑯琊太守思話官至征西將軍左僕射工書學於羊欣得其體法雖無奇峰壁立之秀運用連㒼盡望勢不斷絶亦可謂有功矣王僧虔云蕭全法羊風流媚好殆欲不減筆力恨弱袁昂云羊眞孔草蕭行范篆各一時之妙也

王僧虔

瑯琊王僧虔博涉經史兼善艸隸太祖謂虔曰我書何如卿曰臣正書第一草書第三陛下草書第二正書第三臣無第二陛下無第一上大笑曰卿善爲詞也然天下有道丘不與易也虔歷左僕射尚書令謚簡穆公僧虔長子慈年七歲外祖江夏王劉義恭迎之入中齋施諸寶物恣其所取慈唯取素琴一張孝子圖而已年十歲共時輩蔡約入寺禮佛正見沙門等讖悔約戲之曰衆僧今日何乾乾慈應聲答卿如此不知禮何以興蔡氏之宗約興宗之子也謝超宗

見慈學書謂之曰卿書何如虔公答云慈書與大人猶雞之比鳳超宗鳳之子慈歷侍中贈太常卿約歷太子詹事出談藪

又

齊高帝嘗與王僧虔賭書畢帝曰誰爲第一僧虔對曰臣書臣中第一陛下書帝中第一帝笑曰卿可謂善自謀矣出南史

王融

齊末王融圖古今雜體有六十四書少年儆倣家藏

紙貴而風魚蟲鳥是七國時書元長皆作隸字故貽後來所詰湘東王遣沮陽令韋仲定爲九十一種次功曹謝善勛增其九法合成百體其中以八卦爲書爲一以太爲兩法徑丈一字方寸千言（出法書要錄）

蕭子雲

梁蕭子雲字景喬武帝謂曰蔡邕飛而不白羲之白而不飛飛白之間在卿斟酌耳嘗大書蕭字後人匣而寶之傳至張氏賓護東都舊第有蕭齋前後序皆名公之詞也（出尚書故實）

武帝造寺令蕭子雲飛白大書蕭字至今一字存焉李約竭產自江南買歸東洛建一小亭以翫號曰蕭齋（出國史補）

蕭特

海鹽令蘭陵蕭特善草隸高祖賞之曰子敬之書不如逸少蕭特之迹遂過其父（出談藪）

僧智永

陳永欣寺僧智永師遠祖逸少歷紀專精攝齊升堂[illegible]唯命智永章草及草書入妙行入能兄智楷亦工書丁覘亦善隸書時人云丁眞永草

又

智永嘗於樓上學書業成方下（出國史要纂）

梁周興嗣編次千字文而有王右軍者人皆不能曉其始乃梁武教諸王書令殷鐵石於大王書中搨一千字不重者每字片紙雜碎無序武帝召興嗣爲曰卿有才思謂我韻之興嗣一夕編綴進上鬢髮皆白而賞錫甚厚右軍孫智永師自臨八百本散與人外江南諸寺各留一本永公住吳興永欣寺積年學書

後有禿筆頭十甕每甕皆數石人來覓書并請題額者如市所居戶限爲之穿穴乃用鐵葉裹之人謂爲鐵門限後取筆頭瘞之號爲退筆冢自製銘誌（出尚書故實）

嘗居永欣寺閣上臨書所退筆頭置之於大竹簏簏受一石餘而五簏滿（出法書要錄）

僧智果

隋永欣寺僧智果會稽人也煬帝甚善之工書銘石其爲瘦健造次難類嘗謂永師曰和尚得右軍肉智

果得骨夫筋骨藏於膚肉山水不厭高深而北公稍乏清幽傷於淺露若吳人之戰輕進易退勇力而非武虛張誇耀無乃小人儒乎智果隸行草入能

書斷卷三

宋　張懷瓘

唐太宗

唐太宗貞觀十四年自真草書屏風以示羣臣筆力遒勁爲一時之絶嘗謂朝臣曰書學小道初非急務時或留心猶勝棄日凡諸藝業未有學而不得者也病在心力懈怠不能專精耳又云吾臨古人之書殊不能學其形勢唯在其骨力及得骨力而形勢自生耳嘗召三品已上賜宴於玄武門帝操筆作飛白書

衆臣乘酒就太宗手中相競散騎常侍劉洎登御牀引手然後得之其不得者咸稱洎登牀罪當死請付法帝笑曰昔聞婕妤辭輦今見常侍登牀出尚書故實

漢王元昌

唐漢王元昌神堯之子善行書諸王仲季並有能名韓王曹王亦其亞也曹則妙於飛白韓則工於草行魏王魯王亦韓王之倫也

歐陽詢

唐歐陽詢字信本博覽今古官至銀青光祿大夫率

更令書則八體盡能筆力勁險高麗愛其書遣使請
焉神堯歎曰不意詢之書名遠播　貞觀十五年
卒年八十五詢飛白隸行草入妙大篆章草入能

又

率更嘗出行見古碑索靖所書駐馬觀之良久而去
數步復下馬佇立疲則布毯坐觀因宿其傍三日乃去
後去今開通元寶錢武德四年鑄其文乃歐陽率更
書也 出國史異纂

歐陽通

唐歐陽通詢之子善書瘦怯於父嘗自矜能書必以
象牙犀角爲筆管貍毛爲心覆秋兎毫松煙爲墨末
以麝香紙必須堅緊薄白滑者乃書之蓋自重其書
薛純陁亦効歐草傷於肥鈍亦通之亞也 出朝野僉載

虞世南

虞世南字伯施會稽人仕隋爲秘書郎煬帝知其才
嫉其鯁直止爲七品十餘年仕唐至秘書監文皇曰
世南一人遂兼五絶一曰博學二曰德行三曰書翰
四曰詞藻五曰忠直有一於此足謂名臣而世南兼
之行草之餘尤所偏工本師於釋智永及其暮齒加
以遒逸卒年八十九伯施隸行草入妙

褚遂良

褚遂良河南人父亮太常卿遂良官至右僕射善書
少則伏膺虞監長則師祖右軍真書甚得其媚趣顯
慶中卒年六十四遂良隸行入妙亦嘗師受史陵然
史亦有古直傷於疎瘦也

又

遂良問虞監曰某書何如永師曰吾聞彼一字直五

萬官豈能若此者曰何如歐陽詢曰聞詢不擇紙筆
皆能如志官豈得若此褚曰既然某何更留意於此
虞曰若使手和筆調遇合作者亦深可貴尚褚喜而
退 出國史異纂

薛稷

薛稷河東人官至太子少保書學褚尤尚綺麗媚好
膚肉得師之半矣可謂河南公之高足甚爲時所珍
尚稷隸行入能

又

愛外祖魏倣家富圖籍多有虞褚舊跡銳精模於書意道麗當時無及之者及善畫博采古跡持於秘書(出譚賓錄)

高正臣

高正臣廣平人官至衛尉卿習右軍之法睿宗愛其書張懷素之先與高有舊朝士就高乞書憑書之高嘗爲人書十五紙張乃戲換其五紙又令示高再看不悟客曰有人換公書高笑曰必是張公也乃審詳之得其三紙客曰猶有在高又觀之竟不能辨高

嘗許人書一屏障時未獲其人乃出使淮南臨別大悵惋高曰正臣故人在申州正與僕書一類公可便往求之遂立申此意陸柬之嘗爲高書告身高皇嫌之不將入秩後爲鼠所傷乃持去張公曰此鼠甚解正臣意風調不合一至於此正臣隸行草入能

王紹宗

王紹宗字承烈官至秘書少監祖逯子徵欽羨東之其中小真書體象尤甚其行書及章草次於真常與人書云鄙夫書翰無工者特由水墨之積習恒精心率意虛神靜思以取之每與吳中陸大夫論及此道明朝必不覺已進陸後於寗訪知之嗟賞不少將余比虞七以虞亦不臨寫故也但心準自想而已聞虞眠布被中恒手畫腹皮與余正同也承烈隸行草入能

鄭虔

鄭虔任廣文博士學書而病無紙知慈恩寺布柿葉數間屋遂借僧房居止日取紅葉學書歲久殆遍後自寫所製詩并畫同爲一卷封進玄宗御筆書其尾

曰鄭虔三絕(出尚書故實)

李陽冰

李陽冰善小篆自言斯翁之後直至小生曹喜蔡邕不足言開元中張懷瓘撰書斷陽冰張旭並不載絳州有篆字與古不同頗爲怪異李陽冰見之寢臥其下數日不能去驗其書是唐初不載書者名姓碑有碧落二字時人謂之碧落碑(出國史補)

張旭

張旭書得筆法傳崔邈顏真卿旭言始吾聞公主與

檐夫爭路而得筆法之意後見公孫氏舞劍器而得其神飲醉輒草書揮毫大叫以頭揾水墨中天下呼爲張顛醒後自視以爲神異不可復得後輩言筆札者歐虞褚陸或有異論至長史無間言出國史補

又

旭釋褐爲蘇州常熟尉上後旬日有老父過狀判去不數日復至乃怒而責曰敢以閑事屢擾公門老父曰某實非論事但覩少公筆跡奇妙貴爲篋笥之珍耳長史異之因詰其何得愛書答曰先父愛書兼有

書斷　卷三　六

著述長史取示之信天下工書者也自是備得筆法之妙冠于一時出幽閒鼓吹

僧懷素

長沙僧懷素好草書自言聖三昧棄筆堆積埋山下號筆塚出國史補

書斷卷四

宋　張懷瓘

程邈已下

秦獄吏程邈善大篆得罪始皇囚於雲陽獄增減大篆體去其繁複始皇善之出爲御史名曰隸書扶風曹喜後漢人不知其官善隸篆小異李斯見師一時陳留蔡邕後漢人任中郎將善篆採喜之法眞定直父碑文猶傳法也篆者師焉杜陵陳遵後漢人不知官善篆隸每書一坐皆驚時人謂爲陳驚坐上谷王

書斷　卷四　一

次仲後漢人作八分楷法師宜官後漢不知何許人能爲大字一丈小字一寸千言耿球碑是宜官書甚自矜重或空至酒家先書其壁觀者雲集酒因大售至飲足削書而退安定梁鵠後漢人官至選部尚書乃師宜官法魏武重之常以書懸帳中宮殿題署多是鵠手也出王僧虔名書錄

邯鄲淳已下

陳留邯鄲淳爲魏淄侯文左得次仲法名在鵠後弘農弟子秘書八分皆傳弘法又有左子邑與淳小異

亦有名京兆杜度爲魏齊相始有草名安平崔瑗濟北相亦善草書平符堅得摹瑗書王子敬云極似張伯英瑗子寔官至尚書亦能草弘農張芝高尚不仕善草書精勤絕倫家之衣帛必先書而後練臨池學書池水盡黑每書云匆匆不暇草時人謂爲草聖芝弟昶漢黃門侍郎亦能草今世人中云芝書者多是昶也 出王僧虔名書錄

姜詡已下

姜詡梁宣田彥和及司徒韋誕皆伯英弟子並善草

誕最優魏宮館寶器皆是誕手魏明帝起凌雲臺誤先釘榜而未之題以籠盛誕轆轤引上書之去地二十五丈誕甚危懼乃誡子孫絕此楷法誕子少季亦有能稱羅暉趙襲不詳何許人與伯英同時見稱西州而矜許自與眾顧惑之伯英與朱寬書自敘云上比崔杜不足下方羅趙有餘河間張起亦善草不及崔張劉德升善爲行書不詳何許人潁川鍾繇魏太尉同郡胡昭公車徵二家俱學於德升而胡書肥鍾書瘦鍾書有三體一曰銘石之書最妙者也二曰章程書三曰狎書相聞者也繇子會鎮西將軍絕能學父書改易鄧艾上章事莫有知者河東衛覬魏尚書僕射善草及古文略盡其妙草體微瘦而筆跡精熟覬子瓘爲晉太保採之法以覬法參之更爲草藁藁是相聞書也瓘子恆亦善書博識古文字敦煌索靖張芝姊之孫晉征西司馬亦善草陳國何元公亦善草書吳人皇象能草世稱沉著痛快滎陽陽晉祕書令史善八分 出王僧虔名書錄

王羲之

王羲之告誓文今之所傳即其藁本不具年月日朔其眞本維永和十年三月癸卯九日辛亥而書亦眞開元初潤州江寧縣瓦官寺修講堂匠人於鴟吻內竹筒中得之與一沙門至八年縣丞李延業求得上岐王王以獻便留內不出或云其後却借岐王十二年王家失火圖書悉爲灰燼此書亦見焚矣 出國史異纂

王廙

王廙羲之之叔也善書畫嘗謂右軍曰吾諸事不足法唯書畫可法晉明帝師其畫王右軍學其書 出書斷

實

潞州盧

東都頃年創造防秋館穿掘多蔡邕鴻都學所書石經後洛中人家往往有之王羲之借船帖書之尤工者也故山北盧匡寶惜有年盧公致書借之不得云只可就看未嘗借人也盧除潞州旌節在途纔數程忽有人將書帖就盧求售閱之乃借船帖也驚異問之云盧家郎君要錢遣賣耳盧歎異移時不問其價還之後不知落於何人京師書儈孫盈者名甚著盈

父曰仲容亦鑒書畫精於品目豪家所寶多經其手真偽無所逃焉公借船帖是孫盈所蓄人以厚價求之不果盧公時其急切減而賑之日久滿百千方得盧公韓太冲外孫也故書畫之尤者多閱而識焉出尚書故實

桓玄

昔書中有飲食名寒具者亦無注解處後於齊民要術并食經中檢得是今所謂饊餅桓玄嘗盛陳法書名畫請客觀之客有食寒具不濯手而執書畫因有涴玄不懌自是會客不設寒具出尚書故實

褚遂良

貞觀十年太宗謂魏徵曰世南沒後無人可與論書徵曰褚遂良後來書流甚有法則於是召見太宗嘗以金帛購王羲之書跡天下爭齎古書詣闕以獻時莫能辨其真偽遂良備論所出咸爲證據一無舛謬十四年四月二十二日太宗爲真草書屏風以示羣臣筆力遒利爲一時之絕購求得人間真行凡二百九十紙裝爲七十卷草書二千紙裝爲八十卷每臨

政之暇時閱之嘗謂朝臣曰書學小道初非急務時或留心亦勝棄日凡諸藝未嘗有學而不得者也病在心力懈怠不能專精耳今吾學古人之書殊不學其形勢唯在求其骨力得其骨力形勢自生出譚賓錄

蘭亭真跡

太宗酷好書法有大王書跡三千六百紙率以一丈二尺爲一軸寶惜者獨蘭亭爲最置於坐側朝夕觀覽嘗一日附耳語高宗曰吾千秋萬歲後與吾蘭亭將去也及奉諱之日用玉匣貯之藏於昭陵出尚書故實

王方慶

龍朔二年四月高宗自書與遼東諸將許敬宗曰遼圖師愛書可於朝示之神功二年上謂鳳閣侍郎王方慶曰卿家合有書法方慶奏曰臣十代再從伯祖羲之先有四十餘紙貞觀十二年先臣進訖有一卷臣近已進訖臣十一代祖洽九代祖珣八代祖曇首七代祖僧綽六代祖仲寶五代祖騫高祖規曾祖褒并九代三從伯祖晉中書令獻之已下二十八人書共十卷見在上御武成殿召羣臣取而觀之仍令鳳

閣舍人崔融作序目爲寶章集以賜方慶朝野榮之 出譚賓錄

二王真跡

開元十六年五月內出二王真跡及張芝張昶等書總一百六十卷付集賢院令集字搨兩本進分賜諸王其書皆是貞觀中太宗令魏徵虞世南褚遂良等定其真偽八十卷小王張芝等跡各隨多少勒爲卷帙以貞觀字爲印印縫及卷之首尾其草跡又令褚遂良真書小字帖紙影之其中古本亦有是梁隋官本者梁則滿騫徐僧權沈熾文朱异隋則江總姚察等署記太宗又令魏褚等卷下更署名以記之其蘭亭本相傳云在昭陵玄宮中樂毅論長安中太平公主奏借出外搨寫因此遂失所在五年勑陸元悌魏哲劉懷信等檢校換褾每卷分爲兩卷總見在有八十卷餘並失墜元悌又割去前代記署以己之名氏代焉玄宗自書開元二字爲印記之右軍凡一百三十卷小王二十八卷張芝張昶各一卷右軍真行書唯有黃庭告誓等卷存焉又得滑州人家所藏右軍

扇上真尚書宣示及小王行書白騎遂等二卷其書有貞觀年舊標織成字 出譚賓錄

八體

張懷瓘書斷曰篆籀八分隸書章草草書飛白行書通謂之八體而右軍皆在神品右軍嘗醉書數字點畫類龍爪後遂有龍爪書如科斗玉筋偃波之類諸家共五十二般 出尚書故實

李都

李都荊南從事時朝官親熟自京寓書書蹤甚惡

平詩戲曰華紙千里到荆門章草縱橫任意論應笑錘張虛用力卻教羲獻枉勞魂惟堪愛惜爲珍寶不敢留傳誤子孫深荷故人相厚處天行時氣許教吞出杼清詩

東都乞兒

大曆中東都天津橋有乞兒無兩手以右足夾筆寫經乞錢欲書時先用擲筆高尺餘以足接之未嘗失落書跡楷書不如出酉陽雜俎

盧弘宣

李德裕作相日人有獻書帖德裕得之執翫頗愛其書盧弘宣時爲度支郎中有善書名召至出所獲者書帖令觀之弘宣持帖久之不對德裕曰何如弘宣有恐悚狀曰是某頃年所臨小王帖太尉彌重之出盧氏雜記

嶺南兎

嶺南兎嘗有郡牧得其皮使工人削筆醉失之大懼因翦己鬚爲筆甚善更使爲之工者辭焉詰其由因實對遂下令使一戶輸人鬚或不能致輒責其直出嶺

書品序

梁　庾肩吾

玄靜先生曰予遍求邃古逖訪厥初書名起于玄洛字勢發于倉史故遺結繩取諸文象諸形會諸人事未有廣此緘縢深兹文契是以一書加大天尊可知二力增土地卑可審日以君道則字勢圓月以臣輔則文體缺及其轉註假借之流指字會意之類莫不狀範毫端形呈字表開篇玩古則千載共朝削簡傳今則萬里對面記善則惡自削書賢則過必改玉曆

頒正而化俗帝教陳言而設教變通不極日用無窮與聖同功參神並運爰洎中葉舍繁從省漸失穎川之言竟逐雲陽之字若乃鳥跡孕于古文壁書存于科斗符陳帝璽摹調蜀漆署表宮門銘題禮器魚遊含鳳鳥巳分虫仁義起于麒麟威形發于龍虎雲氣時飄五色仙人還作兩童龜若浮溪蛇若赴穴流星疑燭垂露似珠芝英轉車飛白掩素參差倒薤既思種柳之謡長短懸針復想定情之製蚊脚傍低鵠頭仰立填飄板上繆起印中波回墮鏡之鸞楷顧雕陵之鵲並以篆籀重複見重昔時或乃能售酒或妙令鬼哭信無味之奇珍非趨時之急務且具錄前訓今不復兼論惟草正疏通專行于世其或繼之者雖百代可知尋隸體發源秦時隸人下邳程邈所作始皇見而重之以奏事繁多篆字難製遂作此法故曰隸書今時正書是也草聖起于漢時解散隸法用以赴急本因草創之義故曰草書建初中京兆杜操始以善書知名今之草書是也余自少迄長留心兹藝敏手謝于臨池銳意同于削板而蓻山之扇竟未增錢

凌雲之臺無因誡子求諸故跡或有淺深輒删善草隸者一百二十八人伯英以稱聖居首法高以追駿處未推能相越小例而九引類相附大等而三復爲略論總名書品

張芝伯英　鍾繇元常　王羲之逸少

右三人上之上

論曰隸既發源秦始草乃激流齊相跨七代而彌遵將千載而無革誠開博者也均其文總六書之要指其事籠八體之奇能拔篆籀于繁蕪移楷真于重密

分行紙上類出繭之蛾結壽篇中似聞琴之鶴峯勢間起瓊山慚其斂霧漪瀾遞振碧海愧其下風抽絲散水定其下筆倚刀較尺驗于成字真草既分于星芒烈火復成于珠珮或橫牽豎掣或濃點輕拂或將放而更留或因挑而還置敏思藏于胸中巧意發于毫銛詹尹端策故以迷其變化英韶傾耳無以察其音聲殆善射之不注妙斲輪之不傳是以鷹爪含利出彼兔毫龍管潤霜游茲蠆尾學者鮮能具體窺者罕得其門若探妙測深盡形得勢烟花落紙將動風

彩帶字欲飛疑神化之所爲非人世之所學惟張有道鍾元常王右軍其人也張工夫第一天然次之衣帛先書稱爲草聖鍾天然第一工夫次之妙盡許昌之碑窮極鄴下之牘王工夫不及張天然過之天然不及鍾工夫過之羊欣云貴越羣品古今莫二兼撮衆法備成一家若孔門以書三子入室矣允爲上之上

崔瑗子玉　杜度伯度　師宜官

張昶文舒　王獻之子敬

右五人上之中

論曰崔子玉擅名北中跡罕南度世有得其摹者王子敬見之稱美以爲功類伯英杜度濫觴于草書取奇于漢帝詔復奏事皆作草書師宜官鴻都爲最能大能小文舒聲劣于兄漪云亞聖子敬泥帚最驗天骨兼以製筆復識人工一字不遺兩葉傳妙此五人允爲上之中

索靖幼安　梁鵠孟皇　韋誕仲將

皇象休明　胡昭孔明　鍾會士季

衛瓘伯玉　荀輿長胤　阮研文幾

右九人上之下

論曰幼安斂蔓舅氏抗名衛令孟皇功盡筆力字入帳中仲將不妄染毫必須張筆而左紙孔明動見模楷皆謂胡肥而鍾瘦休明斟酌二家聯爲八絶士季之範元常猶子敬之稟逸少而工拙兼効真草皆成伯玉遠慕張芝近參丈跡長胤狸骨方擬而難追阮研居今觀古盡窺衆妙之門雖復師王祖鍾終成別構一體此九人允爲上之下

張超子並　郭伯道　劉德昇君嗣
崔寔子真　衛夫人名鑠字茂猗
李式景則　庾翼稚恭　郗愔方回
謝安安石　王珉季琰　桓玄敬道
羊欣敬元　王僧虔　孔琳之彥琳
殷鈞季和

右十五人中之上

論曰子玉崔冢州里頗相倣效可謂鍼蘇于鹹冰寒于水伯道府問朝廷遠封其迹德昇之妙鍾胡各採其美子真俊才門法不隆李妻衛氏自出華宗景則毫素流靡稚恭聲彩遒越郗愔安石草正並驅季琰桓玄筋力俱駿羊欣早隨子敬最得王體孔琳之聲高宋氏王僧虔雄發齊代殷鈞頗耽愛好終得肩隨此一十五人允爲中之上

魏武帝曹操孟德　吳主元宗孫皓
衛覬伯儒　左子邑伯宇　衛桓巨山
杜預元凱　王廙世將　張彭祖　任靖
韋昶文休　王修敬仁　范懷約

張永景初　吳休尚　施方泰

右十五人中之中

論曰魏帝筆墨雄贍吳主體裁綿密伯儒兼叙隸草子邑分鑣梁邯巨山三世元凱累葉王廙爲右軍之師彭祖取義之之道任靖嬌名文休題柱敬仁清舉致良遍之詞張范逢時俱東南之美施吳齋下後生同年拔萃此十五人允爲中之中

羅暉叔景　趙襲元嗣　劉輿　張昭
陸機士衡　朱誕　王導茂弘　庾亮元規
王洽　郗超吳興　張翼　宋文帝劉義隆
康昕　徐希秀　謝朓玄暉　劉繪
陶隱君名弘景　王宗素

右十八人中之下

論曰叔景元嗣並稱西州劉輿之筆扎張昭之無辯陸機以弘才掩迹朱誕以偏藝流聲王導則列聖推能庾亮則羣公挹巧王洽以並通諸法郗超以晚年取譽張翼善効宋帝康昕郗秀孤生謝朓劉繪文宗書範近來少前陶隱君仙才翰彩拔于山谷王宗素

縟事靡偷篇筆傳于世間此十八人允爲中之下

姜詡　梁宣　魏徵玄成　韋秀　鍾輿

向泰　羊忱　晉元帝景文　識道人

范曄蔚宗　宋炳　謝靈運　蕭思話

薄紹之敬叔　齊高帝紹伯　庾黔婁

費元琿　孫奉伯　王會　羊祜叔子

論曰此二十一人並擅毫翰動成楷則殆逼前良見希後彥允爲下之上

陽經　諸葛融　楊潭　張炳　李淵

張輿　王濟　李夫人　劉穆之道和

朱齡石　庾景休　張融思光　稽元明

孔敬通　王籍文海

右十五人下之中

論曰此十五人雖未窮字奧書尚文情披其叢薄非無香草視其涯岸皆有潤珠故遺斯紙以爲世玩允爲下之中

衛宣　李韞　陳表　周[illegible]　[illegible]紹

陰光　韋熊少季　[illegible]　[illegible]

張邈　羊固　傅夫人　辟閭訓　謝晙

徐羨之　孔闓　顏寶光　周仁皓

張欣泰　張熾　僧岳道人

右二十二人下之下

論曰此二十二人皆五味一和五色一彩視其雕文非特刻鵠人人下筆寧止追響遺跡見珍餘芳可折誠以斲輪並轡不逮前鋒而中權後殿各盡其美允爲下之下

今以九例該此衆賢猶如玄圃積玉炎洲叢桂其中實相推謝故有茲多品儻終能振此翩翼俱上龍門

倘後之學者更隨點曝云爾

右書品庾肩吾所著載漢魏以來能書者肩吾生梁代相去不遠近者同時宜其評論精核如此後唐張懷瓘宋濂溪氏皆有論者不過稍加損益際以近世者耳夫古文窮于真草書法盡于六朝非法乎上者斯亦可以考見矣羅浮山樵跋

書評

梁　武帝

鍾繇書如雲鵠游天羣鳥戲海行間茂密實亦難過

王羲之書如龍跳天門虎卧鳳闕是故歷代寶之永以爲訓

張芝書如漢武愛道憑虛欲仙

蔡邕書骨氣洞達爽爽如有神力

韋誕書如龍威虎振劍拔弩張

蕭子雲書如危峰阻日孤松一枝荊軻負劍壯士彎

弓雄人獵虎心胸猛烈鋒刃難當

羊欣書如大家婢作夫人不堪位置而舉止羞澁終不似真也

李鎮東書如芙蕖出水文彩鮮明似刻金銀乃有舒發勢

王獻之書絶衆超羣無人可擬如河朔少年皆悉充悦舉止沓拖不可耐何

索靖書如王謝家子弟縱復不端正奕奕有一種風氣也

王僧虔書如飄風忽舉鷙鳥乍飛

顔倩書如貧家寘果無妨可愛少乏珍羞

阮研書如貴胄失品次不復排突英賢也

王褒書悽斷風流而勢不稱貌意深工淺猶未當妙

師宜官書如鵬羽未息翩翩而自退也

鍾會書有十二種意外奇妙

陶隱居書如吳興小兒形容雖未成長而骨體甚峭快

蕭特進書雖有家風而風流勢薄猶如大小王安得

相似

王彬之書放縱快利筆道流便也

范懷約真書有力而行艸無功

施肩吾書如新亭傖父一往似揚州人共語意便態生

桺渾書縱横廓落大體不凡而意未備

郗愔書得意甚熟而取妙特難疎散風氣不無雅素

庾肩吾書畏懼收斂少得自充效未精能去蕭之遠矣

徐淮南書如南岡士大夫徒愛風範然不寒乞也
袁崧書如深山道士見人便欲縮退
張斯書如辯士對敵獨語不聞得心會理
薄紹之書亦有一家風氣未爲冠絶也

書後品

唐　李嗣真

昔蒼頡造書天雨粟鬼夜哭亦有感矣蓋德成而上謂仁義禮智信也藝成而下謂禮樂射御書數也吾作詩品猶希聞偶合神交自然冥契者是才難也及其作書評而登逸品數者四人故知藝之爲末信也雖然若超吾逸品之才者亦當夐絶終古無復繼作也故裴然有感而作書評雖不足以對揚王休弘闡神化亦名流之美事耳與夫飽食終日博奕猶賢不

其遠乎項籍云書足以記姓名此狂夫之言也嗟爾後生既乏經國之才又無干城之畧庶幾勉夫斯道近代虞秘監歐陽銀青房褚二僕射陸學士王家令高司衛等亦並由此術無所間然其中亦有更無他技而俯仰朱紱如此則雖慙君子之盛烈苟非犂野之器其山之英亦何能作誠凌雲之臺拂衣碑石之際耶今之馳騖去聖愈遠徒識方圓而迷點畫亦猶莊生之歎盲者易象之談日中終不見矣太宗與漢王元昌褚僕射遂良等皆授之於史陵褚首師虞後

又學史乃謂陵曰此法更不可教人是其妙處也陸學士柬之受於虞祕監虞祕監受於永禪師皆有法體今人都不聞師範又自無鑒局雖古跡昭然永不覺悟而執燕緹以爲寶玩楚鳳而稱珍不亦謬哉其議論品藻自王愔以下王僧虔袁㬅諸公皆已言之矣而武理有未周今采諸家之善聊措同異以貽諸好事其前品已定則不復銓列素朱背入有可措者亦復云爾大宗高宗皆稱神扎吾所伏事何敢寓言今始於秦氏終於唐世凡八十一人分爲十等

逸品五人

李斯小篆　張芝章草　鍾繇正書　王羲之

王獻之草行書半草行書

右李斯小篆之精古今絶妙秦望諸仙及皇帝玉璽猶夫千鈞强弩萬石洪鍾豈徒學者之宗匠亦是傳國之祕寶張芝章草鍾繇正書王羲之三體及飛白獻之草行書半草行書四賢之跡揚庭效伎策勳厯積神合契匠冥運天矩皆可稱曠代絶作也而鍾[illegible]骨有餘膚肉未贍逸少加減大過亦紛[illegible]

披雲覩日芙蓉出水求其盛美難以備諸然但[illegible]草似春虹飲澗落霞浮浦又似沃露沾濡繁霜[illegible]元常正隸如郊廟既陳俎豆斯在又比寒澗闃豁[illegible]山嵯峨右軍正體如陰陽四時寒暑調暢巖廊弘敞簪裾肅穆其聲鳴也則鏗鏘而似仙其可觀也則昭彰而在目可謂書之聖也若草行雜體如清風出袖明月入懷瑾瑜爛而五色黼綉摛其七采故使離朱喪明子期失聽可謂草之聖也其飛白也猶夫霧縠卷舒烟空炤灼長劍耿介而倚天勁矢超騰而無地

可謂飛白之仙也又如松巖點黛蓊鬱而起朝雲飛泉漱玉洒散而成暮雨既離方以遁圓亦非絲而異帛趣長筆短差難縱陳子敬草書逸氣過父如丹穴鳳舞清泉龍躍倏忽變化莫知所自矣蹴海移山翻濤簸嶽故謝安有謂公當勝右軍誠有害於名教亦非徒語耳而正書行書如田野學士越參朝列非不稽古憲章乃亦時有失體處舊說稱其轉妍去鑒疎又然此數公皆有神助若喻之制作其猶雅頌之流乎前曰元常每點多異羲之萬字不同後之學者恐

云弋謂[illegible]之庾翼每不服[illegible]少嘗得伯英[illegible]紙喪亂
遺失常恨妙跡永絕及後見逸少與庾亮書乃曰今
見足下答家兄書煥若神明頓還舊觀方乃大服羲
之又嘗書壁而去子敬密拭之而更別題右軍後還
觀之曰吾去時真大醉子敬乃心服之矣然右軍終
無敗累子敬往往失落及其不失則神妙無方可謂
草聖也
贊曰蒼頡造書鬼哭天廩史籀堙滅陳倉籍甚秦相
刻銘爛若舒錦鍾張羲獻超然逸品

上上品二人
程邈　崔瑗篆
右程君首創隸則模範煥於丹青崔氏瑗效李斯點
畫皆如鐵石傳之後裔厥功亦茂此則鐫勒之絕無
乃愧乎若校之文章則三都二京之比也
上中品七人
蔡邕　索靖　梁鵠　鍾會
衛瓘　韋誕　皇象
右自王崔以降更無超越此數君梁氏石書雖勁於
韋蔡皇衛草跡殆亞於二王鍾索遺跡雖少吾家有
小鍾正書洛神賦河南長孫氏雅所稱好子敬草
書數紙易之索有月儀三章觀其趣況大爲遒竦無
愧圭璋猶夫蕭政相如千載凜凜爲不亡矣又母丘
興碑云是索書比蔡石經無相假借蔡公諸體唯有
范巨卿碑風華艷麗古今冠絕王簡穆云無可以定
其優劣此亦何勞品書者乎
上下品十二人

崔寔章草　郗鑒　王廙　衛夫人正書
王洽　郗愔　李式　庾翼
羊欣　歐陽詢　虞世南　褚遂良
右逸少謂領軍弟遂不減吾吾觀可者有十數紙信
佳作矣體裁用筆全似逸少虛薄不倫右軍藻鑒豈
當虛發蓋欲假其名譽耳措之中下豈所謂允衆[illegible]
議崔衛素負高名王庾舊楷擅[illegible]草甚妙[illegible]
[illegible]絕世將楷則疏類羲[illegible]
[illegible]刀不謝子貞郗李[illegible]

也歐陽草書難與競爽如旱蛟得水毚兎走穴筆[illegible]
恨少至於鑄勅及飛白諸勢如武庫矛戟雄劍欲飛
世南蕭散灑落真草惟命如羅綺嬌春鵷鴻戲沼故
當子雲之上褚氏臨寫右軍亦爲高足豐艷雕刻盛
爲當今所尚但恨乏自然功勤精悉耳
評曰蟲篆者小學之所宗草隸者士人之所尚近代
君子多好之或時有可觀耳然許靜之跡不減小王
常歎曰鍾書初不留意試作之乃不可得研之彌久
如有髣髴乃知有畫龍之惑耳亦安可厚誣乎此羣

英元居上流三品其中銓鑒不無優劣
贊曰程邈隸書崔公篆勢梁李蔡索郗皇韋衛羊襲
獻規褚傳義制邈乎天壤光厥來裔

中上品七人

張昶　衛恒　杜預　張翼
郗嘉賓　阮研

右文舒西嶽碑但覺妍冶殊無骨氣庾公置之七[illegible]
張翼代羲之草奏雖曰小人幾乎亂真更與編之乙
科[illegible]滑混淆故雖品命至於衛杜之筆流傳多矣[illegible]
任輕巧流轉風媚剛健有餘便媚詳雅諒少傳匹[illegible]
賓與王庾相捋是則高手顏黃門有言阮交州蕭國
子陶隱居各得右軍一體故稱當時之冠絕然蕭公
力薄終不逮阮漢王作獻之氣勢或如劍舞往往踐
幾

中中品十二人

謝安　康昕　桓玄　丘道護
許靜　蕭子雲　陶弘景　釋智永
劉珉　房玄齡　陸東之　王知敬

右謝公縱任自在有螭盤虎踞之勢康昕巧密精奇
有翰飛鶯弄之體桓玄如驚蛇入草銛鋒出匣劉珉
比顛波赴壑狂澗爭流隱居頗脫得書之筋髓如麗
景霜空鷹隼初擊道護謬登高品迹乃浮淺陸東之
學虞草體用筆則青出於藍故非子雲之徒子雲正
隸功夫恨少不至高絕也智永精熟過人惜無奇態
矣房司空含文抱質王家令碎玉殘金房如海上[illegible]
[illegible]王比松間孤雀

中下品七人

孫皓　張超　謝道蘊　宗炳

宋文帝　齊高帝　謝靈運

右孫皓吳人酣暢驕其家室雖欲矜豪亦復平矣張如郢中少年乍入京輦縱有才辯益亦可知謝道蘊是疑之之妻雍容和雅芬馥可玩宋帝有子敬風骨超縱狼藉翕煥爲美康樂往往驚遒齊帝時時合興知慕韓彭之豹變有異張桓之拾青宋文於放逸屈懾頗斆康許量其直置孤梗是靈運之流也

評曰古之學者皆有規法今之學者但任胸懷無自

然之逸氣有師心之獨任偶有能者曉見一班忽不悟者終身瞽目而欲乘疑段度越驊騮斯亦難矣吾嘗告勉夫後生然自古數知音者希可爲絶絃也

贊曰西嶽張昶江東阮研銀鷹貞白鐵馬桓玄衛杜花散安康綺鮮元昌陸東之名後身先

下上品十三人

陸機　[illegible]　夫人　謝朓

庾肩吾　蕭綸　[illegible]　邢茂彥

[illegible]殷令名　[illegible]

右士衡以下時然合作踳駁不倫或類蚌質珠胎或比金砂銀礫陸平原李夫人猶帶古風謝吏部庾尚書創得今韵邵陵王王司空是東陽之亞房司隸張益州恭小令之體蘭生正書甚爲鮮緊亦有規則錢氏小篆飛白寬博敏麗大宗賞之斜斯筆勢有由來司隸宛轉稱流悅皆著名矣殷氏擅聲題榜代有其人嗟乎有天下者或未能精之有神骨者則功夫全棄但有佳處豈忘存錄

下中品十人

范曄　蕭思話　張融　梁簡文帝

劉逖　王晏　周顒　王崇素

釋智果　虞綽

右范如寒儒之士亦不可棄蕭北遯世之夫時或堪採思光要自標舉恭無足褒簡文拔群貴勝猶難繼作劉黄門落花從風王中書奇石當逕彥謙意則甚高迹少俊鋭崇素時象麗人之姿智果頗似委巷之質虞綽鋒穎迅健亦其次矣

下下品七人

劉穆之　褚淵　梁武帝　梁元帝

陳文帝　沈君理　張正見

右此輩亦稱筆札多類斅顰猶枯木之春秀一枝此泉石之孤生片琰就中彥回輕快練倩有力孝元風流君理放任亦後來之所習非先達之所營吾黨論書有異於是

評曰前品云蕭思話如舞女廻腰仙人嘯樹則亦曰住矣又云張伯英如漢武帝學道憑虛欲仙終不成

矣商推如此不亦謬乎吾今品藻亦未能至當若其顛倒衣裳白圭之玷則庶不為後來君子當爲鑒焉

贊曰蚌質懷珠銀鋼蘊礫陸謝參蹤蕭王繼迹思話仙才長融賞擘如彼枯秀衆多群石

能書錄

齊　王僧虔

臣僧虔啓昨奉勑須古來能書人名臣所知局狹不辯廣悉輒條疏上呈羊欣所撰錄一卷尋索米得續更呈聞謹啓

秦丞相李斯中車府令趙高右二人善大篆

秦獄吏程邈善大篆得罪始皇囚於雲陽獄增減大篆體去其繁複始皇善之出爲御史因名其書曰隸書

扶風曹喜後漢人不知其官善篆隸小異李斯見師一時也

陳留蔡邕後漢人左中郎將善篆採喜之法真定直父碑文猶傳於世篆者師焉

杜陵陳遵後漢人不知其官善篆隸每書一坐皆驚時人謂爲陳驚坐

上谷王次仲後漢人作八楷法

師宜官後漢人不知何許人宜官能爲大字徑方一丈小字方寸千言耿球碑是宜官書甚自矜重或空

至酒家先書其壁觀者雲集酒因大售至飲足繼書
而退
安定梁鵠一作鵠後漢人官至選部尚書乃師宜官
法魏武重之常以鵠書懸帳中宮殿題署多出鵠手
也
陳留邯鄲淳爲魏臨菑侯文學得次仲法名在鵠後
毛弘鵠弟子今祕書八分皆傳弘法又有左子邕與
淳小異亦有名
京兆杜度爲魏齊相始有草名

安平崔瑗濟北相亦善草書平苻堅得摹崔瑗書
王子敬云極似張伯英瑗子寔官至尚書亦能草書
也
弘農張芝高尚不仕善草書精勤絕倫家之衣帛必
先書而後練臨池學書池水盡黑每書云怱怱不暇
草時人爲草聖芝弟昶漢黃門侍郎亦能草今世人
中云芝書者多昶作也
姜詡梁宣田彥和及司徒韋誕皆伯英弟子並善草
京兆韋誕書最優魏題宮館寶器皆是誕手魏明帝起淩
雲臺先釘榜而未之題以籠盛誕轆轤引上書之
去地二十五丈誕甚危懼乃誡子孫絕此楷法誕子
少季亦有能稱
羅暉趙襲不詳何許人與伯英同時見稱西州而矜
許自與衆頗惑之伯英與朱寬書自敘云上比崔杜
不足下方羅趙有餘
河間張超亦善草不及崔張
劉德昇善爲行書不知何許人
潁川鍾繇魏太尉同郡胡昭公車徵二家俱學於德

昇而胡書肥鍾書瘦鍾書有三體一曰銘石之書最
妙者也二曰章程書三曰行押書相聞者也繇子會
鎮西將軍絕倫能學父書改易鄧艾上章事莫有知
者
河東衛覬魏尚書僕射善章草及古文略盡其妙草
體微瘦而筆跡精熟覬子瓘爲晉太保採張芝法以
覬法參之更爲草藁藁是相聞書也瓘子恒亦善書
博識古文字
燉煌索靖張芝姊之孫晉征西司馬亦善草書

[illegible]何元公亦善草書

吳人皇象能草書世稱沉着痛快

滎陽楊肇晉荆州刺史善草隸潘岳誄曰草隸兼善尺牘必珍足無輟行手不釋文翰動若飛紙落如雲

肇孫經亦善草書

滎陽陳暢晉秘書令史善八分晉宮觀城門皆暢書也

京兆杜畿魏尚書僕射子恕東都太守孫預荆州刺史三世善草書

晉齊王攸善行書大行羊耽晉徐州刺史羊固晉臨海太守並善行書

江夏李式晉侍中善爲隸草其弟定子公府持名同式

晉中書李充母衛夫人善鍾法王逸少師之

瑯琊王廙晉平南將軍荆州刺史能章楷謹傳鍾法

晉丞相王導善稿行 廙從兄也

王洽晉中書令領軍將軍衆書通善尤能隸行從兄[illegible]三弟書遂減吾 恬弟也

王恬晉中軍將軍會稽內史善隸書 導第二子也

王珉晉中書令善隸行 洽少子也

王羲之晉右軍會稽內史博精羣法特善草隸羊欣云古今莫二 曠兄子也

王獻之晉中書令善隸藁骨勢不及父而媚趣過之 羲之第七子也

王玄之王徽之俱獻之弟又兄子淳之並善行草

王允之衛將軍會稽內史亦善草行 舒子也

太原王濛晉使司徒左長史能隸子脩瑯琊王文學

善隸行與羲之善故殆窮其妙早亡未盡其美子敬每省脩書云咄咄逼人

王綏晉冠軍將軍會稽內史善隸行

高平郗愔司空會稽內史善章草亦能隸

郗超晉中書郎亦善草 愔子也

潁川庾亮晉太尉善草行

庾翼晉荆州刺史善隸行時與羲之齊名 亮弟也

陳郡謝安晉太傅善隸行

高陽許靜民鎮軍參軍善隸草

張弘晉行帝時人善學人書寫羲之手表出示不覺後日幾欲亂眞

會稽隱士謝敷吳興湖州人康欣並隷草

飛白本是宮殿題八分之輕者全用楷法吳時張弘好學不仕常着烏巾時人號爲張烏巾此人特善飛白能書者鮮不好之

自秦至晉凡六十九人

能書錄　六

說郛目錄

說郛目錄　弓八十八　一

書史卷上

襄陽米芾

金匱石室汗簡殺青悉是傳錄河間古簡爲法書祖張彦遠志在多聞上列沮蒼按史發論世咸不傳徒欺後人有識所罪至於後愚妄作組織神鬼止可發笑余但以平生目歷區別無疑集曰書史所以指南識者不點俗目

劉原父收周鼎篆一器百字刻跡煥然所謂金石刻文與孔氏上古書相表裏字法有鳥跡自然之狀宗室仲忽李公麟收購亦多余皆嘗賞閱如楚鍾刻字則端邈遠高秦篆咸可冠方今法書之首秦漢石刻塗壁都市前人已詳余閱書白首無魏遺墨故斷自西晉晉賢十四帖檢校太師李瑋於侍中王貽永家購得第一帖張華真楷鍾法次王濬次王戎次陸機次郗鑒次陸玩表晉元帝批答次謝安次王衍次右軍次謝萬兩帖次王珣次臣詹晉武帝批答次謝方回次郗愔次謝尚內謝安帖有開元印縫兩小璽建中翰林印安及萬帖有王涯永存珍秘印大卷前有梁秀收閱古書印後有殷浩印殷浩以丹粲秀以墨是唐末賞鑒之家其間有太平公主胡書印王溥之印自五代相家寶藏侍中國婿丞相子也

太宗皇帝文德化成靖無他好留意翰墨潤色太平淳化中嘗借王氏所收書集入閣帖十卷內郗愔兩行二十四日帖乃此卷中者仍於謝安帖尾御書親跋三字以還王氏其帖在李瑋家余同王涣之飲於李氏園池閱書畫竟日末出此帖棗木大軸古青藻花錦作褾破爛無竹模晉帖上反安冠簪樣古玉軸余尋製擲棗軸池中拆玉軸王涣之加糊共裝爲一坐大笑要余題跋乃題曰李氏法書第一（亦天下法書第一也）又晉謝奕桓溫謝安三帖爲一卷上有寶蒙審定印謝安帖後以濃墨模榻遂全暈過後歸副車王詵家分爲三帖云失謝安帖以墨重暈唐人意寶此帖而反害之也後人可以爲戒李瑋云亦購於王氏

又黃素黃庭經　卷是六朝人書絹完並無唐人氣格縫有書印字是曾入鍾紹京家黃素縝密上下是烏絲織成欄其間用朱墨界行卷末跋台僊二字有

陳氏圖書字印及錢氏忠孝之家印斠穀跋云山陰
道士劉君以羣鵝獻右軍乞書黃庭經此是也此書
乃明州刺史李振景福中罷官過浚郊遺光祿朱鄉
將名友文即梁祖之子後封博王王薨余獲于舊邸
時貞明庚辰秋也晉都梁苑因重背之中書舍人陶
穀記是日降制以京兆尹安彥威兼副都統余跋云
書印字唐越國公鍾紹京印也晉史載爲寫道德經
當舉羣鵝相贈因李白詩送賀監云鏡湖流水春始
波狂客歸舟逸興多山陰道士如相見應寫黃庭換

白鵝世人遂以黃庭經爲換鵝經甚可笑也此名因
開元後世傳黃庭經多惡扎皆是僞作唐人以書著
猶爲非眞則黃庭內多鍾法者猶是好事者爲之耳
又有唐摹右軍帖雙鈎蠟紙摹末後一帖是奉橘三
百顆霜未降未可多得韋應物詩云書後欲題三百
顆洞庭更待滿林霜益川此事開皇十八年三月二
十七日參軍學士諸葛穎諮議參軍開府學士柳顧
言釋智果跋其尾
晉右將軍會稽內史王羲之行書帖眞跡天下法書
第二右軍行書第一也帖辭云義之死罪伏想朝廷
清和稚恭遂進鎮東西齊舉想剋定有期也義之死
罪長慶某年月日太常少卿蕭祐鑒定在王珪禹玉
家後有禹玉跋以門下省印印之時貴多跋後爲章
惇子厚借去不歸其子仲修專遣介請未至是竹緣
乾筆所書鋒勢鬱勃揮霍濃淡如雲煙變怪多態淸
字破損余親臨得之
王羲之玉潤帖是唐人今金紙上雙鈎摹帖云官奴
小女玉潤病來十餘日了不令民知昨來忽發癇至

今轉篤又苦頭癉頭癉已潰尚未足憂癇病少有差
者憂之燋心良不可言頃者艱疾未之有良由民爲
家長不能克己勤修訓化上下多犯科誡以至於此
民惟歸誠待罪而已此非復常言常辭想官奴辭已
具不復多白上負道德下愧先生夫復何言此帖連
在稚恭帖後字大小一如蘭亭想其眞跡神妙右軍
快雪時晴帖云義之頓首快雪時晴佳想安善未果
爲結力不次王羲之頓首山陰張侯是眞字數字
行今世無右軍眞字帖未有君倩二字疑是梁秀

有褚氏字印是褚令所印蘇氏有三本在諸房一余易得之一劉涇巨濟易得無褚印

晉太宰中書令王獻之字子敬十二月帖黃麻紙醉云十二月割至否中秋不復不得想未復還慟理爲即甚省如何然勝人何慶等慶等大軍下一印曰鍔書是唐相王鍔印後有君倩字前有絹小帖是褚遂良題曰大令十二月帖此帖運筆如火筋畫灰連屬無端末如不經意所謂一筆書天下子敬第一帖也元與快雪帖相連蘇太簡家物上有國老才翁子美

題跋云南唐僧守一所藏先令以命服得之子美子激字志東與余分藏以書畫寶玩易之

王羲之筆精帖內兩字集在諸家碑上纔有正觀半印王獻之日寒帖有唐氏雜跡印後有兩行謝安批所謂批後爲答也唐太宗不敍獻之慰問帖故於帖上刮去不次獻之白字謂之羊欣以應募而以前帖爲薄紹之書跋尾書官姓名云大曆某年月日下刮去古姓名五代人題曰薛邕記之後題一行曰某年和傳遺余押字是薛丞相居正此是和凝丞相改爲蘇氏故物以遺薛也其後歸王文惠家文惠孫居高郵升收得褚遂良黃絹上臨蘭亭一本乏貲之官寄余以五十千質之余時遷葬丹徒約王君友壻宗室時監羅務令舭亦欲往別約至彼交帖王君後余五日至余方襄大事未暇見之事竟見云適沈存中借去吾拊髀驚曰此書不復歸矣余遂過沈問焉沈曰且勿驚破得之當易公王維雪圖其父嘗許見與也余因不復言後數日王君攜褚書見過大歎曰沈使其壻以二十星賫其行請以二十千留褚書余因不

復取後十年王君卒其子居高郵欲成姻事因賀鑄持至儀真求以二十千售之後蘇頌丞相家與沈之子博毅同會問所在曰分與其弟矣翌日蘇舜元子云屢見之

王獻之送梨帖云今送梨三百顆晚雪殊不能佳上有梨幹黎氏印所謂南方君子者跋尾半幅云因太宗書卷首見此兩行十字遂連此卷末若珠還合浦劍入延平太和三年三月十日司封員外郎柳公權記後細題一行曰又一帖十二字連之余辨乃右軍

晉云思言敘卒何則但有長歎念告公權誤以爲子
敬也縫有正觀半印世南孝先字跋孝先是本朝王
曾丞相字劉季孫以一千罷得余約以歐陽詢真迹
二帖王維雪圖六幅正透犀帶一條硯山一枚手座
珊瑚一枝以易劉見許王詵借余硯山去不即還劉
爲澤守行兩日王始見還約再見易而劉死矣其子
以二十千賣與王防唐太宗書稱類子敬公權能於
太宗書卷辯出而復誤連右軍帖爲子敬公權知書
者乃如此其跋馮氏西昇經唐經生書也乃謂之褚

書者同也蓋能書者未必能鑒余既跋定之蘇子瞻
於是跋詩曰家雞野鶩同登俎春蚓秋蛇總入奩君
家兩行十二字氣壓鄴侯三萬籤蓋以晉史太宗贊
畏子敬也然唐太宗力學右軍不能至復學虞行書
欲上攀右軍故大罵子敬耳子敬天真超逸豈父可
比也
王羲之來戲帖黃麻紙字法清潤是少年所書滿一
幅其間數字雖辨六朝寫經褊字注之後人復以雌
黃塗蓋歲久膠落字見五分在丁晉公孫受繪像恩
澤者房下云晉公故物也欲以二十千見歸余即以
其直取君以與余來往議此帖書粘於後質於其鄰
大姓賈氏得二十千蓋意其可贖也今十五年矣猶
在賈氏曾經人川薄紙搨書影即透數行仍汙靜地
深可歎息其家又有韓擇木八分一卷唐人薄紙摹
五帖一幅
王羲之桓公皮充帖有開元印唐懷充跋筆法入神
在蘇之純家之純卒其家定直久許見歸而余使西
京未還宗室仲爰力取之且要約曰米歸有其直見

歸即還余遂典衣以增其直取回仲爰已使庸工裝
背剪損古跋尾參差矣痛惜痛惜
王右軍筆陣圖前有自寫真紙緊薄如金葉索索有
聲趙竦得之于一道人章惇借去不歸王右軍書家
譜在山陰縣王氏右軍東方朔畫贊釋破處歐陽詢
補之在丁諷學士家歸宗室令畤劉涇以僧繇畫梁
武帝像易云
樂毅論智永跋云梁世摹出天下珍之其間書誤兩
字遂以雌黃治定然後刊筆今世無此改誤兩字[illegible]

流傳余於杭州天竺僧處得一本上有改誤湍字爲
不闕唐諱是梁本也
晉庾翼稚恭真跡在張丞相齊賢孫直清汝政家古
黃麻紙全幅無端末筆勢細弱字相連屬古雅論兵
事有數翼字上有寶蒙審定印後連張芝王廙草帖
是唐人僞作蕭紙上深下淡筆勢俗甚語言無倫遂
使至寶雜於瓦礫可歎余屢言與汝欽不肯拆也
濮州李丞相家多書畫其孫直祕閣李孝廣收右軍
黃麻紙十餘帖一樣連成卷字老而逸暮年書也略

記其數帖辭一云白石枕殊佳物深感卿至一云卿
事時了甚快羣凶日夕云云此使鄴下一日爲戰場
極令人惆悵豈復有慶年之桊耶思卿一面無緣可
歎可歎一云九月以當力見一云重熙八日過信安
一云祠物當治護信到便遣來忽忽善錯也一云謝
書云云今遣一云鵝等不佳令人弊見此輩吾衰老
不復堪此餘不記也後有先君名印下一印曰尊德
樂道今印見在余家先君嘗官濮與李柬之少師以
碁友善意其奕勝之余時未生此帖一卷世未見者

比故是右軍名札也又有歐陽詢故事十餘帖老筆
相連其子通書評書一卷張顛絹帖一卷七八帖乃
少時書並在李孝廣處
中貴高棲楊氏收數帖蕭思話表一思話字有鍾法
此乃無而武帝批答四字君臣筆氣一同紙古後破
前完此是唐人所爲然亦佳作令人不能爲也又王
珉書真草是真跡有鍾張法張翼當是作朱翼魏人
非真有阮研草帖奇古非僞又一帖如竹片書亦奇
事者爲之並無古印跋可考

陳僧智永真草書歸田賦在襄陽魏泰處後有一歐
題云開成某年白馬寺臨一過潭記白麻紙書世人
收智永書未有若此真也虞世南出於此書魏誤題
曰虞世南書耳
唐彭王傳徐浩書贈張九齡司徒告浩九齡之甥在
其孫曲江仲容處用一尺絹書多渴筆有鋒芒辭云
正大廈者柱石之力匡帝業者輔佐之功生則保其
雄名殁猶稱其盛德飾終未允於人望加贈特至於
國章故荊州大都督張九齡維嶽降神濟川作相開

元之際寅亮戍功儻言定於社稷先覺合於耆蔡承懷賢相可謂大臣束帛所加樵蘇必禁荆州之贈相府未崇爰從八命之秩更重三台之位可特贈司徒嘗借與余家半月唐中書令褚遂良枯木賦是粉蠟紙榻書後有未能二字余辯是雙鈎唐人不肯欺人若無此雙鈎二字則皆以爲眞矣在永議郎壽春魏綸處余於潤州見之

智永千文唐粉蠟紙榻書内一幅麻紙是眞跡末後一幅上有雙鈎摹字與歸内賦同意也料是將眞蹟一卷各以一幅眞跡在中榻爲數十軸若末無鈎塡一字固難辨也是賈安公物作潤筆送王荆公其弟安國得之今在葉濤處安國婿也有古跋云契淵難不敢失墜學歐陽詢行體

唐越國公鍾紹京書千文筆勢圓勁在丞相恭公孫陳舁處今爲宗室令穰所購諸貴人皆題作智永余驗出唐諱闕筆及以遍學寺碑對之更無少異大年於是盡剪去諸人跋余始跋之

書長精子通直君有歐陽詢草書千文恭作跋爲智永通直出示余欲跋答以必改評乃跋君欣然遂出古紙上跋正通直君失其名字

唐人臨智永千文半卷在丞相蘇頌家

蘇耆家蘭亭三本一是恭政蘇易簡題贊曰有若像夫子尚與闕里門虎賁類蔡邕猶芴文舉尊縣陵自一閉眞跡不復存今余獲此本可以比璵璠第二本在蘇舜元房上有易簡子耆天聖歲跋范文正王堯臣恭政跋云才翁東齋書嘗盡覽焉蘇洎才翁子也與余友善以王維雪景六幅李王翎毛一幅徐熙蟬花大折枝易得之毫髮備盡少長字世傳衆本皆不及長字其中二筆相近末後捺筆鈎迴筆鋒直至起筆處懷字内折筆抹筆皆轉側褊而見鋒蹔字内斤字足字轉筆賊毫隨之於所筆處賊毫直出其中世之摹本未嘗有也此定是馮承素湯普徹韓道政趙模諸葛正之流榻賜王公者褾花眞玉軸紫錦裝背在蘇氏舜元房題爲褚遂良摹余跋曰樂毅論正書第一此乃行書第一也觀其改誤字多率意爲之咸有褚體餘皆盡妙此書下眞跡一等非深知書者未

易道也贊曰熠熠客星豈晉所得養器泉石留腴翰墨戲著標談書存焉式鬱鬱昭陵玉盌已出戎溫無類誰寶真物水月非虛移模奪質繡緣金鏞瓊機錦綷猗歟元章守之勿失第三本唐粉蠟紙摹在舜欽房第二本所論數字精妙處此本咸不及然固在第一本上也是其族人沂摹蒸第二本毫髮不差世當有十餘本一絹本在蔣長源處一紙本在其子之文處是舜欽本一本在滕中處凡歸余家本也一本在之友處

泗州南山杜氏父為尚書郎家世杜陵人收唐刻板本蘭亭與余家所收不差有鋒勢筆活余得之以其木刻板同視定本及近世妄刻之本異也此書不亡于後世者賴存此本遇好事者見求即與一本不可再得世謂之三米蘭亭

宗室叔盎收蘭亭遂不及吾家本在舜欽本上因重背易其後背紙遂乏精彩然在都門最為佳本王鞏見求余家印本曰此湯普徹所摹與贈王詵家摹本一同今甚思之欲得此以自解爾錢塘關景仁收唐石本蘭亭佳於定本不及余家板本也

唐太師顏真卿不審乞米二帖在蘇澥處背縫有吏部尚書銓印與安師文家爭坐位帖責峽州別駕帖縫印一同爭坐位帖是唐畿縣獄狀磓熟紙韓退之以用生紙錄文為不敬也生紙當是草上所用內小字是於行間添注不盡又於行下空紙邊橫寫與刻本不同此帖在顏最為傑思想其忠義憤發頓挫鬱屈意不在字天真罄露在於此書石刻粗存梗槩爾余少時臨一本不復記所在後二十年寶文謝景溫

尹京云大豪郭氏分內一房欲此帖至折八百千與乃許取視之縫有元章戲筆字印中間筆氣甚有如余書者兩喻之乃云家世收久不以公言為然

峽州別駕帖白麻紙真字云疏拙抵罪聖慈含弘猶佐列藩不遠伊邇是也字類糾宗碑清甚又祭濠州使君文鹿肉帖並是魯公真跡

山陽簿張君辨賢丞相之後收魯公二帖云奏事官至又曰為憲之功後帖張溆郎官求類帖乞米帖及李太保帖

朱巨川告顔書其孫灌園屢持入秀州崇德邑中不用爲蔭余以金梭易之又一告類徐浩書在邑人王衷處亦巨川告也劉涇得余顔告背紙上有五分墨至今裝爲秘玩然如徐告粗有徐法爾王詵與余厚善愛之篤一日見語曰固願得之遂以韓馬易去馬尋於劉涇處換一石也此書至今在王詵處

跣劉太沖序碧牋書王欽臣故物後有王參政名印王云因與唐坰兩出書各誤收卷去坰以將才不偶命而德其無鄰字剪去碧牋宜墨神彩艶發龍蛇生

動視之驚人不装背揭去背紙以厚紙散卷之略一出即卷去其子云與智永千文柳公權書柳尊師誌歐陽詢鄱陽帖並同匣矣亦可歎息也或謂寄爲王詵購去

蘇之才收碧牋文殊一幅魯公妙跡又有與夫人帖一幅當是其姪今在王詵家

魯公寒食帖綾紙書在錢勰處世多石刻

魯公一軸五帖見石裔言在見處副車之孫也

懷素絹帖第一帖胸中刺痛第二帖恨不識顔尚書第三帖律公好事是懷素老筆並在安師文處元祐戊辰歲安公携至畱吾家月餘臨學乃還後有呂汲公大防已下題今歸章公惇

懷素千文絹本眞跡在蘇液家沈遘家刻板本是後歸章惇家

懷素詩一首絹上眞迹王鞏易與王詵家

懷素絹帖一軸雜論故事後人分剪爲二十餘處王詵累年遂求足元數又一云史陵者絹帖以六朝古賢一幀易與王詵

懷素書任華歌眞跡兩幅絹書字法清逸歌辭奇偉在王詵家詵云尚方有其後三幅

懷素草書祝融高坐對寒峰絲絹帖兩行此字最佳石紫微常刻石有六行今不見前四行問夷庚云與王欽臣家雜色繝絹背以詩代懷帖同軸今聞王之子爲宗室所購是懷素天下第一好書也

懷素自敍眞迹在蘇泌家前一幅破碎不存其父集賢校理舜欽自寫補之

懷素草書楮紙三幅在故相洛陽張公孫直清家

馮京家收懷素絹上詩一首張伯高少時絹上草書
兩幅張書今歸薛紹彭
薛紹彭有懷素一軸絹書肅宗行書綾紙千文購于
錢景湛處又王仲至處諸書麻紙一幅楊凝式小字
黃麻紙一幅余皆見之歐陽詢孝經一卷薛臨寄錢
公未見真跡
唐率府長史張顛字伯高真跡四帖在杭州陸氏大
姓家舊有五帖第一秋深第二前發第三汝官第四
昨日第五承須今所存四帖汝官後有古印文訛不

可辨昨日承顔二帖小蠶紙也陸氏子素從關景仁
學關因借摹三大帖余卄見石本于關中宋氏及官
桂林關杞爲使者語及始知石在關氏又五年官羅
關杞通判邵州以石本見寄又三年官杭而關景仁
爲錢塘令因陸氏子登第者來謁與關同往謝而閱
之獨失秋深第一帖詰之顰蹙而言嘉祐中爲太守
沈遘借閲拆留余遺工摹餘帖卽歸詰遘弟邀時爲
邵從事乃云在其姪延嗣處余往見遂得閲後購得
之

張伯高虎兒等三帖楮紙非真跡在王詵家蘇氏發
也黃魯直贈小兒詩云我有元暉古印章印刓不忍
與諸郎虎兒筆力能扛鼎教字元暉繼阿章取此爲
故事也
張伯高賀八清鑑帖楮紙真跡字法勁古不類他書
世間伯高第一書也蘇液家世多石刻後歸章惇家
伯高全本千文曾孝蘊云在京師謝氏處謝氏景溫
寶文遠族也
伯高五帖黃經紙少時書辭云往往與來五指包管

等是也在楊傑家傑父學草故收得遂語斷處卽剪
作一軸黃油拳經紙與王仲至千文一同並無古印
跋伯高名犯廟諱字余於皎然詩集中得之
蘇之純藏張顛草書又蘇泌房所藏詞云國十何日
得至南中皆非伯高真跡亦無古印跋
唐垌處黃楮紙伯高千文兩幅與刁約家兩幅一同
是暮年真跡每辯六七字刁氏者後有李王徐鉉跋
爲人僞刻建業文房之印印之連合縫印破字每見
令人歎息

唐辯才弟子草書千文黄麻紙書在龍圖閣直學士吳郡滕元發處滕以爲智永書余閱其前空才字全不書固已疑之後復空永字遂定爲辯才弟子所書故特闕其祖師二名耳

唐虞世南枕卧帖雙鈎唐摹在關杞處上有褚氏圖書古印關嘗謂余曰昔越州一寺修佛殿於梁栱内藏一函古摹帖數十本所可記者王右軍十七帖世南枕卧帖十闗九帖褚遂良奉書寧帖上皆有褚氏圖書印毫髮乾濃畢備關與僧善購得枕卧十闗九

奉書寧三帖

虞書積時帖古雙鈎摹在洛陽李熈處熈之孫也繼亦有褚氏印余嘗借摹

世南理頭眩藥方雙鈎摹本在鮑傳師家後爲俗人添入羲之兩字傳入晉州法帖以爲羲之書聾瞽可笑

虞世南書經在虞僧寺

世南汝南公主銘起草洛陽王讙處見摹本云眞迹在洛陽好事家有古跋後十年見眞迹在故相張公孫直清處其後止貞觀十年十一月丁亥朔十六日旁小字注云赫赫高門在裴丞相家是其銘然此帖文但至半而止行下有空白紙猶空十一字此蓋穆日猶未言墊也闕文尚多安得便言赫赫高門不當後幅却與前幅不相連屬也其前褾紅綾色如新有名幾玄題其褾云故祭酒崔十八丈綽常與寇章賓扳碁皆以鑒賞相尋每稱伏膺虞書多歷年所自會昌以來時覩斯帖因致其眞隸有加頃年崔丈每送予兄弟下第東歸必云此去獲見汝南帖亦何減於

昇第耶所惜者闕其銘文耳咸通二年春於存神室輟獻子凝良足嗟愛也幾玄不知何人也虞帖爲時所重如此今好事家絕不曾見眞跡摹本枕卧積時蚪牙頭風四摹帖一闗中刻石帖今法帖所載耳世最少者子敬虞帖今好事家一字亦無耳

唐僧高閑草書千文楮紙上眞迹在李熈處

唐禮部尚書沈傳師書道林寺詩在潭州道林寺四絕堂以杉板略薄布粉不盞紋故歲久墨不脫至裴度書杜甫詩粉多只存一甫字在松板節余嘗爲替

板行以紀其事沈板余官潭留書齋半歲臨學後為
摹石僧希白摹務欲勁快多改落筆端直無縹緲飛
回飛動之勢
唐太宗卒更令歐陽詢書荀氏漢書節楮冊小楷在
潭州南楚門外胡世淳處
歐陽詢書道林之寺牌在潭州道林寺筆力勁險勾
勒而成有刻板本又江南廬山多裴休題寺塔諸額
雖乏筆力皆真率可愛
唐末人學歐尤多四明僧無作學真字八九分行草

肥弱用筆寬又有七八家不逮此僧唐賊張廷範亦
學歐陽詢多有此賊跋一雙鈎摹歐帖上有此賊印
云清河張廷範印及題曰便是至寶也惜之惜之永
為所寶之寶皆學歐行余跋曰唐弘文館學士歐陽
詢書唐人所摹後一行印文曰清河張廷範私記廷
範唐賊也時衰代替賊之所好涉于衣冠此攘奪所
生也今太平君子或富貴則崇貨利乃賊所先故不
剪除既著其賊又為太平君子之勸其書札印記翩
翩自喜之心忘其為賊之著也嗟乎 國初孫妃弟

驃騎孫思皓學歐本朝無人過也
歐陽詢黃麻紙草書孝經是馬季良龍圖孫大夫直
溫所收今歸薛紹彭家
宗室令龐收歐陽詢三軸第一軸蘇彥語箴大幅故
事兩段有開元縫印翰林之印李林甫等臣跋及知
書樓官名氏末後唐賊蔣玄暉題宣徽兩院使印余
以智永三行帖陸柬之頭陁寺碑一幅易得語箴第
二軸草帖五紙第三帖行書故事皆有開元姚宋印
跋草帖乃暮年書精彩動人行書少時書也

歐陽詢草書也字末筆倒壓不見其所出余家得正
觀御府右軍三帖末後一帖也字乃歐法所出世之
真跡與石刻帖並無此也字耳

書史卷下

襄陽米芾

歐陽詢碧牋草聖四幅在故相齊賢孫張公直清處孫過庭草書書譜甚有右軍法作字落脚差近前而直此乃過庭法凡世稱右軍書有此等字皆孫筆也凡唐草得二王法無出其右又有千文一本是少年書不逮書譜並在王鞏家今歸王詵家

陳賢草書帖六七紙字亦奇逸難辨如日本書上亦有唐氏雜迹字印在李瑋家又多似歐陽詢草

洪元慎集右軍越州寺碑眞迹在越州僧正子文處嘗通書許借未果余託提刑喬執中攜告往質看亦不肯出欲沿幹至越會家難不果去今要度牒易

陸柬之十八學士贊西京留臺王瓘云在舍弟珪處

老子西昇經裴度柳公權跋爲褚公書與閻立本書圖同在馮當世家吾見之皆非也是唐初書畫與柳跋是眞跡二君亦不能鑒耳

唐高閑書令狐楚詩在尚書李常家

柳公權紫絲靸蘭亭詩二帖待制王廣淵摹石跋云龍圖大諫李公師府暇日出書因請摹石乃李東之少師也洛陽人今在高鄭公子宿州使君家

唐摹皇象急就章有隸法在故相張齊賢孫直清處

唐李邕四帖內一帖碧牋有唐氏雜印勾德元圖書記陳氏圖書印與石夷庚所藏多熱帖同白丁喬大夫歸章惇家丁晉公故物也

多熱要葛粉帖白麻紙上有唐氏雜迹印陳氏圖書印勾德元圖書印乃紫微舍人石揚休物今在其孫前宿州支使夷庚處前一帖與光八郎謝惠鹿帖眞

迹余過莆上於夷庚處易得之光八郎帖今歸王詵呂公孺處李邕三帖第一收少傅帖深黃麻紙淡墨淳古如子敬第二縉雲帖淡黃麻紙第三碧牋勝和帖以尚書戶部印印縫古印有陳氏圖書勾德元圖書記唐氏雜迹印丙子歲第一歸薛紹彭第二歸高公繪第三余以六朝畫古賢韓馬銀博山金華洞天石古鼎復忘記數種物易得于其孫端問余嘗以碧牋臨三帖與眞無異呂復携去裝褫矣陳氏台僊勾德元唐氏三人者大是一賞鑒人世之名書上無不

有長書印德元常是中正本朝人通史學
馮京家收唐摹黄庭經有鍾法後有褚遂良字亦是
唐一種偽好物
李瑋收唐人歐行書兵箴劉冲之丞相家物
劉涇書來連濟曰收唐絹本蘭亭無奇獲凡漫取耳
殊非自標制語也余答以詩曰劉郎無物可縈心沉
迷叢縑與斷簡求新不獲狂時發自謂下取且漫眼
猶嗟斯人今實批我欲從之官有限何時大叫劉子
前認閱墨皇三復返君貽余詩嘗曰秘笈墨皇曾徹

識林希送余詩壺嶠共傾銀雪水墨皇猶展玉樓風
壺嶠謂硯山也
劉涇倅莫王貽永侍中孫爲守得摹帖一卷乃胄曹
叅軍李懷琳偽作七賢帖後人所撰也內搏赤猿帖
云僕不想欻爾夢搏赤猿其力甚於貔虎良久反覆
余乃覩天背地視穹亦當不爽但僕之不達安得不
憂吉乎報我凶乎詳告三日阮籍白孫君此帖比今
刻石字多乃懷琳所撰語也而法書要錄所載七賢
帖次宗知其偽愛之以臣觀字印之入御府又有書

氏衛帖云衛稽首和南近奉勅寫急就章遂不得與
師書耳但衛不能拔賞隨世所學規摹鍾繇遂多歷
年二十著詩論草隸通解不敢上呈衛有一弟子王
逸少甚能學衛眞書咄咄逼人筆勢洞精字體遒媚
師可詣晉尚書館書耳仰憑至鑒大不可言弟子李
氏衛和南此帖比今閣帖字亦多亦其所撰也次無
名帖次郗超帖亦摹在閣帖中次陸機衛恒帖衛亦
摹入閣帖也後余以畫易于劉涇分前四帖與李瑋
皆正觀間一種偽好

楊凝式字景度書天眞爛熳縱逸類顏魯公爭坐位
帖祕閣校理蘇澥家有三帖第一白麻紙曰景度上
大傒第二第三小字與薛紹彭家所藏正書相似余
三次易得後以第一易與王詵第二易與劉涇余家
今收楮紙上詩云春來冰未泮冬至雪初晴爲報方
袍客豐年瑞已成王以畫易于趙叔盎紛披老筆王
安石少嘗學之人不知也元豐六年余始識荊公于
鍾山語及此公大賞歎曰無人知之其後與余書簡
此等字

張直清家楊凝式數帖真行甚好

劉環收碧牋王帖上有勾德元圖書記保合大和印及題顯德歲嘗愛吾家顧愷之淨名天女欲以畫易吾答以若有子敬帖便可易伯玉答曰此猶披沙揀金此語甚妙余自首收晉帖止得謝安一帖開元建中御府物嘗入王涯家右軍二帖貞觀御府印子敬一帖有褚遂良題印又有丞相王鐸家印記及有顧愷之戴逵畫淨名天女觀音遂以所居命爲寶晉齋

朱長文收錦織成諸佛淵四赤長五六赤上有織成

牌子題晉永和年造與余家一古書囊織成山水神僊錦一同雲鳳山禽猿鹿如畫也

余收子敬范新婦唐摹帖獲于蘇澂家後有蒲紳跋余題詩曰正觀款書丈二紙不許兒奇專父美何緣寥寥寶是似遺亂真歸火兼水千年誰人能繼蹤不自名家殊未智嗟爾方來眼須洗玉躞金題幸歸米又和云雲物龍蛇森動紙父子王家真濟美張翼小兒寧近似滄溟浩對蹄跨水騰蛇無足聽多趾以假易真信用智龜辯雖多手屢洗卷不生毛誰似米又和云直裂紋勾真古紙跋印多時俗眼美誠懸尚獲誤疑似有渭方能辨涇水真僞頭面拳跌趾久假中分辨愚智寶軸時開心一洗百氏何人傳至米黃庭堅和題于後云王令遺畀方尺紙尾題倩仲實子美百家藏本略相似如日行天見諸水拙者竊勾輒斬趾田恒取齊弁聖智錦囊昏花百遍洗湖海濯纓人姓米蔣之奇一韻和三首呂升卿和二首林希和三首劉涇和兩首余章和一首余後二首又再和者共成一軸林子虛借去未還

劉涇收許渾烏絲欄手寫詩一百篇字法極不俗第一篇湘潭雲盡暮烟出巴蜀雪消春水來盡是面想西南世界一段物色自有識者知之剪前一幅易與杜介一幅在王詵處

劉涇在宿州平生初收白麻紙臨顏書太冲序乃其祕笈第一物至潤收封敕行李文饒太尉告許渾詩次得智永板本千文其後得余家十七帖日本書及日本告吳融司空圖贈晉光歌張顛晉光亞栖等書韓馬戴牛又楊傑處得正觀御府內史官奴帖余以

十七帖以下諸物易歸余家余先於唐坰處易得逸
軍尚書帖云得于僧清道亦有正觀印印文遂復合
仍帶元截紙痕一條故一物也林希見余家此軸嗟
嘆云相府所有殆不過是希嘗見閣下一卷正觀字
印相去五寸許不相連若眞印印則四枚塹無平勻
若僞雕必只一鈕用皆齊一也余聞之愠甚懶展閱
愠極試取視之左右上下無一相當者疾呼與過林
語所以公擊節曰公此書愈妙也此公精思如此方
是時劉涇不信世有晉帖後十五年始得子鸞字帖

云是右軍余云恐是陳子鸞未經余目後薛紹彭書
來亦云六朝書又得梁武像見報余時使漣漪荅君
詩云劉郎收畫早甚早折枝花草首徐熈十年之後
始聞道取吾韓戴爲神奇遍來白首進道與學者信
有髓與皮始知十倍但邀壁牛馬祇可褁弊帷巽裁
太平老寺主白紗冒首無冠髮武士後列蕭大劍宮
女旁侍鬟修眉神清眸子知寡欲齒露唇反法定儀
世人靚服似摩詰不識六朝居士衣僧繇勿輒亂唐
裝染時筆法了可知遵子見之必再拜曹盧何物畫

蒸難本當第一品天下却緣顧筆在漣漪劉君既收
右軍子鸞帖作贊見寄其略曰挑黑帝矩作黑風雨
大一尺許星五十五奇文也時君罷虢州未別除余
戲荅曰清明去郡則得郡安用作業觧洗業以戲之
薛紹彭以書畫情好相同嘗寄書云書畫間久不見
薛米余荅以詩云世言米薛或薛米猶言弟兄與兄
弟四海論年我不卑品定多知定如是劉涇過薛見
書大叫書來云云余荅以詩云唐滿書奩晉不收却
緣自不信雙眸發狂爲報豢龍子不怕人稱米薛劉

劉君舊不收晉帖云無眞只收唐帖故有是句
余臨大令法帖一卷在常州士人家不知何人取作
廢帖裝背以與沈括一日林希會章惇張詢及余於
甘露寺淨名齋各出書畫至此帖余大驚曰此芾書
也沈悖然曰某家所收久矣豈是君書芾笑曰豈有
變主不得認物耶
余居蘇與葛藻近居每見余學臨帖卽收去遂裝黏
作二十餘帖做名書記所載印記作一軸裝背一日
余不覺大笑葛與江都陳史友善遂贈之君以爲

真余借不肯出今在黃村家

余臨張直清家虞永興汝南公主墓誌浙中好事者以爲真刻石在筆帖尤多

裝書褾前須用素紙一張捲到書時紙厚已如一軸子看到跋尾則不損古書所用軸頭以木性輕者紙多有益於書油拳麻紙硬堅損書第一池紙匀硬之易軟少毛澄心其製也今人以歙爲澄心可笑一卷即兩分理軟不耐卷易生毛古澄心以水洗浸一夕明日鋪於車上曬乾幾硬已去紙復元性乃今池紙

也特擣得細無筋耳古澄心有一品薄者最宜背書台藤背書滑無毛天下第一餘莫及

唐人背右軍帖皆硾熟軟紙如綿乃不損古紙又入水盪滌而曬古紙加有性不糜蓋紙是水化之物如重抄一過也余每得古書輒以好紙二張一置書上一置書下自傍濾細皂角汁和水霈然澆水入紙底於蓋紙上用活手軟按拂垢膩皆隨水出內外如是續以清水澆五七遍紙墨不動塵垢皆去復去蓋紙以乾好紙滲之兩三張背紙已脫乃合于半潤好紙上揭去背紙加糊背焉不用絹壓四邊只用紙兌摺背重硼損古紙勿倒襯帖背古紙隨隱便破只用薄紙與帖齊頭相挂見其古損斷尤佳不用貼補古人勒成行道使字在筒瓦中乃所以惜字今俗人見古厚紙必揭令薄方背若古紙去其半損字精神一如摹書又以絹帖勒成行道一時平直良久舒展爲墊所隱字上却破京師背匠壞物不少王詵家書畫屢被揭損余論之今不復揭又好用絹背雖熟猶新硬古紙墨一時蘇磨落在背絹上王所藏書譜桓謝帖

俱爲絹磨損近好事家例多絹背磨損而上皆成絹文余又以右軍與王述書易得唐文皇手詔以棗花黃綾背部面上一齊隱起花紋余尋重背以台州黃巖藤紙硾熟揭一半背滑淨軟熟卷舒更不生毛余家書帖多用此紙一一手背手裝方入笈古背佳者先過自揭不開乾紙印了面向上以一重新紙四邊著糊黏卓上帖上更不用糊令新紙虛硼壓之紙乾下自乾慎不可以帖面金漆桌揭起必印墨余背李邕光八郎帖光王琚也揭起黏一分墨在金漆桌上

一月餘惜不洗卓此帖令易與王詵上有唐氏雜迹
陳氏圖書印得于石夷庚昌言故物也後石携第三
厲少府到京帖王因與以五十星洗鑼不肯易今居
陳州有右軍古鳳池紫石硯蘇子瞻以四十千置往
矣古硯心回所謂硯瓦如銅瓦筆至水即圓古書筆
圓有助于器也今世傳古書晉賢圖猶存其製余收
晉硯一智永硯一心如日天竟寺僧所獻也
右軍唐摹四帖一帖有褒鮓字薛道祖所收命爲褒
鮓帖兩幅是冷金硬黃一幅是楮薄紙摹右軍暮年

更妙帖也其一幅云欲與彥仁集界上平自可且何
所諮人乃王道平平其平字音便又見晉人語氣上
有弘文印印在帖心而上不印縫四邊亦有小開元
字印御府帖也
宋子房收得唐開元摹右軍帖末有李林甫等臣跋
今歸王詵翰林印皆在也内典熱一帖歸薛紹彭
王詵收勑二道是賜浙西節度旌節與顏眘公前中
書門下如今制後郭子儀書名立人無下一畫字長
題日月到眞卿二字名如今落日押字左手下所押
月官名又知唐勑制皆真名不花押今時以片紙黏
於前頭連勑落日書押字如常式文牒以不敬也三
公第一等人各書名雖大紙吏文亦足收也許彥先
有南州刺史告眞卿二字吏部尚書時字甚淳勁
蘇耆書畫紀述與鳳師賞閱數日内史與王述書乃
云此郡之弊不謂頓至於此諸逋滯非復一條獨坐
不知何以爲治自非常才所濟吾無故捨逸而就勞
歎恨無所復及僩交人事請託亦未見北都冀得小
差須日當何理此帖刻在江南十八家帖中本朝以

禪本刻八十卷中較之不差毫髮
又二帖云增慨安西是也上有筆精墨妙印蘇耆題
二字余得於王詵以文皇手詔易之文皇詔宋素臣
尚書家物余跋贊云龍彩鳳英天開日升亟戲多難
力致太平雲章每發日動神驚
晁端彥收懷素與皇必卿簡大紙一軸筆勢簡古老
筆也是書障索潤筆簡
呂昌道大夫家有懷素兩帖少年所書也今歸錢勰
家又王欽臣侍郎有懷素以詩代懷寄浩公書稱述

雜色纈上草書老筆特妙
呂穆仲侍郎收李陽冰白麻篆一卷筆細與縉雲石
刻相似
文勛有一軸黄麻篆陽冰少時書
蘇台文收張從申墨迹一卷是唐坰言余未見
婁英諸家篆皆非古失實一時人又從而贈詩使人
愧笑
唐玄度諸體書粗有古意李瑋家一樣有兩册
世傳秦傳國璽多種唐同時傳二本題曰其一徐浩

[illegible]越州刺史王密本徐嶠鈕王雀鈕何所審定
相國寺中有刻作板本賣又一本潤僧收與印本又
不同蓋以藍田水蒼玉爲之取水德而魚蟲鶴蟠蚊
龍皆水族物大略是取此義以扶水德然帝王自有
眞符爾
關景暉家刻石子敬帖節過觸事云云甚奇妙云眞
迹在越州石元之大夫家今在其子縣尉處
書摹多似人物馬牛尤易似書臨難似第不見眞耳
對之則慚惶殺人

蘇州邵元伯中允之子收蘇沂所摹張顛賀八清鑒
帖與眞更無少異又摹懷素自敘嘗歸余家今歸吾
友李錞一如眞跡
程師孟語余四十千置得古摹蘭亭一本白玉軸欲
出示竟不曾取今在子宏處王安上曾見之
唐人摹右軍丙舍帖暮年書在呂文靖丞相家淑問
處法書要錄載是臨鍾繇帖薛紹彭摹得兩本一以
見贈
柳公權書陰符經有會昌月日姓名爲馬玘借去未

還今知其子永稽能保惜在合肥江南文房物也
王仲修收唐湖州刺史楊漢公書有鍾法與襄州羅
讓能書碑同余家亦收一幅後題會昌年臨寫鍾表
今易歸薛紹彭家
唐司議郎陸柬之書頭陀寺碑前少兩幅獲于吳郡
世未有此書内空山字後筆以氏族志撿之父名山
才遂以爲定及王詵處收錢氏陸臨蘭亭遂皆空山
字王仲孜收蘭亭詩一卷詞云悠悠大象運硆是一
[illegible]分開物余以頭陀碑一幅及智永帖換宗室令穰

歐書語箴一幅與薛紹彭分收
智永臨右軍五幅獲于吳郡米云玄度忽隨至可憂
慮疾候自恐難耶史稱玄度服巨勝實莫知所終此
可鑒也因托薛紹彭書考姚會稽公襄陽丹陽二太
夫人告贊爲潤筆薛以書畫還往出處必因每以鑒
定相高得失評較余僅漣漪寄君詩云老來書興獨
未忘頗得薛老同倘佯天下有識誰鑒定龍宮無術
療膏肓淮風吹帆稀訟牒與客閉閤閑噴吟樹對
山風鼓聚墨池濯研龜魚藏珠臺寶氣無貫月月觀

佳實時飄香銀潢竭天限織女煙海括地生靈光攜
兒乃是翰墨侶挾竹不使輿衛將象管鈿軸映瑞錦
玉麟棐几鋪雲肪依依煙華動勃鬱蟠蟠龍蛇起湿
蒸持此以爲風月伴四時之樂巢未央都剩不料翰
墨病聖恩養在林泉鄉風沙漲天烏目客朝不東來
從此荒
薛書來云購得錢氏王帖余答以李公炤家二王以
前帖宜傾囊購取寄詩云歐怪褚妍不自持猶能半
踏古人規公權醜怪惡扎祖從兹古法蕩無疑張顛

與柳頗同罪鼓吹俗子起亂離懷素獦獠小解事僅
趣平且如肩髆可憐智永硯空臼去本一步呈丁啞（法帖所載可見）
已矣此生爲此困有口能談手不隨誰云心
存乃筆到天工自是秘精微二王之前有高古有志
欲購忘高貲殷勤分治薛紹彭散金購取重跋題薛
和云聖草神蹤手自持心潛模範識前規惜哉法書
垂世久妙帖堂堂或見遺寶章大軸首尾具破古欺
世完使離當時鑒目獨子著有如痢病工難醫至今
所收上卷五流傳未免譏者嗤世間無論有晉魏幾

人解得真唐隋文皇鑒定號得士河南精識能窮微
卽今未必無褚獠寧馨動欲千金貲古囊織縹可復
得白玉爲躞黃金題蕃謝弟子索重價難購也
薛書來云新收錢氏子敬帖獻之字上刮去兩字以
爲孫子余以爲擽之字俗人恐以爲擽之故刮去因
寄詩爲粱唐不收慰問帖云蕭李駿子弟不收慰問
帖妙迹固通神水火土更刼所存慰問者班班在箱
笈使惡乃神護不然無寸札自此輒畫相後人眼徒
[illegible]君和云聖賢尺牘問吊問相酬答下筆或無意與

合自妍挑名迹後人貴品第分眞雜前世無大度危亂相乘蹈白髮如蓮帽騙馬似瓜貼觸事爲不祥凶語棄玉蹤料簡純吉書乃有十七帖當時博搜訪所得固已狹于此半千歲歷世同灰刦眞聖掃忌諱盡入淳化篋巍巍覆載量細事見廣業唐人工臨寫野馬成百疊硬黃脫眞迹勾塡本摹榻今惟典刑在後世皆可法

薛書來論晉帖誤用字余因作詩云何必識難字辛苦笑揚雄自古寫字人用字或不通要之皆一戲不

當問拙工意足我自足放筆一戲空

余嘗硾越竹光滑如金版在油拳上短截作軸入笈番覆一日數十張學書作詩寄薛紹彭劉涇云越筠萬杵如金板安用杭油與池繭高壓巴郡烏絲欄平欺澤國淸華練老無他物適心目天使殘年同筆硯圖書滿室翰墨香劉薛何時眼中見薛和云書便瑩滑如碑版古來精紙惟聞硾杵成剡竹光凌亂何用區區書素絲細分濃淡可評墨副以谿嵒難乏硯世上此語誰復知千里同風未相見其論筆硯間物云研滴須琉璃鎭紙須金虎格筆須白玉研磨須墨古越竹滑如苔更須加萬杵自對翰墨卿一書當千戶

無錫唐氏有雙鈎右軍十七帖有精彩錢塘僧了性收一卷楮紙一同唐垌家有一卷是錢氏物紙白唐氏又收碧綾黃庭經云是褚遂良書非也上有江南李重光淸輝二字小印云是丁晉公家族人所質錢氏所收浩博帖云臣節分嚴外無典掌之所故不籌上而諸位咸有法書臨榻甚多常州使君畢湛房下往往爲人購去薛紹彭收蕭宗千文是也上皆有希

聖字印忠孝之家圓錢印錢氏書堂印錢緦房下有史孝山出師頌題作蕭子雲亦奇古又有寫白樂天詩一首是唐人書亦秀潤天氣殊未佳顏魯公帖綠棗花綾是唐人勾塡圈深墨淺夫金玉爲器毀之則再作何代無工字則使其身在再寫則未必復工蓋天眞自然不可預想想字形大小不爲篤論人人若同此中妙懷素自言初不知却是造妙語既再作不可復得榻而藏諸何陋之有

古帖多前後無空紙乃是剪去官印以應募也今人

收貞觀印縫帖若是粘著字者更不復再入開元御府蓋貞觀書武后時朝廷無紀綱駙馬貴戚丐請得之開元購時剪印不去者不敢以出也開元經安氏之亂内府散蕩乃敢不去開元印跋再入御府也其次貴公家或是賂入須除滅前人印記所以前後紙隆也今書更無一軸有正觀開元同用印者但有建中與開元大中弘文印同用者皆此意也唐自是習成秘閣風氣相高至梁奢將太常卿張廷範唐賊猶收書至多賊使衣冠士祟殖貨所謂奔倫是何氣象

姑蘇衣冠萬家每歲荒及迫節往往使老婦駞攜書畫出售余昔居蘇書畫遂加多

將軍苗履長子忘其名癸未歲都下法雲寺解后去長安一大姓村居家其不厠中所藏玉軸晉魏古帖數十軸目嘗見之余每入夢想洛陽有書畫友每約不借出各各相過賞閱是宋子房言其人屢與王詵尋購得書余嘗目爲太尉書騴平生欲調洛蘇一官以購書畫不可得今老矣目[illegible]鑒不能精也

胡奕修家有徐浩書經未見

真紙色淡而勻靜無雜漬斜紋皺裂在前若一軸前彼後加新其衆

薰紙煙色上深下淺染紙濕色紙紋棲塵勞紙作貫紋軟

畫可摹書可臨而不可摹惟印不可僞作作者必異王詵刻勾德元圖書記亂印書畫余辨出元字脚遂伏其僞太印銅印自不同皆可辨

印文須細圈須與文等

我太祖祕閣圖書之印不滿二寸圈文皆細上閣圖

書字印亦然　仁宗後印經院賜經用上閣圖書字大印粗文若施於書畫占紙素字畫多有損於書帖近三館祕閣之印文雖細圈乃粗如半指亦印損書畫也王詵見余家印記與唐印相似始盡換了作細圈仍皆求余作篆如填篆自有法近世填皆無法如三省樞印其篆文皆反展故用來無一字相不破乖雖没猶此中書仍屢經省公卿名完則朝廷安也御史臺印左反史字側屈入用來少有中丞得免者宜擒使印從亡自罷斷有復命者人家私印大主吉凶也貞觀開元皆小印便於印縫弘文之印一寸半許開元有二印一印小者印書縫大者圖刹角一寸已上

古篆於鶺鴒頌上見之他處未嘗有

王詵每余到都下邀過其第即大出書帖索余臨因櫃中翻索書畫見余所臨王子敬鵝群帖染古色麻紙滿目皺紋錦囊玉軸裝剪他書上跋連於其後又以臨虞帖裝染使公卿跋余適見大笑王就手奪去諒其他尚多未出示又余少時使一蘇州背匠之子呂彦直今在三館爲胥王詵嘗留門下使雙鉤書帖又嘗見摹黄庭經一卷上用所刻勾德元圖書記乃余驗破者

本朝太宗挺生五代文物已盡之間天縱好古之性眞造入法草入三昧行書無對飛白入神一時公卿以上之所好遂悉學鍾王至李宗諤主文既久士子始皆學其書肥褊朴拙是時不腾餘以投其好用取科第自此惟趣時貴書矣宋宣獻公綬作參政傾朝學之號曰朝體韓忠獻公琦好顔書士俗皆學顔書及蔡襄貴士庶又皆學之王文公安石作相士俗亦皆學其體自此古法不講能隸書者武勝留後劉珱能草書者承議郎滕中宗室仲忽能行書者宣德郎鮑愼由能篆書者宣德郎趙霆已上是學古人書者餘未見

海岳名言

襄陽米芾

歷觀前賢論書徵引迂遠比況奇巧如龍跳天門虎臥鳳閣是何等語或遺辭求工去法逾遠無益學者故吾所論要在入人不爲溢辭

吾書小字行書有如大字唯家藏真蹟跋尾間或有之不以與求書者心既貯之隨意落筆皆得自然備其古雅壯歲未能立家人謂吾書爲集古字蓋取諸長處總而成之既老始自成家人見之不知以何爲祖也

江南吳皖登州王子韶大隸題榜有古意吾兒尹仁大隸題榜與之等又幼兒尹知代吾名書碑及書大字更無辨門下許侍見尤愛其小楷云每小簡可使令嗣書謂尹知也

老杜作薛稷慧普寺詩云鬱鬱三大字蛟龍岌相纏今有石本得視之乃是勾勒倒收筆鋒筆筆如蒸普字如人握兩拳伸臂而立醜怪難狀由是論之古無真大字明矣

葛洪天台之觀飛白爲大字之冠古今第一歐陽詢道林之寺寒儉無精神柳公權國清寺大小不相稱費盡筋骨裴休率意寫牌乃有真趣不陷醜怪真字甚易唯有體勢難謂不如畫笲勾其勢活也

字之八面唯尚真楷見之大小各自有分智永有八面已少鍾法丁道護歐虞筆始勾古法亡矣柳公權師歐不及遠甚而爲醜怪惡札之祖自柳世始有俗書

唐官告在世爲褚陸徐嶠之體殊有不俗者開元已

來緣明皇字體肥俗始有徐浩以合時君所好經生字亦自此肥開元已前古氣無復有矣

唐人以徐浩比僧虔甚失當浩大小一倫猶吏楷也僧虔蕭子雲傳鍾法與子敬無異大小各有分不一倫徐浩爲顏真卿辟客書韻自張顛血脉來教顏大字促令小小字展令大非古也

石刻不可學但自書使人刻之已非已書也故必須真蹟觀之乃得趣如顏真卿每使家僮刻字故會主人意修改披撆致大失真唯吉州盧山題名題訖而

夫後人刻之故皆得其眞無做作凡差乃知顏出於褚也又眞蹟皆無蠶頭燕尾之筆與郭知運爭坐位帖有篆籀氣顏傑思也柳與歐爲醜怪惡札祖其弟公綽乃不俗於兄筋骨之說出於柳世人但以怒張爲筋骨不知不怒張自有筋骨焉

凡大字要如小字小字要如大字褚遂良小字如大字其後經生祖述間有造妙者大字如小字未之見也

世人多寫大字時用力捉筆字愈無筋骨神氣作圓

筆頭如蒸餅大可鄙笑要須如小字鋒勢備全都無刻意做作乃佳自古及今余不敏實得之榜字固已滿世自有識者知之

石曼卿作佛號都無回互轉摺之勢小字展令大大字促令小是顚教顏眞卿謬論蓋字自有大小相稱且如寫太一之殿作四窠分豈可將一字肥滿一窠以對殿字乎蓋自有相稱大小不展促也余嘗書天慶之觀天之字皆四筆慶觀字多畫在下各隨其相稱寫之挂起氣勢自帶過皆如大小一般雖眞有飛動之勢也

書至隸興大篆古法大壞矣篆籀各隨字形大小故知百物之狀活動圓備各各自足隸乃始有展促之勢而三代法亡矣

歐虞褚柳顏皆一筆書也安排費工豈能垂世李邕脫子敬體乏纖濃徐浩晚年力過更無氣骨皆不如作郎官時婺州碑也董孝子不空皆晚年惡札全無妍媚此自有識者知之沈傳師變格自有超世眞趣徐不及也御史蕭誠書太原題名唐人無出其右爲

司馬係南岳眞君觀碑極有鍾王趣餘皆不及矣

智永臨集千文秀潤圓勁八面具備有眞蹟自顚沛字起在唐林夫處他人所收不及也

字要骨格肉須裹筋筋須藏肉帖乃秀潤生布置穩不俗險不怪老不枯潤不肥變態貴形不貴苦苦生怒怒生怪貴形不貴作作入畫畫入俗皆字病也

少成若天性習慣若自然茲古語也吾夢古衣冠人授以摺紙書書法自此差進寫與他人都不曉蔡元長見而驚曰法何太遽異耶此公亦具眼人章子厚

以眞自名獨稱吾行草欲吾書如排算子然眞字須有體勢乃佳爾

顔魯公行字可教眞便入俗品

尹仁等古人書不知此學吾書多小兒作草書大段有意思

智永硯成臼乃能到右軍若穿透始到鍾索也可永勉之

一日不書便覺思澁想古人未嘗片時廢書也因思蘇之才恒公至洛帖字明意殊有工爲天下法書第一

半山莊臺上多文公書今不知存否文公與楊凝式書人尠知之余語其故公大賞其見鑒

金陵幞山樓隸榜乃關蔚宗二十一年前書想六朝宮殿榜皆如是

薛稷書慧普寺老杜以爲蛟龍岌相纏今見其本乃如奈重兒握蒸餅勢信老杜不能書也

學書須得趣他好俱忘乃入妙別爲一好縈之便不工也

海岳以書學博士召對　上問本朝以書名世者凡數人海岳各以其人對曰蔡京不得筆蔡卞得筆而乏逸韻蔡襄勒字沈遼排字黄庭堅描字蘇軾畫字　上復問卿書如何對曰臣書刷字

翰墨志

宋　高宗御製

余自魏晉以來至六朝筆法無不臨摹或蕭散或枯瘦或遒勁而不回或秀異而特立衆體備於筆下意簡猶存於取捨至若禊帖則測之益深擬之益嚴姿態橫生莫造其原詳觀點畫以至成誦不少去懷也

法書中唐人硬黄自可喜若其餘紙札俱不精乃託名取售然在昔時已苦小兒輩亂真況流傳歷代之久殿本雜出固不一幅鑒定者不具眼目所以去

眞益遠惟識者久於其道當能辯也

余每得右軍或數行或數字手之不置初若食蔗喉間少甘則已末則如食橄欖眞味久愈在也故尤不忘於心手頃自束髮卽喜攬筆作字雖屢易典刑而心所嗜者固有在矣凡五十年間非大利害相妨未始一日捨筆墨故晚年得趣橫斜平直隨意所適至作尺餘大字肆筆皆成每不介意至或膚腴瘦硬山林丘壑之氣則酒後頗有佳處古人豈難到也

衛夫人名鑠字茂猗晉汝陰太守李矩妻善鍾法能意聞薛紹彭嘗戲米曰公効羊欣而評者以婢比欣公豈俗所謂重儓者耶

本朝承五季之後無復字畫可稱至太宗皇帝始搜羅法書備盡求訪當時以李建中字形瘦健姑得時與術俍絕無秀異至熙豐以後蔡襄李時雍體製方入格律欲度驊騮終以駿駛不為絕賞繼蘇黄米薛筆勢瀾翻各有趣向然家雞野鶩識者自有優劣猶勝泯然與草木俱腐者

前人多能正書而後草書蓋二法不可不兼有正則

端嚴莊重結密得體若大臣冠劍儼立廊廟草則騰蛟起鳳振迅筆力穎脫豪舉終不失眞所以齊高帝與王僧虔論書謂我書何如卿僧虔曰臣正書第一草書第三陛下草書第二而正書第三是臣無第二陛下無第一帝大笑故知學書者必知正草二體不當闕一所以鍾王輩皆以此榮名不可不務也

晉起太極殿謝安欲使獻之題榜以為萬代寶肯時名士已愛重若此而唐人評獻之謂雖有父風殊非新巧字勢疎瘦如枯木而無屈伸若餓隸而無放縱

正書入妙王逸少師之杜甫謂學書初學衛夫人但恨無過王右軍也

端璞出下巖色紫如猪肝密理堅緻潴水發墨呵之即澤研試則如磨玉而無聲此上品也中下品則皆砂壤相雜不能肌理既麄復燥而色赤如後歷新坑皆不可用製作既俗又滑不留墨且石之有眼余亦不取大抵眼稀於石有嫌況病眼假眼韻度尤不足觀故府所藏皆一段紫玉略無點綴

本朝士人自國初至今殊乏以字畫名世縱有不過

一二數誠非有唐之比然

一祖

八宗皆喜翰墨特書大書飛帛分隸加賜臣下多矣余四十年間每作字因欲鼓動士類為一代操觚之盛以六朝居江左皆南中士夫而書名顯著非一豈謂今非若比視書漠然略不為意果時務事異習尚亦與之汙隆不可力回也

評書謂羊欣書如婢作夫人舉止羞澀不堪位置而世言米芾喜効其體蓋米法欲側頗傷不堪位置之譏之乃無佳處豈唐人能書者衆而好惡遂不同如是耶

米芾得能書之名似無負於海內芾於眞楷篆隸不甚工惟於行草誠入能品以芾收六朝翰墨副在筆端故沉著痛快如乘駿馬進退裕如不煩鞭勒無不當人意然喜効其法者不過得外貌高視闊步氣韻軒昂殊未究其中本六朝妙處醞釀風骨自然超逸也昔人謂支遁道人愛馬不韻支曰貧道亦愛其神駿耳余於芾字亦然又芾之詩文詩無蹈襲出風煙

之上覺其詞翰同有凌雲之氣覽者當自得

世傳米芾有潔疾初未詳其然後得芾一帖云朝靴偶為他人所持心甚惡之因屢洗遂損不可穿以此得潔之理靴且屢洗餘可知矣又芾方擇壻會建康段拂字去塵芾釋之曰既拂矣又去塵眞吾壻也以女妻之又一帖云乘借剩員其人不名自稱曰張大伯是何老物輒欲為人父之兄若為大叔猶之可也此豈以文滑稽者耶

士人作字有眞行草隸篆五體往往篆隸各成一家

眞行草自成一家者以筆意本不同每拘於點畫無放意自得之蹟故別爲户牖若通其變則五者皆在筆端了無閡塞惟在得其道而已非風神穎悟力學不倦至有筆冢研山者似未易語此

世有絳帖潭帖臨江帖此三書絳本已少惟潭帖爲勝者以錢希白所臨本也希白於字畫得佳處故於二王帖尤邃若臨江則失眞遠矣又淳化帖大觀帖當時以晉唐善本及江南所收帖擇善者刻之悉出上聖規摹故風骨興象皆存在識者鑒裁而學者悟

其趣爾

士於書法必先學正書者以八法皆備不相附麗至側字亦可正讀不渝本體蓋隸之餘風若楷法既到則肆筆行草間自然於二法臻極煥手妙體了無缺軼反是則流於塵俗不入識者指目矣吾於次敘得之因筆其梗槩

草書之法昔人用以趣急速而務簡易删難省煩損複爲單誠非蒼史之蹟但習書之餘以精神之運識思超妙使點畫不失眞爲尚故梁武謂赴急書不失蒼公鳥跡之意顧豈皂吏所能爲也又其敘草太略雖趙壹非之似未易輕重其體勢兼昔人自製草書筆悉用長毫以利縱捨之便其爲得法必至於此

昔學之弊無如本朝作字眞記姓名爾其點畫位置殆無一毫名世

先皇帝尤喜書致立學養士惟得杜唐稽一人餘皆體倣了無神氣因念東晉渡江後猶有王謝而下朝士無不能書以擅一時之譽彬彬盛哉至若紹興以來雜書游絲書惟錢塘吳說篆法惟信州徐兢亦皆

碌碌可嘆其弊也

昔人論草書謂張伯英以一筆書之行斷則再連續蟠屈挐攫飛動自然筋骨心手相應所以率情運用略無留礙故譽者云應指宣事如矢發機霆不暇激電不及飛皆造極而言創始之意也後世或云怱不及草者豈草之本旨哉正須翰動若馳落紙雲煙方佳耳

士人於字法若少加臨池之勤則點畫便有位置無面牆信手之愧前人作字煥然可觀者以師古而無

俗韻其不學應斷悉掃去之因念字之爲用大矣哉
於精筆佳紙遺數十言致意千里孰不改觀存歎賞
之心以至竹帛金石傳於後世豈止不泯又爲一代
文物亦猶今之視昔可不務乎偶試筆書以自識

宋虞龢論文房之川有吳興青石圓研質滑而停墨
殊勝南方毛石今苕霅間不聞有此石硯豈昔以爲
珍今或不然或無好事者發之抑端溪徽硯旣用則
此石爲世所略

唐何延年謂右軍永和中與太原孫承公四十有一
人修祓禊擇毫製序用蠶繭紙鼠鬚筆遒媚勁健絕
代更無凡三百二十四字有重者皆其別體就中之
字有二十許變轉悉異遂無同者如有神助及醒後
他日更書數百千本終不及此余謂神助及醒後更
書百千本無如者恐此言過矣右軍他書豈減禊帖
但此帖字數比他書最多若千丈文錦卷舒展玩無
不滿人意軫恣心目不可忘耳若其他尺牘數行數
十字如寸錦片玉玩之易盡也

本朝自建隆以後平定僭僞其間法書名蹟皆歸秘
府
先帝時又加採訪賞以官聯余帛至遣使詢訪頗盡
探討命蔡京梁師成黃冕輩編類眞贋紙書縑素備
成卷袟皆用皂鸞鵲木錦褾褫白玉珊瑚爲軸秘在
內府用大觀政和宣和印章其間一印以秦璽書法
爲寶後有內府印標題品次皆
宸翰也捨此褾軸悉非珍藏其次儲於外秘余自渡
江無復鍾王眞跡間有一二以重賞得之褾軸字法
亦顯然可驗

智永禪師逸少七代孫克嗣家法居永欣寺閣二十
年臨逸少眞草千文擇八百本散在浙東後并禊帖
傳弟子辯才唐太宗三召恩錫甚厚求禊帖終不與
善保家傳抑可重也余得其千文藏之

楊疑式在五代最號能書每不自檢束號楊風子人
莫測也其筆札豪放傑出風塵之際歷後唐周漢卒
能全身名具知與字法亦俱高矣在洛中往往有題
記平居好事者并壁匣寘坐右以爲清玩

余嘗謂甚哉字法之微妙功均造物迹出窈冥未易

以點畫工便爲至極蒼史始意演幽發爲聖跡勢會卦象德該神明開闢形制化成天下至秦漢而下諸人悉府穴萬象布置模範想見神游八表道冠一時武帝子神孫廊廟才器稽古入妙川智不分絕明行修操尚高潔故能發爲文字照映編簡至若虎視很顧龍駭獸奔或草聖章賢或絕倫絕世宜今天矩觸奎造極非夫通儒上士詎可語此豈小智自私不學無識者可言也

思陵書畫記

宋　周密

思陵妙悟八法留神古雅當干戈俶擾之際訪求法書名畫不遺餘力清閑之燕展玩摹搨不少怠蓋嗜好之篤不憚勞費故四方爭以奉上無虛日後又於榷場購北方遺失之物故紹興內府所藏不減宣政惜乎鑒定諸人如曹勛宋貺龍大淵張儉鄭藻平協劉琰黃冕魏茂實任源等人品不高目力苦短凡經前輩品題者盡皆拆去故今御府所藏多無題識其

源委授受歲月考訂邈不可求爲可恨耳其裝褾裁制各有尺度印識標題具有儀式余偶得其書稍加考正具列于後嘉與好事者共之庶亦可想像承平文物之盛焉

上等真跡法書兩漢三國二王六朝隋唐君臣墨跡

並係御題僉各書妙字

用克絲作樓臺錦褾　青綠簟文錦裹

大姜芽雲鸞白綾引首　高麗紙贉

上等白玉碾龍簪頂軸或碾花　檀香木桿

鈿匣盛
上中下等唐真跡內上中等並降附米友仁跋
用紅霞雲鸞錦褾　碧鸞綾裏
白鸞綾引首　高麗紙贉
白玉軸上等用瞥頂係用平頂　檀香木桿
次等晋唐真跡并石刻晋唐名帖
用紫鸞雀錦褾　碧鸞綾裏
白鸞綾引首　蠲紙贉
次等白玉軸

引首後贉卷縫用御府圖書印刻首止下縫
用紹興印
鈎摹六朝真跡並係米友仁跋
用青樓臺錦褾　碧鸞綾裏
白鸞綾引首　高麗紙贉
白玉軸
御書臨六朝義獻唐人法帖并雜詩賦等內長篇不用邊道依
古厚紙不揭不背
用氈路錦　衲錦

柿紅龜背錦　紫百花龍錦
皂鸞綾褾等　碧鸞綾裏
白鸞綾引首　玉軸或瑪瑙軸臨時取旨
內趙世元鈎摹者亦用衲錦褾　蠲紙贉
瑪瑙軸
並降付莊宗古鄭滋令依真本紙色及印記
對樣裝造將元拆下舊題跋進呈揀用
五代本朝臣下臨帖真跡
用皂鸞綾褾　碧鸞綾裏

白鸞綾引首　夾背蠲紙贉
玉軸或瑪瑙軸
米芾臨晋唐雜書上等
用紫鸞鵲錦褾　紫䌷尼裏
指光紙贉　次等簮頂玉軸
引首前後用內府圖書內殿書記印有或題
跋於縫上用御府圖籍印最後用紹興印並
降付米友仁親書審定題於贉卷後
米芾薛紹彭蔡襄等雜詩賦書簡真跡

用皂鸞綾褾　白鸞綾引首

夾背蠲紙贉　象牙軸

用睿思東閣印內府圖記

米芾雜文簡牘

用皂鸞綾褾　碧鸞綾裹

白鸞綾引首　蠲紙贉

象牙軸

用內府書印紹興印

並降付米友仁驗定令曹彥明同共編類等

第每十帖作一卷　內雜帖作冊子

趙世元鉤摹下等諸雜法帖

用皂木錦褾　瑪瑙軸或象牙軸

前引首用機股清賞印縫用內府書記印後

用紹興印仍將元本折下題跋揀用

六朝名畫橫卷

用克絲作樓臺錦褾　青綠簟文錦裹次等用碧鸞綾裹

大白鸞綾引首　高麗紙贉

上等白玉碾花軸

六朝名畫掛軸

用皂鸞上下褾　碧鸞綾引首

碧鸞綾託全褾軸　檀香軸桿

上等玉軸

唐五代畫橫卷皇朝名畫同

用曲水紫錦褾　碧鸞綾裹

白鸞綾引首　玉軸或瑪瑙軸內下等并贉本用皂褾

色軸　蠲紙贉

唐五代皇朝等名畫掛軸並同六朝裝褫軸頭旋取

旨

蘇軾文與可雜畫姚明裝造

用皂大花綾褾　碧花綾裹

黃白綾雙引首　烏犀或瑪瑙軸

米芾雜畫橫軸

用皂鸞綾褾　碧鸞綾裹

白鸞綾引首　古玉或瑪瑙軸

僧梵隆雜畫橫軸陳子常承受

傅蒲錦褾　碧鸞綾裹

白鷺綾引首　瑪瑙軸

諸畫並上用乾卦印下用世印後用紹興印

諸畫裝褫尺寸定式

大整幅上引首三寸　下引首二寸

小全幅上引首二寸七分　下引首一寸九分

經帶四分

上褾除打擫竹外淨一尺六寸五分

下褾除上軸外淨七寸

一幅半上引首三寸六分　下引首二寸六分

經帶八分

雙幅上引首四寸　下引首二寸七分

上褾除擫打竹外淨一尺六寸八分

下褾除上軸桿外淨七寸三分

兩幅半上引首四寸二分　下引首二寸九分

經帶一寸二分

三幅上引首四寸四分　下引首三寸一分

經帶一寸三分

四幅上引首四寸八分　下引首三寸三分

經帶一寸五分

横卷褾合長一尺三寸　高者用全幅

引首濶四寸五分　高者五寸

應書畫面簽並用眞古經紙隨書畫等第取旨

應六朝隋唐上等法書名畫并御臨名帖本朝名臣帖並御書面簽內中下品並降付書房令裝褫書

應書畫横卷掛軸並用雜色錦袋複帕象牙牌子

應搜訪到法書墨跡降付書房先令趙世元定驗

品第進呈訖次令莊宗古分揀付曹勛宋貺張儉龍大淵鄭藻平協黃冕魏茂實任源等覆定驗訖裝褫

應搜訪到名書先降付魏茂實定驗打千文字號及定驗印記進呈訖降付莊宗古分手裝褙

應搜訪到古畫內有破碎不堪補褙者令畫房依原樣對本臨摹進呈訖降付莊宗古依元本染古槌破用印裝造劉娘子位並馬興祖謄畫

應書古畫如有宣和御書題名並行折下不用別

令曹勛等定驗別行譔名作畫目進呈取旨

碑刻横卷定式

定武蘭亭闌道高七寸六分　每行濶八分

共二十八行

樂毅論闌道高七寸半　每行濶六分

共四十二行

真草千文闌道七寸二分　每行濶八分

共二百行

智永歸田賦闌道高七寸二分半　每行濶八分

共四十四行

獻之洛神賦闌道高八寸三分　每行濶六分

共九行

枯木賦闌道高九寸九分　每行濶九分

共三十九行

應古厚紙不許揭薄若紙去其半則損字精神二如摹本矣

應古畫裝褫不許重洗恐失人物精神花木濃艷亦不許裁剪過多既失古意又恐將來不可再背

應搜訪到法書多係青闌道絹襯背唐名士多於闌道前後題跋令莊宗古裁去上下闌道揀高格者隨法書進呈取旨揀用依紹興格式裝褫

內府裝褫分科引試格式

粘裁　搨界　裝背　染古　集文

定驗　圖記

按唐藝文志序載四庫裝軸之法極其瓌緻六典載崇文館有裝潢匠五人即今褙匠也本朝秘府謂之裝界即此事蓋古今所尚云

歐公試筆

宋　歐陽修

南唐硯

某此一硯用之二十年矣當南唐有國時於歙州置硯務選工之善者命以九品之服月有俸廩之給號硯務官歲爲官造硯有數其硯四方而平淺者南唐官硯也其石尤精製作亦不類今工之侈然此硯得自今王舍人原叔原叔家不識爲佳硯也兒子輩棄置之余始得之亦不知爲南唐物也有江南人年老者見之悽（一作凄）然曰此故國之物也因具道其所以然遂始寶惜之其賦贋也折其一角

宜筆

宜筆初不可用往時聖俞屢以爲患尋復爲人乞去今得此甚可用遂深藏之

琴枕說

介甫嘗云夏月晝睡方枕爲佳問其何理云睡久氣蒸枕熱則轉一方冷處然則真知睡者耶余謂夜彈琴唯石暉爲佳蓋金蚌瑟瑟之類皆有光色燈燭照之則炫燿非老翁夜視所宜白石照之無光唯目昏者爲便介甫知睡真懶者余知琴暉直以老而目暗耳是皆可笑余家石暉琴得之二十年昨因患兩手中指拘攣醫者言唯數運動以導其氣之滯者謂唯彈琴爲可亦尋理得十餘年已忘之曲物理損益相因固不能窮至於如此老莊之徒多寓物以盡人情信有以也哉

鑒畫

蕭條淡泊此難畫之意畫者得之覽者未必識也故飛走遲速意淺之物易見而閑和嚴靜趣遠之心難形若乃高下嚮背遠近重複此畫工之藝爾非精鑒者之事也不知此論爲是不余非知畫者强爲之說但恐未必然也然世謂好畫者亦未必能知此也此字不乃傷俗耶（二十字一作然自謂好畫者未必能知此也）

學書爲樂

蘇子美嘗言明窗淨几筆硯紙墨皆極精良亦自是人生一樂然能得此樂者甚稀其不爲外物移其好者又特稀也余晚知此趣恨字體不工不能到古人

自處若以爲樂則自是有餘

學書消日

自少所喜事多矣中年以來漸以廢去或厭而不爲或好之未厭力有不能而止者其愈久益深而尤不厭者書也至於學字爲於不倦時往往可以消日乃知昔賢留意於此不爲無意也

學書作故事

學書勿浪書事有可記者他時便爲故事

學眞草書

自此已後隻日學草書雙日學眞書眞書兼行草書兼楷十年不熟當得名然虚名已得而眞氣耗矣萬事一作物莫不皆然有以寓其意不知身之爲勞也有以樂其心不知物之爲累也然則自古無不累心之物而有爲物所樂之心

學書費紙

學書費紙猶勝飲酒費錢曩時嘗見王文康公戒其子弟云吾平生不以全幅紙作封皮文康太原人世以晉人喜嗇資談笑信有是哉吾年向老亦不欲多

耗用物誠未足以有益於人然衰年志思不壯於事少能快然亦其理耳

學書工拙

每書字嘗自嫌其不佳而見者或稱其可取嘗有初不自喜隔數日視之頗若有可愛者然此初欲寓其心以消日何用較其工拙而區區於此遂成一役之勞豈非人心蔽於好勝耶

作字要熟

作字要熟熟則神氣完實而有餘於靜坐中自是一樂事然患少暇豈其於樂處常不足耶

用筆之法

蘇子美嘗言用筆之法此乃柳公權之法也亦嘗較之斜正之間便分工拙能知此及虚腕則羲獻之書可以意得也因知萬事有法揚子云斷木爲棋梡革爲鞠亦皆有法豈正得此也

蘇子美論書

蘇子美喜論用筆而書字不迨其所論豈其力不副其心邪然萬事以心爲本未有心至而力不能者

獨以爲不然此所謂非知之難而行之難者也古之人不虛勞其心力故其學精而無不至蓋方其幼也未有所爲時專其力於學書及其漸長則其所學漸近於用今人不然多學書於晚年所以與古不同也

信筆學書

秋霖不止文書頗稀蘩竹蕭蕭似聽愁滴見案上故紙信筆學書樞密院東廳

蘇子美蔡君謨書

自蘇子美死後遂覺筆法中絶近年君謨獨步當世

然謙讓不肯主盟往年予嘗戲謂君謨學書如泝急流用盡氣力不離故處君謨頗笑以爲能取譬今思此語已二十餘年竟如何哉

李邕書

予始得李邕書不甚好之然疑邕以書自名必有深趣及看之久遂謂他書少及者得之最晚好之尤篤譬猶結交其始也難則其合也必久余雖因邕書得筆法然爲字絶不相類豈得其意而忘其形者耶因見邕書追求鍾王以來字法皆可以通然邕書未必

獨然凡學書者得其一可以通其餘余偶從邕書而得之耳嘉祐五年春分日雪中西廳（一作信筆齋）

風法華

往時有風法華者偶然至人家見筆便書初無倫理久而禍福或應豈非好怪之士爲之遷就其事耶余每見筆輒書故江鄰幾比余爲風法華

九僧詩

近世（一作時）有九僧詩極有好句然今人家多不傳如馬放降來地鵰盤戰後雲春生桂嶺外人在海門西

今之文士未能有此句也

弔僧詩

謝希深嘗誦哭僧詩云燒痕詩（一作碑）入集海角寺留眞謂此人作詩不求好句只求好意余以爲意好句亦好矣賈島有哭僧詩云寫留行道影焚却坐禪身唐人謂燒却活和尚此句之大病也

郊島詩窮

唐之詩人類多窮士孟郊賈島之徒尤能刻篆（一作琢）窮苦之言以自喜或問二子其窮孰甚曰閬仙甚也

何以知之曰以其詩見之郊曰種稻畊白水負薪斫青山島云市中有樵山我舍朝無烟井底有甘泉釜中乃空然盎孟氏薪米自足而島家柴水俱無此誠可嘆一作笑然二子名稱高於當世其餘林翁處士用意精到者往往有之若雞聲茅店月人迹板橋霜則羇孤行旅流離辛苦之態見於數字之中至於野塘春水慢花塢夕陽遲則春物融怡人情和暢又有言不能盡之意兹亦精意刻琢之所得者耶

謝希深論詩

往在洛時嘗見謝希深誦縣古槐根出官清馬骨高又見晏丞相常愛笙歌歸院落燈火下樓臺希深曰清苦之意在言外而見於言中晏公曰世傳寇萊公詩云老覺腰金重慵便枕玉涼以為富貴此特窮相者爾能道富貴之盛則莫如前言亦與希深所評者類爾二公皆有情味而善一作喜為篇詠者其論如此

溫庭筠嚴維詩

余嘗愛唐人詩云雞聲茅店月人迹板橋霜則天寒歲暮風淒木落羇旅之愁如身履之王其曰野塘春水慢花塢夕陽遲則風酣日煦萬物駘蕩天人之意相與融怡讀之便覺欣然感發謂此四句可以坐變寒暑詩之為巧猶畫工小筆爾以此知文章與造化爭巧可也

作詩須多誦古今詩

作詩須多誦古今人詩不獨詩爾其他一作餘文字皆一作然畫

漢人善以文言道時事

漢之文士善以文言道時事質而不俚兹所以為難

蘇氏四六

往時作四六者多用古人語及廣引故事以衒二字一作自以為博學而不思述事不暢近時文章變體如蘇氏父子以四六述敘委曲精盡不減古人一作文自學者變格為文迨一作迄今三十年始得斯人不惟遲久而後獲實恐此後未有能繼者爾自古異人間出前後參差不相待余老矣乃及見之豈不為幸哉

王濟議張齊賢

張齊賢形體魁肥飲食兼數人然其為相嘗有遠功

國朝宰相惟宋琪與齊賢知邊事然其常與王濟不能相濟剛峭之士也其後齊賢罷相歸洛陽買得午橋裴晉公綠野堂營爲別墅一日濟自洛至京師公卿問有問及齊賢午橋別墅者濟忿然曰昔爲綠野堂今作屠兒墓園矣聞者皆笑

晦明說

藏精於晦則明養神以靜則安晦所以畜用靜所以應動善畜者不竭善應者無窮此君子修身治人之術然性近者得之易也

廉耻說

廉耻士君子之大節罕能自守者利欲勝(一作牽)之耳物有爲其所勝雖善守者或牽而去故孟子謂男過賁育者誠有旨哉君子之道闇然而日章而今人求速譽遂得速毀以自損者理之當然(一有也字)

繫辭說

書不盡言言不盡意然自古聖賢之意萬古得以推而求之者豈非言之傳歟聖人之意所以存者得非書乎然則(一無此字)書不盡言之煩而盡其要言不盡意之委曲而盡其理謂書不盡言言不盡意者非深明之論也予謂繫辭非聖人之作初若可駭予爲此論迨今二十五年矣稍稍以余言爲然也六經之傳天地之久其爲二十五年者將無窮而不可以數計也予之言久當見信於人矣何必汲汲較是非於一世哉

論樂說

清濁二聲(一作音)爲樂之本而今自以爲知樂者猶未達此安得言其細微之旨

六經簡要說

妙論精言不以多爲貴而人非聰明不能達其義余嘗聽人讀佛書其數十萬言謂可數談(一作言)而書而溺其說者以謂欲曉愚下人故如此爾然則六經簡要愚下人獨不得曉耶

余家多文忠公書然比其沒於余篋中得十數帖耳今劉君乃能致此非篤好之不能也元豐二年正月初吉蘇轍子由題

此數十紙皆文忠公銜口而得信手而成初不加

意者也其文采字畫皆有自然絕人之姿殆天下之奇蹟也元祐四年九月十九日蘇軾書

說郛 卷八十九

說郛目録

弓第八十九

寶章待訪録 米芾

法帖譜系 曾宏父

法帖刊誤 黄伯思

法帖刊誤 陳與義

法帖釋文 劉次莊

蘭亭博義 桑世昌

集古録 歐陽修

說郛目録 弓八十九 一

寶章待訪錄

襄陽米芾

漢河間憲王賜書必錄古簡梁武元帝唐文帝金題玉躞錦質繡章破紙斷麻服所非用天寶以後或進書得官亦知上篤好

本朝太宗混一僞邦國書皆聚然士民之間尚或藏者既非寶鑑皆以世傳聞見淺多懼久廢忘因作寶章待訪錄以俟訪圖書使焉元祐丙寅八月九日

目覩

晉右軍王羲之書雪晴帖

右軍蹟在承務郎吳郡蘇激處集賢校理舜欽子也帖尾有古跋君倩字及褚氏字印

陳僧智永眞草書歸田賦

右眞蹟在襄陽魏泰處故南昌人裴迥日處世尚白麻紙有古跋曰開成五年白馬寺臨一過厚記某官渾泰遊湖外携行賞跋累月

唐率更令歐陽詢書衛靈公天寒鑿池帖

右眞蹟麻紙在魏泰處

唐彭王傅徐浩書張九齡司徒告

右眞蹟用一尺高絹書多淵䇳詞云正大廈者生石之力臣肯業者輔相之功非此則保其雄名沒稱其盛德今在其孫曲江人嶺南縣令張仲容處其官於桂林借留半月仍以紙覆褁欲爲重背他容借其印縫古紙不許九齡神道碑亦浩書

唐中書令褚遂良枯木賦

右唐粉蠟紙榻書也在承議郎令肥魏倫處收以爲眞蹟魏氏刻石其官杭過潤借觀于甘露寺

唐太師顏眞卿書送辛子序

右眞蹟楮紙書在寶文閣學士謝景溫處前後爲好事者以篆摘二大印其文亂仍書能字其中寺不合縫幷非鉛筆甚羅鑒賞某佑寶文于潤州

賞閱

陳僧智永千文

右唐粉蠟紙榻書有古跋云契潤艱難不敢久蓄信好事也在前國子監直講楊褒處得于外弟王安國某元豐五年過金陵見之內一眞字雙鉤塡

者然人猶未信爲榻焉
陳僧智永千文
右楮紙書唐人臨寫在宣德郎陳开處恭公姪孫
梵夾册雖非眞蹟秀潤圓活逼眞今已罕得某嘗
三閱
智永千文半卷
右黄麻紙唐人臨書在刑部尚書丹陽蘇頌處
王右軍蘭亭燕集序
右唐粉蠟紙雙鈎摹本在蘇激處精神筆力毫髮

畢備下眞蹟一等此幾馮承素輩榻賜大臣者舜
欽父集賢校理耆購于蜀僧元靄某與激友善每
過公必一出遂親爲背飾
唐太師顔眞卿乞米帖
右眞蹟楮紙在朝請郎蘇澥處度支郎中舜元子
也得于關中安氏士人多有臨榻本此卷古玉軸
縫有舜元字印范仲淹而下題跋某嘗十餘閱
唐率府長史張旭四帖
右眞蹟在杭州陸氏大姓也舊有五帖第一秋深

第二前發第三汝官第四昨日第五承須今所有
四帖汝官後有一古印文記不可辨昨日承須五
帖襞紙也陸氏子素從奉議郎關景仁學關因借
摹三大帖余𥳑見石本于鎭戈軍及冠官杜林朝
奉大夫關杞爲使者語及始知石在關氏二十五
官潭杞通判邠州以石本見寄三十五官杭而景
仁爲錢塘令陸氏子登進士第者來謁與關謝而
閲之既見眞蹟獨秋深一帖詰之良久顰蹙而言
嘉祐中太守沈文通借觀拆留不還自此不復借

出因亦不復借閲遣工摹得之郎歸詰遘弟遘時
爲郡從事乃言在其姪延嗣處後復得閲今歸余
家
王右軍來戲帖
右麻紙六朝人所臨寫旁注小眞字數枚復以雌
黄覆之在蘇州故相丁謂孫景處後以一萬質于
鄆州梁子志處故相梁適孫也又有唐雙鈎摹帖
亦在丁景處某皆有[illegible]跋
韓擇木八分

右眞蹟楮紙在丁景處第二行書官位以太字改
爲中字
唐太師顏魯公書名兩字
右眞蹟書嶺南刺史綾告在朝奉郎臨江許彥先
處
唐辯才弟子草書千文
右黃麻書在龍圖閣直學士吳郡滕元發處滕以
爲智永書某閱其前空兩才字全不書因以疑之
後復空永字遂定爲辯才弟子所書故特闕其祖
師二名耳

唐虞世南枕臥帖
右雙鉤唐模本在朝奉大夫錢塘關杞處上有儲
氏圖書古印關嘗謂某曰昔越州一寺修佛殿下
梁棟內龕藏一函古摹數十本所可記者王右軍
十七帖世南枕卧帖十闕九帖褚遂良奉書寧帖
上皆有儲氏圖書字印致功精絕毫髮乾濃畢備
關與僧善購得枕卧十闕九書寧三帖
唐秘書少監虞世南積時帖

右古雙鉤摹本在承議郎洛陽李熙處翰林學士
維之孫亦縫有儲氏印某借摹石
唐僧高閑草書千文
右楮紙眞蹟在承議郎李熙處
唐禮部尚書沈傳師書道林詩
右在潭州道林寺四絕堂以杉板薄略布粉不蓋
紋故歲久不脫裴休書杜甫詩只存一甫字某嘗
爲杜板行以紀其事沈牌某官潭借留書齋半歲
榻得之石本爲撫石僧希白務于勁快多改落筆

端直無復縹眇一回飛動之勢
唐太子率更令歐陽詢書荀氏漢書節
右楮冊小楷在潭州南楚門胡氏淳處
唐歐陽詢書道林之寺牌
右在潭州道林寺筆力險勁勾勒而成有刻板本
又汀州盧山多裴休題寺塔諸額雖乏筆力皆種
種可愛
羲之千文
右楮紙書字筆力圓熟在宣州觀察支使王仲誠

處故相珪之姪謬題賀知章書四字于紙字下非
也

顔魯公頓首夫人

右真跡楮紙破爛過半在駙馬都尉王晉卿家

孫過庭草書千文

右真跡黄麻紙書縫有梁秀收閲字印王氏圖書
四字匾匾四轉其界製也在如上

懷素詩一首

右真蹟絹書在王晉卿第

張長史虎兒等三帖

右楮紙真蹟同上

晉武帝王渾王戎王衍郗愔陸統桓溫庾雲謝安謝
萬等十四帖

右真蹟在駙馬都尉李公炤第武帝王戎晉字有
篆籕氣象奇古墨色如漆紙皆磨破上有開元二
字小印太平公主胡書印美哉不可得而加矣世
之奇書也江淮朱有珍秘印殷浩之印梁秀收閲
古書記字印内郗愔一帖即閣本法帖所録者昔
使王著取溥家書與閣下書雜模模此卷中獨取
愔兩行餘在所棄哀哉謝安慰問帖字甫古在二
王之上宛乎批子敬帖尾也

晉謝奕謝安桓溫三帖

右真蹟麻紙書在李公炤家上有鍾紹京書印實
蒙審定字印印謝安一帖爲後人恐墨淡復用深
墨塡過使人惋怛與前卷並有絹帖書爵號自爲
名筆

黄素黄庭經

右同上字札古無褚薛體殆六朝人所作縫有鍾
紹京印後有陶穀漢時跋云此換鵝經也甲戌九
月十一日百計取得此書許觀誠無唐盛時是銛
鋒筆行書雖恐非右軍誠爾界行有鍾紹京書印
二字小印卷末真寫胎仙二字用陳氏圖書印印
之又有錢氏忠孝之家印紙跋云山陰道士劉君
以羣鵞獻右軍乞書黄庭經此是也逸少真書此
經與樂毅論太史箴告誓文累表也蘭亭洛神賦
皆行書其他皆草書也草十行敵行書一字行書

十行敵真書一字耳又續趣云此乃明州刺史李振景福中罷任過浚郊遺光祿朱卿宋鄰舍友文郎梁祖之子後封博王王薨予獲于舊邸時貞明庚辰秋也晉都梁苑因重背之中書舍人陶穀記是日降麻以京兆安彦威兼副都統米某跋云印小字乃唐越公鍾紹京印也此書在李太師第兩是甲觀

顏魯公郭定襄爭坐位第一帖

右楮紙真蹟用光豐縣先天廣德中牒起草禿筆

字字意相連屬飛動詭形異狀得於意外也世之顏行第一書也縫有顏氏守一圖書字印在宣歙郎安師文處長安大姓也爲解鹽池句當官擕入京欲背子得見之安自云季明文鹿脯帖在其家

晉王右軍祖恭進鎮帖

右麻紙書蹟後有太常卿蕭祐題跋在浙胥作郎丁仲修處

晉王羲之官奴帖

右雙鉤麻紙本亦在王仲修處

唐張右史季明賀八清鑑等帖

右楮紙真蹟筆法勁古不類他書世間季明第一書也在承議郎蘇液處世多刻石

懷素千文

右絹書真蹟在蘇液處沈遘刻板本是也

懷素書任華草書歌

右真蹟兩幅絹書字法清遒歌辭奇偉在駙馬都尉王晉卿第尚方有三幅乃其後幅適死嘗請出第觀復歸尚方

李邕多熱要葛粉帖

右白麻紙真蹟上有唐氏雜蹟字印陳氏圖書字印勾得元圖書記字印紫微舍人石揚休物今在其孫前宿州支使夷庚處前一帖與光入郎謝惠鹿帖真蹟余過請上於夷庚處購得之

懷素草書祝融高座帖

右絹書兩行此字入神石紫微嘗刻石有六行今不見前四行問夷庚云在王洙參政家此亦爲其子弟購去矣

陳賢草書帖
右六七紙字奇逸難辨如日永書上亦有唐氏雜
蹟字印在駙馬都尉李公炤家
顏真卿祭叔濠州使君文
右真蹟楷紙書改抹多在長安安氏子師文鴻至
京
顏真卿疎拙帖
右麻紙書真字清勁秀發亦與李大夫時顏責踐
州別駕此顏第一帖也

懷素三帖
右絹帖云貧道胸中如刃刺第二帖見顏公第三
帖律公發懷素不與世之第一帖也亦見于師文
懷素自序
右在湖北運判承議郎蘇泌處前一帖破碎不存
其父舜欽補之
庾翼帖余幅上有寶蒙審定印
張芝王羲二帖非真
虞世南汝南公主墓誌

歐陽詢書牋四帖草聖
顏真卿與李大夫奏事張澈二帖
懷素草書三幅楊凝式書三帖
皇象急就唐撫奇絕
右在故相張公齊賢孫名直清字舜欽處今爲楚
州山陽主簿
王右軍相溫支茗帖有開元印唐懷充跋
右筆法入神奇絕帖與王仲修學士家雜恭帖同
是神物有開元印懷充跋在蘇澄道淵之子之純

處今爲歙州判官
王獻之送梨帖有黎氏印連柳公權跋王右軍言敘
帖兩行有貞觀半印徐僧權字
右在左藏庫副使劉季孫處據柳公權跋於唐太
宗書前雜出獻之書乃將其父書却黏於獻之帖
後云又一帖柳誤以父爲子矣況不知書者乎
李邕四帖內一幅碧牋有唐氏雜迹印勾德元圖書
記印陳氏圖書印與右史庾所藏多熱帖同
右在章子厚家

王右軍筆陣圖前有自寫真紙紫薄如金葉索索有聲

右同上章公自云借與趙竦令爲蔡河撥發

王右軍紙妙筆精帖有貞觀印王大令日寒帖有唐氏雜迹印

右故相王曾家物在其孫景融處後爲前龍圖待制沈括存中取之古跋右軍作羊欣大令作薄紹之仍將大中歲跋刮去數字與爲薛邕記之而故相薛居正題曰和傳遺余此恭和疑爲薛氏故物

歸居正耳唐太宗雅不喜子敬書故時人以他名名之以應募所謂紹之書曰乃于耳字不刮去及不次獻之頓首字猶在一分許可識大中所跋既不能辨復爲不鑒之人所收遂使至寶永失其真吁可痛也

的問

唐僧懷素自序

右在朝奉郎蘇液處杭州沈氏嘗刻板本液澈者舜欽子蘇氏自參知政事易簡之子者耆子舜欽欽之子澈四世好事有精鑒亦張彥遠之比也三事並澈云見之

洪元脩集右軍越州兩碑

右真蹟在越州僧正子文處嘗通許借未果

褚遂良書黃庭經

右聞綠綾所書丁謂孫倩處質在無錫民家士多因邑官借出

王右軍書家譜

右在山陰縣王氏家越州教授王溥之以書抵某

具言有此書

虞世南書經

右同上在越州上虞

晉中令王獻之巳復此節帖

右在朝請大夫新昌石元之家嗣景仁屢見之守撫石某見兩本字札精妙

虞世南書汝南公主銘起草

右在通直郎洛陽王誼處見撫本給事中舉元子云真蹟在洛陽好事家有古跋

歐陽詢四帖

右同上

魯公書顏海

右蜀大青朱子魯公書小字他人作蘇駒云在其

父刑部尚書處

柳公權書柳尊師墓誌

右真蹟在錢塘唐垌處

張長史千文二帖

右同上模石乃李師中也洛陽人

歐陽詢鄱陽帖

右同上模石在靈隱寺

褚遂良臨王右軍二帖

右同上並垌自云未肯輕出

老子西昇經褚遂良書閻立本畫

右在觀文殿學士洛陽馮京處

晉王羲真草帖晉張翼帖宋阮研帖宋蕭思話表文

帝批答

右在駙馬都尉李瑋處某並見石本後見李云在

高橋楊氏未獲見

顏真卿寒食帖

右綾紙書在中書舍人錢勰處世多石本

王右軍玉潤帖

右蘇州教授閭丘顗云在承議郎建安王寔處有

古跋令裴書人背久不還及剪却半跋皆唐名公

也付理不可得匠人願賠四十千郎知其切其得

金已多

蘭亭撫本

右正議大夫章惇跋蘇激所收蘭亭云此與五家

所收同

褚遂良桼書寧帖

右在關杞某見石本

晉葛玄飛白天台字

右見石本真蹟闕在台州

唐東宮長史陸柬之書十八學士贊

右西京留臺王瓘云在舍弟珪處

唐高閑書令狐楚書

右真蹟在戶部尚書康季常家其見石本在湖州

歐陽詢二帖

右在朝議大夫晁端彥處其本與蘇州進士周沔

懷素書蕭常侍月下三帖

右同上

宋羊欣宋翼二帖并褚令模蘭亭

右見中書舍人蘇軾云在故相王隨之孫景昌處

摹石在湖州墨妙亭屢見石本今在沈存中括家

柳公權紫絲靸蘭亭詩二帖

右待制王廣淵摹石跋云龍圖太諫李公帥府暇

日出書請摹石李師中也洛陽人

張長史全本千文

右見臨淮令曾孝蘊云在京師謝氏亦曾文公遠

族也

顏魯公帖一軸五幅

右見湖州巡檢供奉官石齊駙馬之孫云在其兄

處

王子敬帖

右宣義王頎云其父所收未得將由

法帖譜系

淳化法帖

潭州帖　劉丞相私第

鼎帖　鄧[illegible]家本

太觀太清樓帖　[illegible]山木本

慶曆長沙帖　長沙新本　蜀本　長沙別本　廬陵蕭氏本

二王府帖

黔江帖

臨江戲魚堂帖　利州本

紹興監帖

法帖譜系圖

淳熙三年刻板禁中翻為十卷是為歷代法帖之祖

淳熙修內司帖

北方印成本

烏鎮張氏本

福清李氏本

絳本舊帖

新絳本

東庫本

亮字不全本

北方別本

武岡舊本

武岡新本

福清本

烏鎮本

彭州本

資州前十卷

木本前十卷

又木本前十卷

先圖者自成一派

尚書郎潘師旦以官法帖刻石世謂[illegible]為[illegible]

譜系雜說卷上

宋　曹士冕

淳化法帖

熙陵以武定四方載櫜弓矢文治之餘留意翰墨乃出　御府所藏歷代真蹟命侍書王著模刻禁中釐為十卷各于卷尾篆書題云淳化三年壬辰歲十一月六日奉

聖旨模勒上石

敘說

太宗皇帝時嘗遣使購募前賢真蹟集為法帖十卷鏤板而藏之每有大臣進登二府則賜以一本其後不賜或傳板本在　御書院往時　禁中火災板焚遂不復賜或云板今在但不賜爾故人間尤以官法帖為難得余得自蔡公期云是家藏舊本今世人所有皆轉相傳模者也　六一集古

太宗皇帝文德化成靖無他好留意翰墨潤色太平嘗借王氏所收書以集閣帖十卷內郗愔兩行二十四日帖乃此卷中者而於謝公帖親跋三字

以還王氏其帖在李瑋家　寶晉
太宗皇帝萬機之餘留精翰墨嘗詔天下購募鍾王眞蹟集爲法帖十卷摸刻以賜羣臣往時故相劉公沆在長沙以官法帖鏤板遂布於人間後有尚書郎潘師旦又擇其尤妙者別爲卷第與劉氏本並行至于集錄古文不敢輒以官本參入私集遂於師旦所傳又取其尤者散入錄中俾夫啓帙披卷者時一得之把翫欣然所以忘勸也　集古

二王府帖

山谷論　禁中板刻古法帖十卷當時皆用歙州貢墨墨本賜群臣今都下用錢萬二千便可購得
元祐中親賢宅從　禁中借板墨百本分遺宮僚但用潘谷墨光輝有餘而不甚黟黑又多橫木裂紋士大夫不能盡別也此本可當舊板之半耳
予觀近世所謂二王府帖者蓋中原再刻石本非禁中板本也前有目錄卷尾且無篆書題字益顯然二物矣

紹興國子監本

紹興中以　御府所藏淳化舊帖刻板寘之國子監其首尾與淳化閣本略無少異當時　御府拓者多用匱紙蓋打金銀箔者也字畫精神極有可觀今都下亦時有舊拓者元板尚在邇來碑工往往作蟬翅本且以厚紙覆板上隱然爲銀錠櫝痕以惑人第損剝非復舊拓本之遒劲矣

淳熙修內司本

淳熙間奉　旨刻石　禁中卷帙規模悉同淳化閣本而卷尾乃楷書題云淳熙十二年乙巳歲二

月十五日修內司恭奉　聖旨模勒上石

太觀太清樓帖

大觀中奉　旨刻石太清樓字行稍高而先後之次亦與淳化帖小異其間有數帖多寡不同或疑用眞蹟摹刻凡標題皆蔡京所書卷尾題云大觀三年正月一日奉　聖旨模勒上石

臨江戲魚堂帖

元祐間劉次莊以家藏淳化閣帖十卷摹刻堂上除去卷尾篆題而增釋文故家所藏往年拓本猶

有典刑所拓者字多頑缺亦有補換新刻者矣

利州本

慶元中泗川總領權安節以戲魚帖并釋文重刻石于益昌官舍石今已不存權總江州德安人其家猶有當時墨本甚多釋文字畫較臨江帖爲稍大

慶曆長沙帖

丞相劉公沆帥潭日以淳化官帖命慧照大師希白模刻于石寘之郡齋增入霜寒十七日王濛顔眞卿等諸帖而字行頗高於淳化閣本差不同逐卷各有歲月

劉丞相私第本

劉丞相旣刻法帖于郡齋復依倣前本刻石十卷以歸私第予頃在九江見故家所藏一本與長沙本絕相似而小異其後有人跋云此先丞相私第本也疑是劉氏子弟所跋後復見一本於姑蘇與九江所見本同紙墨皆與南碑不類而□曆第題字止三兩卷有之蓋即劉氏本也

長沙碑匠家本

舊傳長沙官本扃鑰不可常得碑匠之家別刻一本以應求者予頃收一本與長沙古本首尾略無少異而字體形模小少不同疑其爲碑匠家本

長沙新刻本

舊刻毀于鬱攸之變中興以後復刻石其間凡遇舊帖損缺處並不復刻字亦無卷尾歲月刻手甚謬殊不足觀

三山木板

三山帥司書庫有歷代帖板本蓋好事者以長沙舊帖刊勒卷帙規模皆同今已散失不全矣嘉熙庚子備員帥幕尚及見之

黔江帖

秦子明常以里中見不能書爲病其將兵於長沙也買石摹刻僧寶月古法帖十卷謀舟載入黔江壁之黔江之紹聖院刻石者潭人湯正臣父子詳見山谷集中予淳祐甲辰道過三衢見好事家適有此帖其卷帙之多寡次序之先後字行之長短

悉同淳化閣帖而紙墨髣髴似戲魚堂中興以前拓本其所以異者第一卷有淳化篆書三行其次有楷書一行云降授供備庫副使充東南第八副將訓練潭州諸軍潭州駐劄秦世章家本其後又一行云長沙湯正臣重模男㑺芝靈芝鐫第二卷至八卷尾各題長沙湯正臣重模勒八字却無淳化篆書及世章銜位又第八卷取卿女帖內第二行休字立人作兩點第二卷鍾繇宣示帖內再世榮名作縈石正與戲魚帖同第九卷尾題長沙

湯正臣摹　七字第十卷題長沙人湯正臣重模男㑺芝爲一行靈芝鐫爲一行此下似別有字偶裁損不可攷矣

北方印成本

余頃歲道過臨川時李編修伯高宰是邑出所藏法帖見示乃板本印成者是用北地厚皮紙印每段自成一板四圍皆空白紙不施篋緣裝表而自然整齊成冊字畫亦甚可愛

烏鎮本

舊傳湖州烏鎮張氏以絳閣二帖鋟木家塾武林良工模拓亦有可觀後聞板歸新市人家每連紙一幅可打一段予在三山見一本于周氏後數卷板內時有直裂紋比到雪上獲一本于向氏叔堅之裔偶缺兩卷且以元祐間所拓戲魚帖足之此刻字畫差肥而極有筆意頗勝諸帖惜其間錯誤數字爲可恨耳趙宰叔愚云丙戌歲在宗庠有以法帖板質于齋舍族人者偶不記爲何人疑是此板亦未可知

福清本

福州福清縣民家舊有板刻絳閣急就章雁塔題名四帖其刻稍精賣碑家得之往往駕名官帖以惑人但彼中匠者不善用蠟每每有研光痕可以證驗

澧陽帖

澧陽舊有法帖石本其後散失僅存者右軍數帖而已

鼎帖

武陵郡齋板本較諸帖增益最多博而不精殊無足取

不知處本

豫章士友董良史家有法帖拓本數卷與淳化閣帖規模相似而筆意差弱似不逮所見諸本且不知所出姑識于此以俟識者

長沙別本

嘉定間先君帥長沙予隨侍在焉時碑房中有斷石一片乃法帖第一卷尾段字行高低正與淳化帖同而絕不類古潭末後亦有淳化篆字此石實不知所從來近歲三山林伯鳳重刻于家直指為古潭帖余未敢臆斷也

蜀本

予頃得一帖凡數卷于蜀中次序先後高低皆與長沙古帖同初亦疑為黔江帖今見秦氏眞本則顯然二物矣大率此帖全用長沙古本摹刻而字行亦間有增減處既不知所出未敢臆說姑附見於此

廬陵蕭氏本

右法帖十卷用十干為號後有崇寧五年蕭公綸記其略云皇祐先伯父太博作邑和州之含山得墨帖於丞相宛國劉公摹刊未畢先君殿丞繼之始終六年乃獲成就迄今五十餘年刓缺太半今續完之以藏於家蓋別潭帖刻也慶元間已損失二十餘段共少三百四十餘行

譜系雜說卷下

宋　曹士冕

絳本舊帖

歐陽公集古跋尾謂近時有尚書郎潘師旦以官帖私自模刻于家爲別本以行於世又云潘師旦者竊取官法帖中數十帖別自刻石以遺人而傳寫字多轉失然亦有可佳者觀此則絳帖是矣此帖世稱爲潘駙馬帖或又稱絳帖豈潘氏世居絳郡耶帖凡二十卷其次序卷帙雖與淳化官帖不

同而實則祖之特有少增益耳已別注絳帖字釐茲得以略

單炳文博雅君子也其論絳帖至爲精審頃刻石襄州有云淳化官本法帖今不復多見其次絳帖最佳而舊本亦已艱得嘗以數本較之字畫多不倅煒家藏舊本第九卷大令書一卷第四行內面字右邊轉筆正在石破缺處隱然可見今本乃無右邊轉筆全不成字其面字下一字與第五行第七字亦不同又第七行第一字舊本乃行書止字今本乃作草書心字筆法且俗以此推之今之所見多非舊本臨江帖大率與舊本同其間此一帖九不差但字體頗肥不逮絳帖之遒勁也

余既獲見炳文絳帖辨證然後知近世所藏二十卷帖多非舊物每恨未識真本而襄州所刻第九卷大令帖亦毀于王旻之變慮其遂至湮絕因以舊所藏本摹刻于家頗傳諸好事者淳祐甲辰自霅川官滿得闕遄歸假道三衢始獲觀真帖于滄洲毛監丞所不獨第九卷與單說正合而二十卷

首尾俱全亦可謂珍玩矣且云得之金華潘氏是殆師旦之苗裔耶其帖之異同大略條列于後

帖總二十卷元無字號及段眼數目

第二卷

鍾繇宣示帖第一行內報字右邊直畫勾起向左所第二行萬字內下面一字上畫微仰而第五行名字右脚微有一點第十行當字上三點全旁有微損却在空處

已欲日帖脚下有斷石紋

此卷内第一段與第三段石並缺右脚

第九卷大令帖正與單炳文襄州所刻石本纖微弗差故家所藏未有其比

右潘氏絳帖二十卷紙墨字畫模印皆與今人所藏本不同而第九卷顯然可見自非單公炳文表而出之亦將泯於無聞矣北方所刻諸本往往南渡後北人轉相傳模無足深怪但武岡舊刻未知始於何年亦止用新本模刻爲可恨耳

東庫本

世傳潘氏所居法帖不分而爲二其後絳州公庫乃得其一於是補刻餘帖是名東庫本第九卷之外誤益始乎此今好事之家所藏絳帖率多此本字畫精神遒勁亦自可愛而衛夫人一帖及宋儋帖頗多燥筆有如蘭亭敘羣字落筆之精此稍異於諸本其所以不及舊帖者以第九卷大令書石不破缺而炳文所論三字已誤且逐卷逐段各分字號以日月光天德山河壯帝居太平何以報願上東封書爲别此又異於舊帖也

亮字不全本

此帖與東庫本絕相似或只是一石但庾亮帖内亮字皆無右邊轉筆蓋避逆亮諱也

新絳本

右一帖二十卷首尾規模段眼字號並同東庫本獨衛夫人宋儋二帖無燥筆又字畫較東庫本微局促墨法雖與東庫本同然實是兩石吾家與毛希元皆有之

北本

右二十卷親戚劉用甫處有之墨色與古本相近而第九卷大令書只同新本未知何處所刻

又一本

董良史家所藏本第九卷大令書字畫亦誤獨向字有右邊轉筆異於他本且不與舊本同也

武岡舊本

右二十卷不知刻於何時碑段稍長而日月光天德等字號間於行中字畫亦清勁可愛而第一卷衛夫人宋儋無枯筆第九卷大令帖諸字皆誤信

乎出於新絳也

武岡新帖

右二十卷帖即舊石也中厄於庸謬之人厭其字畫清瘦頗加修治遂失本眞其最可擲笑者第二卷鍾繇帖内再世榮名今名字已修作谷字矣且拓匠不工凡損剝處鑿痕宛然呈露而字畫模糊略不可辨帖之繆者莫甚於此

福清本

詳見淳化帖條下

烏鎮本

詳見淳化帖條下此乃板本非石也長沙折府所藏二十卷模刻頗精疑是此本第九卷復面帖字誤而鵠舉帖止是微損字畫尚完此稍異於新絳

彭州本

掘地得之字畫清勁頗類舊武岡而差優予家有之

資州本

資州以新絳前十卷刻石余家多有之前有目錄元刻麻石上續拓者不逮舊所得本遒勁矣

木本前十卷

甲秀陳氏藏此墨本不知所出

又木本前十卷

又一帖頃獲于　都下不知所出稍不逮甲秀所藏雖皆出于新絳然亦自是一種

余酷嗜古學留意法書名跡幾廿年頗以鑒賞自居嘗集前賢文集小説法帖之説爲攷一卷以便撿閲淳祐甲辰冬因侍陶齋曹公相與稽訂法書

源流多所未聞他日出示譜系一編曰視予所記如何余曰博矣廼請而刻之梓東湖董史書

庚申冬鄰火煽虐潛心閣燬焉初余頗惜此板不以他板雜特儲之閣逮是他板獲免秦禍而譜系反爲焚蕩下取豈固有數耶余藏書滿閣古帖名碑秘之寶刻藏中一旦滅沒於漲天之煙焰生平目力事力心力爲之一空恨鬱無已幾成怨天雖然天其可怨邪因念曩與谷中校讐參訂以成此書谷中已矣書可共傳遂訪舊

本與友朋間欲復板而行之月樵劉氏慨然授所藏俾就此志嗟夫余家名跡已如夢幻誅茅益頭政以爲窘頓切切於不急之務痾疾尚甚瘠哉板成載誌之末時則景定壬戌夏五月也

史跋

法帖刊誤卷上

宋　黃伯思

淳化中內府既博訪古遺蹟命翰林侍書王著受詔編正諸帖著雖號工草隸然初不深書學又昧古今故祕閣法帖十卷中瑕珉雜糅論次乖譌世多耳觀遂久莫辨故禮部郎米芾元章筆翰妙嚮紳間在淮南幕府日嘗跋卷尾作數百語頗有條流但概舉其目疎略甚多故諸部中眞僞蹟著甚而不覺者若李懷琳所作衛夫人書逸少澗別稍久帖之類有雖

審其僞而議評未當者若知伯英大令諸草帖爲唐人書而不知乃書晉人帖語之類有議評雖當主名昭然而不能辨者若以田嚀字爲非李斯書而不知乃李陽氷明州碑中字之類有誤著其主名者若以晉人章草諸葛亮傳中語遂以爲亮書之類是也其餘舛午尚多書家貴能書者備故僕於元章慨然古語有之善書不鑒善鑒不書僕自幼觀古帖至多雖豪釐積習未至而心悟神解時有所得故作法帖刊誤凡論眞僞皆有據依使鍾王復生不易此評矣元

章今已物故恨不示之後有高識賞予知言大觀戊
子歲六月七日西都府院東齋序

第一帝王書

凡草書分波磔者名章草非此者但謂之草猶古隸
之生今正書故章草當作草書先然本無章名因漢
建初中杜操伯度善此書章帝稱之故後世目爲今
此卷首帖偶章草便以爲章帝書誤矣然此書亦前
代作但錄書者集成千字中語耳米徵以此辨之未
中其病米云晉武書當是孝武非也僕案省啓帖與

後譙王帖雖在疑錄似非一家書續帖中爽報帖頗
與此筆法同爽晉武名非孝武也然皆後人依放此
帖末云故遣信還古者謂使爲信故逸少帖云信遂
不取答眞誥云公至山下又遣一信見告謝宣城傳
云荆州信去倚待陶隱居帖云明旦信還仍過取反
凡言信者皆謂使人也近世猶有此語故虞永興帖
云事已信人口具而今之流俗遂以遣書餉物爲信
故謂之書信而謂前人之語亦然不復知魏晉以還
所謂信者乃使之別名耳

阿史病轉差帖云晉宣帝亦未然
安軍破堰數朝三草書筆勢亂繞若一其僞不疑僕
幼時嘗觀世傳七賢書末有白字皆連名作點七人
所作了無小異雖當時筆法傳授或同然人書不同
亦如面焉不應乃爾無別因疑其僞是時前輩長者
或謂不然後觀寶泉書賦始知七賢帖果李懷琳僞
作此三帝草書亦是類也
米云梁高當是齊高非也此帖末云蕭衍正梁武名
梁武廟號高祖此書目誤以祖爲帝耳

宋明帝帖云報休祐休範二家內人知祐晉平王也
範桂陽王也宋史以休祐爲休祜蓋冊牘轉寫之訛
當以祐爲是
弔江叔帖非唐文皇書案高宗永隆元年七月丙申
江王元祥薨即此帖所謂江叔也高宗多以國呼諸
父如滕叔不須賜謂滕王元嬰猶以元祥爲江叔此
正高宗書也叔藝鄙多材帖亦高宗書中云聊以示
藹謂魯王靈夔之子范陽王藹也靈夔亦高宗叔史
稱其篤學善草隸此帖所謂叔藝鄙多材蓋深善藝

謝夙奉趨庭之訓早擅臨池之工者以此後有答遊
枇杷并移營五橋南二帖皆高宗書此數段並誤入
太宗帖中
陳文帝謂宜帝我名子以伯汝宜以叔此卷陳禾陽
王伯智書誤錄在長沙王叔懷後又據陳史長沙王
但有叔堅而無叔懷其弟亦無此名觀帖尾作名處
疑是叔慎叔慎陳岳陽王也蓋摹傳之變

第二漢魏吳晉八書

唐文皇右軍傳贊云伯英臨池之妙無復餘蹤當是

時遠購冥搜古帖畢出而御府所畜其富無論尚無
伯英書後世豈可復得非特唐也晉世見者亦寡故
庾翼與右軍書云昔得伯英章草十紙過江亡失常
歎妙蹟永絶此卷章草芝白一帖差近古亦疑先賢
摹放也前知汝殊愁以下五帖米云皆張長史書信
然但帖中有云數往虎丘祖希時面祖希張玄之字
也玄之與大令同時虎丘地在江左當是長史書二
王帖辭耳
崔子玉書云數附書知問以解其憂唐人書也字亦
非漢
尚書宣示鍾書眞跡本在王丞相導家導過江時藏
衣帶中以遺逸少逸少以遺王脩脩死其母以脩平
日所寶并入棺眞跡遂絶此本右軍所臨者
白騎遂帖乃王大令臨唐開元中在滑臺人家并逸
少臨宣示帖藏之故誤錄在鍾部長風帖乃逸少早
年書殊未變鍾體故亦誤寘此長風范毋千等語二
王帖間多有米云齊梁人書非也
皇象文武帖蓋寫漢東觀校書郎中高彪送幽州督

軍御史第五永箴耳結字亦古史本云呂尚七十此
云師尚七十史本云明其果毅此云昭其果毅師作呂昭作明蓋作史者避晉諱五將三門下當云地有九變丘陵山川
人有計策天奇五開總茲三事謀則咨詢無曰已能
務作求賢淮陰之勇廣野是尊勿謂時險不正其身
勿謂無人莫識已眞忘富遺貴福祿乃存枉道依合
後無所觀先公高節永越可遵佩藏斯戒以厲終身
時蔡邕讚並賦詩送永獨彪作此箴邕等甚美之以
爲莫尚也全章見東漢書此段軼之象書人間殊少

惟建業與時有天發神讖碑若篆若隸字勢雄偉相傳乃象書也張懷瓘目以沉著痛快眞得其筆勢云皇象後章草一表蓋唐人僞作其體正與世傳曹植書鶡雀賦同皆非眞蹟至若孫皓上晉武表亦章草字字畫高古與此有間矣王小令此年帖本唐人所寫與二鍾虞松三帖爲一卷珉帖末云輔國司馬君筆勢婉雅與此有間矣此亦無後五字

謝安後一帖傳摹遠眞本以爲僞者蓋以惶恐再拜當時罕用然於尊老或有之陶華陽眞誥中有帖云

許玄惶恐再拜正晉世體

王世將二十四帖與第一卷數胡等僞帖字勢無異惟後兩表極古信能傳鍾氏筆意而右軍學之也表中有云蝌之匆匆按顔氏家訓云世中書翰多稱匆匆相承如此莫原其由或有妄言此忽忽之殘缺耳說文匆者州里所建之旗蓋以趣民事故悤遽者稱匆匆僕謂顔氏以說文證此字爲長而今世流俗又妄於匆匆字中斜益一點讀爲悤字彌失眞矣按祭義云勿勿諸其欲其饗之也注勿勿猶勉勉也愨[illegible]之貌杜牧之詩浮生長勿勿此知勿勿出於祭義古人詩中用之不特稱於書翰耳

第三晉宋齊人書

庾亮書云奉告書箚先爲娓子作案江淮之間謂母曰媞此云娓子未知且何戚也尔疋云媞媞安也

庾翼帖稱故吏從事中郎按翼嘗爲陶侃太尉府從事中郎此當是與侃啓也

杜預十一月二十四日帖云道遠書問又簡間得來況非當時尺牘中語或是江左人書不特視故帖僞

也親故末云數附書信以慰吾心亦近世流俗語耳

晉劉超爲人愼密自以書類元帝不敢與外書此帖不應尚傳又字勢與元帝大別其僞審矣謝莊首終任宋而題曰晉大誤王著敘王坦之書列於逸少諸子間意以名皆從之殊不知坦之廼述子自太原王耳非琅琊族也非通古甚那至爾非通古甚那至尔川本去此七字意非字下有不字

劉瓌之乃東晉時善八分者大令既不肯書太極殿榜謝安石遂令瓌之以八分題之今此帖非眞與王

庾三十四日帖無興王氏疑操徽渙之四子書皆真帖逸少七子上四人與子敬書其傳惟玄之肅之書蹟未見餘皆得家範而體名不同是善學逸少書者猶顏延年對宋文帝論其諸子自謂竣得臣筆測得臣文奐得臣義躍得臣酒書亦猶是也僕今以擬王氏諸子則逸少之書凝之得其韻操之得其體徽之得其勢渙之得其貌獻之得其源然而大令之書特知名而與逸少方駕者蓋能本父之書意所備者大故也真行則法鍾草聖則師張二家之法逸少所自

出從而效之所以特高於諸王猶彝堂諸子由賜商偃皆以儒稱卒之得其傳者子淵而已

索靖七月二十六日帖本七紙晉王平南廙每寶玩之值永嘉亂乃四疊綴衣中以度江唐蒲州桑泉令豆盧器得之盡蹟猶存今所錄惟一紙耳摹傳失真無復意象

紀瞻帖中有云貧家無其將意所謂物微意全也觀此語不待見筆跡可判其僞矣山濤啓事與李懷琳所撰七賢書中濤書自相戈盾但此啓事文是而書非七賢帖中筆語皆妄也

此卷僞帖甚衆如庾翼後一帖與沈嘉王循司馬攸劉穆之王劭王獻張翼陸雲羊欣卞壺謝發與前杜預一帖及劉超劉瓌之紀瞻山濤等帖皆一體僞作

孔琳之帖有悵悵脚中轉劇延明散未覺益十二字偏小蓋行側注字摹帖者妄以入行耳當依本爲勝

王僧虔兩啓皆佳結字與擬王琰乞江郢所統郡啓同書聲信不虛得

第四梁陳唐人書

齊豫章王疑孫確子範之子在梁位司徒右長史此云征南將軍不知何據恐是梁邵陵王綸之子確也其書孝經一章亦近世僞體非江左書阮研帖亦然

蕭子雲有章草史孝山出師頌一章甚古雅與此卷正書則乎遠矣紙中王濛筆下徐偃信篤論也

陳逵者晉西中郎將也此云陳朝陳逵書誤矣

褚河南潭府帖末云舅遂良報薛八侍中前外舅張知常以爲河南謫潭時無有薛姓爲侍中者僕嘗攷之信然按遂良以高宗永徽六年貶潭州都督前此

上至神堯時爲侍中者裴矩齊王元吉杜如晦王珪魏元成楊師道劉洎張行成高季輔宇文節韓瑗凡十一人未有薛姓者至儀鳳中薛元超始作相旣在遂良後又不作侍中當時在外鎭未有兼此官者及觀字勢亦數褚作嫵媚態其僞必矣後家姪至一帖乃眞河南得意書翩翩有逸敬體以前帖視之如蒹葭倚瓊林也

山河帖乃褚河南所書枯樹賦中鈔出耳此庾子山作而褚書之後褚遂良述四字後人妄益

虞永興大運帖歐陽率更比年帖皆集二公碑中字爲之

柳少師與弟帖末云誠懸呈人多疑之以顔籀注漢書丞相衛傳云字以表德豈人所自稱柳不當稱字然嘗觀逸少敬謝帖自云王逸少白廬山遠公集廬循與遠書自云范陽盧子先叩頭則古人稱字蓋或有之

陸東之帖云近得告爲慰上下無恙不得見與近問示心得藥書散勢耿耿嘗也殊不類唐人語當是臨晉宋人帖不爾效其語作此耳

薄紹之宋世爲丹陽尹書與羊欣齊名時號羊薄此卷目爲唐人謬甚矣

第五雜帖 已見跋語

自蒼頡至程邈書皆僞史籀書傳世者岐鼓耳今此書云楊州裹易德系字殊無三代體與其辭皆唐人筆也李斯書米云未知何人書僕按其文云田疇耕耨爲政蕃月而致法令使父子爲鄒魯乃李陽冰篆王密所撰明州刺史河東裴公紀德碣中字也其碑

略云驚遁復田疇闢教以耕耨故爲政可朞月而致寬之則法令非行公之化　俗爲鄒魯使父子長幼各得其宜此帖乃摹用疇等十八字爲斯書與碑中篆無銖黍差而米云未知何人書蓋未嘗見此碑耳

程邈在秦雲陽獄作隸字適今漢碑中字是也有此隸方先今正書不應邈已作之

宋儋唐明皇時人學鍾書但作側戾殊失天勢王著錄此書不知乃唐士意爲遠古人故與斯邈並列其誤至此儋有嵩山圭禪師等碑傳於世字亦不甚工

衛夫人帖蓋唐初李懷琳作事見竇臮述書賦如豫帖中嵇康絕交書世傳七賢帖皆懷琳僞蹟也此與師帖尤疎繆按梁蕭子雲答武帝敕云臣昔不能拔賞隨時所貴規摹子敬多歷年所李二十六著晉史至二王列傳欲作論草隸法言不能盡意遂不成十許年始見敕旨論書一卷商略筆狀洞徹字體始變子敬全範元常逮爾以來自覺功進此僞帖云但衛隨世所學規摹鍾繇遂歷多載年二十著詩論草隸又云筆勢洞精字體遒媚皆竊取子雲啓中語欲小

亥之遂失其句讀今世高識豈無何不悟此又衛夫人乃晉李矩妻李充母名鑠字茂猗既與師書自當著名不但稱夫族及姓也以數事考之其僞不疑又前輩論此帖以其敕字從力館從舍爲僞未中其病蓋自二王以來譌字甚多陳爲陣筞爲策皆二王輩自製不可據此定眞僞也

隋諱書中敬字闕其波蓋淳化中摹此書時特省去避諱耳或指此目爲僞帖非也梁武帝書評乃命袁昂作者其答啓云奉敕遣臣評古今書臣愚短豈敢輒量江海但天旨委臣斟酌是非謹品字法如前此云梁武評書誤矣袁昂不以書名而評裁諸家曲盡筆勢然論者以其評張芝書云如漢武愛道憑虛欲僊則欲僊而已至況薄紹之書乃云如僊人嘯樹則眞僊也爲比擬失倫此亦一病也寫此者字法局束天然太少疑非智果書果號得右軍骨借譽浮其實亦不至爾

何氏書若云何人耶或以爲何姓非也宋以二帖爲歐陽率更書良是

掾祖鄱陽二帖大令部中已有此重出耳敬祖王導子武岡侯協也與大令不同時恐非其書

孤不度德量力與亮自董卓以來二帖皆諸葛傳中與昭烈問荅語有一段自孫權據有江東以下與此文相接淚眞第十卷王大令部中皆章草書雖字畫大小微異而筆勢若一大是全寫亮傳首語此文雖出亮言亦史家潤色之又中云亮曰亦史家所記米遂謂亮書差十里矣僕謂此帖當是逸少書蓋與此公章草豹奴帖筆法同

後屋有意適閒曠二帖眞羊中散書與唐薛邕家所商筆精帖字勢同與法帖本部中三月六日帖殊不類彼六日帖乃僞也筆精帖眞羊公得意書或以爲逸少則過矣

法帖刊誤卷下

宋　黃伯思

第六王會稽書上

自適得書至慰馳疎（疎或作竦）耳中閒（閒一作間）諸帖除穆松及秋中二帖差似逸少書餘並近世不工書者僞作耳非特筆無晉韻又宅上靜眠過此如命等乃今流俗語不待觀筆蹟已可辨之

酸感至此加（加一作和）下汲宰相并敬豆鼠伏想姬等亦僞作蓋以逸少別帖垂三十年比加下㿉等語廁其

閒或云宰相安和帖乃郗愔書謂宰相者簡文作相王時也殷生者殷浩也然此或是書郗愔帖語耳而結字實近世人僞作愔書自與逸少早年杭衡而此帖了無晉韻其非審矣

鯉魚帖敬字行成帖殷字皆缺語在第五章夫人及蔡家二帖亦後人依放賈曾送張說赴朔方序中云備官而行成旅比從下云有詔具僚爰開祖宴且申後命寵以蕃錫此卷有此文自行字上祖字下皆亡之而作草書多不綴屬當是集逸少書爲此序耳先

輩以爲張說送賈至文非也米亦以自是月下爲僞殊不知自行成下已僞蓋此帖失其首尾而米未嘗考賈曾文也

闊別稍久眷與時長帖云云遥信恩遽萬不一陳字既甚惡而筆語乃爾非逸少書無疑吾昨得一日一起帖米以爲張長史書有之但米論書多以草字差大者爲非二王書一槩求之理恐未竟

追尋帖米以爲大令書非也字勢圓緊既非獻之體而中云吾老矣餘顧未備惟在子輩耳按大令壽四

十三初無後嗣與此不合又法書要録逸少帖内有此語固宜在此卷

二十日以下二帖結體雖疎詞筆皆有王氏風氣殆是唐人縱筆臨放非摹搨也

不得臨川問帖亦非逸少書庾子嵩非同時人也朱處仁帖在十七帖間其中有云往得其書信遂不取答謂昔嘗得其書而信人竟不取報書耳而世俗遂誤讀爲往得其書信殊不知信者乃使人也自連下語非若今之謂書信也第一篇晉武帖中已詳辨之

第七王會稽書中

得都下九日帖中云蔡公者蔡謨也仁祖者謝尚也晉穆帝永和十二年秋桓公破姚襄至洛故此云久當至洛是時將以謝尚鎮司州以病止故此云得仁祖二十六日問疾更委篤與陶穀家所畜逸少真迹帖中所書事正同其帖云知虞帥云桓公以至洛郎摧破羌賊重命想必爾之王略始及舊都使人悲慨深此公威略實著自當求之於古真可以戰使人歎息知仁祖小差此慰可言適范生書如其語無異

故須後問爲定今以書示君僕嘗跋之云晉穆帝永和十二年秋桓温破姚襄于伊水遂至洛時將以謝尚鎮之屬病不行所云桓公摧破羌賊及仁祖小差正當時事也是時逸少去會稽内史已歲餘方遯迹山水間宜不復以世務經懷而此書乃歎宣武之威略悲舊都之始平憂國嗟時志猶不息惜其一憤遠引使才猷約結弗光於世獨區區遺翰見寶後人覽之深爲興歎此帖草法極工惜不載法帖間故附見此條

與足下意政同政當作正蓋逸少祖尚書郎名正
王氏作書正月或作初月或作一月他正字皆以政
代之後人相承數之非也
自初月二日至前從洛帖皆僞如初月有云羲之是
耳願知心素致使如然也願足下莫見責乃俗人僞
作第恐是著書覬其所補永禪師十字格韻與此正
同
十月七日帖米以爲集成予謂昨見君帖亦然蓋二
帖字意皆不相屬而十月帖頗取十七帖中足慰前

可令必遠以副此志遠想慨然等帖中語厠其間如
云足下尚停數日得告承長平未佳足下小大佳也
知比得丹陽書慰日更甚期已至旦反想至七帖皆
後人依放中有云不易可得過夏知有患者早乘涼
行皆非當時人語承足下還來一帖不論可見其僞
荀侯帖云安好音信明公還得歸洛也詞筆皆如初
月帖（劉文莊釋云安好音信都可過得歸洛也）
深以自慰晚復毒熱二帖唐文皇所臨者羲之白耳
帖不論可見其僞

僕近修小園子殊佳帖米以爲子敬書僕謂處重
以下方是子敬筆前兩行乃唐人書字勢帖語與後
廻殊

第八王會稽書下

羲之死罪小大悉佳帖書殊惡末云因緣不多亦近
代所爲耳
足下各如常亦唐人作此初月帖差勝中云淡悶干
嘔淡古淡液之淡干古干濕之干今人以淡作痰以
干作乾非也據此當亦非今人所作

潤轉久帖末云卒未近緣如何非晉士語阮公故爾
一帖非逸少書
蒸濕帖米云大令代父書非也蓋結字殊不同詞亦
異晉體
脩齡王胡之也重熙郗曇也安西庾翼也其云一昨
得安西六日書無他無所如說故不復付送讓都共
（或作督）表亦復常言耳按翼之鎮荆州以石虎衰暴若
表請北伐康帝及朝士皆遣使譬止孫綽輩亦致書
諫之則逸少所見之表殆亦論北伐事也翼之此舉

朝論弗以爲然故逸少以爲常言及聞其遷褒賜乃云雅恭遂進鎮東西齊舉想剋定有期也則始雖同羣議而終以爲當猶趙充國之計罕羌初是之者十三中十五最後十八有詔詰前言不便者皆頓首服無足怪也然蕢有志無作徒賫十倍之氣而蔑一統之功此志士所嗟慨者逸少所書進鎮帖唐張彥遠載于書錄今闕在王仲修家

月半帖雖晉人語字不合作蓋後人寫二王尺牘中語耳

此郡帖米謂與王述書非也逸少與藍田方隙而爲屬郡既撿察苛急主者疲於課對正救過不暇豈復尺牘間自彰其迺滯哉此帖官本傳摹甚失眞如以就勞爲能勞小却爲小都皆轉失草法也

適欲遣書帖非逸少書

逸少十七帖本唐正觀御府中書張彥遠云王草書中煩赫者名帖也僕謂當時書卷首帖有十七日字故諸帖總謂之十七耳非帖數也本二十七條今官法帖有其十五散眞逸少書三卷中又續法帖有五而邛竹杖綵布衣漢講堂諸葛顒天鼠膏四果種虞安吉七條不載當是下帙而世有完卷者傳模殊精非此比也此卷有帖云周益州送此邛竹杖卿尊長或須今送僕披十七帖有云去夏足下致邛竹杖皆至此士人多有尊老者皆即分布令知足下遠惠之至以前帖觀之即知此帖蓋與周益州矣自昔相傳十七帖乃逸少與蜀太守者未必盡然然其中間蜀事爲多是亦應皆與周益州書也但來求一帖則或以爲與桓溫而已本朝僧邪者有寄李昌武翰林詩

云來禽箭寄桓宣武不知何據按此帖有云今在田里惟以此爲事足下致此子者大惠也逸少視桓公位殊邈絕與書不當爾耳然當時眞長子猷輩猶嫚侮桓公彼亦能容逸少作書若交友蓋無足怪溫飛卿詩云晶閣鶯長默書帖得來禽此帖再實非一世也

第九王大令書上

此卷王大令部僞者最少相過無復日借既獻之顯自可賞

鵝還慰姊意帖鵝者王氏子姓之小字耳猶袁羊顧
虎之類或以此鵝即逸少所愛之鵝甚可鄙矣二十
九日帖云昨遂不奉恨深此近世人語非子敬書靜
息帖云賴消息內外極生冷內外二字本行旁注故
字差小而眛者摹填著行中非也當依本爲勝諸帖
中此例甚多如十七帖中遠想慨然孔琳之帖恨設
脚中轉劇等字本皆側注後人摹以入行雖失格體
猶於理未害至於蘭亭敘者以不知老之將至旁
一僧字爲逸少作曾字之誤借使摹入行中則害理

矣按古蘭亭序本二十八行至第十四行間特濶者
蓋接紙處而不與卯字適在此行之末梁舍人徐僧
權於其旁著名當時謂之押縫梁御府中法書率如
此而此帖僧字下亡其權字近世人殊不知此乃云
僧者曾之誤因讀爲曾不知老之將至非也又按晉
史逸少本傳及書錄第十卷皆載此序但云不知老
之將至而無曾字獨此是正乃知善摹帖者勿問其
纔滅注缺橫斜細大一放其本而不小異乃不失眞
矣今法帖多妄更易之至以注字入行大小既殊體

不綴屬後人不曉從而效之一行之中洪纖頓異甚
子母體如第五卷近世僞作釋智果書是也每一概
之使人深慨

靜息帖云礬石深是可疑事兄憙患散輒發癰散者
寒食散之類散中蓋用礬石是性極熱有毒故云深
可疑也劉表在荆州與王粲登障山見一岡不生百
草粲曰此必古冢其人在世服生礬石熱蒸出外故
草木焦滅鑿看果墓礬石滿塋又今洛水冬月不冰
古人謂之溫洛下亦有礬石今取此石置甕水中水

亦不冰又鸛伏卵以助暖氣其烈酷如此固不宜餌
服子敬之語質然聊附于此

異苑魏武北征踰頓升嶺眺矚見山岡不生百草
王粲曰是古冢此人在世服礬石而石生熱蒸出
外故卉木焦滅即令發看果得大墓內有礬石滿
塋此段本草誤刻在礬石部此云劉表登障山當別有出

授衣帖歷世所傳自爲一卷法帖中亡其帖尾政在
此耳下當云當今可復使不萬全不顧其以多算難
易得之便自可令不爲因緣耳比者切怛當不可言

嵩不可言獻之死罪法帖無此四十三字又其間多
有爍筆及魚食處而官帖不復依本其失多矣[illegible]
奉對帖云方欲與姊極當年之足以之偕老豈謂乖
反至此當是與郗家帖也按子敬病篤請道士上章
法應首過子敬曰不憶餘事惟有與郗家離婚子敬
前室郗曇女也郗氏自太尉鑒後爲江左名族其姓
讀如絺繡之絺而世人以俗書郗字作郄因讀爲郤
詵之郤非也郤詵乃春秋晉大夫郤縠郗鑒乃漢御
史大夫郗慮之後姓原既異音讀迥殊後世因俗書

相亂郗郤二姓遂不復辯亦近代氏族及小學二家
之學不講故也陸魯望博古矣其詩有云一段清香
染郗郎亦誤讀也今因郗氏帖聊爾及之以糺俗繆
梁中書郎虞龢表云逸少爲會稽子敬爲吳興故三
吳之地徧多遺迹又是暮年遒美之時今此卷中亦
時有吳興帖然大令帖傳於世佳者甚多如乞假表
庾公帖周姊帖洛神賦劉氏所藏十二字等帖官帖
中皆遺之頃以館諱趨河南王氏所藏子敬帖云君
家大令書盈紙筆勢翩翩趣多媚雖云杳拖如少[illegible]

豈至拘攣同餓隸會七子五知名此公風槩尤超逸
太極殿題猶垂書謂不書太極殿榜一時凜凜標英氣乎袖
精祕衆爭求數幅新帋世猶貴當時親遇得已難況
復傳今僅千歲龍珠歸浦劍還津此帖君藏眞得地
才披尺許月增明寶跂鴻驚欲飛逝硬黃響榻若傳
吾完碧幕刊願垂世聊爾以記大令書事浸附于此
碧聊爾三字皆疑
玄度時來一帖米以爲無名人作僕謂此眞晉人語
但筆勢疏緩多失落耳謂大令書則非蓋中云仁祖

欲請爲軍司按獻之以晉孝武太元十一年年四十
三卒上推謝尚於穆帝升平元年卒時獻之方年十
三請軍司又在升平前大令是時纔十許歲安得已
作書論時事殆是穆帝時他人書後玄度何來遲亦
此類
壽卷益部二帖米以爲歐率更書實然但米誤以益
部字爲益州蓋下接者昔傳字此帖蓋借陳壽所著
益部耆舊傳也
詠史詩鬱鬱澗底松數句乃集大令書

一月二十九日黃門帖亦王氏書而非大令也
第十王大令書下
吾當託桓江州助汝帖米以爲張長史書雖未必然
要非大令書也按此帖不至惡但縱任近俗無晉世
清韻真非大令書但殊不知亦寫右軍帖詞耳張彥
遠右軍帖錄有此語此卷亡其半其上略云汝快欲
來下張錄於來下之字下有三十九字續帖畧同上方大枋想汝不過數
枋足人方足張錄云人力當粗足不果爾可白吾當託桓江州
助汝續帖逸少部中有前段結字殊應楷矩蓋王氏

子弟臨逸少書勝此遠矣
疾不退至分張帖諸大草字語類江表人玄度何來
亦似逸少語其字皆張長史藏真輩僞作或自書二
王帖語耳與第二卷知汝殊愁及藏真長史部中諸
帖一手也豹奴桓嗣也王氏甥故二王帖中時及之
如云豹奴晚歸家之類然此豹奴惟省一書帖亦後
人依放
極熱敬惟府君帖云來時幾得悶希此消息極悶悶
又云意甚無賴君有好藥云云極濟事邪又服油帖
云不至絕艱辛也皆近世俗言字勢亦不至佳非王
氏帖明甚帖云意甚無賴君有好藥必時復與府中多少極濟事耶
七月二日獻之白七字人僞作也下章草云孫權據
有江東以歷三世亦蜀志中語與第五卷章草不可
爭鋒也語相接字雖大小異乃一人書語已見本章
此段世字缺中畫蓋唐人臨摹時去之以避諱猶今
集法帖時殷敬二字多省其波也但東連吳會與用
武之國連武二字章草體差相亂摹者謬互置之一
復而悲積宋齊人書

娙等帖王氏書亦非大令
鵝羣帖前輩謂此墨帖乃大令真筆僕觀此書殊不
惡但怒張狂勁無晉諸賢韻味而前輩乃云此帖筆
勢險遠如從空中數丈外擲下恐是真筆此非僕之
所敢知也又此帖詞云崇虛劉道士鵝羣並復歸也
獻之等須向彼謝之亦非當時尺牘體蓋以大令父
逸少嘗書道德經換鵝而山陰曇穰村道士舉羣贈
之故以此事傳會作是帖耳按崇虛館乃宋明帝泰
始四年建子敬晉人相去亡慮五十餘年何得已稱

之其僞可無疑又按魏收釋老志太和十五年詔立道家寺宇於桑乾之陰名崇虚寺去晉愈遠矣予前所攷虞龢書詎敢自謂竟理要非臆決且論盡書雖小道亦六藝之一能之既艱知亦匪易然天下理當爲天下亡言之真賞難遇豈獨論書哉

法帖刊誤

宋　陳與義

右臣先准御前降到法帖一十卷并釋文一冊付臣校正臣將劉次莊所釋子細尋究其誤者改之闕者補之亦有次莊妄以意釋臣雖疑之而不能曉其何字者皆存之不敢妄改臣學書不廣不能仰副使令俯伏震懼伏望陛下乙夜之閒特賜睿覽定以幸學者所有法帖一十卷釋文一冊謹具

上進

第一卷

宋明帝書

或報誤作感報明帝名彧

第二卷

漢張芝書

不日秋涼章體艸如此寫而次莊誤釋作所爲秋涼上廆章艸帖中不字亦如此寫八月九日帖不遂止是不逐字上周冠軍暫暢釋當不得極縱可恨加汝帖

晉桓溫書

酒廗意誤作治度意

王導書

濕蒸誤作濕惡

王敦書

憒憒誤作快快

王洽書

承字如此寫恐是字畫失真如此卷中衛瓘書承字乃字

王珉書

明吾當下明日吾當下也誤作的字今欲帖

王敬只是王家字同上

王廙書

月何復半恐是月行復半七月十三日帖今遣使未北反書

郗愔書

食進不誤作食逄不九月七日帖石首千一節二十四日帖敬豫何當來王恬字敬豫想親帖

衛恒書

云耶恐是之耶

第三卷

王徽之書

可言誤作可耳

謝莊書

頃月誤作須日

紀瞻書

所謂誤作所須

王恬書

不具誤作不宜

孔琳之書

迷反恐是迷具

第四卷

蕭思話書

近說寒切

陳逵書

訖問訖也與訊同

虞世南書

顧學學字與第六卷王羲之帖中熈字下一字筆畫

相似而次莊故知此亦未必是學字也

第五卷

何氏書

地便生異議杏辭帖

古帖

與爭峰非久字亮白帖

古帖

直步廊誤作宜步廊既殘墨帖疾惛誤作病惛足下帖

音介誤作音分同上

第六卷

王羲之書

憒憒誤作快快適得書帖何物喻誤作何指喻伏想帖不安

唯脩載諸從帖甚爲簡闊遠此諸賢帖胛風誤作脾風此後

有公卿中故不差卿字筆法可見此非卿字秋中帖感

孝與第四卷虞世南學字筆畫相似而次莊釋之不

同故知皆未必是又不能帖願一一誨之誤音以一爲乙

同上馳竦誤作馳踈疾不退帖以誤作比逸少父子通用以

字爲巳字此後一段心以馳於彼矣可見吾有帖懸耿

至忽忽五字誤作懸能至具四字與第二卷王導帖

中耿字亦如此寫月半帖星火列宵誤作殷宵是月帖豫

誤作潒散豫帖二康恐是二庚適知帖不果復若作復恐

非當是役字此後第四段一役字北體正同想第帖足

下何如想清豫耳羲之頓首帖諸賢誤作往賢同上自勉誤

作自勉適重熙書

第七卷

王羲之書

豫字誤作潒長素帖爲益誤作爲盎知念帖知有患者誤

作知有患者云足下帖胛誤作脾大常帖懸竦誤作懸諫同上

莫亦嘗見誤作莫與鄉里帖還來巳久早欲叅承足下帖今

誤作令深從帖須遲見誤作次遲見知遠帖清晏歲豐知彼愛爲

帖念遲誤作念迣第一卷張芝帖中無遲字可見

帖

第八卷

王羲之書

行應至邐卞公還具卞乃卞壼也羲之疵乖帖承問誤作

年間同上迣代恐是運民其下文勢亦可見伏想帖縣戶

誤作縣名下言今送其名字乃是名字鄉里帖修齡表得書帖大炙不得力阮公帖隹者誤作不保同上都督表誤作都共表一時帖與書督之誤作共之

第九卷

王獻之書

未嘗暫撥誤作暫掇相過帖今巳當向發誤作巳常諸舍帖有隹酒須服誤作隹治奉別帖氣力微復充耳誤先耳節過帖殊當誤作殊常阮新婦帖唯當誤作唯常雖奉帖事當誤作事常靜息帖政當誤作政常不謂帖諸異誤作諸

從玄度帖問齡前來同上第八卷羲之月半帖中有痹差不字此卷中願餘上下帖有知婢日夕字卷末有靜婢字觀痹婢之筆法知此非脾也諸舍帖

第十卷

王獻之書

無湖誤作無御蕪湖乃地名從簡作無字吾當帖自脾痛誤作白脾痛同上馳竦誤作馳踈疾不退帖令人憂誤作足人憂玄度帖可與爲援誤作可久爲援七月一日帖利害南海誤作利建南海章艸法如此同上憒憒誤作[illegible]

八月十九日帖若得消息者誤作消息告不審帖

集古錄

宋　歐陽修

周穆王刻石

右周穆王刻石曰吉日癸巳在今贊皇縣壇山上壇山在縣南十三里穆天子傳云穆天子登贊皇以望臨城置壇此山遂以爲名癸巳誌其日也圖經所載如此而又別有四望山者云是穆王所登者據穆天子傳但云登山不言刻石然字畫亦奇怪土人謂壇山爲馬蹬山以其巳字形類也慶曆中宋尚書祁在鎮陽遣人於壇山模此字而趙州守將武臣也遂命工鑿山取其字龕于州廨之壁聞者爲之嗟惜也治平甲辰秋分日書

周石鼓文

右石鼓文在岐陽初不見稱於前世至唐人始盛稱之而韋應物以爲周文王之鼓至宣王刻詩爾韓退之直以爲宣王之鼓在今鳳翔孔子廟中鼓有十先時散棄于野鄭餘慶置于廟而亡其一皇祐四年向傳師求於民間得之十鼓乃足其文可見者四百六十五磨滅二字不可識者過半余所集錄文之古者莫先於此然其可疑者三四今世所有漢桓帝時碑往往尚在其去今未及千歲大書深刻而磨滅者十猶八九此鼓按太史公年表自宣王共和元年至今嘉祐八年實千有九百一十四年鼓文細而刻淺理豈得存此其可疑者一也其字古而有法其言與雅頌同文而詩書所傳之外三代文章真蹟在者惟此而已然自漢以來博古好奇之士皆畧而不道此其可疑者二也隋氏藏書最多其志所錄秦始皇刻石婆羅門外國書皆有而獨無石鼓遺近錄遠不宜如此其可疑者三也前世傳記所載古遠奇怪之事類多虛誕而難信況傳記不載不知韋韓二君何據而知爲文宣之鼓也隋唐古今書籍粗備豈當時猶有所見而今不見之耶然退之好古不妄者余姑取以爲信爾至於字畫亦非史籀不能作也

周韓城鼎銘

原甫既得鼎韓城遺余以其銘而太常博士楊南仲能讀古文篆籀爲余以今文寫之而闕其疑者

甫在長安所得古奇器物數十種亦自爲先秦古器記原甫博學無所不通爲余釋其銘以今文而與南仲時有不同故并著二家所解以竢博識君子具之如左

周張仲器銘

右張仲器銘四其文皆同而轉注偏旁左右或異蓋古人用字如此爾嘉祐中原父在長安獲一古器於藍田形制皆同有蓋而上下有銘甚矣古人之爲慮遠也知夫物必有弊而百世之後埋沒零落幸其一

在尚冀或傳爾不然何丁寧重複若此之煩也詩六月之卒章曰侯誰在矣張仲孝友蓋周宣王時人也距今實千九百餘年而二器始復出原甫藏其器余錄其文蓋仲與吾二人者相期於二千年之間可謂遠矣方仲之作斯器也豈必期吾二人者哉蓋久而必有相得者物之常理爾是以君子之於道不汲汲而志常在於遠大也原甫在長安得古器數十作先秦古器記而張仲之器其銘文五十有一其可識者四十一具之如左其餘以竢博學君子

秦二世詔

右秦二世詔李斯篆天下之事固有出於不幸苟有可用於世不必皆聖賢之作也蚩尤作五兵紂作漆器不以二人之惡而廢萬世之利也小篆之法出於李斯斯之相秦焚棄典籍遂滅先王之法而至巳之所作則爲萬世不朽之計何其愚哉按史記始皇帝行天下凡六刻石及二世立又刻詔書於其傍今皆亡矣獨泰山頂上此詔僅存數十字耳今俗傳嶧山碑者史記不載其字特大不類泰山存者其本出於

徐鉉又有別本出於夏竦家自唐封演已言嶧山碑非真而杜甫直謂棗木篆刻耳余友人江休復宦於奉符常自至泰山頂上視秦所刻石處云石頂不可鐫鑿不知當時何以刻也其四面皆石無草木而野火不及故能若此之久也然風雨所剝其存者僅此數十字而已休復字鄰幾

之罘山秦篆遺文

右秦篆遺文纔二十一字曰於久遠也如後嗣焉成功盛德臣去疾御史大夫臣德其文與嶧山碑泰[illegible]

刻石二世詔語同而字畫皆異惟泰山爲眞李斯篆爾此遺者或云麻温故學士於登州海上得片木有此文豈杜甫所謂棗木篆刻肥失眞者耶

東漢張平子墓銘

右漢張平子墓銘世傳崔子玉撰并書按范曄漢書張衡傳賛云崔子玉謂衡數術窮天地制作侔造化此銘有之語則眞子玉作也其刻石爲二本一在南陽一在向城天聖中有右班殿直趙球者知南陽縣事因治縣東署毀馬臺得一石有文驗之乃斯銘也

遂龕於廳事之壁其文至凡百君子而止其後半亡矣其在向城者今尚書屯田員外郎謝景初得其半於向城之野自凡百君子已上其前則亡矣今以二本相補續其文遂復完而闕其最後四字然則昔人爲二本者不爲無意矣唐天寶中有徐方回者別得三十一字乃趙球所得南陽石之亡者今不復見則又亡矣惜哉嘉祐八年歲在癸卯十月十八日書

晉樂毅論

晉樂毅論石在故高紳學士家紳死家人初不知惜好事者往往就閱或模傳其本其家遂秘藏之漸爲難得後其子弟以其石質錢於富人而富人家失火遂焚其石今無復有本矣蓋爲可惜也後有甚妙二字吾亡友聖俞書也論與文選所載時時不同然其文理此本爲是惜其不完也

晉蘭亭修禊序

右蘭亭修禊序世所傳本尤多而皆不同蓋唐數家所臨也其轉相傳模失眞彌遠然時時猶有可喜處豈其筆法或得其一二耶想其眞蹟宜如何也哉世

言眞本葬在昭陵唐末之亂昭陵爲温韜所發其所藏書畫皆剔取其裝軸金玉而棄之於是魏晉以來諸賢墨蹟遂復流落於人間太宗皇帝時購募所得集以爲十卷俾模傳之數以分賜近臣今公卿家所有法帖是也然獨蘭亭眞本亡矣故不得列於法帖以傳今予所得皆人家舊所藏者雖筆畫不同聊並列之以見其各有所得至於眞僞優劣覽者當自擇也其前本流俗所傳不記其所得其二得於殿中丞王瓘其三得於故相王沂公家又有別本在定州

民家各自有石較其本纖毫不異故不復錄其四得於二司蔡給事君謨世所傳本不出乎此其或尚有所未傳更俟博采

晉黃庭經

右黃庭經二篇皆不著書人姓名余初得後本已愛其字不俗遂録之既而又得前本於殿中丞裴造造好古君子也自言家藏此本數世矣與其藏於家不若附見予之集録可以傳之不朽也余因以舊本較其優劣而並存之使覧者得以自擇焉世傳王羲之

嘗寫黃庭經此豈真遺迹歟

晉十八家法帖

右世傳十八帖者實二十五帖蓋書者實十八家爾而流俗又自有羲之十八帖然皆出於官法帖也太宗皇帝時嘗遣使者天下購募前賢真蹟集以為法帖十卷鏤板而藏之每有大臣進登二府者則賜以一本其後不賜或傳板本在御書院往時禁中火災板被焚遂不復賜或云板今在但不賜爾故人間尤以官法帖為難得此十八家者蓋官法帖之尤精者也余得自薛公期云是家藏舊本頗與今世人所皆轉相傳模者也

晉王獻之法帖

右王獻之法帖余嘗喜覧魏晉以來筆墨遺蹟而想前人之高致也所謂法帖者其事率皆弔哀候病敘暌離通訊問施於家人朋友之間不過數行而已蓋其初非用意而逸筆餘興淋漓揮灑或妍或醜百態横生披卷發函爛然在目使人驟見驚絶徐而翫之其意態愈無窮盡故使後世得之以為奇翫而想見

其人也至於高文大冊何嘗用此而今人不然至或棄百事弊精疲力以學書為事業用此終老而窮年者是真可笑也治平甲辰秋社日書

晉賢法帖

右晉賢法帖太宗皇帝萬機之餘留神翰墨嘗詔天下購募鍾王真蹟集為法帖十卷摸刻以賜群臣往時故相劉公沆在長沙以官法帖鏤版遂布於人間後有尚書郎潘師旦者又擇其尤妙者別為卷第與劉氏本並行至余集録古文不敢輒以官本參入難

集遂於師旦所傳又取其尤者散入録中俾扶啓帙披卷者時一得之把翫欣然所以忘勧也

梁智藏法師碑

右梁智藏法師碑梁湘東王蕭繹撰銘新安太守蕭幾作叙尚書殿中郎蕭挹書世號三蕭碑法師姓顧幾挹皆稱弟子衰世之獘遂至於斯余集古録而不忍遽棄者以其字畫粗佳捨短取長云爾

梁瘞鶴銘

右瘞鶴銘題云華陽真逸撰刻於焦山之足常爲江

水所没好事者俟水落時模拓而傳之往往秖得其數字云鶴壽不知其幾而已世以其難得尤以爲奇惟余所得六百餘字獨爲多也按潤州圖經以爲王羲之書字亦奇特然不類羲之筆法而類顔魯公不知何人書也華陽真逸是顧况道號今不敢遂以爲况者碑無年月不知何時疑前後有人同斯號者也

陳僧智永千文二䟦

右千字文今流俗多傳此本爲浮屠智永書考其字畫時時有筆法不類者雜於其間疑其石有亡缺後人補足之雖識者覧之可以自擇然終汨其真遂厺其二百六十五字其文既無所取而世復多有所佳者字爾故輒厺其僞者不以文不足爲嫌也蔡君謨今世知書者猶云未能盡厺也

梁書言武帝得王羲之所書千字命周興嗣以韻次之今官法帖有漢章帝所書百餘字其言有海鹹河淡之類蓋前世學書者多爲此語不獨始於羲之也

嘉祐八年十月十八日書

說郛目錄

弓第九十

古畫品錄

南齊謝赫

第一品 五人

陸探微 事五代宋明帝吳人

窮理盡性事絕言象包前孕後古今獨立非
所能稱贊但價重之極乎上上品之外無他寄
屈標第一等

曹不興 五代吳時事孫權吳興人

不興之迹殆莫復傳唯秘閣之內一龍而已觀其風
骨名豈虛成

古畫品錄 一

衛協 五代晉時

古畫之略至協始精六法之中迨爲兼善雖不該[illegible]
形妙頗得壯氣凌跨群雄曠代絕筆

張墨 荀勗

風範氣候極妙參神但取精靈遺其骨法若拘以[illegible]
物則未見精粹若取之象外方厭高腴可謂微妙[illegible]

第二品 三人

顧駿之

神韻氣力不逮前賢精微謹細有過往哲始變古則
今賦彩製形皆創新意若包犧始更卦體史籀初改
畫法常結構層樓以爲畫所夙兩炎輿之時故不[illegible]
筆天和氣爽之日方乃染毫登樓去梯妻子罕見畫
蟬雀駿之始也宋大明中天下莫敢競矣

陸綏

體韻遒舉風彩飄然一點一拂動筆皆奇傳世蓋少
所謂希見卷軸故爲寶也

袁蒨

比方陸氏最爲高逸象人之妙亞美前賢但志守師
法更無新意然和璧微玷豈貶十城之價也

古畫品錄 二

第三品 九人

姚曇度

畫有逸方巧變鋒出魑魅神鬼皆能絕妙
雅鄭兼善莫不俊拔出人意表天挺生知
離纖微長短往往失之而輿皂之中莫與
棟梁蕭史可擅瑤璠者哉

顧愷之 五代晉時晉陵無錫人字長康小字虎頭

格體精微筆無妄下但跡不逮意聲過其實

毛惠遠

畫體周贍無適弗該出入窮奇縱橫逸筆力遒韻雅超邁絕倫其揮霍必也極妙至於定質塊然未盡其善神鬼及馬泥滯於體頗有拙也

夏瞻

雖氣力不足而精彩有餘擅名遠代事非虛美

戴逵

情韻連綿風趣巧拔善圖賢聖百工所範荀衛已後

實爲領袖及乎子顒能繼其美

江僧寶

斟酌袁陸親漸朱藍用筆骨梗甚有師法像人之外非其所長也

吳暕

體法雅媚製置才巧擅美當年有聲京洛

張則

意思橫逸動筆新奇師心獨見鄙於綜採變巧不竭若環之無端景多觸目謝題徐落云此二人後不足

謬譽

陸杲

體致不凡跨邁流俗時有合作往往出人點畫之間動流恢服傳於後者殆不盈握桂枝一芳足徵本性流液之素難效其功

第四品　五人

蘧道愍　章繼伯

並善寺壁兼長畫扇人馬分數毫釐不失別體之妙亦爲入神

顧寶先

全法陸家事事宗稟方之袁蒨可謂小巫

王微　史道碩　五代晉時

並師荀衛各體善能然王得其細史傳其眞細而論之景玄爲劣

第五品　三人

劉頊

用意綿密畫體纖細而筆跡困弱形製單省其於所長婦人爲最但纖細過度翻更失眞然觀察詳審甚

得姿態

晉明帝　諱紹元帝長子廟王屬

雖略於形色頗得神氣筆跡超越亦有奇觀

劉紹祖

善於傳寫不閑其思至於雀鼠筆跡歷落往往出[illegible]

時人爲之語號曰移畫然述而不作非畫所先

第六品　二人

宋炳

炳明於六法迄無適善而含毫命素必有損益[illegible]

準的意足師放

丁光

雖擅色蟬雀而筆跡輕羸非不精謹乏於生氣

後畫品序

夫丹青妙極未易言盡雖質沿古意而文變今情立萬象於胸懷傳千祀於毫翰故九樓之上備表仙靈四門之墉廣圖賢聖雲閣興拜伏之感掖庭致聘遠之別凡斯緬邈厥迹難詳今之存者或其人冥滅自非淵識博見孰究精麤擯落蹄筌方窮致理但事有否泰人經盛衰或弱齡而價重或壯齒而聲遒故前後相形優劣舛錯至如長康之美擅高往策矯然獨步終始無雙有若神明非庸識之所能效如負日月

豈末學之所能窺荀衛曹張方之蔑矣分庭抗禮未見其人謝陸聲過於實良可於邑列於下品尤所未安思乃情有抑揚畫無善惡始信曲高和寡非直名謳泣血謬題寧止良璞將恐疇訪理絕永成淪喪聊舉一隅庶同三益夫調墨染翰志存精謹課茲有限應彼無[illegible]燧變墨回治點不息眼眩素縟意猶未盡輕重微異則妍鄙革形絲髮不從則歡慘殊觀加以頃來容服一月三改首尾未周俄成古拙試[illegible]其妙不亦難乎豈可曾

[illegible]川遽云越海俄觀[illegible]

岐龍凡厥等曹未足與[illegible]書[illegible]陳思王[illegible]
圖生巧夫性尚分流事難兼善躡方趾之[illegible]
圓行之步難遇象谷之風翔莫測呂梁之水蹈[illegible]
游刃理解終迷空藝落鹿未全識曲若永尋河[illegible]
圖在書前取譬連山則言由象著今莫不貴斯鳥[illegible]
而賤彼龍文消長相傾[illegible]自來矣故倕斷其指巧不
可爲杖策坐忘既慚經國據梧喪偶寧足命家若[illegible]
居下流自可焚筆若冥心用舍幸從所好戲陳鄙見
非謂毀譽十室難誣佇聞多識今之所載並謝[illegible]

遺猶若文章止於兩卷其中道有可采使成一家之
集且古今書評高下必銓解畫無多是故備取人數
既少不復區別其優劣可以意求也吳興姚最撰

[illegible]陳肅
右綏之弟早藉趨庭之教未盡敦閱之勤雖復所[illegible]
不多猶有名家之法方效輪扁甘苦難投
毛稜
右惠遠之子便捷有餘眞巧不足善於布置略不[illegible]
草若比方諸父則牀上安牀
嵇寶鈞　聶松
右二人無的師範而意兼眞俗賦彩鮮麗觀者悅[illegible]
若辯其優劣則僧繇之亞

焦寶願
右雖早游張謝而靳固不傳旁求造請事均盜道[illegible]
法殫極斵輪遂至兼採之勤衣文樹色時表新異[illegible]
[illegible]施朱重輕不失雖未[illegible]秋駕而見賞春坊輸[illegible]
伎謬得其地今衣冠緒裔未聞好學丹青道[illegible]
爲慨
袁質
右倩之子風神俊爽不墜家聲始逾志學[illegible]
禰之病曾見草莊周木雁卞和抱璞之[illegible]

匹編父之美若方之體物則伯仁龍馬之顔比之
蘇則長胤貍骨之方雖復語迹異途而妙理同
致茵而不實有足悲者無名之實諒在斯人

釋僧珍　釋僧覺

右珍蓬道慾之甥覺姚曇度之子並弱年漸漬
訓勗珍乃易於酷似覺豈難負析薪染服之中
三道若品其工拙蓋稀采之流

釋迦佛陀　吉底俱　摩羅菩提

右此數手並外國比丘既華戎殊體無以定其差

光宅威公雅耽好此法下筆之妙頗爲京洛所知

解蒨

右今法章遠筆力不逮通變巧捷寺壁最長

續畫品錄

唐　李嗣眞

夫丹青之妙未可盡言皆法古而變今也立萬象於
胸懷傳千祀於毫墨故九樓之上備表仙靈四門之
墉廣圖賢哲今之所載並謝赫之所遺有可採者更
稱一家之集且古今評畫高下必詮其中優劣可以
意求諸爾

湘東殿下

開列至釋迦佛陀吉底俱摩羅菩提並刪此畫[illegible]
脫落不全今更不錄

上一品　凡三人

劉褒　桓範　趙岐

上品中　凡三人

陸探微　閻立德　閻立本

上品下　凡三人

王廙　張僧繇　楊契丹

中品上　凡一十九人

衛協　史道碩

[illegible]不興吳　顧凱之東晉　戴逵[illegible]
顧寶先　顧景秀　[illegible]循
史敬文　蘧僧珍　晷
戴顒　姚曇度　張善果
張德童涼男　曹仲達　袁子昂
鄭法輪　楊子華　董伯仁

中品中　凡四人

楊循　宗炳　陶景眞
展子虔

中品下　凡一十二人

荀勗　王獻之　毛稜
顧駿之　謝赫　謝惠遠
戴蜀　陸整　江僧寶
解蒨　王知愼　劉董

下品上　凡四人

毛惠秀　史粲　嵇康
高貴鄉公

下品中　凡一十八人

[illegible]　[illegible]　[illegible]元之
[illegible]　范[illegible]　梁元帝
[illegible]　高[illegible]士　外國僧伽佗
[illegible]但　摩羅菩提　康菩薩
[illegible]德文　孜尚子　江志
[illegible]智敏　楊須跋　檀知政

下品中　凡八人

晉明帝　蔡贇　范長

又

蔡邕　夏瞻　謝稚
劉項　張墨　戴勃
[illegible]藝　劉斌　王微
[illegible]長生　吳暕　張則
道興　陸紹祖　劉徹
斯　濮萬年　朱僧[illegible]
[illegible]石　蕭賁　[illegible]季和
[illegible]伯　謝約　[illegible]
[illegible]　僧惠覺　[illegible]宗[illegible]

王奴兒　丁寬　王殷
陳公恩　沈標　虞堅
焦寶願　嵇寶鈞　因僧竟
徐德祖　劉殺鬼　高孝珩
閻思光　解悰　劉烏賊
陳善見　程瓚　李雅
王仲舒　楊德紹　周烏孫
張仲舒　范龍樹　倪武端
尼靜心

右唐御史大夫李嗣真所錄盡剽取姚最之說上中下三品姓名則最所無者嗣真遂不能措一其間不愧於人亦甚矣

益州名畫錄序

大凡觀畫而神會者鮮矣不過視其形似其或洞達氣韻超出端倪用筆精緻不謂之功傳采炳縟不謂之麗觀乎象而忘象意先自然始可品繪工於彀中揖畫聖于方外有造物者思唯是得之江夏黃氏休復字歸本通春秋學技左氏公穀書暨摭百家之說藹丹養親行達於世恬如也加以游心顧陸之藝深得厥趣居常以魏晉之奇蹤隋唐之懿迹盈縑溢帙類而珍之適值博雅之士欵扉求見則做茅屋拂榻

來而陳之娛賓賞心萬慮一泯及其僧舍道居靡不往而玩之環歲忘倦蓋益都多名畫富視他郡謂唐二帝播越及諸侯作鎮之秋是時畫藝之傑者游從而來故其標格楷模無處不有聖朝伐蜀之日若升堂邑彼廨宇寺觀前輩名畫纖悉無圯者迨淳化甲午歲盜發二川焚劫略盡則墻壁之繪甚乎剝廬家秘之寶散如決水今可覩者十二三焉噫好事者為之幾鬱矣黃氏心鬱久之又能筆之書存錄之也故自李唐乾元初至皇宋乾德歲其間圖畫之尤精

取其目所擊者五十八人品以四格離爲三卷命曰益州名畫錄詳來謂余有晦隱居之好恨無畫之癖首覩讀之序以見託且曰畫之神妙功格往躅前範黄氏錄之詳矣至如蜀都名畫之存亡繫後學之明眛斯黄氏之志也故其書婉而當博而有倫體而不亂信夫學者得意忘象觀前賢之逸軌然後考黄氏之四格則思過半矣非獨鳴圖畫之譽于坤維者哉

時景德三年五月二十日虞曹外郎致仕李畋述序

益州名畫錄卷上

朱　江夏黄休復

逸格一人

孫位

孫位者東越人也僖宗皇帝車駕在蜀自京入蜀號會稽山人性情踈野襟抱超然雖好飲酒未甞沉酩禪僧道士常與往還豪貴相請禮有少慢縱贈千金難留一筆唯好事者時得其畫焉光啓年應天寺無智禪師請畫山石兩堵龍水兩堵寺門東畔畫東方

天王及部從兩堵昭覺寺休夢長老請畫浮漚先生松石墨竹一堵倣潤州高座寺張僧繇戰勝一堵兩寺天王部衆人鬼相雜矛戟鼓吹縱横馳突交加戛擊欲有聲響鷹犬之類皆三五筆而成弓弦斧柄之屬並掇筆而描如從繩而正矣其有龍拏水洶千狀萬態勢欲飛動松石墨竹筆精墨妙雄壯氣象莫可記述非天縱其能情高格逸其孰能與於此邪悟達國師請於眉州福海院畫行道天王松石龍水兩堵雖見存不知其後有何所遇改名遇矣景朴者蜀人

也蜀廣政年輒於應天寺門西畔畫西方天王及部從兩部以對孫遇筆識者比之蹤涔巨淺未萬分之一焉慮誤後人因附而正之

神格二人

趙公祐

公祐者長安人也寳曆中寓居蜀城攻畫人物尤善佛像天王神鬼初贊皇公李德裕鎮蜀之日賓禮待之自寳曆太和至開成年公祐于諸寺畫佛像甚多會昌年一例除毁唯存大聖慈寺文殊閣下天王三堵

閣裏内東方天王一堵藥師院師堂内四天王并十二神前寺石經院天王部屬並公祐筆見存公祐天資神用筆奇化權應變無涯罔象莫測名高當代時無等倫數仞之墻用筆最尚風神骨氣唯公祐得之六法全矣

范瓊

范瓊者不知何許人也開成年與陳皓彭堅同時同藝寓居蜀城三人善畫人物佛像天王羅漢鬼神三人同手於諸寺圖畫佛像甚多會昌年除毁後餘聖慈一寺佛像得存泊宣宗皇帝再興佛寺三人於聖壽寺聖興寺淨衆寺中興寺自大中至乾符筆無暫釋圖畫二百餘間墻壁天王佛像高僧經驗及諸變相名目雖同形狀一無同者自淳化五年咸平三年兩遇兵火得存三寺筆蹤大聖慈南廊下藥义大將和修吉龍王鬼子母天女五堵謂之十七護神北廊下石經院門兩金剛東西二方天王中寺大悲院門上阿彌陀佛及四菩薩院門兩畔觀音像藥師像石經板上七佛四仙人大悲變相大將堂兩畔南北

二方天王文殊閣下北方天王及天王變相此寺畫壁自唐至今年紀深遠彩色故暗重粧損者十四五矣聖壽寺大殿釋伽像行道北方天王像西方變相殿上小壁水月觀音浴室院旁西方天王大悲院八明王西方變相并大中年畫此寺壁畫年祀亦遠倒損者十四五矣聖興寺大殿東北二方天王藥師十二神釋迦十弟子彌勒像大悲變相並咸通畫其中西方一堵甚著奇工精妙之極也馬㓮瑟磨像兩堵設色未半筆蹤儼然後之妙手終莫能繼自聖壽聖

興雨寺佛僧范瓊親描並見存

妙格上品六人

陳皓 彭堅附

陳皓彭堅者不知何許人也開成中與范瓊寓止蜀城大中年府主杜相公悰起淨衆等寺門屋相國知三人中范瓊年齒雖低手筆稱冠矣因請陳彭二公名畫天王一堵各令一客將伴之以幔幕遮蔽不令相見欲驗誰之强弱至畫告畢之日相國與諸府寮徹其幃幕南畔仗劒振威者彭公筆北畔持弓奮赫

者陳公筆二公筆力相似觀者莫能昇降大約宗師吳道玄之筆而傳采拂澹過之畫之六法一曰氣韻生動是也二曰骨法用筆是也三曰應物象形是也四曰隨類賦采是也五曰經營位置是也六曰傳移模寫是也斯之六法名輩少該唯此三人俱盡其美矣

張騰

張騰者不知何許人也太和末年僑止蜀川於寺畫圖畫亦多會昌年除毀皆盡大中初佛寺再於

聖壽寺大殿畫文殊一堵普賢一堵彌勒下生一堵浴室院北對范瓊畫持弓北方天王一堵大聖慈寺文殊閣下畫報身如來一堵並騰之筆見存

趙温奇

趙温奇者公祐子也幼而穎秀長有父風父歿之後於大聖慈寺文殊閣內繼父之蹤畫北方天王及梵王帝釋大輪部屬大將堂大將部屬并梵王帝釋普賢閣下南方天王華嚴閣上畫東西二方天王梵王帝釋中興寺大殿文殊普賢及天王部衆並温奇筆

見存

趙德齊

德齊者温奇子也乾寧初王蜀先主府城精舍不嚴禪室未廣遂於大聖慈寺大殿東廡起三學延祥之院請德齊於正門西畔畫南北二方天王兩堵院門舊有盧楞伽畫行道高僧三堵六身賴德齊遷移至今獲在光化年王蜀先主受昭宗勅置生祠命德齊與高道興同手畫西平王儀仗旗纛旌麾車輅法物及朝眞殿上皇姑帝戚后妃嬪御百堵已來授翰林

待詔賜紫金魚袋蜀光天元年戊寅歲蜀先主殂落再命德齊與道興畫陵廟鬼神人馬及車輅儀仗宮寢嬪御一百餘堵大聖慈寺竹溪院釋迦十弟子并十六大羅漢崇福禪院帝釋及羅漢崇真禪院帝釋梵王及羅漢堂文殊普賢皆德齊筆見存議者以德齊三代居蜀一時名振克紹祖業榮耀何多

盧楞伽

楞伽者京兆人也明皇帝駐蹕之日自汴入蜀嘉名高譽播諸蜀川當代名流咸伏其妙至德二載起大

聖慈寺乾元初於殿東西廊下畫行道高僧數堵顏真卿題時稱二絕至乾寧元年王蜀先主於寺東廊起三學院不敢損其名畫移一堵於院門南移一堵於門北一堵於觀音堂後此行道僧三堵六身畫經二百五十餘年至今宛如初矣西廊下一堵馬鳴提婆像二軀雖遭粉飾猶未損其筆蹤餘者重粧皆昧前迹蜀中諸寺佛像甚多會昌年皆盡毀

張素卿

道士張素卿者簡州人也少孤貧性好畫在川主國夏侯公孜宅多見隋唐名畫藝成之後落拓無羈來遂衣道士服唯畫道門尊像豪貴之家少得其畫者乾符中居青城山常道觀焚修至中和元年僖宗皇帝遣使與賜紫道士杜光庭封丈人山爲希夷公癸卯歲素卿上表云五嶽既已封王丈人位居五嶽之上不可稱公是歲敕宜改封五嶽丈人爲希夷真君素卿賜紫素卿有老子過流沙圖五嶽朝真圖九皇圖五星圖老人星圖二十四化真人像太無先生像素卿於諸圖畫而能敏速落錐之後下筆如神自始

及終更無改正今龍興觀[illegible]有畫壁年深皆盡頹損餘張百子堂板龕内門兩畔龍虎兩軀素卿筆見存王蜀先主修青城山丈人觀請素卿於丈人真君殿上畫五岳四瀆十二溪女山林溪沼樹木諸神及岳瀆曹吏詭怪之質生於筆端上殿觀者無不恐懼又於簡州開元觀畫容成子董仲舒嚴君平李阿馬自然葛玄長壽仙黄初平葛永璝竇子明左慈蘇耽十二仙君像各爲當初賣卜賈藥書符導引時真筆蹤灑落彩畫因循當代名流皆推畫手蜀檢校太傅安

公思謙好古博雅唐時名畫人皆獻之黄筌滕昌祐石恪皆在其門館賓禮優厚甲寅歲十一月十一日値蜀主誕生之辰安公進素卿所畫十二仙真形十二幀蜀主耽玩欲賞者久因命翰林學士禮部侍郎歐陽炯次第讚之令翰林待詔黄居實八分書題之凡有醮奏於玉局開懸供養乾德三年聖朝克復吏部侍郎呂公餘慶鎮蜀日求古畫圖書並將進呈斯畫預焉

妙格中品十人

辛澄

辛澄者不知何許人也建中元年大聖慈寺南畔創立僧伽和尚堂請澄畫焉纔欲援筆有一胡人云僕有泗州真本一見甚奇遂依樣描寫及諸變相未畢蜀城士女瞻仰儀容者側足將香燈供養者如驅今已重粧損矣普賢閣下五如來同坐一蓮花及鄰壁小佛九身閣裏內如意輪菩薩並澄之筆見存

李洪度

洪度者蜀人也元和中府主相國武公元衡[illegible]

聖慈寺東廊下維摩詰堂內畫帝釋梵王兩堵[illegible]鼓吹天人姿態筆蹤妍麗時之妙手莫能偕[illegible]前諸寺圖畫亦多除毀後餘此一處

左全

左全者蜀人也世傳圖畫跡本名家寶曆年中聲馳闕下於大聖慈寺中殿畫維摩變相師子國王菩薩變相三學院門上三乘漸次修行變相降魔變相文殊閣東畔水月觀音千手眼大悲變相極樂院門兩金剛西廊下金剛經驗及金光明經變相前寺南廊

下行道二十八祖北廊下行道羅漢六十餘軀多寶塔下倣長安景公寺吳道玄地獄變相當時吳生畫此地獄相都人咸觀懼罪修善兩市屠沽經月不售王蜀時令雜手重粧已損惟存大體也大中初又於聖壽寺大殿畫維摩詰變相一堵樓閣樹石花雀人物冠冕蕃漢異服皆得其妙今見存

張南本

張南本者不知何許人也中和年寓止蜀城攻畫佛像人物龍王神鬼有金谷園圖勘書圖詩會圖白居

坊叩齒圖高麗王行香圖今聖壽寺中門賓頭盧變相東廊下靈山佛會大聖慈寺華嚴閣下東畔大悲變相竹溪院六祖興善院大悲菩薩八明王孔雀王變相並南本筆相傳南本于金華寺大殿畫明王八軀纔畢有一老僧入寺蹶仆于門下初不知是畫但見大殿遭火所焚其時孫位畫水南本畫火代無及者世之水火皆無定質唯此二公之畫冠絕今古僖宗駕回之後府主陳太師於寶曆寺置水陸院請南本畫天神地祇三官五帝雷公電母岳瀆神仙自古

帝王蜀中諸廟一百二十餘幀千怪萬異神鬼龍獸魍魎魑魅錯雜其間時稱大手筆也至孟蜀時被人模搨竊換真本鬻與荆湖人去今所存僞本耳（僞本淳化年遺跡援却已皆散失）

高道興

高道興者成都人也攻雜畫觸類皆長尤善佛像高僧光化年高宗勅許王蜀先主置生祠命道興與趙德齊同手畫西平王儀仗車輅旌旗禮服法物朝真殿上皇姑帝戚后妃女樂百堵已來授翰林待詔賜紫金魚袋及先主殂逝再命道興與德齊畫陵廟鬼神人馬兵甲公主儀仗宮寢嬪御一百餘堵今大慈寺中兩廊下高僧六十餘軀華嚴閣東畔丈六天花瑞像並見存

房從真

房從真者成都人也攻畫甲馬人物鬼神冠絕當時有寧王獵射圖苑人移居圖陳登斫鱠圖冷朝陽王昌齡常建冒雪入京圖蒲師訓師其筆法王蜀先主於浣花龍興寺修聖夫人堂合水津起通波侯廟請

從真畫甲馬於旗從官鬼神授翰林待詔賜紫金魚袋今寶曆寺五丈天王閣下天王部屬諸神並從真筆後人重粧已損蒲師訓因再修之

趙德玄

趙德玄者雍京人也天福年入蜀攻畫車馬人物屋木山水佛像鬼神筆無偏擅觸類皆長獨步川中標名大手其有樓殿臺閣向背低昂代無比者有朱陳村圖豐稔圖漢祖歸豐沛圖盤車圖臺閣樣入蜀時將梁隋唐名畫百本至今相傳裴孝源公私畫錄云

自魏晉以來終于貞觀秘府并人間畫共集成二百九十八卷二百三十卷是隋唐官本十三卷是左僕射蕭瑀進二十卷楊素家得三卷許善心進十卷高平縣書佐女張氏所獻四卷安福進十八卷先在秘府無得處人名唯有天和年月集賢校理張懷瓘云昔武帝博雅好古鳩集名畫令鑒者數人共詳名氏兼定品格供御賞玩及侯景作亂江陵府將陷元帝先焚內庫書畫數萬卷深可歎息其後帝王亦有兼愛人多進之又盈秘府天后朝張易之奏召天下名

工修諸圖畫因竊換真本私家收藏僞本將進納易之殁後薛稷所得稷殁之後岐王所獲岐王慮帝忽知乃盡焚爇吁天下重寶再經灰燼當時天府所藏多涉於僞人間所畜或乃是真古畫頻經焚燒積年散失能秘在者得非稀世之寶邪蜀因二帝駐蹕昭宗還幸自京入蜀者將到圖書名畫散落人間固亦多矣杜天師在蜀集道經三千卷儒書八千卷德玄將到梁隋及唐百本畫或自模搨或是粉本或是無非秘府散逸者本相傳在蜀信後學之幸

福慶禪院隱形羅漢變相兩堵德玄筆見存

常粲

常粲者雍京人也咸通年路侍中巖牧蜀之日自京入蜀路公賓禮待之粲善傳神雜畫有七賢像六逸像女媧伏羲神農像謂之三皇圖立釋迦像五天僧像孔子西周問禮像名醫下蠱像楞蒱圖龍樹驗丹圖先賢卷軸至今好事者收得爲後學師範矣玉局化壁畫道門尊像甚多王蜀時修改後頹損已換今大聖慈寺悟達國師知玄真粲之筆見存

常重胤

重胤者粲之子也僖宗皇帝幸蜀回鑾之日蜀民奏請留寫御容於大聖慈寺其時隨駕寫貌待詔盡皆操筆不體天顏府主陳太師敬瑄遂表進重胤御容一寫而成內外官屬無不歎駭謂爲僧繇之後身矣宣令中和院上壁及寫隨駕文武臣寮真殿上御容前寫西川節度副大制置指揮諸道兵馬兼供軍使太師中書令成都尹潁川郡王陳敬瑄義成軍節度使中書令王鐸門下侍中韋昭度檢校司徒守太子

太保鄭畋檢校司徒鄭延林翰林學士承旨守兵部尚書樂朋龜翰林學士守禮部尚書杜讓能翰林學士戶部侍郎崔凝翰林學士中書舍人沈仁偉翰林學士中書舍人侯翮尚書左僕射裴璩禮部尚書兼太常禮儀使牛叢左散騎常侍楊堪右散騎常侍柳涉右散騎鄭頊左諫議大夫李紹鮮右諫議大夫蕭說尚書左丞知中朝御史中丞盧澤給事中李輝給事中宋旦中書舍人鄭欣比部郎中知制誥蘇循尚書右丞判戶部張禕尚書吏部侍郎張讀尚書刑部

侍郎充集賢殿學士李煥尚書禮部侍郎知貢舉歸仁澤行在十軍司馬工部侍郎判度支秦韜玉御容後寫左神策軍觀軍容使護軍中尉田令孜右神策護軍中尉觀軍容使西門思恭內飛龍使知內侍省楊復恭內樞密使田匠禮內樞密使李順融宣徽南院使劉景宣宣徽北院使田獻銖左衛大將軍石守悰左金吾大將軍劉巨容行在諸軍馬步都虞候趙一人諸司使副一百餘員寫授駕前翰林待詔賜緋魚袋車駕歸京蒙相國昭度授西川節制陳太師與

護田軍容令孜拒命據城王蜀先主時爲行軍司馬重圍三年陳太師田軍容以城降既克下王先主甚僖宗御容于時繪壁百寮咸在唯不見陳太師田軍容真因問二公何無寫貌寺僧對云拒扞王師近方塗抹先主曰甚豈與丹青爲參商遽命重寫常待詔曰不必援豪乃援皂莢水洗之而風姿宛然先主嘉賞賜以金帛常公自言我畫爛梁摧之外雨淋水洗終無剝落者矣衆歎所謂前無去者後無繼者僞通王宗裕性多猜忌或於勝變意欲寫貌惡人久見謂

常待詔曰頗不熟視審觀可乎常公但諾之王曰夫人至矣立斯須而退翌日想貌姿容短長無遺毫髮其敏妙皆此類也玉局化寫王蜀先主爲使相日真容後移在龍興觀天寶院壽昌殿上大聖慈寺興善院泗州和尚真華亭張居士真寶曆寺請塔天王寧蜀寺都官土地並重胤筆見存

黃筌

黃筌者成都人也幼有畫性長負奇能刁處士入蜀授而教之竹石花雀又學孫位畫龍水松石墨竹學

李昇畫山水竹樹皆曲盡其妙筌早與孔嵩同師嵩但守師法別無新意筌既兼宗孫李學力因是博贍損益刁格遂超師之藝後唐莊宗同光年孟令公知祥到府厚禮見重建元之後授翰林待詔權院事賜紫金魚袋至少主廣政甲辰歲淮南通聘信幣中有生鶴數隻蜀主命筌寫鶴於偏殿之壁警露者啄苔者理毛者整羽者唳天者翹足者精彩態體更愈於生往往生鶴立于畫側蜀主歎賞遂目爲六鶴殿焉尋加至內供奉朝議大夫檢校少府少監上柱國先

是蜀人未曾得見生鶴皆傳薛少保畫鶴爲奇筌寫此鶴之後貴族豪家竟將厚禮請畫鶴圖少保自此聲漸減矣廣政癸丑歲新構八卦殿又命筌于四壁畫四時花竹兎雉鳥雀其年冬五方使于此殿前呈雄武軍進者白鷹誤認殿上畫雉爲生掣臂數四蜀王歎異久之遂命翰林學士歐陽炯撰壁畫奇異記以旌之筌有春山圖秋山圖山家晚景圖山家早景圖山家雨景圖山家雪景圖山居詩意圖瀟湘圖八壽圖今石牛廟畫龍水一堵見存

益州名畫錄卷中

妙格下品十一人

李昇

李昇者成都人也小字錦奴年纔弱冠志攻山水天縱生知不從師學初得張藻員外（唐時名士善畫山水）山水一軸玩之數日云未盡妙矣遂出意寫蜀境山川平遠心思造化意出先賢數年之中創成一家之能俱盡山水之妙每含毫就素必有新奇桃源洞圖武陵溪圖青城山圖峨眉山圖二十四化山圖好事得之爲

箱篋珍後學得之爲亡言師明皇朝有李將軍擅名山水蜀人皆呼昇爲小李將軍蓋其藝相匹爾悟達國師自京入蜀重其高手請于聖壽寺本院同居數年因於廳壁畫出峽圖一堵霧中山圖一堵既而又請于大聖慈寺真堂內畫瀘州三學山圖一堵彭州至德山一堵時稱悟達國師真堂四絕常粲寫真僧道盈書額李商隱讚李昇畫山水今見存

張玄

張玄者簡州金水石城山人也攻畫人物尤善羅漢

當王氏偏霸武成年聲跡喧然時呼玄爲張羅漢荆湖淮浙令人入蜀縱價收市將歸本道前輩畫佛像羅漢相傳曹樣吳樣二本曹起曹弗興吳起吳棟曹畫衣紋稠疊吳畫衣紋簡略其曹畫今昭覺寺孫位戰勝天王是也其吳畫今大聖慈寺盧楞伽行道高僧是也玄畫羅漢吳樣矣今大聖慈寺灌頂院羅漢一堂十六軀見存

杜齯龜

杜齯龜者其先本秦人避祿山之亂遂居蜀焉齯龜

少能博學涉獵經史專師常粲寫真雜畫而妙於佛像羅漢王蜀少主以高祖受唐深恩將興元節度使唐道襲私第爲上清宮塑王子晉爲遠祖於上清祖殿命齯龜寫大唐二十一帝御容於殿堂之四壁每三會五臘差太尉公卿爲獻官内殿堂行事齋宮職掌並依太清宮故事又命齯龜寫先主太妃太后真於青城山金華宮授翰林待詔賜紫金魚袋今嚴君平觀杜天師光庭真大聖慈寺華嚴閣東廊下祐聖國師光業真並齯龜筆見存

刁光胤

刁光胤者雍京人也天復年入蜀攻畫湖石花竹猫兎鳥雀性情高潔交遊不雜入蜀之後前輩有攻花雀者頓減價矣有師問筆法者黃筌孔嵩二人親授其訣孔類昇堂黃得入室刁公居蜀三十餘年筆無暫暇非病不休非老不息卒時八十以來豪貴之家及好事者收得其畫將爲家寶傳視子孫大聖慈寺熾盛光院明僧錄房窻傍小壁四堵畫四時雀竹廣政中黃居寀重粧雀蝶精奇轉甚三學院大廳小壁

花雀兩堵光胤畫時年已老矣

蒲師訓

蒲師訓者蜀人也幼師房從真畫人物鬼神蕃馬長興年偽孟令公改元興修諸廟師訓畫江瀆廟諸葛廟龍女廟及先主祖畫陵廟鬼神番漢人物旗幟兵仗公王車馬禮服儀式縱橫浩瀚莫不周至授翰林待詔賜紫金魚袋甲寅歲春末蜀王或夜夢一人破帽故襴龎眉大目方顧廣額立于殿堦跂一足曰請修理之言訖寢覺翌日因檢他籍見此古畫是前夕

所夢者神故絹穿損畫之左足遂命師訓令驗此夢是誰之筆師訓對云唐吳道玄之筆曾應明皇夢云瘧者神也因令重修此足呈進後蜀主復夢前神謝曰吾足履矣上慮爲祟卽命焚之青城山丈人觀真君殿內五嶽四瀆部屬諸神張素卿筆廣政中山水泛溢衝損數堵蜀王命師訓曰素卿之筆公徃繼之可矣四堵師訓筆也（今丈人觀初廣其殿宇重新興創別畫無舊踪矣）王蜀先王祠堂東畔正門東畔鬼神一堵寶曆寺天王閣下天王部屬房後真筆從人粧損師訓再修兼自畫

兩堵大聖慈寺南廊下觀音院門兩金剛鄰壁蔺撘天王並師訓筆見存

趙忠義

趙忠義者玄德子也德玄自雍褓負入蜀及長習父之藝宛若生知孟氏明德年與父同手畫福慶禪院東流傳變相一十三堵位置鋪舒樓殿臺閣山水竹樹雜漢服飾佛像僧道車馬鬼神王公冠冕旌旗法物皆盡其妙冠絕當時蜀王知忠義妙於鬼神屋遂令畫關將軍起玉泉寺圖於是忠義畫自運材一

基以至丹楹刻桷皆役鬼神疊拱下模地探一坐佛殿將欲起立蜀王令內作都料看此畫圖枋栱有準的否都料對曰此畫復較一座分明無欠其妙如此授翰林待詔賜紫金魚袋先是每年杪冬末旬翰林攻畫鬼神者例進鍾馗焉丙辰歲忠義進鍾馗以第二指挑鬼眼睛蒲師訓進鍾馗以母指剜鬼睛二人鍾馗相似唯一指不同蜀王問此畫孰爲優劣筌以師訓爲優蜀王曰師訓力在母指忠義力在第二指二人筆力相敵難議昇降並厚賜金帛時人謂蜀王

深鑒其畫矣今衙北門大安樓下天王院自濮陽吳公（行曾）鎮蜀之日創興其中有唐時名畫數堵及高道興杜齯龜房從真趙德齊畫佛像羅漢經驗變相廣政初忠義與黃筌蒲師訓合手畫天王變相十堵以來各盡所能愈于前輩淳化五年甲午兵火焚盡今餘王蜀先主祠堂正門西畔神鬼大聖慈寺正門北墙上西域記不經院後殿天王變相中寺六祖院傍藥師經變相並忠義筆見存

黃居寶

黄居寶字辭玉筌之次子也畫性最高風姿俊爽尤善畫太湖石皆以淺深墨淡嵌空而已居寶以筆端挨搽（上七賞反下七曷反）文理縱橫夾雜砂石稜角峭硬如此虎將踴厥狀非一也其有畫松竹花雀變態舊規皆如湖石之類授翰林待詔賜紫金魚袋不幸早亡秀而不實者也

黄居寀

居寀字伯鸞筌少子也畫藝敏贍不讓于父蜀之四主崇奢宮殿苑囿池亭世罕其比居寀父子入內供

奉迨四十年殿庭墻壁門幃屏幛圖畫之數不可紀錄授翰林待詔將仕郎試太子議郎賜金魚袋淮南通好之日居寀與父同手畫四時花雀圖青城山圖峨眉山圖春山圖秋山圖用荅國信使命將發秋山全未及畫蜀王令取在庫秋山圖入角居寀與父奉命別畫經月方畢工更愈於前者翰林學士徐光溥進秋山圖歌以紀之廣政甲子歲蜀王令居寀往葛仙山修葺仙化画至彭州棲真南軒畫水石一堵自未至酉而畢斂而復妙者也今見存居寀有四時野景圓湖灘水石圖春田放牧圖當時卿相及好事者得居寀子父圖障卷簇家藏戶寶爲稀世之珍今衙廳餘理毛啄苔鶴兩堵水石兩堵龍門圖一堵武侯廟龍水一堵並居寀筆見存聖朝克蜀之後居寀赴京頗爲翰長陶尚書（穀）殊禮相見因收得名畫數件請居寀驗之其中秋山一圖是故主荅淮南國信者畫絹縫之內自有銜名陶公云此是淮王所遺看之果符其說聖朝授翰林待詔朝請大夫寺丞上柱國賜紫金魚袋淳化四年充成都府一路送衣襖使將

齒六十一於聖興寺新禪院畫龍水一堵天台山圖一堵水石兩堵工夫雖少大體宛存

李文才

李文才者華陽人也攻畫人物屋木山水善寫真罕及周昉之亞也蜀廣政中荊南高太王令邸務丁晏入蜀請文才寫與義門兩雙石笋兼微其故實將歸本道文才告道士范德昭皆云眞珠樓基武云是海眼未審孰是德昭曰吾聞諸至人斯乃蠶叢啟國鎭蜀之碑中以鐵柱貫之下以橫石相連埋于地際上

有文字言歲時豐儉兵革水火之事諸葛曾所驗之真珠樓基海眼皆非也蜀人少知云川圓方記未詳廣政末主置真堂大聖慈寺華嚴閣後命文才寫諸新王文武臣僚等真授翰林待詔將仕郎試太子司議郎賜緋魚袋畫未畢聖朝吊伐蓋已除毀三學院經樓下西天三藏真定惠國師真華嚴閣迎廊下奉聖國師真應天寺無智禪師真並文才筆見存

阮知誨

阮知誨者成都人也攻畫女郎筆蹤妍麗及善寫真

王氏乾德年寫少主真于大聖慈寺三學院經樓下孟氏明德年寫先主真于三學院真堂內寫福慶公主真玉清公主真于內庭知誨兩朝多寫皇姑帝戚濟濟累遷授翰林待詔銀青光祿大夫檢校尚書左僕射兼御史大夫上柱國

張玫

張玫者成都人也父授蜀翰林寫貌待詔賜緋玫有趨父之藝尤精寫貌及畫婦人鉛華姿態綽有餘妍議者比之張萱之儔也孟先主明德年於大聖慈寺三學院置真堂玫曾與故東川董太尉璋寫真先亡惡之不爲寫已乃命阮知誨獨寫已真文武臣僚玫之筆也今並塗抹無畫蹤矣授翰林待詔賜紫金魚袋玫有自漢至唐治蜀君臣像三卷

能格上品十五人

呂嶤 竹虔附

呂嶤者京兆人也唐翰林待詔自京隨僖宗皇帝車駕至蜀授將佐郎守漢州雒縣主簿賜緋魚袋今大聖慈寺華嚴閣上天王部屬諸神及王波利真並嶤

之筆見存竹虔者雍京人也攻畫人物佛像聞成都創起大聖慈寺欲將吳道玄地獄變相於寺畫焉廣明年隨駕到蜀左全已在多寶塔下畫境遂與華嚴閣下後壁西畔畫丈六天花瑞像一堵

周行通

周行通者蜀人也攻畫人物鬼神蕃馬並服器械氈帳鷹犬羊鷹之類及川原放牧盡得其妍有李陵送蘇武圖奪馬圖三困圖射鵰圖陰山七騎圖蜀人皆傳周胡蕃馬爲妙行通多搆故也

孔嵩

孔嵩者一名景蜀人也幼攻花雀長遇刁處士入蜀師其筆法至晚年巾屨衣服言論動止供敬刁公在蜀公侯門四十餘載圖畫甚多人皆寶之黃筌於石牛廟畫龍一堵黃居寀於諸葛廟畫龍一堵嵩於廣福院畫龍一堵蜿蜒怪狀不與常同適視遠觀勢欲躍躍時人異之此三公畫龍宗師孫位位宗顧愷之曹弗興行龍之筆謝赫古畫錄云弗興之筆代不復傳秘閣之內一龍而已魏赤烏元年冬十月（此赤烏是吳太

祖年號非魏武帝）武帝游青溪見一赤龍自天而下凌波而行遂命弗興圖之武帝讚曰赤烏孟冬不時見龍青溪深淵奮鬣來空有道則吉無德則兇匪兼雲雨靡帶雷風弗興畫畢未讚奇工我因披閱緬隆忡忡至宋文帝時累月亢旱祈禱無應乃取弗興畫龍置于水上應時蓄水成霧經旬霶霈其所畫流落人間至今相傳

石恪

石恪字子專成都人也幼無羈束長有聲名雖博綜

儒學志唯好畫攻古體人物數張南本筆法有用家社會圖鼈靈開峽圖夏禹治水圖新羅人較力圖陳子昂盧藏用宋之問高適畢構李白孟浩然王維賀知章司馬承禎仙宗十友圖嚴君平拔宅升仙圖五星圖南北斗圖壽星圖儒佛道三教圖道門三官五帝圖雖豪貴相請少有不足圖畫之中必有譏諷焉城中寺觀壁畫亦多兵火後餘聖壽寺經閣院玄女堂六十甲子神龍興觀仙遊閣下龍虎君並見存

杜措

杜措者蜀人也幼慕李昇山水長亦勤學廿年中晝夕不捨今大聖慈寺六祖院傍地藏菩薩竹石山水一堵弁院內羅漢閣上小壁翠微寺禪和尚真三學院經堂上小壁太子捨身餵餓虎一堵善惠仙人布髮掩泥一堵並措之筆見存

杜弘義

杜弘義者蜀州晉原人也攻畫佛像羅漢今寶曆寺東廊下一堵文殊西廊下一堵普賢及行道高僧十餘堵見存蜀人相傳杜老朱羅漢爲妙老朱弘義小

字

杜子瓌

杜子瓌者成都人也擅於賦采拂淡偏長唯攻佛像
王蜀時於龍華泉東禪院畫毗盧佛據紅日輪乘碧
蓮花座每誇同輩云某粧此圓光如日初出淺深瑩
然無筆踪之迹見存

杜敬安

敬安子瓌子也美繼父蹤妙於佛像今大聖慈寺普
賢閣下北方天王三學院羅漢閣下無量壽尊並敬

安筆蜀城寺院敬安父子圖畫佛像羅漢甚衆蜀偏
霸時江吳商賈入蜀多請其畫將歸本道孟氏明德
年授翰林待詔賜金魚袋

蒲延昌

蒲延昌者師訓養子也筆力遒健甚得師法廣政中
進畫授翰林待詔賜緋魚袋時福感寺禮塔院僧模
寫宋展子虔獅子于壁延昌一見曰但得其樣未得
其筆爾遂畫獅子一圖獻通進王昭遠公有嬖妾患
疟是夕懸于臥内其疾頓減王公召而問其神異延
昌云宋展氏子虔於金陵延祚寺佛殿之内畫此二
獅子患人因坐壁下或有愈者梁昭明太子偶患風
恙御醫無減吳興太守張僧繇模此二獅子密懸寢
堂之内應夕而愈故題曰辟邪有此神驗久矣展氏
古本獅子一則奔走奮迅一則回擲咆哮僧繇後亦
繼之二獅子翻身側視鬃尾俱就八分爪牙似二龍
拏珠之狀其本至今相傳延昌於諸葛廟壁畫亦多
兵火後餘聖壽寺青衣神廟神鬼人物數堵見存

趙才

趙才者蜀人也攻畫人物鬼神甲馬廣政年才與蒲
師訓子父較敵其藝浣花甘亭侯廟頗當神廟鬼神
人物旗幟甲馬及資福寺門南北二方天王甲午歲
兵火倒損已盡今存諸葛廟第三門兩畔鬼神兩堵
見存

程承辯

程承辯者眉州彭山人也攻畫人物鬼神當孟氏廣
政中與蒲師訓蒲延昌趙才遞相較敵其藝皆推妙
手兼善雕刻機巧人物鬼神怪異禽獸之類奇絕當

時今彭山縣洞明觀天蓬黑殺玄武火鈴一堂存在
山王堂遊變神鬼一堵見存

丘文播

丘文播者漢州人也後改名潛攻畫山水人物佛像神仙今新都乾明禪院六祖漢州崇教禪院羅漢崇極宮二十四化神仙皆文播筆見存其有花雀文播男餘慶畫

阮惟德

惟德者知誨子也襲承父藝美繼前蹤子父同時入

內供奉畫貴公子夜晏圖宮中賞春圖宮中戲鞦韆圖宮中七夕乞巧圖宮中熨鐵圖宮中按舞圖宮中按樂圖皆畫當時宮苑亭臺花木皇妃帝后富貴之事精妙頗甚授翰林待詔將仕郎試太常寺齋郎賜緋魚袋蜀廣政初荊湖商賈入蜀竟請惟德畫川樣美人卷簇將歸本道以爲奇物

楊元真

楊元真者石城山張玄外族也攻畫佛像羅漢兼善粧鑾當王氏武成中善塑像者簡州許侯東川雍中本二人時推妙手今聖興寺天王院天王及部屬粧盛光佛九曜二十八宿天長觀龍興觀龍虎宮并雍中本塑大聖慈寺熾盛光佛九曜二十八宿華嚴閣下西畔立釋迦像并許侯塑皆元真粧肉色髭髮衣紋錦繡及諸禽獸備著奇功時輩罕及今四天王寺壁畫五臺山文殊菩薩變相一堵元真筆見存

真二十二處

蜀自炎漢至于巨唐將相理蜀皆有遺愛民懷其德多寫真容年代既遠頗損皆盡唯唐杜相國及聖朝

呂侍郎二十二處見存六處有寫貌人名一十六處亡失寫貌人姓氏皆評妙格

益州名畫錄卷下

能格中品五人

陳若愚

道士陳若愚者左蜀人也師張素卿畫遂衣道士服師事素卿受其筆法王氏永平癈興聖觀爲軍營其觀有五金鑄天尊形明皇御容一軀移在大聖慈寺御容院供養餘道門尊像殿堂皆就龍興觀起立今精思院北帝殿是也殿上壁畫有青龍君白虎君朱雀君玄武君四像並若愚筆見存

張景思

張景思者金水石城山張玄之裔也思之一族世傳圖畫佛像羅漢景思王氏永平年於聖壽寺北廊下畫降魔變相一堵見存

麻居禮

麻居禮者蜀人也幼師張南本筆法親得其訣光化天福年聲跡已喧資簡邛蜀州寺觀壁畫甚多今聖壽寺偏門北畔畫八難觀音一堵見存

僧楚安

僧楚安蜀州什邡人也俗姓句氏攻畫人物樓臺有明皇幸華清宮避暑圖吳王宴姑蘇臺圖此二圖皆畫于墻壁團族團扇之上其墻壁團族團扇大小雖殊功夫並無減者奇巧如此當時公侯相重皆稱妙手今大聖慈寺三學院大廳後明皇帝幸華清宮避暑圖一堵楚安筆見存僧惠堅者蜀人也亦好圖畫而最謬焉廣政中三學院僧請畫姑蘇臺一堵對句楚安避暑宮圖識者以爲無鑒之甚也今亦見存恐後人誤認故附而正之

滕昌祐

滕昌祐字勝華先本吳人隨僖宗入蜀以文學從事唯昌祐不婚不仕書畫是好情性高潔不肯趨時常於所居樹竹石杞菊種名花異草木以資其畫殁時年齒八十有五初攻畫無師唯寫生物以似爲功而已有蟲魚圖蟬蝶圖生菜圖折枝花圖折枝果子圖雜竹樣造夾紵果子隨類傅色並擬諸生攻書時呼爲書今大聖慈寺文殊閣普賢閣蕭相院方丈院多[illegible]心院藥師院天花瑞像數額並昌祐筆也其畫蟬

蝶草蟲謂之點畫蓋唐時陸果劉褒之類也其畫花
枝花下筆輕利用色鮮妍蓋唐時邊鸞之類也

能格下品七人

姜道隱

姜道隱者蜀州綿竹人也年纔齠齔畫日不歸父母尋之多於神佛廟中畫處纔見及長爲人木訥不務農桑唯畫是好不畜妻孥孑然一身常戴一竹笠布衣草履筆墨而已雖父母兄弟亦罕測其行止人皆呼爲木柔頭蜀語謂其鬢髮蓬鬆僞相趙國公昊知其性迹請

畫屏風相公問何姓名蜀語對云姜姓無名相國曰旣無名何不以道隱名之自此始名焉宋王趙公廷隱於淨衆寺創一禪院請道隱於長老方丈畫山水松石數堵宋王與諸侍從觀其運筆道隱未嘗回顧旁若無人畫畢王贈之十縑置僧堂前拂衣而去他皆放此今綿竹縣山觀寺多有畫壁見存

禪月大師

禪月大師婺州金溪人也俗姓姜氏名貫休字德隱天復年入蜀王先主賜紫衣師號師之詩名高節宇內咸知善草書圖畫時人比諸懷素師閻立本畫羅漢十六幀龐眉大目者朶頤隆鼻者倚松石者坐山水者胡貌梵相曲盡其態或問之云休自夢中所覩爾又畫釋迦十弟子亦如此類人皆異之頗爲門弟子所寶當時卿相皆有歌詩求其筆唯可見而不可得也太平興國年初太宗皇帝搜訪古畫日給事中程公羽牧蜀將貫休羅漢十六幀爲古畫進呈

西嶽高僧名貫休高情峭拔凌清秋天教水墨畫羅漢魁岸古容生筆頭時幀大絹泥高壁閉目焚香坐

禪室或然夢裏見真儀脫下袈裟點神筆高握節腕當空擲窣窣毫端任狂逸逡巡便是兩三軀不似畫工虛費日悴石安排嵌復枯真僧列坐連跏趺形如瘦鶴精神傀骨似伏犀頭骨麤一倚松根傍巖縫曲錄腰身長欲動看經弟子擬同聲瞌睡山童欲成夢不知夏臘幾多年一手搘頤偏袒肩口開或若共人語身定復疑初坐禪案前臥象低垂鼻崖裡老猿斜展臂芭蕉花裏刷輕紅苔蘚文中暈深翠硬節筇杖矮松林雪色眉毛一寸長繩關梵夾兩三片線補衲

衣千萬行林間落葉紛紛墮一印殘香斷煙火皮穿木履不曾拖笋織蒲團鎮長坐休公休公逸藝無人加聲譽喧喧遍海涯五七字詩一千首大小篆字三十家唐朝歷歷多名士蕭子雲吳道子若將書畫比休公只恐當時浪生死休公休公始自江南來入秦于今到蜀多交親詩名畫手皆奇絶覷你凡人事事精死棺寺裏維摩詰舍衛城中辟支佛若將此畫比量看最是人間爲第一

張詢

張詢者南海人也爰自鄉薦下第久住帝京精于小筆中和年隨駕到蜀與昭覺寺休夢長老故交遂依托焉忽一日長老請于本寺大慈堂後留少筆蹤畫一堵早景一堵午景一堵晚景謂之三時山蓋貌吳中山水頗甚工畫畢之日遇僖宗駕幸茲寺盡日歎賞王氏朝皇太子簡王欲要遷於東宮爲壁泥通枋移損不全乃寢前命今見存

宋藝

宋藝蜀人也攻寫眞王蜀時充翰林寫貌待詔模寫大唐二十一帝聖容及當時供奉道士葉法善禪僧一行沙門海會内侍高力士於大聖慈寺玄宗御容院上壁今見存

李壽儀

道士李壽儀者邛州依政人也壯年慕道于本縣有德觀爲道士齋醮之外專精畫業人呼爲李小墨多畫道門尊像往來青城山丈人觀宗師張素卿筆法併點簇五嶽四瀆部屬歸家習學之如此數年簡州開元觀有張素卿畫十二仙君一堂（乾德四年遭火所焚）廣政

中壽儀往彼焚香齋潔模寫將歸邛州天師觀西院上畫其壁但窮精粹筆力因于素卿神彩氣韵有過時流一堂六堵見存

僧令宗

僧令宗丘文播異姓弟也攻畫山水人物佛像天王今大聖慈寺三學院下經樓院下兩畔四天王兩堵放生池揭諦堂内六祖並令宗筆見存

丘文曉

丘文曉播弟也攻畫花雀人物佛像今淨衆寺延壽

禪院天王祖師及諸高僧竹石花名二十餘堵廣[illegible]
癸卯歲文曉與僧令宗合手描畫今見存

有畫無名

大聖慈寺六祖院羅漢閣上峨眉山青城山羅浮山
霧中四堵中和年畫不留姓名評妙格中品
三學院舊名東廚院門兩畔畫東北二方天王兩堵
王蜀先主修改後移在院內北廊下亡失姓名評能
格上品
多寶塔下南北二方天王彌勒佛會師子國王菩薩

普賢閣外北方天王不記畫人姓名評能格中品
聖壽寺東廊下維摩詰堂內畫居士方丈花竹芭蕉
山水松石風候雲氣三堵景福年畫不留姓名評能
格中品
昭覺寺大悲堂內四大王兩堵堂外觀音一堵寺門
後兩畔東西天王兩堵並中和年畫不知畫人名姓
評能格中品

無畫有名

益州學館記云獻帝興平元年陳留高朕爲益州太
守更葺成都玉堂石室東別創一石室自爲周公禮
殿其壁上圖畫上古盤古李老等神及歷代帝王之
像梁上又畫仲尼七十二弟子三皇以來名臣耆舊
云西晉大康中益州刺史張收筆古有益州學堂圖
今已別重粧無舊迹矣劉瑱齊永明十年成都刺史
劉悛再修玉堂禮殿靈宇嚴肅悛弟瑱性自天真時
推妙手畫仲尼四科十哲像并車服禮器今已重粧
別畫無舊蹤矣
薛少保者名稷天后朝位至太子少保文章學術名

冠當時而好圖畫畫品錄云秘書省有薛少保畫鶴
時稱一絕又聞蜀郡多有公畫處求成都記云府衙
院西廳少保畫鶴與青牛并少保自眉州司馬遷移
文記今改舊制無畫蹤矣
王宰者大曆年家于蜀川善畫山水樹石意出像外
故杜甫歌云十日畫一水五日畫一石能事不受相
促迫王宰始肯留真跡壯哉崑崙方壺圖掛君高堂
之素壁巴陵洞庭日本東赤岸水與銀河通中有雲
氣隨飛龍舟人漁子入浦溆山木盡亞洪濤風[illegible]

遠勢古莫比咫尺應須論萬里焉得并州快剪刀剪取吳松半江水今蜀中寺觀亦無畫蹤唯好事者收得畫品錄定爲妙格

韋偃者京兆人也寓止蜀川善畫馬韓幹之亞也故杜甫歌云韋侯別我有所適知我憐君畫無敵戲拈禿筆掃驊騮欻見騏驎出東壁一匹齕草一匹嘶坐看千里當霜蹄時危安得真致此與人同生亦同死蜀中寺觀亦無筆蹤唯好古者收得畫品錄定爲妙品

浣花龍興寺成都記云本正覺寺內有前益州長史臨淮武公元衡并從事五人具朝服繪于中堂淳化五年兵火後無畫蹤矣

成都記云府衙西北前益州五長史真李太尉德裕文記今無畫蹤唯文字相傳爾

名畫記

宋　張彥遠

敘畫源流

夫畫者成教化助人倫窮神變測幽微與六籍同功四時並運發於天然非由述作古先聖王受命應籙則有龜字効靈龍圖呈寶自巢燧以來皆有此瑞迹羲氏發於滎河中典籍圖畫明矣軒轅氏得於温洛中史皇蒼頡狀焉是時也書畫同體而未分象制肇創而猶略無以傳其意故有書無以見其形故有畫

按字學之體六其六曰鳥書在幡信上書端象鳥頭者則畫之流也漢末大司空甄豐校字體有六曰鳥書即幡信上作蟲鳥體也顏光祿云圖載之意有三一曰圖理卦象是也二曰圖識字學是也三曰圖形繪畫是也又周官教國子以六書其三曰象形則畫之意也故知書畫異名而同體也周禮保章氏掌六書其六曰象形亦蒼頡之遺意也洎乎有虞作繪繪畫明矣既就彰施仍深比象於是禮樂大闡教化由興故能揖讓而天下治廣雅云畫類也爾雅云畫形也說文云畫畛也象田畛畔所以畫也釋名曰畫掛也以

□□度而備國制清廟肅而尊彝陳□
□然以忠以孝盡在雲臺有烈有勳□
善足以戒惡見惡足以思賢留乎形容式昭盛
事具其成敗以傳既往之蹤紀傳所以敘其□
載其容賦誦所以詠其美不能備其象圖畫之
以兼之也故陸士衡云丹青之興比雅頌之述作□
大業之馨香宣物莫大於言存形莫善於畫此之謂
也是以漢明宮殿贊茲粉繪之功蜀郡學堂義存□

戒之道馬后女子尚願載君於唐堯石勒羯□猶
自古之忠孝登同博奕用心自是名教樂事

王獻之

晉王獻之字子敬少有盛名風流高邁草隷繼父之
美妙於畫桓温嘗請畫扇誤落筆就成烏駮牸牛□
妙絶又書駮牛賦於扇上此扇義熙中猶在

王廙

晉王廙字世將瑯琊臨沂人善屬詞攻書畫過□
爲晉朝書畫第一音律衆妙畢綜元帝時爲左衛將
軍封武康侯時鎮軍謝尚於武昌樂寺造東塔戴若
思造西塔並請廙畫

王濛

晉王濛字仲祖晉陽人放誕不羈書比廙翼丹青甚
妙頗希高遠嘗往驢肆家畫轄車自云我嗜酒好肉
善畫但人有飲食美酒精絹我何不可也特善清談
爲時所重

戴逵

晉戴逵字安道譙郡銍縣人幼年已聰明好學善琴

攻畫爲童兒時以白瓦屑雞卵汁和溲作鄭玄碑時
稱絶妙庾道季看之語逵云神猶太俗卿未盡耳逵
曰唯務光當免卿此語

陶弘景

梁陶弘景字通明明衆藝善書畫武帝嘗欲徵用隱
居畫二牛一以金籠頭牽之一則逶迤就水草梁武
知其意遂不以官爵逼之

盧稜伽

唐盧稜伽吳道子弟子也畫迹似吳但才力有限頗

能細畫咫尺間山水寥廓物像精備經變佛事是其所長吳生嘗於京師畫總持寺三門大獲衆貨鄭乃竊畫莊嚴寺三門銳思開張頗臻其妙一日吳生忽見之驚歎曰此子筆力常時不及我今乃類我是子也精爽盡於此矣居一月稜伽果卒

畢宏

唐畢宏大曆二年爲給事中畫松石於左省廳壁好事者皆詩之改京兆少尹爲右庶子樹石擅名於代樹木改步變古自宏始也

名畫獵精

宋　張彥遠

論用筆

或問予以顧陸張吳用筆如何對曰顧愷之之跡緊勁聯綿循環超忽調高格逸風趨電疾意存筆先畫盡意在所以全神氣也昔張芝學崔瑗杜度草書之法因而變之以成今草字之體勢一筆而成氣脉通連隔行不斷唯王子敬明其深旨故行首之字往往繼其後行之來世謂之一筆書其後陸探微亦作一筆畫連綿不絶故知書畫用筆同一法探微精利潤媚

新奇妙絶名高宋代時無等倫張僧繇點曳斫拂依衛夫人筆陣圖一點一畫便是一物鈎戟利劍森然又知書畫同矣宋吳道玄古今獨步前不見顧陸後無來者授筆法於張旭此又知書畫用筆同矣張既號書顛吳宜爲畫聖神假天造英靈不窮衆皆密於盼際我則離披其點畫衆皆謹於象似我則脫落其凡俗彎弧挺刃植柱構梁不假界筆直尺虬鬚雲鬢數尺飛動毛根出肉力健有餘當有口訣人莫知[illegible]

術之書或自臂起或從足先巨細詭怪膚脈連結過於僧繇矣或問予曰吳生何以不用界筆直尺而能彎弧挺刃植柱構梁對曰守其神專其一合造化之筆向所謂意存筆先畫盡意在也凡事臻妙者皆如是乎豈止畫也與庖丁發硎郢匠揮斤效顰者徒勞捧心代斲者必傷其手意志亂矣外物役焉豈能左手畫方乎夫用界筆直尺是死畫守其神專其一得其真畫也死畫滿壁曷如汙墁眞畫一劃見於生氣夫運思揮毫自以爲畫則愈失畫故得於畫矣不滯

于手不凝於心不知其然雖彎弧挺刃植柱構梁則界筆直尺豈得入於其間矣又問曰夫運思精深者筆跡周密其有筆不周者謂之如何余對曰顧陸之神不可見其涯際所謂筆跡周密也張吳之妙筆纔一二像周應焉離披點畫時見缺落此雖筆不周而意周也若知畫有踈密二體方可議乎畫者訛之而去

上古之畫迹簡而意淡顧陸之流是也中古之畫細密精微展鄭之流是也近代之畫煥爛以求備今人之畫錯雜而無旨

吳道玄縱以怪石崩灘山水之變始於道子成於李思訓樹石之狀妙於韋偃成於張通

古筆法

古人畫墨色俱入絹縷精神迥出僞者雖極力倣傚而粉墨皆浮於縑素之上神氣亦索然蓋古人筆法圓熟用意精到初若率易愈玩愈佳今人雖極工緻一覽意盡矣

絹素

唐五代絹素麄厚宋絹輕精毫而可別唐宋也

采書錄

唐　馬周

古之善書者各有師承晉明帝師王廙　衛協師曹不興　顧愷之張墨荀勗師衛協　史道碩王微師荀勗　衛協戴逵師范宣　逵子敎及敎弟顒並師父

宋陸探微師顧愷之　探微子綏弘肅並師父　顧寶光袁倩師陸探微　倩子質師父　顧駿之師張墨　張則師吴暕　吴暕師江僧寶　劉胤祖師晉明帝　胤祖弟紹祖子璞並師胤祖

南齊姚曇度子什惠覺師父　蘧道愍師章繼伯　道愍甥僧珍師道愍　沈摽師謝赫　周曇妍師曹仲達　毛惠遠師顧愷之　弟惠秀　子稜並師惠遠

梁袁昻師謝張鄭　張僧繇子善果儒童並師父　解倩師甯松遠　道愍焦寶願師張謝　江僧寶師袁陸及戴

北齊田僧亮師董展　曹仲達師袁陸　鄭法士

張法士　弟法輪子德文並師法士　孫尚子師顧陸張鄭　陳善見師楊鄭　李雅師張僧繇　王仲舒師孫尚子

廣畫錄

釋仁顯

古圖畫自貞觀畫史外蔡邕有小列女圖曹髦有[illegible]
中貴戚圖衛協有醉客圖顧愷之有中朝名士圖[illegible]
鵝有渡水僧圖
張萱有乳母將嬰兒圖韓幹有玄宗試馬圖智敏有
遊春戲藝圖
周昉有按箏圖張萱有鞦韆圖宗炳有夜路歌圖
碁圖
劉瑱有擣衣圖展子虔有朱買臣覆水圖美人蕩[illegible]
圖
范長壽有風俗圖張僧繇有田舍舞圖謝約有大山
圖
宗炳有獅子擊象圖陸探微有鬬鴨圖[illegible]
獸圖
劉斌有黍離詩圖謝稚有秋興圖[illegible]碩有[illegible]
頌圖
[illegible]有風雲水月圖王羲之[illegible]

秀有薔扇

說郛目録

弓第九十一

貞觀公私畫史

唐　裴孝源

宋明帝像　宋景和像
豫章王像　建平王像
江夏王像　零陵王像
王太宰像　羊玄保像
江智淵像　顧慶像
孫高飛像　孝武功臣像
勳臣像

右十三卷是陸探微真跡隋朝官本

建安山陽二王像　沈曇慶醉像
麻超之徐僧寶像　臺寺瑾統像
毛詩新臺圖　姬蕩舟圖
劉亮騶馬圖　赭白馬圖
蟬雀圖　圖
獮猴圖

右十二卷並摹寫[illegible]

十五卷題作陸探微[illegible]

□□放鶴
黃河流勢□
右四卷魏□□鄉
毛詩北風圖　毛□□
卞莊刺二虎圖　吳王□□圖
列女圖
右五卷衛協畫隋朝官本
史記列士圖　息徒蘭圃圖
洛神賦圖　穆天子燕瑤池圖
公私書史　二
漢武回中圖　畋游圖
瀛洲神仙圖　雜人風土圖
右八卷晉明帝畫隋朝官本
濠梁圖一卷　十弟子圖
輕車迅邁圖　孝經圖
汾陽頗鼎圖　狩河陽圖
秦王游海圖　楚令尹泣兩岐蛇圖
游仙圖　孟母圖
洛陽平門□車圖

右十一卷謝稚畫隋朝官本
王僧綽像　懷香圖
蟬雀圖　雜竹樣
孫公命將圖　陸士衡詩會圖
王謝諸賢像　名臣像
刺虎圖　小兒戲鵝圖
右十卷顧景秀畫六卷隋朝官本
山陽七賢圖　醉客圖
刀戟戲圖　騎馬圖一卷
公私書史　三
右四卷毛惠遠畫隋朝官本
併除圖一卷　釋迦十弟子圖
僧像　剡中溪谷村墟圖
右四卷毛惠秀畫隋朝官本
豫章王燕賓圖　維摩□□變相圖
天女像　東晉□僧像三卷
無名貞貌一卷　博□□
三龍圖一卷
□□□□□補畫□是□□本有太清年月□

[illegible]　舟行圖

行

[illegible]墳畫隋朝官本

[illegible]章王像　唐居人馬圖

右二卷遊師珍畫梁朝官本

果由洗耳圖　獅子擊象圖

右二卷題云稽康畫未詳隋朝官本

講學圖

右一卷蔡邕畫隋朝官本有晉宋梁陳年月印

吳季札像　嚴君平賣卜圖

兩京圖

右三卷楊修畫隋朝官本有晉明帝題記

周穆王八駿圖　服乘箴圖

七命圖　金谷園圖

燕氏送荊軻圖　王濬弋船圖

田家社會圖　荒僧圖

右八卷史道碩畫隋朝官本

商平子圖　董威輦詩圖

[illegible]人獻獸圖

[illegible]　十八首詩圖

[illegible]　杜征南人物圖

[illegible]溪山[illegible]居圖　黑獅子圖

名馬圖

右十一卷戴逵畫隋朝官本

[illegible]馬宣王像　謝安像

劉[illegible]之像　桓玄像

列仙圖　唐僧會像

洗溺像　三天女像

八國分舍利圖　木雁圖

永府圖　廬山圖

[illegible]浦會圖　行龍圖

[illegible]嘯圖　虎豹雜鷙圖

[illegible]雁水洋圖

右十七卷顧愷之畫九卷隋朝官本

豫章王像　宋竟陵王像

[illegible]賢圖　褚[illegible]

張典像　天竺僧像二卷
射雉圖　洛中□馬圖二卷
越中風俗圖二卷　高麗□鴨圖一卷
右十三卷顧寶光畫隋朝官本
清溪側坐赤龍盤赤龍圖二卷
龍頭樣四卷四頭　南海監牧進十種馬圖
子鸞獸樣一卷
右五卷曹不興畫二卷隋朝官本
州名山圖　朝陽谷神風水圖
私畫史　六
始王東遊圖
右三卷戴勃畫隋朝官本
釋迦像　周盤龍像
右六卷陸綏畫
帝昇仙圖　張平子西京賦圖
龔人馬圖
右三卷史文敬畫梁朝官本
孫佇像　漁父圖
□羲之像

右三卷史藝畫
虎豹圖　孔雀鸚鵡圖
右二卷附景真畫隋朝官本
顏□□賢圖　惠持
問禮圖　永嘉屋邑圖
右四卷宗炳畫隋朝官本
殷洪像　白馬寺寶臺樣
右二卷姚曇度畫
南朝貴戚圖　車馬圖
公私畫史　七
□簡像　牛車圖
山陰王像
右五卷月長生畫
蘇門先生圖一卷　名臣像一卷
右二卷濮萬年畫
維摩詰變相圖一卷
右一卷張墨畫隋朝官本
蘇武圖　遊仙圖
右二卷蔡斌畫

悉達太子納妃圖　靈嘉塔樣
右二卷張善果畫一卷隋朝官本
穆天子八駿圖　恩
右二卷史粲畫
朱買臣圖　列女傳仁智圖
列女傳貞節圖
右三卷陳公恩畫一卷是隋朝官本
王獻之像
右一卷鍾宗之畫

敗春圖
右一卷王殿畫隋朝官本
安期先生圖
右一卷謝赫畫
吳山圖　楚人祠鬼圖
右二卷夏侯瞻畫
籍田圖一卷全幅長三丈
右一卷章愜伯畫隋[illegible]
渥洼馬圖一卷

右二卷范懷賢畫隋朝官本
文殊像一卷　遊春苑圖二卷
芙蓉湖醮鼎圖一卷　鹿圖一卷
鸜鵒弄陂澤圖一卷
右六卷梁元帝畫並有題跋印記
職貢圖三卷　小兒戲鴨圖一卷
右四卷江僧寶畫隋朝官本亦有梁陳年號題
五天人樣二卷　九子魔圖一卷
丁貴人彈曲項琵琶圖一卷

右四卷解倩畫一卷是隋朝官本
弗林圖人物器樣二卷
鬼神樣二卷　外國雜獸二卷
右六卷西域僧迦佛陀畫並得楊素家
漢武射蛟圖一卷　吳王格虎圖一卷
羊鴉仁躍馬圖一卷　行道天王像一卷
維摩詰像一卷　寶積像一卷
摩納仙人像一卷　朱异像一卷
宋宮人射雉圖一卷　醉僧圖二卷

獼猴圖一卷　横泉鬬龍一卷
雜人馬兵刀圖一卷　昆明二龍圖一卷
青溪宮水怪圖四卷
右十九卷張僧繇畫九卷隋朝官本
彌伽會圖一卷　寶積變相圖一卷
右二卷張儒童畫
支道林像一卷
右一卷聶松畫隋朝官本
斛律金像一卷　北齊貴戚游苑圖一卷

鄴中百戲圖一卷　雜宮苑人物屏風本一卷
右四卷楊子華畫隋朝官本
齊神武臨軒對武騎圖二卷
慕容紹宗像一卷　弋獵圖一卷
斛律明月像一卷　盧思道像一卷
名馬樣一卷
右七卷曹仲達畫六卷是隋朝官本
周明帝畋游圖一卷　彌勒變相圖一卷
臺閣樣一卷　隋文帝上廐馬圖一卷

農家田舍圖一卷
右五卷董伯仁畫一卷是隋朝官本
阿育王像一卷　隋文帝入佛空像一卷
楊素像一卷　賀若弼像一卷
陳叔英像一卷　擒明盧明月像圖一卷
洛中人物車馬圖樣一卷
北齊畋游圖一卷　貴戚屏風二卷
右十卷鄭法士畫一卷是隋朝官本
雜物變相二卷　豆盧寧像一卷

隋朝正會圖一卷　幸洛圖一卷
貴戚游燕圖一卷
右六卷楊契丹畫一卷是隋朝官本
法華變相一卷　長安車馬人物圖一卷
南郊圖一卷　雜宮苑圖一卷
弋獵圖一卷　王世充像一卷
右六卷展子虔畫
美人詩意圖一卷　屋宇樣一卷
雜鬼神像三卷

右五卷孫尚子畫
黄帝戰涿鹿圖一卷　姜源圖一卷
禹貢圖二卷　燕太子丹圖一卷
蕭史圖一卷　孫氏水戰圖一卷
五岳眞形圖一卷　紀年許意圖一卷
雜鬼神樣二卷
右十二卷皆藝精奇隋朝以來私家搜訪所得内
三卷近隋探微先無題記可考
列女傳仁智圖　獅子圖

異獸圖　魚龍相戲圖
安定放牧圖　村社會集圖
右六卷王廙畫隋朝官本
已前總二百八十一卷并無名畫十二卷計二百
九十三卷
晉瓦官寺　有顧愷之張僧繇畫壁在江寧
宋法王寺　顧駿之畫在永嘉
晉龍寬寺　史道碩畫在江陵
晉本紀寺　史道碩畫在鄴中

[illegible]王觀寺　沈標畫在會稽
魏白雀寺　董伯仁畫在汝州
魏北宣寺　楊子華畫在鄴中
梁定林寺　邵倩畫在江寧
梁惠聚寺　張僧繇畫在江陵
梁延祚寺　張僧繇畫在江陵
梁長慶寺　江僧寶畫在江陵
梁何后寺　陸整畫在江寧
梁光相寺　丁光畫在江陵

梁陟屺寺　張善果畫在江陵
梁高座寺　張僧繇畫在江寧
梁景公寺　江僧寶畫在江寧
梁開善寺　張僧繇畫在江寧
梁草堂寺　焦寶願畫在江寧
梁報恩寺　張儒童畫在會稽
梁脩德寺　解倩畫在延陵
梁天皇寺　張僧繇解倩畫在江陵
北齊大定寺　劉殺鬼畫在鄴中

周海覺寺 董伯仁鄭法士畫在周州
陳棲霞寺 張善果畫在江寧
陳興聖寺 張僧繇畫在江都
陳遠善寺 陸探微畫在江都
陳靜樂寺 張善果畫在江都
陳東安寺 張儒童展子虔畫在江都改爲常樂寺
陳終聖寺 董伯仁畫在丁陵
隋西禪寺 孫尚子畫在長安
隋東禪寺 鄭德文畫在長安

隋悲日寺 張善果畫在江都
隋永福寺 楊子華畫在長安
隋靈寶寺 展子虔鄭法士畫在長安
隋光明寺 田僧亮展子虔鄭法士楊契丹在長安畫
隋敬愛寺 孫尚子畫在洛陽
隋天女寺 展子虔畫在洛陽
隋雲花寺 展子虔畫在洛陽
隋清禪寺 陳善見畫在長安
隋光發寺 董伯仁畫在洛陽

[illegible]信忠在長安
隋淨域寺 張僧繇畫自江外移來亦有孫尚子畫在長安
隋恩覺寺 袁子昂畫在洛陽
隋空觀寺 袁子昂畫在長安
隋隆法寺 范長壽張孝師畫在長安
隋寶刹寺 鄭法士楊契丹畫在長安

右寺四十七所並是名工真跡今東都古畫尚多未得撿閱爾今集撿前蹤取其法度兼之巧思維

二閻楊陸遁出常表表張兩家父子亦得居其次閻木師祖張公可謂青出於藍矣至於人物衣冠車馬臺閣並得南北之妙楊張父子亦謂世不乏賢博陵人劉誠曰難兄難弟之學者陳善見王知慎之流萬得其一固未及於風神尚汲汲於形似今人所著多是陳王寫搨都非楊鄭之真筆每將真玩深究精別也

林泉高致

宋　郭熙

山水訓

君子之所以愛夫山水者其旨安在丘園養素所處也泉石嘯傲所常樂也漁樵隱逸所常適也猿鶴飛鳴所常觀也塵囂韁鎖此人情所常厭也烟霞仙聖此人情所常願而不得見也直以太平盛日君親之心兩隆苟潔一身出處節義斯係豈仁人高蹈遠引爲離世絶俗之行而必與箕潁埒素黄綺同芳哉

白駒之詩紫芝之詠皆不得已而長往者也然則林泉之志烟霞之侶夢寐在焉耳目斷絶今得妙手鬱然出之不下堂筵坐窮泉壑猿聲鳥啼依約在耳山光水色滉漾奪目此豈不快人意實獲我心哉此世之所以貴夫畫山之本意也不此之主而輕心臨之豈不蕪雜神觀溷濁清風也哉

畫山水有體鋪舒爲宏圖而無餘消縮爲小景而不少看山水亦有體以林泉之心臨之則價高以驕侈之目臨之則價低

山水大物也人之看者須遠而觀之方見得一障川之形勢氣象若士女人物小小之筆即掌中几上一展便見一覽便盡此皆畫之法也

世之篤論謂山水有可行者有可望者有可遊者有可居者畫凡至此皆入妙品但可行可望不如可居可游之爲得何者觀今山川地占數百里可游可居之處十無三四而必取可居可游之品君子之所以渴慕林泉者正謂此佳處故也故畫者當以此意造而鑒者又當以此意窮之此之謂不失其本意

畫亦有相法李成子孫昌盛其山脚地面皆渾厚闊大上秀而下豐合有後之相也非特論相兼理當然此故也

人之學畫無異學書今取鍾王虞柳久必入其彷至於大人達士不局於一家必兼收並覽廣議博以使我自成一家然後爲得今齊魯之士惟摹營關陝之士惟摹范寬一己之學猶爲蹈襲況齊魯陝輻幀數千里州州縣縣人人作之哉專門之學古爲病正謂出于一律而不肯聽者不可罪不聽

遊由陳迹人之耳目喜新厭故天下之同情也故予以為大人達士不局於一家者此也

柳子厚善論為文余以為不止於文萬事有訣盡當如是況於畫乎何以言之凡一景之畫不以大小多少必須注精以一之不精則神不專必神與俱成之不與俱成則精不明必嚴重以肅之不嚴則思不深必恪勤以周之不恪則景不完故積惰氣而強之者其迹軟懦而不決此不注精之病也積昏氣而汩之者其狀黯猥而不爽此神不與俱成之弊也以輕心挑之者其形脫略而不圓此不嚴重之弊也以慢心忽之者其體疏率而不齊此不恪勤之弊也故不決則失分解法不爽則失瀟灑法不圓則失體裁法不齊則失緊慢法此最作者之大病也然可與明者

畫論

宋　郭思

敍自古規鑒

易稱聖人有以見天下之賾而擬諸其形容象其物宜是故謂之象又曰象也者象此者也嘗考前賢畫論首稱像人不獨神氣骨法衣紋向背為難蓋古人必以聖賢形像往昔事實含毫命素製為圖畫者要在指鑒賢愚發明治亂故魯殿紀興廢之事麟閣繪勳業之臣迹曠代之幽潛託無窮之炳煥昔漢孝武帝欲以鉤弋趙婕妤少子為嗣命大臣輔之惟霍光任重大可屬社稷乃使黃門畫者畫周公輔成王朝謝諸侯以賜光孝成帝遊於後庭欲以班婕妤同輦載婕妤辭曰觀古圖畫聖賢之君皆有名臣在側三代末主乃有嬖倖今欲同輦得無近似之乎上善其言而止太后聞之喜曰古有樊姬今有班婕妤又嘗設宴飲之會趙李諸侍中皆引滿舉白談笑大噱時乘輿幄坐張畫屏風畫紂醉踞妲己作長夜之樂上因顧指畫問班伯曰紂為無道至於是乎伯曰書湛

乃用婦人之言何有踞肆於朝所謂衆惡歸之不如
是之甚者也上曰苟不若此此圖何戒伯曰沈湎於
酒微子所以告去也式號式謼大雅所以流連也謂
青淫亂之戒其原在於酒上喟然歎曰久不見班生
今日復聞讜言後漢光武明德馬皇后美於色厚於
德帝用嘉之嘗從觀畫虞舜見娥皇女英帝指之戲
后曰恨不得如此爲妃又前見陶唐之像后指堯曰
嗟乎羣臣百僚恨不得爲君如是帝顧而笑唐德宗
詔曰貞元巳巳歲秋九月我行西宮瞻閟閣崇構見

老臣遺像顒然肅然和敬在色想雲龍之感應感致
業之艱難覩往思今取類非遠文宗太和二年自撰
集尙書中君臣事迹命畫工圖於太液亭朝夕觀覽
焉漢文翁學堂在益州大城內昔經頹廢後漢蜀郡
太守高朕復繕立乃圖畫古人聖賢之像又禮器瑞
物於壁唐許楙爲撫州刺史以進人僻陋不知文儒
之貴修學館畫孔子七十二子漢晉名儒像自爲
讚敎勸生徒繇兹大化夫如是豈非文未盡經緯
不容然後繼之於畫也所謂與六籍同功

[illegible]運亦宜哉

敘圖畫名意

古之秘畫珍圖名隨意立典範則有春秋毛詩論
語孝經爾雅等圖其次後漢蔡邕有講學圖梁張僧
繇有孔子問禮圖隋鄭法士有明堂朝會圖唐閻立
本有封禪圖尹繼昭有雪宮圖觀德則有帝舜娥皇
女英圖隋展子虔有禹治水圖晉戴逵有列女仁智
圖陸探微有勲賢圖忠鯁則隋楊契丹有辛毗引
裾圖唐閻立本有陳元達鎖諫圖吳道子有朱雲折

檻圖高節則晉顧愷之有祖二疏圖王廙有木雁圖宋
史藝有屈原漁父圖南齊蘧伯玲有巢由洗耳圖壯
氣則魏曹髦有卞莊刺虎圖宋宗炳有獅子擊象圖
張僧繇有漢武射蛟圖寫景則晉明帝有輕舟迅邁
圖衛協有穆天子宴瑤池圖史道碩有金谷園圖顧
愷之有雪霽望五老峰圖靡麗則戴逵有南朝貴戚
圖宋袁倩有丁貴人彈曲項琵琶圖唐周昉有楊妃
架雪衣女亂雙陸局圖風俗則南齊毛惠遠有剡中
溪谷村墟圖陶景貞有永嘉居邑圖隋楊契丹有長

妥貞馬人物圖唐韓滉有堯民擊壤圖此雖不能具
載其爲可驗戒當與六籍並傳云

論製作楷模

大率圖畫風力氣韻固在當人其如種種之要不可
不察矣畫人物者必分貴賤氣貌朝代衣冠釋門則
有善功方便之顏道像必具修真度世之範帝王當
崇上聖天日之表外夷應得慕華欽順之情儒賢即
見忠信禮義之風武士固多勇悍英烈之貌隱逸俄
識肥遯高世之節貴戚蓋尚紛華後靡之容帝釋須

畫論　八　四

明威福嚴重之儀鬼神乃作醜𩨹（尺者切）馳趡（丁見切）之
狀士女宜富秀色婑（烏果切）媠（奴坐切）之態田家自有醇
甿村野之真畫衣紋林石用筆全類於書畫衣紋有
重大而調暢者有縝細而勁健者勾綽縱掣理無妄
下以狀高側深斜卷褶飄舉之勢畫林木者有創
挺幹枯節皴皮細裂多端分敷萬狀作怒龍驚
之勢聳凌雲翳日之姿宜須崖岸豐隆方稱蟠根
畫山石者多作礬頭亦爲凌面落筆便見堅重
之性皴淡即生窊凸之形

雲□□畢之功尤爲難也畫畜獸者全要停分向背
筋力精神肉分肥圓毛骨隱起仍分諸物所稟動止
之性（四足唯兔掌底有毛謂之建毛）畫龍者折出三停（自首至膊膊至腰腰至尾）
也分成九似（角似鹿頭似駝眼似鬼項似蛇腹似蜃鱗似魚爪似鷹掌似虎耳似牛）窮
遊泳蜿蜒之妙得回蟠升降之宜仍要騣鬣肘毛筆
畫壯快直自肉中生出爲佳也（凡畫龍開口者易爲巧合口者難爲功畫家獅開口貓兒合口龍言其兩難也）畫水者有一擺之波三摺之浪布
之中之勢分虎爪之形湯湯若動使觀者浩然有江
湖之思爲妙也畫屋木者折竿無虧筆畫勾壯深遠

畫論　八　五

透空一去百斜如隋唐五代已前洎國初郭忠恕王
士元之流畫樓閣多見四角其斗栱逐鋪作爲之向
背分明不失繩墨今之畫者多用直尺一就界畫分
成斗栱筆迹繁雜無壯麗閑雅之意畫花果草木自
有四時景候陰陽向背筍條老嫩苞萼後先逮諸園
蔬野草咸有出土體性畫翎毛者必須知識諸禽形
體名件自嘴喙口臉眼緣（去聲）叢林臆毛披蓑毛翅有
梢（去聲）翅有蛤翅翅邦（上聲）上有大節小節大小窩翎次
及六梢又有料（平聲）風掠草（彈縫翅翮之間）散毛壓磾尾肚毛

□銀腳有探爪（節）二食爪（節）三撩爪（節）四托爪（節）宜□

八甲鷙鳥眼上謂之脊棚（一名脊簷）背毛之間謂之合溜山鵲鷄類各有歲時蒼嫩皮毛眼爪之異家鸞鴨即有子肚野飛水禽自然輕梢（去聲）如此之類或鳴集而羽翮緊戢或寒棲而毛葉鬆泡（上聲）已上具有名體處所必須融會闕一不可設或未識漫㪅具㪅梁柱斗栱叉手替木熟柱駝峰方莖頟道抱間昂頭羅花羅幔暗制綽幕猢猻頭琥珀枋龜頭虎座飛簷撲水膊風化廢垂魚惹草當鉤曲脊之類憑何以畫屋木也

畫者罕能精究況觀者乎

論衣冠異制

自古衣冠之制薦有變更指事繪形必分時代衮冕法服三禮備存物狀寔繁難可得而載也漢魏已前始戴幅巾晉宋之世方用羃䍦後周以三尺皂絹向後襆髮名折上巾通謂之襆頭武帝時裁成四脚隋朝惟貴臣服黃綾紋袍烏紗帽九環帶六合靴（起於後魏）次用桐木黑漆爲巾子裹於襆頭之內前繫二脚後繫二脚貴賤服之而烏帽漸廢唐太宗嘗服翼善冠貴臣服進德冠至則天朝以絲葛爲襆頭巾子以賜官開元間始易以羅又別賜供奉官及內臣圓頭宮樣巾子至唐末方用漆紗裹之乃今襆頭也三代之際皆衣襴衫秦始皇時以紫緋綠袍爲三等品服庶人以白國語曰袍者朝也古公卿上服也至周武帝時下加襴唐高宗朝給五品已上隨身魚又勅品官紫服金玉帶深淺緋服並金帶深淺綠服並銀帶深淺青服並鍮石帶庶人服黃銅鐵帶一品已下文官帶手巾筭袋刀子礪石武官亦聽睿宗朝制武官五

品已上帶七事䩞䪅（佩刀刀子磨石契苾真噦厥針筒火石袋也）開元初復罷之昔處士馮翼衣巾大袖周緣以皂下加襴前繫二長帶隋唐朝野服之謂之馮翼之衣今呼爲直綴（禮記儒行篇魯哀公問於孔子曰夫子之服其儒服與孔子對曰丘少居魯衣逢掖之衣長居宋冠章甫之冠注云逢大也逢掖大袂襌衣也逢掖與馮翼音相近）又梁志有袴褶以從戎事三代已前人皆跣足三代已後始服木屐伊尹以草爲之名曰履秦世參用絲革靴本胡服趙靈王好　制有司衣袍者宜穿皂靴唐代宗朝令宮人侍左右者穿紅錦勒靴凡在經營所宜詳辨至如閻立

本畫昭君妃配音戴帷帽以據鞍王知愼畫梁武南郊有衣冠而跨馬殊不知帷帽創從隋代軒車廢自唐朝雖弗害爲名蹤亦丹青之病爾帷帽如今之席帽周回垂網也

論氣韻非師

謝赫云畫有六法一曰氣運生動二曰骨法用筆三曰應物像形四曰隨類傅彩五曰經營位置六曰傳模移寫六法精論萬古不移然而骨法用筆以下五法可學而能如其氣韻必在生知固不可以巧密得復不可以歲月到默契神會不知然而然也嘗試論

之竊觀自古奇迹多是軒冕才賢巖穴上士依仁游藝探賾鉤深高雅之情一寄於畫人品既已高矣氣韻不得不高氣韻既已高矣生動不得不至所謂神之又神而能精焉凡畫必周氣韻方號世珍不爾雖竭巧思止同衆工之事雖曰畫而非畫故楊氏不能授其師輪扁不能傳其子繫乎得自天機出於靈府也且如世之相押字之術謂之心印本自心源想成形迹迹與心合是之謂印爰及萬法緣慮施爲隨心所合皆得名印矧乎書畫發之於情思契之於綃楮則非印而何押字且存諸貴賤禍福書畫豈逃乎氣韻高卑夫畫猶書也楊子曰言心聲也書心畫也聲畫形君子小人見矣

論用筆得失

凡畫氣韻本乎游心神彩生於用筆用筆之難斷可識矣故愛賓稱惟王獻之能爲一筆書陸探微能爲一筆畫無適一篇之文一物之像而能一筆可就也乃是自始及終筆有朝揖連綿相屬氣脉不斷所以意存筆先筆周意內畫盡意在像應神全夫內自足

然後神閑意定神閑意定則思不竭而筆不困也昔宋元君將畫圖衆史皆至受揖而立舐筆和墨在外者半有一史後至者儃儃然不趨受揖不立因之舍公使人視之則解衣盤礴臝君曰可矣是眞畫者也又畫有三病皆繫用筆所謂三者一曰版二曰刻三曰結版者腕弱筆癡全虧取與物狀平褊不能圓混也刻者運筆中疑心手相戾勾畫之際妄生圭角也結者欲行不行當散不散似物凝礙不能流暢也未窮三病徒舉一隅畫者鮮克留心觀者當煩拭背

□筆畫壯則愈玩愈妍其或格凡毫傈初觀縱似可採久之還復意息矣

論婦人形相

歷觀古名士金童玉女及神仙星官中有婦人形相者貌雖端嚴神必清古自有威重儼然之色使人見則肅恭有歸仰之心今之畫者但貴其姱麗之容是取悅於衆目不達畫之理趣也觀者察之

論三家山水

畫山水惟營丘李成長安關仝華原范寬智妙入神才高出類三家鼎跱百代標程前古雖有傳世可見

者如王維李思訓荊浩之倫豈能方駕近代雖有專意力學者如翟院深劉永紀真之儔難繼後塵翟學李劉學范夫氣象蕭疎烟林清曠毫鋒穎脫墨法精微者營丘之制也石體堅凝雜木豐茂臺閣古雅人物幽閑者關氏之風也峰巒渾厚勢狀雄強搶上聲筆俱均人屋皆質者范氏之作也烟林平遠之妙始自營丘畫松葉謂之攢針筆不染淡自有榮茂之色關畫木葉間用墨搵時出枯梢筆迹勁利學者難到范畫林木或側形如偃蓋別是一種風規但未見畫松柏耳畫屋既質以墨籠染後輩目爲鐵屋復有王士元王端燕貴許道寧高克明郭熙李宗成丘訥之流有一體

或具體而微或預造堂室或各開戶牖皆可稱尚然藏畫者方之三家猶諸子之於正經矣

論黃徐體異

諺云黃筌富貴徐熙野逸不惟各言其志蓋亦耳目所習得之於手而應於心也何以明其然黃筌與其子居寀始並事蜀爲待詔筌後累遷如京副使既歸朝筌領真命爲宮贊或曰筌到闕未久物故今之遺迹多是在蜀中日作故往往有廣政年號宮贊之命亦恐傳之誤居寀復以待詔錄之皆給事禁中多寫禁籞所有珍禽瑞鳥奇花怪石今傳世桃花鷹

鶻純白雉兔金盆鵓鴿孔雀龜鶴之類是也又翎毛骨氣尚豐滿而天水分色徐熙江南處士志節高邁放達不羈多狀江湖所有汀花野竹水鳥淵魚今傳世鳧鴈鷺鷥蒲藻蝦魚叢豔折枝園蔬藥苗之類是也又翎毛形骨貴輕秀而天水通色言多狀者緣人之稱聊分兩家作用亦在臨時命意大抵江南之藝骨氣多不及蜀人而瀟灑過之也二者春蘭秋菊各擅重名下筆成珍揮毫可範復有居寀兄居寶徐熙之孫曰崇嗣曰崇矩蜀有刁處士名光胤劉贊滕昌祐夏侯延祐李懷袞江南有唐希雅希雅之孫曰中

翫巨硯及解處中韋都下有李將李吉之儔凟表塗
名手關山孜率徐生與二黃錄山水之有正經（黃筌之師）
（刁處士錄關仝之師荆浩）

論畫龍體要

畫龍惟五代四明僧傳古大師其名最著觀其體則
筆墨遒爽若寫蜿蜒之狀（皇建院法堂屏風是其畫迹）至任從一
待詔之作稍加怪怒（建隆觀洞案院一皇殿後是其畫迹）今惟白所圖
又得其要（建隆觀洞案院玉皇殿中歸眼龍有一龍頭北都大安寺羅漢壁有龍一條）恨
不見弗與秘閣之頭軌範同否又不如葉公當日所

遐厥狀何如自昔豢龍氏殁龍不復擾所謂上飛于
天晦隔層雲下歸于泉深入無底人不可得而見也
今之圖寫固難惟以形似但觀其挪毫落墨筋力精
神理契吳畫鬼神（前論三停九似亦以人多不識真龍先匠所遺傳授之法）

論古今優劣

或問近代至藝與古人何如答曰近代方古多不及
而過亦有之若論佛道人物士女牛馬則近不及古
若論山水林石花竹禽魚則古不及近何以明之且
顧陸張吳中及二閻皆純重雅正性出天然（晉顧愷之宋陸探微梁張僧繇唐閻立本閻立德弟吳道子也）吳生之作為萬世法號曰畫
聖不亦宜哉（已上皆極佛道人物）張周韓戴氣韻骨法皆出意
表（唐張萱周昉皆工士女韓幹畫馬戴嵩工牛或問曰何以知樂韓幹而不言曹霸止引戴嵩而兼稱韓晃答曰韓師曹將軍戴法韓晉公但學其畫可知其師也至如李藻蕭悦鶴子鴿皆善畫鳥但取其本著者明之難即過舉也）後之學者終莫能到故曰近不及古至如
李與關范之迹徐暨二黃之蹤前不謝師資後無復
繼踵借使二李三王之輩復起邊鸞陳庶之倫再生
亦將何以措手於其間哉故曰古不及近（李則李思訓將軍并其子李昭道中舍三王則王維右丞王熊王宰也工山水邊鸞陳庶工花鳥並唐人也）是以

推今考古事絕理窮觀者必辨金鍮無焚玉石

紀藝

宋 郭思

唐永昌元年後盡五代至宋朝熙寧七年名人[illegible]

士編而次之凡一百一十六人

唐末二十七人

左全 趙公祐 趙温其 趙德齊

范瓊 陳皓 彭堅 常粲

常作徹 呂嵬 竹虔 孫遇

張詢 張南本 麻居禮 張素卿

陳若愚 胡瓌子虔 荆浩 刁先徹

尹繼昭 李洪度 辛況 張騰

張質 王俠

五代九十一人

于兢 趙嵒 劉彥齊 袁義

羅塞翁 東丹王 胡擢 胡翼

王殷 李羣 燕筠 杜霄

李玄應弟審 厲歸真 李靄之 韋道豐

朱簡章 王高士 鄭唐卿 關同

支仲元 枚行思 郭乾暉 鍾隱

郭權 史瓊 程凝 王道[illegible]

李玻 唐垓 王道求 宋凷

富玫 左禮 張南 王偉

黃延詰 韓求 李祝 張圖

朱繇 李昇 宋楷 杜子瓌

杜洪濛 房從真 宋藝 高道興

阮知晦 杜倪龜 黃筌 高從遇

阮惟德 杜敬安 黃居寶 趙元德

趙忠義 蒲思訓 蒲師昌 張玫

徐德昌 周行道 張玄 孔嵩

丘文播 丘夫曉 趙方 滕昌祐

姜道隱 楊元真 董從晦 張景思

跋異 王仁壽 衛賢 朱瑤

曹仲玄 陶守立 竹夢松 丁謙

何遇 陸晃 施璘 貫休

楚安 傅古 岳闌黎 [illegible]

德符

宋朝建隆元年後至熙寧七年共一百五十八人

仁宗皇帝天資穎悟聖藝神奇遇興援毫迥逾庶品伏聞齊國獻穆大長公主喪明之始上親畫龍樹菩薩命待詔傳模鏤板印施聖心仁孝又非愚臣所能稱頌石虔田有家藏御畫御馬一疋其毛赭白玉銜勒上有宸翰題云慶曆四年七月十四日兼有押字印寶後因伯父內藏借觀不日赴杭錢之任既久假而不歸居無何伯父終于任所此寶遂歸表兄張端今不復可見爲終身之痛　兼曾見張文懿家有卜

紀藝〔下〕　三

猿一軸仍聞禁中有天王菩薩像　太上游心難可與臣下並列故尊之卷首

王公士大夫依仁游藝臻乎極致者十三人

燕恭肅王　嘉王　李後主　燕肅

武宗元　劉永年　郭忠恕　王士元

宋道　宋迪　文同　郭元方

董源

高尚其事以畫自娛者二人

李成　宋澥

業於繪事馳名當代者一百四十六人人物山水花鳥雜畫分爲四門

人物門五十三人僧道并繪工傳寫者附

王靄　高益　王瓘　孫夢卿

趙光輔　趙隱士　孫知微　勾龍爽

李文才　石恪　表仁厚　趙長元

王齊翰　周文矩　顧德謙　郝虔

厲昭慶　顧洪祝　李雄　侯翼

高文進　王道真　李用及　李象坤

紀藝〔下〕　四

高懷節　張昉　高元亨　楊朏子畫

王兼濟　孫懷悅　陳用智　孟顯

陳士元　王拙　王居正　裴進成

葉仁遇　郝澄　童仁　毛文昌

南簡　龍章子翔　武洞清　江惟清

鍾文秀　田景　李元濟　王易

陳坦　令宗　李八師　劉道士

獨工傳寫者七人

李容　高大沖　尹質　歐陽黌

元靄　維眞　何充

山水門凡二十四人僧附

范寛　劉永　王瑞　翟院深

燕貴　許道寧　紀眞　黄懷玉

商訓　丘訥　廣崇穆　李隱

高克明　屈鼎　郝銳　梁忠信

李宇成　郭熙　董贇　侯封

符道隱　擇仁　巨然　繼肇

花木門凡三十九人僧道附

紀藝　八　五

黄居寀　劉贊　夏侯延祐　丘慶餘

高懷寶　徐熙　徐崇矩　徐崇嗣

唐希雅　唐宿　唐忠祚　解處中

初序　陶裔　毋咸之　傅文用

劉夢松　劉文惠　李符　李懷袞

王曉　趙昌　王友　鐔宏

易元吉　崔白　崔慤　文宣

李吉　侯文慶　董祥　葛守昌

李祐　丁貺　閻士安　居寧

慧崇　何宗師　牛戩

雜畫門凡三十人僧道附

畢頌　張翼　張戡　丘士元

裴文睍　胡九齡　馮進成　吳進

吳懷　董羽　任從一　趙幹

曹仁熙　荀信　戚文秀　路衙推

楊揮　朱澄　徐易　徐白

劉文通　蔡潤　蕭永昇　何霸

張經　支選　蘊能　呂拙

紀藝　八　六

趙裔　鄭隱

畫梅譜序

墨梅始自華光仁老之所酷愛其方丈植梅數本每
花放時輒移床其下吟詠終日莫知其意偶月夜未
寢見窗間疎影横斜蕭然可愛遂以筆規其狀凌晨
視之殊有月下之思因此好寫得其三昧標名於世
山谷見而歎之　嫩寒清曉行孤村籬落間但欠香
耳往往士大夫　數年而未下筆者有不求而自
得者華光每寫時必焚香禪定意適則一掃而成人
或戲之曰昔王子猷愛竹時何無於梅華光正色曰

其秀安輕重裁間者蕭然可愛及其臨老縱心筆墨
愈作愈高于時宗室六人補之亦在其列當時名公
巨卿詩詞褒美不下數千首而公平日所作一千二
百餘本遠其在西時獨留披風帶露几案與山谷最
爲絕筆

畫梅譜

元　華光道人

口訣

梅傳口訣本性天然下筆有力最莫遷延醮墨濃淡
不許浪傳起筆縱逸曲徑斯仰如秋月曲似彎弓
轉如曲肘直似箭邀老如龍角嫩似釣竿枯如丁折
條似直弦嫩梢忌柳指若鞭竿梢鹿角下筆忌繁
枝無十字衆花大錢鬧處莫鬧閑處莫閑老嫩依法
新舊分年乘條無萼勁梢指天枯如蒼眼一刺兩連

枯梢多刺黎梢是鳥梢如鐵戟花無十全花有重犯
枝分后先花分錢眼鬚是虎鬚花有六六流露含烟
如愁如語傲雪凝寒大放小放正偏側偏大偏少偏
移春朝元羞容背日骷髏笑顏離披側謝先春狀元
背萼五點正萼一圈咲春向陽蓓蕾珠聯左偏右偏
護寒衝烟藏春放白蝴蝶蜂先披風帶蒂萼取其圓
一開一謝花欲大然正鬚排七一鬚爭先吐三背四
切忌稠繁造無盡意只在精嚴斯爲標格不可輕

取象

梅之有象由制氣也花屬陽而象天木屬陰而象地
而其故各有五所以別奇偶而成變化蒂者花之所
自出象以太極故有一丁房者華之所自彰象以三
才故有三點萼者花之所自出象以五行故有五葉
鬚者花之所自成象以七政故有七莖謝者花之所
自究復以極數故有九變此花之所自出皆陽而成
數皆奇也根者梅之所自始象以二儀故有二體木
者梅之所自放象以四時故有四向枝者梅之所自
成象以六爻故有六成梢者梅之所自備象以八卦

故有八結樹者梅之所自全象以足數故有十種此
木之所自皆陰而成數皆偶也不惟如此花開正者
其形規有至圓之象花背開者其形規有至方之象
枝之向下其形規俯有覆器之象枝之向上上其形
規仰有載物之象于鬚亦然正開者有老陽之象其
鬚七謝者有老陰之象其鬚六半開者有少陽之象
其鬚三蓓蕾者有天地未分之象體鬚未形其理已
著故有二丁二點者而不加三點者天地未分而人
極未立也花萼者天地始定之象故有所自而取[illegible]

眞非自然而然也識者當以類推之

一丁　其法須是丁香之狀貼枝而生一左一右不
可相並丁點須要端楷有力無令其偏丁偏即花偏
矣是故詩有曰丁點須端楷安排不要偏丁偏花不
正難使葉如錢

二體　謂梅根也其法梢不獨生須分爲二一大一
小以別陰陽一左一右以分向背陰不可加陽小不
可加大然後爲得體故詩曰根莫與獨發獨發則成
孤二體强同勢開源有放殊

三點　其法貴如一字上濶下狹兩邊者連丁之狀
向兩角中間者據中而起帶萼相接不可不相接接
不可斷續也故詩曰三點加丁上乘房自此全落毛
衝斷却帶萼不相連

四向　其法有自上而下者有自下而上者有自右
而左者有自左而右者須布左右上下取焉

五出　其法須是不尖不圓隨筆而偏分折如花開
七分則全露如半開則見其半正開者則見其全下
懸分別也

五萼　其法須分別圓尖要識中隨花成上下[illegible]
莫相同
六枝　其法有偃仰枝覆枝從枝分枝折枝凡作[illegible]
之際須是遠近上下相間而發庶有生意也故詩曰
六位須分別毋令寫處同有人能識此何必覓春[illegible]
七鬚　其法須是勁其中勁長而無英側六莖短[illegible]
不齊長者乃結子之鬚故不加英酸之味酸短者乃
從者之鬚故知英點嗽之味若詩曰惢鬚如虎鬚七
莖有等殊中莖結青子六短就成虛

畫梅譜　　五

八結　其法有長梢短梢嫩梢疊梢交梢孤梢分梢
怪梢須是用木而成隨枝而結若任意而成無體格
也
九變　其法一丁而蓓蕾蓓蕾而萼萼而漸開漸圓
而半折半折而正放正放而爛漫爛漫而半謝半謝
而薦酸詩曰九變如終始從丁次第開正開還識謝
飄落委荄者
十種　其法有枯梅新梅繁梅山梅疎梅野梅宮梅
江梅園梅盤梅其木　以不可無別也詩曰十種[illegible]

花木須憑墨色分莫令無辨別寫作一般春
三十六病枝戍指撚落筆再填停筆作節起筆不[illegible]
枝無生意枝無後先枝老無刺枝嫩刺連落花多片
畫月取圓樹老花繁曲枝直幹花無向背枝無南北
雪花全露參差積雪寫景無景有烟有月老幹叠[illegible]
親枝疊輕過枝無花枯枝無蘚眺處捲層圈花太圓
陰陽不分賓主無情花大如桃花小如李棄條寫花
當抒起藥樹輕枝重花併犯忌陽花犯少陰花過取
奴花並生二木並麂

畫梅譜　　六

畫梅總論　木清而花瘦梢嫩而花肥交枝而花[illegible]
纍纍分梢而花疎纍纍一為樹二為體三為梢長如
箭短如戟宇宙高而結頂地步窄而無盡若作臨崖
傍數枝枝怪花疎只欲半開若作疎風洗雨枝閑花
茂只看離披爛熳若作披烟帶霧枝嫩花茂只要含
笑盈枝若作臨風帶雪幹老枝稀只要疊煖淡蕩花
閑若作傍霜映日森空峭直只要花細香舒學者須
要審此梅有數家之格或有疎而嬌或有繁而勁或
有老而媚或有清而健豈有類哉有生山岑者有[illegible]

隱密清有生離落者有生沉溺者其枝疎密長短有
異下可不辨
華芳拈遶　凡作花萼必須丁點端楷丁欲長而懸
欲短頓欲勁而萼欲尖丁正則花正丁偏則花偏枝
不可對發花不可並生多而不繁少而不虧枝枯則
欲其蘇間花曲則欲其意舒花須相合枝須相依心
欲緩而手欲速墨須淡而筆欲乾葉須圓而不類杏
枝欲瘦而不類柳似竹之清如松之質斯成梅矣

又

畫梅別理　或問之鬚不下數十莖今寫其七何也
公曰花鬚少者梅稟少陽之氣而成霜露之姿偶獨
發其七耳或又曰花或有六出者今獨寫其五葉豈
有況乎公曰四出者六出者獨謂踈梅乃村野人接
之制棘樹上今成雜而受氣不清使其然乎獨有者
稟中和之氣有自然之性故寫者取此棄彼或曰信
矣梅為木不公又曰梅為木不下一二丈小者此類
儀令人作圖障纔數花梢根皆具或有加山坡水石
之類豈不失其本真乎

又

梅有四字疊花如品字交枝如又字交木如椏字結
梢如爻字枝小有花多花少則不繁枝細花而不怪
枝多花少言其氣之全也枝老而花大言其氣之壯
也枝嫩花細言其氣之微也梅有高下尊卑之別有
大小貴賤之辨有疎密輕重之象有間闊動靜之用
枝不得並發花不得並生眼不得並點木不得並接
枝有文武剛柔相合花有大小君臣相對條有父子
長短不同蘂有夫妻陰陽相應其木不一當以類推
之

畫竹譜　　薊丘李衎

文湖州校東坡訣云竹之始生一寸之萌耳而節葉具焉自蜩腹蛇蚹至於劍拔十尋者生而有之也今畫竹者乃節節而爲之葉葉而累之豈復有竹乎故畫竹必先得成竹於胸中執筆熟視乃見其所欲畫者急起從之振筆直遂以追其所見如兔起鶻落少縱則逝矣坡云與可之教予如此予不能然也夫既心識所以然而不能然者內外不一心手不相應不

學之過也且坡公尚以爲能然者不學之過況後之人乎人徒知畫竹者不在節節而爲葉葉而累抑不思胸中成竹從何而來慕遠貪高踰級躐等放弛情性東抹西塗便爲脫去翰墨蹊徑得乎自然故[illegible]節一葉措意於法度之中時習不倦眞積力[illegible]無學[illegible]信腕中眞有成竹而後可以振筆[illegible]以追其所見也不然徒執筆熟視將何[illegible]追之耶苟能就規矩繩墨則自無瑕[illegible]至哉縱失之[illegible]久之猶可達於規矩繩墨[illegible]放逸則恐不[illegible]

[illegible]入於規[illegible]而後[illegible]自法度[illegible]鄉得之[illegible]五[illegible]設施[illegible]籠套[illegible]事　米芾論[illegible]不得法雖筆精妙[illegible]無所施故[illegible]見附於此

粘幀先[illegible]將[illegible]放[illegible]頓[illegible]平穩熟粘用[illegible]刷刷上看[illegible]絹[illegible]縷正當先將[illegible]右邊絲縷正當[illegible]次左邊亦如之動直待乾徹用木楔楔[illegible]下一邊用鐵線[illegible]楔許一杖子次用麻索[illegible]緊然後上楔

仍再緊之

染絹不可用明膠其性太緊絹素不能當久則[illegible]須[illegible]也[illegible]少

又云凡春秋間宿用溫水[illegible]膠封蓋勿令[illegible]人明日再入沸湯內[illegible]見火見火則膠[illegible]於絹上冬夏月則不須[illegible]冬月則凍一日

別用淨磁[illegible]水浸[illegible]研水中皆之[illegible]澀便可太過則絹澀難[illegible]墨仍看絹素多少[illegible]前項以兩膠礬水相對

色爲度若夏月膠性差慢爛多亦不妨再有稀絹濾過用刷上絹除乾後落墨近年有一種油絲絹并藥粉絹先須用熱皁莢水刷過便乾依前上礬

一位置須看絹幅寬窄横竪可容幾竿根梢向背枝葉遠近或榮或枯及上坡水口地面高下厚薄自意先定然後用朽子朽下再看得不可意且勿着筆再審看改朽得可意方始落墨無復悔然畫家自來位置爲最難蓋凡人情尚好才品各各不同所以雖父子至親亦不能授受況筆舌之間豈

能盡之惟畫法所忌不可不知所謂衝天撞地偏重偏輕對節排竿鼓架勝眼前枝後葉此爲十病斷不可犯餘當各從已意

衝天撞地者謂梢至絹頭根至絹末阨塞塡滿者

偏輕偏重者謂左右枝葉一邊偏多一邊偏少不停趁者對節者謂各竿節節相對

二描墨握筆時澄心靜慮意在筆先神思專一不雜不亂然後落筆須要圓勁快利仍不可太速速則失勢亦不可太緩緩則癡濁復不可太肥肥則俗惡又不可太瘦瘦則枯弱起落有準的來手有逆順不可不察也如描葉則勁利中求柔和描竿則婉媚中求剛正描節則分斷處要連屬描枝則柔和中要骨力詳審四時榮枯老嫩隨意下筆自然枝葉活動生意具足若待設色而後成竹則無復有畫矣

三承染最是緊要處須分別淺深翻正濃淡用水筆破開時忌見痕迹要如一段生成發揮畫筆之功全在於此若不加意稍有差池前功俱廢矣法

用番中青黛或靛花螺青放盞内入稠膠殺開慢火上焙乾再用指面旋點清水隨點隨殺不厭多時愈殺則愈明淨看得水脈着中離筆承染嫩葉則淡染老葉則濃染枝節間深處則濃染淺處則淡染更在臨時相度輕重

四設色須用上好石綠如法入清膠水研淘出分五等除頭綠麄惡不堪用外二綠三綠染葉面色淡者名枝條綠染葉背及枝幹更下一等極淡者名綠花亦可用染葉背枝幹如初破籜新竹須用[illegible]

綠染節下粉白用石青花染老竹用藤黃染枯竹枝榦及葉梢箭籜皆土黃染箭籜上斑花及葉梢上水痕用檀色點染此其大略也若夫對合淺深斟酌輕重更在臨時

調綠之法先入稠膠研勻別煎槐花水相輕重和調得所依法濡筆須輕薄塗抹不要厚重及有痕迹亦須嚴謹道遏截勿使出入不齊尤不可露白若遇夜則將綠盞以盡水出膠了放乾明日更依前調用若只如此經宿則不可用矣

五籠套此是畫之結裹尤須績密後設色乾了子細看得無缺空漏落處用乾布淨巾着力拂拭恐有色脫落處隨便補治勻好除葉背外皆用草汁籠套葉背只用澹藤黃籠套

草汁之法先將好藤黃浸開却用殺開螺青汁看深淺對合調勻便用若隔夜則不堪用若暑月則半日則不堪用矣

往歲遠使交趾深入竹鄉究觀詭異之產於交

辨析疑似區別品彙不敢盡信紙上語若

訂嗜志余之與竹燕幾得之薊丘李衎

墨竹譜

元　管夫人

墨竹位置一如畫竹法但幹節枝葉四者若不由規矩徒費工夫終不能成畫也凡濡墨有深淺下筆有重輕逆順往來須知去就濃淡麄細便見榮枯乃要葉葉着枝枝枝着節山谷云生枝不應節亂葉無所歸須一筆筆有生意一面面得自然四面團欒枝葉活動方爲成竹然古今作者雖多得其門者或寡不失之於簡略則失之於繁雜或根幹頗佳而枝葉謬

誤或位置稍當而向背乖方或葉似刀𠝹或身如板束麄俗很藉不可勝言其間縱有稍異常流僅能盡美至於盡善良恐未暇獨文湖州挺天縱之才比生知之聖筆如神助妙合天成馳騁於法度之中逍遙於塵垢之外縱心所欲不踰準繩故一依其法布列成圖庶後之學者不陷於俗惡知所當務焉

一畫竿若只畫一二竿則墨色且得從便若三竿之上前者色濃後者漸淡若一色則不能分別前後矣然後梢至根雖一節節畫下要筆意貫穿梢頭節短漸漸放長比至節根漸漸放短每竿須要墨色勻停行筆平直兩邊如界。自然圓正若擁腫偏邪墨色不勻間麄間細間枯間濃及節空勻長勻短皆文法所忌斷不可犯頗見世俗用潵綠槐皮。或瀾紙濡墨畫竿無問根梢一樣麄細又且板平全無圓意但堪發笑學者切忌不宜做效

二畫節立竿既定畫節爲最難上一節要覆蓋下一節下一節要承接上一節中間雖是斷離却要有連屬意上一筆兩頭放起中間落下如月少彎則便見

一竿圓混下一筆看上筆意趣承接不差自然有連屬意不可齊大不可齊小齊大則如旋環齊小則如墨板不可太彎不可太遠太彎則如骨節太遠則不相連屬無復生意矣

三畫枝各有名目生葉處謂之丁香頭三合處謂之雀爪直枝謂之釵股從外畫入謂之垛疊從裏畫出謂之逆跳下筆須要遒健圓　生意連綿行筆疾速不可遲緩老枝則挺二而起節　大而枯瘦嫩枝則和柔而婉順節小而肥滑葉少　皮覆葉少則枝昂風

[illegible]枝觸類而長亦在臨時轉變不可拘於[illegible]曰郢王隨枝畫斷節能非文法今不敢取

四畫葉下筆要勁利實按而虛起一抹便過少遲則鈍厚不銛利矣然寫竹者此爲最難爲此一功夜爲墨竹矣法有所忌學者當知麤忌似桃細忌似柳一忌孤生二忌並立三忌如叉四忌如井五忌如手指及似蜻蜓翻正向背轉側低昂雨打風翻各有態度不可一例抹去如染皂絹無異也

畫學秘訣

唐　王維

夫畫道之中水墨最爲上肇自然之性成造化之功或咫尺之圖寫千里之景東西南北宛爾目前春夏秋冬生於筆下初鋪水際忌爲浮泛之山次布路岐莫作連緜之道主峯最宜高聳客山須是奔趨回抱處僧舍可安水陸邊人家可置村莊著數樹以成林枝須抱體山崖合一水而瀑瀉泉不亂流渡口只宜寂寂人行須是疏疏泛舟楫之橋梁且宜高聳著

漁人之釣艇低乃無妨懸崖險峻之間好安怪木峭壁巉岩之處莫可通途遠岫與雲容相接遙天共水色交光山鉤鎖處沿流最出其中路接危時棧道可安於此平地樓臺偏宜高柳映人家名山寺觀雅稱奇杉襯樓閣遠景煙籠深岩雲鎖酒旗則當路高懸客帆宜遇水低掛遠山須宜低排近樹惟宜拔迸手親筆硯之餘有時遊戲三昧歲月遙永頗探幽微妙悟者不在多言善學者還從規矩

頂參天不須見殿似有似無或上或下茆堆土埠

半露簷廒草舍廬亭略呈檣桅　山分八面石有三
方閑雲切忌芝草樣　人物不過一寸許松柏上現
二尺長
凡畫山水意在筆先丈山尺樹寸馬分人遠人無目
遠樹無枝遠山無石隱隱如眉遠水無波高與雲齊
此是訣也山腰雲塞石壁泉塞樓臺樹塞道路人塞
石看三面路看兩頭樹看頂頷水看風腳此是法也
凡畫山水平夷頂尖者巔峭峻相連者嶺有穴者岫
峭壁者崖懸石者岩形圓者巒路通者川兩山夾[illegible]
學畫秘訣　八　二
名爲壑也兩山夾水名爲澗也似嶺而高者名爲陵
也極目而平者名爲坂也依此者粗則山水之髣髴
也觀者先看氣象後辯清濁定賓主之朝揖列羣峰
之威儀多則亂少則慢不多不少要分遠近遠山不
得連近山遠水不得連近水山腰掩抱寺舍可安斷
岸坂堤小橋[illegible]無路處則林木岸絕處則古渡水
斷處則烟樹[illegible]處則征帆林密處則居舍臨岩古
木根斷而纏[illegible]流石岸欹奇而水痕凡畫林木遠
[illegible]平近者[illegible]葉者枝嫩柔無葉者枝硬勁松
皮如鱗柏皮纏身生上土者根長而莖直生石上者
拳曲而伶仃古木節多而半死寒林伏雜而蕭森有
雨不分天地不辯東西有風無雨只看樹枝有雨無
風樹頭低壓行人傘笠漁父簑衣雨霽則雲收天碧
薄霧霏微山添翠潤日近斜暉早景則千山欲曉霧
靄微微朦朧殘月氣色昏迷晚景則山銜紅日帆捲
江渚路行人急半掩柴扉春景則霧鎖烟籠長烟引
素水如藍染山色漸青夏景則古木蔽天綠水無波
穿雲瀑布近水幽亭秋景則天如水色簇簇幽林雁
學畫秘訣　八　三
鴻秋水蘆島沙汀冬景則借地爲雪樵者負薪漁舟
倚岸水淺沙平凡畫山水須按四時或曰烟籠霧鎖
或曰楚岫雲歸或曰秋天曉霽或曰古塚斷碑或曰
洞庭春色或曰路荒人迷如此之類謂之畫題山頭
不得一樣樹頭不得一般山藉樹而爲衣樹藉山而
爲骨樹不可繁要見山之秀麗山不可亂須顯樹之
精神能如此者可謂名手之畫山水也

說郛目錄

弓第九十二

畫史

宋　米芾

杜甫詩謂薛少保惜哉功名迕但見書畫傳甫老儒汲汲于功名豈不知固有命殆是平生寂寥所慕嗟乎五王之功業尋爲女子笑而少保之筆精墨妙摹印亦廣石泐則重刻絹破則重補又假以行者何可數也然則才子鑒士寶鈿瑞錦繅襲數十以爲珍玩回視五王之煒煒皆糠粃埃壒奚足道哉雖孺子知其不逮少保遠甚明白余故題所得蘇氏薛稷二

鶴云遼海未稀顧螻蟻仰霄孤唳留清耳從容雅步在庭除浩蕩閑心存萬里乘軒未失入佳談寫眞不妄傳詩史好事心靈自不凡臭穢功名皆一戲武功中令應天人來髮猕陽侍帝晨連城照乘不保寶貴圖孔若悉珍眞百齡生我欲公起九原蕭蕭松欵凝得公遺物非不多賞物懷賢心不已其後以帖易與蔣長源字仲永吾書畫友也余平生嗜此老矣此外無足爲者嘗作詩云棐几延毛子明窻館墨卿功名皆一戲未覺負平生九原不可作漫呼杜老曰杜二

醉汝一巵酒澳汝在不能從我遊也故敘平生所觀
以示子孫題曰畫史識者爲余增廣平日也

晉畫

顧愷之維摩天女飛仙在余家
女史箴橫卷在劉有方家已上筆彩生動髭髮秀潤
太宗實錄載購得顧筆一卷今士人家收得唐摹顧
筆列女圖至刻板作扇皆是三寸餘人物與劉氏女
史箴一同
吾家維摩天女長二尺名畫記所謂小身維摩也

戴逵觀音在余家天男相無髭皆貼金

六朝畫

蘇氏古賢像十人一卷衣紋自非晉筆
蔣長源字仲永收宣王姜后免冠諫圖宣王白帽此
六朝冠也
王戎像元在余家易李邕帖與呂端問已上皆假顧
唯之□元以懷素帖易于王詵字晉卿家
梁武帝翻經像在宗室仲忽處亦假顧筆
六祖釋像在蘇泌家皆張僧繇筆也張筆天女宮
面短而豔顧乃深靚爲天人相武帝作居士服反屑
露齒宮女四人拏花後四武士持戈劍髮如神也
余家收英布像類六朝時石刻

唐畫　五代國朝附

唐初畫高鳳升梁鴻故事橫卷在蔡壯字道卿家
唐太宗步輦圖有李德裕題跋人後附詔是閻令畫
真筆今在宗室仲爰君發家
道德經一卷出相間不知何人畫絹本字大小不勻
真褚遂良書在范相堯夫家與燕京當世家西昇經

不同雖有裴度柳公權跋非閻令畫褚筆唐人自不
鑒爾
蘇氏種瓜圖絕畫故事蜀人多作此等畫工甚非閻
立本筆立本畫皆著色而細銷銀作月色布地今、
收得使部之李將軍思訓皆非也江南李主多有之
以內合同印集賢院印印之蓋收遠物或是珍貢
王維畫小輞川摹本筆細在長安李氏人物好此定
是真若比世俗所謂王維全不類或傳宜興楊氏本
上摹得

張修字誠之少卿家有辟支佛下畫王維仙桃巾黃服合掌頂禮乃是自寫眞與世所傳關中十大弟子眞法相似是眞筆世俗以蜀中畫騾綱圖劍門關圖爲王維甚衆又多以江南人所畫雪圖命爲王維但見筆清秀者卽命之如蘇之純家所收魏武讀碑圖亦命之維李冠卿家小卷亦命之維與讀碑圖一同今在余家長安李氏雪圖與孫祇道字積中家畫圖一同命之爲王維也其他貴族家不可勝數㮣非如是之衆也

文彥博太師小輞川拆下唐跋自連眞還李氏一日同出坐客皆言太師者眞唐張彥遠名畫記云類道子又云雲峰石色絶迹天機筆思縱橫參於造化孫氏圖僅有之餘未見此趣

蘇軾子瞻家收吳道子畫佛及侍者誌公十餘人破碎甚而當面一手精彩動人點不加墨口淺深暈成故最如活

王防字元規家二天王皆是吳之入神畫行筆磊落揮霍如蓴菜條圓潤折筭方圜凹凸裝色如新與子瞻者一同

李公麟字伯時家天王雖佳細弱無氣格乃其弟子輩作貴侯家所收率皆此類也

宗室令穰字大年處天蓬亦眞吳筆

周種字仁熟家大悲亦眞今人得佛則命爲吳未見眞者唐人以吳集大成而爲格式故多似尤難鑒定余白首止見四軸眞筆也

世俗見馬卽命爲曹韓韋見牛卽命爲韓滉戴嵩甚可笑唐名手衆未易定惟薛道祖紹彭家九馬圖合

杜甫詩是眞曹筆餘唐人大抵不相遠也又金陵有唐人韓滉畫牛今人皆命爲戴嵩差瘦也

馬牛本所見高公繪字君素二馬一齕草一嘶王詵家二馬相咬是一本後人分開賣蘇澥字志東家三疋王元規家二疋宗室令穰家五疋劉涇字巨濟家三疋皆筆法相似並唐人妙手也劉所收白子母牛王仲修字敏甫家黑牛令穰家黑牛皆命爲戴甚相似皆侯家多不同皆命爲戴不可勝數

蘇退傳丞相孫德淑收仁宗畫黑猿上有小御寶旁

一印胡盧王秦字畫奇甚
唐畫張志和顏魯公樵青圖在朱長文字伯原家無
名人畫甚佳今人以無名命爲有名不可勝數故諺
云牛卽戴嵩馬卽韓幹鶴則杜荀象卽章得也
山水李成只見二本一松石一山水四軸松石皆出
盛文肅家今在余齋山水在蘇州寶月大師處秀潤
不凡松動挺枝葉鬱然有陰荆楚小木無冗筆不作
龍蛇鬼神之狀今世貴侯所收大圖猶如顏柳書藥
牌形貌似爾無自然皆凡俗林木怒張松幹枯瘦多

節小木如柴無生意成身爲光祿丞第進士子祐爲
諫議大夫孫有爲待制贈成金紫光祿大夫使其是
凡工衣食所仰亦不如是之多皆俗手假名余欲爲
無李論
巨然師董源今世多有本嵐氣清潤布景得天眞多
巨然少年時多作礬頭老來平淡趣高
劉道士亦江南人與巨然同師巨然畫則僧在主位
劉畫則道士在主位以此爲別
董源平淡天眞多唐無此品在畢宏上近世神品格

高無與比也峰巒出沒雲霧顯晦不裝巧趣皆得天
眞嵐色鬱蒼枝幹勁挺咸有生意溪橋漁浦洲渚掩
映一片江南也
關同人物俗石木出于畢宏有枝無幹
張友正家收古栢一株枝枝如龍蛇亂結甚異石亦
勁澁不凡廻爲華侯平生收畫後多歸王
大抵牛馬人物一模便似山水摹皆不成山水心匠
自得處高也
滕昌祐邊鸞徐熙徐崇嗣花皆如生黃筌惟蓮差勝

雖富豔皆俗
李王山水唐希雅黃筌之倫翎毛小筆人收甚衆好
事家必五七本不作深論
李瑋公炤自言收李成八幅此特以氣與好事相尚
爾
宗室仲忽字周臣收孫可玄笠澤垂釣圖亦不俗然
世無可玄筆又收唐道德經一卷人物三寸許皆如
吳畫
潤州節推莊鼎字節之青州人收麻紙爾雅圖衣冠

人物與蘇氏一同
王球夔玉收西域圖謂之閻令書稍遂良書與馮京
家同假名耳
蔣長源字永仲家周昉三楊圖馮京當世家橫卷皆
入神
蘇州丁氏五星圖宗室叔盎字伯充家金星一小幀
並真迹也
宗少文一筆畫唐人摹絹本在劉季孫家故蘇太簡
物薛稷鶴在蘇之孟家

北史人物衣冠乘馬甚古亦在蘇之孟家題云曹將
軍也
徐熙大小折枝吾家亦有士人家往往見之翎毛之
倫非雅玩故不錄桃一大枝謂之滿堂春色在余家
李公麟家展子虔刻方行小人物甚佳韓馬破裂四
足如泳水中皆伯唐文房物
宗室仲爰字君發收唐畫陶淵明歸去來其作盧山
有趣不俗
楊褒字之損收唐畫村田踏歌樂上題廣政年入御

府人物亦佳
凡收畫必先收唐希雅徐熙等雪圖巨然或范寬山
水圖齊整相對者裝堂遮壁乃于其上旋旋掛名筆
絹素大小可相當成對者又漸漸掛無對者盖古畫
大小不齊鋪掛不端正若晋筆須第二重掛唐筆爲
襯乃可掛也若道寧不可用模入畫太俗也
余家顧淨名天女長二尺五應名畫記所述之數唐
鏤牙軸紫錦裝褾李公麟見之賞愛不已親琢白玉
牌鼎銘古篆虎頭金粟字皆褾雲鶴以結緣也

戴逵觀音亦在余家家山乃逵故宅其女捨宅爲寺
寺僧傳得其相天男端靜舉世所覩觀音作天女相
者皆不及也名畫記云自漢始有佛至逵始大備也
古畫若得之不脫不須背褾若不佳換褾一次背一
次壞屢更矣深可惜盖人物精神髮彩花之穠艷蜂
蝶只在約略濃淡之間一經背多或失之也
蔡駰子駿家收老子度關山水林石車從關令尹喜
背奇古老子乃作端正塑像戴翠色蓮花冠手持碧
玉如意此盖唐爲之祖故不敢畫其真容漢畫老子

于蜀郡石室有聖人氣象想去古近當是也
仲爰收巨然半幅横軸一風雨景一皖公山天柱峯
圖清潤秀拔林路縈回真佳製也
余家董源霧景横披全幅山骨隱顯林梢出沒意趣
高古
余家所收李成至李冠卿大扇愛之不已爲天下之
冠既購得之背于真州昭宣使宋用臣自舒州召還
見之太息云　慈聖光獻太后於上温凊小殿購
李成畫貼成屏風以上所好至輒玩之因吳丞相沖

卿夫人入朝太皇使引辨真僞成之孫女也内以四
幅爲真折奉上别購補之勅用臣背于内東門正與
此類因語汝然獨吾愛皆余亦甚珍之及得盛文肅
家松石皀幅如紙幹挺可爲隆棟枝茂淒然生陰作
節處不用墨圈下一大點以通身淡筆空過乃如天
成對面皴石圓潤突起至坡峯落筆與石腳及水中
一石相平下用淡墨作水相準乃是一磧直入水中
不若世俗所效直斜落筆下更無地又無水勢如飛
空中使妄評之人以李成無腳葢未見真耳劉涇自

以李成真筆多于光出示之乃良久曰此必成師也
唐希雅作林竹顫瀉楚但不合多作禽鳥又作棘林
間戰筆小竹非善是效其主李重光耳
鍾峯自道居士又稱鍾峯隱居又稱鍾峯隱者皆李
重光畫自題號意是鍾山隱居耳所自畫必題曰鍾
隱筆上有内殿圖書之印及押用内合同集賢院畫
印有此印者是與文房物也
内合同乃其璽唐室皆用内合同爲御印至梁高祖
始用御前之印也錢氏以内院倣之封函曰制姓名

内曰制公某人可某官上用此印日月用國印
今人絶不畫故事則爲之人又不考古衣冠皆使人
發笑古人皆云某圖是故事也蜀人有晉唐餘風國
初巳前多作之人物不過一指雖乏氣格亦秀整林
木皆用重色清潤可喜今則不復見矣
范寛師荆浩浩自稱洪谷子王詵甞以二畫見送題
勾龍爽畫因重背入水于左邉石上有洪谷子荆浩
筆字在合綠色抹石之下非後人作也然全不似寛
後數年丹徒僧房有一軸山水與浩一同而筆乾不

圓于瀑水邊題華原范寛乃是少年所作却以常法較之山頂好作密林自此趨枯老水際作突兀大石自此趨勁硬信荆之弟子也于是以一畫易之收以示鑒者

荆浩畫畢仲愈將叔處有一軸段緘家有横披然未見卓然驚人者寛固青于藍又云李成師荆浩未見一筆相似師關同則葉樹相似

關同眞迹見二十本范寛見三十本其徒甚多滕昌祐邊鸞各見十本丘文播花木見三十本祝夢松雪

竹見五本巨然劉道士各見十本餘董源見五本李成眞見兩本僞見三百本徐熙崇嗣花果見三十本黄筌居宷居實見百本李重光見二十本僞吳生見三百本

關中小孟人謂之今吳生以壁畫筆上絹素一一如刀劃道子界墨訖則去弟子裝之色益本筆再添而成唯恐失眞故齊如劃小孟遂只見壁畫不見其眞至于點睛皆用濃墨愈光愈失神彩不活又古人畫遊地闊口鼻眼相近武宗元亦然以吳生畫

多異然本非用意各執一物理自不同宗元乃爲過海天王二十餘身各各高呈似其手各作一様一披之猶一羣打令鬼神不覺大笑俗以爲工也

李公麟病右手三年余始畫以李嘗師吳生終不能去其氣余乃取顧高古不使一筆入吳生又李筆神彩不高余爲目睛面文骨木自是天性非師而能以俟識者唯作古忠賢像也

東丹王胡瓌蕃馬見七八本雖好非齋室清玩

余昔購丁氏蜀人李昇山水一幀細秀而潤上危峰

下橋涉中瀑泉松有三十餘株小字題松身曰蜀人李昇以易劉涇古帖劉刮去字題曰李思訓易與趙叔盎今人好僞不好真使人歎息

沈括存中家收周昉五星與丁氏一同以其淨處破碎遂隨筆剪却四邊帖于碧絹上成横軸使人太息

王鞏字定國收李成雪景六幅清潤今歸林希字子中家又收唐竹圖着色亦好一横竹比他竹太麄也

余家收唐人麻紙畫楊子雲腰下懸一兕觥細轉條索

蔡永仲收古銅兕觥其形勢骨體門戶全備機旋條
索一如余家畫蓮以帖易去以證謂之子雲觥
潤州甘露寺張僧繇四菩薩長四尺一板長八尺許
又陸探微神面黃口角露二向上齒金甲手持幡下
一白獅子神彩驚人殿梁天臨中盎拱明間有二吳
道子行脚僧君移置行脚僧於淨名齋以避風雨已
上並會昌中廢寺於本道令毀寺處移來於此寺其
殿中置明皇銅像因得不廢元符末一旦爲火所焚
六朝遺物掃地江左更無一晉筆藏是六朝所書卷

晉王總持煬帝小字也平江南鳩集寺題跋具
存李衛公祠手植檜皆焚蕩寺後重重金碧參差多
景樸面山背海爲天下甲觀五城十二樓不過也所
存惟衛公鐵塔米老庵二間余作詩悼之曰色政重
重構香歸戶戶嵐樣浮龍委骨畫失獸遺耽神護衛
公塔天留米老庵梢梁終厭勝會副越人談
榮洛道宇詢之收雪嶽圖命爲王維不類張氏碎文
佛所畫合掌象林木類蜀人筆雪山精好是唐物雖
將末也

李冠卿少卿收雙幅大折枝一千葉桃一海棠一
花一大枝上一枝向背五百餘花皆背一枝向面五
百餘花皆面命爲徐熙余細閱於一花頭下金書臣
崇嗣上進公歎曰平生所好終被弟有被破除平生
念矣今歸李莘老野夫家又收兩幅樓臺甚古上有
三十餘宮人唐裝約略行筆設彩生動又收六幅大
龍旁畫龍王不知何人筆精彩動人云五郡祈輒雨
易元吉徐熙後一人而已善畫草木葉心翎毛如唐
徐後無人繼世但以獐猿稱可歎或云畫孝嚴殿壁

畫院人妬其能只令畫獐猿竟爲人鴆
趙昌王友之流如無才而善佞士初甚可惡終須憐
而收錄裝堂嫁女亦不棄
王端學關同人物益入俗
元靄傳寫眞有神彩
孫知微作星辰多奇異不類人間所傳信異人也然
是逸格造次而成平淡而生動雖清拔筆皆不圓學
者莫及然自有瓌古圓勁之氣畫龍有神彩不俗也
湯䏧學吳生點睛髭髮有意衣紋差圓倘爲孫知微

逸格所破
武岳學吳有古意子洞清元作佛像羅漢善戰掣筆作髭髮尤工天人畫壁髮彩生動然綃素畫以粉點眼久皆先落使人惜之南岳後殿壁天下奇筆
江南劉常花氣格清秀有生意固在趙昌王友上
傅古龍如蜈蚣鬣羽龍如魚
趙叔盎家舊有出蟄圖江南畫魚蝦相隨山石林木人物如董源龍不俗往作也是龍吞珠圖
曹仁熙水今古無及四幅圖內中心一筆長丈餘自此分去高郵有木壁院

長沙富民收水鳥蘆花六幅圖乃唐人手妄題作李假押字後人題也
古人圖畫無非勸戒今人撰明皇幸興慶圖無非奢麗吳王避暑圖重樓平閣徒動人侈心
余嘗與李伯時言分布次第作子敬書練裙圖圖成乃歸權要竟不復得余又嘗作支許王謝於山水間自挂齋室又以山水古今相師少有出塵格者因作之多煙雲掩映樹石不取細意似便已

求者只作三尺橫掛三尺軸惟寶晉齋中掛雙幅成對長不過三尺標出不及椅所映人行過肩汗不着更不作大圖無一筆李成關同俗氣
禮部侍郎燕穆之司封郎宋廸復古並龍圖閣劉明復皆師李成復古比二公特細秀作松枝兩兩向背荊楚細甚秀
大夫將長源作着色山水頂似荊浩松身似李成葉取真松爲之如靈鼠尾大有生意石不甚工作凌霄花纏松亦佳作

嗣濮王宗漢作蘆鴈有佳思余題詩曰偃蹇汀眠鴈蕭梢風觸蘆京塵方滿眼速爲與花奴又曰野趣分苕水風光翦鑑湖塵中不作惡爲有鄰公圖
王詵學李成皴法以金碌爲之似古今觀音寶陁山狀作小景亦墨作平遠皆李成法也
宗室令穰大年作小軸清麗雪景類世所收王維汀渚水鳥有江湖意
蘇軾子瞻作墨竹從地一直起至頂余問何不逐節分曰竹生時何嘗逐節生運思清拔出於文同與可

自謂與文拈一瓣香以墨深爲面淡爲背自與可始也作成林竹甚精子瞻作枯木枝幹虬屈無端石皴硬亦怪怪奇奇無端如其胸中盤鬱也吾自湖南從事過黃州初見公酒酣曰君貼此紙壁上觀音紙也即起作兩枝竹一枯樹一怪石見與後晉卿借去不還

朝議大夫王之才妻南昌縣君李尚書公擇之妹能臨松竹木石畫見本即爲之難卒辨文與可每作竹貺人一朝士張潛廷跡作謹文作紓竹以贈之如是

畫史　十八

不一又作橫絹丈餘着色偃竹以貺子瞻南昌過黃倩得以倣臨之後數年會余眞州求詩非自陳不能辨也余曰偃蹇宜如李揮毫已逼翁衛書無曲妙琰惠有遺工作覬虬如物初披颯有風顧藏唯謹鑰化去或難窮

章友直字伯益善畫龜蛇以篆筆畫亦有意又能以篆筆畫棊盤筆筆相似其女並能之

杭僧眞慧畫山水佛像近世出品惟翎毛墨竹有江氣象寫一大牛大數尺形似虎

艾宣張涇實覺大師翎毛蘆鴈不俗實鼎畫一鵓

安上純甫見以謂薛稷筆取去

印湘見畫即摹無不亂真

杭士林生作江湖景蘆鴈水禽氣格清絕南唐無此畫可並徐熙在艾宣張涇實覺之右人罕得之

大抵畫今時人眼生者即以古人向上名差配之似者即以正名差配之好事者與賞鑒之家爲二等賞鑒家謂其篤好遍閱記錄又復心得或自能畫故所收皆精品近世人或有貲力元非酷好意作標韻至

畫史　十九

假耳目于人此謂之好事者置錦囊玉軸以爲珍祕開之或笑倒余輒撫案大叫曰慚惶殺人王詵每見余作此語亦常常道後學與實貫道貫道亦嘗道之每見一可笑必曰米元章道慚惶殺人至書啟間語事每用之大抵近世人所收多可贈此語也

余老矣每求新賞與賞鑒之家博易書畫最多不一一記上多有印記可辨無非奇筆萬金之玩自付識者擊節不爲好事道

離縣伯字公序收燕公畫一幅題曰禮部侍郎書

移之畫付女五娘氣格如此
王與字君玉收王維畫堯民鼓腹圖
劉涇巨濟收唐人畫朧穀符如生
錢藻字醇老收張璪松一株下有流水澗松上有八分詩一首斷句云近溪幽濕處全藉墨煙濃又有璪答詩在大夫孫械家
古書畫皆圖畫有助于器晉唐皆鳳池研中心如瓦凹故曰研瓦如以一花頭瓦安三足爾墨稱螺製必如蛤粉此又明用凹硯也一援筆因凹勢鋒已圓書

畫安得不圓本朝研始心平如砥一援筆則褊故字亦褊唐詢字彥猷始作鏉心凸研云宜看墨色每援筆即三角字安得圓哉余稍追復其樣上人間有用者然稍平華鏉背未至于瓦惟至交一兩人頓悟於用之矣亦世俗不能發藥也
坦然明白易辨者顧陸吳周昉人物滕邊徐唐祝花竹翎毛荆李關董范巨然劉道士山水也戴牛曹韓馬韋馬亦復難辨蓋相似衆也今人畫亦不足深論[illegible]昌王友鐔[illegible]輩得之可遮壁無不爲少程坦崔白侯封馬賁張自方之流皆能汙壁茶坊酒店可與周越仲翼草書同掛不入吾曹議論得無名古筆差排猶足爲尚友
端州有陳高祖之後收陳世諸佛帝真白畫唐使下御史姓韋作記頂幅巾不冠後主作醉舞狀
蘇泌家有巨然山水平淡奇絕
蘇洎字及之家有徐熙四花其家故物
蘇汶字達復有江南與會圖徐熙一酸榴余家有丁晉公所收甜榴勝中孚元直有徐熙對花果子四幅

石楊休有吾家唐畫韋侯故事六橫幅山水人物車馬備具後人題作張萱易李邕帖衆物之一也并徐熙牡丹海棠兩幅也
余家收古畫最多因好古帖每自一軸加至十幅以易帖大抵一古帖不論貲用及他犀玉琉璃寶玩無慮十軸名畫其上四角皆有余家印記見即可辨
余家晉唐古帖千軸蓋散一百軸矣今惟絕精只有十軸在有奇書亦續續去矣晉畫必可保蓋緣數晉物命所居爲寶晉齋身到則掛之當世不復有矣書

書不可論價士人難以貨取所以通書畫博易自是
雅致今人收一物與性命俱大可笑人生適目之事
看久即厭時易新玩兩適其欲乃是達者
余家最上品書畫用姓名字印審定真迹字印神品
字印平生真賞印米芾祕篋印寶晉書印米姓翰墨
印鑒定法書之印米姓祕玩之印玉印六枚辛卯米
芾米芾之印米芾氏印米芾印米芾元章印米芾氏
已上六枚白字有此印者皆絕品玉印唯著于書帖
其他用米姓清玩之印者皆次品也無下品者其他

字印有百枚難參用于上品印也自畫古賢唯用玉
印
馮承功字世勣有日本着色山水南唐亦命爲李思
訓
蘇澥浩然處見壽州人摹明皇幸蜀道圖人物甚小
云是李思訓本與宗室仲忽本不同
黃筌畫不足收易摹徐熙畫不可摹
蘇子美黃筌鵓鴿圖只蘇州有三十本更無少異今
池中作屏風畫用筌格稍舊退出更無辨處

王晉卿背易六幅黃筌風牡丹圖與余後易白戴牛
小幅于才翁子鴻字遠復上有　太宗御書戴嵩牛
三字其後浙中所在屏風皆是此牡丹圖更無辨蓋
帖屏風易破故也後牛易懷素絹帖及陸機衛恒等
摹晉帖與數種同歸劉涇又嘗王晉卿以韓馬照夜
白題曰王侍中家物以兩度牒置易顏書朱巨川告
于余劉以硯山一石易馬去及得白牛始自喜以爲
有韓馬戴牛然但少杜荀鶴章得象耳劉既作歌云
元章好古過人書畫驚世起余作歌云天下愛奇人

沒量奇不諫人奇解相奇人奇物方合璧乞與世間
人物様六朝唐盛始兼得訪古知名巳蕭奕人亡物
喪付衰蔓注想後來逢好尚元章心自鑿秋月一路
仍行九霄上家時菜色無斗粟書畫奇奇世人望譬
如大海沉百寶爾輩乘風得之浪二王褚陸巳天作
老顧如來更天匠其餘縱襲凡幾重但見光明爛垂
象珍犀瑞錦扶蘭齒龍躍鸞驚訶魍魎金仙詎敢觸
以手戲子玉人聊罪掌余家僻素敢沉着退舍還師
兆難旁世人往往力能辭未免日蝦終惚恍緘機僞

謬各臣妾未覩堂堂筆中王袖間澁縮氣如綠淨几
明窗謾贍仰從來所有萬錢價不即與爭當火葵傾
心妙絕豈求勝妄意臨摹須殺滂端居自號書一品
好事如封繪三藏諸郎青出郎護持未肯充饑謬爲
書史載薛道祖詩云寧馹轡動破千金資是也余衰二物擬高閣予可專
之世無兩書來詩往但悠悠塵土斯人正惆悵余答
云劉郎收書早甚平折枝花草首徐熙十年之後始
開道取吾韓戴爲神奇邇來白首進道與學者信有
髓與皮始知十襲但遮壁牛馬便可棄弊帷哉哉太

畫史　二四

平老寺主白紗帽首無冠弁武士後列肅大劍宮女
旁侍犨修眉神清晔予知寡欲齒露唇反法定饑世
人見服似摩詰不知六朝居士衣後人勿把亂唐突
梁時筆法了可知道子見之必再拜曹劉何物望藩
籬本當第一品天下郄緣顧筆在漣漪時初報余待
梁武帝像此像今在仲忽處
魏泰字道輔有徐熙澄心堂紙畫一飛鵲如生智永
真草歸田賦奇物也
[illegible]大珪有富公家折枝梨花古筆非江南蜀畫

蘇舜欽子美家有畢宏一幅山水奇古題數行云畫
勢凶險是也
王皴甫收李重光四時紙上橫卷花一軸每時則自
寫論物更謝之意文一簡蕭一幅字亦少時作花清
麗可愛
江南周文矩士女面一如昉衣紋作戰筆此蓋布文
也惟以此爲別昉筆秀潤匀細
沈括存中收唐人壁畫兩大軸或一手一面或半身
是學者記其難處遂題爲真

畫史　二五

蘇泊及之處收古茴香一枝者字國老題爲閻令畫
寶月所收李成四幅路上一才子騎馬一童隨清秀
如王維畫孟浩然成作人物不過如是他圖畫人醜
怪睹禹村野如伶人者皆許道寧專作成時畫
李公麟云海州劉先生收王獻之書符及神一卷呪
小字五斗米道也李伯時只一見求摹不許其子居
金陵與王荆公連袂陳元輿帥金陵余託訪之云久
爲一貴人取去竟不知誰何
何永仲收草俟松一幅千枝萬葉非經歲不成鱗文

一一如真筆細潤
梅摩有張樂淵底松葛氏物余託購乃自取之
古畫至唐初皆生絹至吳生周昉韓幹後來皆以熱
湯半熟入粉搥如銀板故作人物精彩入筆今人收
唐畫必以絹辨見文麁便云不是唐非也張僧畫閻
令畫世所存者皆生絹南唐畫皆麁絹徐熙絹或如
布
裝背畫不須用絹補破處用之絹新時似好展卷久
為硬絹抵之却于不破處破大可惜古書人惜其字

畫史　八　二六

故行間勒作痕其字在筒瓦中不破今人得之却以
絹或絹背帖所勒行一時平直良久於字上裂大可
惜也紙上書畫不可以絹背雖熟絹新終硬文縷磨
書畫面上成絹紋蓋取為骨久之紙毛是絹所磨也
用背紙書畫日月損磨墨色在絹上王晉卿舊亦以
絹背書初未信久之取栢溫書看墨色見磨在紙上
而絹紋透紙始恨之乃以歛薄一張蓋而收之其後
用絹也絹素百片必好畫文製各有辦長幅橫卷
損也橫卷直裂裂文直各隨軸勢裂也直[illegible][illegible]

當一縷歲久卷自兩頭蘇開斷不相合不作毛掐[illegible]
蘇也不可偽作其偽者快刀直過當縷兩頭依舊生
作毛起掐又堅紉也濕染色棲縷間乾薰者煙臭上
深下淺紙古素有一般古香也
劉子禮以五百千買錢樞密家畫五百軸不開看直
交過錢氏喜既交畫只一軸盧鴻自畫草堂圖已直
百千矣其他常筆固多也
小八分詩句帶筆如行草奇甚今無此體
宗室君發以七百千置閻立本太宗步輦圖以熟絹

畫史　八　二七

通身背畫經梅便兩邊脫磨得畫面蘇落
文彥博以古畫背作匣意在寶惜然貼絹背着繃損
愈疾今人屏風俗畫一二年即斷裂恰恰蘇落也匣
是收壁畫製帶畫以時卷舒近人手頻自不壞歲久
不開者隨軸乾斷裂脆粘補不成也
王球字夔玉有兩漢而下至隋古帝王像云形狀有
怪甚者恨未見之此可訪為秘閣物也
檀香辟濕氣畫必用檀軸有益開匣有香而無糊氣
又辟蠹也若玉軸以古檀為身檀身重今却取兩[illegible]

剡中空合柄軸鑿乃輕輕不損畫常卷必用桐杉佳也軸重損絹軸不宜用金銀既俗且招盜若桓靈寶不然水晶作軸掛幅必兩頭墜性重獨靑圓錢雙鸞錦最俗不可背古畫只背令人裝堂亦俗也

蘇木爲軸以石灰湯轉色歲久愈佳又性輕角軸引蟲又開軸多有濕臭氣檀犀同匣共發古香紙素既古自有古香也

范寬山水業業如恒岱遠山多正面折落有勢晚年用墨太多土石不分本朝自無人出其右溪出深虛

水若有聲其作雪山全師世所謂王摩詰

王士元山水作漁村浦嶼雪景類江南畫王鞏定國收四幅後與王晉卿命爲王右丞矣趙叔盎伯充處有摹本

余以范寬圖易僧夢休雪竹一幅巨石倒影下落葉數片浮水上旁一枯木亦倒影後易韋馬于蔣長源凡去十一種物方得蔣後易與王詵今蔡勝道有六幅長丈餘亦甚大屋梁方可掛森森如坐竹下

蘇州李文定丞相家畫三等上等書名用名印中等書字用字印下等亦用字印押字而已及收鍾王迹甚多未得見

江東漕李孝廣字世美處有鍾王迹嘗于金陵重背拆下背紙乃張熟唐人門刺其孫奉世語余如此近官太常遂得見

王冀公家書畫用太原欽若圖書品少精者余嘗于蔣氏得此鍍金大印劉巨濟借未還

大年收得南唐集賢院御書印乃墨用于文房書畫者

大年收古絹本橫卷經書畫皆精過于當時西昇經馮京當世託王定國背西昇經其古絹紙背四五分透別裝作一卷

道士牛戩筆落麄豪縱放亦不俗格固在艾宣惠崇寶覺張涇之上也

李甲華亭逸人作逸筆翎毛有意外趣木不佳

范大珪字君錫富鄭公婿同行相國寺以七百金常賣處買得雪圖破碎甚古如世所謂王維者劉伯玉相值笑問買何物因衆中展示伯玉曰此雖筆余曰

王維伯玉曰然適行一遭不見其有所歸乎余假范人持之良久弁范不見翌日去取云已送西京背同行梅子平大怒曰吾證也可理于官豈有此理余笑曰吾故人也因以贈之今二十年矣范卒已十年不知所在

趙叔盎收張璪松石一軸李公炤家物已破癈不可重背

葉助字天祐收蜀范瓊畫梁武帝寫誌公圖一幅武帝曰冠衣褐晉尚白宋齊梁陳習見不同各以所尙

首皆白帽帝首叔季文物如此豈非餘分國位乎顧愷之畫維摩猶白首周木德冕皆尚青仲尼曰吾殷人也生于宋故服章甫之冠此殷制殷水德故尚玄玄端章甫皆黑色也封二王後各行其正朔服其文物也漢火德尙赤用赤幘舜土德尙黃故服黃冠圖穿觸類而長之乃不凡

王通元經書晉宋齊梁陳三有餘意也

江南陳常以飛白筆作樹石有清逸意人物不工折枝花亦以逸筆一抹爲枝以色亂點花欲奪造化[illegible]

[illegible]朝妙工也鄉極大夫有之

池州匠作秋浦九華峰有趣師董源

高公繪字君素又有張璪澗底松山上苗山水一

唐韓幹圖于闐所進黃馬一軸馬翹舉雄傑余感今無此馬故賦云方唐牧之至盛有天骨之超俊勒四十萬之數而隨方以分色焉此馬居其中以爲鎮目星角而電發蹄攏踏以風迅著龍顱而孤起耳鳳聳以雙峻聳華建而出步閶闔下而輕噴低鶩羣而不嘶橫秋風以獨韻若夫躍溪舒急肎絜征叛直突則

建德項犖橫馳則世充領斷脊絕材以比德敢伺厭以致各豈背浪逐首蓿之坡蓋常下視八方之駿高標雄跨而獅子擬獰逸氣下衰而照夜矜穩於是風靡格頹色妙才駘入仗不動終日如坯乃得玉爲銜飾繡作鞍韉藂秣粟豢肉脹筋埋其報德也蓋不如偷盧嬰盜策竊勝柴鑄黃塌而吐水畫白澤以除災但覺駹掘就飾鼠伏防猜妬心雖厲馴號斯諧誓俛首以畢世永伏櫪以興懷所謂英風頓盡冗仗常排[illegible]乎若不市駿骨致龍媒如此馬者一旦天子巡朔

方升高嶽㭊四　之塵較岐陽之獵則飛黃騕褭躡
雲追電何所從而遽來又有唐蜀中畫雪山世以爲
王維也劍門關圖雪景五代筆也又有唐畫山水雙
短幅徐熙海棠雙幅二軸江南裝堂畫富豔有生意
趙叔盎亦有一軸
王晉卿收江南畫小雪山二軸易余歲餘小木一筆
纏起作枝葉如草書不俗後易書與蘇之友李伯時
云其父所收失去知在晉卿家不知歸余恨不得易
云王維筆非也

余收易元吉逸色筆作蘆如真上一鸜鵒活動晉卿
借去不歸
徐熙風牡丹圖葉幾千餘片花只三朵一在正面一
在右一在衆枝亂葉之背石窾圓潤上有一猫兒余
惡畫猫數欲翦去後易研與唐林夫蔣長源以二十
千置黃筌畫狸猫顏筍荷甚工
薛紹彭道祖有花下一金盆盆旁鵓鴿謂之金盆鵓
鴿豈是名畫可笑又收吳王所繪圖江南衣文金冠
口祇紅衫大褶上背擦兩手吳王衣不當右袵

濟州破朱浮墓有石壁上刻車服人物平生隨[illegible]
乘曰府君作令時車是曲轅駕一馬車輪略離地上
一蓋坐一人三梁冠面與馬尾平對自執綏馬有裙
遮其尾一人[illegible]又曰作京兆尹時四馬轅小曲車差
高蓋下坐僕御數有曰鮮明隊又某隊隊十人騎馬
作一隊内一隊背持銃多不能紀也從者皆冠
唐人軟裹蓋禮樂闕則士習賤服以不違俗爲美余
初惑之嘗倣史子固意者舊言士子國初皆頂鹿皮
冠弁遺制也更無頭巾掠子必帶篦所以裹帽則必

用篦子約髮客至即言容梳裹乃去皮冠梳髮角加
後以入幞頭巾子中篦約髮乃出客去復如是其後
方有絲絹作掠子掠起髮頂帽出入不敢使尊者見
既歸于門背取下掠子篦約髮訖乃敢入恐尊者令
免帽見之爲大不謹也又其後方見用紫羅爲無頂
頭巾謂之額子猶不敢習庶人頭巾其後擧人始以
紫紗羅爲長頂頭巾垂于背以別庶人黔首今則士
人皆戴庶人花頂頭巾稍作幅巾逍遙巾額子則爲
小廝衣用裹肚勒帛則爲是近又以半臂軍服被甲

上不帶者謂之背子以爲重禮無則爲無禮不知今
之士服大帶拖紳乃爲禮不帶右衽皆夷服此必有
君子制之矣漢刻從者巾與股持道同今頭巾若不
作花頂而四帶兩小者在髮兩差大者垂則此制也
禮豈有他君子制之耶余爲漣水古徐州境每民去
巾下必有鹿胎皮冠此古俗所着良足美也又唐初
畫舉人必鹿皮冠縫掖大袖黃衣短至膝長白裳也
蕭翼御史至越見辨才云着黃衣大袖如山東舉子
用澄未軟裹曰襴也李白像鹿皮冠大袖黃袍服亦
其制也

畫史　八　三十四

又有麟鳳圖半篆半隸以九字九行爲章云惟永建
元年秋十月饗時山陽太守河內孫君見碑不合禮
掾重造記祠瑞象麟鳳共銘辭曰漢威德中興郎政
二年辛酉之節首歷四十青龍起云云三月季春爰
易立碑石順禮典文九九度數萬世常存又一云天
有奇鳥名曰鳳凰時下有德民富國昌黃龍嘉禾皆
不隱藏漢德巍巍永布宣揚天有奇獸名曰麒麟來
下有德安國富民忠臣竭節義以修身聞愆來

明我君不知九字九行之數合何典必有識者麟[illegible]
狀一角直上高如尾翅如惡馬鳳冠高尾長甚可怪
也余題曰非篆非科璞巳彫形容振振與蕭蕭曾因
忠厚方周德坐想討漢覽姘部漢德巳衰還應尊曾
邦既弱不爲妖虛齋自是驚人瑰不勝雄孤逐怒鵬
嘉祐中一貴人使江南攜韓馬一疋行及田渡采石
磯風大作三日不可過欲過又大作於是禱于中元
水府廟與祀也是夕夢神告留馬當相濟翌日詣廟
獻之風止乃度至今與于廟中因知天才神不能化

畫史　八　三十五

天生是物自然而生自稟秀氣而成才也天不能賚
神不能化所以玉樓成必李賀記也
蘇耆少子風神如畫目如點漆而如凝脂天男相書
不及有器度好學一旦相國寺遇其兄問安否曰已
不幸吾曰豈神奪之乎君大驚曰一旦夢嫁其妻而
議婚必惡之又一旦夢神迎婚禮因得疾醫曰不可
治翌日卒公非神人也何從知之
有吳中一士大夫好畫而裝背以舊古爲辨仍必以
古畫記差古人名嘗得一七元題云梁元帝畫也又

得一伏羲畫卦像題云史皇畫也問所自荅云得于其孫了不知軒轅孫史皇孫也若是史皇孫必于戾園得之其他畫稱是皆見余家顧愷之維摩更不論筆法便云若如此近世畫甚易得顧作史曰明日教胡常賣尋兩本後數日果有兩凡俗本即題曰顧愷之維摩陸探微維摩題顧愷之者無文殊只一身是曾見瓦棺像者也其一有文殊驅獅子故曰陸探微曾見甘露陸探微有張目獅子故也此收章得象杜荀鶴之流其兄有鑒別曰舍弟極眞終與一日燒了

會其先化不然梁元帝又蔓秦始皇也士流當以此爲戒其物不必多以百軸之費置一軸好畫不爲貴以五鏝價置一百軸繆畫何用黄卷五經赤軸三史猶有俟于抄錄若如是佛書止可渡江投水府也

漣漪蘇氏收晉畫渾天圖直五尺素畫不作圖勢別作一小圓畫北斗紫微亦易于點閱又列位多異于常圖余嘗作天說以究天地日月旁側之形盈虧之質作成書夜閱六十本因得究潮候大小又爲晝夜潮所引六經以黜古今百家星曆之妄說又著潮說以證盧肇皮日休之繆衍釋氏假佛之詭論將上之御府藏之名山

餘杭刻印五聲音六律十二宮旋相爲君圖極精微夫五音之聲出于五行自然之理管仲深明其要著其形似太平之具也作樂之道必自此始沈隱侯只知四聲求其宮聲不得乃分平聲爲二以賊後學幾于千年無人辨正愚陋之人從而祖述作爲字母謹守前說陸德明亦復吳音傳其相說故以東冬爲異中鍾爲別以象爲獎以上爲賞因其吳音以聾後學

莫之能正余於是以五方立五行求五音乃得一聲於孟仲季位因金寄土了然明白字字調聲五音皆具削去平上去入之號表以宮商角徵羽之名有聲無形互相假借千歲之後疑互判淸大初漏露神姦鬼祕無所逃形著爲大宋五音正韻用以制律作樂能召太和致太平藏之名山百世以俟與我同志者不徒爲蒙陋生設也

鑒閱佛像故事圖有以勸戒爲上其次山水有無窮之趣尤是煙雲霧景爲佳其次竹木水石其次花草

至于士女翎毛貴游戲閱不入清玩
李文定孫奉世子孝端字師端收薛稷二鶴唐李昇着色畫二軸三幅山水舟舫小人物精細兩幅畫林石岸茅亭溪水數道士閑適人物差大反不工于小者石岸天成都無筆蹤其三幅峯巒秀拔山頂蒙茸作遠林巖巒洞穴松林嵴際木身圓挺都無筆蹤其二度非歲月不可了一畫人間未見其如此之細且工雖太密茂林中不虛而種種木葉古未有倫今固無有與余得于丁氏者無以異也

維陽張狀元師德家多名畫其姪孫南都倅梲字茂宗處見唐畫嵇康廣陵散松石遠岸奇古所書故事容民字世未見同品畫真佳作也黃筌六幅着色山水有江南徐崇嗣桃六幅折枝江南周文矩士女徐熙鳊魚蟹皆有丁晉公親題印餘畫皆張狀元及景儉字印李成淡墨如夢霧中石如雲動多巧少真意范寛勢雖雄傑然深暗如暮夜晦暝土石不分物象之幽雅品固在李成上
關同麄山工關河之勢峯巒少秀氣
董源峰頂不工絕潤色徑幽壑荒廻率多真意
巨然明潤鬱葱最有爽氣礬頭太多
荆浩善爲雲中山頂四面峻厚
王球夔玉家古帝王像後一年余于畢相孫仲荀處見白麻紙不裝像云楊褒背藥去乃夔玉所購上有之美印記
趙叔盎云線褊條闊指半絲細如綿者作畫帶不生毛以刀刺褾中間絲縷悶套掛褾後卷即縛之又不在畫心省損畫無摺帶隱痕尋常畫多中損者縛破

故也書多腰損亦然略　略縛之爲用力
宗室仲儀收古廬山圖一半幾是六朝筆位置寺基與唐及今不同石不皴林木格高挽舟人色舟製非近古今所惜不全也
畢仲欽家有荆浩山水一軸
畢仲游家有六軸關同畫
王欽臣長子有六幅關同古本特奇董源四幅真意可愛
納家有董源霧景四軸

林虞家有王維六幅雪圖董源八幅李成雪圖
余家收紙本曹不興畫如意輪一軸
嘉祐中三人收畫楊褒邵必石揚休皆酷好竭力收後余閱三家畫石氏差優楊以四世五公字印號之無一軸佳者邵印多巧篆字其旁大略標位高略似江南畫即題曰徐熙蜀畫星神便題曰閻立本王維韓滉皆可絕倒其孫携韓滉散牧圖至乃覆幅上驢二十餘枚不及崔白韭絹素染深黄絲文總緊索價四百貫面上左以粉作畀子題曰韓晉公散牧圖不

疑家寶其上一印鎮江軍節度使印是油單印者其大四寸許文籠下一印只略有唐印故小又文細諸人共笑其僞久之無人信遂以五十千質與江氏而去因嗟之曰華堂之上清晨一羣驢子厮咬是何氣象
潁州公庫顧愷之維摩百補是唐杜牧之摹寄潁守本者置在齋龕不携去精彩照人前後士大夫家所傳無一毫似蓋京西工拙其屏風上山水林木奇古坡岸皴如董源乃知人稱江南蓋自顧以來皆一樣隋唐及南唐至巨然不移至今池州謝氏亦作此體
余得隋畫金陵圖於畢相孫亦同此體余閲題其顛畫幅上云米芾審定是杜牧之本仍以撥發司印印之蓋榜勾䌷刻石其指為人易去也余與潁後善託尋并工摹須勾訖似凡工所蠟本無一筆似者或可上之御府乞匠工摹賜世間為千年之傳如唐文皇蘭亭豈非一代盛事
貢絹色淡雖百破而色明白精神彩色如新惟佛像多經香煙薰損本色

染絹作濕香色棲塵紋間最易辨仍蓋色上作一重古破不直裂須連兩三經不可僞作
薛紹彭家三天女謂之顧愷之實唐初畫
邵必家維摩文殊六朝畫西山十二真君亦其次題為閻立本
余相國寺中八金得紙桃兩枝絲葉蟲透背二葉著桃上二桃突兀高出紙素徐熙真筆也
錢世京家謝靈運盤足坐像亦奇古
高公繪家杏花二枝百破碎無名在徐黄上自余家

佳
江州張氏收李重光道裝像神骨俱今云是顧宏中
筆
沈括收畢宏畫兩幅一軸上以大青和墨大筆直抹
不皴作柱天高半峰滿八分一幅至石下作斜攀關
曲欄約峻崕一瀑落下兩大石塞路頭一幅作一圓
平山半腰雲遮下磧石數塊一童抱琴由曲欄轉山
去一古木臥奇石奇古沈譎秀日見之及居潤問之
云已易與人竟不再出至今常在夢寐

畫品

宋　李廌

番客入朝圖

梁元帝爲荆　粉本彝國而上二十有五
國皆寫其使者欲見胡越一家要荒種落共來王之
職其狀貌各不同然皆野怪寢陋無華人氣韻如丁
簡公家凌煙功臣孔子七十門人小樣亦唐朝粉本
形性態度人人殊品畫家蓋以此爲能事也此圖題
字殊妙高昌等國皆注云貞觀其年所滅又落筆氣韻
閻立本所作職貢圖亦相若得非立本摹元帝舊本
乎或以爲梁元帝所作傳至貞觀後人因事記於題
下亦未可知然畫筆神妙不必較其名氏或梁元帝
或閻立本皆數百年前第一品畫也紙縫有褚長文
審定印章長文鑒畫有名于古定然知非此不凡也

大悲觀音像

唐大中年范瓊所畫像軀不盈尺而二十六臂皆端
重安穩如汝州香山大悲化身自作塑像襄陽東津
大悲化身自作畫像意韻相若蓋臂手雖多左右對

偶其意相應混然天成不見其有餘所執諸物各
其妙筆跡如縷而精勁温潤妙窮毫釐其盧楞伽曹
仲宣之徒歟

春龍起蟄圖

蜀文成殿下道院軍將孫位所作山臨大江有二龍
自山下出龍蜿蜒驤首雲間水隨雲氣布上雨自爪
鬣中出魚蝦隨之或半空而隕一龍尾尚在穴前略
大石而蹲舉首望雲中意欲俱往怒爪如腥草木盡
靡波濤震駭澗谷瀰漫山下橋路皆没山中居民老

小聚觀闔戶關牖人人驚畏若屋壁墮筆勢超軼氣
象雄放非其胸中磊落不凡能窺神物變化窮究百
物情狀未易能也位後名異蓋遇異人得度世法信
乎非俗士也

樓居仙圖

郭忠恕恕先所作中書令趙韓王普思黙堂印相國
王冀公欽若太原欽若圖書作石似李思訓作樹似
王摩詰至于屋木樓閣恕先自爲一家最爲獨妙棟
梁楹桷望之中虛若可提足闌楯牖戶則若可以捫
歷而開闔之也以毫計寸以分計尺以尺計丈增而
倍之以作大宇皆中規度曾無小差非至詳至悉委
曲於法度之內者不能也然恕先仕於朝跅弛不羈
放浪玩世卒以傲恣流竄海島中道仆地蛻形仙去
其圖寫樓居乃如此精密非徒精密也蕭散簡遠無
塵埃氣東坡先生嘗爲之贊長松參天蒼壁插水縹
緲飛觀憑欄誰子空蒙寂歷烟雨滅没恕先在焉呼
之或出非神仙中人孰能知神仙之樂而寄于畫也
予嘗見恕先淸泰元年所作盤車圖粉本水磨大圖

今併此圖最能知其妙處孔子所謂從心所欲不踰
矩莊子所謂猖狂妄行而蹈乎大方者乎其爲人無
法度如彼其爲畫有法度如此則知天下妙理從容
自能中度使恕先規度量而爲之則亦疲矣恕先亦
爲是乎

仙游圖

唐關同所作故相國丁公印章在焉同畫山水入妙
然於人物非工每有得意者必使胡翼主人物此圖
神仙翼所作也六石叢立砐然萬仞色若精鐵上無

塵埃下無糞壤四面斬絕不通人跡而深嶺灰澗有
樓觀洞府鸞鶴花竹之勝杖屨而遨遊者皆羽毛飄
飄若仰風而上征者非仙靈所居而何石之前者左
右視之各見其圓銳長短遠近之勢石之坐卧者上
下視之各見其方圓廣狹薄厚之形筆墨界到便能
移人心目使人必求其意趣此又足以見其能也

鶴竹圖

南唐朝覇府之庫物舊有集賢院印章梅翰林詢塗
去故印復用梅昌言印以蒞之徐熙所作也叢生竹

篠根幹節葉皆用濃墨麤筆其間櫛比畧以青綠點
拂而其稍蕭然有拂雲之氣兩雉馴啄其下羽翼鮮
華啄欲鳴距欲動地近時畫師作翎毛務以疏渲細
密為工一羽雖似而舉體或不得其大全雖羽毛不
復疏渲分布衆采映帶而成生意真態無不具非造
妙自然莫能至此

棘鷂柘條銅嘴

皆南唐鍾隱所作隱天台人以其隱於鍾山遂為姓
名蓋處士也畫筆高潔簡遠工於用墨筆跡混成外
無稜刺木身烏羽皆用淡色意就而成世俗畫鷂獨
鷹兎鴿雉鶉雀之類皆作禽奮搏擊之狀欲示其猛
隱所作鴿子坐枯枝上貌甚閑暇注目草中之鶉其
意欲取蹲縮作得兵家所謂鷙鳥之擊必匿之形使
人想其霜拳老足必無虛下也世俗銅嘴多作瑑子
艷婦瑚籠采綫以為之飾雖或工巧而凡猥可憎隱
所作銅嘴坐柘條上有得陰忘之意傍有大樹蒼皮
蘚駁下有叢竹茂密春風野色駘蕩在目然老樹敧
卧不見條枚竹枝雖多景若未盡當是金陵覇府中

大屏之一扇或大圖之一幅筆墨相若而景物與此
連屬疑為此畫之旁軸惜乎不能觀其全也

熒惑像

朱髮森然上衝冠荷長戟貌甚忿怒口鼻出息煙焰
皆飛然氣息超然有天人之意

應感公像

秦蜀守李冰之子閒二江制水怪蜀人德之祠於灌
口二郎者也風貌甚都威嚴毅然挾彈遨遊於二水
之邊成廟食之氣

雪鍾馗

破巾短褐束縛一鬼荷於擔端行雪林中想見武舉不第胸中未平又怒鬼物擾人擒捕擊搏戲用餘勇也皆孫知微所作知微華陽眞人有尊行寓意於畫隱者也筆墨神妙超然度越衆人乖崖公詠鎮蜀雅聞其名欲一見之終不可致張公去在僧舍飲亟俱車騎却鳴騶往詣之即投閑遁去乖崖公還朝出劍關逢一村童持知微書負一篋迎道左書曰公所喜者畫也今以二圖爲獻問知微所在即曰適一山人

以書授我信去已遠矣張公益歎其高余外曾祖正惠馬公知節守成都知微日居府中相從甚善得畫最多馬公解所服金帶贈之即繫於紵袍上人見其標韻蕭散白衣金帶皆以爲孫思邈李太白也馬公在前朝貴人中最名識畫一時公卿家畫往往聽其審定蓋久與知微語得辨之要故也

大佛像

蜀張南本所作也世之畫史但能寫物之定形故水火之狀難盡其變始張南本與孫位並學畫水皆得其法南本以爲同能不如獨勝遂專意畫火獨得其妙今此辟支佛結跏趺坐火周其身筆氣炎銳得火之性觀者以煙飛電掣烈烈有焚林燎原之勢佛以定慧力坐其間安然不動則毫末小利害足以動其心乎予爲之偈曰大士坐禪心若木月火周其身熾焰炎烈靜觀無始火本不熱與火相忘何生何滅吾觀若人孰懼燒刧

寒龜曝背圖

蜀黃監所作（即黃筌也）筆墨老硬無少柔媚監平時所作

雀竹魚鱉龍亦皆淡色鮮華以示其巧此獨爲水墨枯林之下一龜蹣跚曳尾而行若春雷已動餘寒未去負朝陽以曝其背有舒緩蹲跧之態其趣甚樂頃在丞相尤公家見監一龜筆與此無異但其色光澤水旁之草方茂蓋方自水中出又非寒時其狀不得不殊故觀者當審其畫時用意處也

正坐佛

唐趙公祐所作予遠祖相國衛公爲浙西觀察使幕中僚也世俗畫佛菩薩者或作西域相則拳髮虬鬚

穹鼻黝目一如胡人或作莊嚴相妍柔姣好奇衣
服一如婦人皆失之矣公祐所作三十二相八十種
好皆具而慈悲威重有巍巍天人師之容筆迹勁細
用色精密縑素暗腐而丹青柔渝眞可寶也

玉皇朝會圖

蜀石恪所作天仙靈官金童玉女三官太乙七元四
聖經緯星宿風雨雷電諸神岳瀆君長地上地下主
者皆集於帝所玉皇大天帝南面端扆而坐衆眞仰
首承望清光見之者神爽超然如在乎通明殿中也

恪性不羈滑稽玩世故畫筆豪放出入繩檢之外而
不失其奇所以作形相或醜怪奇僻以示變水府官
吏或繫魚蟹於頸以侮觀者頃見恪所作翁媼嘗醋
圖蹇鼻撮口以明其酸又嘗見恪所作鬼百戲圖鍾
馗夫婦對案置酒供張果肴乃執事左右皆述其情
態前有大小鬼數十合樂呈伎倆曲盡其妙此圖玉
皇像不敢深戲然猶不免懸蟹欲調後人之一笑也

渡水牛出林虎

皆朱梁時道士厲歸眞所作缺岸平波遠山坡地[illegible]
[illegible]淺草牛與牧人情味俱適筆簡意盡氣韻蕭爽與
戴嵩韓滉所畫未知其孰賢也歸眞畫虎毛色明潤
其視眈眈有威加百獸之意嘗作棚於山中大木上
下觀虎欲見眞態又或自衣虎皮跳擲于庭以思倣
其勢今觀此圖非心識意解未易得其自然也

普陁觀音像

蜀勾龍爽所作具天人種種殊相寶珠纓絡銖衣紺
髻使人瞻之敬心自起筆氣清潤意通幻妙所居普
陁伽山在海岸孤絕處烟嵐蒙密佳氣藹然予嘗輿

德麟雨後望襄陽鳳林諸山氣象畧相似頗恨是中
無此大士也

紫微朝會圖

朱梁時將軍張圖所作帝被衮執圭五星七曜七元
四聖左右執侍十二宫神二十八舍星各居其次乘
雲來下其容色皆端敬其服章皆嚴謹道家謂玉皇
大帝爲衆仙天子紫微大天帝爲衆星天子觀此圖
者知君臣之義雖九天之上亦未嘗廢也圖作衣文
不作吳衣當風曹衣出水之例用濃墨麄筆如草書

顛擧飛動勢極豪放至於作面與手及諸服飾儀狀則用細筆輕色詳緩端愼無一敗及亦一家之妙用

乳虎圖

宣城包鼎所作絹素雖破而毛色精潤如新包氏以虎世其家而鼎之所畫居最虎天下之至猛於牽制父子牝牡之情則雖威而不怒荒榛赤草鳥噪其上兩虎引子而行意甚安佚其雄前行覩其意中亦有禦衛之意小虎爪牙未備已有食牛之氣但吞噬之獸夫婦父子相從而群行人或遇之誠可懼也

被髮觀音變相

在水中石上襲衣寶絡被髮按劒而坐非近時所能爲必五代或晚唐名輩所作筆細而有力似吳道玄獨設色太重衣上花文不類吳筆或云米縣疑或是也觀世音聞聲以示現今此形相世所罕作吾弗知其爲何等身得度故現此身而爲說法也

歸龍入海圖

毗陵戚化元所作筆力崢嶸善作風浪起伏之勢令人心目眩深一龍蜿蜒翔于水上然先後之浪皆匀未有翻湧濆瀉之形雲氣雖從然不自水出予見而知之曰此非游龍出海圖乃歸龍入海圖也因以名之

萵苣圖

趙昌作昌善畫花設色明潤筆跡柔美國朝以來有名於蜀士大夫舊云徐熙畫花傳花神趙昌畫花寫花形然比之徐熙則差劣其後鍾宏王友之輩皆非逮也蓮荷花生泥汚之中出於水而不着水昌此花標韻清遠能識此意耳

長帶觀音

龍眠居士李伯時所作名公麟登進士第以文學有名于時學佛悟道深得微旨立朝籍籍有聲博求鍾鼎古器珪璧寶玩森然滿家雅好畫心通意微直造玄妙蓋其天才軼舉皆過人也士大夫以謂鞍馬愈於韓幹佛像可近吳道玄山水似李思訓人物似韓滉非過論也今觀此像固非世俗可以彷彿而紳帶特長一身有半蓋出奇玄與使世俗驚惑而不失其勝絕處也比見伯時爲姪安昌觀文吉甫作石上卧

觀音像前此未聞有此様亦出奇也唐閻立本楊炎能畫不害其爲貴人王維鄭虔能畫不害其爲賢士國朝燕龍圖穆之宋郎中復古與伯時皆能畫何愧於古耶

畫鑒

宋　湯垕

采眞子始於考古在京師時與鑒書博士柯君敬仲論畫遂著此書用意精到悉有據依惜乎尚有疏略乃爲刪補編次成帙名曰畫鑒後有高識賞其知言

采眞子東楚湯垕君載之自號也

吳畫

曹弗興古稱善畫作人物衣紋皺縐畫家謂曹衣出水吳帶當風宣和内府刻意搜訪不過兵符圖一卷余常見于一人家上有紹興題印筆意神彩疑是唐末宋初人所爲也

晉畫

衛協晉人也唐名畫記品第在顧生之上世不多見其蹟畫譜所傳高士圖刺虎圖余並見之　唐末五代人所爲耳眞蹟不可得見矣

顧愷之畫如春蠶吐絲初見甚平易且形似時或有失細視之六法兼備有不可以語言文字形容者曾見初平起石圖夏禹治水洛神賦小身天王其筆意

如春雲浮空流水行地皆出自然傅染人物容貌
濃色微加點綴不求藻飾唐吳道玄早年常摹愷之
畫位置筆意大能彷彿宜和紹興便作題眞蹟覽者
不可不察也

六朝畫

陸探微與愷之齊名余平生止見文殊降靈眞蹟部
從人物共八十人飛仙四皆各有妙處內亦有番僧
手持髑髏盂者蓋西域俗然此卷行筆緊細無纖毫
遺恨筆之神采動人眞希世之寶也今藏秘府後見

維摩像觀音像摩利支天像皆不迨之張彥遠謂風
骨氣筆力頓挫一點一拂動筆新奇非虛言也
展子虔畫山水法唐李將軍父子多宗之畫人物描
法甚細隨以色暈開余嘗見故實人物春山人馬等
圖又見北齊後主幸晉陽宮圖人物面部神彩如生
意度具足可爲唐畫之祖
六朝人畫魯義姑圖一兵士持戈作勇猛之勢義姑
作安詳答問之態弃所生子於地作畏懼怖急挽母
衣之狀而所抱之子以兩手抱義姑之項回視兵士

一一如生筆法細潤傅色鮮明望而知其非唐畫昔
藏中貴大用家今歸義興王氏王氏藏絹畫至三百軸
此爲最也

唐畫

閻立本畫三清像異國人物職貢圖傳法大士像五
星像皆宜和明昌物余所見之及見步輦圖畫太宗
坐步輦上宮人十餘輿輦皆曲眉豐頰神采如生一
朱衣髯官執笏引班後有贊普使者服小團花衣及
一從者贊皇李衛公小篆題其上唐人八分書贊普

求婚事宋高宗題印完眞奇物也
王老子慶家收閻令畫西域圖爲唐畫第一趙集賢
子昂題其後云畫怪人物最難器物舉止又古人所
特留意者此一一備盡其妙至於髮采生動有欲語
狀蓋在虛無之間眞神品也
吳道子筆法超妙爲百代畫聖早年行筆磊落揮霍
如蓴菜條人物有八面生意活動方圓平正高下曲
直折算停分莫不如意其傅采於焦墨痕中略施
染自然超出縑素世謂之吳裝當時弟子甚多如盧

稜伽楊廷光其尤者也五代朱繇一派行筆甚細然其弟子輩所爲耳

王右丞維工人物山水筆意清潤畫羅漢佛像至佳平生喜作雪景劍閣棧道騾綱曉行捕漁雪灘村墟等圖其畫輞川圖世之最著者也蓋其胸次瀟灑意之所至落筆便與庸史不同

周昉善畫貴游人物善寫真作仕女多穠麗豐肥有富貴氣

李思訓畫著色山水用金碧輝映爲一家法其子昭道變父之勢妙又過之時人號爲大李將軍小李將軍至五代蜀人李昇工畫著色山水亦呼爲小李將軍宗室伯駒字千里復倣效爲之嫵媚無古意余嘗見神女圖明皇御苑出遊圖皆思訓平生合作也又見昭道海岸圖絹素百碎精神存神采觀其筆墨之源皆出展子虔輩也

曹霸畫人馬筆墨沉著神采生動余平生凡四見真蹟一奚官試馬圖在申屠侍御家一調馬圖在李士弘家並宋高宗題印其一下槽馬圖一墨一騮色爲人皆立見須眉髣髴甚其一余所藏人馬圖紅衣美髯奚官牽玉面騂綠衣圉官牽照夜白筆意神采與前三畫同趙集賢子昂皆題云唐人善畫馬者甚衆而曹韓爲之最蓋其命意高古不求形似所以出衆工之右耳此卷曹筆無疑圉人太僕自有一種氣象非世俗所能知也集賢當代賞識豈欺我哉

韋偃畫馬松石更佳世不多見其筆法磊落揮霍振動杜子美詩所謂戲拈禿筆掃驊騮倏見騏驎出東壁者余嘗收紅鸚覆背駿馬圖筆力勁健駿尾可數

如顏魯公書法往歲鮮于伯幾見之驚嘆累日嘗賦詩曰渥洼產馬如產龍韋偃畫馬如畫松奇文也惜不成章而卒

韓幹初師陳閎後師曹霸畫馬得骨肉停均法遂與曹韋並馳爭先及畫貴游人物各臻其妙至於傳染色入縑素余嘗見其人馬圖在錢唐王氏二奚官引連錢驄燕支騮又見一卷朱衣白帽人騎騧五眼馬西蹄破碎如行水中乃李伯時舊藏在京師見明皇試馬圖三馬圖調馬圖五陵遊俠圖照夜白粉本上

有幹自書內供奉韓幹照夜白粉本十字要如唐人畫馬雖多如曹韓特其最著者後世李公麟仰韓書馬專師之亦可謂優入聖域者也

戴嵩專畫牛爲韓晉公滉弟子專師法於韓而青出於藍者也不惟畫牛並於川原閒有妙于點染亦各臻妙余凡七見真蹟一在揚州司德用家三牛摘圖毛骨竦然一在四明士人家一牛引犢奇甚又見三牛圖渡水牛歸牧圖此皆合作也古人云牛畜非文房清玩若其筆意清潤開卷古意勃然有田家原野氣

象余於嵩有取焉

韓晉公滉畫人物及爲牛圖嘗見其田家移居圖村童螘戲圖醉客圖鼓腹圖醉學士圖及牛圖數本人物源流顧陸牛圖是其所長戴嵩得其緒餘有名於世是蓋人物不及而牛獨過之也

陳閎開元中畫人物得名明皇幸蜀作金橋圖人物閎主之余見其照夜白馬圖筆法細潤在曹韓下

唐人花鳥邊鸞最爲馳譽大抵精於設色穠艷如生其他畫者雖多互有得失歷五代而得黃筌子兼諸家之善山水師李昇鶴師薛稷龍水師孫位至於花竹翎毛超出衆史筌之可齊名者惟江南徐熙二志趣高尚畫草木蟲魚妙奪造化非世之畫工所可及也熙畫花落筆頗重中略施丹粉生意勃然黃之子居寶居寀熙之孫崇嗣崇矩各得一家學熙之下有唐希雅亦佳多作顫筆棘針是效其主李重光畫法後有長沙易元吉作花果禽畜尤長於獐猿多游山林窺猨狖禽鳥之樂圖其天趣若趙昌惟以傳染爲工求其骨法氣韻稍劣也又如滕昌祐丘慶餘葛守

昌崔白艾宣丁貺之徒皆得其緒餘以成一家要知花鳥一科唐之邊鸞宋之徐黃爲古今規式所謂前無古人後無來者是也

尉遲乙僧外國人作佛像甚佳用色沉著堆起絹素而不隱指平生凡四見真蹟要不在盧稜伽之下楊庭光學吳生行筆甚細而不弱畫佛像多在山林中雜畫一二臻妙

裴寬善畫小馬宣和所藏一卷余嘗見之作山林間小馬十數蕭散閒適筆墨甚閒雅真奇作也

張璪松石清潤可愛平生嘗見四本並佳後得山堂琴會圖趙子昂見之欲得不與因題云張璪松人間最少此卷幽深平遠如行山陰道中誠寶翫也

翟琰師吳生筆法大不及惟得傅色之法嘗見孔雀明王像甚佳

周古言畫在周昉之下文矩之上有夜游圖傳于世

張萱工士女人物尤長於嬰兒不在周昉之右平生凡見十許本皆古作畫婦人以朱暈耳根以此為別覽者不可不知也

王洽潑墨成山水煙雲慘淡脫去筆墨畦町余少時見一幅甚有意度今日思之始知為洽畫再不可見也

湯子昇畫人物極妙江南人家有鍾馗圖頗奇物也

盧鴻一畫傳世不多余見數人摹其草堂圖筆意位置清氣襲人真蹟可知其妙也

范長壽醉道圖曾見二本皆真軸筆法緊細可愛用色亦潤

蜀人畫山水人物皆以孫位為師龍水尤位所長者也世言孫位畫水張南本畫火水火本無情之物公深得其理常見孫位水官魚龍出沒於海濤神鬼變滅於雲漢覽之凜凜然真傑作也

唐無名人畫至多要皆望而知其為唐人別有一種氣象非宋人所可比也

荊浩山水為唐末之冠關仝嘗師之浩自號洪谷子作山水訣為范寬輩之祖

陸晃畫人物極工元章畫史稱其廣人章余常從同里葉氏見之描法甚細而有力又有解厄天官像等

數圖皆粗惡可厭蓋晃畫自有二種細者為上

五代左禮與韓虬同名畫佛入妙曾見畫十六身小羅漢坐岩石中筆意甚工不在韓虬下

關仝霧鎖山關圖差嫩是早年真蹟在京師人家

董元天真爛熳平淡唐多無此品在畢宏上此米元章議論唐畫山水至宋始備如元又在諸公之上樹石幽潤峰巒清深蚤年礬頭頗多暮年一洗舊習余於祕府見春龍出蟄圖孔子失虞丘子春山圖溪岸圖秋山圖及窠石二幀於人間約見二十本皆其真[illegible]

得意合作元之後有鍾陵僧巨然及劉道士劉與巨然同時畫亦同但劉畫則以道士在左巨然則以僧在左以爲别耳要皆各得元之一體至朱氏父子用其遺法别出新意自成一家然得元之正傳者巨然爲最也

董元山水有二種一樣水墨礬頭疎林遠樹平遠幽深山石作麻皮皴一樣着色皴文甚少用色穠古人物多用紅青衣人面亦用粉素者二種皆佳作也

周文矩畫人物宗周昉但多顫掣筆是學其主李重光書法如此至畫士女則無顫筆

李後主命周文矩顧弘仲圖韓熙載夜燕圖余見周畫二本至京師見弘仲筆與周事蹟稍異有史魏王浩題字并紹勳印雖非文房清玩亦可爲淫樂之戒耳

徐熙畫花果多在澄心紙上至於畫絹絹文稍麄元章謂徐熙絹如布是也

唐希雅弟忠祚花鳥亦入妙品在易元吉之下若用墨作棘針易不能及之也

李昇畫山水常見之至京師見西嶽降靈圖人物百餘體勢生動有未塡面目者是其稿本上有紹興題印若無之則以爲唐人稿本也

道士牛戩信筆作寒野鵓雉佳甚

宣和畫譜載唐李漸畫馬筆和氣調今古無儔及見三馬圖與所聞甚不逮然自有一種氣韻不可以形似求之也

支仲元畫神仙人物多作奕棋之勢筆法師顧陸緊細有力人物清潤不俗每見高宗題作晉六朝高古名筆者多仲元所作嘗有知者賞余言

唐畫龍圖在東浙錢氏家絹十二幅作二幀其高下稱是中心畫一龍頭一左臂雲氣騰湧墨痕如臂大筆蹟圓勁沈著如印一鱗如二尺盤大不知當時用何筆如此峻利上有吳越錢王大書曰感應祈雨神龍并書事蹟舊題作吳道子要知唐人無疑也

常見紙上畫一人一騎甚佳後題永徽年月日云是王弘畫不知弘爲何人徧考不出信知唐人能事固多紀錄不能盡也

士女之工在於得其閑冶之態唐周昉張萱五代杜霄周文矩下及蘇漢臣輩皆得其妙不在施朱傅粉鏤金佩玉以飾爲工余嘗見收宮女圖文矩筆也置玉笛於腰帶中目觀指爪情意疑竚知其有所思也又見文矩畫高僧試筆圖見錢唐氏家一僧攘臂揮翰旁觀數士人各作嘖嘖之態如聞有聲眞奇物也

董元夏山圖今在史崇文家天眞爛熳柏塞滿軸不爲虛歇烘銷之意而幽深古潤使人神情爽朗古人行山陰道中應接不暇豈意數尺敗素亦能若是耶

顧德謙蕭翼賺蘭亭圖在宜興岳氏作老僧自負所藏之意口目可見後有米元暉畢少董諸公跋少董畢良史也跋云此畫能用朱砂石粉而筆力雄健入本朝諸人皆所不及比丘麈柄指掌非盛稱蘭亭之美則力辭以無蕭君袖手營度瑟縮其意必欲得之皆是妙處畫必貴古其說如此又山西童藻跋云對榻僧嘶色可掬旁僧亦復不悅物果難取哉

唐人畫李八百妹洗黃庭經圖曾於司德用家見一本萬山中一白衣婦人踞地臨溪洗一本經經之匣光燭天殊不知其意也

胡環畫番部人馬用狼毫制筆疎渲皺尾緊細有力至於穹廬什物各盡其妙司德用家鷹圖眞妙品也

阮郜畫人物士女極工月秀美見者愛玩錢唐人家有賢妃盥手圖尤佳絶

五代婦人童氏畫六隱圖見于宣和畫譜今藏山陰王子才臨篠家乃畫范蠡至張志和等六人乘舟而隱居山水樹石人物如豆許亦甚可愛

黃筌畫枯木信筆塗抹畫竹如斬丁截鐵至京見二幅信天下奇筆也

衛賢五代人作界畫可觀余嘗收其盤車水磨圖佳意又見王子慶驢鳴圖亦佳但樹木古拙皴法不老耳

胡翼工畫人物關仝畫山水人物非其所長多使翼爲之僧貫休畫羅漢高僧不類世俗貌

郭乾暉畫鷹　得名于時鍾隱亦負重名自謂不及乃變姓名受傭於郭經年得其筆意求去再拜謝

以郭憐之畫以傳授故與齊名古人用心彌著如此
郝澄畫馬其俗嘗見人馬圖不過一工人所為殊無
古意上有宣和題印又曾見家塵馬圖後有篆文曰
金陵郝澄極妙如是兩手又見滾馬圖亦俗始悟家
塵馬是無名人筆後人妄加篆文以取重不知反累
畫也陸瑾江南人畫捕魚圖大抵宗王右丞嫵媚遝
之又嘗見溪山風雨圖又佳
厲歸真五代人畫牛甚妙嘗見牧牛圖大幅遠山清
潤人牛間適後有八分書羽士厲歸真筆舊藏喬仲

山家今不知在何處
張符畫牛得名于唐曾見渡水牛一卷甚平當在戴
嵩之下符自號煙波子
曾仲玄三官及五方如來像余曾見聞江南王氏家
有白衣觀音像未見大抵曹師吳生不得其法晚自
作細筆畫以自別為一家在支仲元下
孫夢卿松石問禪圖在錢唐人家一松清潤一僧甚
閒雅一士人作問荅尊禮筆法精妙古稱為孫吳生
名不虛得也

傳傳古龍體勢勝董羽作水甚不逮傑平生於龍畫
最多留心看覽葉公之迹不可復見秘閣青非與龍
首於傳有之張僧繇吳道子輩所作不傳於世唐畫
曾見錢氏所藏十二幅絹素作一首一背五代傳古
龍約看至十四五本亦曾收過三十本大抵得蜿蜒
升降之態而猶未免於畫法且看馬圖要識神駿龍
圖要識變化故畫龍馬最難蓋一示於變出沒必流
於戲墨於畫法甚虧若拘於畫法則又乏變化之意
故龍畫尤難董羽專門之學亦不拘於形似元章云

董羽龍似魚傳古龍似蜈蚣真知言哉嘗見董元龍
數本皆清奇可愛元之長政不在是姑置勿論近世
陳容公儲本儒家者流畫龍深得變化之意潑墨成
雲噀水成霧醉餘大叫脫巾濡墨信手塗抹然後以
筆之昇者降者俯而欲噓者怒而視者踞而瓜石者
相向者鬭者乘雲躍霧戰波出水者以珠為戲而爭
者或全體發見或一臂一首隱約而不可名狀者曾
不經意而得皆神妙豈胸中自有得於天者邪
五代袁義宋徐白善畫魚及觀其迹不過刀几劉寀

耳使人徒起羨膾之興獨文臣劉寀畫水中魚能盡萍水荇觀之活動至於鱗尾性情游潛迴泳皆得其妙平生嘗觀其畫近見落花遊魚圖紅桃一枝飛花數片赤鯉潑剌輕波吹落英涎得詩人之意

僧道能五代人善畫佛像

宋畫國朝附

武宗元宋之吳生也畫人物行筆如流水神采活動嘗見朝元仙仗圖作五方帝君部從服御眉目顧盼一如生前輩甚稱賞之

營丘李成世業儒胸次磊落有大志寓意於山水凡煙雲變滅水石幽閒平遠險易之形風雨晦明之態莫不曲盡其妙議者以為古今第一傳者世雖多真者極少元章平生只見二本至欲作無李論蓋成平生所畫秖自娛耳既勢不可逼利不可取宜世傳者不多宣和御府所藏一百五十九卷僞果能辨者耶翟院深臨摹彷彿亂真若論神氣則霄壤之分也宋復古李公年王詵陳用志皆宗師之得其遺意亦足名一世郭熙其弟子中之最著者也

范寬名中正以其豁達大度人故以寬名之畫山水初師李成既乃嘆曰與其師人不若師諸造化乃脫舊習遊京中徧觀奇勝落筆雄偉老硬真得山骨家宋世山水超絕唐世者李成董元范寬三人而已嘗評之董元得山之神氣李成得山之體貌范寬得山之骨法故三家照耀古今為百代師法寬尤長雪山見之使人凜凜其徒黃懷玉紀真商訓然黃失之工紀失之似商失之拙各得其一體若懷玉刻意臨摹其雪山過得意處淺意未易斷也

郭熙河陽人宗李成善得煙雲出沒峯巒隱顯之態嘗論畫山曰春山淡冶而如笑夏山蒼翠而如滴秋山明淨而如沐冬山慘淡而如睡觀其議論可知其畫也傑平生見真蹟約五十本然絕佳者不過一二十軸而已然山頂峻險學者苟失其意竟成扁薄無雲深林密之態後世楊士顏諒皆學之許道寧初賣藥長安市中畫山水以集衆故蚤年畫俗惡太甚至中年成名稍自檢束至細微處始入妙理傳世甚多佳本極少峯頭直皴而下是其得意也

王詵字晉卿學李成山水清潤可愛又作著色山水師唐李將軍不今不古自成一家内臣馮覲摹其筆墨臨倣亂真高宗竟題作王詵觀者不可不察也然余能望而知之

李伯時宋人物第一專師吳生照映前古者也畫馬師韓幹不爲著色獨用澄心紙爲之惟臨摹古畫用絹素著色筆法如雲行水流有起倒作天王佛像全法吳生士人高仲常專師伯時彷彿亂真至南渡吳興僧梵隆亦師伯時但人物多作出水紋稍乏神氣

若畫馬則全不能也伯時暮年作畫著古字亦老成余嘗見徐神翁像筆墨草草神氣烱然上有二絶句亦老筆所書甚佳又見伯時摹韓幹三馬神駿突出縑素今在杭州人家使韓復生亦恐不能盡過也王端畫人物古拙無神氣

石恪畫戲筆人物惟面部手足用畫法衣紋麄筆成之

武岳長沙人工畫人物尤長於天神星像用筆純熟其子洞清能世其學過父遠甚凡世間星像天神藥王等像傳流甚多神妙不俗大抵與我宗元相上下而神采勝之宗元朝元仙仗圖昔藏張君錫家今歸杭人崔氏僅一疋絹作五帝朝元人物仙仗背項相倚大抵如寫草書然亦奇物也

王士元善畫山水屋木宣和畫譜止於山水部收山水閙圖一卷亟稱其兼有諸家之妙人物師周昉山水師關仝屋木師郭忠恕凡所下筆皆極精微郤於宮室敘論中貶之云如王士元輩可以皁隸目之譏論相反者每如此

高克明山水雖工不免畫人之習無深厚高古之氣

趙幹畫山水多作江南景畫致不俗杭人收其秋涉圖上有宣和題印佳甚

翟院深學李成畫山水臨摹逼真自作多不佳世所有成畫多此人爲之

王齊翰畫佛像神仙山水筆法雖佳不免近俗者入細者罔勝

易元吉徐熙後一人而已畫花鳥如生人但以獐猿稱之燕文季作山水細碎清潤可愛能取其氣骨無

有也裴文晥工畫有聲然形似有之古亦不足也畫
李伯時摹李將軍海岸圖雖摹昭道法至於筆意水
痕林蘖處不能脫其習　此卷在京師人家
孫太古湖灘水石圖在浙右民𤅟家雙幅長軸中畫
一石高數尺湍流激注飛濤走雪聽之自覺有聲筆
法甚老黄筌不能過也
徽宗性嗜畫作花鳥山石人物入妙品作墨花墨石
間有入神品者歷代帝王能畫至徽宗可謂盡意當
時設建畫學諸生試藝如取程文等高下爲進身之

階故一時技藝皆臻其妙嘗命人學畫孔雀升墩障
屏大不稱旨復命餘子次第呈進有極盡工力亦不
得用者乃相與詣闕請所謂旨曰凡孔雀升墩必先
左脚卿等所圖俱先右脚驗之信然群工遂服其格
物之精類此當時承平之盛四方貢獻珍木異石奇
花佳果無虛日徽宗乃作冊圖寫每一枝二葉十五
版作一冊名曰宣和睿覽集累至數百及千餘冊余
度其萬幾之餘安得工暇至於此要是當時畫院諸
人做倣其作特題印之耳然徽宗親作者余自可望

而識之鄆王徽宗第二子也能畫花鳥克肖聖藝
花妙入能品嘗見一卷後題年月日臣某畫進呈徽
宗御批其後曰覽卿近畫似覺稍進但用墨稍欠生
動耳後作當謹之此如一時諸王皆心於畫者皆如
此也
張敦禮浮梁人畫人物師六朝筆意哲宗時也嘗見
其論畫曰畫之爲意雖小至於使人鑒善勸惡聳人
觀聽爲補豈可儕於衆工哉敦禮畫人物貴賤美惡
容貌可見筆法緊細神彩如生江南見陳元連鎖樹

諫圖其忠義之氣奕奕出縑素在京師見阮孚蠟屐圖
人物樹石並倣顧陸後有敦禮所受追贈太師誥命
是其家藏之物子孫就以誥命附其後眞其品也
文與可竹眞者甚少平生止見五本僞者三十本往
見張受益古齋凝壁屏上倒垂枝上題熙寧二年己
酉冬至日巴郡文與可戲墨奇作也後見絹素三畫
一如此題筆墨皆相似天地間未見者尚多豈與可
一日間能作此數本耶眞僞一見自可辨之東坡
文章翰墨照耀千古復能留心墨竹作墨竹

文與可枯木奇石時出新意僕平生見其謾筆數本於路途民家雞栖豕牢間有墨竹木石因圖其狀作木葉亦細紋其縷及在秘監見李石老檜巨幅海松二幅奇怪之甚墨花凡見十四卷大抵寫意不求形似僕曾收枯木竹石圖上有元章一詩今爲逆士奪可玉所有矣亦奇品也

米芾元章天資高邁書法入神宣和立書學擢爲書學博士初見徽宗進所畫楚山清曉圖大稱旨復命書周官篇於御屏書畢擲筆於地大言曰一洗二王惡札

照曜皇宋萬古徽宗潸立於屏風後聞之不覺步出縱觀稱賞元章再拜求索所用端硯因就賜元章喜拜躍之懷中墨汁淋漓朝服帝大笑而罷其爲豪放類若此作畫喜寫古賢像山水其源出董元天眞發露怪怪奇奇枯木松石時出其新意然傳世不多耳

其子友仁字元暉皆傳家學作山水清致可掬亦略變其尊人所爲成一家法煙雲變滅林泉點綴生意無窮平生亦珍玩不曾易予人當時翟耆年有詩云善書無根樹能描朦朧雲如今身貴也不肯與閑人爲世貴重如此

元章常稱華亭李甲字景元作翎毛有天趣樹木不佳僕屢見其畫樹木甚拙禽鳥佳處多

宋宗室如千里希遠皆得丹青之妙如大年小景墨雁雜禽又出諸常宗室筆墨之外者濮王宗漢墨雁可入神品宋迪字復古師李成淸甚士大夫畫中最佳不在李公平之下其猶子子房亦得家法

劉涇字巨濟與元章同爲書畫友作枯木有奇思

周怡者畫院人宣和末承應摹倣唐畫有可觀

崔白蘆雁之類雖淸致余平生不喜見之獨有一大軸絹闊一丈許長二丈許中濃墨塗作八大雁盡飛鳴宿食之態東坡先生大字題詩曰扶桑之蠒如甕盎天女織綃雲漢上往來不遺鳳銜梭誰能鼓臂投三丈云云蓋白之得意筆也

李伯時十六小馬圖至京師始見之紙素數千中作山林十六馬飲水齕草樂天趣於其間神駿可愛伯時小字題其後今在鄭大參家

徽宗自畫夢遊化城圖人物如半小指累數千人城

郭宮室鹿幢鍾皷仙嬪真宰雲霞霄漢禽畜龍馬走
天地間所有之物色色具備爲甚工觀之令人起神
遊八極之想不復知人間世有物也今在嘉興陳氏
又見臨李昭道摘瓜圖曩在京師人處嘗見明皇騎三
騣照夜白馬出棧道飛仙嶺下見小橋馬驚不進隴
地二人摘瓜後有數騎漸至奇迹也
程坦元章時人善雜畫往見之張受益收松竹幛三
大幅頗佳如人物甚俗城南李氏收鍾馗小妹二幅
甚惡元章謂程坦能塗茶坊酒肆壁者此論真是也

花光長安以墨暈作梅如花影然別成一家政所謂
寫意者也傳世不多僕平生止見四五本子昂學其
枝條花用別法
宋南渡士人多有善畫者如朱墩儒希真畢良史少
董江參道一輩皆能畫山水窠石若畫院諸人得名
者如李唐周曾馬賁下至馬遠夏圭李迪李安忠樓
觀梁楷之徒僕於李唐差加賞閱其餘亦不能盡別
也
畢少董能畫山水不在宋希真之下僕嘗見故表墨
以詔後人
馬和之作人物甚佳行筆飄逸時人目爲小吳生意
能脫去俗習留意高古亦人未易到也
池州畫丁作九華秋浦圖元章云甚有清趣師董元
僕平生見有七八本其工緻甚多信元章之說不妄
楊補之墨梅甚清絕水仙亦奇自號逃禪老人
湯叔雅江右人墨梅甚佳大抵宗補之別出新意水
仙蘭亦佳趙孟堅子固墨蘭最得其妙其葉如鐵花
莖亦佳作石用筆輕拂如飛白書狀前人無此作也

畫梅竹水仙松枝墨戲皆入妙圖水仙爲尤高子昂
專師其蘭石覽者當自別其高下
近世牧溪僧法常作墨戲麁惡無古法
廉布字宣仲畫枯木叢竹奇不致清不俗本學東坡
青出於藍自號射澤老人畫松柏亦奇杭州龍井寺
版壁畫松石古木二真得意筆後有王清叔亦畫枯
木竹石臨倣逼真但筆墨麁惡少生意耳
常州太平寺佛殿後壁有徐友畫水名清濟貫河堂
有一筆壽其端末長四十丈觀者奇之友之妙豈在

是哉筆法既老波浪起伏得其水勢相對活動愈覺
愈奇兵火間寺屋盡焚而此殿巍然獨存豈水能厭
之邪
王鈞字子端畫枯木竹石山水往往見次獨京口石
民瞻家幽竹枯槎圖武陵劉進甫家山林秋晚圖工
逼古肖次不在元章之下也
金人楊秘監者畫山水全師李成
任詢字君謨金國人草書入能品畫山水亦佳在王
子端之下

金顯宗章宗父也畫墨竹俗德章宗每題其籤
金人畫馬極有可觀惜不能盡其姓名
近世龔聖予先生名開淮陰人身長八尺頎大美髯
讀書爲文能成一家法畫馬尊師曹霸得神駿之意
但用筆頗麄此不足耳畫人物亦師曹韓畫山水師
米元暉枸菊花卉雜師古作各後必題詩或贊跋皆
新奇嘗自畫瘦馬題詩曰一從雲霧降天關空進先
朝十二閑今日有誰憐駿骨夕陽沙岸影如山
江南畫工陳琳仲美其先本畫院待詔琳能師古凡

山水竹花禽鳥皆稱其妙見畫院染後師古人子昂
州與講明多所資益故其畫不俗宋南度二百年工
人無此手也外國畫高昌國畫用金銀箔子及朱墨
點綴如雨錯洒在紙上畫翎毛如中國花草亦佳高
麗畫觀音像甚工其源出唐尉遲乙僧筆意流而至
於纖麗

畫論

宋　湯垕

古人作畫皆有深意運思落筆莫不各有所主況名下無虛士相傳既久必有過人處故畫之法六得其一二者尚能名世又得其全者可知也今人看畫不經師授不閱紀錄但合其意者爲佳不合其意者爲不佳及問其如何是佳則茫然失對自十七八歲時便有迂濶之意見圖畫愛玩不去手見鑒賞之士便加禮問遍借紀錄髣髴成誦詳味其言歷觀佳迹發

考古說如有少悟多不留心不過爲聽聲隨影終不精鑒也

人物於畫最爲難工蓋拘於形似位置則失神運氣象顧陸之蹟世不多見唐名手至多吳道子畫家之聖也照映千古至宋李公麟伯時一出遂可與古作者並驅爭先得伯時畫三紙可換吳生畫一二紙得吳生畫二紙可易顧陸一紙其爲輕重相懸若此

古人以畫得名者必有一科是其所長如唐之鄭虔蜀之李昇並以山水名宣和畫譜皆入人等部畫稱其能山水而所收止人物神仙耳其他不可枚舉儻毛欲脩宣和譜者數矣惜未得遂所欲也

宋高宗每搜訪至晉畫必命米友仁鑒定題跋往往有一時附會迎合上意者嘗見畫數卷頗未佳而題識甚眞鑒者不可不知也

世人收畫必欲盛飾以金玉不知金玉乃誨盜之端前賢事蹟可鑒

燈下不可看畫醉餘酒邊亦不可看畫俗客尤不可示之卷舒不得其法最爲害物至於庸人繆子見畫

必有妄加雌黃品藻本不識物亂訂眞僞令人短氣

看畫之好本士大夫適興寄意而已有力收購有目方鑒賞遇勝日有好懷彼此出示較量高下致欲相與誇尙鬪與今之輕薄子則不然縱目力略知一二見人好物攽貶剝疵類用心計購至於必得倘不得則生造毁謗必欲此物名聲不彰若賞鑒高尙之士固不待說破平常目力未定者或爲所惑已收一物性命與俱妄自稱與人或欲之必作說艱阻得善價而後已此皆心術不正不可不鑒

看畫不可一途而取古人命意立迹各有其道豈可拘以所見繩律古人之意哉

古人畫稿謂之粉本前輩多寶畜之蓋其草草不經意處有自然之妙宣和紹興所藏粉本多有神妙宋人賞鑒精妙無出於米元章然北公天資極高立論時有過處當時如劉巨濟薛道祖林子中薛志東兄弟輩皆不及之後有黄伯思長睿者出作法帖刊誤專攻米公之失僕從而爲辨析甚詳作法帖正誤專指長睿之過當使元章復生不易吾言也

俗人論畫不知筆法氣韻之神妙但先指形似者又上達之士有一等論畫之神妙便云畫十二時辰圖有十二游蜂循環飛動畫婦人則有週身動頭之異不可枚舉此皆迂繆之說以求奇也

唐人畫卷多有碧綾劉背當時名士於蘭道上題字自經宣和紹興裝飾盡用折去古迹邈不可得也

唐人裱手卷多有紫綾作標首至有紅綾作引首用珊瑚爲小軸如今藏經之狀

宋末士大夫不識畫者多縱得賞鑒之名亦甚苟且蓋尤物盡在天府人間所有不多動爲豪勢奪去賈似道擅國柄留意收藏當時趨附之徒盡心搜訪以獻今往往見其所收有眞僞相半豈當時聞見不廣抑似道目力不高一時附會致然邪

古人作畫有得意者多再作之如李成寒林范寬雪山王詵烟江疊嶂之類不可枚舉

畫梅謂之寫梅畫竹謂之寫竹畫蘭謂之寫蘭何哉蓋花之至清畫者當以意寫之不在形似耳陳去非詩云意足不求顏色似前身相馬九方皋其斯之謂歟

畫有賓主不可使賓勝主謂如山水則山水是主雲烟樹石人物禽畜樓觀皆是賓且如一尺之山是主凡賓者遠近折算須要停均謂如人物是主凡賓者皆隨遠近高下布景不可意推也

染絹上深不淡薰絹上墨顏色黯淡撫碎者文理不直絲亂斷惟自然古者絹黑而丹青自明看畫不必以絹素明闇爲辨

看畫如看美人其風神骨相有肌體之外者今人看

古迹必先求形似次及傳染次及事實殊非賞鑒之法也元章謂好事家與賞鑒家自是兩等家多資力貪名好勝遇物收置不過聽聲此謂好事若賞鑒則天資高明多聞傳録或自能畫或深畫意每得一圖終日寶玩如對古人雖聲色之奉不能奪也

收畫之法道釋爲上蓋古人用工於此欲覽者生敬慕愛禮之意其次人物可愛鑒戒其次山水有無窮之趣其次花草其次畫馬可以閲神駿若仕女番族雖精妙非文房所可玩者此元章之論也今人收畫

多貴古而賤近且如山水花鳥宋之數人超越往者但取其神妙勿論世代可也只如本朝趙子昂金國王子端宋南渡二百年間無此作元章收晉六朝唐五代畫至多在宋朝名筆亦收置稱賞若以世代遠近不看畫之妙非眞知者也

觀畫之妙先觀氣韻次觀筆意骨法位置傳染然後形似此六法也若看山水墨竹梅蘭枯木竒石墨花墨禽等游戲翰墨高人勝士寄興寫意者愼不可以形似求之先觀天眞次觀筆意相對忘筆墨之迹方爲得趣今人觀畫不知六法開卷便加稱賞或人問其妙處則不知所荅皆是平昔偶尔看熟或附會一時不知其原深可鄙笑

收畫若山水花竹窠石等作佳軸文房舘閣若妆實人物必須横卷爲佳

山水之爲物稟造化之秀陰陽晦冥晴雨寒暑朝昏晝夜隨形改步有無窮之趣自非胸中丘壑汪洋如萬頃波者未易摹寫如六朝至唐初畫者雖多筆法位置深得古意自王維張璪畢宏鄭虔之徒出深造

其理五代荆關又別出新意一洗前習迨于宋朝董元李成范寛三家鼎立前無古人後無來者山水之法始備三家之下各有入室弟子二三人終不逮也

世俗論畫必曰畫有十三科山水打頭界畫打底故人以界劃爲易事不知方圓曲直高下低昂遠近凹凸工拙纖麗梓人匠氏有不能盡其妙者况筆墨硯尺運思於縑楮之上求合其法度準繩此爲至難古人畫諸科各有其人界畫則唐絶無作者歷五代始得郭忠恕一人其它如王士元趙忠義輩三數人而

已如衛賢高克明抑又次焉近見趙集賢子昂教其子雍作界畫云諸畫或可杜撰瞞至界畫未有不用工合法度者此爲知言也

大凡觀畫未精多難爲物此上下通病也僕小年見神妙之物稍有不合所見便目爲僞今則不然多闕疑古人之所以傳世者必有其實古云下士聞道則大笑不足以爲道即此意也

觀六朝畫先觀絹素次觀筆法次觀氣韻大槩十中可信者一二有御府題印者尤可不信

古畫東移西掇搨補成章此弊自高宗朝莊宗古始也

說郛目錄

弓第九十三

茶經序

案周禮酒正之職辨四飲之物其三曰漿又漿人之職供王之六飲水漿醴涼醫酏入于酒府鄭司農云以水和酒也蓋當時人率以酒醴爲飲謂乎六漿酒之醨者也何得姬公製爾雅云檟苦茶即不擷而飲之豈聖人之純于用乎亦草木之濟人取捨有時也自周以降及于國朝茶事竟陵子陸季疵言之詳矣然季疵以前稱茗飲者必渾以烹之與夫瀹蔬而啜者無異也季疵始爲經三卷由是分其源制其具教

其造設其器命其煮飲之者除痟而癘去雖疾醫之不若也其爲利也於人豈小哉余始得季疵書以爲備矣後又獲其顧渚山記二篇其中多茶事後又太原溫從雲武威段碣之各補茶事十數節並存於方冊茶之事由周至今竟無纖遺矣昔晉杜育有荈賦季疵有茶歌余缺然于懷者謂有其具而不形于詩亦季疵之餘恨也遂爲十詠寄天隨子唐皮日休撰

茶經卷上

唐　竟陵陸羽

一之源

茶者南方之嘉木也一尺二尺迺至數十尺其巴山峽川有兩人合抱者伐而掇之其樹如瓜蘆葉如梔子花如白薔薇實如栟櫚蒂如丁香根如胡桃 瓜蘆木出廣州似茶至苦澀栟櫚蒲葵之屬其子似茶胡桃與茶根皆下孕兆至瓦礫苗木上抽 其字或從草或從木或草木并 從草當作茶其字出開元文字音義從木當作榢其字出本草草木并作荼其字出爾雅 其名一曰茶二曰檟三曰蔎四曰茗

五曰荈 周公云檟苦茶楊執戟云蜀西南人謂茶曰蔎郭弘農云早取爲茶晚取爲茗或一曰荈耳 其地上者生爛石中者生櫟壤 櫟當從石爲礫 下者生黃土凡藝而不實植而罕茂法如種瓜三歲可採野者上園者次陽崖陰林紫者上綠者次筍者上牙者次葉卷上葉舒次陰山坡谷者不堪採掇性凝滯結瘕疾茶之爲用味至寒爲飲最宜精行儉德之人若熱渴凝悶腦疼目澀四支煩百節不舒聊四五啜與醍醐甘露抗衡也採不時造不精雜以卉莽飲之成疾茶爲累也亦猶人參上者生上黨中者生百

羅下者生高麗有生潭州易州幽州檀州者爲藥無
効況非此者設服薺苨使六疾不瘳知人參爲累則
茶累盡矣

二之具

籝加追反一曰籃一曰籠一曰筥以竹織之受五升或
一斗二斗三斗者茶人負以採茶也籝漢書音盈所謂黃金滿籝不如一經顏師古云籝竹器也容四升耳

竈無用窔者釜用脣口者

甑或木或瓦匪腰而泥籃以箄之篾以系之始其蒸

也入乎箄既其熟也出乎箄釜涸注於甑中甑不帶而泥之
又以穀木枝三亞者制之亞當作椏木椏枝也散所蒸牙笋
并葉畏流其膏

杵臼一曰碓惟恒用者佳

規一曰模一曰棬以鐵制之或圓或方或花

承一曰臺一曰砧以石爲之不然以槐桑木半埋地
中遣無所搖動

檐一曰衣以油絹或雨衫單服敗者爲之以檐置承
上又以規置檐上以造茶也茶成舉而易之

芘莉音杷离一曰籯子一曰旁筤以二小竹長三尺軀
二尺五寸柄五寸以篾織方眼如圃人土羅闊二尺
以列茶也

棨一曰錐刀柄以堅木爲之用穿茶也

樸一曰鞭以竹爲之穿茶以解茶也

焙鑿地深二尺闊二尺五寸長一丈上作短墻高二
尺泥之

貫削竹爲之長二尺五寸以貫茶焙之

棚一曰棧以木構於焙上編木兩層高一尺以焙茶

也茶之半乾升下棚全乾升上棚

穿音釧江東淮南剖竹爲之巴州峽山紉穀皮爲之江
東以一斤爲上穿半斤爲中穿四兩五兩爲小穿峽
中以一百二十斤爲上穿八十斤爲中穿五十斤爲
小穿字舊作釵釧之釧字或作貫串今則不然如磨
扇彈鑽縫五字文以平聲書之義以去聲呼之其字
以穿名之

育以木制之以竹編之以紙糊之中有隔上有覆下
有床傍有門掩一扇中置一器貯煻煨火令熅熅然

江南梅雨時焚之以火育者以其藏養爲名

三之造

凡採茶在二月三月四月之間茶之笋者生爛石沃土長四五寸若薇蕨始抽凌露採焉茶之牙者發於叢薄之上有三枝四枝五枝者選其中枝穎拔者採焉其日有雨不採晴有雲不採晴採之蒸之擣之拍之焙之穿之封之茶之乾矣茶有千萬狀鹵莽而言如 人鞾者蹙縮然京錐文也犎牛臆者膁檐然犎音朋野牛也浮雲出山者輪囷然輕飈拂水者涵澹然有如陶

家之子羅膏土以水澄泚之謂澄泥也又如新治地者遇暴雨流潦之所經此皆茶之精腴有如竹籜者枝幹堅實艱於蒸擣故其形籭簁然上離下師有如霜荷者莖葉凋沮易其狀貌故厥狀委萃然此皆茶之瘠老者也自採至于封七經目自胡靴至于霜荷八等或以光黑平正言嘉者斯鑒之下也以皺黃坳垤言佳者鑒之次也若皆言嘉及皆言不嘉者鑒之上也何者出膏者光含膏者皺宿製者則黑日成者則黃蒸壓則平正縱之則坳垤此茶與草木葉一也茶之否臧

存於口訣

茶經卷中

四之器

風爐　灰承

風爐以銅鐵鑄之如古鼎形厚三分緣闊九分令六分虛中致其杇墁凡三足古文書二十一字一足云坎上巽下離于中一足云體均五行去百疾一足云聖唐滅　明年鑄其三足之間設三窓底一窓以爲通飇漏燼之所上並古文書六字一窓之上書伊公二字一窓之上書羹陸二字一窓之

上書氏茶二字所謂伊公羹陸氏茶也置墆埭於其內設三格其一格有翟焉翟者火禽也畫一卦曰離其一格有彪焉彪者風獸也畫一卦曰巽其一格有魚焉魚者水蟲也畫一卦曰坎巽主風離主火坎主水風能興火火能熟水故備其三卦焉其飾以連葩垂蔓曲水方文之類其爐或鍛鐵爲之或運泥爲之其灰承作三足鐵柈擡之

筥

筥以竹織之高一尺二寸徑闊七寸或用藤作木楦〇楦古箱字如筥形織之六出固眼其底蓋若利篋口鑠之

炭檛

炭檛以鐵六稜制之長一尺銳一豐中執細頭系一小鍰以飾檛也若今之河隴軍人木吾也或作鎚或作斧隨其便也

火筴

火筴一名筯若常用者圓直一尺三寸頂平截無葱臺勾鏁之屬以鐵或熟銅製之

鍑　音輔或作釜或作鬴

鍑以生鐵爲之今人有業冶者所謂急鐵其鐵以耕刀之趄鍊而鑄之內模土而外模沙土滑於內易其摩滌沙澀於外吸其炎焰方其耳以正令也廣其緣以務遠也長其臍以守中也臍長則沸中沸中則末易揚末易揚則其味淳也洪州以瓷爲之萊州以石爲之瓷與石皆雅器也性非堅實難可持久用銀爲之至潔但涉於侈麗雅則雅矣潔亦潔矣若用之恒而卒歸於鐵也

交床

交床以十字交之剜中令虛以支鍑也

夾

夾以小青竹爲之長一尺二寸令一寸有節節已上剖之以炙茶也彼竹之篠津潤于火假其香潔以益茶味恐非林谷間莫之致或用精鐵熟銅之類取其久也

紙囊

紙囊以剡藤紙白厚者夾縫之以貯所炙茶使不泄其香也

碾 拂末

碾以橘木爲之次以梨桑桐柘爲之內圓而外方內圓備於運行也外方制其傾危也內容墮而外無餘木墮形如車輪不輻而軸焉長九寸闊一寸七分墮徑三寸分中厚一寸邊厚半寸軸中方而執圓其拂末以鳥羽製之

羅合

羅末以合蓋貯之以則置合中用巨竹剖而屈之以紗絹衣之其合以竹節爲之或屈杉以漆之高三寸蓋一寸底二寸口徑四寸

則

則以海貝蠣蛤之屬或以銅鐵竹匕策之類則者量也准也度也凡煮水一升用末方寸匕若好薄者減嗜濃者增故云則也

水方

水方以椆木（音胄木名也）槐楸梓等合之其裏并外縫漆之受一斗

漉水囊

漉水囊若常用者其格以生銅鑄之以備水濕無有苔穢腥澀意以熟銅苔穢鐵腥澀也林棲谷隱者或用之竹木木與竹非持久涉遠之具故用之生銅其囊織青竹以捲之裁碧縑以縫之紐翠鈿以綴之又作綠油囊以貯之圓徑五寸柄一寸五分

瓢

瓢一曰犧杓剖瓠爲之或刊木爲之晉舍人杜毓

荈賦云酌之以匏匏瓢也口闊脛薄柄短永嘉中餘姚人虞洪入瀑布山採茗遇一道士云吾丹丘子祈子他日甌犧之餘乞相遺也犧木杓也今常用以梨木爲之

竹夾

竹夾或以桃柳蒲葵木爲之或以柿心木爲之長一尺銀裹兩頭

鹺簋 揭

鹺簋以瓷爲之圓徑四寸若合形或即今盒字或瓶或罍貯鹺花也其揭竹制長四寸一分闊九分揭策也

熟盂

熟盂以貯熟水或瓷或沙受二升

盌

盌越州上鼎州次婺州次岳州次壽州洪州次或者以邢州處越州上殊爲不然若邢瓷類銀越瓷類玉邢不如越一也若邢瓷類雪則越瓷類冰邢不如越二也邢瓷白而茶色丹越瓷青而茶色綠邢不如越三也晉杜毓荈賦所謂器擇陶揀出自東甌甌越也甌越州上口脣不卷底卷而淺受半斤巳下越州瓷岳瓷皆青青則益茶茶作白紅之色邢州瓷白茶色紅壽州瓷黃茶色紫洪州瓷褐茶色黑悉不宜茶

畚

畚以白蒲捲而編之可貯盌十枚或用筥其紙帊以剡紙夾縫令方亦十之也

札

札緝栟櫚皮以茱萸木夾而縛之或截竹束而管之若巨筆形

滌方

滌方以貯滌洗之餘用楸木合之制如水方受八升

滓方

滓方以集諸滓製如滌方處五升

巾

巾以絁布爲之長二尺作二枚互用之以潔諸器

具列

具列或作床或作架或純木純竹而製之或木或竹黃黑可扃而漆者長三尺濶二尺高六寸具列者悉斂諸器物悉以陳列也

都籃

都籃以悉設諸器而名之以竹篾內作三角方眼外以雙篾濶者經之以單篾纖者縛之遞壓雙經作方眼使玲瓏高一尺五寸底濶一尺高二寸長二尺四寸濶二尺

茶經卷下

五之煮

凡炙茶愼勿於風燼間炙熛焰如鑽使炎涼不均持以逼火屢其翻正候炮（普教反）出培塿狀蝦蟆背然後去火五寸卷而舒則本其始又炙之若火乾者以氣熟止日乾者以柔止其始若茶之至嫩者蒸罷熱搗葉爛而牙笋存焉假以力者持千鈞杵亦不之爛如漆科珠壯士接之不能駐其指及就則似無穰骨也炙之則其節若倪倪如嬰兒之臂耳既而承熱用紙

囊貯之精華之氣無所散越候寒末之（末之上者其屑如細米末之下者其屑如菱角）其火用炭次用勁薪（謂桑槐桐櫪之類也）其炭曾經燔炙爲膻膩所及及膏木敗器不用之（膏木爲柏桂檜也敗器爲朽廢器也）古人有勞薪之味信哉其水用山水上江水中井水下（荈賦所謂水則岷方之注挹彼清流）其山水揀乳泉石池漫流者上其瀑湧湍漱勿食之久食令人有頸疾又多別流於山谷者澄浸不洩自火天至霜郊以前或潛龍蓄毒於其間飲者可決之以流其惡使新泉涓涓然酌之其江水取去人遠者井取汲多者其沸如魚目

微有聲爲一沸緣邊如湧泉連珠爲二沸騰波鼓浪爲三沸已上水老不可食也初沸則水合量調之以鹽味謂棄其啜餘啜嘗也市稅反又市悅反無迺䵂䶝而鍾其一味乎上古暫反下吐濫反無味也第二沸出水一瓢以竹筴環激湯心則量末當中心而下有頃勢若奔濤濺沫以所出水止之而育其華也凡酌置諸盌令沫餑均字書幷本草餑均茗沫也蒲笏反沫餑湯之華也華之薄者曰沫厚者曰餑細輕者曰花如棗花漂漂然於環池之上又如迴潭曲渚青萍之始生又如晴天爽朗有浮雲鱗然其

沫者若綠錢浮於水渭又如菊英墮於罇俎之中餑者以滓煮之及沸則重華累沫皤皤然若積雪耳荈賦所謂煥如積雪燁若春藪有之第一煮水沸而棄其沫之上有水膜如黑雲母飲之則其味不正其第一者爲雋永徐縣全縣二反至美者曰雋永雋味也永長也史長曰雋永漢書蒯通著雋永二十篇也或留熟以貯之以備育華救沸之用諸第一與第二第三盌次之第四第五盌外非渴甚莫之飲凡煮水一升酌分五盌盌數少至三多至五若人多至十加兩爐乘熱連飲之以重濁凝其下精英浮其上如冷則精英隨氣而竭飲啜不消亦然矣茶性儉不宜廣則其味黯澹且如一滿盌啜半而味寡況其廣乎其色緗也其馨欽也香至美曰欽欽音備其味甘檟也不甘而苦荈也啜苦咽甘茶也一本云其味苦而不甘檟也甘而不苦荈也

六之飲

翼而飛毛而走呿而言此三者俱生於天地間飲啄以活飲之時義遠矣哉至若救渴飲之以漿蠲憂忿飲之以酒蕩昏寐飲之以茶茶之爲飲發乎神農氏聞於魯周公齊有晏嬰漢有楊雄司馬相如吳有韋

曜晉有劉琨張載遠祖納謝安左思之徒皆飲焉滂時浸俗盛於國朝兩都幷荆俞○俞當作渝巴渝也間以爲比屋之飲飲有觕茶散茶末茶餅茶者乃斫乃熬乃煬乃舂貯於瓶缶之中以湯沃焉謂之痷茶或用葱薑棗橘皮茱萸薄荷之等煮之百沸或揚令滑或煮去沫斯溝渠間棄水耳而習俗不已於戲天育萬物皆有至妙人之所工但獵淺易所庇者屋屋精極所著者衣衣精極所飽者飲食食與酒皆精極之茶有九難一曰造二曰別三曰器四曰火五曰水六曰炙七

曰末八曰煑九曰飲陰採夜焙非造也嚼味嗅香非
別也膻鼎腥甌非器也膏薪庖炭非火也飛湍壅潦
非水也外熟內生非炙也碧粉縹塵非末也操艱攪
遽非煑也夏興冬廢非飲也夫珍鮮馥烈者其盌數
三次之者盌數五若坐客數至五行三盌至七行五
盌若六人巳下不約盌數但闕一人而巳其雋永補
所闕人

七之事

三皇炎帝神農氏周魯周公旦齊相晏嬰漢仙人丹

丘子黃山君司馬文園令相如楊執戟雄吳歸命侯
韋太傅弘嗣晉惠帝劉司空琨琨兄子兗州刺史演
張黃門孟陽傅司隸咸江洗馬統孫參軍楚左記室
太沖陸吳興納納兄子會稽內使俶謝冠軍安石郭
弘農璞桓楊州溫杜舍人毓武康小山寺釋法瑤沛
國夏侯愷餘姚虞洪北地傅巽丹陽弘君舉高安任
育長（育長任瞻字元本遺長字令瞻之）宣城秦精燉煌單道開剡縣
陳務妻廣陵老姥河內山謙之後魏瑯琊王肅宋新
安王子鸞鸞弟豫章王子尚鮑照妹令暉八公山沙

門譚濟齊世祖武帝梁劉廷尉陶先生弘景皇朝徐
英公勣
神農食經茶茗久服人有力悅志
周公爾雅檟苦荼廣雅云荆巴間採葉作餅葉老者
餅成以米膏出之欲煑茗飲先炙令赤色擣末置瓷
器中以湯澆覆之用葱薑橘子芼之其飲醒酒令人
不眠
晏子春秋嬰相齊景公時食脫粟之飯炙三弋五卵
茗菜而巳

司馬相如凡將篇烏喙桔梗芫華款冬貝母木蘗蔞
芩草芍藥桂漏蘆蜚廉雚菌荈詫白歛白芷菖蒲芒
消莞椒茱萸
方言蜀西南人謂茶曰蔎
吳志韋曜傳孫皓每饗宴坐席無不率以七勝爲限
雖不盡入口皆澆灌取盡曜飲酒不過二升皓初禮
異密賜茶荈以代酒
晉中興書陸納爲吳興太守時衛將軍謝安常欲詣
納（晉書云納爲吏部尚書）納兄子俶怪納無所備不敢問之乃

蓄數十人饌安既至所設唯茶果而已俶遂陳盛饌珍羞必具及安去納杖俶四十云汝既不能光益叔父柰何穢吾素業

晉書桓溫爲楊州牧性儉每讌飲唯下七奠拌茶果而已

搜神記夏侯愷因疾死宗人字苟奴察見鬼神見愷來收馬并病其妻著平上幘單衣入坐生時西壁大床就人覓茶飲

劉琨與兄子南兗州刺史演書云前得安州乾薑一

斤桂一斤黃芩一斤皆所須也吾體中潰悶常仰其茶汝可置之潰當作憒

傅咸司隸教曰聞南方有以困蜀嫗作茶粥賣爲廉事打破其器具　又賣餅於市而禁茶粥以蜀姥何哉

神異記餘姚人虞洪入山採茗遇一道士牽三青牛引洪至瀑布山曰予丹丘子也聞子善具飲常思見惠山中有大茗可以相給祈子他日有甌犧之餘乞相遺也因立奠祀後常令家人入山獲大茗焉

左思嬌女詩吾家有嬌女皎皎頗白皙小字爲紈素口齒自清歷有姊字惠芳眉目粲如畫馳騖翔園林果下皆生摘貪華風雨中倏忽數百適心爲茶荈劇吹噓對鼎䥶

張孟陽登成都樓詩云借問揚子舍想見長卿廬程卓累千金驕侈擬五都門有連騎客翠帶腰吳鉤食隨時進百和妙且殊披林採秋橘臨江釣春魚黑子過龍醢果饌踰蟹蝑芳茶冠六情溢味播九區人生苟安樂茲土聊可娛

傅巽七誨蒲桃宛柰齊柿燕栗峘陽黃梨巫山朱橘南中茶子西極石蜜

弘君舉食檄寒溫既畢應下霜華之茗三爵而終應下諸蔗木瓜元李楊梅五味橄欖懸豹葵羹各一杯

孫楚歌茱萸出芳樹顛鯉魚出洛水泉白鹽出河東美豉出魯淵薑桂茶荈出巴蜀椒橘木蘭出高山蓼蘇出溝渠精稗出中田

華佗食論苦茶久食益意思

壺居士食忌苦茶久食羽化與韭同食令人體重

郭璞爾雅注云樹小似梔子冬生葉可煑羹飲今呼早取爲茶晚取爲茗或一曰荈蜀人名之苦茶

世說任瞻字育長少時有令名自過江失志既下飲問人云此爲茶爲茗覺人有怪色乃自申明云向問飲爲熱爲冷耳下飲謂設茶也

續搜神記晉武帝宣城人秦精常入武昌山採茗遇一毛人長丈餘引精至山下示以叢茗而去俄而復還乃探懷中橘以遺精精怖負茗而歸

晉四王起事惠帝蒙塵還洛陽黃門以瓦盂盛茶上至尊

異苑剡縣陳務妻少與二子寡居好飲茶茗以宅中有古塚每飲輒先祀之二子患之曰古塚何知徒以勞意欲掘去之母苦禁而止其夜夢一人云吾止此塚三百餘年卿二子恒欲見毁賴相保護又享吾佳茗雖潛壤朽骨豈忘翳桑之報及曉於庭中獲錢十萬似久埋者但貫新耳母告二子慙之從是禱饋愈甚

廣陵耆老傳晉元帝時有老姥每旦獨提一器茗往市鬻之市人競買自旦至夕其器不減所得錢散路傍孤貧乞人人或異之州法曹縶之獄中至夜老姥執所鬻茗器從獄牖中飛出

藝術傳燉煌人單道開不畏寒暑常服小石子所服藥有松桂蜜之氣所餘茶蘇而已

釋道該說續名僧傳宋釋法瑤姓楊氏河東人永嘉中過江遇沈臺真請真君武康小山寺年垂懸車○懸車喻日入之候指人垂老時也淮南子曰日至悲泉爰息其馬亦此意也飯所飲茶永明中勑吳興禮致上京年七十九

宋江氏家傳江統字應遷愍懷太子洗馬常上疏諫云今西園賣醯麪藍子菜茶之屬虧敗國體

宋錄新安王子鸞豫章王子尚詣曇濟道人於八公山道人設茶茗子尚味之曰此甘露也何言茶茗

王微雜詩寂寂掩高閣寥寥空廣厦待君竟不歸收領今就檟

鮑昭妹令暉著香茗賦

南齊世祖武皇帝遺詔我靈座上慎勿以牲爲祭但設餅果茶飲乾飯酒脯而已

梁劉孝綽謝晉安王餉米等啓傳詔李孟孫宣教旨垂賜米酒瓜筍葅脯酢茗八種氣苾新城味芳雲松江潭抽節邁昌荇之珍疆埸擢翹越葺精之美羞非純束野麏裛似雪之驢鮓異陶瓶河鯉操如瓊之粲茗同食粲酢顏望柑免千里宿舂省三月種聚小人懷惠大懿難忘

陶弘景雜錄苦茶輕換膏昔丹丘子黃山君服之

後魏錄瑯琊王肅仕南朝好茗飲蓴羹及還北地又好羊肉酪漿人或問之茗何如酪肅曰茗不堪與酪

爲奴

桐君錄西陽武昌廬江晉陵好茗皆東人作清茗茗有餑飲之宜人凡可飲之物皆多取其葉天門冬拔揳取根皆益人又巴東別有眞茗茶煎飲令人不眠俗中多煑檀葉幷大皁李作茶並冷又南方有瓜蘆木亦似茗至苦澀取爲屑茶飲亦可通夜不眠煑鹽人但資此飲而交廣最重客來先設乃加以香芼輩

坤元錄辰州溆浦縣西北三百五十里無射山云蠻俗當吉慶之時親族集會歌舞于山上山多茶樹

括地圖臨遂縣東一百四十里有茶溪

山謙之吳興記烏程縣西二十里有溫山出御荈

夷陵圖經黃牛荆門女觀望州等山茶茗出焉

永嘉圖經永嘉縣東三百里有白茶山

淮陰圖經山陽縣南二十里有茶坡

茶陵圖經云茶陵者所謂陵谷生茶茗焉本草木部茗苦茶味甘苦微寒無毒主瘻瘡利小便去痰渴熱令人少睡秋採之苦主下氣消食注云春採之

本草菜部苦茶一名茶一名選一名游冬生益州川

谷山陵道傍凌冬不死三月三日採乾注云疑此卽是今茶　茶令人不眠本草注按詩云誰謂荼苦又云堇　如飴皆苦菜也陶謂之苦茶木類非菜流茗春採謂之苦茶途遐反

枕中方療積年瘻苦茶蜈蚣並炙令香熟等分擣篩煑甘草湯洗以末傅之

孺子方療小兒無故驚蹶以苦茶葱鬚煑服之

八之出

山南以峽州上峽州生遠安宜都夷陵三縣山谷襄州荆州次襄州[illegible]

鄣縣山谷荊州生江陵縣山谷衡州下生衡山茶陵二縣山谷金州梁州又下金州生西城安康二縣山谷梁州生襄城金牛二縣山谷淮南以光州上生光山縣黃頭港者與峽州同義陽郡舒州次生義陽縣鍾山者與襄州同舒州生太湖縣潛山者與荊州同壽州下盛唐縣生霍山者與衡山同也蘄州黃州又下蘄州生黃梅縣山谷黃州生麻城縣山谷並與荊州梁州同也浙西以湖州上湖州生長城縣顧渚山谷與峽州光州同生山桑儒師二寺白茅山懸腳嶺與襄州荊南義陽郡同生鳳亭山伏翼閣飛雲曲水二寺啄木嶺與壽州常州同生安吉武康二縣山谷與金州梁州同常州次常州義興縣生君山懸腳嶺北峰下與荊州義陽郡同生圈嶺善權寺石亭山與舒州同宣州杭州睦州歙州下宣州生宣城縣雅山與蘄州同太平縣生上睦臨睦與黃州同杭州臨安於潛二縣生天目山與舒

州同錢塘生天竺靈隱二寺睦州生桐廬縣山谷歙州生婺源山谷與衡州同潤州蘇州又下潤州江寧縣生傲山蘇州長洲縣生洞庭山與金州蘄州梁州同劍南以彭州上生九隴縣馬鞍山至德寺棚口與襄州同綿州蜀州次綿州龍安縣生松嶺關與荊州同其西昌昌明神泉縣西山者並佳有過松嶺者不堪採蜀州青城縣生丈人山與綿州同青城縣有散茶木茶邛州次雅州瀘州下雅州百丈山名山瀘州瀘川者與金州同也眉州漢州又下眉州丹棱縣生鐵山者漢州綿竹縣生竹山者與潤州同浙東以越州上餘姚縣生瀑布泉嶺曰仙茗大者殊異小者與襄縣同明州婺州次明州鄮縣生榆莢村婺州東陽縣東白山與荊州同台州下台州豐縣生赤城者與歙州同黔中生思州播州費州夷州江南生鄂州袁州吉州嶺南生福州建州韶州象州福州生閩方山山陰縣也其思播費夷鄂袁吉福建泉韶象十一州未詳往往得之其味極佳

九之略

其造具若方春禁火之時於野寺山園叢手而掇乃蒸乃舂乃復以火乾之則又棨樸焙貫棚穿育等七事皆廢其煮器若松間石上可坐則具列廢用槁薪鼎鑠之屬則風爐灰承炭檛火筴交牀等廢若瞰泉臨澗則水方滌方漉水囊廢若五人已下茶可味而精者則羅廢若援藟躋嵓引絙入洞於山口炙而末

之或紙包合貯則碾拂末等廢既瓢盌筴札熟盂鹺簋悉以一筥盛之則都籃廢但城邑之中王公之門二十四器闕一則茶廢矣

十之圖

以絹素或四幅或六幅分布寫之陳諸座隅則茶之源之具之造之器之煮之飲之事之出之略目擊而存於是茶經之始終備焉

茶錄

茶論　　宋　蔡襄

色

茶色貴白而餅茶多以珍膏油（去聲）其面故有青黃紫黑之異善別茶者正如相工之眎人氣色也隱然察之於內以肉理潤者爲上既已末之黃白者受水昏重青白者受水詳明故建安人鬭試以青白勝黃白

香

茶有真香而入貢者微以龍腦和膏欲助其香建安民間試茶皆不入香恐奪其真若烹點之際又雜珍果香草其奪益甚正當不用

味

茶味主於甘滑惟北苑鳳凰山連屬諸焙所産者味佳隔溪諸山雖及時加意製作色味皆重莫能及也又有水泉不甘能損茶味前世之論水品者以此

藏茶

茶宜蒻葉而畏香藥喜溫燥而忌溼冷故收藏之家

以蒻葉封裹入焙中兩三日一次用火常如人體溫溫則禦溼潤若火多則茶焦不可食

炙茶

茶或經年則香色味皆陳於淨器中以沸湯漬之刮去膏油一兩重乃止以鈐箝之微火炙乾然後碎碾若當年新茶則不用此說

碾茶

碾茶先以淨紙密裹搥碎然後熟碾其大要旋碾則色白或經宿則色已昏矣

羅茶

羅細則茶浮麤則沫浮

候湯

候湯最難未熟則沫浮過熟則茶沉前世謂之蟹眼者過熟湯也沉瓶中煮之不可辯故曰候湯最難

熁盞

凡欲點茶先須熁盞令熱冷則茶不浮

點茶

茶少湯多則雲脚散湯少茶多則粥面聚（建人謂之雲脚粥面）

鈔茶一錢七先注湯調令極勻又添注入環廻擊拂湯上盞可四分則止眎其面色鮮白著盞無水痕爲絕佳建安鬬試以水痕先者爲負耐久者爲勝故較勝負之說曰相去一水兩水

耑論

茶焙

茶焙編竹爲之裹以蒻葉蓋其上以收火也隔其中以有容也納火其下去茶尺許常溫溫然所以養茶色香味也

茶籠

茶不入焙者宜密封裹以蒻籠盛之置高處不近濕氣

砧椎

砧椎蓋以砧茶砧以木爲之椎或金或鐵取於便用

茶鈐

茶鈐屈金鐵爲之用以炙茶

茶碾

茶碾以銀或鐵爲之黃金性柔銅及鍮石皆能生鉎

者不入用

茶羅

茶羅以絕細爲佳羅底用蜀東川鵝溪畫絹之密者投湯中揉洗以羃之

茶盞

茶色白宜黑盞建安所造者紺黑紋如兔毫其坯微厚熁之久熱難冷最爲要用出他處者或薄或色紫皆不及也其青白盞鬬試自不用

茶匙

茶匙要重擊拂有力黃金爲上人間以銀鐵爲之竹者輕建茶不取

湯瓶

瓶要小者易候湯又點茶注湯有準黃金爲上人間以銀鐵或瓷石爲之

試茶錄

宋　子安集

隄首七閩山川特異峻極迴環勢絶如甌其陽多銀銅其陰孕鉛鐵厥土赤墳厥植惟茶會建而上羣峰益秀迎抱相向草木叢條水多黄金茶生其間氣味殊美豈非山川重複土地秀粹之氣鍾於是而物得以宜歟北苑西距建安之洄溪二十里而近東至東宮百里而遥（姬名有三十六東宮其一也）過洄溪踰東宮則僅能成餅耳獨北苑連屬諸山者最勝北苑前枕溪流北

涉數里茶皆氣弇然色濁味尤薄惡況其遠者乎亦猶橘過淮爲枳也近蔡公作茶錄亦云隔溪諸山雖及時加意製造色味皆重矣今北苑焙風氣亦殊先春朝隮常雨霽則霧露昏蒸晝午猶寒故茶宜之茶宜高山之陰而喜日陽之早自北苑鳳山南直苦竹園頭東南屬張坑頭皆高遠先陽處歲發常早芽極肥乳非民間所比次出壑源嶺高土沃地茶味甲於諸焙丁謂亦云鳳山高不百丈無危峰絶崦而岡阜環抱氣勢柔秀宜乎嘉植靈卉之所發也又以建安茶品甲於天下疑山川至靈之卉天地始和之氣盡此茶矣又論石乳出壑嶺斷崖缺石之間蓋草木之仙骨丁謂之記錄建溪茶事詳備矣至於品載止云北苑壑源嶺及總記官私諸焙千三百三十六耳近蔡公亦云唯北苑鳳凰山連屬諸焙所產者味佳故四方以建茶爲目皆曰北苑建人以近山所得故謂之壑源好者亦取壑源口南諸葉皆云彌珍絶傳致之間識者以色味品第反以壑源爲疑今書所異者從二公紀土地勝絶之目具疏園隴百名之異香味

精粗之別庶知茶於草木爲靈最矣去畝步之間別移其性又以佛嶺葉源沙溪附見以質二焙之美故曰東溪試茶錄自東宮西溪南焙北苑皆不足品第今略而不論

總敘焙名

（北苑諸焙或還民間或隷北苑前書未盡今始終其事）

舊記建安郡官焙三十有八自南唐歲率六縣民採造大爲民間所苦我宋建隆已來環北苑近焙歲取上供外焙俱還民間而裁稅之至道年中始分游坑臨江汾常西濛洲西小豐大熟六焙隷南劍又免五

縣茶民專以建安一縣民力裁足之而除其口率泉
慶曆中取蘇口曾坑石坑重院還屬北苑焉又丁氏
舊錄云官私之焙千三百三十有六而獨記官焙三
十二東山之焙十有四北苑龍焙一乳橘內焙二乳
橘外焙三重院四壑嶺五謂源六范源七蘇口八東
宮九石坑十連溪十一香口十二火梨十三開山十
四南溪之焙十有二下瞿一濛洲東二汾東三南溪
四斯源五小香六際會七謝坑八沙龍九南鄉十中
瞿十一黃熟十二西溪之焙四慈善西一慈善東二
慈惠三船坑四北山之焙二慈善東一豐樂二

北苑 曾坑石坑附

建溪之焙三十有二北苑首其一而園別為二十五
苦竹園頭甲之飃鼠窠次之張坑頭又次之苦竹園
頭連屬窠坑在大山之北園植北山之陽大山多脩
木叢林鬱蔭相及自焙口達源頭五里地遠而益高
以園多苦竹故名曰苦竹以高遠居衆山之首故曰
園頭直西定山之隈土石迴向如窠然南挾泉流積
陰之處而多飛鼠故曰飃鼠窠其下曰小苦竹園又
西至于大園絕山尾疎竹蓊翳昔多飛雉故曰鷄藪
窠又南出壤園麥園言其土壤沃宜䵄麥也自青山
曲折而北嶺勢屬如貫魚凡十有二又隈曲如窠巢
者九其地利為九窠十二壠隈深絕數里曰廟坑坑
有山神祠焉又焙南直東嶺極高峻曰教練壠東入
張坑南距苦竹帶北岡勢橫直故曰坑坑又北出鳳
凰山其勢中跱如鳳之首兩山相向如鳳之翼因取
象焉鳳凰山東南至于袁雲壠又南至于張坑又南
最高處曰張坑頭言昔有袁氏張氏居于此因名其
地焉出袁雲之北平下故曰平園絕嶺之表曰西際

其東為東際焙東之山縈紆如帶故曰帶園其中曰
中歷坑東又曰馬鞍山又東黃淡窠謂山多黃淡也
絕東為林園又南曰柢園又有蘇口焙與北苑不相
屬昔有蘇氏居之其園別為四其最高處曰曾坑際
上又曰尼園又北曰官坑上園下坑園慶曆中始入
北苑歲貢有曾坑上品一斤叢出於此曾坑山淺土
薄苗發多紫復不肥乳氣味殊薄今歲貢以苦竹園
茶充之而蔡公茶錄亦不云曾坑者佳又石坑者涉

溪東北距焙僅一舍諸焙絕下慶曆中分屬北苑園之別有十一曰大畲二曰石雞望三曰黃園四曰石坑古焙五曰重院六曰彭坑七曰蓮湖八曰嚴曆九曰烏石高十曰高尾山多古木脩林今爲本焙取材之所園焙歲人今廢不開二焙非產茶之所今附見之

壑源 附葉源

建安郡東望北苑之南山叢然而秀高峙數百丈如郛郭焉民間所謂捍火山也其絕頂西南下視建之地邑民間謂之望州山山起壑源口而西周抱北苑之羣山迤邐南絕其尾巋然山阜高者爲壑源頭言壑源嶺山自此首也大山南北以限沙溪其東曰壑水之所出水出山之南東北合爲建溪壑源口者在北苑之東北南徑數里有僧居曰承天有園隴北税官山其茶甘香特勝近焙受水則渾然色重粥面無澤道山之南又西至于章歷章歷西曰後坑西曰連焙南曰焙山又南曰新宅又西曰嶺根言北山之根也茶多植山之陽其土赤埴其茶香少而黃白嶺根有流泉清淺可涉

涉泉而南山勢回曲東去如鉤故其地謂之壑嶺坑頭茶爲勝絕處又東別爲大窠坑頭至大窠爲正壑嶺寔爲南山土皆黑埴茶生山陰厥味甘香厥色青白及受水則淳淳光澤民間謂之冷粥面視其面渙散如粟雖去社芽葉過老色益青明氣益鬱然其止則苦去而甘至民間謂之草木大而味大是也他焙芽葉過老色益青濁氣益勃然甘至則味去而苦留爲異矣大窠之東山勢平盡曰壑嶺尾茶生其間色黃而味多土氣絕大窠南山其陽曰林坑又西南曰壑嶺根其西曰壑嶺頭道南山而東曰穿欄焙又東曰黃際其北曰李坑山漸平下茶色黃而味短自壑嶺尾之東南溪流繚遶岡阜不相連附極南塢中曰長坑踰流爲葉源又東爲梁坑而盡于下湖葉源者土赤多石茶生其中色多黃青無粥面粟紋而頗明爽復性重喜沉爲次也

佛嶺

佛嶺連接葉源下湖之東而在北苑之東南隔壑源溪水道自章阪東際爲丘坑坑口西對壑源亦曰壑口其茶黃白而味短東南曰曾坑今屬北苑其正東曰後

歷曾坑之陽曰佛嶺又東至于張坑又東曰李坑又有硬頭後洋蘇池蘇源郭源南源畢源苦竹坑岐頭槎頭皆周環佛嶺之東南茶少甘而多苦色亦重濁又有簀源簀音膽未詳此字石門江源白沙皆在佛嶺之東北茶泛然縹塵色而不鮮明味短而香少爲劣耳

沙溪

沙溪去北苑西十里山淺土薄茶生則葉細芽不肥乳自溪口諸焙色黃而土氣自襲漈南曰挺頭又西曰章坑又南曰永安西南曰南坑漈其西曰砰溪又

有周坑范源溫湯漈厄源黃坑石龜李坑章坑章村小梨皆屬沙溪茶大率氣味全薄其輕而浮浡浡如土色製造亦殊壑源者不多留膏蓋以去膏盡則味少而無澤也茶之面無光澤也故多苦而少甘

茶名茶之名類殊別故錄之

茶之名有七一曰白葉茶民間大重出於近歲園焙時有之地不以山川遠近發不以社之先後芽葉如紙民間以爲茶瑞取其第一者爲鬬茶而氣味殊薄非食茶之比今出壑源之大窠者六葉仲元葉世萬葉世榮葉勇葉世積葉相壑源巖下一葉務滋源頭二葉團葉肱壑源後坑一葉久壑源嶺根三葉公葉品葉居林坑黃漈一游容丘坑一游章畢源一王大照佛嶺尾一游道生沙溪之大梨漈上一謝汁高石巖一雲擦院大梨一呂演砰溪嶺根一任道者又有甘葉茶樹高丈餘徑頭七八寸葉厚而圓狀類柑橘之葉其芽發即肥乳長二寸許爲食茶之上品三曰早茶亦類柑葉發常先春民間採製爲試焙者四曰細葉茶葉比柑葉細薄樹高者五六尺芽短而不乳今生沙溪山中蓋土薄而不茂也五曰稽茶葉細而厚密芽

晚而青黃六曰晚茶蓋雞茶之類發比諸茶晚生於社後七曰叢茶亦曰蘗茶叢生高不數尺一歲之間發者數四貧民取以爲利

採茶辨茶須知製造之始故次

建溪茶比他郡最先北苑壑源者尤早歲多暖則先驚蟄十日即芽歲多寒則後驚蟄五日始發先芽者氣味俱不佳唯過驚蟄者最爲第一民間常以驚蟄爲候諸焙後北苑者半月去遠則益晚凡採茶必以晨興不以日出日出露晞爲陽所薄則使芽之膏腴

泣耒於內茶及受水而不鮮明故常以早爲最凡斷芽必以甲不以指以甲則速斷不柔以指則多溫易損擇之必精濯之必潔蒸之必香火之必良一失其度俱爲茶病（民間常以春陰爲恠茶得時日出而採則芽葉易損建人謂之採摘不鮮是也）

茶病（試茶辨味必須知茶之病故又次之）

芽擇肥乳則甘香而粥面著盞而不散土瘠而芽短則雲脚渙亂去盞而易散葉梗半則受水鮮白葉梗短則色黃而泛（梗謂芽之身除去白合處茶民以茶之色味俱在梗中）烏蔕白合茶之大病不去烏蔕則色黃黑而惡不去白合則味苦澁（丁謂之論備矣）蒸芽必熟去膏必盡蒸芽未熟則草木氣存（適口則知）去膏未盡則色濁而味重受烟則香奪壓黃則味失此皆茶之病也（受烟謂過黃時火中有烟使茶香盡而烟臭不去也壓去膏之時久留茶黃未造使黃經宿香味俱失弇然氣如假雞卵臭也）

大觀茶論

宋　徽宗

嘗謂首地而倒生所以供人求者其類不一穀粟之于饑絲枲之于寒雖庸人孺子皆知常須而日用不以時歲之舒迫而可以興廢也至若茶之爲物擅甌閩之秀氣鍾山川之靈禀祛襟滌滯致清導和則非庸人孺子可得而知矣中澹閒潔韻高致靜則非遑遽之時可得而好尚矣本朝之興歲修建溪之貢龍團鳳餅名冠天下而壑源之品亦自此而盛延及于今百廢俱舉海內晏然垂拱密勿幸致無爲縉紳之士韋布之流沐浴膏澤薰陶德化盛以雅尚相推從事茗飲故近歲以來采擇之精製作之工品第之勝烹點之妙莫不盛造其極且物之興廢固自有時然亦係乎時之汙隆時或遑遽人懷勞悴則向所謂常須而日用猶且汲汲營求惟恐不獲飲茶何暇議哉世既累洽人恬物熙則常須而日用者固久厭飫狼籍而天下之士厲志清白競爲閒暇修索之玩莫不碎玉鏘金啜英咀華較筐箧之精爭鑒裁之別雖下

士于此時不以蓄茶爲羞可謂盛世之清尚也嗚呼至治之世豈惟人得以盡其材而草木之靈者亦得以盡其用矣偶因暇日研究精微所得之妙後人有不自知爲利害者敘本末列于二十篇號曰茶論

地產

植産之地崖必陽圃必陰蓋石之性寒其葉抑以瘠其味疏以薄必資陽和以發之土之性敷其葉疏以暴其味強以肆必資陰蔭以節之（今圃家皆植木以資茶之陰）陰陽相濟則茶之滋長得其宜

天時

茶工作于驚蟄尤以得天時爲急輕寒英華漸長條達而不迫茶工從容致力故其色味兩全若或時暘鬱燠芽甲奮暴促工暴力隨稿晷刻所迫有蒸而未及壓壓而未及研研而未及製茶黄留積其色味所失已半故焙人得茶天爲慶

采擇

擷茶以黎明見日則止用爪斷芽不以指揉慮氣汗熏漬茶不鮮潔故茶工多以新汲水自隨得芽則投諸水凡芽如雀舌穀粒者爲鬭品一鎗一旗爲揀芽一鎗二旗爲次之餘斯爲下茶之始芽萌則有白合既擷則有烏帶白合不去害茶味烏帶不去害茶色

蒸壓

茶之美惡尤係于蒸芽壓黄之得失蒸太生則芽滑故色清而味烈過熟則芽爛故茶色赤而不膠壓久則氣竭味漓不及則色暗味澁蒸芽欲及熟而香壓黄欲膏盡亟止如此則製造之功十已得七八矣

製造

滌芳惟潔濯器惟淨蒸壓惟其宜研膏惟熟焙火惟良飲而有少砂者滌濯之不精也文理燥赤者焙火之過熟也夫造茶先度日晷之短長均工力之衆寡會采擇之多少使一日造成恐茶過宿則害色味

鑒辨

茶之範度不同如人之有首面也膏稀者其膚蹙以文膏稠者其理斂以實即日成者其色則青紫越宿製造者其色則慘黑有肥凝如赤蠟者末雖白受湯則黄有縝密如蒼玉者末雖灰受湯愈白有光華外

茶而中暗者有明白內備而表質者其首面之異同
難以槩論要之色瑩徹而不駁質縝繹而不浮舉之
凝結碾之則鏗然可驗其爲精品也有得于言意之
表者可以心解又有貪利之民購求外焙已采之芽
假以製造碎已成之餅易以範模雖名氏采製似之
其膚理色澤何所逃于鑒賞哉

白茶

白茶自爲一種與常茶不同其條敷闡其葉瑩薄崖
林之間偶然生出雖非人力所可致有者不過四五

家生者不過一二株所造止于二三胯而已芽英不
多尤難蒸焙湯火一失則已變而爲常品須製造精
微運度得宜則表裏昭徹如玉之在璞它無與倫也
淺焙亦有之但品不及

羅碾

碾以銀爲上熟鐵次之生鐵者非掏揀捶磨所成間有
黑屑藏于隙穴害茶之色尤甚凡碾爲製槽欲深而
峻輪欲銳而薄槽深而峻則底有準而茶常聚輪銳
而薄則運邊中而槽不戛羅欲細而面緊則絹不泥
而常透碾必力而速不欲久恐鐵之害色羅必輕而
平不厭數庶已細者不耗惟再羅則入湯輕泛粥面
光凝盡茶之色

盞

盞色貴青黑玉毫條達者爲上取其煥發茶采色也
底必差深而微寬底深則茶宜立而易于取乳寬則
運筅旋徹不礙擊拂然須度茶之多少用盞之大小
盞高茶少則掩蔽茶色茶多盞小則受湯不盡盞惟
熱則茶發立耐久

筅

茶筅以觔竹老者爲之身欲厚重筅欲疏勁本欲壯
而末必眇當如劍瘠之狀蓋身厚重則操之有力而
易于運用筅疏勁如劍瘠則擊拂雖過而浮沫不生

缾

缾宜金銀小大之制惟所裁給注湯害利獨缾之口
嘴而已嘴之口差大而宛直則注湯力緊而不散嘴
之末欲圓小而峻削則用湯有節而不滴瀝蓋湯力
緊則發速有節不滴瀝則茶面不破

杓

杓之大小當以可受一盞茶爲量過一盞則必歸其餘不及則必取其不足傾杓煩數茶必氷矣

水

水以清輕甘潔爲美輕甘乃水之自然獨爲難得古人品水雖曰中泠惠山爲上然人相去之遠近似不常得但當取山泉之清潔者其次則井水之常汲者爲可用若江河之水則魚鼈之腥泥濘之汙雖輕甘無取凡用湯以魚目蟹眼連繹迸躍爲度過老則以

少新水投之就火頃刻而後用

點

點茶不一而調膏繼刻以湯注之手重筅輕無粟文蟹眼者謂之靜面點蓋擊拂無力茶不發立水乳未浹又復增湯色澤不盡英華淪散茶無立作矣有隨湯擊拂手筅俱重立文泛泛謂之一發點蓋用湯已故指腕不圓粥面未凝茶力已盡雲霧雖泛水脚易生妙于此者量茶受湯調如融膠環注盞畔勿使侵茶勢不欲猛先須攪動茶膏漸加擊拂手輕筅重指遶腕旋上下透徹如酵蘖之起麫疎星皎月燦然而生則茶之根本立矣第二湯自茶面注之周回一線急注急上茶面不動擊拂既力色澤漸開珠璣磊落三湯多寘如前擊拂漸貴輕匀周環旋復表裏洞徹粟文蟹眼泛結雜起茶之色十已得其六七四湯尚嗇筅欲轉稍寬而勿速其清眞華彩既已煥發雲霧漸生五湯乃可少縱筅欲輕匀而透達如發立未盡則擊以作之發立已過則拂以斂之結浚靄結凝雪茶色盡矣六湯以觀立作乳點勃結則以筅著居緩

遶拂動而已七湯以分輕清重濁相稀稠得中可欲則止乳霧洶湧溢盞而起周回旋而不動謂之咬盞宜匀其輕清浮合者飲之桐居錄曰茗有餑飲之宜人雖多不爲過也

味

夫茶以味爲上香甘重滑爲味之全惟北苑壑源之品兼之其味醇而乏風骨者蒸壓太過也茶銙乃條之始萌者木性酸銙過長則初甘重而終微澀茶旗乃葉之方敷者葉味苦旗過老則初雖留舌而飲徹

反甘矣此則芽胯有之若夫卓絕之品眞香靈味自然不同

香

茶有眞香非龍麝可擬要須蒸及熟而壓之及乾而研研細而造則和美具足入盞則馨香四達秋爽洒然或蒸氣如桃人夾雜則其氣酸烈而惡

色

點茶之色以純白爲上眞青白爲次灰白次之黃白又次之天時得于上人力盡于下茶必純白天時暴

暄芽萌狂長采造留積雖白而黃矣青白者蒸壓微生灰白者蒸壓過熟壓膏不盡則色青暗焙火太烈則色昏赤

藏焙

數焙則首面乾而香減失焙則雜色剝而味散要當新芽初生卽焙以去水陸風濕之氣焙用熟火置爐中以靜灰擁合七分露火三分亦以輕灰糝覆良久卽置焙簍上以逼散焙中潤氣然後列茶于其中盡展角焙未可蒙蔽候火速徹覆之火之多少以焙之大小增減探手中爐火氣雖熱而不至逼人手者爲良時以手挼茶體雖甚熱而無害欲其火力通徹茶體爾或曰焙火如人體温但能燥茶皮膚而已內之濕潤未盡則復蒸暍矣焙畢卽以用久竹漆器中緘藏之陰潤勿開終年再焙色常如新

品名

名茶各以聖產之地葉如耕之平園台星岩葉剛之高峯青鳳髓葉思純之大嵐葉嶼之屑山葉五崇林之羅漢上水桑芽葉堅之碎石窠石臼窠（一作穴窠）葉瓊

葉輝之秀皮林葉師復師貺之虎岩葉椿之無又岩芽葉懋之老窠園葉各擅其美未嘗混淆不可槩舉後相爭相鬻互爲剝竊參錯無據不知茶之美惡在于製造之工拙而已豈岡地之虛名所能增減哉焙人之茶固有前優而後劣者昔負而今勝者是亦園地之不常也

外焙

世稱外焙之茶臠小而色駁體耗而味淡方之正焙昭然則可近之好事者篋笥之中往往半之蓄外焙

之品若外焙之家久而益工製之妙咸取則于壑源做像規模摹外爲正殊不知其臠雖等而蔑風骨色澤雖潤而無藏畜體雖實而縝密乏理味雖重而澁滯乏香何所逃乎外焙哉雖然有外焙者有淺焙者蓋淺焙之茶去壑源爲未遠製之能工則色亦瑩白擊拂有度則體亦立湯惟甘重香滑之味稍遠于正焙耳于治外焙則迥然可辨其有甚者又至于采柿葉桴欖之萌相雜而造味雖與茶相類點時隱隱如輕絮泛然茶面粟文不生乃其驗也桑苧翁曰雜以卉莽飲之成病可不細鑒而熟辨之

宣和北苑貢茶錄

宋　熊蕃

陸羽茶經裴汶茶述者皆不第建品說者但謂二子未嘗至建而不知物之發也固自有時蓋昔者山川尚閟靈芽未露至于唐末然後北苑出爲之最是時僞蜀時辭臣毛文錫作茶譜亦第言建有紫筍而臘面乃產于福五代之季屬建南唐歲率諸縣民采茶北苑初造研膏繼造臘面既又製其佳者號曰京鋌聖朝開寶末下南唐太平興國初特置龍鳳模遣使

即北苑造團茶以別庶飲龍鳳茶蓋始于此又一種茶叢生石崖枝葉尤茂至道初有詔造之别號石乳又一號的乳又一種號白乳蓋自龍鳳與京石的白四種繼出而臘面降爲下矣蓋龍鳳等茶皆太宗朝所製至咸平初丁晉公漕閩始載之于茶錄慶曆中蔡君謨將漕創小龍團以進被旨仍歲貢之自小團出而龍鳳遂爲次矣元豐間有旨造密雲龍其品又加于小龍團之上紹聖間改爲瑞雲翔龍至大觀初今上親製茶論二十篇以白茶者與常茶不同偶然

出非人力可致于是白茶遂爲第一既又製之已細茶及試新銙貢新銙自三色細第出而瑞雲翔龍顧爲下矣凡茶芽數品最上曰小芽如雀舌鷹爪以其勁直纖鋌故號芽茶次曰揀芽乃一芽帶一葉者號一鎗一旗次曰中芽乃一芽帶兩葉號一鎗兩旗其帶三葉四葉皆漸老矣芽茶早春極少景德中建守周絳爲補茶經言芽茶只作早茶馳奉萬乘嘗之可矣如一鎗一旗可謂奇茶也故一鎗一旗號揀芽最爲挺特光正舒王送人閩中詩云新茗齋中試一旗

謂揀芽也或者乃謂茶芽未展爲鎗已展爲旗指舒王此詩爲誤蓋不知有所謂揀芽也夫揀芽猶貴重如此而況芽茶以供天子之新嘗者乎芽茶絕矣至于水芽則曠古未之聞也宣和庚子歲漕臣鄭公可間始創爲銀線水芽蓋將已揀熟芽再剔去祇取其心一縷用珍器貯清泉漬之光明瑩潔若銀線然以制方寸新銙有小龍蜿蜒其上號龍團勝雪又廢白的石乳鼎造花銙二十餘色初貢茶皆入龍腦至是慮奪眞味始不用焉蓋茶之妙至勝雪極矣故合爲

首冠然猶在白茶之次者以白茶上之所好也異時郡人黃儒撰品茶要錄極稱當時靈芽之富謂使陸羽數子見之必爽然自失蔡亦謂使黃君而閱今日則前此者未足詫焉然龍焙初興貢數殊少累增至于元符以斤計者一萬八千視初已加數倍而猶未盛今則爲四萬七千一百斤有奇矣此數見范達所省龍焙美成茶錄達茶官也白茶勝雪以次厥名實繁今列于左使好事者得以觀焉

貢新銙大觀二年造　試新銙政和二年造　白茶政和二年造

龍團勝雪宣和二年造　御苑玉芽大觀二年　萬壽龍芽大觀二年

上林第一宣和二年　乙夜供清宣和二年　承平雅玩宣和二年

龍鳳英華宣和二年　玉除清賞宣和二年　啓沃承恩宣和二年

雪英宣和二年　雲葉宣和二年　蜀葵宣和二年

金錢宣和三年　玉華宣和二年　寸金宣和三年

無比壽芽大觀四年　萬春銀葉宣和二年　宜年寶玉宣和三年

玉清慶雲宣和二年　無疆壽龍宣和二年　玉葉長春宣和四年

瑞雲翔龍紹聖二年　長壽玉圭政和二年　興國岩銙

香口焙銙　上品揀芽紹興二年　新收揀芽

太平嘉瑞政和二年　龍苑報春宣和四年　南山應瑞宣和
四年　興國岩揀芽　興國岩小龍　興國岩小鳳
已上號細色　揀芽　小龍
小鳳　大龍　大鳳以上號粗也
又有瓊林毓粹浴雪呈祥壑源仕之能推先價倍
南金勝雪先春壽岩卻勝延平石乳清白可鑒鳳
韻甚高凡十色皆宣和二年所製越五歲省去
右歲分十餘綱惟白茶與勝雪自驚蟄前興役浹日
乃成飛騎疾馳不出仲春已至京師號爲頭綱玉芽

以下即先後以次發逮貢足時夏過半矣歐陽文忠
公詩曰建安三千五百里京師三月嘗新茶蓋異時
如此以今較昔又爲最早因念草木之微有瓌奇卓
異亦必逢時而後出而況爲上者哉昔昌黎先生感
上鳥之蒙采擢而自悼其不如今蔡于是茶也焉敢
効昌黎之感始務自警而堅其守以待時而已
貢新銙竹圈銀模　方一寸三分　試新銙竹圈　同上
龍團勝雪竹圈銀模　同上　白茶銀圈銀模　徑一寸五分
御苑玉芽銀圈銀模　徑一寸五分　萬壽龍芽銀圈銀模

同上　上林第一　方一寸二分
乙夜清供竹圈　同上　承平雅玩
龍鳳英華　玉除清賞　啓沃承恩同上
雪英　橫長一寸五分
雲葉　同上　蜀葵　徑一寸五分
金錢銀模　同上　玉華銀模　橫長一寸五分
寸金竹圈　方一寸二分　無比壽芽銀模竹圈
同上　萬春銀葉銀模銀圈　兩尖徑二寸二分
宜年寶玉銀圈銀模　直長三寸　玉清慶雲銀模銀圈

方一寸八分　無疆壽龍銀模竹圈　直長一寸
玉葉長春竹圈　直長三寸六分
瑞雲翔龍銀模銅圈　徑二寸五分　長壽玉圭銀模
直長三寸　興國岩銙竹圈　方一寸二分
香口焙銙竹圈　同上　上品揀芽銀模銅圈
新收揀芽銀模銀圈　同上　太平嘉瑞銀圈
徑一寸五分　苑報春　徑一寸七分
南山應瑞銀模銀圈　方一寸八分　興國岩揀芽銀模
徑三寸　小龍　小鳳銀模銅圈　同上

大龍銀模銅圈　大鳳銀模銅圈

先人作茶錄當貢品極勝之時凡有四千餘色紹興戊寅歲克攝事北苑閱近所貴皆仍舊其先後之序亦同惟躋龍團勝雪于白茶之上及無興國岩小龍小鳳蓋建炎南度有旨罷貢三之一而省去之也先人但著其名號克今更寫其形製庶覽之無遺恨焉先是壬子春漕司再攝茶政越十三載乃復舊額且用政和故事補種茶二萬株（政和周漕種三萬株）比年益虔貢職遂有創增之目仍改京鋌爲大龍團由是大龍多

于大鳳之數凡此皆近事或者猶未之知也三月初吉男克北苑寓舍書

北苑貢茶最盛然前輩所錄止于慶曆以上自元豐後瑞龍相繼挺出制精于舊而未有好事者記焉但于詩人句中及大觀以來增創新銙亦猶用揀芽蓋水芽至宣和始名顧龍團勝雪與白茶角立歲元首貢自御苑玉芽以下厥名實繁先子觀見時事悉能記之成編具存今閩中漕臺所刊茶錄未備此書庶幾補其闕云淳熙九年冬十二月四日朝散郎行秘書郎國史編修官學士院權直熊克謹記

北苑別錄

宋　無名氏

建安之東三十里有山曰鳳凰其下直北苑旁聯諸焙厥土赤壤厥茶惟上上太平興國中初爲御焙歲模龍鳳以羞貢篚益表珍異慶曆中漕臺益重其事品數日增制度日精厥今茶自北苑上者獨冠天下非人間所可得也方其春蟲震蟄羣夫雷動一時之盛誠爲大觀故建人謂至建安而不詣北苑與不至者同僕因攝事遂得研究其始末姑摭其大槩條爲十餘類目曰北苑別錄云

御園

九窠十二隴　麥窠　壤園
龍游窠　小苦竹　苦竹裏
鷄藪窠　苦竹　苦竹源
鼯鼠窠　教練隴　鳳凰山
大小焊　橫坑　猿游隴
張坑　帶園　焙東
中歷　東際　西際
官平　石碎窠　上下官坑
虎膝窠　樓隴　蕉窠
新園　天樓基　院坑
曾坑　黄際　馬安山
林園　和尚園　黄淡窠
吳彥山　羅漢山　水桑窠
銅場　師如園　靈滋
范馬園　高畬　大窠頭
小山

右四十六所廣袤三十餘里自官平而上爲内園官坑而下爲外園方春靈芽萌拆先民焙十餘日如九窠十二隴龍游窠小苦竹張坑西際又爲禁園之先也

開焙

驚蟄節萬物始萌每歲常以前三日開焙遇閏則後之以其氣候少遲故也

采茶

采茶之法須是侵晨不可見日晨則夜露未晞茶芽

肥潤見日則爲陽氣所薄使芽之膏腴内耗至受水而不鮮明故每日常以五更撾鼓集群夫於鳳凰山（山有打鼓亭）監采官人給一牌入山至辰刻則復鳴鑼以聚之恐其踰時貪多務得也大抵採茶亦須習熟募夫之際必擇土著及諳曉之人非特識茶發早晚所在而於採摘亦知其指要蓋以指而不以甲則多溫而易損以甲而不以指則速斷而不柔（從舊說也）故采夫欲其習熟政爲是耳（采夫日役二百二十二人）

揀茶

茶有小芽有中芽有紫芽有白合有烏蔕不可不辨小芽者其小如鷹爪初造龍團勝雪白茶以其芽先次蒸熟置之水盆中剔取其精英僅如針小謂之水芽是小芽中之最精者也中芽古謂之一鎗二旗是也紫芽葉之紫者也白合乃小芽有兩葉抱而生者是也烏蔕茶之蔕頭是也凡茶以水芽爲上小芽次之中芽又次之紫芽白合烏蔕皆在所不取使其擇焉而精則茶之色味無不佳萬一雜之以所不取則首面不均色濁而味重也

蒸茶

茶芽再四洗滌取令潔淨然後入甑俟湯沸蒸之然蒸有過熟之患有不熟之患過熟則色黃而味淡不熟則色青易沉而有草木之氣唯在得中爲當

榨茶

茶既熟謂茶黃須淋洗數過（欲其冷也）方入小榨以去其水又入大榨出其膏（水芽則以高榨壓之以其芽嫩故也）先是包以布帛束以竹皮然後入大榨壓之至中夜取出揉勻復如前入榨謂之翻榨徹曉奮擊必至于乾淨而後已

蓋建茶之味遠而力厚非江茶之比江茶畏沈其膏建茶唯恐其膏之不盡膏不盡則色味重濁矣

研茶

研茶之具以柯爲杵以瓦爲盆分團酌水亦皆有數上而勝雪白茶以十六水下而揀芽之水六小龍鳳四大龍鳳二其餘皆一十二焉自十二水而上曰研一團自六水而下曰研三團至七團每水研之必至于水乾茶熟而後已水不乾則茶不熟茶不熟則首面不勻煎試易沉故研夫尤貴于强有力者也嘗謂

天下之理未有不須而成者有北苑之芽而後有龍井之水龍井之水清而且甘晝夜酌之而不竭凡茶自北苑上者皆資焉亦猶錦之于蜀江膠之于阿井詎不信然

造茶

造茶舊分四局匠者起好勝之心彼此相誇不能無弊遂併而爲二焉故茶堂有東局西局之名茶銙有東作西作之號凡茶之初出研盆盪之欲其勻揉之欲其膩然後入圈製銙隨笪過黃有方故銙有花銙

有大龍有小龍品色不同其名亦異隨綱繫之于貢茶云

過黃

茶之過黃初入烈火焙之次過沸湯爁之凡如是者三而後宿一火至翌日遂過煙焙之火不欲烈烈則面炮而色黑又不欲煙煙則香盡而味焦但取其溫溫而已凡火之數多寡皆視其銙之厚薄銙之厚者有十火至于十五火銙之薄者八火至于六火火數既足然後過湯上出色出色之後置之密室急以扇扇之則色澤自然光瑩矣

綱次

細色第一綱

龍焙貢新

水芽　十二水　十宿火　正貢三十銙

創添二十銙

細色第二綱

龍焙試新

水芽　十二水　十宿火　正貢一百銙

創添五十銙

細色第三綱

龍團勝雪

水芽　十六水　十二宿火　正貢三十銙

續添二十銙

創添二十銙

白茶

水芽　十六水　七宿火　正貢三十銙

續添五十銙

創添八十銙

御苑玉芽

小芽　十二水　八宿火　正貢一百片

萬壽龍芽

小芽　十二水　八宿火　正貢一百片

上林第一

小芽　十二水　十宿火　正貢一百銙

乙夜清供

小芽　十二水　十宿火　正貢一百銙

承平雅玩

小芽　十二水　十宿火　正貢一百銙

龍鳳英華

小芽　十二水　十宿火　正貢一百銙

玉除清賞

小芽　十二水　十宿火　正貢一百銙

啓沃承恩

小芽　十二水　十宿火　正貢一百銙

雪英

小芽　十二水　七宿火　正貢一百片

雲葉

小芽　十二水　七宿火　正貢一百片

蜀葵

小芽　十二水　七宿火　正貢一百片

金錢

小芽　十二水　七宿火　正貢一百片

寸金

小芽　十二水　九宿火　正貢一百銙

細色第四綱

龍團勝雪　已見前　正貢一百五十銙

無比壽芽　小芽　十二水　十五宿火

正貢五十銙　創添五十銙

萬春銀葉　小芽　十二水　十宿火

正貢四十片　創添六十片

宜年寶玉　小芽　十二水　十宿火

正貢四十片　創添六十片

玉清慶雲　小芽　十二水　十五宿火

正貢四十片　創添六十片

無疆壽龍　小芽　十二水　十五宿火

正貢四十片 創添六十片
玉葉長春 小芽 十二水 七宿火
正貢一百片
瑞雲翔龍 小芽 十二水 九宿火
正貢一百八片
長壽玉圭 小芽 十二水 九宿火
正貢二百片
興國岩銙 中芽 十二水 十宿火
正貢一百七十銙

香口焙銙 中芽 十二水 十宿火
正貢五十銙
上品揀芽 小芽 十二水 十宿火
正貢一百片
新收揀芽 中芽 十二水 十宿火
正貢六百片
細色第五綱
太平嘉瑞 小芽 十二水 九宿火
正貢三百片

龍苑報春 小芽 十二水 九宿火
正貢六十片 創添六十片
南山應瑞 小芽 十二水 十五宿火
正貢六十銙 創添六十銙
興國岩揀茶 中芽 十二水
十宿火 正貢五百片
興國岩小龍 中芽 十二水
十五宿火 正貢七百五片
興國岩小鳳 中芽 十二水

十五宿火 正貢五十片
先春兩色
太平嘉瑞 已見前 正貢二百片
長壽玉圭 已見前 正貢一百片
續入額四色
御苑玉芽 已見前 正貢一百片
萬壽龍芽 已見前 正貢一百片
無比壽芽 已見前 正貢一百片
瑞雲翔龍 已見前 正貢一百片

麤色第一綱

正貢

不入腦子上品揀芽小龍一千二百片

六水　十宿火

入腦子小龍七百片　四水　十五宿火

增添

不入腦子上品揀芽小龍一千二百片

入腦子小龍七百片

建寧府附發小龍茶八百四十片

麤色第二綱

正貢

不入腦子上品揀芽小龍六百四十片

入腦子小龍六百七十二片

入腦子小鳳一千三百四十片　四水

十五宿火

入腦子大龍七百二十片　二水　十五宿火

入腦子大鳳七百二十片　二水　十五宿火

增添

不入腦子上品揀芽小龍一千二百片

入腦子小龍七百片

建寧府附發小鳳茶一千三百片

麤色第三綱

正貢

不入腦子上品揀芽小龍六百四十片

入腦子小龍六百四十片

入腦子小鳳六百七十二片

入腦子大龍一千八百片

入腦子大鳳一千八百片

增添

不入腦子上品揀芽小龍一千二百片

入腦子小龍七百片

建寧府附發

大龍茶四百片　大鳳茶四百片

麤色第四綱

正貢

不入腦子上品揀芽小龍六百片

入腦子小龍三百三十六片
入腦子小鳳三百三十六片
入腦子大龍一千二百四十片
入腦子大鳳一千二百四十片
建寧府附發
大龍茶四百片　大鳳茶四十片
麤色第五綱
正貢
入腦子大龍一千三百六十八片

入腦子大鳳一千三百六十八片
京鋌改造大龍一千六百片
建寧府附發
大龍茶八百片　大鳳茶八百片
麤色第六綱
正貢
入腦子大龍一千三百六十片
入腦子大鳳一千三百六十片
京鋌改造大龍一千六百片

建寧府附發
大龍茶八百片　大鳳茶八百片
京鋌改造大龍一千二百片
麤色第七綱
正貢
入腦子大龍一千二百四十片
入腦子大鳳一千二百四十片
京鋌改造大龍二千三百二十片
建寧府附發

大龍茶二百四十片　大鳳茶二百四十片
京鋌改造大龍四百八十片
細色五綱
貢新爲最上後開焙十日入貢龍團爲最精而建人有直四萬錢之語夫茶之入貢圈以箬葉內以黃斗盛以花箱護以重篚花箱內外又有黃羅羃之可謂什襲之珍矣
麤色七綱
揀芽以四十餅爲角小龍鳳以二十餅爲角大

龍鳳以八餅爲角圈以箬葉束以紅縷包以紅紙緘以蒨綾惟揀芽俱以黃焉

開畬

草木至夜益盛故欲導生長之氣以滲雨露之澤每歲六月興工虛其本培其末滋蔓之艸遏鬱之木悉用除之政所以導生長之氣而滲雨露之澤也此之謂開畬唯桐木則留焉桐木之性與茶相宜而又茶至冬則畏寒桐木望秋而先落茶至夏而畏日桐木至春而漸茂理亦然也

外焙

石門　乳吉　香口

右三焙常後北苑五七日興工每日採茶蒸榨以其黃悉送北苑併造

品茶要錄

宋　黃儒

說者常怪陸羽茶經不第建安之品蓋前此茶事未甚興靈芽真筍往往委翳消腐而人不知惜自國初已來士大夫沐浴膏澤詠歌升平之日久矣夫身世洒落神觀沖淡惟兹茗飲爲可喜園林亦相與摘英誇異制捲鬻新而趨時之好故殊絶之品始得自出于蓁莽之間而其名遂冠天下借使陸羽復起閲其金餅味其雲腴當爽然自失矣因念草木之材一有負瓌偉絶特者未嘗不遇時而後興況于人乎然士大夫間爲珍藏精試之具非尚雅好真未嘗輒出其好事者又常論其采制之出入器用之宜否較試之湯火圖于縑素傳翫于時獨未有補于賞鑒之明耳蓋園民射利膏油其面色品味易辨而難詳予因閲收之暇爲原采造之得失較試之低昂次爲十說以中其病題曰品茶要錄云

一采造過時

茶事起于驚蟄前其采芽如鷹爪初造曰試焙又

以火其次曰二火二火之茶已次一火矣故市茶芽者惟同出于三火前者爲最佳尤喜薄寒氣候陰不至凍（芽發時尤畏霜有造于一火二火皆遇霜而三火霜霽則三火之茶勝矣）晴不至于暄則穀芽含養約勒而滋長有漸采工亦優爲矣凡試時泛色鮮白隱于薄霧者得于佳時而然也有造于積雨者其色昏或氣候暴暄茶芽蒸發采工汗手薰漬揀摘不給則製造雖多皆爲常品矣試時色非鮮白水脚微紅者過時之病也

二白合盜葉

茶之精絕者曰鬬曰亞鬬其次揀芽茶芽鬬品雖最上園戶或止一株蓋天材間有特異非能皆然也且物之變勢無常而人之耳目有盡故造鬬品之家有昔優而今劣前負而後勝者雖人工有至有不至亦造化推移不可得而擅也其造一火曰鬬二火曰亞鬬不過十數銙而已揀芽則不然徧園隴中擇其精英者耳其或貪多務得又滋色澤往往以白合盜葉間之試時色雖鮮白其味濇淡者間白合盜葉之病也（一鷹爪之芽有兩小葉抱而生者白合也新條葉之抱生而白者盜葉也造揀芽常剔取鷹爪而白合不用況盜葉乎）

三入雜

物固不可以容僞況飲食之物尤不可也故茶有入他草者建人號爲入雜銙列入柿葉常品入桴檻葉二葉易致又滋色澤園民欺售直而爲之試時無粟紋甘香盞面浮散隱如微毛或星星如纖絮者入雜之病也善茶品者側盞視之所入之多寡從可知矣嚮上下品有之近雖銙列亦或勾使

四蒸不熟

穀芽初采不過盈筐而已趣時爭新之勢然也既采而蒸既蒸而研蒸有不熟之病有過熟之病蒸不熟自雖精芽所損已多試時色青易沉味爲桃仁之氣者不蒸熟之病也唯正熟者味甘香

五過熟

茶芽方蒸以氣爲候視之不可以不謹也試時色黃而粟紋大者過熟之病也然雖過熟愈于不熟甘香之味勝也故君謨論色則以青白勝黃白余論味則以黃白勝青白

六焦釜

茶蒸不可以逾久久而過熟又久則湯乾而焦釜之氣出茶工有乏新湯以益之是致蒸損茶黄試時色多昏黯氣焦味惡者焦釜之病（建人號熱鍋氣）

七壓黄

茶已蒸者爲黄黄細則已入捲模制之矣蓋清潔鮮明則香色如之故采佳品者常于半曉間衝蒙雲霧或以罐汲新泉懸胸間得必投其中蓋欲鮮也其或日氣烘爍茶芽暴長工力不給其采芽已色不鮮明

薄如壞卵氣者壓黄之病也

八漬膏

茶餅光黄又如蔭潤者榨不乾也榨欲盡去其膏膏盡則有如乾竹葉之意唯吾飾首面者故榨不欲乾以利易售試時色雖鮮白其味帶苦者漬膏之病也

九傷焙

夫茶本以芽葉之物就之捲模既出捲上笪焙之用火務令通熟即以灰覆之虚其中以熟火氣然茶民不喜用實炭號爲冷火以茶餅新濕欲乾以見售故用火常帶煙焰煙焰既多稍失看候以故熏損茶餅試時其色昏紅氣味帶焦者傷焙之病也

十辨壑源沙溪

壑源沙溪其地相背而中隔一嶺其去無數里之遠然茶產頓殊有能出力移栽植之亦爲土氣所化竊嘗怪茶之爲草一物爾其勢必猶得地而後異豈水絡地脉偏鍾粹于壑源豈御焙占此大岡巍隴神物伏護得其餘蔭耶何其甘芳精至而美擅天下也觀夫春雷一驚筠籠纔起售者已擔簦挈橐于其門或

先期而散留金錢或茶纔入笪而爭酬所直故壑源之茶常不足客所求其有桀猾之園民陰取沙溪茶黄雜就家捲而製之人耳其名睨其規模之相若不能原其實者蓋有之矣凡壑源之茶售以十則沙溪之茶售以五其直大率倣此然沙溪之園民亦勇于覓利或雜以松黄飾其首面凡肉理怯薄體輕而色黄試時雖鮮白不能久泛香薄而味短者沙溪之品也凡肉理實厚體堅而色紫試時泛盞凝久香滑而味長者壑源之品也

後論

余嘗論茶之精絶者其白合未開其細如麥蓋得青陽之輕淸者也又其山多帶砂石而號佳品者皆在山南蓋得朝陽之和者也余嘗事閑乘晷景之明淨適軒亭之瀟灑一一皆取品試既而神水生于華池愈甘而新其有助乎然建安之茶散天下者不爲也而得建安之精品不善炙蓋有得之者亦不能辨或不善于烹試矣或非其時尤不善也況非其賓乎然未有主賢而賓愚者也夫惟知此然後盡茶之事昔者陸羽號爲知茶然羽之所知者皆今之所謂茶草何哉如鴻漸所論蒸筍并葉畏流其膏蓋草茶味短而淡故常恐去膏建茶力厚而甘故惟欲去膏又論福建爲未詳往往得之其味極佳由是觀之鴻漸未嘗到建安歟

本朝茶法

宋 沈括

本朝茶法乾德二年始詔在京建州漢蘄口各置榷貨務五年始禁私賣茶從不應爲情理重太平興國二年刪定禁法條貫始立等科罪淳化二年令商賈就園戶買茶公于官場貼射始行貼射法淳化四年初行交引罷貼射法西北入粟給交引自通利軍始是歲罷諸處榷貨務尋復依舊至咸平元年茶利錢以一百三十九萬二千一百一十九貫爲額至嘉祐三年凡六十一年用此額官本雜費皆在內中間時有增虧歲入不常咸平五年三司使王嗣宗始立三分法以十分茶價四分給香藥三分犀象三分茶引六年又改支六分香藥犀象四分茶引景德二年許人入中錢帛金銀謂之三說至祥符九年茶引益輕用知秦州曹瑋議就永興鳳翔以官錢收買客引以救引價前此累增加饒錢至天禧二年鎭戎軍納大麥一斗本價通加饒共支錢一貫二百五十四乾興元年改三分法支茶引三分東南見錢二分半香藥

四分半天聖元年復行貼射法行之三年茶利盡歸
大商官場但得黃晩惡茶乃詔孫奭重議罷貼射法
明年推治元議省吏計覆官旬獻官皆决配沙門島
元詳定樞密副使張鄧公參知政事呂許公魯肅簡
各罰俸一月御史中丞劉筠入内内侍省副都知周
文買西上閤門使薛招廓三部副使各罰銅二十斤
前三司使李諮落樞密直學士依舊知洪州皇祐三
年筭茶依舊只用見錢至嘉祐四年二月五日降勑
罷茶禁

國朝六榷貨務十三山場都賣茶歲一千五十三萬
三千七百四十七斤半祖額錢二百二十五萬四千
四十七貫一十其六榷貨務取最中嘉祐六年抛占
茶五百七十三萬六千七百八十六斤半祖額錢一
百九十六萬四千六百四十七貫二百七十八荆南
府祖額錢三十一萬五千一百四十八貫三百七十
五受納潭鼎澧岳歸峽州荆南府片[illegible]八十七
萬五千三百五十七斤漢陽軍租額錢二[illegible]一萬八
[illegible]三百二十一貫五十一受納鄂州片茶二十三萬
八千三百斤半蘄州蘄口租額錢三十五萬九千八
百三十九貫八百一十四受納潭建州興國軍片茶
五十萬斤無爲軍租額錢三十四萬八千六百二十
貫四百三十受納潭筠袁池饒建歙江洪州南康興
國軍片散茶共八十四萬二千三百三十三斤眞州
租額錢五十一萬四千二十二貫九百三十二受納
潭袁池饒歙建撫筠宣江吉洪州興國臨江南康軍
片散茶共二百八十五萬六千二百六斤海州租額
錢三十萬八千七百三貫六百七十六受納睦湖杭

越衢温婺台常明饒歙州片散茶共四十二萬四千
五百九十斤十三山場租額錢共二十八萬九千三
百九十九貫七百三十三共買茶四百七十九萬六
千九百六十一斤光州光山場買茶三十萬七千二
百十六斤賣錢一萬二千四百五十六貫子安場買
茶二十二萬八千二十斤賣錢一萬三千六百八十
九貫三百四十八商城場買茶四十萬五百五十三
斤賣錢二萬七千七十九貫四百四十六壽州麻步
[illegible]三萬一千八百三十三斤賣錢二萬[illegible]

千八百一十一貫三百五十霍山場買茶五十三萬二千三百九斤賣錢三萬五千五百九十五貫四百八十九開順場買茶二十六萬九千七十七斤賣錢一萬七千一百三十貫廬州王同場買茶二十九萬七千三百二十八斤賣錢一萬四千三百五十七貫六百四十二黃州麻城場買茶二十八萬四千二百七十四斤賣錢一萬二千五百四十貫舒州羅源場買茶一十八萬五千八十二斤賣錢一萬四百六十九貫七百八十五太湖場買茶八十二萬九千三十二斤賣錢三萬六千九十六貫六百八十蘄州洗馬場買茶四十萬斤賣錢二萬六千三百六十貫王祺場買茶一十八萬二千二百二十七斤賣錢一萬一千九百五十三貫九百九十二石橋場買茶五十五萬斤賣錢三萬六千八十貫

煎茶水記

唐　張又新

故刑部侍郎劉公諱伯芻於又新丈人行也為學精博頗有風鑒稱較水之與茶宜者凡七等

揚子江南零水第一

無錫惠山寺石水第二

蘇州虎丘寺石水第三

丹陽縣觀音寺水第四

揚州大明寺水第五

吳松江水第六

淮水最下第七

斯七水余嘗俱瓶於舟中親挹而比之誠如其說也客有熟於兩浙者言搜訪未盡余嘗志之及刺永嘉過桐廬江至嚴子瀨溪色至清水味甚冷家人輩用陳黑壞茶潑之皆至芳香又以煎佳茶不可名其鮮馥也又愈於揚子南零殊遠及至永嘉取仙巖瀑布用之亦不下南零以是知客之說信矣夫顯理鑒物今之人信不迨於古人蓋亦有古

人所未知而今人能知之者元和九年春予初成名與同年生期于薦福寺余與李德垂先至憩西廂玄鑒室會適有楚僧至置囊有數編書余偶抽一通覽焉文細密皆雜記卷末又一題云煮茶記云代宗朝李季卿刺湖州至維揚逢陸處士鴻漸李素熟陸名有傾蓋之懽因之赴郡泊揚子驛將食李曰陸君善于茶蓋天下聞名矣况揚子南零水又殊絶今者二妙千載一遇何曠之乎命軍士謹信者挈瓶操舟深詣南零陸利器以俟之俄水

至陸以杓揚其水曰江則江矣非南零者似臨岸之水使曰某櫂舟深入見者累百敢虚紿乎陸不言既而傾諸盆至半陸遽止之又以杓揚之曰自此南零者矣使蹶然大駭伏罪曰某自南零齎至岸舟蕩覆半至懼其尠挹岸水增之處士之鑒神鑒也其敢隱焉李與賓從數十人皆大駭愕李因問陸既如是所歷經處之水優劣精可判矣陸曰楚水第一晉水最下李因命筆口授而次第之

廬山康王谷水簾水第一

無錫縣惠山寺石泉水第二

蘄州蘭溪石下水第三

峽州扇子山下有石突然洩水獨清冷狀如龜形俗云蝦蟇口水第四

蘇州虎丘寺石泉水第五

廬山招賢寺下方橋潭水第六

揚子江南零水第七

洪州西山西東瀑布泉第八

唐州柏巖縣淮水源第九淮水亦佳

廬州龍池山嶺水第十

丹陽縣觀音寺水第十一

揚州大明寺水第十二

漢江金州上游中零水第十三水苦

歸州玉虚洞下香溪水第十四

商州武關西洛水第十五未嘗泥

吳松江水第十六

天台山西南峰千丈瀑布水第十七

郴州圓泉水第十八

桐廬嚴陵灘水第十九
雪水第二十用雪不可太冷
此二十水余嘗試之非繫茶之精麄過此不之知也夫茶烹於所產處無不佳也蓋水土之宜離其處水功其半然善烹潔器全其功也李實諸司馬過有言茶者卽示之又新刺九江有客李涉門生劉魯封言嘗見說茶余醒然思往歲僧室獲是書因盡篋書在焉古人云瀉水置瓶中焉能辨淄澠此言不必可判也萬古以爲信然蓋不疑矣豈知天下之理未可言至古人姸精固有未盡强學君子孜孜不懈豈止思齊而已哉此言亦有裨於勸勉故記之

大明水記　歐陽修

世傳陸羽茶經其論水云山水上江水次井水下又云山水乳泉石池漫流者上瀑湧湍漱勿食食久令人有頸疾江水取去人遠者井取汲多者其說止於此而未嘗品第天下之水味也至張又新爲煎茶水記始云劉伯芻謂水之宜茶者有七等又載羽爲李季卿論水次第有二十種今考二說與羽茶經皆不合羽謂山水上而乳泉石池又上江水次而井水下伯芻以揚子江爲第一惠山石泉爲第二虎丘石井爲第三丹陽寺井爲第四揚州大明寺井爲第五而松江第六淮水第七與余說相反季卿所說二十水廬山康王谷水第一無錫惠山石泉第二蘄州蘭溪石下水第三扇子峽蝦蟆口水第四虎丘寺井水第五廬山招賢寺下方橋潭水第六揚子江南零水第七洪州西山瀑布泉第八桐栢淮源第九廬山頂水第十丹陽寺井水第十一揚州大明寺井第十二漢江南零水第十三玉虛洞香溪水第十四武關西路水第十五松江水第十六天台千丈瀑布水第十七柳州圓泉水第十八嚴陵灘水第十九雪水第二十如蝦蟆口水西山瀑布天台千丈瀑布皆羽戒人勿食食而生疾其餘江水居山水上井水居江水上皆與茶經相反疑羽不當二說以自異使誠羽說何足信也得非又新妄附益之耶其述羽辯南零岸水特怪其妄也水味有美惡而已欲舉天下之水一二而

次第之者妄說也故其爲說前後不同如此然此井於揚水之美者也羽之論水惡渟浸而喜泉源故井取汲多者江雖長流然衆水雜聚故次山水惟此說近物理云

浮槎山水記　歐陽修

浮槎山在慎縣南三十五里或曰浮巢二山其事出於浮圖老子之徒荒怪誕妄之說其上有泉自前世論水者皆弗道余嘗讀茶經愛陸羽善言水後得張又新水記載劉伯芻李季卿所列水次第以爲得之於

羽然以茶經考之皆不合又新妄狂險譎之士其言難信頗疑非羽之說及得浮槎山水然後益之羽爲知水者浮槎與龍池山皆在廬州界中較其味不及浮槎遠甚而又新所記以龍池爲第十浮槎之水棄而不錄以此知其所失多矣羽則不然其說曰山水上江次之井爲下山水乳泉石池漫流者上其言雖簡而於論水盡矣浮槎之水發自李侯嘉祐一年李侯鎮東留後出守廬州因遊金陵登蔣山飲其水又登浮槎至其山上有石池涓涓可愛蓋羽所謂浮泉漫流者也飲之而甘乃考圖記問故老得其事迹因以其水遺余於京師余報之曰李侯可謂賢矣夫窮天下之物無不得其欲者富貴之樂也至於蔭長松藉豐草聽山溜之潺湲飲石泉之滴瀝此山林者之樂也而山林之士視天下之樂不一動其心或有欲於心顧力不可　止者乃能退而獲樂於斯彼富貴者之能致物　[illegible]可兼者惟山林之樂爾惟李侯生長富貴厭於耳目又知山林之爲樂至於攀緣上下幽隱窮絕人所不及者皆能得之其兼取於

物者可謂多矣李侯折節好學善交賢士敏於爲政所至有能名凡物不能自見而待人以彰者有矣其物未必可貴而因人以重者有矣故予爲誌其事俾世知斯泉發自李侯始也

十六湯品

唐 蘇廙

第一得一湯火績已儲水性乃盡如斗中米如稱上魚高低適平無過不及爲度蓋一而不偏雜者也天得一以清地得一以寧湯得一可建湯勳

第二嬰湯薪火方交水釜纔熾急取旋傾若嬰兒之未孩欲貴以壯夫之事難矣哉

第三百壽湯人過百息水踰十沸或以話阻或以事廢始取用之湯已失性矣敢問皤鬢蒼顏之大老還

可執弓抹矢以取中乎還可雄登闊步以邁遠乎

第四中湯亦見夫鼓琴者也聲合中則失妙亦見磨墨者也力合中則失濃聲有緩急則琴亡力有緩急則墨喪注湯有緩急則茶敗欲湯之中臂任其責

第五斷脉湯茶已就膏宜以造化成其形若手顫臂嚲惟恐其深餅觜之端若存若亡湯不順通故茶不匀粹是猶人之百脉氣血斷續欲壽奚苟惡斃宜逃

第六大壯湯力士之把針耕夫之握管所以不能成功者湯於麄也且一甌之茗多不二錢茗盞量合宜下湯不過六分萬一快瀉而深積之茶安在哉

第七富貴湯以金銀爲湯器惟富貴者具焉所以榮功建湯業貧賤者有不能遂也湯器之不可捨金銀猶琴之不可捨桐墨之不可捨膠

第八秀碧湯石凝結天地秀氣而賦形者也琢以爲器秀猶在焉其湯不良未之有也

第九壓一湯貴欠金銀賤惡銅鐵則甆瓶有足取焉幽士逸夫品色尤宜豈不爲瓶中之壓一乎然勿與誇珍衒豪臭公子道

第十纏口湯猥人俗輩煉水之器豈暇深擇銅鐵鉛錫取熟而已夫是湯也腥苦且澁飲之踰時惡氣纏口而不得去

第十一減價湯無油之瓦滲水而有土氣雖御胯宸緘且將敗德銷聲諺曰茶瓶用瓦如乘折腳駿登高好事者幸誌之

第十二法律湯凡木可以煮湯不獨炭也惟沃茶之湯非炭不可在茶家亦有法律水忌停薪忌薰犯律踰法湯乖則茶殆矣

第十三一面湯或柴中之麸大或焚餘之虛炭木體雖盡而性且浮性浮則湯有終嫩之嫌炭則不然實湯之友

第十四宵人湯茶本靈草觸之則敗糞火雖熱惡性未盡作湯泛茶減耗香味

第十五賊湯名賊湯竹條樹梢風日乾之燃鼎附瓶頗甚快意然體性虛薄無中和之氣爲茶之殘賊也

第十六魔湯調茶在湯之淑慝而湯最惡煙燃柴一枝濃煙蔽室又安有湯耶荷用此湯又安有茶耶所以爲大魔

湯者茶之司命若名茶而濫湯則與凡末同調矣煎以老嫩言者凡三品注以緩急言者凡三品以器標者共五品以薪論者共五品

述煮茶小品

宋　葉清臣

夫渭黍汾麻泉源之異稟江橘淮枳土地之或遷誠物類之有宜亦臭味之相感也若乃擷華掇秀多識草木之名激濁揚清能辨淄澠之品斯固好事之嘉尚博識之精鑒自非咲傲塵表逍遥林下樂追王濛之約不讓陸納之風其孰能與於此乎吳楚山谷間氣清地靈草木穎挺多孕茶荈爲人採拾大率右於武夷者爲白乳甲於吳興者爲紫筍產禹穴者以天

章顯茂錢塘者以徑山稀至於續廬之岩雲衡之麓鴉山著於吳歙蒙頂傳於岷蜀角立差勝毛舉實繁然而天賦尤異性靡俗諳苟制非其妙烹失於術雖先雷而贏未雨而擅蒸焙以圖造作以經而泉不香水不甘爨之揚之若淤若滓予少得温氏所著茶說嘗識其水泉之目有二十焉會西走巴峽經蝦蟆窟北憩蕪城汲蜀岡井東遊故郡絕揚子江留丹陽酌觀音泉過無錫斟慧山水粉槍牙旗蘇蘭薪桂且鼎且缶以飲以歠莫不瀹氣滌慮蠲病析酲祛鄙恡之生

心存神明而達觀信乎物類之宜得臭味之所感向人之作尚前賢之精鑒不可及已噫紫華綠英均一水也尚應情於靡靈或求伸於知己不然者藂薄之莽溝瀆之流亦奚以異哉遊履故宮依蓮盛府一命受職再朞服勞而虎丘之觱沸淞江之清泚復在封畛居然挹注是嘗所得於鴻漸之目二十而七也昔酈元善於水經而未嘗知茶王肅癖於茗飲而言不及水表是二美吾無愧焉凡泉品二十列於右幅且使盡神方之四兩遂成其功代酒限於七升無忘真賞云南陽葉清臣述

採茶錄

辨

唐　溫庭筠

代宗朝李季卿刺湖州至維揚逢陸鴻漸抵揚子驛將食李曰陸君別茶聞揚子南濡水又殊絕今者二妙千載一遇命軍士謹慎者深入南濡陸利器以俟俄而水至陸以杓揚水曰江則江矣非南濡似臨岸者使者曰某棹舟深入見者累百敢有紿乎陸不言既而傾諸盆至半陸遽止之又以杓揚之曰自此南

濡者矣使者蹶然馳白某自南濡賫至岸舟蕩覆過半懼其尠挹岸水增之處士之鑒神鑒也某其敢隱焉

李約汧公子也一生不近粉黛性辨茶嘗曰茶須緩火炙活火煎活火謂炭之有焰者當使湯無妄沸庶可養茶始則魚目散布微微有聲中則四邊泉涌纍纍連珠終則騰波鼓浪水氣全消謂之老湯三沸之法非活火不能成也

嗜

甫里先生陸龜蒙嗜茶荈置小園於顧渚山下歲入茶租薄爲甌蟻之費自爲品第書一篇繼茶經茶訣之後

易

白樂天方齋禹錫正病酒禹錫乃饋菊苗虀蘆菔鮓換取樂天六班茶二囊以自醒酒

苦

王濛好茶人至輒飲之士大夫甚以爲苦每欲候濛必云今日有水厄

致

劉琨與弟群書吾體中憒悶常仰眞茶汝可信之

鬭茶記

宋　唐庚

政和二年三月壬戌二三君子相與鬭茶于寄傲做齋予爲取龍塘水烹之而第其品以某爲上某次之某閩人其所賚宜尤高而又次之然大較皆精絶蓋嘗以爲天下之物有宜得而不得不宜得而得之者富貴有力之人或有所不能致而貧賤窮厄流離遷徙之中或偶然獲焉所謂尺有所短寸有所長良不虛也唐相李衛公好飲惠山泉置驛傳送不遠數千

里而近世歐陽少師作龍茶錄序稱嘉祐七年親享明堂致齋之夕始以小團分賜二府人給一餅不敢碾試至今藏之時熙寧元年也吾聞茶不問團銙要之貴新水不問江井要之貴活千里致水眞僞固不可知就令識眞已非活水自嘉祐七年壬寅至熙寧元年戊申首尾七年更閲三朝而賜茶猶在此豈復有茶也哉今吾提瓶支龍塘無數十步此水宜茶昔人以爲不減清遠峽而海道趨建安不數日可至故每歲新茶不過三月至矣罪戾之餘上寬不誅得與

甫公從容談笑于此汲泉煮茗取一時之適雖在田野孰與烹數千里之泉澆七年之賜茗也哉此非吾君之力歟夫耕鑿食息終日蒙福而不知爲之者直愚民耳豈我輩謂耶是宜有所紀述以無忘在上者之澤云

說郛目錄

弓第九十四

酒譜

宋 竇苹

酒之源一

世言酒之所自者其説有三其一曰儀狄始作酒與禹同時又曰堯酒千鍾則酒作於堯非禹之世也其二曰神農本草著酒之性味皇帝内經亦言酒之致病則非始於儀狄也其三曰天有酒星酒之作也其與天地並矣予以謂是三者皆不足以考據而多其贅説也夫儀狄之名不見於經而獨出於世本世本

非信書也其言曰儀狄始作酒醪以變五味少康始作秫酒其後趙邠卿之徒遂曰儀狄作酒禹飲而甘之遂絶旨酒而疏儀狄曰後世其有以酒敗國者乎夫禹之勤儉固嘗惡旨酒而樂讜言附之以前所云則贅矣或者又曰非儀狄也乃杜康也魏武帝樂府亦曰何以消憂惟有杜康予謂杜氏本出於劉累在商爲豕韋氏武王封之於杜傳國至杜伯爲宣王所誅子孫奔晋遂有杜爲氏者士會亦其後也或者康以善釀得名於世乎是未可知也謂酒始於康果非

也堯酒千鍾其言本出於孔叢子蓋委巷之說孔文舉遂徵之以責曹公固已不取矣本草雖傳自炎帝氏亦有近世之物始附見者不覩其辨藥所生出皆以二漢郡國名其地則知不必皆炎帝之書也內經言天地生育五材休王人之壽夭繫焉信三墳之書也然考其文章知卒成是書者六國秦漢之際也故言酒不以據以爲炎帝之始造也酒三星在女御之側後世爲天官者或者焉予謂星麗乎天雖自混元之判則有之然事作乎下而應乎上推其驗於某星

此隨世之變而著之也如宦者墳墓瓜大河鼓皆太古所無而先有是星推之可以知其類然則酒果誰始乎予謂智者作之天下後世循之而莫能廢故聖人不絕人之所同好用於郊廟享燕以爲禮之常亦安知其始於誰乎古者食飲必祭先酒亦未嘗言所祭者爲誰茲可見矣夏書述大禹之戒歌辭曰酣酒嗜味孟子曰禹惡旨酒而好善言夏書所記當時之事曰孟子所言追道在昔之事聖賢之書言可信者無先於此雖然酒未必此始造也若斷以必然之論則誕謾而無以取信於世矣

酒之名二

春秋運斗樞曰酒之言乳也所以柔身扶老也許慎說文云酒就也所以就人性之善惡也一曰造也吉凶所造起釋名曰酒酉也釀之米麴酉繹而成也其味美亦言踧踖也能否皆彊相踧持也予謂古之所以名是物以聲相命取別而已猶今方言在在各殊形之於文則其字曰滋味必皆有意謂也舉吳楚之音而語於齊人不知者十有八九妄者欲探古名物

造聲之意以示博聞則予笑之矣

說文曰醾酒毌也醴一宿成也醪滓汁酒也酎三重酒也醨薄酒也醹厚酒也昔人謂酒爲歡伯其義見易林蓋其可愛無貴賤賢不肖華夏夷戎共甘而樂之故其稱謂亦廣造作謂之釀亦曰醞賣之曰沽當肆者曰壚釀之再者曰酘漉酒曰釃猶之酒曰醥醲白酒曰醝厚酒曰醽甚白曰醙相飲曰配相强曰浮飲盡曰釂使酒曰酗醟亂曰醟飲而面赤曰酡病酒曰酲主人進酒於客曰酬客酌主人曰酢酌而無

酬酢曰醼合錢共飲曰醵賜民共飲曰酺不醉而怒
曰奰美酒曰醹其言廣博不可殫舉
周官酒人掌酒之政令辨五齊三酒之名一曰泛齊
二曰醴齊三曰盎齊四曰醍齊五曰沈齊一曰事酒
二曰昔酒三曰清酒此蓋當時厚薄之差而經無其
說傳注悉度而解之未必得其眞故曰之言也晉西
京雜記有漂玉酒而著其說枚乘賦云尊盈漂玉之
酒爵獻金漿之醪云梁人作藷蔗酒名金漿不釋漂
玉之義然此賦亦非乘之辭後人假附之耳與地志

云村人取若下水以釀而極美故世傳若下酒張協
作七命云荆州烏程豫章竹葉烏於九州屬楊州而
言荆州未詳西漢尤重上尊酒以賜近臣注云糯米
爲上尊稷爲中尊粟爲下尊顏籀曰此說非是酒以
醇醲乃分上中下之名非因米也稷粟同物而分爲
二大謬矣抱朴子所爲玄鬯者醇酒也
皮日休詩云明朝有酒充君信擂酒三缾寄夜航擂
酒江外酒名亦見沈約文集
張籍詩云釀酒愛乾和即今人不入水酒也并汾間
以爲貴品名之曰乾酢（音許）酒
宋之問詩云尊溢宜城酒笙裁曲沃匏宜城在襄陽
古之羅國也酒之名最古于今不廢唐人言酒之美
者有郢之富水滎陽土窟富春石凍春劍南燒春河
東乾和蒲東桃博嶺南靈溪博羅宜城九醞潯陽湓
水京城西市腔蝦蟆陵其事見國史譜又有浮蟻榴
花諸美酒雜見於傳記者甚衆

酒之事三

詩云有酒湑我無酒酤我而孔子不食酤酒者蓋孔

子當亂世惡姦僞之害已故疑而不食也
韓非子云宋人酤酒懸幟甚高酒市有旗始見於此
或謂之帘近世文士有賦之者中有警策之辭云無
小無大一尺之布可縫或素或青十室之邑必有
古之善飲者多至石餘由唐已來遂無其人蓋自隋
室更至度量而斗斤倍大爾
紂爲長夜之飲而失其日問於百官皆莫知問於其
子子曰國君飲而失日其國危矣國人不知而我獨
知之我其危矣辭以醉而不知

魏正始中鄭公㲉避暑歷城之北林取大蓮葉置硯格上貯酒三升以簪通其柄屈莖如象鼻傳噏之名爲碧筩

晉阮籍毎以百錢掛杖頭過店即酣暢

山簡在荆襄毎飲於習家池人歌曰日暮竟醉歸倒着白接䍦

楊雄嗜酒而貧好事者或載酒飲之

陶潛貧而嗜酒人亦多就飲之既醉而去曾不悋情嘗以九日無酒獨於花中徘徊俄見白衣人乃王弘

遣人送酒也遂盡醉而罷

魏氏春秋云阮籍以步兵營人善醸厨多美酒求爲步兵校尉

唐王無功以美酒之故求爲大樂丞丞乃賤職自無功居之後遂爲清流

北齊李元中大率嘗醉家事大小了不關心毎言寧無食不可無酒

今人元日飲屠蘇酒云可以辟瘟氣亦曰藍尾酒或以年高最後飲之故有尾之義爾

王莽以臘日獻椒酒於平帝其屠蘇之漸乎

元魏大武賜崔浩漂醪十斛

唐憲宗賜李絳酴醾桑落唐之上尊也良醖令掌供之

漢高祖爲布衣時常從王媼武負貰酒

西漢已來臘日飲椒酒見四民月令

天漢三年初榷酒酤元始五年官賣酒毎升四錢酒價始此

任昉常謂劉杳曰酒有千日當是虛言杳曰桂陽程

鄉有千日酒飲之至家而醉亦其例昉大驚乃自出楊元鳳所撰置郡事檢之而信　又嘗有人遺昉㮨酒者劉杳爲辨其㮨字之謬㮨音陣木名其汁可以爲酒

春秋説題辭曰爲酒據陰乃動麥陰也黍陽也先漬麴而投黍是陽得陰而沸乃成

淮南子云酒感東方木水風之氣而成其言虎忽不足考信故不悉載

楚辭云奠桂酒兮椒漿然則古之造酒皆以椒桂

呂氏春秋云孟冬命有司秫稻必齊麴蘖必時湛熾必潔水泉必香陶器必良火齊不得膩用六物無或差忒大酋監之

唐薄白公以戶小飲薄酒

五代時有張逸人嘗題崔氏酒壚云武陵城裏崔家酒地上應無天上有雲遊道士飲一斗醉臥白雲深洞口自是酤者愈衆

卞彬喜飲以瓠壺瓠勺杬皮爲肴

陶潛爲彭澤令公田皆令種秫酒熟以頭上葛巾漉

之

唐陽城爲諫議俸入度其經用之餘盡送酒家

西京雜記漢人采菊花并莖葉釀之以黍米至來年九月九日熟而就飲謂之菊花酒

酒之功四

勾踐思刷會稽之耻欲士之致死力得酒則流之於江與之同醉

秦穆公伐晉及河將勞師而醪惟一鍾蹇叔勸之曰雖一米可投之於河而釀也於是乃投之於河三軍皆醉

孔文舉云趙之走卒東迎其主非卮酒無以辨卮之事史記及漢書皆不載惟見於楚漢春秋

王莽時琅琊海曲有呂母者子爲小吏犯微法令枉殺之母家業素豐財乃多釀酒少年來沽必倍售之終歲多不取其直久之家稍乏諸少年議償之母泣曰所以厚諸君者以令不道枉殺吾子託君復讎耳豈望報乎少年義之相與聚謀今後其衆爲赤眉

晉時荆州公廚有齊中酒廳事酒猥酒優劣三品劉

弘作牧始命合爲一不得分別人伏其平

河東人劉白墮善釀六月以甕酒曝於日中經旬味不動而愈香美使人久醉朝士千里相饋號曰鶴觴一名騎驢酒永熙中南青州刺史毛鴻賓齎酒之蕃路逢盜劫之皆醉因執之乃名擒姦酒時人語曰不畏張弓拔劍惟畏白墮春醪見洛陽伽藍記

溫克五

禮云君子之飲酒也一爵而色溫如也二爵而言言斯三爵而冲然以退

楊子雲日侍坐於君子有酒則觀禮

于定國飲酒一石治獄益精明

晉何充善飲而温克

魏邴原別傳曰原舊能飲酒自行役八九年間酒不向口至陳留則師韓子助潁川則親陳仲弓涿郡則親盧子幹臨歸友以原不飲酒會米肉送原原曰本能飲酒但以荒思廢業故斷之耳今當遠別因見貺餞可一飲乎於是飲酒終日不醉

鄭玄別傳馬季長以英儒著名玄往從叅考異同時與盧子幹相善在門下七年以母老歸養玄餞之會三百餘人皆離席奉觴度玄所飲三百餘杯而温克之容終日無怠

孔融好飲而能文常云座上客常滿尊中酒不空吾無患矣

裴均在襄陽會燕有裴弘泰後至責之謝曰願赦罪而取在席之器滿酌而納其器合坐壯之又有一銀海受酒一斗餘亦隨而拖海去均以爲必腐脅而死使覘之見紗帽箕踞秤銀海討二百兩

李白每大醉爲文未嘗差誤與醉者語無不屈服人目爲醉聖

樂天在河南自稱爲醉尹

皮日休稱曰醉士

開元中天下康樂自招應縣至都門官道之左右當路市酒錢量數飲之亦有施者爲行人解乏故路人號爲歇馬杯亦古人衢尊之義也

文王元寶賢而好施每大雪自坊口掃雪立於坊前迎賓就家具酒煖寒

梁謝譓不妄交有時獨醉曰入我室者但有清風對吾飲者惟當明月

宋沈文季爲吳興太守飲酒五斗妻王亦飲一斗竟日對飲視事不廢

五代之亂干戈日尋而鄭雲叟隱於華山與羅隱終日怡然對飲有酒詩二十章好事繪爲圖以相貺遺

亂德六

小說云紂爲糟丘酒池一鼓而牛飲者三千人池可運舟

沖虛經云子產之兄曰穆其寶聚酒千鍾積麴成封糟漿之氣逆於人鼻日荒於酒絕不知世道之安危也

史記紂及齊威王晉書王道子秦符堅王悅皆爲長夜飲

楚恭王與晉師戰于鄢陵敗方將復戰召太司馬子反謀之子反飲酒醉不能見王嘆曰天敗我也乃班師而戮子反

鄭良宵爲窟室而晝夜飲鄭人殺之

三輔決錄漢武帝自以功大更廣秦之酒池肉樹以賜羌　而酒可浮舟

魏志徐邈字景山爲尚書郎時禁酒邈私沉醉趙達問以曹事邈曰酒中聖人達白太祖太祖怒渡遼將軍鮮于輔進曰醉客爲酒清者爲聖人濁者爲賢人此醉言爾

三十國春秋曰阮孚爲散騎常侍終日酣縱嘗以金貂換酒爲友所彈

裴楷別傳曰石崇與楷孫綽宴酣而綽慢節過度崇欲表之楷曰季舒酒狂四海所知足下飲人狂藥而責人正禮乎

宋孔顗使酒仗氣彌日不醒僚類之間多爲凌忽

漢末政在奄宦有獻西涼州葡萄酒十斛於張讓者立拜涼州刺史

元魏時汝南王悅無憚爲元叉所枉殺悅畧無復讎之意復以桑落酒遺叉遂拜侍中

韓子云齊桓公醉而遺其冠恥之三日不朝管仲因請發倉廩賑窮三日民歌曰何不更遺冠乎

晉阮咸每與宗人共集以大盆盛酒不用杯勺圍坐相酌更飲羣豕來飲其酒咸接去其上便共飲之

晉文王欲爲武帝求婚於阮籍醉不得言者六十日乃止

胡毋輔之等方散髮裸袒閉室酣飲已累日阮逸將排戶入守者不聽逸乃脫頭露頂於狗竇中叫輔之遽呼入飲不捨晝夜

唐進士劉遐劉參郭保衡王仲張道隱每春選妓三五人乘犢小車裸袒園中叫笑自若曰顛飲

一姬時崔儦每一醉八日
三國時鄭泉願得美酒滿一百斛船廿脆置兩頭反
復輒飲之憊即往啖肴膳酒有斗升減即益之將終
謂同志曰必葬我陶家側庶百年化爲土或見取爲
酒壺實獲我心
晉人周顗過江積年恒月飲酒惟三日醒時人謂之
三日僕射
畢卓爲吏部比舍郎釀酒熟卓夜盜飲
劉伶嘗乘鹿車携一壺酒使人荷鍤隨之曰死便埋

我

誠失七

周書酒誥曰文王誥教小子有正有事無彝酒
晉幹別傳曰諸葛景與幹別誡以二事言卿性樂酒
量雖溫克然不可保寧當節之幹曰酒不可盡吾欲
持才以愚何患之有也
晉祖台之與王荊州書願君屏爵弃卮焚罍毀榼殛
儀狄於羽山放杜康於三危古人繫重離必有贈言
僕之與君其能已乎

宋書曰王悅惓從弟也詔爲天門太守悅恃酒輒醉
及醒則儼然端肅惓謂悅曰酒雖悅性亦所傷生
蕭子顯齊書臧榮緒東莞人也以酒亂言常爲誡
世說晉元帝過江猶飲酒王茂弘與帝友舊流涕諫
帝許之即酌一杯從是遂斷
梁典曰劉詔平原人也年二十便斷酒肉
梁王魏嬰觴諸侯於范臺酒酣請魯君舉觴魯君曰
昔者帝令儀狄作酒而美之進於禹禹飲而甘之遂
疏儀狄而絕旨酒曰後世必有以酒亡國者

周官萍氏掌幾酒謂之萍古無其說按本草述水萍
之功云能勝酒萍之意其取於此乎
陶侃飲酒必自制其量人或以爲言侃曰少時嘗有
酒失亡親見約故不敢盡量耳
桓公與管仲飲掘新井而柴焉十日齋戒召管仲管
仲至公執尊觴三行管仲趨出公怒曰寡人齋戒以
飲仲父以爲脫於罪矣對曰吾聞湛於樂者洽於憂
厚於味者薄於行是以走出公拜送之
又云桓公飲大夫酒管仲後至公舉觴以飲之管仲

弃半酒公曰禮乎曰臣聞酒入舌出則言失者弃身
臣計弃身不如弃酒公大笑曰仲父就坐
北夢瑣言陸扆在夷陵有士子入謁因命之飲曰天
性不飲扆曰已減半矣言當寡過也
蕭齊劉玄明政事爲天下最或問政術答曰作縣令
但食一升飯而不飲酒此第一策也
長孫登好賓客雖不飲酒而好觀人酬飲談論古今
或繼以火常恐客去齋具饌以留之
趙襄子飲酒五日五夜不醉而自矜優莫曰昔紂飲

酒七日七夜不醉君勉之則及矣襄子曰吾幾亡乎
對曰紂遇周武所以亡今天下盡紂何遽亡然亦危
矣
釋氏之教尤以酒爲戒故四分律云飲酒有十過失
一顏色惡二少力三眼不明四見嗔相五壞田業資
生六增疾病七益鬭訟八惡名流布九智慧減少十
身壞命終墮諸惡道
韓詩外傳飲之禮跣而上坐之宴能飲者飲之不能
飲者已謂之醧齊顏色均衆寡謂之沈閉門不出謂

之湎君子可以宴可以醧不可以沈不可以湎
魏略曰太祖禁酒人或私飲以白酒爲賢人淸酒爲
聖人
典論云漢靈帝末有司湎酒斗直千錢
西京雜記云司馬相如還成都以鷫鷞裘就人陽昌
換酒與文君爲歡
宋明帝文章志云王忱每醉連日不醒自號上頓時
人以大飲爲上頓自忱始也
益部傳曰楊子拒妻劉泰瑛貞懿達禮子元宗醉歸

舍劉十日不見諸弟謝過乃責之曰汝沈荒不敬何
以帥先諸弟

神異八

張華有九醖酒每醉即令人傳止之嘗有故人來與
共飲忘勑左右至明華寤視之腹以穿酒流床下
王子年拾遺記張華爲酒煑三薇以漬麴糵出西羌
麴出北　以釀酒得美淳嚐久含令人齒動若大醉
不搖蕩發人肝腸爛俗謂消腸酒或云酒可爲長宵
之樂兩說聲同而事異也

崔豹古今注云漢魏弘爲閬鄉嗇夫夜宿一津逢故人四顧荒郊無酒可沽因以錢投水中盡夕酣暢因名沈釀川

義寧初有一縣丞甚俊而文晚乃嗜酒日必數升病甚酒臭數里旬日卒

張茂先博物志云昔人有名玄石從中山酒家與之千日酒而忘語其節歸日沉醉而家人不知以爲死也棺斂葬之酒家經千日忽悟而往告之發其冢適醒

尸子曰赤縣洲者是爲昆侖之墟其滷而浮爲蓬芽上生紅草食其一實醉三百年

王充論衡云須曼都好道去家三年而返曰仙人將我上天飲我流霞一杯數月不飢

道書謂露爲天酒見東方朔神異經

劉向列女傳曰安期先生與神女會于圓丘酣玄碧之酒

石虎於大武殿起樓高四十丈上有銅龍腹空着數百斛酒使　人於樓下嗽酒風至望之如霧名曰粘

酒臺使以酒塵事見拾遺記

魏賈琳有奴善別水常乘舟於黃河中流以匏瓠接河源水不過七八升經宿色如絳以釀酒名昆侖觴香味妙絕曾以三十斛上魏帝

李肇云鄭人以滎水釀酒近邑之水重於遠郊之水數倍

堯登山山湧一泉味如九醖色如玉漿號曰醴泉

南岳夫人傳曰夫人既王子喬瓊蘇淥酒

十洲記云瀛洲有玉膏如酒名曰玉酒數升令人長

生

東方朔別傳云武帝幸甘泉甞平阪道中有虫赤如肝頭目口齒悉具朔曰此怪氣必秦獄處積憂者得酒而解乃取虫置酒中立消後以酒置屬車爲此也

異域九

天竺國謂酒爲酥今北僧多云般若湯蓋庾辭以避法禁爾非釋典所出

古今注云烏孫國有青田核莫知其樹與花其實大如五六升匏空之盛水而成酒劉章曾得二焉集賓

設之可供二十八一核纔盡一核復成久置則味苦矣

波斯國有三勒漿類酒謂庵摩勒毗梨勒也

訶陵國人以柳花柳子爲酒飲之亦醉

大宛國多以葡萄醲酒多者藏至萬石雖數十年亦不敗

扶南傳曰頓孫國有安石榴取汁停盆中數日成美酒

眞獵國人不飲酒比之淫惟與妻飲于房中避尊長見

房千里投荒錄云南方人有女數歲即大釀酒候陂水竭寘壺其中密固其上候女將嫁決水取之供客謂之女酒味絶美居常不可致也

扶南有椰漿又有蔗及土瓜根酒色微赤爾

性味十

本草云酒味苦甘辛大熱有毒主行藥勢殺百虫惡氣注陶隱居云大寒凝海惟酒不冰明其性熱獨冠羣物飲之令人神昏體弊是其毒也昔有三人晨犯霧露而行空腹者死食粥者病飲酒者無疾明酒禦寒邪過於穀氣矣酒雖能勝寒邪通和諸氣苟過則成大疾傳曰惟酒可以忘憂無如病何内經十八卷其首論後世人多夭促不及上古之壽則由今之人以酒爲漿以妄爲常醉以入房其爲害如此凡酒氣獨勝而穀氣劣脾不能化則發於四肢而爲熱厥甚則爲酒醉而風入之則爲漏風無所不至凡人醉而卧黍穰中必成癩醉而飲茶必發膀光氣食鹹多則有成消中

皇甫松醉鄉日月記云松脂獨百疾每糯米一斛松脂十四兩别以糯米二升煑如粥稍冷着小麥麴一片半每片重二三兩火曝乾擣爲末攪作酵五日以來候起辦炊飯來須薄之更以麴二十片火焙乾作末用水六斗五升酵及麴末飯等一時攪和入甕甕煖和如常春冬四日秋夏三日成

又云酒之酸者可變使甘酒半斗黒錫一斤炙令極熱投中半日可去之矣

南史記虞宗有鯖鮓云可以醒酒而不著其造作之

法

魏文帝詔曰且說葡萄解酒宿醒淹露汁多除煩解
熱善醉易醒

禮樂志云柘漿析朝醒言甘蔗汁治酒病也

開元遺事云興慶[illegible]有數叢叢紫而莖赤有醉
者摘葉嗅之立醒故謂之醉醒草

五代史云李德裕平泉有醒酒石尤爲珍物醉則踞
之

飲器十一

上古汙尊而杯飲未有杯壺制也

漢書云舜祀宗廟用玉斝其飲器歟

周書詩云兕觥其觩

周王制一升曰爵二升曰觚三升曰觶四升曰角五
升曰散一斗曰壺別名有醆斝尊杯不一其號或曰
小玉杯謂之琖又曰酒微濁曰醆俗書曰盞爾由六
國以來多云製巵形製未詳

劉向說苑云魏文侯與大夫飲日不盡者浮以大白
漢書或謂舉盞以白罰非也

豐干杜舉皆因器以爲戒者

漢世多以鴟　貯酒揚雄爲之贊曰鴟　滑稽腹中
如壺盡日盛酒人復借沽常爲國器託于屬車

南史有蝦頭杯蓋海中巨蝦其頭甲爲杯也

十洲記云周穆王時有杯名曰常滿

自晉以來酒器又多云鎗故南史有銀酒鎗鎗或作
鐺陳暄好飲自云何水曹眼不識杯鐺吾口不離瓢
杓李白云舒州杓力士鐺北史記孟信與老人飲以
鐵鐺溫酒然鎗者本溫酒器也今遂通以爲蒸飪之
具云

宋何點隱於武丘山竟陵王子良遺以嵇叔夜之杯
徐景山之酒鎗

松陵唱和又有癭木杯詩蓋木節爲之

老杜詩云醉倒終同卧竹根蓋以竹根爲飲杯也見
江淹集

唐人尤尚蓮子杯白公詩中屢稱之

樂天又云榼木來方瀉蒙茶到始煎

李太白有山尊詩云尊成山岳勢材是棟梁餘今宗

豪飲家以蕉葉梨花相强未知出於誰氏

訶陵國以鸎魚殼爲酒尊事見松陵唱和詩云用合

劉江螺

唐韓文公贈崔斯立詩云我有雙飲盞其銀得朱提黄金塗物象彫携妙工倕乃令千鍾鯨么麽微螽斯猶能爭明月擺掉出渤澥野草花葉細不辨薋菉葹緜緜相繆結狀似環城陴四隅天吞樹擢豔皆猗猗云云蓋皆有興喻故歷言其狀如此今好事者多按其文作之名爲韓杯

西蜀有酒杯藤大如臂葉似葛花實如梧桐花堅可酌實大如杯味如豆蔻香美土人持酒來藤下摘花酌酒乃實消酒國人寶之不傳中土事見張騫出關志

酒令十二

詩雅云人之齊聖飲酒温恭又云既立之監或佐之史然則飲之立監史也所以已亂而備酒禍也後世因之有酒令焉

魏文侯飲酒使公乘不仁爲觴政其酒令之漸歟

漢初始聞朱虚侯以軍法行酒

逸詩云羽觴隨波流後世浮波疏泉之始也

唐柳子厚有序飲一篇始見其以洄泝遲駛爲罰爵之差皆酒令之變也又有藏鉤之戲或云起於鉤弋夫人有國色而手拳武帝自披之乃伸後人慕之而爲此戲白公詩云徐動碧牙籌又云轉花移酒海今之世酒令其類尤多有捕醉仙者爲禺人轉之以指席者有流杯者有總數者有密書一字使籍持勾以抵之者不可殫名昔五代王章史肇之燕有手勢令

此皆富貴逸居之所宜若幽人賢士既無絲竹金石之玩惟嘯咏文史可以助歡故曰閑徵雅令窮經史醉聽新吟勝管絃今畧志其美而近者於左

孟嘗門下三千客大有同人湟水渡頭十萬羊未濟

小畜

馬援以馬革裹屍死而後已李耳指李樹爲姓生而知之

江革隔江見魯般般橹李元園裹喚蔡釋釋菜

析字爲反切者　矢引矧　欠金欽

名字相反切者　干謹字巨引　尹珍字道眞

孫程字稚卿

古人名姓點畫絕省者　宇文士及　爾朱天光

子州友父　公父文伯　王子比干　王士平

呂太一　王子中　王太丘　江子一　于方

卜巳　方干　王元　丁乂　江乙　文丘　卜式

王丘

字畫之繁者　蘇繼顏　謝靈運　韓麒麟

李繼鸞　邊歸讜　欒黶　鱗䲋　蕭鸞

音聲同者　高敖曹　田延年　劉幽求

字畫類者　田甲　李季

臺字去吉增點成室　居字去古增點成戶

火炎昆岡　山出器車　土圭封國

百金之士千萬方州之屬三千

蕩蕩乎民無能名欣欣焉人樂其性

公子牟身在江湖心游魏闕鄭子眞耕於岩石名動

京師

前徒倒戈以北長者扶義而東

運天德以君世散　王明而燭幽

令人多以文句首末二字相聯謂之粘頭續尾嘗有

客云維其時矣自謂文句必無矣字居首者欲以見

窘于答者不知矣焉也者決辭也出柳子厚文遂浮

以大白

白公東南行云鞍馬呼教住骰盤喝遣輸長驅波卷

白連擲采成盧注云骰盤卷白波莫走鞍馬皆當時

酒令法未詳蓋元白一時之事爾

國史譜稱鄭弘慶始捌平素精看四字令未詳其法

總論

予行天下幾大半見酒之苦薄者無新塗以是獨醒

者彌歲因覽庫餘閑記憶舊聞以爲此譜一覽之以

自適亦猶孫公想天台而賦之韓吏部記畫之比也

然傳有云圖西施之貌而願之不如醜妾可立御於

前覽者無哂焉甲子六月既望日在衡陽次公竇子

野題

續北山酒經

宋　李保

大隱先生朱翼中壯年勇退著書釀酒僑居西湖上而老焉屢朝廷大興醫學求深於道術者爲之官師乃起公爲博士與余爲同僚明年中翼坐東坡詩貶達州又明年以官祠還未至余一旦夢翼中相過且誦詩云投老南遷愧轉蓬會令淨土變夷風由來祗許杯中物萬事從渠醉眼中明日理書帙得翼中北山酒經法而讀之蓋有禦魑魅於烟嵐轉炎荒爲淨土之語與夢頗契余甚異乃作此詩以志之他時見翼中當以是問之其果夢之非耶政和七年正月二十五日也赤子含得天所均日漸月化滋澆淳惟帝哀矜憫之民爲作醪醴發其蒸炊香醸正爲物春投糯酴米授之神成此美祿功非人酬適安在味甘辛一醉徑與羲皇隣薰然盈腹皆慈仁陶冶窮愁孰知貧頌德不獨有伯倫先生作經賢聖分獨醒正侣非全身全德不許世人聞夢中作詩語所親不愿萬戸誤關恩乞取醉鄉作封君幾乎道已敢紀之

醞酒法

思春堂酒　雲腴酒　瓊液酒

秋前麴法　銀波麴法　石室麴法

藍橋麴法　玉漿麴法　瑤池法

菉豆麴法　蓮花麴法　香桂麴法

清白泉麴法　相州碎玉法　玉露麴法

蒖麴法　銀花麴法　碧香麴法

雙投酒法　麥麴法　眞珠麴法

醉鄉奇法　白酒麴法　瓊漿麴法

蓮花白麴法　石室鄭家麴法

知州公庫白酒麴法　芙蓉麴法

南安庫宜城麴法　三栁麴法

玉醅麴法　玉液麴法　竹葉清麴法

清泉麴法　木香麴法　木豆麴法

岷州大潭縣麴法　冷仙麴法

耀州譚道士傳與麴法　羊羔麴法

羹酒法　雪花肉酒法　酴醾酒法

四明碧香酒麴法　春紅酒法

軟春酒法

酒經

宋 蘇軾

南方之氓以糯與秔雜以卉藥而爲餅嗅之香嚼之辣揣之枵然而輕此餅之良者也吾始取麪而起肥之和之以薑汁蒸之使十裂縋穿而風戾之愈久而益悍此麴之精者也米五斗爲率而五分之爲三斗者一爲五升者四三斗者以釀五升者以投三投而止尚有五升之贏也始釀以四兩之餅而每投以三兩之麪皆澤以少水足以解散而勻停也釀者必壅

按而井泓之三日而井溢此吾酒之萌也酒之始萌也甚烈而微苦蓋三投而後平也凡餅烈而麴和投者必屢嘗而增損之以舌爲權衡也既溢之三日乃投九日三投通十有五日而後定既定乃注以斗水凡水必熟冷者也凡釀與投必寒之而後下此炎州之令也既水五日乃篘得三斗有半此吾酒之正也先篘半日取所謂贏者爲粥米一而水三之揉以餅麴凡四兩二物并也投之糟中熟潤而再釀之五日壓得斗有半此吾酒之少勁者也勁正合爲五斗又

五日而飲則和而力嚴而猛也麴不旋踵而粥投之少留則糟枯中風而酒病也釀久者酒醇而豐速者反是故吾酒三十日而成也

酒經

宋　朱翼中

酒之作尚矣儀狄作酒醪杜康作秫酒豈以善釀得名蓋抑始終如此酒味甘辛大熱有毒雖可忘憂復能作疾所謂腐腸爛胃潰髓蒸筋而劉詞養生論酒所以醉人者麴糵之氣故耳麴糵之氣消化爲水昔先王誥庶邦庶士無彝酒又曰祀茲酒言天之命民作酒惟祀而以六彝有舟所以戒其覆六尊有罍所以戒其淫陶侃劇飲亦自制其限後世以酒爲漿不

醉反耻豈知百味之長黄帝所以治疾耶大抵晉人嗜酒孔羣作書族人今得秫七百斛不了麴糵事王悦三日不飲酒覺形神不復相親至於劉殷嵇阮之徒尤不可一日無此要之酣放自肆托於麴糵以逃世網未必真得酒中趣爾古之所謂得全於酒者正不如此是知狂藥自有妙理豈特洗其礧磈者邪五斗先生弃官而歸耕於東皋之野浪遊醉鄉没身不返以謂結繩之政已薄矣雖黄帝華胥之遊殆未有以過之由此觀之酒之境界豈餔歠者所能知

儒學之士如韓愈者猶不足以知此返悲醉鄉之徒爲不遇大哉酒之於世也禮天下事鬼神射鄉之飲鹿鳴之歌賓主百拜左右秩秩上至縉紳下逮閭里詩人墨客樵夫漁父無一可以缺此投閒自放懷襟露腹便然酣卧於江湖之上扶頭解酲忽而醉醒雖道術之士鍊陽消陰飢腸如筋而熟穀之液亦不能去惟胡人禪律以此爲戒恐至於濡首敗性失理傷生往往屏爵弃巵焚罍折榼終身不復知其味者酒復何過邪平居無事汙尊斗酒發狂蕩之思助江湖

之興亦未足以知麴糵之力稻米之功至於流離放逐秋聲暮雨朝登糟丘暮遊麴封禦魑魅於煙嵐轉炎荒爲淨土酒之功力其近於道邪與酒遊者死生驚懼交於前而不知視窮泰違順特戲事爾彼饑餓其身焦勞其思牛衣發兒女之感澤客現可憐之色又烏足以議此哉鴟夷丈人以酒爲名含垢受侮與世浮沉而彼騷人高自標持分別黑白且不足以全身遠害猶以爲惟我獨醒善乎酒之移人也慘舒陰陽平治險阻剛愎者薰然而慈仁懦弱者感慨而激

烈陵轢王公玩美妻妾滑稽不窮斟酌自如識量之高風味之微足以還澆薄而發猥瑣豈特此哉夙夜在公飶樂飲酒魚藻酌以大斗肴葉不醉無歸湛露君臣相遇播於聲詩亦未足以語太平之盛至於黎民休息日用飲食祝史無求神其醉止斯可謂至德之世矣然則伯倫之頌德樂天之論功蓋未必有以形容之夫其道深遠非冥搜不足以發其義其術精微非三昧不足以善其事昔唐逸人追述焦革酒法立祠配享又采自古以來善酒者以爲譜雖其書脫

畧卑陋聞者垂涎酣適之言誦而心醉非酒之董狐其孰能爲之哉昔人有齊中酒聽事酒偎酒雖以麴糵爲之而有聖有賢清濁不同周官酒正以式法受酒材辨五齊之名三酒之物歲中以酒式誅賞月令乃命大酋（酒之長官也）秫稻不齊麴糵必時湛饎必潔水泉必香陶器必良火齊必得六者盡善更得醯漿則酒人之事過半矣周公漿人掌共王之六飲水漿醴涼醫酏入于酒府而漿醉爲先古語爲之空桑穢飯醖以稷麥以成醇醪酒之始也說文酒白謂之醙

者壞飯也醙者老也飯老即壞飯不壞則酒不甜又曰烏梅又䉐胡板切甜醹九投澄清百品酒之終也麴之於黍猶鉛之於汞陰陽相制變化自然春秋緯曰麦陰也黍陽也先漬麴而投黍是陽得陰而沸後世麴有用藥者所以治疾也麴用豆亦佳神農氏赤小豆飲汁愈酒病酒有熱得豆爲良便硬薄少醖藉耳古者醴酒在室醍酒在堂澄酒在下而酒以辛醇爲上飲家須察麦性陳新天氣冷煖春夏及黍性新軟則先湯平聲而後米酒人謂之倒湯去聲秋冬黍性陳硬

先米而後湯酒人謂之正湯醞釀須酴米偷酸說文酴酒母也酴音途投醹偷甜淛人不善偷酸所以酒熟入灰北人不善偷甜所以飲多令人膈上懊憹桓公所謂青州從事平原督郵者此也酒甘易釀味辛難醞釋名酒者酉也酉者陰也酉用事而爲收也卯[illegible]而散散者辛也酒之名以甘辛爲義金木間隔以土爲媒自酸之甘自甘之辛而酒成焉酴米所以釀也投醹所以[illegible]醋也所謂以土之甘合水作酸以水之酸合土作辛然後知投者所以作辛也說文投者釀也張華有九醖酒齊民

要術桑落酒有六七投者酒以投多爲善要在麴力相及醽酒所以有韻酒亦以其再投故也過度亦多術尤忌見日若太陽出即酒多不中後魏賈思勰亦以夜半蒸炊昧旦下釀所謂以陰制陽其義如此着水無多少拌和黍麦以匀爲度張籍詩釀酒愛乾和即今人不入定酒也晉人謂之乾榨酒大抵用水隨其湯去聲黍大小斟酌之若投多水寬亦不妨要之米力勝於麴麴力勝如水即善矣北人不用酵秪用別瓮水謂之信水然信水非酵也酒人以此體候冷煖

甘苦凡醖不用酵即難發酵來遲則脚不正秪用正發酒醅最良不然則掉取醅面絞令稍乾和以麴蘖掛于衡茅謂之乾酵用麴四時不同寒即多用溫即減之酒人冬月用酵緊用麴少夏月用麴多用酵緩天氣極熱置瓮於深屋溫室多用氊毯遶之語林云抱瓮冬醪言冬月釀酒令人抱瓮速成而味好大抵冬月蓋覆即陽氣在內而酒不凍夏月閉藏而陰氣在內而酒不動非深得卯酉出入之義孰能知此哉於戲酒之梗槩曲盡於此若夫心手之間不傳[illegible]

兩有父子一法而氣味不同一手自釀而色澤殊絕
此雖酒人亦不能自知也

總論

續添麴法

安雅堂觥律

濮東曹繼善

觥贊一　觥例五首

觥綱五　觥律百八首

觥律贊

魚麗于罶鱨鯉君子有酒旨且林下日捲白波溪上時傾綠蟻英英頌酒名流托逃洞鑿瞑搜將欲天上寄愁何不地下埋憂

觥律例一

詩曰飲酒思柔觵觥斯逑既飲之酒又立之監錄事明府聊觥抵勿崇飲矣尊觥律于釀王醒酒旂于麴部是故君子安雅

觥律例二

元人連紹替漢魏六朝唐宋名飲百賢而酒令之章章哉今于賢易委瑣四之贊易鄙陋七之匪盤倣之是樂而博奕之猶賢

觥律例三

名飲家謂驟者爲狂花睡者爲病葉不可與飲者歡場之害馬深刻慘酷者杯酌之商君漏馬做色者凡家之活計執政畛諸

觥律例四

賢取麴意加贊也令采觴政酒鑒也成觥律一百八云術亦多矣茲乃贊乎卿用卿法我用我法鼓舞以盡變存乎其人

觥律例五

苦罰苛求陡發在樂錄事之不綱也毋秉觴政提昏賞政紊亂章程明府之受請也毋盟酒鑒其有黜陟非詔自釀王也誰敢

醉鄉封侯

予嗜酒安得酒泉而封之集酒兵聊代御舞無酒意者不載無酒趣者不示快覩之勝嚼河東酒一斗矣世有酒帝願求醉鄉侯

糟丘封伯

酒以成禮故曰法酒以合歡故無祟夫酒德尚矣世有如伯伶善酒閒闢心遊廖廓忽荒之墅者予請裂糟丘百里而封之伯

釀王觥律

盟主

釀王巡麴部四鎮咸用命非名飲不揚非雅詞不令

紀事

唐李璡自稱釀王兼麴部尚書飲巨觥用令錄事明府爲輔車同飲須令

錄事觴政

監令

選客爲錄事須擇飲材堪善冷及知音大戶成爲三

觥律

錄事不綱宜沉湎于平原督郵罰劣酒二巨觥

明府酒鑒

監酒

選客作明府掛酌酒如何酒令爲官曠酒熱爲政苛

觥律

明府受請宜懸防于麴部尚書罰二巨觥如不受請滿則不別選

三閭獨醒

第一

人醉我獨醒彈冠復振衣滄浪自清濁我歌漁父詞

名飲

屢飲滿不頹唐飲量少者請人代飲

淳于飲酒

第二

嚴客飲最少情歡則倍之襟解聞薌澤一石亦不醉

名飲

有飲材而不攀扯人少年有內外寵者二杯

穆生設醴

第三

穆生不嗜酒楚元爲設醴久之意已怠生亦可去矣

累坐

主人有倦容　主人吝色罰巨觥若主妙任奉一客

杜康釀酒

第四

儀狄善釀酒繼狄者誰良何以消長日解愛惟杜康

歡候

鄰家遺新釀釀酒餽客者酬巨觥

楚會絕纓第五

夜宴燭忽滅客牽美人衣美人絕客纓工命盡絕之

酒驗　對妓調情醜態畢露（性好調妓及狎美人者飲）

樊噲卮酒第六

髮上俱指冠瞋目入離披臣死且不避卮酒安足辭

累坐　蔑章程而騁牛飲（飲不如法者再罰）

酈生落魄第七

高陽稱酒徒落魄已有年冠幸無人溺長揖漢王前

酒驗　隱匿年齒固遜坐位（或首席及曾遜坐性謙者飲）

曹參歌呼第八

相國不事事閒中飲一卮隣吏方樂觴歌呼以應之

酒驗　曲無腔板倚醉號吹（荒謔者巨觥）

灌夫罵坐第九

坐客不避席灌夫乃罵坐按項罰以酒夫亦當悔過

酒驗　醉必猖狂捽人罵坐（席上尊秩否者飲）

劉寬訊奴第十

蒼頭酤酒遲客怒罵畜產寬恐奴受辱訊使屢往返

累坐　當客前叱咤奴僕（愛鞭僕者巨觥）

方朔詼諧第十一

帝賜酒一石先生起自責再拜臣朔來詼諧割肉歸

酒驗　不論生熟一味諧謔（渾號飛酒應遲者罰）

相如滌器第十二

文園時病渴琴心挑卓氏買車買酒舍犢褌帶滌器

酒驗　恣意狼籍益按淋漓（內有寵外室遇客巨觥）

文君當壚
第十三

文君奔相如卄心自當壚長向琴臺下妖嬈喚人酤

歡候　中饋不倦排當

喜遊酒家胡者各巨觥

陳遵投轄
第十四

孟公雅好客酣暢閉戶客轄投井中勿令避酒去

歡候　酒醇而主嚴

善避酒者巨觥

次公醒狂
第十五

衆多酌我酒我醉狂不已欲狂豈在酒不飲亦如此

酒鑒　醒務木訥醉轉嘮嘈

故作醉狀及多言者飲

楊惲拊缶
第十六

趙女善鼓瑟奴婢皆歌呼酒後自拊缶奏聲何嗚嗚

酒鑒　強作知音亂敲檀板

本知音并譜錄事發不知音罰

孔融開尊
第十七

孔融居北海賦性故雍容坐上客常滿尊中酒不空

累坐　頻入內不顧酒冷熱

常設客者伏弟詔罰各客

馬融絳帳
第十八

季常施絳帳儒雅蓋世橫經前授徒微歌後選妓

酒鑒　僮僕林立羅綺揚揚

妙妓美少年同執令者飲

鄭玄餞席
第十九

康成執別時三伯客祖餞立酬三伯觴德義逾不亂

名飲　飛觥騰斝德儀無愆

衆舉有飲德者飲

揚雄草玄
第二十

子雲貧嗜酒其門人罕至有人載酒歌草玄問奇字

名飲　終日言而不臧否人物

窮言者飲

觥律

蔡邕醉龍

二十一

蔡公如寇玉音律精而工飲酒邴廣衛人呼爲醉龍

酒鑒 不知音律妄加褒貶

如觥律行

袁紹河朔

二十二

本初乃英豪避暑飲河朔子姓及賓遊竟解炎蒸酷

醉宜 醉暑宜廣廈

各樣杯飲三盞有子姓陪奉

華歆獨坐

二十三

誰能飲不亂昔賢亦頗頗須要整衣冠遂號華獨坐

酒鑒 正襟危坐儼若木雕

獨坐一杯

周郎顧曲

二十四

鳴箏金粟柱素手玉房前欲得周郎顧時時誤拂絃

酒鑒 頻囑寵倖防人謫戲

多妬忌者罰其與寵倖同飲

九

觥律

孫濟酒債

二十五

尋常行坐處屢負酒家齊欲貨此縕袍得錢乃償之

酒鑒 求人寄杯索還動氣

負固不服者巨觥

嵇康彈琴

二十六

時時與親舊敘闊說平生但願斟酌酒彈琴發清聲

醉宜 醉知音宜作樂

善琴者行各各一杯

阮籍兵廚

二十七

阮求步兵廚沉醉黎亦洞長嘯若懷人越禮自驚衆

衆坐 越禮驚衆

離席諠譁者罰

徐邈中聖

二十八

咸儉嚴酒禁景山私飲醉答言中聖人魏帝亦不罪

名飲 款酌不佞善戲謔不虐

私自代飲者巨觥

十

鄭泉酒船

三十九

酒船五伯斛甘味置兩頭反覆以飲之疲憊當即休

酒鑿　誇耀小品物物精腆

高自標榜者兩巨觥

張翰蓴鱸

三十

秋風想蓴鱸曾聞張季鷹仰時一杯酒何用身後名

酒鑿　人杯我勸人勸我杯

舉杯者同左右飲

山濤試飲

三十一

巨源酒量宏人皆欽其實晉帝欲試之飲酒至八斗

名飲　持曲爵而不分忽

如觥律行

劉伶頌酒

三十二

劉伶善閉關懷情滅聞見頌酒雖短章深衷自此見

酒鑿　引人酒瘋助巳興趣

自飲巨觥

向秀把臂

三十三

伯伶酒興深子期是飲客把臂山與王高林複野澤

歡候　良友徑造

擇量高二位各巨觥

阮修杖頭

三十四

宣子嗜酣飲百錢挂杖頭率爾褰裳往言笑誰能酬

醉宜　醉春色桃杖頭錢付酒

家胡　與奴對飲不許下臺説話無妓自飲兩杯無滴

阮咸豕飲

三十五

仲容喜盆飲圍坐更相向群豕來飲之直接去其上

酒鑿　裸形露頂豕飲狼飡

飲淋漓者即罰以大杯

王澄搏雀

三十六

平子放浪飲散髮脱其巾裸形搏鳥雀箕踞傍無人

酒鑿　據案横肱恣意饕餮

變魚鳥者巨觥

觥律　十三

謝鯤任達　三十七

不修好威儀隣女往挑之任達乃不已幼輿折其齒

酒懲　好講中節刺刺不休

好以下諂牽及嬲足附　月名俱品以上觥

山簡習池　三十八

飲酒高陽池日夕倒載歸時時能騎馬倒著白接離

酒罰　自己與盡輒便起身

罰三大觥

劉昶對飲　三十九

公榮通達士飲友不擇類勝與不勝者終日共酬對

名飲　坐端凝而神爽逸

後逸及靜坐者各一杯

周顗醖藉　四十

伯仁飲石餘才情亦醖藉過江三日醒時號爲僕射

歎羨　深夜燒燭引酌悠然

有醖藉者大杯

觥律　十四

桓溫主簿　四十一

桓公有主簿別酒莫能倚好者名從事惡者名督郵

名飲　終日飲不擇酒味醇劣

能品酒名二杯

孔羣糟肉　四十二

何爲布易爛因覆酒家語君不見糟肉淹之更堪久

名飲　寧沈酣而不傾潑酒

如觥律行

畢卓盜酒　四十三

卓盜隣甕釀郎舍人縛得問知是吏部典郎酬甕側

酒憲　心不貪杯故意犯令

貪杯者爲巨觥

光逸窺竇　四十四

大叫者誰乎此必我孟祖遽呼入飲之窺竇勝排戶

酒器　好做身分態遲不至

窺逸及其事替錄者罰

黃公酒壚

四十五

王戎與嵇阮同醉竹林風適經酒壚下立馬憶黃公

勸侯　猜主道故

滿七賢遊竹林行　設于羔者同飲

白波席捲

四十六

古有白波賊擒之如捲席因用爲酒令沉湎意自釋

累坐　好懸酒而諱大爵

如觥律行

溫嶠獨往

四十七

太真少儁朗交知衛君長率爾提酒脯獨來復獨往

酒籌　惜嫌他須自携供具

排備者飲

陶侃遵約

四十八

士衡與佐吏從容其飲宴毋氏有明約詎敢過其限

酒籌　提斝齊政不逾紀律

行問花將字令

張華九醖

四十九

茂先能博物勸客九醖觴寧酣酒消腸與日月爭光

名飲　卮不離瓢酌而無客經

月不飲　乎論者罰巨觥

庾敳墮幘

五十

子嵩自博暢寄通太傅府醉幘墮几上以頭就穿取

酒籌　莪冠御席乎執禮法

巾幘撇拾者巨觥

石崇金谷

五十一

季倫金谷澗晝夜水陸宴鼓吹遞相奏三斗罰時彥

酒籌　盛列高梁不尚蔬食

在席餚六具夫客如多罰五八

羲之蘭亭

五十二

少長既咸集一觴復一咏雖無絲與竹亦足娛清聽

酒籌　分曹行令減亂攬預

能絲竹者大杯

庾亮南樓 五十三

秋月滿南樓庾公殷齒屬老子興不淺酌酒共寮吏

醉宜 醉月宜高臺 愛月及忘樓者巨觥

羊琇速釀 五十四

稚舒冬月釀嗜飲日夜醉令人敟抱甕酒速成佳味

累坐 屢呼酒不至 與新釀熟者同引滿

徽之乘興 五十五

子猷乘酒興看竹與訪戴不見戴何妨不對主何怪

醉宜 醉長者宜適興 任長者送高量

何充傾釀 五十六

文思既淵淵逸情乃雲上人見次道飲便欲傾家釀

酒鑒 飲不擇酒全無風味 與俊逸有飲量者各飲二觥

庾純行酒 五十七

賈充宴佳賓庾純亦與席純起爲行酒衆人敢不爽

歡候 錄事貌毅而法峻 敬監令官一杯

孟嘉落帽 五十八

人言酒何好公未識眞趣我醉不覺風風吹落帽去

名飲 愉於色而不靡 冠不正者一大杯左右隣各一小杯

姚馥酒泉 五十九

九河漬麴蘖八藪爲薪蒸庖俎七澤麋酒泉感不勝

累坐 初令行酒場 犯木色者大杯

陶潛辭社 六十

無絃琴便撫有酒巾便漉遠公蓮社招無酒攢眉去

累坐 不可與飲者欲揚之害 馬攢眉及犯酒禁者各巨觥

戴顒聽鳥

六十一

斗酒攜雙柑坐聽黃鸝聲俗耳斟砭詩腸鼓吹清

酒鑒　席上撾果喫一袖二

如觥律行

羊侃獻酬

六十二

祖忻不飲酒常喜好賓遊終日同醒醉雅歌還獻酬

名飲　性不飲酒使酒人樂與之遊

能酒者自飲不能者許人代之

張率笑僕

六十三

買酒三十斛僕偷失大半壯哉雀鼠耗士旆笑僕設

酒鑒　推辭貨殖不服舉杯

有家關責及買酒者各飲

幾卿對騶

六十四

幾卿侍帝宴飲酒不得醉停車酒壚邀呼卒作飲對

歡候　不恃酒驕人

善謙遜者飲

謝譓風月

六十五

譓不妄交接有酒自斟徑入室有清風對飲有明月

名飲　知內樂而忘外慕

性好獨酌與戀內者衆三人飲

江公酒兵

六十六

千日可無兵一日能無酒美哉江杏議此論當不朽

名飲　屢此酒不減其量

自誇量好者飲

元明論騷

六十七

我聞王刺史盧子自佳器痛飲讀離騷便可稱佳士

酒鑒　屢講詩文不知忌止

議論酒令及酒到不服者各巨觥

柳速豪放

六十八

季雲類酒人豪放無拘礙世事無所關縱閑亦不解

酒鑒　行令必差屢提不記

不知令者飲巨觥

玄石醉醒　六十九

劉公雖善飲勿飲千日醲誤葬疑醉死發冢乃無恙

深刻慘醉者杯酌之前

累坐皆酒者君巳觥

陳暄糟丘　七十

生不離瓢酌死當號酒徒速爲營糟丘吾將老矣乎

醉宜　醉山家宜曲水流觴

如觥律行

元忠輕官　七十一

忠兒謫僕射酬飲日彌甚我居官喜酬爾愛官勿飲

講說遷除杯酌俱廢

酒盞　談朝市者飲

陰鏗飲僕　七十二

吾儕終日歡執者不知味坐客且勿笑人情乃如是

要結主知先勸其僕

酒盞　曾勸僕者飲

文季一斗　七十三

吳興沈太守一飲至一斗賀對王夫人卿亦解飲否

醉佳人宜微酡

醉宜　善飲及內嬖而者各巨觥

王績待詔　七十四

無功記醉鄉日月表貢薦日增酒一斗稱斗酒學士

得淺酒而索深酌

累坐　索滿輿擔盞撒注者同罰

知章騎馬　七十五

知章醉騎馬蕩漾若乘船兀然如夢裏眼花水底眠

醉豪客宜呼盧浮白

醉宜　覺席內有醉態者飲

汝陽朝天　七十六

花奴催羯鼓三斗始朝天道上逢麴車津津口流涎

會心僕飛花送酒

歡飲　合席流飲左看滿右看乾

左相萬錢　七十七

爲錢方下筯鯨飲聲如衢避賢
初罷相樂聖且銜杯
筯不以停介無避讓
酒籌　代酒於問不作　贊聲者浅宜

宗之白眼　七十八

□酒美少年玉樹臨風前舉觴
而一酌白眼望青天
持杯在手到口復置
酒籌　送飲酒不直者巨觥

蘇晉長齋　七十九

蘇子修淨行長齋繡佛前是佛
好米汁須酒逃於禪
頻溢醍醐舌翻名理
酒籌　如觥作行

李白酒僊　八十

斗酒詩百篇長安酒家眠天子
呼上船稱是酒中仙
醉方外宜深神仙陶怪
醉宜　有方術者飲

張旭草聖　八十二

三杯草聖傳雲烟驚落亂脫帽
濡其首既醉猶不已
席上強人作鷹背
累坐　能書及飲達遊者飲

焦遂五斗　八十二

焦遂酒中仙五斗方卓然高談
與雄辯不覺驚四筵
聲席迂談傍若無人
酒籌　談鋒盛者飲

鄭虔酤酒　八十三

坐客寒無氊蘇公與酒錢得錢
心自怡酤酒不復疑
誇勢要是己至交
累坐　各請及呼酒不至者各巨觥

杜甫青錢　八十四

街頭酒價貴酒徒稀醉眠相就
飲一斗三百青銅錢
誇買古董得便宜
累坐　席上打諢者滿杯

浩然後期
八十五
韓公薦孟君入朝先揚之浩然業事飲豈顧尚書期
席間博奕賓主不禮
酒籌 不尊令不禮客者各罰巨觥

高適歎舊
八十六
感歎辭帷游時事無所求與少年飲酒射獵西山頭
談時事歎息
累坐 善歎息者壽美少年同飲

宗武賒酒
八十七
預恐尊中盡隔屋喚西家隣人有美酒稚子夜能賒
頻執勸杯欲客早散
累坐 賒酒與人及在坐左右各飲

寵姐隔障
八十八
寧王七寶牀寵姐帷後歌李白雖不面聞聲幸已多
妓嬌而樂游
累坐 如觥律行

薛昭雲容
八十九
薛昭遇山叟酒酬骰子擲得采强者勝雲容薦桃席
愛聞青骰子
累坐 素曾呼處及山中人飲

便了行酤
九十
便了仰髯奴執役與行酤鼻涕長一尺持勸王大夫
長鬚奴送酒
累坐 如觥律行

白傳醉鬼
九十一
醉吟先生墓奠者無日開冢上萬丈土泥濘何時乾
調弄醉客如抃傀儡
酒籌 撞席者飲

陽城引滿
九十二
陽城先引滿亦知客來意客意欲諫飲反被公飲醉
辯論是非蜂起滿堂
酒籌 喧嘩者罰巨觥

潯陽送客
九十三
商婦抱琵琶縱絃聲轉急添酒重迴燈司馬青衫濕
歡候 俊妓傳令
有妓妓飲無妓鬖伯飲

禹錫病酒
九十四
樂天入關齊禹錫方病酒服餌菊苗虀六班茶換取
問物所從來
累坐 自飲一杯病酒者杯席上生風行酒

長吉進酒
九十五
龍笛鼉鼓皓歌細舞勸君日醉酊青春忽將暮
醉將離宜鳴鼉引滿
醉宜 善擊鼓及遠行者飲

麴生風味
九十六
真宗樂法務幻術也席唐道致麴秀才風味不可當
坐逢儒秀舉挾市文
酒醫 如觥律行

承祐杖吏
九十七
何令愛銜杯召吏共滿飲吏醉自以私杖詫復與飲
席上談詞訟
累坐 如觥律行

馬周獨飲
九十八
賓主會新豐主人不之顧命酒獨悠然觀者乃如堵
心屬一人四坐不顧
鑒 罰主人巨觥

長孫看飲
九十九
澄雖不飲酒好觀人酣暢常恐客散去勑廚緊排當
怯始猛而惜終歡
名飲 撿飲不倦及再欲赴席者飲

司空生贖
一百
表聖預為壙酌酒復賦詩將以候魂魄非止暫遊遨
倚老賣老
累坐 能預為壽域者左右隣倍飲二杯

薛濤改令　一百一

高駢鎮成都薛濤爲酒佐公命改此令濤自改亦可
觴政繁苛始終履蔑

酒懲　罰監令官巨觥

陶穀團茶　一百二

江南陶學士雪水煮團茶党家風味別低唱淺斟
非觥斝不謳

歡候　唱飲二觥不能唱者坐人唱者飲一觥

蘇軾鶴影　一百三

吹簫客自赤壁長嘯客已倦鶴影如人長前夜夢中見
醉秋色宜壽船簫鼓蕩漾水鄉

醉宜　吹簫者飲乘畫船者同飲

曼卿鱉飲　一百四

請君作鱉飲引首出復縮內則科其頭巢則坐枇木
敲案提拳自擬豪衆

酒鑒　如觥律行

艾子噦臓　一百五

艾子醉後噦門人置猪臓本意欲諫之乃嘆唐三臓
席邊吐酒門坐憎臓

酒懲　假作吐狀者罰

了元三昧　一百六

印公了悟人三昧得遊戲常看蘇黃飲不染淄塵累
山僧送新茶

歡候　能飲僧巨觥來戒僧免飲無僧自飲

醉翁名亭　一百七

飲少輒至醉衆賓一何安知僧作斯亭禽鳥樂其間
知人量淺故罰深杯

酒懲　妄罰人酒者反坐

馮生三絕　一百八

清吟復艷歌琵琶得三昧長爲不速客得酒亦復喜
行脚倦息稚造見留

歡候　左歌右唱勸不速客

以桒子行觴歡場雅事也陶九成說郛截濮来没令
士所造一卷俱醉鄉宗工詞盡典美勝唐人
遠矣因重訂授梓屠田叔題

觴政述

宋　趙與時

容齋隨筆云白樂天詩皷馬呼教任骰盤喝遣擡長驅波卷白連擲采成盧注云骰盤卷白波莫走鞍馬皆當時酒令余按皇甫崧所著醉鄉日月三卷載骰子令云聚十隻骰子擲自手出而人依采飲焉堂印本采人勸合席碧油勸擲外三人骰子聚於一處謂之酒星依采聚散骰子令中改易不過三章次改鞍馬令不過一章又有旗旙令閃壓令拋打令今人不

復曉其法矣唯優伶家猶用手打令以戲云以上皆洪說余謂酒令蓋始於投壺之禮雖其制皆不同而勝者飲不勝則罰後漢賈逵亦嘗作酒令唐世最盛樂天詩如籌挿紅螺碗觥飛白玉卮打嫌調笑易飲訝卷波遲碧籌攢米碗紅袖拂骰盤之句不一不特如洪所云本朝歐陽文忠公作九射格獨不別勝負飲酒者皆出於適然其說云九射爲一大侯而寘以八侯熊中虎上鹿下雕雉猿居右鴈兎魚居左而物各有籌射其物則視籌所在而飲之射者所以爲群

射之樂也而古之君子以爭九射之格以爲酒稍把爲爭爭而爲歡不若不爭而樂也故無勝負無賞罰中者不爲功則無好勝之矜不中者無所罰則無不能之誚探籌而飲飲非觥也無所耻故射而自中者有不得免飲而屢及者亦不得辭所以息爭也終日爲樂而不耻不爭君子之樂也探籌之法一物必爲三籌蓋射賓之數多少不常故多爲之籌以備也凡令席主之數九人則人探其一而置其餘籌可也蓋以籌而人探其一或二皆可也惟主人臨時之約然

皆置其能籌中則在席皆飲若一物而中再則視執籌者飲量之多少而飲器之大小亦惟主人之命若兩籌而一物者亦然凡射者一周既飲釂則飲籌而復探之籌新而屢變矢中而無情或適當之或幸而免此所以歡然爲樂而不厭也周文忠謂醉翁亭記云射者中奕者勝觥籌交錯恐或謂此陳述古亦嘗作酒令每用紙帖子其一書司舉其二書秘閣其三書隱君子其餘書士令在座默探之得司舉則司貨舉得秘閣則助司舉搜尋隱君子進於前搜不得則司舉并秘閣自受罰酒後增置新格聘使館主各一員若搜出隱君子則二人伴飲二人直候隱君子出即時自陳不待尋問隱君子未出之前即不得先言違此二條各倍罰酒注云聘使蓋賞其能聘賢之義館主兼取其館伴之義唐有昭文館學士時人號爲館主人又云秘閣雖同搜訪隱君子或司舉不用其言亦不得爭權或偶失之即不得以司舉不用已言而辭同罰也然則倍罰司舉秘閣既探得即各明言之不待人發問如違先罰一觴司舉秘閣止得三搜

客滿二十人則五搜餘人探得帖子並默然若妄宣傳罰巨觴別行令昔人集載潘家山同章衡飲次行令探得隱君子爲章衡搜出賦詩云吾聞隱君子大隱廛市間道義充諸中測度非在顏堯帝神且知知人亦孔艱勉哉二秘閣賢行如高山近歲李賓之作漢法酒云漢法酒立官十曰丞相曰御史大夫曰列卿曰京兆尹曰丞相司直曰隸校尉曰侍中曰中書令曰酒泉太守曰協律都尉拜司隸校尉者持節鉞舉劾劾及中書令酒泉太守者則太守以僥幸而湮

所得罪劾及侍中則司隸夫節劾及京兆尹則上愛其才事留中不下皆別舉劾劾丞相司直則劾之劾列卿則列卿自訟廷辨之罪其不直者劾丞相御史大夫者亦聽須先謁而後劾丞相御史亦得罪丞相得罪則中書令酒泉太守皆望風自劾御史得罪則惟酒泉太守自劾司隸以不畏彊禦後若有罪以贖論若汎劾而及丞相御史者罪司隸劾及中書令者事雖留中酒泉太守亦自劾劾及中書令者侍中自劾諸劾自劾得罪者皆降平原督郵協律都尉歌以

餞之劾及協律者下之蠶室弦歌詩爲新聲而求幸又肯其後云右酒令也官用漢制爲之集者止九人則缺京兆尹八人則缺侍中七人則缺御史大夫行丞相事六人則缺司直當飲者皆卽飲之式未舉飲者亦可計集者之數以爲除官之數毋官飲者予一筴除官既周視其筴以爲飲齊三筴者卽飲之二筴者與其筴等者決之一筭則留以須後律令載所不及者比附泛事云館閣有小酒令一卷慶曆中錦江趙景撰飲戲助勸三卷元豐中安陽竇﨎撰酒令在焉酒籤詩一卷皐朝知黔南縣黃鑄撰以詩百首爲籤使探得者隨文勸酒鑄字海器柳州人釣鰲圖一卷不知作者刻木爲鰲魚之屬作水中釣之以行勸罰凡四十類各有一詩又有采珠局亦此類序稱撰人爲王公不知其名凡三十餘數亦各有一詩又有投卧龜人格皐朝李庭中撰以畢卓稽康劉伶阮籍儀狄顏回屈原陶潛孔融陶侃張翰李白白樂天爲目蕭與陳李之格大同小異特各更其名耳投壺經唐上官儀嘗奉敕刪定史道玄續注蓋集周顒郝冏梁

簡文數家之書爲之司馬文正公更以新格舊書爲之譜滕晁子止侍郎公武郡齋讀書志又有木射圖一卷云唐陸秉撰爲十五筍以代候擊毬以觸之筍飾以朱墨字以貴賤之朱者仁義禮智信温良恭儉讓墨者慢傲佞貪濫仁者勝濫者負而行賞罰焉亦此具也梁王魏帝金谷蘭亭又皆於遊燕之際以賦詩作賦不成者罰酒高似孫緯略已詳此不重出

蕪孟淑日閒古人几筵既設佐史是臨故衆偶斂觴則終宵競譁而一人司政漸座無譁若夫藏

射覆拆字聯篇亦足以禁沉湎之思發才情之致矣昔之觴政可無述云

醉鄉日月

皇甫崧

醉花宜晝襲其光也醉雪宜夜樂其沍也醉得意宜唱宣其和也醉將離宜鳴一作擊鉢擬壯其神也醉文人宜謹節奏章程畏其侮也醉俊人宜益觥盂加旗幟助其烈也醉竹宜暑資其清也醉水宜秋泛其爽也此皆審其宜收其景以與憂戰也嗚呼反此道者失飲之天也凡酒以色清味重而飴爲聖色如金而味醇甘者爲賢色黑酸醨者爲愚人以家醪糯觴醉人者爲君子以家醪黍觴醉人者爲中人以巷醪灰觴醉人者爲小人夫不權之候有九主人恡一也賓輕主二也鋪陳雜而不敘三也樂

生而妓嬌四也數易令五也騶卒飲六也迭詠譜七也互相熱一作手相體八也誰散于九也慵之徵有十三得其時一也賓主久間二也酒醇而主嚴三也非觥盂而不謳雜觥盂而槃不謳者四也不能令有耻五也方飲不重膳六也不動筵七也錄事貌毅而法峻八也明府不受請謁九也廢賓律十也廢替律十一也不恃酒十二也使勿慵勿暴十三也審此九候十三徵以爲術者飲之王道也其悱樂者飲之淵道也

飲戰

爲賓

愚同柴也僻若子張嘗宜令乃克耳不聽及行令則瞋目重問此陪席座人耳

爲主

主前定則不繁賓前定則不亂樂前定則必暢酒前定則必嚴時然後惟人乃不厭

明府

明府之職前輩極爲重難二十人共飲立一人爲明府所以規其斟酌之道每一明府管骰子一雙酒鈞

一雙此皆律錄事分配之承命者不得拒凡主人之右主酒者中明府得以糾諸座之罪夫酒懦爲曠官酒猛爲苛政懦爲冷也猛爲熱也若明府貪務承命酌席人遂使請告紛喧黷撓錄事請告謂席人請難之類明府之辜暴於四矣

律錄事

夫律錄事者須有飲材材有三謂善令知音大戶也凡籠籌以白金爲之其中實以籌一十枚旂一纛一旂所以指巡也纛所以指犯也賓主就坐錄事

籌以旂與纛偕立於中餘筯器右衍執爵者告請骰子命受之復告之曰某忝骰子令乃條其說於錄事錄事告於四席曰某官忝骰子令然累宣之錄事之令也必令其詞與於席人所謂巧宣也席人有犯即下籌犯者執爵請罪輒曰一爵法未嘗言犯者不徒退請併下三籌然告其狀讞不當理則反其籌以飲焉席人剌錄事亦如之

觥律事

凡烏合爲徒以言笑動衆暴慢無節或累纍起坐或

附耳囁語律錄事以本戶繩之奸不衰止者宜觥錄事糾之以剛毅木訥之士爲之有犯者輒投其旂於前曰某犯觥令拋法先旂而后纛也犯者諾而收執之拱曰知罪明府餉其觥而斟焉犯者右引觥左執旂附于胸律錄事顧伶曰命曲破送之飲訖無墜酒稽首以旂觥歸於觥主曰不敢滴瀝復觥于位後犯者投以纛累犯者旂纛俱舞觥籌盡有犯者不問

選徒

大凡寡於言而敏於令者酒徒也怯猛飲而惜終歡者酒徒也不動搖而貌愈毅者酒徒也聞其令而不重問者酒徒也不停觥而言不雜亂者酒徒也改令及時而不涉重者酒徒也持屈停而不紛訴者酒徒也知內樂而惡外囂者酒徒也故吉飲之法選徒爲根幹選酒爲枝葉選令爲敗蔓則可以慎難者斷可知矣

改令　闕

令誤　闕

骰子令

大凡初筵皆先用骰子蓋欲微酣然後迤邐入酒令

詳樂　闕

旗幡令　闕

下次據令　闕

閃擘令　闕

上酒令　闕

逃著詞令　闕

按門人　闕

大凡放令欲端其頸如一枝孤柏其神如萬里長江揚其臂如猛虎蹲踞運其腕如烈日飛動差其指如鸞欲翔舞柔其腕如龍欲蜿蜒旋其盞如羊角高風飛其袂如魚躍大浪然後可以畋漁風月糾紲笙竽

拒潑

孟子曰殺人以梃與刃有以異乎然則酗酒以拒與潑有異乎同歸酗酒也蓋有間飲必來見盃即拒或酒糾不容明府責飲則必固爲翻灑推作周章始持盃而喏呼繼背燭而傾潑如此則俱爲害樂併是蠹

歡自當抑之别室延以淸風展蘊葉而開襟極茗芽以從事

逃席

酒徒有逃席之病弃之如脫屣

使酒

大凡茂章程而務牛飲者非歡源也酲木訥而醉喋喋者非歡源也飾已非而尚讒謗者非歡源也得淺酒索深酌者非歡源也飲愈多而貌彌淡者非歡源也已謬而惡人言者非歡源也不諭令而疾斂者非歡源也好詩醉罪而諱以籌者非歡源也此八者蓋沉酗之濫觴紛喧之漸也

勸學　闕

樂児　闕

小酒令　闕

雜法　闕

進戶

進戶法葛花小豆花各陰乾七兩爲末精羊肉一斤如法作生以二花末一兩勻入於生中如先只飲得

五盞以十盞好酒熱煖沃生生服之三五日進一服花盡則戶倍矣

釀酒　闕

風俗　闕

自序　闕

罰爵典故

宋　李廌

周禮觥其不敬者觥罰爵也

詩桑扈兕觥其觩注罰爵也觩然不用

禮記檀弓杜蕢酌飲師曠李調及晉平公投壺僨立喻言有常爵又若是者浮注有常爵謂有常例罰爵也浮亦罰也一說謂罰爵之盈滿而浮泛也

論語下而飲

韓詩外傳齊桓置酒令曰後者罰飲一經程

說苑魏文侯與大夫飲酒令曰不釂者浮以大白於是公乘不仁舉白浮君

漢書敘傳皆飲滿舉白服虔曰舉滿桮有餘白瀝者舉罰之盃庸曰舉白見驗飲酒盡不師古曰引取滿觴而飲飲訖舉觴告曰盡不一說白者罰爵之名飲不盡者以此爵罰之

徐邈云御叔罰於飲酒

陳后主先令張貴妃等襞采箋製五言詩孔範等十客一時繼和遲則罰酒

酉陽雜俎酒至鸚鵡盃徐君房飲不盡屬魏肇師肇師曰海蠡蛇蜒尾翅皆張非獨爲玩好亦所以爲罰

韓安國作几賦不成罰三升

蘭亭之會王子敬詩不成飲三觥

景龍文館記詩序云人題四韻後者罰三盃

郝隆不能詩受罰及金谷酒數

王乂在江總席上曰雖深盃百罰吾亦不辭

杜工部詩百罰深盃亦不辭

熙寧酒課

宋　趙珣

四十萬貫以上

東京　成都二十八務

三十萬貫以上

開封三十五務　秦十八務　杭十務

二十萬貫以上

京兆二十三務　延十二務　鳳翔二十五務　渭十三務

蘇七務

十萬貫以上

西京二十三務　北京二十七務　齊二十六務　鄆十一務

徐七務　許十三務　滄二十三務　真定八務

定六務　華十務　慶十三務　鎮戎六務

太原十一務　亳十二務　鄜六務　宿十三務

楚五務　泗七務　真務　越十務

湖六務　婺九務　秀十七務　江寧六務

常八務　江陵十五務　綿十四務　漢十庵務

邛十九務　果二務　梓十八務　閬四十三務

五萬貫以上

南京九務　青十務　密五務　萊四務

淄七務　淮陽四務　兗九務　濟六務

單四務　濮七務　襄八務　鄧八務

孟五務　蔡二十二務　陳六務　潁七務

鄭八務　澶九務　冀十四務　瀛十務

博十四務　棣十三務　德十六務　恩十一務

濱八務　相七務　邢十二務　洛十一務

深五務　趙七務　河中七務　陝十五務

同十一務　耀五務　邠五務　寧八務

環二十五務　保安二務　涇六務　隴十務

階六務　德順　通遠　晉十二務

儀七務　絳八務　隰八務　汾四務

揚九務　泰八務　壽十六務　廬三務

舒十九務　無為十務　潤六務　明五務

溫七務　台八務　衢四務　睦七務

宣七務　信八務　潭八務　鄂八務

鼎五務　眉十六務　蜀八務　彭八務

嘉三務　遂四務　合九務　興元三十六務
建十二務
五萬貫以上
沂六務　濰三務　曹四務　光化一務
汝十務　滑四務　永靜六務　懷十務
磁十一務　衛五務　祁三務　保一務
通利六務　解四務　虢六務　商八務
坊四務　鳳五務　岷　乾七務
忻二務　嵐四務　保德一務　岢嵐二務

熙寧酒課　三

石二務　海四務　通四務　蘄八務
和五務　光七務　黃八務　漣水一務
高郵三務　太平六務　江六務　洪七務
饒九在城五縣石頭景德興利　興國三務　安五務
澧二務　岳四務　簡十五務　資十六務
懷安十二務　邠三務
三萬貫以下
廣濟一務　隨二務　金一務　均三務
郢三務　唐五務　莫四務　雄一務

乾寧二務　瀛四務　安肅一務　永寧二務
廣信一務　順安一務　丹三務　北平一務
熙一務　成三務　路十務　府一務
代七務　威勝軍八務　平定軍四務　澤五務
憲一務　慈三務　遼三務　滁六務
濠七務　處八務　歙六務　南康四務
廣德二務　虔十三務　池六務　撫一務
筠一務　臨江三務　建昌三務　衡六務
漢陽三務　陵井監二十務　永康八務　荊門一務

熙寧酒課　四

昌四務　普四十三務　榮六務　渠一務
廣安三務　利六務　南鄉十五務　三泉一務
蓬七務　興一務　洋五務
一萬貫以下
登三務　信陽二務　信安一務　保定一務
房三務　慶成三務　寧化軍一務　南安二務
吉九務　袁四務　永三務　邵二務
峽一務　歸一務　雅七務　瀘
巴十四務　邵武四務　文一務

五千貫以下

原務十一　開寶監　火山軍務一　道務一

郴務一　全務一　桂陽務六　戎務三

富順監務一　龍務三　集務二　璧務二

大寧監務一　渝務四　萬務一　忠務一

無定額

萊蕪監　利國監　河　康定軍

沙苑監　太平監　司竹監　大通監

麟　豐永平監　辰　沅

清州監　黎　茂　威

劒門關

無榷

夔　黔　達　開

施　涪　雲安　梁山

福　汀　泉　漳

興化　廣南東西兩路州軍

新豐酒法

宋　林洪

初用麪一斗糟醋三升水二擔煎漿及沸以麻油川椒葱白候熟浸米一石越三日蒸飯熟及以元漿煎强半及沸去又浸以川椒及油候熱泛缸面入斗許飯及麪末十斤酵半升暨晚以元飯貯別缸却以元酵飯同下入水一擔麪二斤熟踏覆之既晚以木擺越三日止四五日可熟其初餘漿又加以水浸米每值酒熟則取酵相接續不必灰其麯只磨麥和皮用清水搜作餅令堅如石初無它藥僕嘗從危巽齋子驂之新豐故知其詳危君此時嘗禁竊酵以所釀以令所釀且給新以潔所酵誘客舟以通所釀故日而利不虧是以知一酒政之微危亦究心矣昔人丹陽道中詩云乍入新豐市猶聞舊酒香抱琴沽一醉盡日臥斜陽正其地也沛中自有舊豐馬周獨酌之地乃長安效新豐也

酒乘

元 韋孟

周公作酒誥一篇

衛武公作賓筵詩一章

汝陽王璡甘露經又酒譜一卷

宋志酒錄一卷又白酒方一卷四時酒要一卷秘修藏釀方一卷

王績酒經又酒譜二卷

劉炫酒孝經貞元飲畧三卷

竇子野酒譜一卷又酒錄一卷

朱翼中酒經三卷

胡節還醉鄉小畧五卷白酒方一卷

胡氏醉鄉小畧一卷

皇甫崧醉鄉日月三卷條刺飲事三十篇

臨安徐炬酒譜

侯白酒律

東坡釀酒經一章

陽曾龜令譜芝蘭一卷

同塵先生小酒令一卷

焦革酒譜一卷

高允酒訓一卷

劉乙百悔經

觥記注

宋　鄭獬

黃帝時有瑪瑙甕中有寶露堯時猶存舜時淳則露滿時澆則露竭

紂爲瓊杯　南昌國獻敬宗玳瑁盆　周穆王時西域獻常滿杯　秦始皇赤玉甕　漢文帝時方士新垣衍獻玉杯　唐時高麗國獻紫霞杯　渤海懷柃瘿盃　罽賓國獻水晶杯　波祇國文螺卮　唐武德二年西域獻玻瓈杯

内庫一杯青色紋如亂絲其薄如葉杯足有鏤金字曰自暖杯上命以酒置之温温然有氣相吹如沸

魏后有瑪瑙榼容三升玉縫之人稱爲西域鬼作

撒馬罕兒國卽漢時之罽賓國也進一杯名照世杯光明洞徹照之可知世事

爵者容一升周曰爵

觚者鄉飲酒之爵也受二升

角者以角爲之受四升

觶者適也當適可也所以節飲金屈卮如菜[illegible]

手把子

觥者受五升毛詩注七升罰不敬也兕觥以兕牛角爲之

斝者畫禾稼之象於上受六升商曰斝

斗者取象於北斗受十升

卣者中尊也受五斗

彝者上尊也受三斗

罍者下尊也受六斗

甒者紂臣昆吾作瓦器也受五斗

罍者象雲雷施不窮也受一石金罍容一斛山罍夏尊也

壺者圜器也受十斗乃一石也重一百二十斤或曰劉伯倫一飲一石五斗古時斗窄以今量較之古一石得三斗其五斗當一斗五升也

琖者夏曰琖與盞同

鍾者二缶謂之鍾

杯桮否䣭鈈匜六字通同

盌者亦杯也

鐏本作尊周禮罇彝甈㽅樽通同
大貝出日南可爲酒杯見爾雅翼
觴者巵之總名也謂之羽觴者如生爵之形有頸尾
羽翼
甁㼖缾甈通用似鍾而頸長
盌者小盂也椀䀂同
缶者小瓦瓮也秦人擊之以節歌杜子美詩莫笑田
家老瓦盆自從盛酒長兒孫
坎者小罍也見爾雅

觥記注　八　三

勺者挹酒之器容一升與杓同有龍勺蒲勺疏勺皆
裸爵也
劉表三爵一曰伯雅七升二曰仲雅六升三曰季雅
五升
嵇叔夜刻杯爲鸞鳥之形名曰鸞觴
烏孫國貢劉表號青田壺貯水即如酒可供二十人
天帝仙家有流花寶爵日中爭光
車渠椀玉屬織理縟文出西域車渠國
綠文測海蠡陳宣主之酒器也

大斗大杓皆諸阮之酒器也
唐寧王有煖玉杯
隋文帝時突厥獻玻瓈七寶杯唐玄宗以酌李白
張易之有鸚鵡盞
李太白詩酒飛鸚鵡重有鸚鵡鐺
九曲杯以螺爲之藪穴極灣曲可以藏酒
李適之七品曰蓬萊盞海山螺舞仙螺匏子巵幔卷
荷金蕉葉玉蟾兒皆因象爲名
金鑿落韓昌黎詩酡顔傾鑿落宋姜堯章詩剪燭屢

觥記注　八　四

呼金鑿落
馮道家有水晶不落一隻白樂天詩銀花不落從君
勸
唐文宗賜牛僧孺龍杓
西京有香螺巵
昭宗有鸂鶒巵
唐時有蓮子杯又有注子名偏提
五位瓶南唐以銅爲之高三尺圍八九尺上下置如

又乾德間高昌國進琥珀盞

蘇東坡有藥玉盞又有荷葉杯工製美妙

黃庭堅有梨花盞

玉東西金叵羅皆古飲器

火鷄卵杯注酒自熱

廣州人取大蝦頭爲杯

蠻杯以金銀爲之飲不得其法則雙螯鉗其脣必盡乃脫其製甚巧

櫻杯織成花鳥可愛

南海出龜同鶴頂杯酒船以金銀爲之内藏風帆十副酒滿一分則一帆舉飲乾一分則一帆落眞鬼工也

服匿如罌小口大腹方底受酒勝二斗匈奴之器

巹破瓢爲杯也婚禮婿揖婦入共牢而食合巹而酳

汕碗折酒之大椀也

玉缸唐詩花撲玉缸春酒香

雙鳧杯一名金蓮杯卽鞋也王深輔道有雙鳧杯詩劇知昔日在客亦以鞋杯爲戲也

白玉蓮花杯王永年與賓卞楊繪飲于私室出其妻趙氏閒坐令妻以左右手酌酒獻卞繪謂之白玉蓮花杯

文宗有神通盞了事盤

自同光至開運中有五位鉼九曲杯

耀州陶匠創造一等平底深盌狀簡古號小海甌

房州元自誠抵鵲盃

陶穀家有魚英酒琖

畢卓酒船

麴本草

宋　田錫

廣西蛇酒罈上有蛇數寸許言能去風其麴乃山中取草所造良毒不能無慮

江西麻姑酒以泉得名今其泉亦少其麴乃羣藥所造浙江等處亦造此酒不入水者味勝麻姑以其米好也然皆用百藥麴均不足尚

淮安菉豆酒麴有菉豆乃解毒良物固佳但服藥飲之藥無乃亦有灰不美

南京瓶酒麴米無醸以其水有鹼亦着少灰味太甜多飲留中聚痰

山東秋露白色純味冽

蘇州小瓶酒麴有葱及川烏紅豆之類飲之頭痛口渴

處州金盆露清水入少薑汁造麴以浮飲法造酒醇美可尚香色味俱劣於東陽以其水不及也

東陽酒其水最佳稱之重於他其酒自古擅名事林廣記所載醸法麴亦入藥今則絶無惟用麩麴蓼汁拌造假其辛辣之力蓼性解毒亦無甚碍俗人因其水好競造薄酒味雖少酸一種清香遠達入門就聞雖鄰邑所造俱不然也好事者清水和麩麴造麯米多水少造酒其味辛而不厲美而不甜色復金黄瑩徹天香風味奇絶飲醉並不頭痛口乾此皆水土之美故也

暹羅酒以燒酒復燒二次入珍貴異香毎罈一箇用檀香十數斤燒烟薰之如漆肢後入酒蠟封埋土中二三年絶去燒氣取出用之有帶至船上者能飲之

人三四盃即醉價值比常數十倍有疾病者飲一二盃即愈且殺蠱予親見二人飲此酒打下活蟲長二寸許謂之鞋底魚蠱

枸杞酒補虚損去勞熱長肌肉益顔色肥健人止肝虚目淚

菊花酒清頭風明耳目去痿痺開胃健脾煖陰起陽消百病

葡萄酒補氣調中然性熱北人宜南人多不宜也

桑椹酒補五臟明耳目

狗肉酒大補然性大熱若陰虛人及無冷病人飲之成病

豆淋酒以黑豆炒熟用熱酒淋之療男婦諸風産後一切惡疾酒不可與乳同飲令氣急白酒用牛肉食腹内生蟲

酒爾雅

宋　何剡

酴酒母也醾酒本也醱重醖酒也酎醖酒也醅未泲之酒也醪汁滓酒也醑厚酒也醨薄酒也醴一宿酒也醆酒微清而濁也黄封官酒也醥清酒也酏清而甜也醠濁酒也醋苦酒也醍紅酒也醽綠酒也醝白酒也玄鬯醇酒也上尊糯米酒也中尊稷米酒也下尊粟米酒也玄酒明水也四酎四重釀也三友者樂天以詩酒琴爲三友今人指三友爲酒音同之訛也

爏蠡乾醅也

酒者酉也釀之米麴酉澤久而味美也

亦言踧也能否皆强相踧持也又入口咽之皆踧其面也

酒者就也所以就人性之善惡也亦言造也吉凶所由造也

飲食者所以合歡也

酒以成禮不繼以淫义也以君成禮弗納于淫仁也

酒者天之美祿帝王所以頤養天下享祀祈福扶衰

養疾百福之會

夫酒之設合禮致情適體歸性禮終而退此和之至

主意未殫賓有餘豪可以致醉無致于亂

酒小史

元　宋伯仁

春秋椒漿酒　西京金漿醪

杭城秋露白　相州碎玉

蘄州薏苡仁酒　金華府金華酒

高郵五加皮酒　長安新豐市酒

汀州謝家紅　南唐臙酒

處州金盤露　廣南香蜪酒

黃州茅柴酒　燕京內法酒

漢時桐馬酒　關中桑落酒

平陽襄陵酒　山西蒲州酒

山西太原酒　郫縣郫筒酒

淮安苦蒿酒　雲安麯米酒

成都刺麻酒　建章麻姑酒

滎陽土窟春　富平石凍春

池州池陽酒　宜城九醞酒

杭州梨花酒　博羅縣桂醑

劍南燒春　江北擂酒

唐時玉練槌　灞陵崔家酒
汾州乾和酒　山西羊羔酒
安成宜春酒　潞州珍珠紅
魏徵醽醁翠濤　關中桑落春
嶺南瓊琯酥　蒼梧寄生酒
唐憲宗李花釀　宋昌王八桂酒
晉阮籍步兵廚　曹湜介壽
劉后瑤池　馮翊含春
隋煬帝玉薤　孫思邈酴酥

王公權荔枝綠　廖致平綠荔枝
謝侍郎章丘酒　王莽進椒菊酒
楊世昌密酒　肅王蘭香酒
漢武蘭生酒　蔡攸棣花酒
陸士衡松醪　淮南菉豆酒
華氏蕩口酒　顧氏三白酒
鳳州清白酒　劉拾遺玉露春
曹成保平　宋劉后玉腴
王師約瑤源　秦檜表勳

宋開封瑤泉　梁簡文兔花
宋高后香泉　劉孝標雲液
宋德隆月波　安定郡王洞庭春色
東坡羅浮春　范至能萬里春
段成式湘東美品　魏賈將昆侖觴
劉白墮擒奸　燕昭王瓀珉膏
洪梁縣洪梁酒　高祖菊華酒
梁孝王縹玉酒　漢武百味旨酒
扶南石榴酒　辰溪鈎藤酒

梁州諸蔗酒　蘭溪河清酒
蘇祿國蔗酒　南粵食蒙枸醬
高麗國林慮醬　訶陵國椰花酒
西域葡萄酒　烏孫國青田酒
彭坑釀漿爲酒　東西竺以椰子爲酒
北胡消腸酒　南蠻檳榔酒
答剌國釀茭樟爲酒
眞蠟國有酒五一曰蜜糖酒一曰朋牙四一曰包
稜角一曰糖鑑酒一曰茭漿酒

暹羅國醞秫爲酒　假馬里丁釀蔗爲酒

酒名記

宋　張能臣

后妃家高太皇香泉向太后天醇張温成皇后醽醁朱太妃瓊酥劉明達皇后瑤池鄭皇后坤儀曹太后瀛玉宰相蔡太師慶會王太傅膏露何太宰親賢親王家鄆王瓊腴肅王蘭芷五正位椿齡嘉王琉璐濮安懿王重醞建安郡王玉瀝威里李和文駙馬獻卿金波王晉卿碧香張駙馬敦禮醽醁曹駙馬詩字公雅成春郭駙馬獻卿香瓊大王駙馬瑤琮錢駙馬清醇

内臣家童貫宣撫褒公又光忠梁開府嘉義楊開府美誠府寺開封府瑤泉市店豐樂樓眉壽又和旨即白礬樓也忻樂樓仙醪即任店也和樂樓瓊漿即莊樓也遇仙樓玉液玉樓玉醞鐵薛樓瑤醽仁和樓瓊漿高陽店流霞清風玉髓會仙樓玉醑八仙樓仙醪時樓碧光班樓瓊波潘樓瓊液千春樓仙醇今糜爲鋪中山園子店千日春今糜爲邸銀王店延壽蠻王園子正店玉漿朱宅園子正店瑤光邵宅園子正店法清大桶張宅園子正店仙醪方宅園子正店瓊酥姜宅園子正店羊羔梁宅

園子正店美祿郭小齋園子正店瓊液楊皇后園子
正店法清三京北京香桂又法酒南京桂香又北庫
西京玉液又酴醾香四輔澶州中和堂許州潩泉鄭
州金泉河北真定府銀光河間府金波又玉醖保定
軍知訓堂又杏仁定州中山堂又九醖保州巡邊銀
條又錯著水德州碧琳濱州石門又宜城博州宜城
又蓮花衛州柏泉棣州延相堂恩州揀米又細酒洛
州玉瑞堂夷白堂又玉友邢州沙醅金波磁州風麴
法酒深州玉醅趙州瑤波相州銀光懷州宜城又香

桂又定州瓜麴又錯著水河東太原府玉液又靜制
堂汾州甘露堂隰州瓊漿代州金波又瓊酥陝西鳳
翔府橐泉河中府天祿又舜泉陝府蒙泉華州蓮花
又氷堂上尊邠州靜照堂又玉泉慶州江漢堂又瑤
泉同州清洛又清心堂淮南楊州百桃廬州金城又
金斗城又杏仁江南東西宣州琳腴又雙溪江寧府
芙蓉又百桃又清心堂處州谷簾洪州雙泉又金波
杭州竹葉清又碧香又白酒蘇州木蘭堂又白雲泉
明州金波越州蓬萊潤州蒜山堂湖州碧蘭堂又雪

溪秀州月波三州成都府忠臣堂又玉髓又錦江春
又浣花堂梓州瓊波又竹葉清劍州東溪漢州簾泉
合州金波又長春渠州葡萄果州香桂又銀液閬州
仙醇峽州重醞至喜泉夔州法醽又法醖荆南湖北
荆南金蓮堂鼎州白玉泉辰州法酒歸州瑤光又香
桂福建泉州竹葉廣南廣　十八仙部州換骨玉泉
京東青州揀米齊州舜泉近泉又清燕堂又真珠泉
第一　兗州蓮花清曹州銀光又三酘又白羊又荷花
也
鄆州風麴白佛泉又香桂濰州重醞登州朝霞萊州

玉液徐州壽泉齊州宜城濮州宜城又細波單州宜
城又杏仁京西汝州揀米滑州風麴又氷堂金州清
虛堂郢州漢泉又香桂隨州白雲樓唐州淮源又泌
泉蔡州銀光香桂房州瓊酥襄州金沙又宜城又檀
溪又竹葉清鄧州香泉又寒泉又香菊又甘露潁州
銀條又風麴均州仙醇河外府州歲寒堂

說郛目錄

弓第九十五

食譜

唐 韋巨源

巨源拜尚書令上燒尾食其家故書中尚有食帳今擇奇異者略記

單籠金乳酥 是餅但用獨隔通籠欲氣隔

曼陀樣夾餅 公廳爐　巨勝奴 酥蜜寒具

婆羅門輕高麪 籠蒸　貴妃紅 加味紅酥

七返膏 七卷作四花恐是糕子　金鈴炙 酥攪印脂取真

御黄王母飯 徧縷印脂蓋飯面表雜味

通花軟牛腸 胎用羊膏髓　光明蝦炙 生蝦則可用

生進二十四氣餛飩 花形餡料各異凡二十四種

生進鴨花湯餅 廚典入内下湯　同心生結脯 先結後風乾

見風消 油浴餅　金銀夾花平截 剔蟹細碎卷

火焰盞口𩜋 上言花下言體　冷蟾兒羹 冷蛤蜊

唐安餤 鬬花　水晶龍鳳糕 棗米蒸破見花乃進

雙拌方破餅 餅料花角　玉露團 雕酥

漢宮棋 錢能印花煑　長生粥

天花饆饠 九練香　賜緋含香糉子 蜜淋

甜雪 蜜爁太例麵　八方寒食餅 用木範
素蒸音聲部 麵蒸象蓬萊仙人凡七十字
白龍臛 治鱖肉　金粟平䭔 魚子
鳳凰胎 雜治魚白　羊皮花絲 長及尺
逡巡醬 魚羊體　乳釀魚 完進
丁子香淋膾 醋别　蔥醋雞 入籠
吳興連帶鮓 不發缸　西江料 蒸彘肩屑
紅羊枝杖 蹄上裁一羊得四事　昇平炙 治羊鹿舌拌三百數
八仙盤 剔鵝作八副　雪嬰兒 治蛙豆英貼

仙人臠 乳淪雞　小天酥 鹿雞參拌
分裝蒸臘熊 存白　卵羹 純兎
青涼臛碎 封狸肉夾脂　筋頭春 炙活鶉子
暖寒花釀驢蒸 耿爛　水煉犢 炙盡火力
五生盤 羊豕牛熊鹿並細治　格食 羊肉腸豆英各别
過門香 薄治羣物入沸油烹　纏花雲夢肉 卷鎮
紅羅飣 膋血　遍地錦裝鼈 羊脂鴨卵脂副
蕃體間縷寶相肝 盤七升　湯浴繡丸 肉糜治隱卵花
附謝諷食譜中略抄五十三種

北齊武威王生羊膾　細供沒忽羊羹
急成小餤　飛鸞膾
咄嗟膾　剔縷雞
爽酒十樣卷生　龍鬚炙
千金碎香餅子　花折鵝糕
修羊寶卷　交加鴨脂
君子飣　越國公碎金飯
雲頭對爐餅　剪雲析魚羹
虞公斷醒酢　魚羊仙料

紫龍糕　十二香點臛
春香泛湯　滑餅
象牙餾　湯裝浮萍麪
金裝韭黃艾炙　白消熊
恬乳花面英　加料鹽花魚屑
專門膾　拖刀羊皮雅膾
折筋羹　香翠鶉羹
朱衣餤　千日醬
露漿山子羊蒸　加乳腐

天孫膾　添酥冷白寒具
金九玉蕊膾鼈　貯裝籠味
高細浮動羊　乾坤夾餅
乾炙滿天星　含漿餅
掘高巧裝壇樣餅　楊花泛湯糝餅
天真羊膾　魚膾永加王特封
駱羊成美公　無憂腊
藏蟹含春侯（二名如上注）　新治月華飯
連珠起肉

附張手美家
閶闔門外通衢有食肆人呼為張手美家水產陸
販隨需而供每節則專賣一物偏京輻湊號曰澆
店偶記其名播告四方事口腹者
元陽臠（元日）　油畫明珠（上元油飯）
六一菜（人日）　涅槃兜（二月十五）
手裹行廚（上巳）　冬凌粥（寒食）
指天餕餡（四月八日）　如意圓（重午）
綠荷包子（伏日）　辣雞臠飯（二社）

羅睺羅飯（七夕）　玩月羹（中秋）
盂蘭餅餤（中元）　米錦（重九糕）
宜盤（冬至）　萱草麪（臘日）
法王料斗（臘人）
附建康七妙
金陵士大夫淵藪家家事鼎鐺有七妙
虀可照面　餛飩湯可注硯
餅可映字　飯可打擦擦臺濕
麪可穿結帶　餅可作勸盞
寒具嚼著驚動十里人

附花餻員外
皇建僧舍旁有餻坊主人由此入貲為員外官益
顯德中也都人呼花餻員外
滿天星（金米）　糝拌（夾棗豆）
金餻糜員外糝（外有花）　花截肚（內有花）
大小虹橋（暈子各）　木寄金毛麪（椶獅子也）

食經

北郡謝諷

北齊武成王生羊膾細供沒忽羊羹慈成小餕飛鸞膾咄嗟膾剔縷雞爽酒十樣卷生龍鬚炙千金碎香餅子花折鵝糕修寶卷交加鴨脂君子飣越國公碎金飯雲頭對爐餅剪雲斫魚羹虞公斷醒鮓魚羊僊料紫龍糕十二香點臛春香泛湯滑餅象牙鎚湯餅浮萍麵金裝韭黃艾炙白消熊帖乳花面英加料鹽花魚目專門膾拖刀羊皮雅膾折筋羹香翠鶉羹朱衣餅餕露醬山子羊羔千日醬加乳腐金丸玉萊臛鱉添酥冷白寒具天孫膾脂裝籠味高細浮動羊乾坤夾餅乾炙滿天星含漿餅撮高巧裝壇樣餅楊花泛湯糝餅天真羊膾魚膾永加王烙羊成美公藏蟹含春侯新治月華飯無憂臘連珠起肉

又按食斉如三村九沸具酸楚苗狻炙纖翠掬腴麋腿騰危蠙臛粔籹寒具炙䅳蚓子梨醉黑醬游精撰酒細飄蟹蝬蘇膏綦腊鴿臛麻羹杏炙荊餳竿炙羗煮黃醜焦鮪蒸蔬豉蟲足葅炙懸熟熊蒸[illegible]

押䔥首石耳見官下記

食珍錄

宋　虞悰

劉孝儀曰鄴中鹿尾乃酒殽之最

賀季自有青州蟹黃

同昌公主傳有消靈炙紅虬脯宋龜樓子膾仇士良

赤明香脯

韋巨源有單籠金乳酥光明蝦炙

衣冠家有蕭家餛飩庾家粽子韓約能作櫻桃饆饠

其色不變

煬帝御廚用九飣牙盤食

金陵寒具嚼著驚動十里人

謝諷食界有十樣卷生　鬚炙千金碎香餅子花無

憂腊連珠起肉

韋琳䱇表詔答曰省表具知池沼搢紳陂池俊乂穿

蒲人荇肥滑有聞

渾羊殁忽為珍食置鵝于羊中內實粳肉五味全熟

之

謝朏傳有鮑臛湯法

賀璘以瓠匏挹河源水經宿器中色赤如絳以釀酒

芳味世中所絕

宋明帝有蜜漬鱁鮧

膳夫錄

鄭望

羊種

羊有二種不可食毛長而黑壯者曰骨𦍩白而有角者曰古羊皆羶臭發病羊之大者不過五十斤奚中所產者百餘斤

櫻桃有三種

櫻桃其種有三大而殷者曰吳櫻桃黃而白者曰蠟珠小而赤者曰水櫻桃食之皆不如蠟珠

鯽魚鱠

鱠莫先於鯽魚鯿魴鯛鱸次之鱭鮬黃竹五種爲下其他皆強爲

食檄

弘君舉食檄有麞肶牛𦢊炙鴨𦞦魚熊白麞脯糖蟹車螯

五生盤

羊兔牛熊鹿並細治

王母飯

偏鏤卵脂蓋飯面裝雜味

食品

隋煬有鏤金龍鳳蟹蕭家麥穗生寒消粉辣驕羊玉尖麵

八珍

八珍有淳熬　淳母　炮豚　擣珍　漬　熬　糁肝膋　炮牂　蓋八法也

食次

食次有肶脯法羹臛法肺膜法羊盤腸唯觔法羌煑

法筍笋羹法魚臛湯法

食單

韋僕射巨源有燒尾宴食單

汴中節食

上元油䭔人日六上菜上巳手裹行厨寒食冬凌四月八指天餕餡重五如意圓伏日綠荷包子二社辣雞鬻中秋翫月羹中元盂蘭餅餡重九米錦臘日萱草麪

厨婢

蔡太師京廚婢數百人庖子亦十五人賤丞相有也

婢名膳祖

牙盤食

御廚進饌用九飣牙盤食

名食

衣冠家名食有凉胡突鱠鱧魚臆連蒸𩟔𩟔皮索餅

上牢丸

玉食批

宋　司膳内人

偶敗篋中得上每日賜太子玉食批數紙司膳内人所書也如酒醋白腰子三鮮筍炒鵪子烙潤鳩子爊石首魚土步辣羹海鹽蛇鮓煎三色鮓煎卧烏焬湖魚糊炒田雞雞人字焙腰子糊爊鮎魚蝤蛑簽麂膊及浮助酒蠏江䖳青蝦辣羹燕魚乾爊　魚酒醋蹄酥片生豆腐百宜羹燥子煠白腰子酒煎羊二牲醋腦子清汁雜爊胡魚肚兒辣羹酒炊淮白魚之類嗚

呼受天下之奉必先天下之憂不然素餐有愧不特是貴家之暴殄畧舉一二如羊頭簽止取兩翼土步魚止取兩腮以蝤蛑為簽為餛飩為棖甕止取兩螯餘悉棄之地謂非貴人食有取之則曰若輩真狗子也噫其可一日不知菜味哉又記高宗幸清河王張俊第供進御筵腊脯一行線肉條子皂角鋌子蝦腊雲夢豝兒肉腊嬭房旋鮓金山鹹豉酒腊肉肉瓜虀垂手八盤子揀蜂兒下酒十五盞花炊鵪子荔枝白腰子妳房簽三脆羹羊舌簽萌牙肚胘肫掌簽鵪子

羹肚胘膾　鴛鴦煠肚　沙魚膾　炒沙魚襯湯　鱔魚炒鱉
鵝肫掌湯　虀螃蟹醸棖　奶房玉蘂羹　鮮蝦蹄子膾　南
炒鱔　洗手蟹　鯚魚假蛤蜊　五珍膾　螃蟹清羹　鵪子水
晶膾　猪肚假江蛭　蝦棖膾　蝦魚湯虀　水母膾　二色繭
兒羹　蛤蜊生　血粉羹　抪食　炒白腰子　炙肚胘　炙鵪子
脯　潤雞　潤兔　炙炊餅　不炙炊餅　鯚骨　厨勸酒十味　江
蛭煠肚　江蛭生　蝤蛑簽　姜醋香螺　香螺煠肚　蕈酸假
公權　煨牡蠣　牡蠣煠肚　蜳蚷煠肚　一食十盞二十分
蓮花鴨簽　繭兒羹　三珍膾　南炒鱔　小舟膾　鵪子羹　鯚

玉食批

魚膾　三脆羹　洗手蟹　煠肚胘　對展每分時果五盤　晚
食五十分各件　二色繭兒　小頭羹飯　肚子羹　笑靨兒
脯腊雞腊鴨　如此

士大夫食時五觀

宋　黄庭堅

古者君子有飲食之教在鄉黨曲禮而士大夫臨尊俎則忘之矣故約釋氏法作士君子食時五觀云

一計功多少量彼來處

此食墾殖收穫舂礱淘汰炊煮乃成用功甚多何況屠割生靈爲己滋味一人之食十人作勞家居則食父祖心力所營雖是己財亦承餘慶仕宦則食民之膏血大不可言

二忖己德行全缺應供

始于事親中于事君終于立身全此三者則應受此供缺則當知愧恥不敢盡味

三防心離過貪等爲宗

治心養性先防三過美食則貪惡食則嗔終日食而不知食之所從來則癡君子食無求飽離此過也

四正事良藥爲療形苦

五穀五蔬以養人魚肉以養老形苦者饑渴爲主

病四百四病爲客病故須食爲醫藥以自扶持是
故知足者舉箸常如服藥
五爲成道業故受此食
君子無終食之間違仁先結款狀然後受食彼君
子兮不素餐兮此之謂也

糖霜譜

宋 洪邁

糖霜之名唐以前無所見自古食蔗者始爲蔗漿宋玉招魂所謂胹鼈炮羔有柘漿是也其後爲蔗餳孫亮使黄門就中藏吏取交州獻甘蔗餳是也後又爲石蜜南中八郡志云笮甘蔗汁曝成飴謂之石蜜本草亦云煉糖和乳爲石蜜是也後又爲蔗酒唐赤土國用甘蔗作酒雜以紫瓜根是也唐太宗遣使至摩揭陁國取熬糖法即詔揚州上諸蔗榨瀋如其劑色

味愈於西域遠甚然只是今之沙糖蔗之技盡於此不言作霜然則糖霜非古也歷世詩人模奇寫異亦無一章一句言之唯東坡公過金山寺作詩送遂寧僧圓寶云涪江與中泠共此一味水冰盤薦琥珀何似糖霜美黄魯直在戎州作頌答梓州雍熙長老寄糖霜云遠寄蔗霜知有味勝於崔子水晶鹽正宗掃地從誰說我舌猶能及鼻尖則遂寧糖霜見於文字者實始二公甘蔗所在皆植獨福唐四明番禺廣漢遂寧有糖冰而遂寧爲冠四郡所産甚微而顆碎色

漫味薄纔比遂之最下者亦皆起於近世唐大曆中有鄒和尚者始來小溪之繖山教民黄氏以造霜之法繖山有縣北二十里山前後爲蔗田者十之四糖霜戶十之三蔗有四色曰杜蔗曰西蔗曰芳蔗本草所謂荻蔗也曰紅蔗本草崑崙蔗也紅蔗止堪生噉芳蔗可作沙糖西蔗可作霜色淺土人不甚貴杜蔗紫嫩味極厚專用作霜凡蔗最困地力今年爲蔗田者明年改種五穀以息之霜戶器用曰蔗削曰蔗鎌曰蔗凳曰蔗碾曰榨斗曰榨牀曰漆甕各有制度凡

霜一甕中品色亦自不同堆疊如假山者爲上團枝次之甕鑑次之小顆塊次之沙脚爲下紫爲上深琥珀次之淺黄又次之淺白爲下宣和初王黼創應奉司遂寧常貢外歲別進數千斤是時所產益奇墻壁或方寸應奉司罷乃不再見當時因之大擾敗本業者居半久而未復遂寧王灼作糖霜譜七篇且載其説予采取之以廣聞見

中饋錄

浦江吳氏

脯鮓

蟹生

用生蟹剁碎以麻油先熬熟冷并草果茴香砂仁花椒末水薑胡椒俱爲末再加葱鹽醋共十味入蟹内拌勻即時可食

炙魚

鱭魚新出水者治淨炭上十分炙乾收藏一法以鱭

魚去頭尾切作段用油炙熟每服用箬間盛瓦罐内泥封

水醃魚

臘中鯉魚切大塊拭乾一斤用炒鹽四兩擦過淹一宿洗淨晾乾再用鹽二兩糖一斤拌勻入瓮紙箬泥封塗

肉鮓

生燒猪羊腿精批作片以刀背勻搥三兩次切作塊子沸湯隨漉出用布内扭乾每一斤入好醋一盞鹽

四錢椒油草果砂仁各少許供饌亦珍美

瓜虀

醬瓜生薑葱白淡笋乾或茭白鰕米鷄胸肉各等分切作長条絲兒香油炒過供之

筍条巴子

猪肉精肥各另切作三寸長各如筭子樣以砂糖花椒末宿砂末調和得所拌勻晒乾蒸熟

爐焙鷄

用鷄一隻水煮八分熟剗作小塊鍋内放油少許燒

熱放鷄在内略炒以鏇子或椀蓋定燒及熱醋酒相半入鹽少許烹之候乾再烹如此數次候十分酥熟取用

蒸鰣魚

鰣魚去腸不去鱗用布拭去血水放盪鑼内以花椒砂仁醬擂碎水酒葱拌勻其味和蒸去鱗供食

夏月醃肉法

用炒過熱鹽擦肉令軟勻下缸内石壓一夜掛起見水痕即以大石壓乾挂當風處不敗

風魚法

用青魚鯉魚破去腸胃每斤用鹽四五錢醃七日取起洗淨拭乾腮下切一刀將川椒茴香加炒鹽擦入腮内并腹裏外以紙包裹外用麻皮扎成一箇挂于當風之處腹内入料多些方妙

肉生法

用精肉切細薄片子醬油洗淨入火燒紅鍋爆炒去血水微白即好取出切成絲再加醬瓜糟蘿蔔大蒜砂仁草果花椒橘絲香油拌炒肉絲臨食加醋和勻

食之甚美

魚醬法

用魚一斤切碎洗淨後炒鹽三兩花椒一錢茴香一錢乾姜一錢神麯二錢紅麯五錢加酒和勻拌魚肉入磁瓶封好十日可用吃時加葱花少許

糟猪頭蹄爪法

用猪頭蹄爪煮爛去骨布包攤開大石壓區實落一宿糟用甚佳

酒醃蝦法

用大蝦不見水洗剪去鬚尾每斤用鹽五錢淹半日瀝乾入瓶中蝦一層放椒三十粒以椒多爲妙或用椒拌蝦裝入瓶中亦妙裝完每斤用鹽三兩好酒化開澆入瓶內封好泥頭春秋五七日便好吃冬月十日方好

鯉鮓

鯉一斤鹽一兩醃一伏時再洗淨控乾布包石壓加熟油五錢薑橘絲五錢鹽一錢葱絲五分酒一大盞飯糝一合磨米拌勻入瓶泥封十日可供魚鮓同

醉蟹

香油入醬油內亦可久留不砂　糟醋酒醬各一碗蟹多加鹽一碟又法用酒七碗醋三碗鹽二碗醉蟹亦妙

晒蝦不變紅色

蝦用鹽炒熟盛籮內用井水淋洗去鹽晒乾色紅不變

煮魚法

凡煮河魚先下水下燒則骨酥江海魚先調滾汁下鍋則骨堅也

煮蟹青色蛤蜊脫丁

用柿蒂三五個同蟹煮色青後用枇杷核內仁同蛤蜊煮脫丁

造肉醬

精肉四斤去筋骨醬一斤八兩研細鹽四兩葱白細切一碗川椒茴香陳皮各五六錢用酒拌各粉并肉如稠粥入罈封固晒烈日中十餘日開看乾再加酒淡再加鹽又封以泥晒之

黃雀鮓

每隻治淨用酒洗拭乾不犯水用麥黃紅麴鹽椒葱絲嘗味和爲止却將雀入匾罈內鋪一層上料一層裝實以箬蓋篾片羊定候滷出傾去加酒澆滿封久用

治食有法

洗猪肚用麵洗猪臟用砂糖不氣　煮笋入薄荷少加鹽或以灰則不蘞　糟蟹罈上加皂角半錠可留久洗魚滴生油一二點則無涎煮魚下末香不腥

煮鵞下櫻桃葉數片易軟　煮陳臘肉將熟取燒紅
炭投數塊入鍋內則不油蘞氣　煮諸般肉封鍋口
用楮實子一二粒同煮易爛又香　夏月肉單用醋
煮可留十日　麵不宜生水過用滚湯停冷食之一
燒肉忌桑柴火　醬蟹糟蟹忌燈照則沙　酒酸用
小豆一升炒焦袋盛入酒罈中則好　染坊瀝過淡
灰晒乾用以包藏生黄瓜茄子至冬月可食　用松
毛包藏橘子三四月不乾菉豆藏橘亦可

製蔬

配鹽瓜菽

老瓜嫩茄合五十斤每斤用淨鹽二兩半先用半兩
醃瓜茄一宿出水次用橘皮五斤新紫蘇連根三斤
生薑絲三斤去皮杏仁二斤桂花四兩甘草二兩黄
豆一斗煮酒五斤同拌入瓮合滿捺實箬五層竹片
捺定箬裹泥封晒日中兩月取出入大椒半斤茴香
砂仁各半斤勻晾晒在日內發熱乃酥美黄豆須揀
大者煮爛以麩皮罨熱去麩皮淨用

一　糖蒸茄

牛妳茄嫩而大者不去蒂直切成六稜每五十斤用
鹽一兩拌勻下湯焯令變色瀝乾用薄荷茴香末夾
在內砂糖三斤醋半鍾浸三宿晒乾還滷直至滷盡
茄乾壓匾收藏之

釀瓜

青瓜堅老而大者切作兩片去穣略用鹽出其水生
薑陳皮薄荷紫蘇俱切作絲茴香炒砂仁砂糖拌勻
入瓜內用線扎定成個入醬缸內五六日取出連瓜
晒乾收貯切碎了晒

蒜瓜

秋間小黄瓜一斤石灰白礬湯焯過控乾鹽半兩醃
一宿又鹽半兩剝大蒜瓣三兩擣爲泥與瓜拌勻傾
入醃下水中熬好酒醋浸着涼處頓放冬瓜茄子同
法

三煮瓜

青瓜堅老者切作兩片每一斤用鹽半兩醬一兩紫
蘇甘草少許醃伏時連滷夜煮日晒凡三次煮後晒
至雨天留甑上蒸之晒乾收貯

蒜苗乾

蒜苗切寸段一斤鹽一兩淹出臭水略晾乾拌醬糖少許蒸熟晒乾收藏

藏芥

芥菜肥者不犯水晒至六七分乾去葉每斤鹽四兩淹一宿取出每莖扎成小把置小瓶中倒瀝盡其水并煎醃出水同煎取清汁待冷入瓶封固夏月食

芥辣

二年陳芥子碾細水調納實瓶内韌紙封固沸湯三

五次泡出黄水覆冷地上頃後有氣入淡醋解開布濾去查

醬佛手香橼梨子

梨子帶皮入醬缸内久而不壞香橼去穰醬皮佛手全醬新橘皮石花麵筋皆可醬食其味更佳

糟茄子法

五茄六糟鹽十七更加河水甜如蜜　茄子五斤糟六斤鹽十七兩河水兩三碗拌糟其茄味自甜此藏茄法也非暴用者

糟蘿蔔方

蘿蔔一斤鹽三兩以蘿蔔不要見水揩淨帶須半根晒乾糟與鹽拌過少入蘿蔔又拌過入甕此方非暴喫者

糟薑方

薑一斤糟一斤鹽五兩揀社日前可糟不要見水不可損了薑皮用乾布擦去泥晒半乾後糟鹽拌之入甕

做蒜苗方

苗用些少鹽淹一宿晾乾湯焯過又晾乾以甘草湯拌過上甑蒸之晒乾入甕

三和菜

淡醋一分酒一分水一分鹽甘草調和其味得所煎滚下菜苗絲橘皮絲各少許白芷一二小片糁菜上重湯頓勿令開至熟食之

暴齏

菘菜嫩莖湯焯半熟紐乾切作碎段少加油略炒過入器内加醋些少停少頃食之

取紅細胡蘿蔔切片同切芥菜入醋略醃片時食之甚脆仍用鹽些少大小茴香薑橘皮絲同醋共拌醃食

胡蘿蔔鮓

切作片子滚湯略焯控乾入少許葱花大小茴香薑橘絲花椒末紅麯研爛同鹽拌匀罨一時食之

又方

白蘿蔔茭白生切笋煮熟三物俱同此法作鮓可供食

蒜菜

用嫩白蒜菜切寸段每十斤用炒鹽四兩每醋一碗水二碗浸菜於瓮内

淡茄乾方

用大茄洗淨鍋内煮過不要見水擘開用石壓乾趁日色晴先把瓦晒熱攤茄子於瓦上以乾爲度藏至正二月内和物匀食其味如新茄之味

盤醬瓜茄法

黄子一斤瓜一斤鹽四兩將瓜擦原醃瓜水拌匀醬黄每日盤二次七七四十九日入罈

乾閉瓮菜

菜十斤炒鹽四十兩用缸醃菜一皮菜一皮鹽醃三日取起菜入盆内揉一次將另過一缸鹽滷收起聽用又過三日又將菜取起又揉一次將菜另過一缸留鹽汁聽用如此九遍完入瓮内一層菜上洒花椒小茴香一層又裝菜如此緊緊實實裝好將前留起菜滷每罈澆三碗泥起過年可吃

撒拌和菜

將麻油入花椒先時熬一二滚收起臨用時將油倒一碗入醬油醋白糖些少調和得法安起凡物用油拌的即倒上些少拌吃絶妙如拌白菜豆芽水芹須將菜入滚水焯熟入清水漂着臨用時榨乾拌油方吃菜色青翠不黑又脆可口

蒸乾菜

將大棵好菜擇洗淨乾入沸湯内焯五六分熟晒乾用鹽醬蒔蘿花椒砂糖橘皮同煮極熟又晒乾并蒸片時以磁器收貯用時着香油揉微用醋飯上蒸

鵪鶉茄

揀嫩茄切作細縷沸湯焯過控乾用鹽醬花椒蒔蘿茴香甘草陳皮杏仁紅豆研細末拌勻晒乾蒸過收之用時以滾湯泡軟蘸香油煠之

食香瓜茄

不拘多少切作棊子每斤用鹽八錢食香同瓜拌勻於缸內醃一二日取出控乾日晒晚復入滷水內次日又取出晒凡經三次勿令太乾裝入罈內用

糟瓜茄

瓜茄等物每五斤鹽十兩和糟拌勻用銅錢五十文逐層鋪上經十日取錢不用別換糟入瓶收久翠色如新

茭白鮓

鮮茭切作片子焯過控乾以細葱絲蒔蘿茴香花椒紅麴研爛并鹽拌勻同醃一時食藕梢鮓同此造法

糖醋茄

取新嫩茄切三角塊沸湯漉過布包榨乾鹽淹一宿晒乾用薑絲紫蘇拌勻煎滾糖醋潑浸收入磁器內

瓜同此法

蒜冬瓜

揀大者去皮穰切如一指闊以白礬石灰煎湯焯過漉出控乾每斤用鹽二兩蒜瓣三兩搗碎同冬瓜裝入磁器添以熬過好醋浸之

醃鹽韭法

霜前揀肥韭無黃梢者擇淨洗控乾於磁盆內鋪韭一層糝鹽一層候鹽韭勻鋪盡為度醃一二宿翻數次裝入磁器內用原滷加香油少許尤妙

造穀菜法

用春不老菜薹去葉洗淨切碎如錢眼子大晒乾水氣勿令太乾以薑絲炒黃豆大每菜一斤用鹽一兩入食香相停揉回滷性裝入罐內候熟隨用

黃芽菜

將白菜割去梗葉止留菜心離地二寸許以糞土壅平用大缸覆之缸外以土密壅勿令透氣半月後取食其味最佳

倒纛菜

菊菜一百斤用鹽五十兩醃了入罈裝實用鹽滷澆毛灰如乾麵糊口上攤過封好不必草塞用芥菜不要落水晾乾軟了用滾湯一焯就起笊籬撈在篩子內晾冷將焯菜湯晾冷將篩子內菜用鬆鹽些少撒拌入瓶後加晾冷菜滷澆上包好安頓冷地上

筍鮓

春間取嫩筍剝淨去老頭切作四分大一寸長塊上籠蒸熟以布包裹榨作極乾投於器中下油用製造與麩鮓同

曬淡筍乾

鮮筍貓耳頭不拘多少去皮切片條沸湯焯過曬乾收貯用時米泔水浸軟色白如銀鹽湯焯即醃筍矣

酒豆豉方

黃子一斗五升篩去麵令淨茄五斤瓜十二斤薑觔十四兩橘絲隨放小茴香一升炒鹽四斤六兩青椒一斤一處拌入甕中捺實傾金花酒或酒娘醃過各物兩寸許紙箬扎縛泥封露四十九日罈上寫東西字記輪曬日滿傾大盆內曬乾爲度以黃草布罩蓋

水豆豉法

好黃子十斤好鹽四十兩金華甜酒十碗先日用滾湯二十碗充調鹽作滷留冷淀清聽用將黃子下缸入酒入鹽水曬四十九日完方下大小茴香各一兩草果五錢官桂五錢木香三錢陳皮絲一兩花椒一兩乾薑絲半斤杏仁一斤各料和入缸內又曬又打二日將罈裝起隔年吃方好蘸肉吃更妙

紅鹽豆

先將鹽霜梅一個安在鍋底下淘淨大粒青豆蓋梅又將豆中作一窩下鹽在內用蘇木煎水入白礬些少沿鍋四邊澆下平豆爲度用火燒乾豆熟鹽又不泛而紅

蒜梅

青硬梅子二斤大蒜一斤或囊剝淨炒鹽三兩酌量水煎湯停冷浸之候五十日後滷水將變色傾出再煎其水停冷浸之入瓶至七月後食梅無酸味蒜無葷氣也

甜食

炒麪方

白麪要重羅三次將入大鍋内以木爬炒得大熟上桌古轆槌碾細再羅一次方好做甜食凡用酥油須要新鮮如陳了不堪用矣

麪和油法

不拘斤兩用小鍋糖滷用二杓隨意多少酥油下小鍋煎過細布濾淨用生麪隨手下不稀不稠用小爬兒炒至麪熟方好　先將糖滷熬得有絲棍蘸起視

之可掛酌傾入油麪鍋内打勻掇起鍋乘熱撥在案上捍開切象眼塊

雪花酥

油下小鍋化開濾過將炒麪隨手下攪勻不稀不稠掇離火洒白糖末下在炒麪内攪勻和成一處上案捍開切象眼塊

洒孛你方

用熬㼖古料熬成不用核桃舒上案攤開用江米末圍定銅圈印之即是洒孛你切象牙者即名白糖塊

酥餅方

油酥四兩蜜一兩白麪一斤搜成劑入印作餅上爐或用猪油亦可蜜用二兩尤好

油餃兒方

麪搜劑包餡作餃兒油煎熟餡同肉餅法

酥兒印方

用生麪攙豆粉同和用手捍成條如筯頭大切二分長逐箇用小梳掠印齒花收起用酥油鍋内煠熟漏杓撈起來熱洒白沙糖細末拌之

五香糕方

上白糯米和粳米二六分芡實乾一分人參白朮茯苓砂仁總一分磨極細篩過用白沙糖滚湯拌勻上甑

煮沙團方

沙糖入赤豆或菉豆煮成一團外以生糯米粉裹作大團蒸或滚湯内煮亦可

粽子法

用糯米淘淨夾棗栗柿乾銀杏赤豆以茭葉或箬葉

裹之一法以艾葉浸米裹謂之艾香粽子

玉灌肺方

眞粉油餅芝麻松子胡桃茴香六味拌和成捲入甑蒸熟切作塊子供食美甚不用油入各物粉或麵同拌蒸亦妙

餛飩方

白麵一斤鹽三錢和如落索麵更頻入水搜和爲餅劑少頃操百遍捎爲小塊捍開菉豆粉爲粹四邊要薄入餡其皮堅

水滑麵方

用十分白麵揉搜成劑一斤作十數塊放在水内候其麵性發得十分滿足逐塊抽搜下湯煮熟抽拽得潤薄乃好麻膩杏仁膩醎笋乾醬瓜糟茄薑醃韭黄瓜絲作虀頭或加煎肉尤妙

糖薄脆法

白糖一斤四兩清油一斤四兩水二碗白麵五斤加酥油椒鹽水少許搜和成劑捍薄如酒鍾口大上用去皮芝麻撒匀入爐燒熟食之香脆

糖槌方

白麵入酵待發滚湯搜成劑切作槌子樣下十分滚油煠過取出糖麵内纏之其纏糖與麵對和成劑

刀劍録

梁　陶弘景

夫刀劍之由出已久矣前王後帝莫不鑄之但以小事記注者不甚詳録遂使精奇挺異空成湮沒慨然有想遂爲記云

夏禹子帝啓在位十年以庚戌八年鑄一銅劍長三尺九寸後藏之秦望山腹上刻二十八宿文有背面面文爲星辰背記山川日月

啓子太康在位二十九年歲在辛卯三月春鑄一銅

劍上有八方面長三尺二寸頭方

孔甲在位三十一年以九年歲次甲辰採牛首山鐵鑄一劍銘曰夾古文篆書長四尺一寸

殷太甲在位三十二年以四年歲次甲子鑄一劍長二尺文曰定光古文篆書

武丁在位五十九年以元年歲次戊午鑄一劍長三尺銘曰照膽古文篆書

周昭王瑕在位五十一年以二年歲次壬午鑄五劍各投五嶽銘曰鎭嶽尚方古文篆書長五尺

簡王夷在位十四年以元年歲次癸酉鑄一劍長三尺銘曰駿大篆書

秦昭王稷在位五十二年以元年歲次丙午鑄一劍長三尺銘曰誠大篆書

秦始皇在位三十七年以三年歲次丁巳採北祇銅鑄二劍銘曰定秦小篆書李斯刻埋在阿房宮閣下一在觀臺下長三尺六寸

前漢劉季在位十二年以始皇三十四年于南山得一鐵劍長三尺銘曰赤霄大篆書及貴常服之此即

斬蛇劍也

文帝恒在位二十三年以初元十六年歲次庚午鑄三劍長三尺六寸銘曰神龜多刻龜形以應大横之兆帝崩命入玄武宮

武帝徹在位五十四年以元光五年歲次乙巳鑄八劍長三尺六寸銘曰八服小篆書嵩恒霍華太山五嶽皆埋之

宣帝詢在位二十五年以本始四年鑄二劍長二尺一曰毛二曰貴以足下有毛故爲之皆小篆書

平帝衎在位五年以元始元年歲次辛酉掘得一劍上有帝名因服之大篆書

王莽在僞位十七年以建國五年歲次庚午造威斗及神劍皆練五色石爲之銘曰神勝萬里伏小篆書長三尺六寸

更始劉聖公在僞位二年自造一劍銘曰更國小篆書

後漢光武秀在位三十三年未貴時在南陽鄂山得一劍文曰秀霸小篆書帝常服之

明帝莊在位十八年以永平元年歲次戊午鑄一劍上作龍形沉之于洛水中水清時常有見之者

章帝炟在位十三年以建初八年鑄一金劍令投于伊水中以厭人膝之怪弘景按水經云伊水有一物如人膝頭有爪入俗輒没不復出

安帝祜在位十九年以元初六年鑄一劍藏峨眉山疑山王也

順帝保在位十九年以永建元年鑄一劍長三尺四寸銘曰安漢小篆書後改年號

[illegible]帝安在位二十二年以建寧三年鑄四劍文曰中興一劍無故自失並小篆書

魏武帝曹操以建安二十年于幽谷得一劍長三尺六寸上有金字銘曰孟德王常服之

齊王芳以正始六年鑄一劍常服之無故自失但有空匣如故後有禪代之事兆始于此尋爲司馬氏所廢

蜀主劉備以章武元年歲次辛丑採金牛山鐵鑄八劍各長三尺六寸一備自服一與太子禪一與梁王

理一與魯王永一與諸葛亮一與關羽一與張飛一與趙雲並是亮書皆作風角處所有令稱元造刀五萬口皆連環及刃口列七十二鍊柄中通之兼有二字房子容曰唐人尚書郎李章武本名方古貞元季年爲東平帥李師古判官以理第掘得一劍上有章武字方古博物亞張茂先亦因蜀相諸葛孔明所佩劍也乃改名帥古爲奏請爲章武焉蓋蜀主八劍之一也

後主禪延熙二年造一大劍長一丈二尺鎮劍口山

往往人見光輝後人求之不獲

吳王孫權以黄武五年採武昌銅鐵作千口劍萬口

刀各長三尺九寸刀頭方皆是南銅越炭作之文曰

大吳小篆書又赤烏年中有人得淮陰侯韓信劍帝

以賜周瑜

孫亮以建興二年鑄一劍文曰流光小篆書

孫晧以建衡元年鑄一劍文曰皇帝吳王小篆書

晉武帝司馬炎以咸寧元年造八千口刀銘曰司馬

懷帝熾以永嘉元年造一劍長五尺銘曰步光小篆

書

成帝衍以咸和元年造十三口刀銘曰興國

穆帝聃以永和五年于房山造五口劍銘曰五方單

符隸書

孝武帝昌明以大元元年于華山頂埋一劍銘曰神

劍隸書

宋武帝劉裕以永初元年鑄一刀銘其背曰定國小

篆書長四尺後入于梁

少帝義符以景平元年造一刀銘曰五色小篆書

後廢帝昱以元徽二年于蔣山頂造二劍銘曰永昌

篆書

順帝準以昇明元年掘得一刀銘曰止血其刀照一

室帝將之至二年七月帝使楊玉候織女玉候女不

得懼死用以弒帝果如銘故知吉凶其徵先見矣

齊高帝蕭道成以建元二年造一刀銘曰定業長五

尺篆書自制之

明帝鸞以建武二年造一刀銘曰朝儀長四尺小篆

書

梁武帝蕭衍以天監二年即位至普通中歲在庚子

命弘景造神劍十三口用金銀銅鐵錫五色合爲之

長短各依劍術法文曰服之者永治四方並小篆書

諸小國刀劍總在此

前趙劉淵以元熙二年造一刀長三尺九寸文曰滅

賊隸書

後趙石勒以建平二年造一刀用五百金工用萬人

頭尖長三尺六寸銘曰建平隸書勒未貴時耕地得

一刀銘曰石氏昌篆書

石季龍以建武十四年造一刀長五尺銘曰皇帝石
氏隸書
後蜀李雄以晏平元年造刀五百口文曰騰馬隸書
前凉張寔造刀百口無故刀盡失文曰霸
後魏昭成帝拓跋犍以建國元年于赤冶城鑄剌刀
十口金鏤赤冶字
道武帝珪以登國元年于嵩阿鑄一劍銘曰鎮山隸
書
明元帝嗣以泰常元年造一劍長四尺銘背曰太常

至真君元年有道士繼天師自爲帝造劍長三尺六
寸隸書因改元真君
宣武帝恪以景明元年于白鹿山造一刀文曰白鹿
隸書
前秦苻堅以甘露四年造一刀用五千工銘曰神術
隸書
前燕慕容儁以元璽元年造二十八口刀銘曰二十
八將隸書
後燕慕容垂以建興元年造二刀長七尺一雄一雌
隸書若别處之則鳴
後秦姚萇以建初元年造二刀銘曰中山長三尺七
寸隸書
西秦乞伏國仁以建義三年造一刀銘曰建義隸書
後凉呂光以麟嘉元年造一刀銘背曰麟嘉長三尺
六寸
南凉秃髮烏孤以太初三年造一刀狹小長二尺五
寸青色匠人曰當作之時夢見一人被朱衣云吾是
太一神來看汝作云此刀有獻必鳴後落蠕蠕可汗

所有也
南燕慕容玄明以建平元年作刀四口文曰建平隸
書
西凉李暠以永建元年造珠碧刀一口銘曰百勝隸
書
北凉沮渠蒙遜以永安三年造刀百口銘曰永安隸
書
夏州赫連勃勃以龍昇二年造五口刀背刻有龍雀
環兼金縷作一龍形長三尺九寸銘曰古之利器吳

楚湛盧大夏龍雀名冠神都可以懷遠可以柔邇如
風靡草威服九區宋王劉裕破長安得此刀後入于
梁

吳將刀

周瑜作南郡太守造一刀背上有蟲篆將軍字八分
書
蔣欽拜別部司馬造一刀文曰司馬隸書
周魴不擊曹公勝拜平虜將軍因造一刀銘背曰魴
平

董元成少果勇自打鐵作一刀後討黃祖于蒙衝河
元成引刀斷衝頭爲二流拜大司馬號斷蒙刀
潘文拜偏將軍爲擒關羽拜固陵太守因造一刀銘
曰固陵
朱理君少受征討黃武中累功拜安國將軍作一佩
刀文曰安國
關羽爲先主所重不惜身命自採都山鐵爲二刀銘
曰萬人及羽敗羽惜刀投之水中
張飛初拜新亭侯自命匠鍊赤朱山鐵爲一刀銘曰
新亭侯蜀大將也後被范强殺强將此刀入于吳
諸葛亮定黔中從青石祠過遂抽刀刺山頭刀不拔
而去行人莫測
黃忠漢先主定南郡得一刀赤如血于漢中擊夏侯
軍一日之中手刃百數

魏將刀

鍾會克蜀于成都土中得一刀文曰太一會死入帳
下王伯昇伯昇後渡江刀遂飛入水
鄧艾年十二曾讀陳太丘碑碑下掘得一刀黑如漆

長三尺餘刀上常有氣淒淒然時人以爲神物
董卓少時耕野得一刀無文字四面隱起作山雲文
斲玉如泥及卓貴示五官郎將蔡邕邕曰此項羽之
刀也
袁紹在黎陽夢有一神受一寶刀及覺果在臥所銘
曰思召紹解之曰思召紹字也
郭維于太原得一刀文曰宜爲將後遂爲將軍及與
蜀將戰敗失此刀
[illegible]儴曾于市中買得一刀賣人曰得之者貴因不見

雙後佩之爲魏將後與曹真一刀換也

洞天清錄

宋　趙希鵠

唐張彦遠作閒居受用至首載齋閣應用而旁及醯醢脯羞之屬噫是乃大老姥總枰米鹽細務者之爲誰謂君子受用如斯而已乎人生一世如白駒過隙而風雨憂愁輒居三分之二其間得閒者纔三之一分耳況知之而能享用者又百之一二於百一之中又多以聲色爲受用殊不知吾輩自有樂地悅目初不在色盈耳初不在聲嘗見前輩諸老先生多畜法書名畫古琴舊硯良以是何明窗淨几羅列布置篆香居中佳客玉立相映時取古人妙迹以觀鳥篆蝸書奇峯遠水摩娑鍾鼎親見商周端硯湧巖泉焦桐鳴玉佩不居人世所謂受用清福孰有踰此者乎是境也閬苑瑤池未必是過人鮮之知良可悲也余故蒐萃古琴研古鐘鼎而次凡十門辨訂是否以貽清修好古塵外之客名曰洞天清錄若香茶紙墨之屬既譜載而已謬誤者茲不復贅觀者宜自求之閒封

趙希鵠序

古琴辨

斷紋

古琴以斷紋爲證琴不歷五百歲不斷愈久則斷愈多然斷有數等有蛇腹斷有紋橫截琴面相去或一寸或二寸節節相似如蛇腹下紋有細紋斷如髮千百條亦停勻多在琴之兩傍而近岳處則無之有面與底皆斷者又有梅花斷其紋如梅花頭此爲極古非千餘載不能有也蓋漆器無斷紋而琴獨有之者蓋他器用布漆琴則不用它器安閒而琴日夜爲絃

所激又歲久桐腐而漆相離破斷紋隱處雖腐磨礪至再重加光漆其紋愈見然眞斷紋如劒鋒僞則否

僞斷紋

僞作者用信州薄連紙光漆一層於上加灰紙斷則有紋或於冬日以猛火烘琴極熱用雪罨激烈之或用小刀刻畫于上雖可眩俗眼然決無劒鋒亦易辨

古琴樣制

古琴惟夫子列子二樣若太古琴或以一段木爲之並無肩腰惟加岳亦無焦尾安焦尾處則橫嵌緊木以承絃而夫子列子樣亦皆肩垂而闊非若今琴而狹也惟此二樣乃合古制近世雲和樣於岳之外刻作雲頭捲而下通身如壺瓶此或以夫子樣周徧皆作竹節形名竹節樣其異樣不一皆非古制又於第四絃下安徽以求異曰此外國琴尤可笑也

古琴陰陽材

古琴陰陽材者蓋桐木面陽日照者爲陽不面日者爲陰如不信但取新舊桐木置之水上陽面浮之陰必沉雖反復之再三不易也更有一驗古今琴士所

未嘗言陽材琴旦濁而暮清晴濁而雨清陰材琴旦清而暮濁晴清而雨濁此乃靈物與造化同機緘非他物比也

取古材造琴

古琴最難得於精金美玉得古材者命良工旋製之斯可矣自昔論擇材者曰紙甑水槽木魚鼓腔敗棺古梁柱榱桷然梁柱恐爲重物壓損紋理敗棺少用桐木紙甑水槽患其薄而受濕氣太多惟木魚鼓腔晨夕近鍾鼓爲金聲所入最爲良材然亦有敲損之

患州有擇材往監今陳述之云昔吳錢忠懿王能琴遣使以廉訪爲名而實物色良琴使者至天台宿山寺夜聞瀑布聲正在簷外晨起視之瀑下淙石處正對一屋柱而柱且向日私念曰若是桐木則良琴處在是矣以刀削之果桐也即賂寺僧易之取陽面二琴材馳驛以聞乞俟一年斵成獻忠懿一曰洗凡二曰清絶遂爲曠代之寶後錢氏納土太宗朝二琴歸御府南渡初流轉至霅州葉夢得上云此乃擇材之良法大抵桐材既堅而又歷千餘年木液已盡復多

風日吹曝之金石水聲感入之所處在空曠清幽蕭散之地而不聞塵凡喧雜之聲取以制琴烏得不與造化同妙以此觀之安琴之室亦當如是不宜近塵穢婦女喧雜之地也

製琴不當用俗工

工人供斤削之役若繩墨尺寸厚薄方圓必善琴高士主之仍不得促辦錛一事如槽腹琴面之類一事畢方治一事必相度審思之既斵削太過則不復可增度造一琴并漆必三月或半年方辦合底面必用膠漆如皮紙厚合訖置琴於卓上横厚木於卓下夾車以篾絲縛之依法匣訖俟一月方解底灰必雜以金銅細屑或磁器屑薄如連紙候極乾再上一次面灰用極細骨灰如薄連紙止一上並一月方乾面上糙漆僅取遮灰光漆糙底灰漆者厚無害又徽者繩也準繩墨以定聲尤宜留意豈俗工所能哉製造之法諸琴書備載宜擇其善者參用之

擇琴不必泥名

今人見琴池沼中有雷文張越字便以爲至寶殊不

知雷張皆開元天寶時人今能幾何若得古材依法留心斵之雷張未必過也惟求其是而已矣

製琴不必求奇

湖南有范氏曾守土號范連州自能斵琴今有一琴在折彥質參政家其琴面乃用方二三寸許小桐木片以膠漆輳成之名曰百衲彈之則與尋常低下琴無異此何益哉木不成段聲必不應又爲漆所礙其窒塞可知折氏至今寶之尤可笑今人或以琴材短不及或自岳之外別用桐木接之亦不可也

古琴色

古琴漆色歷年旣久漆光退盡惟黯黯如海舶所貨烏木此最奇古而或者以其無光磨而再漆之不惟頓失古意且滯琴之聲此大戒也

純陽琴

底面俱用桐謂之純陽琴古無此製近世爲之取其暮夜陰雨之際聲不沉黙必不能達遠蓋聲不實也

擇琴底

今人多擇面不擇底縱依法製之琴亦不清蓋面以

取聲底以匱聲底木不堅聲必散逸法當取五七百年舊梓木鋸開以指甲掐之堅不可入者方是

桐木不宜太鬆

桐木太鬆而理踈琴聲多泛而虚宜擇緊實而紋理條條如絲綫細密條達不邪曲者此十分良材亦以掐不入爲奇其掐得入而麄踈柔脆者多是花桐乃今用作漆器胎素者非梧桐也今人多誤用之

桐木紫色

桐木年久木液丕盡紫色透裏全無白色更加細密方稱良材

熝爆琴材

古人以桐梓久浸水中又取以懸竈上或吹曝以風日百種用意終不如自然者蓋萬物在天地間必歷年多然後受陰陽氣足而成材自壯而衰衰而老老而死陰陽之氣去盡然後反本還元復與太虚同體其奇好處乃與造化同功此豈人方所能致哉豈吹曝所能成哉

桐木多等

有梧桐生子如簸箕有花桐春來開花如玉簪而微紅號折桐花青櫻桐其實頗堪以醡油有刺桐其木身皆生刺大如釘鍖音斟

梓木多等

有楸梓鋸開色微紫黒用以爲琴底者也有黄心梓其理正類槠木而極細黄白不堪若作器用難朽非琴材也漆木亦類梓蓋取其漆液堅凝古人亦以爲材料須不經取漆而老大者方可用

琴腹

製琴腹宜安鳳足處須小阸之過足則復寬之蓋聲過阸則不直達過阸寬則復悠揚而出所以韻長乃唐雷文秘法此論琴腹横廣也面底皆然於阸處穿鑿足

琴足

琴足宜用棗心黄楊及烏木蓋取其堅實足之下須令平如鐵切忌尖夷凹足之柄與琴之鑿必小大相當毋差毫釐若柄小而以紙副之琴聲必泛毋軫焦尾亦宜用此三等木切不可以金玉犀象爲飾多誨

盗併爲琴害矣

雷張槽腹法

雷張製槽腹有妙訣於琴底悉窪微令如仰瓦蓋謂於龍池鳳沼之紘微令有唇餘處悉窪之正如今銅錢之背穿眼處有紘凸起令聲有關閉既取其面底若如瓦相合而池沼之唇又關閉不直達故聲有所匱而不散豈論琴腹堅深也余嘗見畢文簡公張越琴於池沼間以指探之果如此

琴受土氣

入愛琴者殁則戒子孫藏之塚間或有用石匣者者出而爲世用多是聲沉闇闇然蓋以受土氣多濕氣勝耳法當用大甑蒸之以去濕氣一蒸未透再多蒸之於風日處挂曝經月聲復矣

浦江古琴

婺州浦江一士大夫家發地得琴長大有斷紋紹興間獻之御府爲巨璫所阻曰此墟墓中物豈宜進御府遂給還其家至今寶之雖聲帶濁而以作廣陵等大曲彈愈久而聲方出此琴若用前蒸曝法當無此

矣

琴面有穿孔

南昌一士家有古琴面上三穿孔然皆不當紘不礙紘曰玲瓏玉有達官以千緡市之而去紹興諸暨士大夫家有一穿孔琴亦不當紘今已轉徙他處

琴案

案須作維摩樣庳案脚不得人膝連面高二尺八寸可入膝於案下而身向前宜石面爲第一次用堅木厚者爲面再三加灰漆亦令厚四脚令壯更平不

假枯板則與石案無異永州石案面固佳然太薄須須厚一寸半許乃佳若用木面須二寸以上若得大柏大粟木不用膠合以漆合之尤妙又見今人作琴桌僅容一琴須濶可容四琴長過琴三之一試以案較琴聲便可見琴案上切不可置香爐雜物於前吳自强雲山集云於案面作小水槽不必爾也

琴室

前輩或埋甕於地上鳴琴此說恐妄傳蓋彈琴之室宜實不宜虛最宜重樓之下蓋上有樓板則聲不散

其下空曠清幽則聲透徹若高堂大廈則聲散小閣密室則聲不達園囿亭榭尤非所宜若必幽人逸士於高林大木或岩洞石室之下清曠之地更有泉石之勝則琴聲愈清與廣寒月殿何異

掛琴

掛琴不宜着壁有土氣惟紙糊格及漆格上當風處爲妙然須無人往來小兒婦女猫犬所不到處當掛時加袋以障塵匣之則去袋蓋袋能引濕氣梅月須早入匣以厚紙糊縫安樓上陰涼處琴匣之制須低[illegible]官小僅可容此琴蓋令容受子口仍釘鈒加鋼若人僮僕抱琴勿橫抱多前遇物觸損雲牙不若於袋上作大襻豎肩背後則不損然襻須緊不可寬

露下彈琴

露下彈琴而聲不泛蓋陽材也若鐘鳴鷄唱霜清月皎以陽琴鼓之聲更清徹陰材則不然

彈琴盥手

未彈琴先盥手手澤能膩絃損聲夏月尤甚惟早晚差凉宜弄琴正午炎熱非惟汗污天氣太燥亦難爲

絃若陰凉處無害

焚香彈琴

惟取香清而烟少者若濃烟撲鼻大敗佳興當用水沉蓬萊忌用龍涎篤耨兒女態者

對花彈琴

彈琴對花惟岩桂江梅茉莉荼蘼薝蔔等香清而色不艷者方妙若妖紅艷紫非所宜也

彈琴對月

夜深人靜月明當軒香爇水沉曲彈古調此與羲皇

上人何與但須在一更後三更前蓋初更人聲未
三更則人倦欲眠矣

彈琴舞鶴

彈琴舞鶴鶴未必能舞觀者閧然彈者心不專此與
觀優何異誠非君子之事

臨水彈琴

湍流瀑布凡水之有聲皆不宜彈琴惟澄坪池沼近
在軒窓或在竹邊林下雅宜對之微風洒然游魚出
聽其樂無涯也

膝上橫琴

春秋二候氣清而和人亦中夜多醒月色臨窓披衣
趺坐橫琴膝上時作小操然須指法精熟方可爲此

蚌徽

古人所以不用金玉而貴蚌徽者蓋蚌有光采得月
光相射則愈煥發了然分明此正謂對月及膝上橫
琴設若金玉則否今人少知此理然當用海產珠蚌
更多光采

道人彈琴

道人彈琴琴不清亦清俗人彈琴琴不濁亦濁而況
婦人女子倡優下賤乎

古硯辨

世之論硯者皆曰多用歙石蓋未知有端溪殊不知
歷代以來皆採端溪至南唐李主時端溪舊坑已竭
故不得已而取其次歙乃端之次其失一也近時好
事者作硯譜惟分端溪上中下三巖而不知下巖惟
有舊坑無新坑上中二巖則皆有舊新坑於歙亦然
其失二也世之論端溪者惟貴紫色而不知下巖舊

坑惟有漆黑青花二種初未嘗有紫無宅未曾覩古
硯耳其失三也余慮世人貴耳鑒而無心賞故述古
硯辨惟說端歙二溪而不宅及蓋端歙或強以爲硯
寧不羞見子墨客卿乎是說非老於用硯者其孰能
知之

端溪下岩舊坑

端溪下巖舊坑卵石黑如漆細潤如玉扣之無聲磨
墨亦無聲有眼眼中有暈或六七眼相連排星斗異
形石居水底須千夫堰水汲盡深數丈篝火下絕

溪入穴中方得之此岩南唐時已難得至慶曆間坑竭溪下岩舊坑又一種卵石去膚方得材色紫青黑細如玉有花點如筯頭大其點別是碧玉淸瑩與硯質不同唐吳淑硯賦所謂點滴靑花是也故名靑花子石今訛爲靑花紫石李長吉詩已訛作紫字其實未嘗紫色靑黑之中或有白點如聚排星斗異象水濕方見扣之無聲磨墨亦無聲此品南唐時已難得慶曆間坑竭已上二品石久用鋒鋩愈出不退鈍不假磨礲下岩上有一坑出此二種石別無新坑所謂

新坑蓋元坑已盡而別開一坑下岩則否

端溪中岩舊新坑

端溪中岩舊坑石色紫如新嫩肝細潤如玉有眼小如菉豆粒純綠色而無暈或有綠條紋或白條紋如線蓋堅而圓者爲眼橫而長者爲條紋此種亦是卵石外有黃膘包絡扣之無甚聲磨墨亦無聲久用鋒鋩不退不假磨礲今此坑取之亦竭中岩新坑色淡紫眼如鴝鴿眼大重暈而緊小其中如瞳人狀石老者扣之有聲嫩者扣之無甚聲磨墨則微有聲石有枯潤者雖難得然久用則鋒鋩退乏必假磨礲今此品難得遂爲希奇之寶百硯之中見一二耳世人見其希有又目未曾見古硯遂目此爲下岩舊坑不知此去下岩已低三等矣

端溪上岩新坑

端溪上岩新舊坑皆色灰紫而麤燥眼大爲雄鷄眼扣之璫璫然磨墨相拒如鋸聲久用則鋒乏光如鏡面不堪用然舊坑差勝新坑今士大夫所藏硯多此品

他處石類端溪而非端溪者

一種石漆石出九溪潹溪表淡靑裏深靑紫而帶紅有極細潤者然以之磨墨則墨澁而不發快愈用愈光而頑硬如鏡面間有金線或黃脈直截如界行相間者號紫袍金帶高宗朝戚里吳琚曾以進御不稱旨一種辰沅州黑石色深黑質麤燥或微有小眼黯然不分明今人不知往往稱爲黑端溪相去天淵矣今端溪民負販者多市辰沅研璞而歸刻作端溪樣以眩人江南士大夫被獲重價若辰沅人自鐫刻者

刻太師塚或作荷蓮水波犀牛龜魚八角六花等樣藻飾異常雖極工巧而材不堪用此亦辨辰沅硯之一法

歙溪龍尾舊坑新坑

歙溪龍尾舊坑新坑色淡青黑湛如秋水並無紋以水濕之微似紫乾則否細潤如玉發墨如泛油並無聲久用不退鋒或有隱隱白紋成山水星斗雲月異象水濕則見乾則否此亦是卵石故難得大者不過四五寸多作月硯就其材也或有純黑如角者東坡

洞天清錄　八　十六

最貴此品今得之亦貴重不減端溪下岩然龍尾舊坑雖極細猶微澁墨端溪下岩則直如鍬盤塌蠟矣以此爲辨南唐時方開龍尾舊坑今已無之新坑色亦青黑無紋而麄燥礪墨退筆久用則鈍乏有大盈三尺者

歙溪羅紋刷絲金銀間刷眉子四品新舊坑

四品舊坑並青黑色紋細而質潤如玉羅紋真如極細羅刷絲如髮密眉子如甲痕或如蚕大金銀間絲亦細密久用不退鋒磨墨無聲無潤大者然嘗次於龍尾舊坑亦南唐時開坑今已無如得之貴重不減龍尾舊坑四品新坑並紋麄而質枯燥且不堅眉子大者或長二三寸刷絲每條相去一二分羅紋如蘿茯紋拒墨如鏭久用退乏光硬大者盈一二尺

金星舊坑新坑

金星新舊坑並麄燥淡青色雖金星滿面然礪墨退筆久用退乏大者盈尺别有一種黑石金星姿質亞端溪下岩漆黑石乃是萬州懸金崖金星石也色漆黑細潤如玉隱隱金星水濕則見乾則否發墨如泛

洞天清錄　八　十七

油無聲久用不退乏非歙比也今萬崖亦已取盡如得之不減端溪下岩

銀星舊坑新坑

銀星新舊坑並麄燥淡青黑色有銀星處不堪磨墨工人多側取之置其星於外謂之銀星墻壁拒墨如鏭久用退乏如鏡面大者盈尺

洮河綠石硯

除端歙二石外惟洮河綠石北方最貴重綠如藍潤如玉發墨不減端溪下岩然石在臨洮大河深水之

產非人力所致得之爲無價之寶耆舊相傳雖知有洮硯然目所未覩今或有綠石硯名爲洮者多是潫石之表或長沙谷山石潫石潤而光不發墨堪作砥礪耳

墨玉硯

荆襄鄂渚之間有關塊墨玉璞並與端溪下岩黑卵石同而堅縝過之正堪作硯雖不如玉器出光留其鋒耳但黑中有白玉相間甚者濶寸許玉石謂之間玉瑪瑙其白處又極堅硬拒墨若用純黑處爲硯當

在端溪下岩之次龍尾舊坑之上

硯匣

硯匣不當用五金蓋石乃金之所自出金爲石之精華子母同處則子盜母氣反能燥石而又誨盜當用佳漆爲之硯雖紙匣蓋必令高過寸許方雅觀然只用䂖光素漆切忌用鈿花犀皮之屬四角須用布令極牢不宜用紗匣取其容硯而周圍寬三指或作皂絹襯尤妙今人於匣底作小穴小竅容指本以之出硯而多泄潤氣令匣稍寬不必留竅或有黑汁流下亦几案又或匣底之下作豹脚取其可入手指以移重硯此尤非所宜蓋硯實則易發墨虛則否故古人作硯多實其趺又加以綈褥正爲是也

古鐘鼎彝器辨

三代制

夏尚忠商尚質周尚文其制器亦然商器質素無文周器雕篆細密此固一定不易之論而夏器獨不然余嘗見夏琱戈於銅上相嵌以金其細如髮夏器大抵皆然歲久金脱則成陰竅以其刻畫處成凹也相

嵌今俗訛爲商嵌詩曰追琢其章金玉其相

水土傳世三等古銅器

銅器入土千年純青如鋪翠其色子後稍淡午後乘陰氣翠潤欲滴間有土蝕處或穿或剝並如蝸篆自然或有斧鑿痕則僞也銅器墜水千年則純綠色而瑩如玉未及千年綠而不瑩其蝕處如前今人皆以此二品體輕者爲古不知器大而厚者銅性卒未盡其重止能減三分之一或減半器小而薄者銅性爲水土蒸淘易盡至有鋤擊破處並不見銅色惟翠綠

散骨或其中有一線紅色如丹然尚有銅聲傳世古則不曾入水惟流傳人間色紫褐而有朱砂斑甚者其斑凸起如上等辰砂入釜以沸湯煮之良久斑愈見僞者以漆調硃爲之易辨也

銅腥

三等古銅並無腥氣惟土古新出土尚帶土氣久則否若僞作者熱摩手心以擦之銅腥觸鼻可畏

識文

夏用鳥跡篆商用蟲魚篆周用蟲魚大篆秦用大小

篆漢以小篆隸書三國用隸書晉宋以來用楷書唐秦用楷隸三代用陰識謂之偃囊字其字凹入也漢以來或用陽識其字凸間有凹者或用刀刻如鐫碑者蓋陰識難鑄陽識易爲陽識[illegible]古物也

欵文

識欵篆字以紀功所謂銘書鍾鼎欵乃花紋以陽識古器欵居外而凸識居内而凹夏商器有欵有識商器多無欵有識

欵識眞僞

人作事必精緻工人預四代之刻非若後世賤丈夫之事故古器欵必細如髮而匀整分曉無纖毫模糊識文筆畫宛宛如仰瓦而又大小深淺如一亦明淨分曉無纖毫模糊此蓋用銅之精者並無砂顆一也良工精妙二也不吝工夫非一朝夕所爲三也今設有古器欵識稍或模糊必是僞作顔色臭味亦自不同

蠟模

古者鑄器必先用蠟爲模如此器樣又加欵識刻畫

畢然後以小桶加大而畧寛入模於桶中其桶底之縫微令有絲線漏處以澄泥和水如薄糜日一澆之候乾再澆必令周足遮護訖解桶縛去桶板急以細黄土多用鹽并紙筋固濟於元澄泥之外更加黄土二寸留竅中以銅汁瀉入然一鑄未必成此所以爲之貴也

句容器

句容器非古物蓋自唐天寶間至南唐後主時於昇州句容縣置官場以鑄之故其上多有監官花押其

輕薄漆黑欵細雖可愛然終非古器歲久亦有微青色者世所見天寶時大鳳環瓶此極品也

僞古銅器

其法以水銀雜錫末即今磨鏡藥是也先上在新銅器上令匀然後以釅醋調細碙砂末筆蘸匀上候如蠟茶之色急入新汲水浸之即成蠟茶色候如漆色急入新汲水浸即成漆色浸稍緩則變色矣若不入水則成純翠色三者並以新布擦令光瑩其銅腥爲水銀所匱並不發露然古銅聲徹而清新銅聲洪而

濁不能逃識者之鑒

古銅瓶鉢養花果

古銅器入土年久受土氣深以之養花花色鮮明如枝頭開速而謝遲或謝則就瓶結實若水銹傳世古則爾陶器入土千年亦然

古銅器靈異

古銅器多能辟祟人家宜畜之蓋山精木魅之能爲祟者以歷年多耳三代鍾鼎彝器歷年又過之所以□辟祟范文正公家有古鏡背具十二時如博棊子至此時則博棊子明如月循環不休又有士人五十二鐘能應時自鳴非古器之靈異乎

古印章

古之居官者必佩印以帶穿之故印鼻上有穴或以銅環相綰漢印多用五字不用擘窠篆上移篆書停匀故左有三字右有二字者或左二字右三字者其四字印則畫多者占地多少者占地少三代以前尚如此今則否

古器無識文

古人惟鐘鼎祭器稱功頌德則有識盤盂寓戒則有識它器亦有無識者不可遽以爲非古但辨其體質欵文顔色臭味則無餘蘊矣

刁斗鐎斗

字書曰刁斗以行軍晝炊夕擊今世所見古刁斗柄長尺四五寸其斗僅可容勺合如此則恐非炊具擊之則可此物乃王莽時鑄威斗厭勝家所用耳或於上刻貳師將軍字及其它官號尤表其僞大抵刁斗如世所用有柄銚子宜可炊一人食即古之刁斗訛

才斗字爲銚字爾字書以銚爲田器不言可知也若鐎斗亦如今有柄斗而加三足予嘗見之辨其質與色真三代物葢才鐎皆有柄故皆謂之斗才無足而鐎有足爾又字書以鐎爲溫器葢古以鼎烹夫鼎大卒難至熱故溫已烹之冷物今一二人食則用鐎余所見者正然

鼎大小

予猶及見漢館陶候鼎可容今之斗則三代可知矣然近世所存古鼎或有容一升半升者考其欵識則

眞古物也亦謂之鼎鼎乃大烹之器豈爾耶此葢古之祭器名曰從彝曰從則其品不一葢以貯已熟之物以祭宗廟象鼎之器形而實非鼎也猶今人食器亦有象銼釜者凡曰鬲曰匜曰獻曰尊其形有甚小者皆然故小尊或識曰寶尊彝

香爐

古以蕭艾達神明而不焚香故無香爐今所謂香爐皆以古人宗廟[illegible]彝爲之爵爐則古之爵狻猊爐則古踽足豆香[illegible]古之鬵其等不一或有新鑄而象

古爲之者惟博山爐乃漢太子宮所用者香爐之制始於此亦有僞者當以物色辨之

古器不知名

餘姚一達官家有古銅盆大如火爐而週廻有十二環婺州馬鋪嶺人家掘得古銅盆而兩環在腹下足之上此二器文字所不載或以環低者爲古欵器

追蠡

禹之聲尚文王之聲以追蠡趙岐注以追爲鐘紐於義未安追者琢也詩云追琢其章今畫家滴粉令凸

起猶謂之追粉所謂追蠡葢古銅器欵文追起處漫滅也趙氏釋蠡爲絕亦非絕葢剝蝕也今人亦以器物用久而剝蝕者爲蠡

舂陵塚鏡

道州民於舂陵侯塚得一古鏡於背上作菱花四朶極精巧其鏡面背用水銀即今所謂磨鏡藥也鏡色畧昏而不黒並無靑綠色及剝蝕處此乃西漢時物入土千餘年其質並未變信知古銅器有靑綠剝蝕者非三代時物無此也

昔塚古器

或傳乘縣僧舍治地得磚上有永和字及得銅器如今香爐而有蓋蓋上仰三足如小竹筒空而透上筒端各有一飛鵠爐下亦三足別有銅盆承之

怪石辨

怪石小而起峯多有岩岫聳秀嶔嵌之狀可登几案觀玩亦奇物也其餘有靈壁英石道石融石川石桂川石邢石太湖石與其它雜石亦出多等今列于其後

靈壁石

靈壁石出絳州靈壁縣其石不在山谷深山之中掘之乃見色如漆間有細白紋如玉然不起峯亦無巖岫佳者如菌蓞或如卧牛如蟠螭扣之聲清越如金玉以利刀刮之畧不動此石能收香齋閣中有之則香雲終日盤旋不散不取其有峯也僞者多以太湖石染色爲之蓋太湖石亦微有聲亦有白脉然以利刀刮之則成屑

英石

州出此石如銅鐵聲亦如銅倒懸生岩下以鑿取之故底有鋸痕大者或長七八尺起峯至二三寸亦几案奇玩然色潤者可愛枯燥者不足貴也

道石

道州石亦起峯可愛但石麄又枯燥之甚且體脆不任衝撞

融石

融州老君洞所出亦起峯麄燥體脆又甚於道州石

川石

奇聳高大可愛然多人力雕刻後置急水中春撞之其色枯燥

桂川石

靖江府所出雖出自然然石麄而色不佳或有玲瓏者雅宜置之花檻中它無用也

邵石

寶慶府所出色黑多以作博棊子刻作筆架並無自然峯巒

太湖石

出于江太湖土人取大材或高一二丈者先雕刻置急水中舂撞之久如天成或用烟薰或染之色亦能黒黴有聲宜作假山用

怪石有水自出

紹興一士大夫家有異石起峯峯之址有一穴中有水應潮自生以之供研滴嘉定間趙師以重價得之

東坡小有洞天

東坡小有洞天石石下作一座子座中藏香爐引數竅正對岩岫間每焚香則烟雲滿岫今在豫章郡山

谷家其家珍重常與谷身同置一匣

研屏辨

山谷烏石硯屏

古有研屏或銘硯多鐫於硯之底與側自東坡山谷始作研屏既勒銘於硯又刻於屏以表而出之山谷有烏石研石屏今在婺州義烏一士夫家南康軍烏石盆烏石堅耐屯石不可用也

宣和玉屏

洪景盧夷堅志云一士夫赴官就道其子婦方懷妊轎夫頗什而半産乃翁呼轎夫欲治之夫曰適暁不辨道路為一石所碍翁不信親往視之溫潤微吐良玉璞也携諸玉工解作三片青質白章成山林雲月飛鳥象歷歷分明自取其二以一謝工工治作屏因貴璫以獻御府借其無對召工問之工具以士夫姓名對被旨以重賞宣轅成三屏置之玉虚殿

永州石屏

永州祁陽石雖成紋景叢雜不清遠又多刻畫而成以手摸之有凸凹可驗間有自然者不甚佳

蜀中松林石

蜀中有石解開自然有小松形或三五十株行列成逕描畫所不及又松止高二寸正堪作研屏之式止須連腔脚高尺一二寸許闊尺五六寸許方與蓋小研相稱若高大非所宜其小研相稱若高大腔宜用黑漆并烏木不宜用鈿花犀牛之屬

畫屏

取名畫極低小者嵌屏腔亦佳但難得耳古人多留意作玩面大如小盤者亦宜嵌背苟非名筆則不可

或用古人墨跡亦妙

筆格辨

玉筆格

惟黒白琅玕三種玉可用須鐫刻象山峯聳秀而不俗方可或碾作蛟螭尤佳嘗見一士家用玉作二小兒交臂作戲而白頭黒而紅腳白腹以之格筆奇絶或以小株珊瑚爲之以其有枝可以爲格也

銅筆格

銅筆格須奇古者爲上然古人少曾用筆格今所見

銅鑄盤螭形圓而中空者乃古人鎮紙非筆格也

石筆格

靈璧英石自然成山形者可用於石下作小漆朱座高半寸許奇雅可愛

水滴辨

晉人水盂

余嘗見長沙故官家有小銅器形如桶可容一合號右軍硯水盂其底內有永和字此必晉人貯水以滌硯池者也古人無水滴晨起則磨墨汁盈硯池以供一日用墨盡復磨故有水盂

銅水滴

銅性猛烈貯水久則有毒多脆筆毫又滴上有孔受塵水所以不清故銅器不用金銀錫者尤很俗今所見銅犀牛天祿蟾蜍之屬口銜小盂者皆古人以之貯油點燈今誤以爲水滴耳正堪作几案玩具

古翰墨真跡辨

南北紙

北紙用横簾造紙紋必横又其質鬆而厚謂之側理

紙桓温問王右軍求側理紙是也南紙用竪簾紋必竪若二王真跡多是會稽竪紋竹紙蓋東晉南度後難得北紙又右軍父子多在會稽故也其紙止高一尺許而長尺有半蓋晉人所用大率如此驗之蘭亭押縫可見

硬黄紙

硬黄紙唐人用以書經染以黄蘗取其辟蠹以其紙如漿澤瑩而滑故善書者多取以作字今世所有二王真跡或有硬黄紙皆唐人倣書非真跡也

建安帖眞跡

王氏所藏右軍建安帖真跡今在長沙士夫家其帖末云四月五日羲之報建安靈柩至洲世將皆以此帖勒于豫章其建安靈柩字提起別作一行蓋古人簡帖寓至宅人事或稱尊長者舊處皆如今人提空此常事也予屢見硬黃倣書亦然今長沙所見建安二字乃與羲之報字相連而不提空豈有硬黃提空而真迹反不提空此乃搨淳化閣帖贋作無疑蓋太宗朝刻淳化閣帖乃侍書待詔王著摹勒者小人不

學故於古人提空處皆聯屬之此猶可也至於蟲鼠侵蝕與字之漫滅者皆不空缺而強率聯之故多讀不成讀書者多以故紙浸汁染舊跡墨又以雜朱作為印章令昏闇殊不知塵水浸紙表裏俱透若自然舊者其表故色其裏必新微揭視之則見之矣古人印章必用上等朱砂如古畫着色愈久愈新仍未嘗昏闇也

魯公眞跡

顏魯公之後寓居永嘉好事者守郡聞其家有魯公真跡一篋以獄事羅織之而擇其尤者摹郡齋篋書遂歸泉南晚年卜居武夷之下以聲妓自隨一夕暴雨洪水發漂所居無蹤跡其人暴尸溪側篋不知所在

宋朝名賢書

朝中名賢書惟蔡莆陽蘇許公易簡蘇東坡黃山谷蘇子美秦淮海李龍眠米南宮吳練塘傳朋王逸老皆比肩古人莆陽典重有法度許公無愧楊法華東坡草聖得意咄咄逼顏魯公山谷乃懸腕書深得蘭

亭風韻然行不及真草不及行子美乃許公之孫自有家法草聖可亞張長史淮海專學鍾王小楷姿媚遒勁可愛龍眠於規矩中特飄逸絕有晉人風度南宮本學顏後自成一家於側掠拿趯勁循古法度無一筆妄作練塘淡人太史之室時作鍾體逸老殆欲欺凌懷素或謂過矣

古今石刻辨

北碑紙

北紙用橫簾其質鬆而厚不甚滲墨以手拂之如薄

雲之過青天猶隱隱見白紙處凡北碑皆然且不用
油蠟可辨

御府珍儲

徽宗御府所儲書其前必有御筆金書小楷標題後有宣和玉瓢御寶淳祐壬寅於臨安客舍見永嘉一士人藏一法帖乃唐人硬黄紙右軍書前有金字御筆云王右軍青長者帖後有宣和玉瓢樣御寶今售墨跡者或云古人真跡皆筆勢相聯屬後世贋作者必逐字爲之殊不知此論行草者也若楷書則此說

難用古人真字跡書雖不連而意實相聯屬觀其意可也若泥其說誤矣

古人用墨

古人晨起必濃磨墨汁滿硯池中以供一日之用用不盡則弃去來早再作故池必大而深其真草篆隸皆用濃墨至行草過筆處雖如絲髮其墨亦濃近世獨吳傳朋濮得古人筆法其它不然也

響搨僞墨迹

以紙加碑上貼於窻戶間以游絲筆就明處圈却字畫填以濃墨謂之響搨然圈隱隱猶存其字亦無精采易見

真迹難存

世言紙之精者可及千年今去二王纔八百餘年而片紙無存不獨晉人如唐世善書之跡亦三百餘年亦希如星鳳何也嘗攷其故蓋物之奇異者常聚於富貴有力之家一經火盜水火則舉群失之非若它物散落諸處猶有存者桓玄之敗取法書名畫一夕盡焚所喪幾何哉良可悲也

古今紙花印色辨

淳化閣帖

太宗朝搜訪古人墨跡令王著銓次用棗木板摹刻十張于秘閣故時有銀錠紋前有界行目録者是也當時用李廷珪墨拓打手揩之不汙手惟親王宰執使相拜除乃賜一本人間罕得當時每本價已百貫文至慶曆間禁中火灾其板不存今所見閣帖多乏精神焉有絳帖以閣本重摹而秘閣反不如絳帖猶神乎則此可以觀也

絳帖

絳州法帖二十卷乃潘舜臣用淳化帖重模而參入別帖然比今所見閣帖精神迥之舜臣事力單微而自能鐫石雖井闌堦砌背偏刻無餘所以段數最多或長尺餘者舜臣死二子析而爲二長者負官錢沒入于弓于絳州絳守重模下十卷足之幼者復重摹上十卷亦足成一部於是絳州有公私二本靖康兵火石並不存金虜百年之間重模至再慶元間予官長沙嘗見舊宰執家有南渡初親自北方携得舜臣

元所刻未分析時二十卷其家珍藏非得千緡官陌不肯與人乃北紙北墨精神焕發視金虜所摹者天淵矣

潭帖

淳化閣帖既頒行潭州即模刻二本謂之潭帖予嘗見其初本當與舊絳帖鴈行至慶曆八年石已殘缺永州僧希白重摹東坡猶嘉其有晉人風度建炎虜騎至長沙守城者以爲砲石無一存者紹興初第次重摹失真遠矣

臨江帖

劉次莊模閣帖于臨江用工頗精緻且石堅至今不曾重模獨二卷略殘缺然拓本既多頗失鋒芒今若得初本鋒芒未失者當在舊絳帖之次新潭帖之上然其釋文間有訛處

蔡州帖

上蔡臨模絳帖上十卷雖比舊絳帖少下十卷而迫出臨江之上予嘗見于長沙兩府劉轙家

武岡帖

武岡軍重摹絳帖二千弓殊失真石且不堅易失精神後有武臣守郡嫌其字不精采令匠者即舊書存刻謂之洗碑遂愈不可觀其釋文猶舛謬然武岡紙類北紙今東南所見絳帖多武岡初本耳驗其殘缺處自可見

武陵帖

武陵帖亦二十卷雜取諸帖重摹而參以人間未見者其間惟右軍小字黄庭最妙他帖無所用也

彭州帖

彭州帖亦刻歷代法帖十卷不甚精采紙色類北紙人多以為北帖

元祐秘閣續帖

元祐中奉旨以淳化閣帖之外續所得真蹟刻續法帖元本在禁中後過太清樓今會稽重摹本無不減古絳帖也

又名太清樓帖

淳化秘閣帖板雖禁中火災不存而真跡皆藏御府至徽宗朝奉旨以御府所藏真跡重刊於太清樓而

參入他奇跡甚多其中間有蘭亭者是也名曰太清樓帖

淳熙秘閣續法帖

高宗聖學天成奎文煥發肆筆成書垂法萬世壽皇重規疊矩宸畫尤妙南朝訪道書多得晉唐舊迹至熙淳間奉旨以御府珍儲摹勒入石名淳熙秘閣續帖置秘書省寶慶火災其石不存

汝州帖

汝州帖乃王宷輔道摘諸帖中字合為之每卷後有汝州印為黃伯思所掊擊不值壹文今會稽又以汝帖重開謂之蘭亭帖真實修廡下宋宣獻公刻賜書堂帖于山陽金鄉首載古鍾鼎器識文絕妙但二王帖詮擇未精今若不存劉龍學世將刻豫章法書種種精妙今已重模後有小字隸書范忠宣公子弟戒者是初本許提學開刻二王帖於臨江模勒極精誠少詮擇廬江李氏刻甲秀堂帖前有王顏書多世所未見但繼以本朝名公書頗多大抵今人書自當作一等耳曹尚書彥約刻星鳳樓帖于南康軍雖以

衆刻重模精善不苟並無今人書韓郡王侂胄刻群玉堂帖所載前代遺跡多有未見者後亦多本朝人書韓敗後入秘書省

蘭亭帖

蘭亭帖世以定武本為冠自薛珦作帥別刻石易去於元石鐫損清流帶映四字以惑人然元本亦有法可辨鐫損四字一也管絃之盛上不損處若八行小亀形二也是日也觀宇宙兩行之間界行最肥而直界伸脚十字下出橫簡外三也管絃之盛盛字少刀

鋸利如鈎四也痛字改筆處勁不模糊五也與感之由由字類中列叙之列其堅如鐵釘此其大畧也然定武又自有肥瘦二本而鐫損者乃瘦本爲真定武無疑何以知之今復州本以真定武本重模亦鐫損四字其字極瘦王順伯尤延之爭辨如聚訟然瘦本風韻竟勝豈能逃識者之鑒其瘦本之石宣和間就薛珦家宣取收入禁中龕於睿思殿東壁建炎南渡宗澤遣人護送此石至維揚　犯維揚不知所在或云金人以氈裘裹之車載而去

樂毅論

世傳二王帖皆以真跡摹勒獨樂毅論就石書冊其石在高學士紳家已殘缺至海字後轉屬趙立之處今重摹者猶有趙立之印子嘉熙庚子自嶺右回至宜春見元本於一士人家用北紙北墨無一字殘缺而清勁遒媚正類蘭亭字形比今世所見重摹本幾小一倍此蓋齊梁間拓本真人間希世之寶

鍾元常帖

鍾元常力命帖惟此本與潭州本佳它無足取

顔碑

顔碑在南北者尚多麻姑壇記與石柱誌舊本千祿寺妙喜寺記西林題名皆絶品也

歐陽小字千文

歐陽小字千文在邢州溫彦博墓志在東京九成宮碑仲夏蘭若二帖化度寺碑冊州刺史碑並在北方會稽高續古家有重摹化度寺碑咄咄逼真

鴈塔題名

此帖有北本彭州本然北本爲上彭本頗失真

徐騎省小篆

徐鉉淡得古小篆法有篆千文刻石南昌精妙無愧古人今已重摹

綏蠻校尉

予遊瀟湘歷衡潭永全道五郡並無古刻惟道州有漢綏蠻校尉能君之碑若浯溪中興頌乃唐中世所立爾亦打石之工人每因舊跡加洗刻以爲衣食業故愈失真

南嶽碑

余嘗見南岳一僧云岳山多秦漢以來碑在林莽蔽翳間寺僧懼爲官司所擾匿不敢言亦不敢遷至屋下故愈爲霜露剝蝕良可歎也

僞作王大令書

山陰僧僞作王大令書保母墓志韓侂冑以千緡市其石予每疑其贋作殊無一點大令氣象及見東坡所作子由保母墓志語則僧實僞也

古畫辨

古人遠矣曹不興吳道子近世人耳猶不復見一筆

況顧陸之徒其可得見之哉是故論畫當以目見者爲準若遠指古人曰此顧也此陸也不獨欺人實自欺爾故言山水則當以李成范寬花果則趙昌王友花竹翎毛則徐熙黃筌崔白崔順之馬則韓伯時佛則厲范二道士仙佛則孫太古神怪則石恪猫犬則何尊師周炤得此數家已爲奇妙士大夫家或有收其妙跡者價已千金矣何必遠求太古之上耳目之所不及者哉

李營丘

營丘作山水危峯奮起蔚然天成喬木倚磴下自成陰軒甍閒雅悠然遠眺道路深窮儼然溪居用墨頗濃而皴散分曉凝坐觀之雲烟忽生澄江萬里神變萬狀予嘗見一雙幅每對之不知身在千巖萬壑中

范寬

范寬山川渾厚有河朔氣象瑞雪滿山動有千里之遠寒林秀孤挺然自立物態嚴凝儼然三冬在目

趙昌王友

趙昌折枝有工花則含烟帶雨笑臉迎風果則賦形

奪真莫辨真僞設色如新年遠不退王友乃昌之上足賦形入昌之室寫生則未逮繼友之後者惟長沙吳澤也

徐熙黃筌

徐熙乃南唐處士腹飽經史所作寒蘆荒烟水鳥野鳧自得天趣黃筌則孟蜀王畫師閒閣富貴所作多綺園花錦眞似粉堆者而不作圈線孔雀鷂鵝艷麗之禽動止生意

崔白

崔白作花鳥必先作圈線勁利如鐵絲填以衆彩逼眞如生所畫荷蘆颯然風生順之乃白之孫綽有祖風所作翎毛獨步天下上有御寶乃順之所作玉虛敗立屏而流落人間徽廟時以價得之

韓幹

幹與李杜同時所作馬世間見一二長幅上作街道闌干不作馬攏並無他物象其馬神駿不可名狀

李伯時

伯時惟作水墨不曾設色其畫殆無滯筆凡有筆跡重濁者僞作其於人物而相尤妙

厲歸眞

厲歸眞范子泯皆與人爲多作寒林而牛則遠觀如活近視有未工處范多作楊柳筆嫩而牛亦不及厲然二家近時所無

孫太古

太古蜀人多用游絲筆作人物而失之軟弱出伯時下然衣褶宛轉曲盡過於李

石恪

恪亦蜀人其畫鬼神奇怪筆畫勁利前無古人後無作者亦能水墨作蝙蝠水蛸之屬筆畫輕盈而曲盡其妙

何尊師周炤

尊師不知何許人炤則熙寧畫院祇應所作猫犬何則有士夫氣周則工人態度生動自然二家皆有

直幅橫帔

古畫多直幅至有畫身長八尺者雙幅亦然橫披始於米氏父子非古制也

畫絹

河北絹經緯一等故無背面江南絹則經麁而緯細有背面唐人畫或用擣熟絹爲之然止是生擣令絲褊不礙筆非如今煮練加漿也古絹自然破者必有鯽魚口與雪絲僞作者則否或用絹包硬物椎成破處然絹本堅易辨也

古畫色

古畫色黑或淡墨則積塵所成有一種古香可愛若僞作者多作黃色而鮮明不塵暗此可辨也

古畫軸

古人多作簪頂軸小而重今人所用如簏段大而輕

古人用棗木降真或烏木象牙它木不用

米氏畫

米南宮多游江浙間每卜居必擇山水明秀處其初本不能作畫後以目所見日漸摹倣之遂得天趣其作墨戲不專用筆或以紙筋或以蔗滓或以蓮房皆可爲畫紙不用膠礬不肯於絹上作今所見米畫或用絹者後人僞作米父子不如此

楊補之

臨江楊無咎補之學歐陽率更楷書殆所過真以其筆畫勁利故以之作紙梅下筆便勝花光仲仁補之嘗游臨江城中一娼館作折枝梅於樂工矮壁至今往來士夫多往觀之娼藉此以壯門戶端平間爲偷兒竊去其壁車馬頓希今江西人得補之一幅梅價不下百千金又詩筆清新無一點俗氣惜其生不遇蘇黃諸公今人止以能作墨梅目之竟無品題之者

名畫多無對軸

郭忠恕石恪厲歸真范子泯輩皆異人人家多設絹素筆研以伺其來而求畫然將成必醉間有得之者不過一幅半幅耳李營丘范寬皆士大夫遇其適興則留數筆豈能有對軸哉今人或以孤軸爲嫌不足與之言畫矣

掛畫

擇畫之名筆一室止可三四軸觀玩三五日別易名筆則諸軸皆見風日決不蒸濕又輪次掛之則不惹塵埃時易一二家則看之不厭然須得謹愿子弟或使令一人細意捲舒出納之日用馬尾或絲拂輕拂

畫面切不可用椶拂室中切不可焚沉香降真腦子有油多烟之香止宜蓬萊箋耳窗牖必油紙糊戶口常垂簾一畫前必設一小案以護之案上勿設障面之物止宜香爐琴硯極暑則室中必蒸熱不宜掛壁大寒於室中漸著小火然如二月天氣候掛之不妨然遇寒必入匣恐凍損

裝褙

畫不脫落不宜數裝褙一裝褙則一損精神此決然

者至墨迹亦然

古畫絹

古畫絹脆以手指點之皆能破損一壞則不可復救又有酒餘汙染食油膩此皆大戒切須片紙先寫此粘窻以呈客方可引客人觀然又多以此獲罪於貴客所以人家有法書名畫止可時以自娛苟以奇品自衒誠買禍之媒切宜謹之墨迹法帖亦然若古鍾𨽻尤脆爛者手觸之則糜潰米元章之言如此

辨名畫

人物顧盼語言花果迎風帶露飛禽走獸精神脫真山水林泉清閑幽曠屋廬深遠橋彴往來由脚入水澄明水源來歷分曉有此數端雖不知名定知妙手

辨謬畫

人物如尸似塑花菓類瓶中所插飛禽走獸但取皮毛山水林泉淸閑幽曠模糊遮掩屋廬高大不稱橋彴強作斷形山脚水面水源無來歷凡此數病皆謬筆也

名畫印識

郭熙畫於角有小熙字印趙大年永年則有大年年筆記永年某年筆記蕭照以姓名作石鼓文崔順之書姓名於葉下易元吉書于石間王晉卿家藏則有寶繪堂方寸印米元章有米氏翰墨米氏審定真跡等印或用團印中作米芾字如蛟形江南李主所藏則有建業文房之印内合同印陳簡齋則有無住道人印蘇武功家則有許國後裔蘇耆國老等印東坡則用二寸長形印文曰趙郡蘇軾圖籍吳傅朋則曰延州吳說又曰吳說私印

異畫

石恪作飛鼠張之則鼠不入室何尊師作猫則鼠皆遠避闕仝於雷川長興或山寺羅漢壁作猨鶴皆走而復歸吳道子作山水小幀於鈸溪空家舒之則雲霧生信州懷玉山有名畫畫龍在中每遇請祈雨常有一二身飛還寺中

宋復古

宋復古作瀟湘八景初未嘗先命名後人自以爲洞庭秋月等目之今畫人先命名非士夫也

盧楞伽

唐盧楞伽筆世人罕見余於道州見所作羅漢十六衣紋真如鐵線惟崔白作圈線頗得緒餘至伯時方不及也

畫無筆迹

畫無筆迹非謂其墨淡模糊而無分曉也正如善書者藏筆鋒如錐畫沙印泥耳書之藏鋒在乎執筆沉著痛快人能知善書執筆之法則能知名畫無筆跡之說故古人如王大令今人如米元章善書必能畫

善畫必能書實一事爾

畫家點睛

人物鬼神生動之物全在點睛睛活則有生意宣和畫院工或以生漆點睛然非要訣要須先圈定目睛填以藤黄夾墨於藤黄中以佳墨濃加一點作瞳子然須要參差不齊方成瞳子又不可墈然此妙法也

摹臨

臨者謂以元本置案上於傍設絹素象其筆而作之摹上決不能摹此則以絹加畫上摹之墨稍濃則透元本頗失精神若以名畫借摹臨是自棄也就人借而不從尤非明鑒者也米元章就人借名畫輒模本以還而取其元本人莫能辨此人定非鑒賞之精也

金碧山水

唐小李將軍始作金碧山水其後王晋卿趙大年近日趙千里皆爲之大抵山水初無金碧水墨之分要在心匠布置如何耳若多用金碧如今生色障畫之狀而略無風韻何取乎墨其爲病則均耳

畫忌如印

畫忌如印吴道子作衣紋或揮霍如蓴菜條正避此病耳由是知李伯時孫太古專作遊絲猶未盡善李伯有逸筆太古則去吴天淵遠矣

說郛目錄

弓第九十六

硯史

襄陽米芾

人好萬殊而以甚同爲公甚不同爲惑騐之前移非眞得之更而得之則必信其守夫輿奕出賢乎已則吾是文必不見嗤于賞鑒之士

用品

器以用爲功玉不爲鼎陶不爲柱文錦之美方暑則不先於表出之絺綌葉雖工而無補於宋人之用夫如是則石理發墨爲上色次之形製工拙又其次文藻緣飾雖天然失硯之用

玉硯

玉出光爲硯着墨不滲甚發墨有光其云磨墨處不出光者非也余自製成蒼玉硯

唐州方城縣葛仙公巖石

石理向日視之如玉瑩如鑑光而着墨如澄泥不滑稍磨之墨已下而不熱生泡生泡者膠也古墨無泡膠力盡也若石滑磨久墨下遲則兩剛生熱故膠生泡也此石既不熱良久墨發生光如漆如油有艷不

滲也歲久不乏常如新成有君子一德之操色紫可
愛聲平而有韻亦有澹青白色如月如星而無暈此
石近出始見十餘枚矣

溫州華嚴尼寺巖石

石理向日視之如方城石磨墨不熱無泡發墨生光
如漆如油有艶不滲色赤而多有白沙點爲硯則避
磨墨處比方城差慢難崭而易磨亦有白點點處有
玉性扣之聲平無韻校理石揚休所購王羲之硯者
乃此石今人所收古硯間有此石形合晉書約見四

五枚矣

端州巖石

巖有四下巖上巖半邊巖後礫巖余嘗至端故得其
說詳下巖第一穿洞深入不論四時皆爲水浸治平
中貢硯取水月餘方及石石細扣之清越鸜鵒眼圓
碧暈多明瑩石嫩甚者如泥無聲不着墨清越者溫
潤著墨快不熱無泡然良久微滲若油發艶亦有不
乏者然方城溫巖十磨此石三十磨方相及下巖既
深工人所費多硯直不故力無能取近年補無[illegible]

間有　仁廟已前賜史院官硯多是其後來歲貢進
上巖石上巖在山上石性乾紫色深理麤性硬眼黃
差不圓而青色淡其巖深處間有潤者而眼終不如
下巖也有着墨者拒墨者其着墨者初用半月前甚
快益細砂石所發出理也半月後則退生光拒墨又
須以柔石發之巳而復然拒墨者雖新成便拒墨此
等石扣之聲皆堅響而老半邊巖者在山半石理同
上巖色多青紫近黑多瑕而眼長如卵有瞎眼者中
是白點死眼者黑點而暈細翳眼者或青或黑橫亂

很又多青不成眼圓點橫長青間道如松木紋其
極麤者費筆而稍細者多乏後礫石上人刻爲盆印
合壓紙兒戲之物多夾砂無眼少瑕間有極細軟者
發墨不乏扣之無聲土人不貴而用實有在半邊上
巖之上者不可常得又偏詢石工云子石未嘗有其
在巖中實於大石版上鑿豈有中包一子者余嘗謂
若溪流中多有卵石容差徧可薪面磨墨所謂石子
世因訛爲子石至有斲樣相似而爲之者於理必不
於大石中心復生卵子也世之好奇者又以歙州羅

紋石作了石硯文本直兩頭取銳刓紋脱短至左右頰自然成漩紋便謂之是眞子石可笑緣石帶黄色刃爲硯多以爲器材甚美而得墨快少光彩已上硯千生約見五七百枚十千已上無估

歙硯婺源石

歙州有硯圖石峒最多種而赤紫石多瑕士人以線脉隔爲三種病令人以細羅紋無星爲上少時見一硯於士人趙光啟家其樣上狹四寸許下濶六寸許如二十幅紙厚色緑如公裳而點如紫金斑斑勻布

無羅紋點中無瑕自後不復覩與此等者又士人周昌諤處見一小圓硯青羅紋紫金如一星鸜眼錢此二硯最奇大抵發墨不乏獨以色如常之石而以奇怪爲品高亦有赤紫色石無文理少瑕光澤如棗木士人以爲香爐之類亦斵爲硯與墨鬬而不相入經日便渇不可研矣又嘗一士人家見一金絲羅紋硯其紋半金半黑光彩與常異此外麤羅紋刷絲羅紋爲次第約見千餘枚矣但以色與瓦磚等品故不能高今但曾官歙者必收百餘枚士人以爲生終日[illegible]

硯少有病不直數十金幸完仍好直五七千已上無估

通遠軍漉石硯

石理澁可礪刃緑色如朝衣深者亦可愛又則水波紋間有黑小點士人謂之湔墨點有紫甚奇妙而硬者與墨鬬而慢甚者滲墨無光其中者甚佳在洮河緑石上自　朝廷開熙河始爲中國有亦有赤紫石色斑爲硯發墨過於緑者而不勻淨又有黒者戎人以礪刃而鐵色光肥亦可作硯而堅不發墨

西都會聖宫硯

會聖宫石在溪澗中色紫理如虢石差硬發墨不乏扣之無聲

青州青石

色類歙理皆不及發墨不乏有瓦礫之象

成州栗亭石

色青有銅點大如指理慢發墨不乏亦有瓦礫之象

潭州谷山硯

色淡青有紋如亂絲理慢扣之無聲得墨快發墨有

光

成州栗玉硯

理堅色如栗不甚著墨爲器甚佳

歸州綠石硯

理有風濤之象紋頭緊慢不等治難平得墨快滲墨無光彩色綠可愛如貞色澹如水蒼玉

夔州黟石硯

色黑理乾間有墨點如墨玉光發墨不乏

廬山青石硯

大略與潭州谷山同

蘇州褐黃石硯

理麤發墨不滲類夔石土人刻成硯以草一束燒過爲慢灰火煨之色遂變紫用之與不煨者一同亦不燥乃知天性非水火所移

建溪黯澹石

理如牛角扣之聲堅清磨久不得墨縱得色變如灰作器甚佳

陶硯

相州土人自製陶硯在銅雀上以熱絹二重淘泥澄之取極細者燔爲硯有色綠如春波者或以黑白填爲水紋其理細滑着墨不費筆但微滲

呂硯

澤州有呂道人陶硯以別色泥於其首純作呂字內外透後人効之有縫不透也其理堅重與凡石等以歷青火油之堅響滲入三分許磨墨不乏其理與方城石等

淄州硯

淄石理滑易乏在建石之次

高麗硯

理密堅有聲發墨色青間白有金星隨橫文密成列用久乏

青州蘊玉石紅絲石青石

理密聲堅清色青黑白點如彈不着墨墨無光好事者但置爲一器可紅絲石作器架佳大柢色白而紋紅者慢發墨亦漬墨不可洗必磨治之紋理斑石赤者不漬墨發墨有光而紋大不入看慢者經暘汁色

得水則裂乾則不可磨墨浸經日方可用一用又可
滌非品之善青石有麤文如羅近歙亦着墨不發

虢州石

理細如泥色紫可愛發墨不滲久之石漸損回硬墨
磨之則有泥香

信州水晶硯

於他硯磨墨汁傾入用

蔡州白硯

理滑可爲器爲朱硯花蘂石亦作小朱硯

性品

大抵四方硯發墨久不乏者石必差軟扣之聲低而
有韻歲久漸凹不發墨者石堅扣之堅響稍用則如
鏡走墨余所品謂目擊自收經用者聞雖多不錄以
傳疑古硯無不生豈不嘗落非好事者手用之則尋
棄擲之矣惟久在人間賢庸並善是以不乏傳也

樣品

晉硯見於晉顧愷之畫者有於天生疊石上刊人面
者有十蹄圓銅硯中如鍬者余嘗以紫石作之有上
圓下方於圓純上刊兩竅置筆者有如鳳字兩足者
與此甚多所謂鳳凰池也蓋以工並晉製見于晉人
圖畫世俗呼爲鳳字蓋不原兩足之製謂之鳳足至
今端州石工以兩眼相對於足傍者謂之鳳足鳳之
義取五色英文燦然成章也今人有收得右軍硯其
製與晉圖畫同頭狹四寸許下濶六寸許頂兩純皆
綽慢下不勒成痕外如內之製足狹長色紫類溫巖
中凹成臼又有收得智永硯頭微圓又類箕象中亦
成臼矣又有人收古銅硯一龜銜一硯如蓮葉兩足

龜腹圓墨水不可出以筆頭就之則出又參政蘇文
簡家收唐畫唐太宗長孫后納諫圖宮人於瑪瑙盤
中托一圓頭鳳池硯似晉製頭純直微凸如書鳳字
左右純料刊下不勒痕摺向頂亦然不滯墨其外隨
內勢簡易其後至隋唐工稍巧頭圓身微瘦下濶而
足或圓爲柱已不逮古至　本朝變成穹高腰瘦刃
濶如鉞斧之狀　仁廟已前硯多作此製後差少資
政殿學士蒲傳正收　真宗所用硯與一仁廟賜駙
馬都尉李公炤鳳池硯形製一同至今尚方多此製

國初已來公卿家往往有之　仁宗已前賜史院官硯皆端溪石純薄上狹下潤峻直不出足中坦夷猶有鳳池之像或有四邊刊花中爲魚爲龜者凡此形製多端下巖奇品也嘉祐末硯樣已如大指麤心甚凸意求渾厚而氣象益不古純斗故勒深滯墨難滌心凸故點筆不圓常如三角簇蓋古硯皆心凹後稍正平未有凸者始自侍讀學士唐彥猷作紅絲辟雍硯心高凸至作馬蹄樣亦心凸至磨墨溜向身出觀墨色則凸高增浮泛之勢援毫則非便也其晉銅硯

雖如皺然頂殊平以便援毫今杭州龍華寺收梁傅大夫甕硯一枚甚大磁褐色心如皺環水如辟雍之製下作浪花擺環近足處而磨墨處無磁油然殊著墨古墨稱螺亦恐不若近世堅不然殆不可磨也又丹陽人多於古塚得銅硯三足蹄有蓋不鏤花中隔一片陶令人往往作硯於其中翻以爲匣也唐墓中間有得如蓮葉中凹兩足如鳳池之製甚薄足或如魚也今歙人最多作形製土人尤重而端樣以平直斗樣爲貴得美石無瑕必先作此樣滯墨甚可惜也

大抵石美無瑕方可施工璞而厚者土人多識其藏疵不復巧製人或因其渾厚而美之余嘗惡歙樣俗者凡刊改十餘硯纔半指許便有病見輒令人減愛其端人不斷成祇特璞賣者亦多如是陳文惠丞相家收一蜀王衍時皇太子陶硯連蓋蓋上有鳳坐一臺餘雕雜花草塗之以金泥紅漆有字曰鳳凰臺此製方直上狹笋在硯上中甚平也唐之製見文房四譜今之製見歙州硯圖故不重出此人力所爲也吾收一青翠疊石堅響三層傍一嵌磨墨上出一峯高

尺餘頂復平嵌巖如亂雲四垂以覆硯以水澤頂則隨葉垂珠滴硯心上有銘識事見唐莊南傑賦乃歷代所寶也又收一正紫石四疊下有坐有足巧於瘦盂足上起一枝細狹枝上盤兩疊長七寸餘濶四寸餘如靈芝之首銳下濶天然鳳池之象中微凹點水磨墨可書十幅紙石理在方城之右此非人力所成信天下之瓌寶也

東谷李之彦

李後主硯

李後主留意筆扎所用澄心堂紙李廷珪墨龍尾石硯三者爲天下之冠

右軍風字硯

會稽有老叟云右軍之後持一風字硯大尺餘色止赤用之不減端石云右軍所用者石揚休以錢二萬得之

紅絲石

青州紅絲石外有皮表磨礱即其理紅黃相參理黃者其絲紅理紅者其絲黃須飲以水使足乃可用不然渴燥唐彥猷甚奇此硯以爲發墨不減端石蔡君謨又言端石瑩潤惟有鋒者尤發墨歙石多鋒惟膩者佳蓋物之奇者必異其類也

鳳咮石

蘇子瞻云僕好鳳咮石少得真者唐彥猷以青州絲石爲甲或云唯堪作硯盆

端硯

蘇公易簡云柳公權論硯青州石爲第一絳州者次之殊不言端石世傳端溪中有草蒙茸可愛匠琢石成硯用草裹之故自嶺表迄中夏而無損或云水中石其色青山半石其色紫山絕頂者尤潤如豬肝色者佳其貯水處有白赤黃色點者謂之鸜鵒眼脉理黃者謂之金線紋其山號斧柯昔人採石爲硯必中牢祭之不爾雷雷失石所在

鸜鵒眼

端石有眼者最貴謂之鸜鵒眼石紋精美如木有節今不知者乃以爲石病吁可痛哉石有上下巖西坑後歷悉其下也惟上巖有眼眼之美者青黃綠三色相重多者自外至心凡九重其大者尤爲希有或布列硯中如北斗心房之形土人以眼多少爲價重輕其生於墨池之外者謂之高眼生於内者曰低眼高眼尤可尚以不爲墨漬常可賞也或云取石祭以中牢故老云無之又云石有金線爲美正其病也唐彥猷云

子石

端石以子石爲上在大石中生蓋精石也流俗訛爲紫石又以貯水不耗爲佳有眼爲貴眼石病也官司歲以爲貢在他硯上然十無一二發墨者但充翫好而已 歐陽永叔

端溪

端溪有斧柯茶園將軍地同是一溪唯斧柯出者大不過三四指一兩呵津汗滴瀝眞難得之物茶園次之將軍又次之 鄭樵

活眼死眼

蘇易簡作文房四譜譜言四寶硯爲首筆墨兼紙背可隨時收索可與終身俱者唯硯而已譜中載四十餘品以青州紅絲石爲一斧柯山第二龍尾石第三餘皆在中下雖銅雀臺古瓦硯列於下品特存古物耳端所出有四巖石爲甲石屋次之西坑又次之後歷爲劣巖與西坑相去二十里石屋後歷七里而所產迥然不同猶建安產茶北源壑源去沙溪十數里而優劣差殊而巖石又分上下又有活眼死眼之別圓暈相重黃黑相間翳精在內晶瑩可愛謂之活眼四旁浸漬不甚鮮明謂之淚眼形體略具內外皆白殊無光彩謂之死眼活眼勝淚眼淚眼勝死眼死眼勝無眼

龍尾石

歙石出於龍尾溪以金星爲貴予少時得金坑礦石堅而發墨端溪以斗巖爲上龍尾以深爲上龍尾遠於端溪上而端石以後出見貴爾 歐陽永叔

李賀詩

永叔以端溪後出不然李賀有端州青花石硯詩云

暗洒萇弘冷血痕則謂鸜鵒眼知端石爲硯久矣

諸州硯

淄州金雀石色紺青聲如金玉又有青金石叩之無聲發墨青州紫金石狀類端州西坑石發墨過之吉州　縣紫石亦類西坑登州駞基島石上有羅紋金星絳州角石色如白牛角歸州大沱石江水中石也止用於川峽入簡州出藥石潤膩發墨但無石脉萬州有懸金崖石又有磁洞石洮河出綠石性腰不起墨不耐久磨牢山丹石滑澤堅膩古瓦硯出相州

魏銅雀臺址人因掘土往往得之虢州澄泥唐人以硯以爲第一今人罕用澤州道人呂翁作澄泥硯堅重如石手觸輒生暈上著呂字青濰州石末硯皆尾硯也柳公權以爲第一當時未見歙石以爲上品耳

硯賦

傅玄硯賦云木貴其能軟石美其潤堅劉道友以浮查爲硯知古亦有木硯

銅硯蜂硯

劉聰謂晉懷帝曰項贈朕柘木銅硯袁象贈庾翼蜂

硯

水精硯

丁恕有水精硯大纔四寸許爲風字様用墨即不出光發墨如歙石

玉硯

鎮潼留後李充伯得玉材琢爲圓硯發墨可愛

碧玉硯

許漢陽筆以白玉爲管硯乃碧玉以玻瓈爲匣

鐵硯

青州熟鐵硯甚發墨有柄可執晉桑維翰鑄生鐵

漆硯

晉儀注太子納妃有漆硯

竹硯

異物志云廣南以竹爲硯

滌硯

凡硯須旦滌之縱未能亦須日易其水洗宜用小皂片或紙若久用石色爲墨漬汚即以麩炭磨洗復如新矣若寒不宜用佳硯石理既凍墨亦少光

帝鴻氏之硯

黄帝得玉一紐治爲墨海其上篆文曰帝鴻氏之硯又太公金匱硯書曰石墨相著邪心讒言無得汚白是知硯其來尚矣硯者研也可研墨使和濡也

孔子硯

伍緝之從征記云魯國孔子廟中石硯一枚甚古朴孔子平生時物也及顔路所請者車亦存

硯溪

永嘉郡記云硯溪一源多石硯述異記云洞庭湖一

陂有范鑫不淋石硯

一篋磨穴硯

古人有學書於人者數年自以藝成告而去辭師曰吾有一篋物可附於某處及山之下絕無所付人封題亦甚不密乃啓之皆磨穴者硯數十枚方知師夙所用者乃返山服膺至皓首方畢其藝

補百碎硯

石晉時關右有李處士能畫馴俾能補碎硯百碎者賷歸旬日即復舊如新琢成略無瑕類世莫得其法

後主青石硯

李後主得青石硯墨池中有黃石如彈丸水常滿終日用之不耗毎以自隨後歸朝陶穀見而異之硯大不可持乃取石彈丸去後主摠其手振臂就取後主請以實玩為謝陶不許後主曰唯此硯能生水他硯皆不可用陶試數十硯本皆不生後主索之良苦陶不能奈曰要當碎之石破中有小魚跳地上即死自是硯無復潤澤

眞材本性

硯當用石鏡當用銅此眞材本性也以尾為研如以鐵為鏡耳

謝銅硯筆格啓

庾肩吾謝銅硯筆格啓云烟磨青石已踐孔子之壇管插銅龍還笑王生之壁

石硯賦

黎逢石硯賦云琢而磨之其滑如紙欲所措而染翰在虛中而貯水水隨暈而還周黑浮光而黛起明而未融是以為用久而不渝故以為美庶器尚古徵闕

里於素王匠洪增華參會稽之內史又云一拳之石取其堅一勺之水取其淨又云對此大匠削諸鴻筆見珍於殺青之晨為用於草玄之日

硯詩

僧貫休硯詩云低心蒙潤久入匣更身安

硯譜

宋　蘇易簡

柳公權論硯以青州石爲第一絳州者次之殊不言端石世傳端溪中有草蒙茸可愛匠者琢石成硯以草褁之故自嶺表迄中夏而無損或曰水中石其色青山半石其色紫山絕頂者尤潤如猪肝色者佳其貯水處有白赤黃色點者謂之鸜鵒眼脉理黃者謂之金線紋其山號斧柯昔人採石爲硯必以牛羊祭之不爾雷電失石所在

硯譜以青州紅絲石爲第一然乃下品特存古物耳端所出有四巖石爲甲石屋次之西坑又次之後歷又劣巖與西坑相厺二十里厺後歷七里而所產迥然不同猶建安產茶比地苑壑源厺沙溪數十里而優劣差殊然巖石又分上下又有活眼死眼之別圓暈相重黃黑相間盤錯在內晶熒可愛謂之活眼四旁浸漬不甚鮮明謂之淚眼形體略具內外皆白謂之死眼活眼勝淚眼淚眼勝死眼死眼勝無眼

[illegible]云端溪有斧柯閒將軍地同是一溪唯斧柯[illegible]者大不過三四指一兩呵津汗滴濕真難得之物茶園次之將軍又次之

歐永叔云端石以子石爲上在大石中生蓋精石也流俗訛爲紫石又以貯水不耗爲佳有眼爲貴眼石病也官司歲以爲貢在他硯上然十無一二發墨者但充玩好而已

唐彥猷云端石有眼者最貴謂之鸜鵒眼石文精美如木有節今不知者乃以爲石病吁可不痛哉石有上下巖西坑後歷惟上巖有眼眼之美者青綠黃三

色相重多者自外至心凡九重其大者尤爲希有或布列硯中爲北斗心房之形土人以眼多少爲價重輕其生於墨池之外者謂之高眼生於內者低眼曰高眼尤可尚以不爲墨漬常可觀也或云取石祭以牛故老云無之又云石有金線爲美正其病也

蔡君謨云端石瑩潤惟有鋩者尤發墨歙石多鋩惟膩理者佳蓋物之奇者必異其類也

歐永叔云歙石出龍尾溪以金星爲貴予少時得金坑礦石堅而發墨端溪以北巖爲上龍尾以[illegible]爲

上龍尾在端溪上而端溪以後出見賞耳

端溪硯譜

宋　葉樾

謹按端州治高要縣自唐爲高要郡　皇朝政和初以　太上皇潛藩賜號肇慶府府東三十三里有山曰斧柯在大江之南蓋靈羊峽之對山也斧柯山峻峙壁立下際潮水自江之湄登山行三四里即爲硯巖也先至者曰下巖下巖之中有泉出焉雖大旱未嘗涸下巖之上曰中巖中巖之上曰上巖自上巖轉山之背曰龍巖龍巖蓋唐取硯之所後下巖得石勝

龍巖龍巖不復取自山之下分路稍東至半邊山諸巖西南沿溪而上曰蚌坑龍巖斧柯山腳谷中石也大抵石以下巖爲上中巖龍巖半邊山諸巖次之上巖又次之蚌坑最下此巖石之品也下巖石乾則灰蒼色潤則青紫色巖有兩口其中則通爲一穴大者取研所自入也小者泉水所自出也故號曰水口即陳公密所開也巖之北壁石背有泉水所浸漏漫湧溢下流爲溪巖之中歲久崩摧石屑翳塞積水屈曲淺深人所莫測以是石工不復能採矣今世所有下

[illegible]設唐五季國初時物也今欲得下巖北壁石者往往於泉水石屑中得之若南壁石上或可採然自崇觀以後亦罕得矣北壁石蓋泉生其中非石生泉中也則潤可知矣巖之上雖秋冬乾旱亦未嘗潤有泉珠散落如飛雨不絕北壁石眼正圓有青綠碧紫白黑暈十數重中復有瞳子南壁石即泉水半濕者稍不及北壁眼之暈色皆少淡上巖下巖皆有山半上巖之穴陟而取石中巖之穴或陟或降下巖之穴降而取石上巖有三穴上穴口土地巖以土地祠居其

上名焉中巖曰梅樹巖下穴今石工以爲中巖者是也下穴兩口其間通爲一穴皆中巖也土地巖亦有兩穴其中亦相通土地巖石色帶黃赤眼亦如之梅樹巖石微黃赤稍輕而帶灰蒼色眼黃綠中巖兩壁石與梅樹巖同而少勝焉北壁石則與下巖南壁石相類而少劣焉

大抵石性貴潤色貴青紫乾則灰蒼色潤則青紫色眼貴翠綠圓正有瞳子

石有眼無眼易分品第

[illegible]枯燥色黃褐

乾則灰蒼色潤則青紫色

眼赤黃皆下品也

眼赤黃輕青綠重即漸爲上品矣

龍巖石色深紫眼少

有即類中巖半邊山者

半邊山諸品石色少灰青與下巖南壁石中巖北石相類但眼不若下巖則眼暈少爾中巖者層暈青綠赤黃紫色皆淺淡不同

然半邊山巖極多眼

半邊山巖近南者眼大暈差少綠近北者眼少暈愈少所謂菉豆眼

蚌坑石性堅顏色深紫有眼即黃白微帶青色不正無瞳子[illegible]潤亦不發墨

眼偏斜不正無筆道有黳

黃坑石即與上巖石相類新坑石與半邊山石之劣者相類但半段碎小耳

小湘峽在州之西四十里其石類巖石而性軟燥色

蚌坑及後歷石眼亦類蚌坑石大抵潤及[illegible]石而發墨勝之

後歷山在州北十里石性軟燥色深紫帶黄赤間亦有眼極類蚌坑堅潤不及發墨勝之

嵓石取諸嵓斧併力然後可得凡嵓石皆有黄臕如玉之瓜蔞也胞絡黄臕襞去方見硯材世所謂子石也子石嵓中有底石皆頑石極潤不發墨又色汙雜不可硯端人謂之鴨屎石底石之上大率如石榴子又如塼坏自底至頂中作三疊下疊居底石之上最

佳品也石必有眼端人謂之脚石中疊居下疊之上次石也眼或有或無端人謂之腰石上疊居中疊之上又次石也皆無眼端人謂之頂石頂石之上皆蓋石也亦頑麤而不堪用大抵三疊石皆有麤臕絡無非子石世人乃謂別一種子石非也蓋往往有崩落嵓中泉水中者其形偶圓類卵人或中摸得之故妄有此說

蚌坑石取於山下澗谷中皆波濤所擊風日所曝雷雨所摧皆頑很不才之物也但人能到其處皆可拾

[illegible]南之野石蓋遍地是也甚易得之而他處人不識往往反愛之正以大璞少瑕纇耳其小湘石後歷石皆掘地取嵓石不假油蠟久則自光潤後歷非油蠟則不堪用歲久油蠟敗則麤燥不堪用矣

蚌坑自鬥胡山諸谷水聚爲大溪轉斧柯山下出大江中半邊山諸嵓有太秋風小秋風獸頭獅桃花河頭新坑黄坑等名皆在斧柯山下蓋山之麓也

凡有眼之石在本嵓中尤縝密溫潤端人謂石嫩則

眼多老則眼少嫩石細潤發墨所以重有眼也青脉者必有眼故腰石脚石多有青脉而頂石多瑩淨端人謂青脉爲眼筋夫眼之別者曰鸜鵒曰鸚哥曰了哥（秦吉了也）曰雀眼曰雞眼曰猫眼曰菉豆各以形似名之翠綠爲上

李賀有端州青花石硯歌蓋自唐以來便以青眼爲上黄赤爲下

硯之價下嵓水底脚石十倍於南壁石南壁石十倍於中嵓北壁石半邊山南諸嵓倍於中嵓南壁石半

邊山北諸嵓及龍嵓中嵓两壁倍上嵓諸穴石上品
諸穴倍小湘石小湘石倍後壓蚌坑石後壓之佳者
亦與上嵓諸穴價等
硯之形製曰平底風字曰有脚風字曰垂裙風字曰
古様風字曰鳳池曰四直曰古様四直曰雙錦四直
曰合歡四直曰箕様曰斧様曰瓜様曰卵様曰璧様
曰人面曰蓮曰荷葉曰偃桃曰駝様曰曹様曰玉臺
曰天研（東坡嘗得石不加斧鑿以爲研後人務嵓石自然平整者倣之）曰蟾様曰龜
様曰曲水曰鐘様曰圭様曰笏様曰梭様曰琴様曰

鑑様曰雙魚様曰團様曰八稜角柄秉硯曰八稜秉
硯曰竹節秉硯曰硯磚曰硯板曰房相様曰琵琶様
曰月様曰腰鼓曰馬蹄曰月池曰阮様曰歙様曰吕
様曰琴足風字曰蓬萊様
宣和初御府降様造形若風字如鳳池様但平底耳
有四環刻海水魚龍三神山水池作崑崙狀左日右
月星斗羅列以供　太上皇書府之用
石之病者有曰鐵線
　乃是膔皮隔處若於線上鑿之則應手而斷
曰[illegible]
　白文
曰鑽
　如蛀蟲眼
曰驚
　斧鑿觸裂者
曰火黯（一名熨火焦）
　惟嵓石有之斜班處如火燒狀
曰黄龍

　灰黄色如龍蛇横斜布石上
唯火黯端人不以爲病蓋嵓石必有之他山石皆無
　右緒雲葉樾交叔傳此譜稍異於衆人之説不
　知何人所撰稱　徽祖爲　太上皇必紹興初
　人云淳熙十年七月二十四日東平榮芑書

歙州硯譜

宋　洪景伯

採發第一

婺源硯在唐開元中獵人葉氏逐獸至長城里見疊石如城壘狀瑩潔可愛因携以歸刊粗成硯溫潤大過端溪後數世葉氏諸孫持以與令令愛之訪得匠手斵為硯由是山下始傳至南唐元宗精意翰墨歙守又獻硯并薦硯工李少微國主嘉之擢為硯官今石工周全師之爾後匠者增益頗多今全最高年能

道昔時事并召少微孫明（今家濟源）訪僞詁不獲傳多如此今山下葉氏繁息幾數百戶乃獵者之孫

石坑第二

羅紋山亦曰芙蓉溪硯坑十餘處蔓延百餘里皆山前後沿溪所生溪水中殊無石好事者相傳多云水中石又見蘇易簡硯譜云歙州龍尾山石亦端溪之亞訪於彼俗雖有龍尾山而山實無石蓋好事者取其美名以咤於世今次其石品與地坑之名如後

眉子坑在羅紋山開元中發屬程於地從溪下至取石處九丈五尺其濶二丈六尺深一丈三尺坑皆無上相雜

羅紋裏山坑在羅紋山後李氏時發今廢五十餘年名色未詳

羅紋坑在眉子坑之東李氏時發地向屬王仁高今絕籍為硯戶戴義八人共請之歲輸山稅三十金自山下至取石處計七十五丈濶十八丈深十五丈三尺石藏土中今土深三四丈乃至石也凡石處謂之寨頭也

水舷坑在眉子坑外臨溪冬水涸時方可取春夏不可得發地丈餘廼至石率多金花眉子地屬程於一

水巖坑在羅紋山西北地屬王十五景祐中發今廢四十年自水舷至坑五丈五尺濶一丈三尺穿籠取之久廢不可得蓋石工不知攻取法石裏如浪紋

溪頭坑又曰主持山在羅紋山金星坑之北約二三里廢已二十年不取其石金星率多慮慢焉[illegible]

蔡九山坑在溪頭坑之西約一里不取已三十年有眉子石紋麤慢與溪頭相次也

羅紋金星坑在羅紋山西北自羅紋坑相去四十五步今廢不取蓋工用多所得少也

驢坑在縣之西北七十里屬詹視景祐中曹平為令時取之後王君玉為守又取之近嘉祐中刁璆為尉又取之其石有青綠暈也

濟源坑在縣之正北凡三坑並列曰碧裏坑在山上色理青瑩及半里有水步石大雨點白暈次十里入裏山石青細有金紋花暈厥狀不常

洞靈巖在縣西北一百二十里三洞相連石產巖之

左右無定處材璞至少而瑕脉多或有絕病瑩淨者可擬端溪之品而石理燥慢

浙石屬衢州開化縣俗謂之玳瑁石其紋正如玳瑁傍視則有波紋者可為碑材帛磁柱礎之類至易得

攻取第三

凡取石先具牲醪祝版擇日齋戒至山下設神位十餘於壇墠之上祝訖發之若稍褻慢必有蜂蠆蟲蛇毒物傷人之患立出蓋山川神物所擁護祕惜尤不欲廣傳人間所得不過百十枚即竭矣又當再祝之前後被嚙死者十餘人今皆預祝禳也冀其陰助不得不愛重之

品目第四

眉子石其紋七種

金星地眉子　對眉子　短眉子　長眉子

簇眉子　闊眉子　金眉子

外山羅紋其紋十三種

麤羅紋　細羅紋　古犀羅紋　角浪羅紋

金星羅紋　松紋羅紋　石心羅紋　金暈羅紋

紋絲羅紋　刷絲羅紋　倒理羅紋　烏釘羅紋

卵石羅紋

裏山羅紋一等

金星疎慢

金星其紋三種

葵花　金暈　金星

驢坑一等

青色綠暈

洞靈巖紫石大小者如肝色今產乎梁斯巖發處處

[illegible]其匠者或琢爲茶甌凌冬不可用也

泐石一等

紋如玳瑁斑

水艇金紋厥狀十種

金紋如長壽僊人者　青斑金紋如鶴舞者

金紋如雙鴛鴦者　金紋如斗者

金紋如枯槎僊人者　如金雲氣者

眉如卧蠶者　如雙魚蹲鴟者

金紋如湖中寒鴈者　如金壺餅者余常見之

修斲第五

硯斲初成先以蠟塗内外蓋與石相益須借此則溫潤光潔可愛於石殊無損而便於洗濯不惹墨漬初便以生薑汁塗研處即着墨今人多不知此云是瑕病以墨蠟蓋滅痕璺又云不發墨光始初磨墨兼帶少蠟滯暗墨色故也使三五度則無此病矣又出墨色者便使益好多漬難愛護欲着手氣必成痕迹故人多用蠟蓋免此患也硯須每日洗浣去其積墨敗水則墨光瑩澤也

名狀第六

端樣　舍人樣　都官樣　玉堂樣

月樣　方月樣　龍眼樣　圭樣

方龍眼樣　瓜樣　方葫蘆樣　八角辟雍樣

方辟雍樣　馬蹄樣　新月樣　鏊樣

眉心樣　石心樣　瓢樣　天池樣

科斗樣　銀鋌樣　蓮葉樣　人面樣

毬頭樣　寶餅樣　笏頭樣　鳳字樣

古錢樣　外方裏圓　筒硯樣　蟾蜍樣

辟雍樣　方玉堂樣　尹氏樣　蝦蟆樣

犀牛樣　鸚鵡樣　琴樣　龜樣

以上並擇取樣製古雅者繪之於圖餘數名雖多種狀彬都俗也不取

石病第七

雞脚如麻石黯色類雞脚印行迹烏舭有痕如木葉若肉中之脞也隔路如墨痕如蚓迹行路浪痕偏纏如細帛紋其色或淺或深墨色贅子若烏豆狀隱起差手輙藏於石中或開之廼有大豐搭線斜紋若硯

斷硬綠有起處隱手名工亦不能礪平也斷紋有紋兩不相着石上有微塵孔者乃石之膚也黄爛者土中石皮也

道路第八

自歙州大路一百八十里至西坑口入山三十里至羅紋山皆山谷大林莽盤屈鳥道也自婺源縣大路三十里過溪皆大嶺重複九十里至羅紋山下自州至濟源山一百九十里入小路七十里至濟源自縣至濟口八十里入小路七十里至濟源

匠手第九

縣城三姓四家一十一人

劉大名福誠　第三　第四　第五　第六

周四名全年七十　周二名進城　周小四

周三名進昌　劉二無官名　朱三名明

靈屬里一姓三家六人

戴二名義和　第三　第五　第六

戴大名文宗　戴四名義誠

大容里濟口三姓四人

[illegible]方七名守宗　男慶子　胡三名嵩興

汪大號汪王二

攻器第十

其春　銑　鐵大小鎚　長短鏨

鋼屑　鎯頭　鴟觜鋤　水㰀

大宋治平丙午歲重九日

歙硯說

江東曹繼善

唐侍讀硯譜云二十年前頗見人用龍尾石硯求之江南故老云昔李後主留意翰墨用澄心堂紙李廷珪墨龍尾硯三者爲天下冠當時貴之自李氏亡而石不出亦有傳至今者景祐中校理錢仙芝守歙始得李氏取石故處其地本大溪也常患水深工不可入仙芝改其流使由別道行自是方能得之其後縣人病其須索復溪流如初石乃中絶後邑官復改溪

流遵錢公故道而後所得盡佳石也遂與端石並行

按圖經龍尾山在婺源縣長城里唐開元中葉氏得其地嘗取石爲硯不見稱於世故無聞焉蘇易簡硯譜云龍尾山石亞于端溪今雖多故坑無有石出璞縣皆山也而石雖出他山寔龍尾之肢脈俱得謂之龍尾

自州一百八十里至西坑口入山谷林莽盤屈鳥道又三十里自縣三十里過溪大嶺重複九十里並至羅紋山下

自州一百九十里自縣八十里並至濟口入山又七十里至濟源

龍尾山亦名羅紋山下名芙蓉溪石坑最多延蔓百餘里取之不絶

眉子坑在羅紋山之西從溪下至坑十餘丈坑中無土深丈餘濶二三尺許

羅紋裏山在羅紋山後

羅紋舊坑地名寨頭即錢云所訪南唐採石故坑也

水絃坑在眉子坑外臨溪至冬水涸方能取之入地

丈餘石多金花

水厥坦坑在羅紋山西北其理若浪

溪頭坑在金星坑之北五里

葉九坑在溪頭之西百里亦有眉子其理麤慢與溪頭坑石相上下

金星坑在羅紋山西北相去四十五丈

驢坑在縣西北七十里景祐中曹平爲令後王君玉爲守嘉祐中刁璆爲尉皆取之其石青中緑暈

濟源坑在縣之正北三坑相連

裏坑在濟山上色理青瑩相去半里有水歩石大
雨點石十里外有裏山石青細有金紋花暈其狀奇
恠不常

洞靈巖在縣北一百二十里三洞相連石産於巖之
左右無定所色擬端溪麤而燥復多瑕璺

瀨石出衢州開化縣界斑若玳瑁然

麻石三尺中隱硯材數寸而已猶玉之在璞也坑往
往在溪澗中至冬水涸合三二十人方可興工每打
發一坑不三數日必雨雨即坑壠皆煙塞較其工力

倍金銀坑中取礦者此其所以貴也往時必先祠以
中牢方免諸患

大抵攻琢貴精治之不盡工雖有佳石亦常硯而已
毋得一石以鐵鑿擊之候其聲清圓乃可攻治度其
所宜然後制樣須令人捧不然內諸稻穀中欲其不
實也

蘇易簡云硯有薄如紙者蓋以薄爲利用云

龍尾石多産於水中故極温澤性本堅密扣之其聲
清越宛若玉振與他石不同色多蒼黑亦有青碧者
擿人日增石亦漸少有得之巖崖中者色白而燥殊
不入用

眉子色青或紫短者簇者如臥蠶而犀紋立理長者
潤者如虎紋而松紋從理其曰鴈湖攢與對眉子最
爲精絕凡九品

鴈湖眉子　對眉子　金星眉子
菉豆眉子　錦蹙眉子　短眉子
長眉子　簇眉子　濶眉子

大抵石頑則光滑而磨墨不快石麤則黏墨而滲漬

難滌唯麤羅紋理不疎細羅紋石不嫩者爲佳凡十
二品

細羅紋　麤羅紋　暗細羅紋
松紋羅紋　角浪羅紋　金星羅紋
刷絲羅紋　倒地羅紋　石心羅紋
卵石羅紋　泥漿羅紋　芥子羅紋

麤羅紋稍細者易爲磨墨細羅紋稍堅者最能發墨
或者以易磨墨爲發墨非也唯蔡君謨論得其要墨
在硯中隨筆旋轉滌之泮然盡去此乃石性堅潤能

發起不滑於硯耳若刷絲松紋角浪皆以其理[illegible]易
於磨墨至於金星之類乃其餘事自有優劣獨泥漿
一品較之諸石紋理細密富於溫潤但多不甚堅實
瓜子羅紋紋若瓜子羅紋然此最佳者也出水波坑
中幸而得之不可期或取羅紋側爲之甚能亂真
驢坑石色青綠暈今不復出士大夫家間有藏者亦
罕見之
棗心青潤可愛中有小斑紋中廣上下皆銳形若棗
核然雖少疵瑕多失之頑固

唐公硯錄云嘗過金陵於翰林葉道卿處見一硯方
四五寸許其色淡青如秋雨新霽遠望暮天表裏瑩
潔都無紋理蓋所謂硯之美者也云得於歙不知出
於甚坑今不復有
裏山一種金星而踈慢
水絃金紋凡十種
青斑如舞鶴者　如長壽僊人者
如雙鴛鴦者　如枯槎僊人者
如朝霞雲氣者　如湖中寒鴈者
如雙魚躑躅者　如壺瓶者
如臥蠶者　如斗者
硯以瑩淨爲先小有痕線皆不足甚貴石病有十
痕如蚓行迹
雞腳如雞迹麻石黯色
鳥肫有痕如木葉若肉中脞也
浪痕偏纙如布帛紋作淺深黑色
贅子如烏豆隱起礙手開之多成大壘
搭線斜紋若斷裂者

黃爛者土中石皮也
硬線高起隱手雖良工不能礪平也
石上有微塵孔者石之膚也
斷紋兩不相着
硯之形制不一古人有以蚌爲之者取其適用而已
舊有古端樣并世傳晉右軍將軍王逸少端樣皆外
方內若峻坂然使墨下入水中至寫字時更不費研
磨之工今之端樣蓋其遺法也或有爲硯板硯鏡之
類徽坳其首而已或直用平石一片別以器盛水旋

滴入研墨以此知今人不如古人書字之多耳

辨歙石說

江東曹繼善

細羅紋 石紋如羅縠精細其色青瑩其理緊密堅重瑩淨無瑕璺乃硯之奇材也

麤羅紋 似細羅紋而紋理稍麤

暗細羅紋 羅紋雖細隱而不露紋理隱隱石色微青黑

刷絲羅紋 石紋精細纍密如刷絲然

金花羅紋 羅紋地上間以金花亂點大細不常如畫工銷金

金暈羅紋 金暈數重如抹書者或暈如卵形及杏葉皆重疊數重

金星羅紋 細金點如散星者有金抹如眉子者有黃抹金紋長短不定者

筭條羅紋 比刷絲紋理疎而麤大正如排筭子

角浪羅紋 直紋數路如角浪然

瓜子羅紋 比細羅紋尤細狹如瓜子者

細棗心 無羅紋而石紋兩頭尖如棗核

麤棗心 較細棗心而麤

水波 紋理橫細如晴晝微風清沼漣漪之紋

對眉子 石紋如人畫眉而細遍地成對者

錦蹙 石暈如畫雲氣間以金暈如蹙錦然

錦蹙眉子 石紋橫如眉子間有金暈

羅漢入洞石中有金暈如雲氣下有羅漢龕座之形

金星眉子眉子疎勻而有金星間之

鱔肚眉子眉子疎而勻石紋如八字鱔肚紋間有金暈金星者

鴈攢湖眉子硯心有紋暈如汪池四外眉子密密如羣鴈飛集之狀

菉豆眉子石理稍黑微暗而斑內有短密眉子紋

金花眉子眉子石中有金花金暈者

短眉子眉子密短而勻

長眉子眉子長而差大

泥漿細羅紋而光温潤乃羅紋下坑石

卵石　雨點石

羅紋上坑石色微重中坑石色微淡下坑即泥漿石

棗心坑皆乾坑故石微燥

水波坑亦是棗心石

祈門縣出細羅紋石酷似泥漿石亦有羅紋但石理稍慢不甚堅色淡易乾耳此石甚能亂真人多以爲婺源泥漿石當須精辨之也

歙縣出㓰絲硯甚好但紋理太分明無羅紋間有白路白點者是

雲林石譜卷上

宋杜綰

天地至精之氣結而爲石負土而出狀爲奇怪或岩竇透漏峰嶺層稜凡棄擲於媧鍊之餘遁逃於秦鞭之後者其類不一至有鵲飛而得印鱉化而御題叱羊射虎挺質之尚存翔燕鳴魚類形之可驗怪或出於禹貢異或隕於宋都物象宛然得於髣髴雖一拳之多而能蘊千岩之秀大可列於園館小或置於几案如觀嵩少而面龜蒙坐生清思

故平泉之珍秘於德裕大餘之寶進於武宗皆石之瑰奇宜可愛者然人之好尚故自不同葉公之好龍支遁之好馬衛懿公之好鶴王大令之好鵝齊王之好竽阮籍之好鍛雖所好自異然無所據依殆無足取聖人嘗曰仁者樂山好石乃樂山之意蓋所謂静而壽者有得於此竊嘗謂陸羽之於茶杜康之於酒戴凱之於竹蘇大古之於文房四寶歐永叔之於牡丹蔡君謨之於荔支亦皆有譜而惟石獨無爲可恨也雲林居士杜季陽蓋嘗采其瑰異第其流品載都邑之所出而潤燥者有别秀質者有辨書於編簡其譜宜可傳也且曰幅幀之至遠聞見或遺山經地志未能淹該徧覽尚俟講求當附益之居士實抑堂先生之裔大丞相祈國公之孫余嘗聞之詩史有水落魚龍夜之句蓋嘗游湘鄉之山魚龍蟄土化而爲石工部固嘗形容於詩矣讀是譜者知居士之好古博雅克紹於餘風不忘於著録云時宋紹興癸丑夏五月望日

闕里孔傳題

靈璧石

宿州靈璧縣地名磬山石産田中歲久穴深數丈其質爲赤泥漬滿土人多以鐵刃遍刮幾三兩次既露石色即以黄蓓箒或竹箒兼磁末刷治清潤扣之鏗然有聲石底多有漬土不能盡去者度其頓放即爲向背石在土中隨其大小具體而生或成物狀或成峰巒巉岩透空其狀妙有宛轉之勢或多空塞或質偏朴或成雲氣日月佛像或狀四時之景須藉斧鑿修治磨礲以全其美或一面或三四面若四面全者

卽是從土中生起凡數百之中無一二有得四面者
多是礦其石尖擇其沕處鐫治取其底頃歲靈壁張
氏蘭臯亭列巧石頗多各高一二丈許峰巒嵓竇嵌
空具美大抵亦三兩面背亦着土又有一種石理嶙
皴若胡桃殼紋其色稍黑大者高二三尺小者尺餘
或如拳大坡拖拽脚如大山勢鮮有高峰岩竇又有
一種産新坑黃泥溝峰巒嵌空奇巧亦須刓治扣之
稍有聲但石清色淡稍燥軟易於人爲不若磬山青
潤而堅北石宜避風日若露處日久卽色轉白聲亦

隨減書所謂泗濱浮磬是也

青州石

青州石産之中大[illegible]數尺小亦尺餘或大如拳細碎
磊磈皆成物狀在穴中性頗軟見風卽勁凡采之易
脆不可勝峰其質玲瓏竅眼百倍於它石眼中多爲
軟土充塞徐以竹枝滴　净盡宛轉通透無峰巒峭
拔勢石色帶紫微燥扣之無聲土人以石藥粘綴而
取仍像雲氣枯木怪石欹側之狀

林慮石

相州林慮石地名交口其質堅潤扣之有聲一種出
土中采之血地見石則尋坑坎處石多倒坐向下垂
如鍾乳融結必鑿去麄石留石坐如板許板山多白
截山一坐峰巒秀拔或如物狀石色甚碧曾貢入内
府有藍關蒼虬洞天凡十餘品各高數寸甚奇異又
種色稍斑而微黑以産土中微有土漬易於洗滌有
大山勢四面徘徊皆無損着土千岩爲壑峰巒迤邐
類多嵌空洞穴宛轉相同不假人爲至有中虛可施
香爐静而視之若烟雲出没岩岫間此石崇寧年方

士相視地脉偶得之大不踰三五尺至如拳大奇乃
百怪

平江府太湖石

産洞庭水中石性堅而潤有嵌[illegible]穿眼宛轉嶮怪勢
一種色白一種色青而黑一種微青其質紋理縱橫
籠絡起隱於石面遍多坳坎蓋因風浪中激而成謂
之彈子窩扣之微有聲採人携鎚鏨入深水中頗艱
辛度奇巧取鑿貫以巨索浮大舟設水架絞而出之
其間少有巉岩侍勢則就加鐫礲取巧復沉水中經

丈爲風水冲刷石理如生此石最高有三五丈低不踰十數尺間有尺餘唯宜植立軒檻裝治假山或羅列園林廣榭中頗多偉觧有小奇置几案間者

無爲軍石

無爲軍石産土中連絡而生擇奇巧者即斷取之易於洗滌不着泥瀆石色稍黑而潤大者高數尺亦有盈尺及五六寸者多作群仙勢扣之有聲至叚叚二三尺間群峰聳拔連接高下凡數十許巉嵒潤澤不異眞山頃年維揚於次契大夫家獲張氏一石方圓

八九尺上有峰巒高下不知數中有谷道相通謂之爲千峰石又米芾爲太守獲一石四面巉岩峻怪但石苗所出不廣佳者頗艱得之

臨安石

杭州臨安縣石出土中有兩種一深青色一微青白其質奇怪崒尖峰崒嵂勢高者十數尺小者數尺温潤而堅扣之有聲間有質朴從而斧鑿修治磨礲增巧頃歲錢唐千頃院有石一塊高數尺舊有小承天法喜堂徒弟折衣鉢得此石直五百餘千其石置方廨中四面嵌空嶮怪洞穴委曲於石罅間値枇杷一株頗年遠岩竇中嘗有露珠凝滴謂爲塊石元居中有詩畧云人久衆所憎物久衆所惜爲負磊落姿不通寒暑易政和間取歸内府此石之尤者

胡州武康石

出土中一青色一黄色而斑其質頗燥有堅無混然巉岩峰巒雖多透空穿眼亦不甚宛轉採人入穴石多卧生其廣闊度奇巧處以鐵鏨揭取之或多細碎大抵石柾匾側多瀏道摺疊勢浙中假山籍此爲山

脚石坐間有險怪尖鋭者即側立爲峰巒頗勝青州穿眼宛轉渾然可觀

崑山石

平江府崑山縣石産土中多爲赤土積漬既出土倍費挑剔洗滌其質磊塊巉岩透空無聳拔峰巒勢如扣之無聲土人唯愛其色潔白或栽植小木或種溪蓀於奇巧處或置立器中互相貴重以求售至正初杭州幕高亭後山太山出石與崑山石無分毫之異

江華石

道州江華永寧二縣皆產石在亂山間於平地上空礁積永寧石叠而生成或大或小不相粘綴江華一種稍青色一種灰黑間有巉岩特勢其質側皆麄澁枯燥扣之有聲未見巉巧巧者唯永寧所產大者十數或二三尺至有尺餘或大如拳或多細碎每就山採石散處土地莫知其數薈萃其怪大抵各隨人所欲既擇絶佳者多爲泥土苔蘚所積以水漬一兩日用磁末痛刷一種色深青一種微黑其質堅潤扣之有聲咸偏多坳坎頗類太湖彈子窩峯巒巉岩四面

亦多透空嶮怪萬狀或有數尺若太山氣象千岩萬壑群峰環遶中有谷𡸣脚諸物像不可槩舉非人力能爲之大抵其石多脉白人有如泰山之顛合三兩峰間因石脉相連數道而成瀑布直落澗壑凡遇石寨路迸溯即散漫分流石之兩邊如圖寫之狀

常山石

衢州常山縣思溪又地名石洪成云空字石出底側垂似鍾乳雜沙泥不相聯接採人車戽深水甚難得之或大或小不踰數尺奇巧萬狀多是全質每一石則有聯續尖鋭十數峰高下峭拔巉空全若大山氣勢亦有如拳大者又於巉岩嶮怪岩竇中出石稍或敧斜纖細互相撑柱之勢葢石生溪中爲風水衝激融結而成奇巧又有峰巒聳秀穴委曲相通底坐遶空堪施重爐若烟雲縈遶亂峰間一種色深青石理如刷絲捫之輒隱手又一種青而滑或以磁末刷治而顏色皆温潤扣之有聲間有質朴全無巧勢者石性稍礦不容人爲非靈璧可增嶮怪

開化石

衢州開化縣龍山深土中出石磊磈或巉岩可觀色稍燥扣之有聲又地鼈灘亦多產石水中色稍青潤石質滑麄而因細率皆全質間有群峰前羅列若大山氣勢比之思溪無峭峄勢扣之亦有聲

澧州石

澧門石產土中磊磈而生大者尺餘亦有絶小者頗多嶮岩類諸物狀其質爲沙泥積漬費工刷治石理遍鋪然捫之隱手青白稍潤間有白脉籠絡工人不知貴士大夫多携歸裝視假山高視之頗類匯陽諸

奇峰

英石

英州含光眞陽縣之間石産溪水中有數種一微青色間有白脉籠絡一微灰黑一淺緑各有峰巒嵌空穿眼宛轉相同其質潤扣之微有聲又一種色白四面峰巒聳拔多稜角稍瑩徹面面有光可鑑物扣之無聲採之人就水中度奇巧處鏨取之此石處海外遼夐人罕知之然山谷以謂象江太守費萬金載歸古亦能耳頃年東坡獲雙石一緑一白目爲仇池又

鄉人王郭夫亦嘗携數塊歸高尺餘或大或小各有可觀方知有數種不獨白緑耳

江州石

江州湖口有數種或在水中或産水際一種青色混然成峰巒岩壑類二物狀一種扁薄嵌空穿眼遍透幾若木板似利刀剜刻之狀石理如刷絲色亦微潤扣之有聲土人李正臣蓄此石大爲東坡稱賞目之爲壺中九華有百金歸買小玲瓏之詩然石之諸峰間有外奇巧相粘綴以增玲瓏怪此種在李氏家頗多適偶爲大賢一顧彰名今歸尚方久矣又有一種挺然成一兩峰或三四峰高下峻峭無坡脚有向背首尾一律或大或小土人多綴以石座及以細碎諸石膠漆粘綴取巧爲盆山政如僧人排設供佛者其兩兩相對殊無意味

袁石

袁州萬載縣去縣十餘里石無數出野田間其質嶙峻微青色間多峰巒岩竇四向又有石罅中上下生小林木蓊欝可喜或高三四尺或五六尺全如一太

山氣勢經行凡數百步不斷因地名爲亂石里土人以石占田頗有妨布種恨不之去惜乎地遠人罕知之

平泉石

平泉石出自關中考之李德裕平泉莊記竹木花石之美其石産水中每獲一奇皆鐫有道二字頃余於潁昌杜欽益家嘗一石雙峰高下有道挺然長數寸許無嵌空岩竇勢其質不露圭角磨礲光潤而青堅於石罅中鐫有道二字扣之有聲

兗州石

兗州出石如褐色謂之栗玉有巉岩峰巒勢無穿眼其質甚堅潤扣之有聲堪爲器頗費鐫礲工人貴重之與北虜所產栗頗相類但見峰巒一律耳

永康石

蜀水永康軍產異石錢遜叔遺余一石平如板厚半寸闊六七寸於面上如鋪一紙許其潔白上有山一座高底前後凡十數峰劇有佳趣廻遶不斷其底山色皆青黑溫潤而堅利擲不能刻扣之聲清越自爲

江山小平遠遜叔得自蜀中部使者云出自永康軍後未見偶者

排牙石

臨安府署之側一山甚高名拜郊臺錢氏故跡向山之類險峻處兩邊各有列石數十磈從地生出者峰巒巉岩穿眼委曲翠潤而堅謂之排牙石

品石

建康府有石塊頗峨有岩洞嶮怪色稍蒼翠遍產竹木茂蔚可覩石罅中有六朝唐宋諸公刻字謂之品石

永州石

署依山廳事之東隅頃歲太守黃叔豹因其地稍露山骨除治積壤十餘尺得眞山一座凡八十九峰岩洞相通翠潤可喜遍有唐人刻字於諸峰之側甚奇古有一石橫尺餘聯綴石上全若水禽因引泉出水湝滿岩竇其石正浮水面亦有唐人刻字目之爲鸂鶒石又郡山之後下廣二頃餘卒皆怪石錯布田野間或爲居人蔽隱元次山掤萬石亭於郡山之巔

石笋

石笋所產凡有數處一出鎮江府黃山一產商州一產燕州諸郡卒皆附生土中採之隨其長短就而出之或有斷而出者大者三二尺小者尺餘皆微著土者其質挺然尖銳或匾側有三兩面紋理如刷絲起隱於石面或得澗道撤扣之或有聲石色無定間有四面停者又有高一二丈首尾一律因斧鑿修治而成

襄慶石

襲慶府泰山石產土中大小踰三四寸間有磊塊碎小者色灰白或微青亦有嵌嶮奇怪勢其質甚軟可施鐫礲工人不甚珍愛

嶧山石

嶧山在襲慶府鄒縣山土中產美石間有岩穴穿眼不甚穿宛轉深邃亦有峰巒高下無峭崒勢其質堅礦不容斧鑿色若按藍或如木葉衡州耒陽縣土中出不磊塊巉岩大小不等石質稍堅一種色青黑一種灰白一種黃而斑四面奇巧扣之無聲可置几案

間小有可觀

襄陽石

襄陽府去城十數里有山名鳳凰地中出石積尺餘或如拳者巉岩嶮怪往往如大山勢色積青黑間有如灰褐者扣之有聲土人不甚重政和年間惟鎮江蘇仲恭留臺家有數塊置几案間

鎮江石

鎮江府去城十五里地名黃山在鶴林寺之西南又一山名峴山在黃山之東皆產石土中小者或全質大者或鐫取相連處奇怪有萬狀色黃青潤而堅扣之有聲間有色灰褐者石多穿眼相通可出音鎮江蘇仲恭留臺家有一石如蹲獅子或如睡鴻鵝羅列八九株太守梅知勝目之爲蘇氏排衙石又有一石筍高九尺有奇混然天成目之爲蘇棟樑悉歸內府矣崇寧間米元章取小石爲硯山甚奇特峴山石多青潤而產黃山者色多土脈少有可鐫治者

清溪石

廣南清溪鎮之三五十里土中出石巉崖嶮怪一種

色甚清潤扣之聲韻清越一種白色頃年蘇仲恭家置於几案間有七八尺甚奇巧石所產相隣青色緣色尤奇於他處之產者

形石

形門西山接太行山山中有石石色黑亦有峯巒奇巧可置几案間工人往往採石爲硯名曰烏石[illegible]一墨稍燥蘇仲恭有二硯樣製殊不俗

佽池石

韶州之東南七八十里地名佽池土中產小石峯巒

岩寶甚奇巧石色清潤扣之亦聲頗於清溪品目相類

袁溪石

袁州石出溪水中色稍黑有青嵌空嶮怪勢大者高數尺鮮有小巧者唐盧肇隱居草堂溪水之側堂前立一大石高丈餘三峰九竅甚奇怪指謂盧溪石崇寧間欲輦置内府以石皆多有前人刻字語或時忌遂止之不用

下山石

湖州西門外十里有下山在郡山最爲嶃卒頃朱先

生所居産石奇巧布山間嵌岩礧塊色類靈璧而青潤尤勝葉少藴得其地蓋堂以就其景故號石林石上皆有李唐遊人題字自顔魯公而下悉署焉又州之西北鳳凰山後地名前山於亂篠間有石生土中下多流泉石質嵌空嶮怪往往多穿眼青翠如湖口悉高大鮮有小者宣和間嘗使土人取之重不可致今有數塊留道傍

涵碧

婺州東南縣之南五里有涵碧池唐令面典宗得其勝槩鑿池面瀑布有二大石魚置池面魚之前有石一塊高二尺許巉岩可觀石之中間凹然如掌羅江東昔避地著書嘗以爲研好事者每往游覽劉禹錫有詩在集中

吉州石

吉州安福縣之東二三里有秀嶺石産土中不相聯綴其質巉岩青潤扣之有聲間有三兩面或混然窐塞高數尺無小巧者又有白馬廟去縣之東二十餘

里土中亦出石石質稍青或色稍白四面嵌空嶮怪又有佛僧潭在縣之西十四五里産潭在上土中亦有青潤嵌空穿眼宛轉扣之或有聲又有一種如大山四面嶃翠勢間有小巧者或云潭遠處側皆枯燥無聲色亦灰白又縣西六十里慶雲鄉地名夕岩山極高峻中有一岩深邃可容千餘人岩之側土中出石或大或小嵌空巉岩四面特石少有穿眼數多物像宛比天然凡此四種若白馬廟石加之青潤有全美矣

全州石

全州湘江一帶泝[illegible]而上江邊兩岸狹處間有土石山懸石如鐘乳嵌空巉岩萬狀扣之聲清越其色若靈壁青翠可喜余舟過石側擊取數塊高尺餘甚奇巧

何君石

臨安江新塗縣玉笥山石梁間有洞名何君按圖經十人避秦九人仙去獨何君爲地仙居其洞故因號焉岩洞透邃中有棋枰山之前後間產巨石皆嶮怪昔何君洞有一石懸於洞口其狀如雲廣數尺巉山秀碧扣之無聲土人何氏擊取置亭樹中

蜀潭石

筠州高安縣之東北有水出自豐城濟步江白江口入四十里地名孰水中多產巨石峋四面無嶝岩勢穿眼委曲不甚蒼翠鮮有小巧者

洪岩石

饒州府樂平縣東山鄉地名洪岩有三洞名木梓樹水岩各有岩穴炬火而入自水岩上半間可不數十丈方到底聞水聲如雷窮之即無水源其洞中有石田鐘鼓磬仙人嶂若人力所有其山高下巉岩翠碧穴中有石佛羅漢相儀如生高十餘尺

韶石

韶州黄牛灘水中產石峰巒巉岩百怪其色或灰扣之微有聲凡就水採取枯燥便用磁末刷治即色稍青其價頗與道州永明石品相類間有奇巧而小者

袁州

袁州分宜縣距縣二十里有五侯嶺嶺上四旁皆山石犖嵴峭絕若劃裂摧倒勢其嵌空巉岩多狙獿凡山下石或立或伏當是山上飛墮者色紺青不潤

澤玲瓏奇怪萬狀間數人可逺致者臨江士人曾子明有石癖常親訪其處以魚舟載歸蕭灘列置所居

又去縣十里有石洞名洪陽游者持炬以入間有十六室詭怪百狀又有石乳石田牛羊鐘鼓凡倉廪床榻之類石凡高萬丈段段有變幅如有船檣所駕茶疾風狀石田頃畝與眞無異凡洞高處刻唐人題字彷彿可辨父老云是晉葛洪婁陽二仙所隱得名其

洞宛然邃不可徧覽頃一道人結巻軏自游其室嘗糧秉炬才歷數室聞洞上有篙撐船聲駭懼而返

萍鄉石

袁州萍鄉縣百來里地名石槻突兀一山石洞穴深六七丈岩上垂石如鍾乳高低無數嵌空奇怪秀古可玩山之近側皆有怪石隱竹木中土人不知貴

修口石

洪州分寧縣地名深修口深土中產石五色斑斕全若玳瑁石理細潤或成物像扣之稍有聲工人就穴

鐫礲爲器頗精緻見風即勁亦堪作研粗發墨云

雲林石譜卷中

魚龍石

潭州湘鄉縣山之顛有石臥生土中凡穴地數尺見青石即揭去謂之葢石自青石之下色微青或灰白青重重揭取兩邊石面有魚形類鰍鯽鱗鬣悉如墨描穴深三二丈復見青石謂之截石石之下即着沙土然選擇數尾如相隨游泳或石紋斑剝處全然藻荇凡百十片中無三可觀大石中魚形反側無序者頗多間有石中兩面如龍形作蜿蜒勢鱗鬣爪甲悉

備尤爲奇異土人多作僞以生漆點綴成形但刮取燒之有魚腥氣乃可辨又隴西地名魚龍掘地取石破而得之亦多魚形與鄉所產無異豈非古之陂澤魚生其中因山頹塞歲久土凝爲石而致然杜甫詩有水落魚龍夜山空鳥鼠秋正隴西爾

萊石

萊州石色青黯透明斑剝石理縱横潤而無聲亦有白色石未出土最軟工人取巧鐫[illegible]成器甚輕妙見風即勁或爲鐺銚又堪烹飪有益於銅鐵

穤石

穤州朱陽縣石產土中或在高山其質甚軟無聲一種色深紫中有白石如圓月或如龜蟾吐雲氣之狀兩兩相對工人就石段揭取用藥點化鐫治而成間有天生如圓月形者極少得之昔歐陽永叔賦雲月石屏詩特爲奇異又有一種色黃白中有石設如山峰羅列遠近澗壑相亦是成片修治鐫削度其生起乃成物像以手襯之石面高低多作研屏置几案間全如圖畫詢之工人石因積水浸漬遂多斑斕

堦石

堦州白石產深土中性甚軟扣之或有聲大者廣數尺工人就穴中鐫刻佛像諸物見風即勁以滑石末治令光潤或磨礲爲板裝製硯屏瑩潔可喜凡內府遺投金龍玉簡於名山福地多用此石以朱書之

登州石

登州海岸沙土中出石潔白或瑩徹者質如芡實粒粒圓熟間有大者或如櫻李土人爲之彈子窩久因見風濤刷激而生

松化石

婺州永寧縣松林項林馬自然先生在山一夕大風雨忽化爲石地悉皆斷截大者徑三二尺尚存松脂脉紋土人運而爲坐具至有小如拳者亦堪置几案間

穿心石

襄州江水中多出穿心石色青黑而小中有小竅土人每因春時竟向水中摸之以卜子息亦雜它石頃年家弟守官偶家水際獲一青石大如鵝卵白脉以粉書竹字兩行把玩累日爲貴公子奪去復搜求之不可再得

洛河石

西河京洛河水中出碎石頗多青白間有五色斑斕採其紋白者入鉛和諸藥可燒變假玉或琉璃用之

零陵石燕

永州零陵出石燕昔傳遇雨則飛頃歲余涉高岩石上如燕形者頗多因以筆識之石爲烈日所暴偶驟雨過凡所以識者一一墜地蓋寒熱相激迸落不能

衢土人有石板其上磊塊如燕形者相州之北數十里地名梨園渾河水中出石數種或如濃墨圓點或紋如深廣匾頭頗堅潤土人謂之韮石堪琢爲器物亦磨作鎮紙其價甚廉

西蜀石

西蜀水中出石甚堅潤色黔白石理遍有匾紋如豆大中有紋如桃杏花心工鐫礲爲龜蟾鎮紙又一種紋理如濃墨句作圈點尤溫潤又一種微黔黑石理稍麄澁又一種班黑光潤龜背上作盤蛇勢或白或

朱土人以藥點飾謂之玄武君

瑪瑙石

峽州宜都縣產瑪瑙石外渉泥積凡擊去麄表紋理旋繞如刷絲間有人物鳥獸雲氣之狀工人往往求售博易於市泗州盱眙縣寶積山與昭信縣皆產瑪瑙石紋理奇怪宣信間昭信縣令志其姓名獲一石於村民大如升其質甚白既磨礲中有黃龍作蜿蜒屈曲之狀歸其内府

奉化石

明州奉化縣諸山大石中凡擊取之即有平面石色微黃而稍潤扣之無聲其紋橫裂兩道如細墨描寫一帶夾徑寒林烟霧朦朧之狀或如濃墨點染成高林與無爲軍所產石屏頗相類但質頑礦凡鐫治旋簿則縱橫斷裂亦可加工磨礲爲研土人不知貴

吉州石

吉州數十里土中產石色微紫扣之有聲可作研甚發墨但雲岫遺山有詩小有洞天靈壁石余家物今歸好事者秀湖石張受益物佳岩李才父家物宋徽宗題字大槩北人貴湖石南人

重靈璧爲遠物也今車書混一宜以湖石爲第一山石次之宣和蓉石筆格弁陽周公謹記

靈璧石

大德初廣濟庫官售雜物有靈璧石小峰長僅六寸高半之玲瓏秀潤所卧以水道裙褶故胡桃文皆具於山峰之頂有白石正圓瑩然如玉徽宗御題八小字於旁曰山高月小水落石出畧無琱琢之迹眞奇物也李德裕於平泉別墅采天下珍木怪石爲園池之玩有醒酒石德裕尤所寶惜醉即踞之

李德裕石

五代史張全義傳云唐莊宗時爲太師尚書令兼四鎮節度有監軍嘗得平泉醒酒石德裕孫延古抵全義復求之監軍忿然曰自黃巢亂後洛陽園池無復能守豈獨平泉一石哉全義嘗在賊巢中以爲譏已大怒笞殺之

又

平泉醒酒石爲玉淸昭應宮所取昭應焚仁廟裂其地陽濮潞潭越韓冀王冀之子丹陽郡王守節得其

園地發土得巧石前後幾萬塊多奇偉擎天醒酒石居其一上有文鐫刻字云韞玉抱靑輝閉庭日瀟洒塊然天地間自是孤生者長慶癸卯歲二月景戌題紹聖中有旨輦其石歸禁中築月臺後丹陽裔孫審訪醒酒所在云今置石殿中矣見張右丞徵澹岩集

研山

江南後主常買一研山徑長十餘尺前聳三十六峰皆大如手指左右則引兩坡陀而中鑿爲研及江南國破研山流入人家爲米老元章所得後米老之甥丹陽也會將卜宅久弗就而蘇仲容學士之第者才翁孫也號稱好事甘露寺下有一古墓多群木蓊晉唐人所居時米得宅而蘇得研如是王彦昭侍郎兄弟與登北固共爲之和會蘇米竟相易米號海嶽菴者是也研山藏蘇氏未幾索入內禁矣今在台州戴氏元章仲美有詩

婺源石

徽州婺源石產水中者皆爲硯材品色頗多一種石理有星點爲之龍尾蓋出於龍尾溪其質堅勁大抵

多發墨前世多用之以金爲貴石理微麄以手擘之索索有鋒鋩者尤妙以深溪爲上或如刷絲羅文或心或如瓜子或眉子兩兩相對又一種色靑而無文大抵石質貴靑潤發墨頗與後歷石差堅近爲最又有祁門縣文溪所產色有紫石理潤發墨頗與後歷石差堅近時出處價倍於常工人各以材厚大者爲貴又徽州歙縣地名小濤出石亦靑潤可作研但石理頗堅不甚剉墨其紋亦有刷絲者土人不知貴也

通遠石

通遠軍即古渭州水中有蟲類魚鳴或作覓覓之聲工人見者多以挺刃或堅物擊之多化爲石色青黑溫潤堪爲礪目之爲賞石或長尺餘價値數十千凡兵甲刃此磨治者青光而不鏉

六合石

眞州六合縣水中或沙土中出瑪瑙石頗細碎有絕大而純白者五色紋如刷絲甚溫潤瑩徹工人擇紋采或班斕點處就巧碾成佛像

蘭州石

蘭州黃河水中産石絕有大者紋采可喜閒於壁石中得眞玉璞外臕又有如物像黑青者極溫潤可試金頃年余獲一圓青石大如柿作鎭紙經宿連簡册槪溫潤後以器貯之凡移時有水浸潤一日墜地破而爲山四段空有小魚一枚纔寸許跳擲頃刻卽死

淄州石其質甚白文理遍有班黑鱗鱗如雲峰之狀稍潤扣之稍有聲土人鐫治爲方斛諸器皿

所闍石

[illegible]所闍山出石石中有黃土目之爲太一餘糧色紫黑其質磊磈大小圓匾外多霑綴碎石滌盡黃土卽空虛間有小如拳者可貯水爲硯滴或栽植菖蒲水窠頗佳

紫金石

壽春府壽春縣紫金山石出土中色紫琢爲硯甚發墨扣之有聲余家舊有風字樣硯甚發墨特輕薄皆遠古物也

絳州石

絳州石出水中其質堅𥗽色稍白文多花浪頗類中

角工人謂之角石堪琢爲研唯可研丹砂滑而不發墨辰州蠻溪水中石色黑諸蠻取以礪刃每洗滌水盡黑名黑石扣之無聲彷彿如　州者土人琢爲方斛器物及印材粗佳

箭鏃石

臨江軍新淦縣數十里地名白羊角凌雲嶺上平如掌皆古時寨基地中往往獲古箭鏃鋒而刃脊其廉可劌其實則石長三四寸許間有短者此孔子所[illegible]楛矢石砮肅愼氏之物也按禹貢荆州貢砥[illegible]

榷轄楛栔州青鏐銀鏤砮磬則楛矢石砮自禹以來貢之矣春秋時隼集于陳庭楛矢貫之石砮長尺有咫又有石甲棗形如龜背紋稍厚石斧大如掌有貫木處率皆青堅擊之有聲

上猶石

處州上猶縣山土中出石微紫質稍麄多淺黑斑點三兩暈綠色堪作水斛或欄檻好事者往往鐫礲甃地面全若玳瑁

螺子石

色大抵全如六合縣靈居岩及它處所產瑪瑙無異紋理縈繞石面瑩之透明溫潤可喜

雲林石譜卷下

栢子瑪瑙石

黃龍府山中產栢子瑪瑙石色瑩白上生栢枝或黑或黃甚光潤頃年白蒙亨奉北北　王遺以一石大若桃上有雛一塊如棗大却貯藥數百粒

寶華石

台州天台縣石名寶華出土中其質頗與萊州石相類扣之無聲色微白紋斑斕土人鐫礲作器皿稍工或爲鏽銚凡經火不甚堅久

石州石

石州產石深土中色多青紫或黃白其質甚軟頗似桂州府滑石微透明土人刻爲佛像及品物甚精巧或彫刻圖書印記字劃極甚妙

犂石

犂州傳名通遠軍西門寨石產深土中一種色綠而有紋自爲水波斷爲研頗溫潤發墨宜筆其穴歲久頹壞無復可采先子頃有圓研贈東坡公目之爲寶

波

燕岩

燕山石出水中名奪玉瑩白堅而温潤土人琢爲器物頗似眞玉

韶石

韶州石綠色出土中一種色深綠可鐫礲爲器一種青綠相兼磊塊或如山勢者一種色稍次一種細碎雜砂石以水烹研作數品入顔色用大抵穴中因銅苗氣薰蒸即此石共産之也

桃花石

韶州桃花石出土中其色粉紅斑斕稍潤扣之無聲可琢器皿或爲鎮紙

端石

端州今爲肇慶府石出斧柯山距州三四十里所靈羊峽對山也凡四種白岩石曰小湘石曰後歷石曰硃坑西岩石最貴山極高峻以漁舟入小溪既硃坑水陸行七八百步至下岩十許步至上岩自上岩轉西南凡百餘步■龍岩上岩各三穴下岩一穴半邊山岩凡九十餘穴然又以下岩爲勝龍岩乃唐初取研處色正紫而細細潤不及下岩後下得岩龍岩遂不復取之今下岩石遂取諸半邊岩近亦塞矣獨上岩可取之下岩一穴泉水溢歲久石屑崩塞雖千夫終歲功亦不可得之凡此壁石在水底石絶乾則灰青紫色濕則深紫眼正圓有瞳子暈數十重綠碧白黑相間如畫青綠處類翡翠色南壁石則水羊石也上岩三穴則土地岩中岩穴即梅林岩下穴今俗呼爲中岩上穴中穴今已塞矣而下穴中亦能開其路采石之處下無積水土有泉滴如飛雨色乾濕與下

岩洞但稍多紫色北壁者與下岩南壁相類下穴南壁者石色似微帶黄色眼有瞳子暈七八重青黄綠白黑相兼但不及北壁眼　無暈矣上穴中穴石色並黄其眼亦　黄色半邊山諸岩曰大秋風曰小秋風曰湫頭曰獅子曰桃花曰河頭曰新坑曰黄坑其名亦類下岩但眼暈只三四重色赤青白可愛唯層暈稍駁雜耳凡岩石有兩壁各石三層之上即復石也石色燥甚下即底石也石色雜雖潤不發墨凡三層之上從上第一層謂之頂石皆紫第二層嫩石或

有眼或無眼第三脚石即無眼大抵有眼石在木岩中九細潤下岩石謂之鴝鵒眼上岩下穴謂之鸜哥眼上岩下中穴謂之鶏翁猫兒眼半邊山謂之雀兒眼了哥眼土人以此别之

小湘石

在端州之西四十里石色紫稍燥間有眼者類雀眼但無瞳子後歷石在端之北十里赤紫石極細不甚潤石性極軟間有眼者但一兩暈蚌坑在下岩山之下一小溪今其歲久崩落之石久爲風日所侵性堅

頑極不發墨石色正紫瑩凈間亦有眼無層暈色駁雜大抵諸石在穴中正如石榴子隔隔各有石朴籠絡中有硯材大小既施斧鑿十分之中可得三四許又有一種圓如瓠中有質謂之子石尤佳極鮮得之下岩之價二十倍於山岩下穴上石下穴之價十倍於邊半山諸坑半邊山價十倍於小湘價倍於蚌坑後歷絶品亦不過十來千

白馬寺石

河南府白馬寺之野中每大雨過土中多獲細石頗碎一種色深紺緑類西蕃馬價珠一種色稍次一種色淡緑紋理多斑剝鮮有瑩凈者間有刻成物像其大不過如梅李色深緑者價甚穹此石産外國盖西洛故都之地即有之又有於土中獲銅帶鈎塡以七寶雜諸細石粲然可喜

蚕石

蚕州安丘縣瑪瑙石産土中或水際一種色嫩青一種瑩白紋如刷絲盤繞石面或成諸佛像外多麄石籠絡擊而取之方見其質土人磨治爲硏頭之類以

求售價頗廉亦不甚珍至有村人以此石叠爲墻垣有大如斗許者頃因官中搜其價數十倍

方山石

台州黄岩縣有山名方山其山之顛狀如斗因以得名凡中所産石不以巨細有數色率皆方形其質稍麄

鸚鵡石

荆南府有石如巨碑路隅色淺緑不甚堅名鸚鵡石[illegible]取以銅盤磨其色可靖笙

紅絲石
青州縣紅絲石產土中其質赤黃紅紋如刷絲縈繞石面而稍軟扣之無聲琢爲研先以水積之乃可用蓋石質燥渴頗發墨唐林甫猷頃作墨譜以此爲上品

石綠
信州鉛山縣石綠產深穴中一種融結爲山　勢不甚堅一種稍堅於綠色中及如刷絲及深者鐫礲爲器向明視之頗光瑩閃色又有一種淡綠或細碎者

入水烹研可表飾

無爲石
無爲軍石產土中惟甚軟凡就土掘取之見風即勁兩面多稻枝如墨寫石色帶紫或灰白間有紋理或層巒遍列林中有徑路全如圖畫之狀頗奇特又有彷彿類諸佛像土人磨治爲屏頗自然勝槩畧諸石

泗石
泗州行墩鎮瑪瑙出沙土中其質磊磈外沙泥積漬或如灰粉籠絡凡擊去麁面中有水色微青白稍瑩徹無刷絲紋工人治爲器物頗不及眞貴

樊石
鶻巢中有石亦名樊石如雞卵色灰白鶻於巢側爲爲泥池中多置鰍鰕之畜水中以此石養之每探取則吞而飛去頗難得頃年溫州瑞安縣佛舍常有鶻巢因端午晨朝一人忽登屋謀取爲人所捕訟詢之云竊取可以致富不利於寺今膚理頗礦燥較之水嘉華石爲研差勝土人亦多鐫琢爲方斛諸器

金華石
婺州金華山有石如羊蹲狀余于寺僧見之耳角尾

足彷彿形高六七寸傳云黃初平叱石之山正與筆談中所載無異但未見偶者

松滋石
荊南府松滋縣溪水中出五色石間有瑩徹紋理溫潤如刷絲眞與眞州瑪瑙不異土人未貴

菩薩石
嘉州峨眉山正與五臺山石出岩竇中名菩薩石其色瑩潔狀如大山狼牙信州永昌之類映日射之有

五色圓光其質六稜或大如棗栗則光彩微茫間有小如櫻珠則五色粲然可喜

于闐石

于闐國石出堅土中色深如藍[illegible]一品斑斕[illegible]脉點點光粲謂之金星石一品色深碧光潤謂之[illegible]翠屢試之正可屑金攔如而聲鏗然石之一段凡廣尺余擇其十分之一二無纖毫瑕玷者極少故所產處貴翡翠而賤金星

黄州石

黄州江岸與武昌壁相對江水中有石玉色斑斕光潤瑩徹紋如刷絲其質或成諸物像率皆細碎頂因東坡先生以餅餌易於小兒得大小有余枚作怪石供以遺佛印後甚爲士大夫所採翫

筆巖石

温州筆巖石川出水中一種色黄一種黄而斑黑一種色紫石理有横紋微麄扣之無聲稍潤土人鐫治爲方圓器紫者亦堪爲研頗發墨本所載奘石比有數處產湖廣武當函遮諸處舊巢中最佳鵝

洛故取以壅卵令熟今不可得之

建州石

建州石產土中其質燥稍潤色極深紫扣之有聲間有豆斑點不甚圓亦有三兩重石暈琢爲硯頗發墨往往以石點名鴝鵒眼作端石以求售

汝州石

汝州瑪瑙石出沙土或水中色多青白粉紅瑩徹少有紋理如刷絲其質堪治爲縈合酒器等十余年方用之

鍾乳

廣連豐郴等山多鍾乳洞洞有石龜蟾蜍蝘蜓及果蓏一一堅貞或顏色如生蓋因鍾乳石點化成石余頃年屢於洞中獲此數種攻之本載石蟹是尋常蟹生南海因年月深久深相着閒化成石每遇海潮即飄出又一般入洞穴年深亦然因鍾乳點化無疑

飯石

婺州東陽縣雙林寺傅大夫道場山中產石凡有青白紫綠色皆瑩徹謂之飯石石質細碎堪治爲數珠

或作鎮紙

量土石

西蜀諸山多產墨玉在深土中其質如石色深黑體甚輕軟工人鐫治爲帶胯或器物極潤

南銀石

南劒州黯淡溪水出石石質深青黑而光潤扣之有聲作研發墨宜筆工人琢治爲香爐諸器極精緻東坡所謂鳳咮研是也

石鏡

永州祁陽縣語溪山岩之側有立石一片廣數尺色深青潤光可照物數十步工人謂之石鏡焉杭州臨安縣山中一光石明如鏡頗多

琅玕石

明州昌國縣沿海近淺岸水底生琅玕狀似珊瑚或高三二尺必繫筏懸繩方得之初出水色甚白經久微紫黑紋理如薑枝幹一律遍多圓圈跡扣之有聲稍燥土人不甚貴西北遠方往往多裝治假山

來葉石

漢州郡萊葉玉石出深土凡鐫取條段尺一種色如藍一種微青面多青斑剜透明甚堅潤扣之有聲土人澆沙水以鐵辨解之成片爲響板或界方壓尺亦磨礲外爲器滄州海岸沙中出石石質長短不等色白如粉以細條索繞石面謂之絡玉石甚軟燥而無聲每見裝綴假山余無所用

方城石

唐州方城縣石出土中潤而頗軟一淡一綠一深紫一灰白色質不甚細膩扣之無聲堪鐫治爲方斛器

血紫者亦堪爲研頗精緻發墨

登州石

登州下臨大海有沙門鼊磯島多產黑白石磨礲爲棋子又up失大竹小竹凡五島唯沙門甚近石有挺然而出者頗焦枯它處者紫翠岩巉出波濤中及多秀美五彩斑斕或如金紋者熙寧士大夫就諸島上取石得十二枚皆粲然奇怪因載歸南海爲東城榭賞之

玉岩

信州玉山縣地名賓賢鄉石出溪澗中色青潤扣之有聲土人採而爲研甚剉墨比來翻製新樣如蓮杏葉以售

雪浪石

中山府中出石炭墨燥而無聲温然成質其紋多白脉籠絡如麻絲旋繞委曲之勢東坡帥中山置一石於燕處目之爲雪浪石

杭州石

出土中色多潔白扣之無聲其質無峰巒多孫硯巻

擲李大尖銳或如珠砂有麦角望之光明精瑩宜裝綴假山小有可觀

大陀石

歸州石出江水中其色青黑又有班班如鷓鴣質麄可爲研土人互相貴重甚發墨峽人謂江水爲沱故名大陀石

青州石

青州石多紫色產深土中可琢爲研其質稍麄不堪發墨土人多用之

龍牙石

潭州寧鄉縣石產水中或山間斷而出之名龍牙石色稍紫潤堪治爲研亦發墨土人重之

石棋子

鄂州沿江而下隔羅狀之西土名厝頭水中產石如自然棋子圓熟匾薄不假人力黑者真是金白者如玉温潤山下有姥老粥此石以爲生相傳神憐故此給之

分宜石

袁州分宜縣江水中產石一種青石色稍堅而温潤扣之有聲從廣不過六七寸許亦希罕不嘗得土人於水中採之磨爲研發墨宜筆但形製稍朴須藉鐫

龍

鍾乳石

婺州金華縣智者三洞洞中產石巉岩如雪洞土間有縣石如鍾乳灰白嵌空頃余於洞土獲一石大如拳高數寸若二龍交尾纏戲鱗鬣爪甲悉備石之中有數竅因植溪蓀爲好事者求去亦疑鍾乳點化所

成又洞中有石鼓石磬擊之各有聲

漁陽石譜

宋　漁陽公

牛僧孺好石石有一品遠近代士大夫如米芾亦好石除知無爲軍郡宅有怪石芾具公服拜之呼爲石丈時人謂之不恤也及研山一名壽嶺上有一天池不假凡水可以濡筆天壤間奇物也東坡好石獲一石於壺山民家名曰壺中九華謂九華之體而小也元章相石之法有四語焉曰秀曰瘦曰雅曰透四者雖不能盡石之美亦庶幾云仍疏平生所見奇石如

后

宣和石譜

宋 常懋

神運昭功

右二峰甲品獨神運峰廣百圍王錫爵盤固侯居艮嶽道中東石爲小亭以巍之高五十尺鄉雲萬態奇峰

寘蓴綠萃堂

石甲乙焉品第悉與錫號守吏以奎畫刻于石之陽惟神運峰前諸石以金石其字餘皆青黛而已

朝昇龍　望雲坐龍　捷霞　萬壽老松

御日　捫參　吐月　排雲

銜斗　雷門　月窟　蹲豹

嗎　坐獅　堆青　凝碧

金鰲　玉龜　疊翠　獨秀

曳烟　棲雲　風門　雷穴

玉秀　玉竇　銳雲　巢鳳

登封　日觀　蓬瀛　須

老人　稱　索星　慶雲

瑞靄　溜玉　噴火　蹙玉

藂秀岩　舞仙　玉麒　南屏風

伏犀　怒猊　儀鳳　烏龍尾

拔秀　凝翠　留雲　宿霧

藏燕谷　搏雲屏　積雪　滴露岩

抱犢　桂岩　太平岩　玉京獨秀

太湖石志

吳　范成大

太湖石

石出西洞庭多因波濤激嚙而爲嵌空浸濯而爲光瑩或縝潤如珪瓚廉劌如劍戟矗如峰巒列如屏障或滑如肪或黝如漆或如人如獸如禽鳥好事者取之以充苑囿庭除之翫

石生水中者良歲久波濤衝激成嵌空石面鱗鱗作靨名曰彈窩亦水痕也扣之鏗然聲如磬

龍山石

石堅潤可碑可礎可柱可礪

一名异石蘇州志云堅潤如玉擊之有聲刻碑惟此最佳用之歷堦世亦罕比

小洞庭

在龍山之南有石如七十二峰

綺里東南五里圻村山路臨水一石青綠色周二十餘步上有峰七十二因名

雞距石

龍山之下有如鳥立者

神鉦石

林屋洞中有若鐘鼓扣之其聲清越

石板

在石公山下平坦可坐數人

鷹頭石

縹緲峰上有如鷙鳥峙

玄龜石

霄漢嶺南有若龜者

石屋

龍頭山側多嵌空如屋

龍舌石

新安保之西有石長而銳者

石壁

東洞庭豊圻之南有大石若屏柳毅所扣也

傴人石

寒山西岸有若踞坐趺跡宛然

鼃殼石

黿山之下有若蹣跚見水面
舟人往來恐有觸突之患故語云東柢黿殼西柢
黿山兩舟連綢慳過中間
蟹殼石
二鼉之南有若黿殼而小
龍牀石
石公山下有若牀者
諺云石蛇一半露黿頭微微出行舟見兩山下有
龍牀沒

說郛目録

弓第九十七

吳氏印譜序

印章之來尚矣制式之等鈕綬之別雖各有異所以傳令示信一也是編自漢至晉凡諸印章搜訪殆盡一一摹搨類聚品刻沿革始末標題其下不惟千百年之遺文舊典古雅朴厚之意粲然在目而當時設官分職廢置之由亦從可攷焉吳氏孟思素以篆隸名而是編皆其手錄尤可寶也能君仲章得之以示余故書此而歸之至正二十五年五月甲子豫章揭汯識

漢晉印章圖譜

臨川王厚之順伯攷

紐制

一曰黃金橐駝鈕

二曰金印龜鈕

三曰銅印駝鈕

四曰塗金龜鈕

五曰銅印龜鈕

六曰塗銀龜鈕

七曰銅印環鈕

八曰銅印鼻鈕

駝鈕

龜鈕

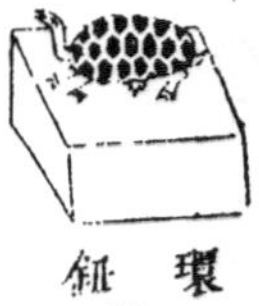

環鈕

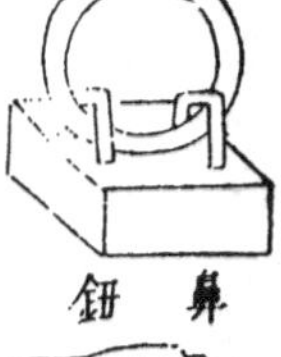

鼻鈕

環鈕

連環

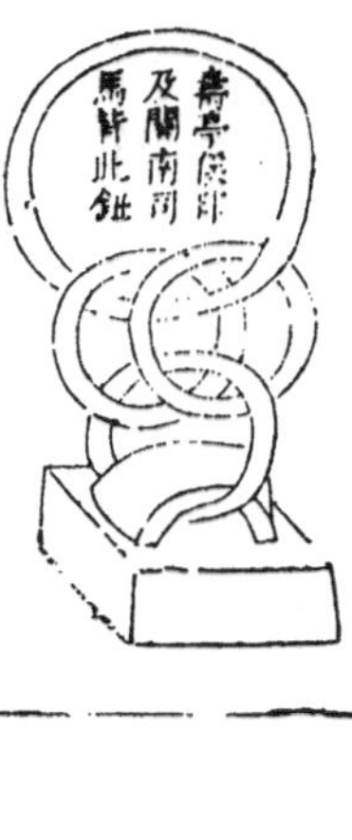

官印篆式

樂安王章 白文 塗金龜鈕 呂壽卿

漢和帝改千乘王寵國爲樂安王晉初封皇子鑒惠帝封齊王同子氷皆爲樂安王

中山王寶 白文 玉印

出於鄧挺舉先印册所載

關内侯印 白文 白玉印

旂武子宿云姊梁丞所藏仲謨孫尚書也後歸武子龜鈕鈕有尸浸痕

關内侯印 白文 玉印鼻鈕 錢遜庵和氏

秦爵二十等徹侯十九關内侯居京師而無國邑

京兆郡開國公章 白文 塗金龜鈕

兩漢無五等爵魏始有之而開國之號乃始於晉

都亭侯印 白文 塗金龜鈕 袁起岩氏

後漢皇后紀獻帝母王美人兄斌典平元年封都亭侯

都鄉侯印 白文 塗金龜鈕 榮次新

漢初列侯大者食縣小者食鄉亭皆爲列侯

巨野侯章 白文 塗金龜鈕

濟州巨野縣兩漢爲山陽郡

武平侯印（白文）塗金龜鈕

漢獻帝建元元年曹操自爲大將軍封武平侯

歸趙侯印（白文）銅印龜鈕

晉載紀劉元海於子曜以元帝大興元年僭帝位改國號曰趙據有關中又大興二年石勒據襄僭位亦改國號曰趙此必二胡以封來降者

關中侯印（白文）塗金龜鈕有不塗金者

魏志關中侯爵十七級皆金印紫綬

義城太守章（白文）銅印龜鈕

義城郡按隋志襄陽郡

宜陽太守章（白文）銅印龜鈕

宜陽縣兩漢及晉志皆屬弘農郡

隴東太守章（白文）銅印龜鈕沈虞卿

西魏於扶風郡汧陽置隴東郡

就都亭宰印（白文）銅印鼻鈕

漢志蜀郡廣都縣莽曰就都亭

西平郡長史印（白文）銅印鼻鈕

前漢表郡有丞邊郡又有長史秩

司徒左長史印白文銅印鼻鈕

前漢丞相有兩長史稱千石哀帝更丞相爲大司徒長史之號

奉車都尉白文銅印鼻鈕

漢宣帝地節二年以霍山爲奉車都尉

高安令印白文銅印鼻鈕

晉安帝義熙初分汎陽縣地置高安縣

安寧令印白文銅印鼻鈕 王氏復齋

安寧縣按隋志雕陰郡上縣西魏置安寧郡

永昌長印白文銅印鼻鈕 沈虞卿

按前漢表縣滅萬戶爲長秩五百石至三百石

新昌長印白文銅印鼻鈕 楊伯嵒

西漢遼東郡有新昌縣

新豐長印白文銅印鼻鈕 一楊伯嵒 二復齋

新豐縣屬京兆

故障長印白文銅印鼻鈕 元延之

故障今湖州安吉長興二縣地秦障郡故城故漢以名

浦陽長印白文銅印鼻鈕　榮次新

浦陽縣晉屬九德郡

立義行事白文銅印鼻鈕　玉山汪氏

後漢西域傳車師後王殺後部司馬及燉煌行事注行事謂行長史索班

玄平長印白文銅印鼻鈕　韓肅可允寅氏

彭城醫長白文銅印鼻鈕　姚景周

多睦子家丞白文銅印鼻鈕　徐槃景平

漢列侯有家丞

役栩丞印白文銅印鼻鈕　潘禋德文

後漢志役栩永元九年復又坊州宜君縣亦役栩縣地栩字本從衣今從木蓋漢字多假借此為漢印無疑

晉率善胡邑長白文銅印駝鈕　王復齋

魏率善胡阡長白文銅印駝鈕　玉山汪氏

魏志東夷傳辰韓國其官有魏率善邑君歸義侯中郎將都尉伯長

史記齊公以穰苴爲將軍此將軍之名所自始也漢武以後隨所征伐立號亦不常設

騎督之印 白文 銅印鼻鈕 汝寘卿

魏晉第五品有騎督

軍司馬印 白文 銅印鼻

軍司馬尚矣周禮軍司馬下大夫四人

別部司馬 白文 銅印鼻鈕

東漢志云軍司馬千石其別營領屬爲別部司馬

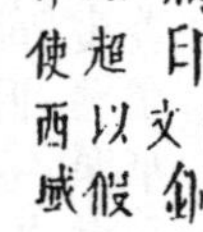

假司馬印 白文 銅印鼻鈕 趙師錫

前漢班超以假司馬印使西域

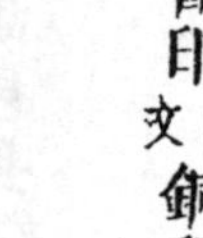

部曲督印 白文 銅印鼻鈕

已上皆經前賢考辨有來歷者收入一可見古人官印制度之式又可見漢人篆法敦古可爲摸範

私印式

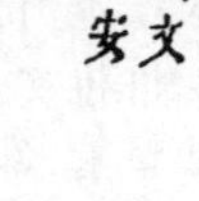

張幼君 白文

漢張長安字幼君

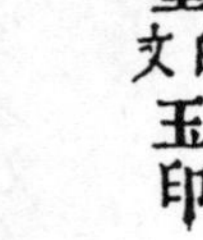

端居室 白文 玉印

唐相李泌

任印千秋 白文 回文式

漢任千秋

馬超之印 白文

蜀馬超

千萬 白文

欵識文

馮祖高　銅印

臣照　銅印

漢官儀

冠軍侯印 白文 銅印塗金龜鈕

前漢武帝以霍去病征匈奴功冠三軍封冠軍侯

廣平侯印 白文 銅印辟邪鈕

光武建武二年封吳漢爲廣平侯食廣平

漢都亭侯印 白文 銅印盤螭鈕

順陽侯家印信白文銅印橐駞鈕

伏波將軍白文銅印龜鈕

按伏波將軍前漢路博德後漢馬援陳惇夏侯惇魏滿寵甄像孫禮盧欽晉孫秀蔦洪陶延皆爲此官

繡衣執法大夫印白文銅印龜鈕

文七作三行大夫作畐蓋繆山之法前漢武帝時侍御史又有繡衣直指出討姦猾理大獄而不常置

上黨太守章白文銅印素鈕

都尉

右將軍會稽內史印白文銅印中空刻印而合漢丁爲之者中央文朽處乃丁柄穿蝕小點

平西將軍白文銅印龜鈕今藏義興周孝侯廟祀世寶之

沈約宋書臨川王義慶爲平西將軍

强弩司馬銅印鼻鈕

晉文王初啓晉臺置中衛及衛將軍而二衛始置前驅由基强弩爲三部司馬後周亦有强弩司馬

陷陣司馬　銅印瓦鈕　陣古戰陳字漢安帝元初中任尚募陷陣士擊羌零建安間樂進于禁皆常爲陷陣都尉

虎步挫鋒司馬　銅印瓦鈕　鋒字當從丂今從ヨ漢逢童子碑逢字亦然

左將軍軍司馬　左右前後將軍皆周秦官漢因之三國兩晉亦皆有之劉備爲左將軍嘗以龐義爲左將軍軍司馬即此官也

軍曲侯印　銅印槖鈕　軍曲侯秩六百石

軍曲

騎部曲督　騎軍部曲之將也

牙門將之章　牙門將魏官第五品

聚降尉右前侯

漢仟長印

漢歸義胡師長 銅印兎鈕

胡者夷狄之通稱也史氏謂之夷狄多言胡人

衛青 玉印槃螭鈕

賈山 白文 銅印

王廣德印 回文

臣寘

周昌信印

印章圖譜　廿

臣賀

徐延年印

堂白文玉印

印章圖譜　廿一

蔡勲白文玉印

王戎白文玉印

韓信白文玉印

吳火劉氏白文銅印鼻鈕

鄮商白文玉印

虞大中印白文玉印覆斗鈕

章陽丞印白文銅印鼻鈕

何泰之印白文銅印龜鈕

尊白文玉印斗鈕

中犢之印白文銅印鼻鈕

蘇豆之印白文銅印獅鈕

武仁夫氏白文銅印鼻鈕

韋夜張印白文銅印

侯魁之印白文銅印

張野株印白文銅印

鬲左尉印白文銅印鼻鈕

公孫弘印白文黃玉印

錢塘沈喬摹勒

學古編序

干莫利器也補履者莫能用欐梁大材也窒鼠穴者莫能舉故求此道必得於此道則達於此道矣既達矣止斯可乎曰不可夏后氏治水水之道也洄使之流道使之汪山泉之蒙尾閭之虚不相與達斯所謂道偶得此説因寫爲學古編真白居士吾丘衍子行序

學古編目錄

三十五舉

合用文集品目

一小篆品五則

許愼說文解字十五卷

蒼頡十五篇

徐鍇說文解字繫傳四十卷

張有復古篇二卷

又有五聲韻譜五卷

二鍾鼎品二則

薛尚功欵識法帖十卷

薛尚功重廣鍾鼎篆韻七卷

三古文品一則

夏竦古文四聲五卷

四碑刻品九則

李斯嶧山碑

泰山碑

秦望山碑

李陽冰新泉銘
碧落碑
詛楚文
史籒石鼓文
崔瑗張平子碑
古印式兩冊
五附用器品九則
王楚鍾鼎篆韻七卷
無銜鍾鼎韻兩冊

石鼓音
品大臨考古圖十卷
王球嘯臺集古錄二卷
高衎孫吾書總韻五卷
徐鉉篆
林罕字源偏旁小說三卷
葛刪正續千字文
六辨謬品六則
延陵季子十字碑

古三墳書
古文尚書
古文孝經
泉志
戴侗六書故 故武作詁
七隸書品七則
諸漢碑
婁機漢隸字源六卷
劉球碑本隸韻十卷

隸韻兩冊
洪适隸釋二十七卷
又隸釋續二十一卷
又隸纂十卷
石經遺字碑
佐書韻篇
八字源七辨
一日科斗書
二日籒文

目錄終

學古編

魯郡吾丘衍

三十五舉

一舉曰科斗爲字之祖象蝦蟆子形也今人不知乃巧畫形狀失本意矣上古無筆墨以竹梃點漆書竹上竹硬漆膩畫不能行故頭麤尾細似其形耳

一古謂筆爲聿蒼頡書從手持半竹加畫爲聿肃秦一謂不律由切音法云

二舉曰今之文章即古之直言今之篆書即古人平

常字歷代更變遂見其異耳不知上古初有筆不過竹上束毛便于寫畫故篆字肥瘦均一轉折無稜角也後人以真草行或瘦或肥以爲美茂若筆無心不可成體今人以此筆作篆難于爲古人尤多若初學未能用時略于燈上燒過庶幾便手

三舉曰學篆字必須博古能識古器則其款識中古一字神氣敦朴可以助人又可知古字象形指事會一意等未變之筆皆有妙處于說文始知有味矣前一賢篆之氣象即此事未嘗用力故也若看模文終

是不及

四舉曰凡習篆說文爲根本能通說文則寫不差又當與通釋兼看

五舉曰字有古今不同若檢說文煩覽費力當先熟于復古編大槩得矣

六舉曰篆書多有字中包一二畫如目字自字之類若初一字內畫不與兩頭相黏後皆如之則爲首尾一法若或接或否各自相異爲不守法度不可如此又圓點圓圈小篆無此法古文有之口字作

三角形不可引用學者愼勿于雜寫處妄意增入

七舉曰篆法匾者最好謂之蝌(音果)匾徐鉉謂非老手莫能到石鼓文字也

八舉曰小篆一也而各有筆法李斯方圓廓落李陽氷圓活姿媚徐鉉如隸無垂脚字下如釵股稍大鍇如其兄但字下如玉箸微小耳崔子玉多用隸法似乎不精然甚有漢意李陽氷篆多非古法故子玉也當知之

九舉曰寫成篇章文字只用小篆二徐二李隨人所便切不可寫詞曲

十舉曰小篆俗皆喜長然不可太長長無法但以方楷一字半爲度一字爲正體半字爲垂脚豈不美哉脚不過三有無可奈何者當以正脚爲主餘畧收短如幡脚可也有下無脚字如㞢旨止等却以上枝爲出如艸木之爲物正生則上出枝倒懸則下出枝耳

十一舉曰凡寫碑匾字畫宜肥體宜方圓碑額同此但以小篆爲正不可用雜體

十二舉曰以鼎篆古文錯雜爲用時無跡爲上但皆以小篆法寫自然一法此雖易求却甚難記不熟其法未免如百家衣爲識者笑此爲逸法正用廢此可也

十三舉曰凡口(音圍)圈中字不可塡滿但如斗井中着一字任其下空可放垂筆方不覺大圈比諸字亦須畧收口不可圓亦不可方只以炭墼(音擊)範子爲度自好若日目等字須臾放小若印文中匾口井口字及子字上口却須畧寬使口半見空稍多字

始渾厚漢印皆如此

十四舉曰寫篆把筆只須單鉤却伸中指在下夾衬方圓平直無有不可意矣人多不得師傳只如常把筆所以字多敧斜畫亦不能直凡字勢不活也若初學時當虛手心伸中指并二指于几上空畫如此不拘方可操筆此說最要緊學者審之其益甚矣

十五舉曰凡篆大字當虛腕懸筆手腕着紙便字不活相多有人不能用筆用椶櫚條及紙筒等物皆

俗夫所爲士大夫不可用此

十六舉曰漢篆多變古法許氏作説文救其失也

十七舉曰隷書人謂宜匾殊不知妙在不匾挑拔平硬如折刀頭方是漢隷書體括云方勁古折斬釘斬鐵備矣隷法顛凌具其大畧

十八舉曰漢有摹印篆其法只是方正篆法與隷相通後人不識古印妄意盤屈且以爲法大可笑也多見故家藏漢印字皆方正近乎隷書此即摹印篆也王球嘯堂集古錄所載古印正與相合凡屈曲盤回唐篆始如此今碑刻有顏魯公官誥尚書省印可攷其說

十九舉曰漢魏印章皆用白文大不過寸許朝爵印文皆鑄盖擇日封拜可緩者也軍中印文多鑿盖急于行令不可緩者也古無押字以印章爲官職信令故如此耳自唐用朱文古法漸廢至宋南渡絶無知者故後朱印文皆大謬

二十舉曰白文印皆用漢篆平方正直字不可圓縱有斜筆亦當取巧寫過

二十一舉曰三字印右一邊一字左一邊兩字者以兩字處與爲一字處相等不可兩字中斷又不可十分相接

二十二舉曰四字印若前二字交界畧有空後二字無空須當空一畫地別之字有有脚無脚故言及此不然一邊見分一邊不分非法度也

二十三舉曰軒齋等印古無此式唯唐相李泌有端居室三字印白文玉印或可照例終是白文非十法不若則從朱文

二十四舉曰朱文印用雜體篆不可大怪擇其近人
情免費詞說可也
二十五舉曰白文印用崔子玉寫張平子碑上字及
漢器上并碑蓋印章等字最爲第一
二十六舉曰凡姓名表字古有法式不可隨俗用雜
篆及朱文
二十七舉曰白文印必逼于邊不可有空空便不古
二十八舉曰朱文印不可逼邊須當以字中空白得
中處爲相去庶免印出與邊相倚無意思耳字空

細四傍有出筆皆滯邊邊須細于字邊若一體印
出時四邊虛紙昂起未免邊肥于字也非見印多
不能曉此粘邊朱文建業文房之說
二十九舉曰多有人依款識字式作印此大不可蓋
漢時印文不差如此三代時卻又無印學者慎此
周禮雖有璽節及職金掌辨其微惡揭而璽之之
說註曰印其實手執之孑音節也正面刻字如秦氏
璽而不可印印則字皆反矣古人以之表信不問
字反淳朴如此若戰國時蘇秦六印制度未聞准

子人間誤曰濟君召子貢授以大將軍印劉
寓言而失詞耳
三十舉曰道號唐人雖有不曾有印故不可以道號
作印用也三字屋扁唐却有添
三十一舉曰凡印文中有一二字忽有自然空缺不
可耿帶者聽其自空古印多如此
三十二舉曰凡印僕有古人印式二冊一爲官印一
爲私印具列所以實爲甚詳不若嘯堂集古錄所
載只具音釋也

三十三舉曰凡名印不可妄寫或姓名相合或加印
章等字或兼用印章字曰姓某印章不若只用印
字最爲正也二名可迴文寫姓下着印字在右二
名在左是也單名者曰姓某之印卻不可迴文寫
若曰姓某私印不可印文墨只宜封書亦不可迴
文寫名印內不可着氏字表德可加氏字亦當詳
審之
三十四舉曰表字印止用二字此爲正式近人欲并
加姓氏于其上曰某氏某若作姓某父古雖有此

稱係他人美已却不可入印人多好古不論其原不爲俗亂可也漢人三字印非複姓及無印字者皆非名姓蓋字印不當用印字以亂名耳漢張長安字幼君有印曰張幼君（右一字左二字）唐李溫字化光有印曰李化光亦三字表德印式（幼君西漢王式弟子化光見柳文呂衡州也）

三十五舉曰諸印文下有空處懸之最佳不可妄意伸開或加屈曲務欲填滿若寫得有道理自然不覺空也字多無空不必問此

學古編　八

合用文集品目

一小篆品五則

許氏說文解字十五卷（慎字叔重汝南召陵人太尉祭酒）

徐鉉校正定本有新增入字始一終亥者係正本分韻川本乃後人所更非古人之本意

蒼頡十五篇（頡姓侯剛氏黃帝史也亦曰皇頡）即是說文目錄五百四十字許氏分爲每部之首人多不知謂已久滅此爲字之本原豈得不在後人又并字目爲十四卷以十五卷著序表人益不意其存矣僕聞之師云

徐鍇說文解字繫傳四十卷（鍇字楚金廣陵人集賢學士）嘗與許氏本相參首卷上部分六書甚詳末卷辨陽冰差誤

張有復古論二卷（有字吳興人湖州有板）載古今異文字不可以爲字少　又五聲韻譜五卷比常韻無差

二鍾鼎品二則

薛尚功款識法帖十卷（尚功字用敏錢塘人僉事定江軍節度判官廳事）

學古編　九

碑在江州蜀中亦有翻刻者字加肥

薛尚功重廣鍾鼎篆韻七卷江州使庫板一卷象形奇字一卷器用名目五卷韻

三古文品一則

夏竦古文四聲韻五卷（竦字子喬江州德安人樞密使）前有序并全銜者好別有僧翻本不可用此書板多而好者極不易得韻內所載字多云某人字集初無出處不可據信且又不與三代款識相合不若勿用然古文別無文字故前列之

四碑刻品九則

李斯嶧山碑（鄭氏曰此頌德碑也斯字通古上蔡人秦丞相）直長者爲眞本橫刊者皆摹本有徐氏門人鄭文寶依眞本式長刊者法度全備可近于眞但攷字亢人相近亡直筆作兩股近李處巽于建康新刻甚謬

李斯泰山碑咸陽志曰泰山碑秦相李斯書跡妙時古爲世所重鄭文寶模刊石于長安故都國子學今在文廟石皆斷落唯二世詔一面稍見

李斯秦望山碑在會稽今無

李陽冰新泉銘（陽冰趙郡人將作少監）陽冰最佳者人多以舒原輿之言稱新驛記妹不知此碑勝百倍也陽冰名潮杜甫甥也後以字行因以爲名亦別字少溫木玄虛海賦有云其下陽冰不治陰火潛然則知與潮又且有理人多不知因詳其說又有李騰篆僞作陽冰書

碧落碑在絳州字雖多有不合法度處然布置美茂自有神氣當以唐碑觀之世傳陽冰臥看三日歐其佳者數字又言道士寫畢化鳥飛去後及字欠一筆尤爲可笑不知古文正當如此耳（云唐韓元嘉子李訓等爲姚房氏立）

詛楚文（俗云詛足文李斯篆在鳳翔府）有巫咸大沈文（音故）湫淵（音秋）驪三種辭則一廼後人假作先秦之文以先秦古器比較其篆全不相類其僞明矣篆文皇本從自世傳始皇謂與臯臭相似因去一畫不足爲病在前亦有如此者嶧山數成等字皆與古異此碑用之及用泰權殿字作也益知見嶧山泰權而後創造者未必不欲人曰嶧山用此法

誠古也其如辨者何

史籀石鼓文（鄭氏曰在鳳翔府宣和間移置東宮周宣王太史或云柱下史）在燕都舊城文廟

薛尚功法帖所載字完于眞本多故不更具眞本

崔瑗張平子碑（瑗字子玉安平人濟北相碑在鄭州前後兩段）字多用隸法不合說文卻可入印篆全是漢

古印式二冊（皆漢官威儀）無印本僕自集成者後人若不得見只于嘯堂集古錄十數枚亦可爲法

五附用器品九則

楚鍾鼎篆韻七卷楚字管衡州雲仙觀人衡州本字少所出在薛氏前

無衡鍾鼎篆兩冊即薛舊本後重廣作七卷恐人無別故去其銜亦間有帶銜者在

石鼓音後附詛楚文者又載周穆王吉日癸巳之說石鼓鄭樵音不可信

呂大臨考古圖十卷大臨字與叔永興人有黑白兩樣黑字者後爲有韻圖中欠瑞玉巤白字者博山鑪上誤書作人手

王球嘯堂集古錄二卷球字夔玉正文共一百紙序跋在外其間有古文印數十有一曰夏禹係漢巫厭水災法印世俗傳有渡水佩禹字法此印乃漢篆所以知之又一印曰孔夫音誤是孫茲二字又有滕公菓銘鬱鬱作兩字書且妄爲剝落狀然考之古法疊字只作二小畫附其下秦時大夫猶只以夫字加二小畫況此疊文者乎僞無疑矣

楊衍孫五書韻總五卷衍孫字[illegible]四明人此書篆隸眞行草一字五體別體皆作小字隨體分註可備初學者用間有差處安自斟酌

徐鉉篆鉉廣陵人左散騎常侍二徐字蹟最多以其近世故不條具鉉字鼎臣鍇字楚金作法見前

林罕字源偏旁小說三卷罕字　人國子博士此書言篆與隸相通源流亦自可採但有數說與說文悖却係陽冰變法知之足矣是字上從曰巴上從巴加點之類

葛刪正續千字文雖是近人然字法極好千文有

兩續本不可無之別有陳道士冒名擬本不見好處間有碑刻惜其不多

六辯謬品六則

延陵季子十字碑在鎮江人謂孔子書文曰嗚呼有吳延陵君子之墓按古法帖上止云於乎有吳君子而已篆法敦古似乎可信今此碑妄增延陵之墓四字除之外三字是漢人方篆不與前六字合借夫子以欺後人罪莫大于此又且因君字作季字漢器蜀郡洗字半邊正與此君

字同用此法也以季字音顯見其謬比干墓前
有漢人篆碑亦有此說葢洪氏隸釋漢隸字源
辨之甚明此不復具
三墳書此僞本大不可信言詞俗謬字法非古尚
書無也字此書有之乙戊字合咒几大此從心
加一筆走字合㱏音愼此隨俗作之字引鄘其餘
頗多
古文尚書係後人不知篆者以夏竦韻集成亦有
不合古處若言古今篇大文淤而異姑存之言

字畫則去之
古文孝經內一篇大謬今文無之後人妄欲作古
以古文字集成者觀者當取其字
泉志闕有泉文近于道者可以廣見又有妄作三
皇幣及禹時幣不可爲信卍此字人謂萬字乃
出古錢不見此書終不知也故引入以待好事
者
戴侗六書故侗以鍾鼎文編此書不知者多以爲
好以其字字皆有不若說文與今不同者多也

形古字今雜亂無法鍾鼎偏旁不能今有御只
以小篆足之或一字兩法人多不知此㠯本音嚴
加冂不過爲宸字乃音作官府之官村字從邨
邨不從寸木今乃書此爲村引杜詩無村眺望
賒爲証甚誤學者許字解字引經漢時倚篆隸
乃得其宜今侗亦引經而不能精究經典古字
及以近世差誤等字引作正據鏑鍾鬶鏕屎屎
等字世俗作鍾鍾鼎文各有詳註明字解尤爲
不到此書爲一厄矣學者先觀古人字書方知

吾言之當
七隸書品七則
諸漢碑洪氏隸釋備具其說更不再言
婁機漢隸字源六卷機字彥發嘉興人參知政事字法最好洪
氏本有碑目在前
劉球碑本隸韻十卷外一卷紀源
隸韻兩冊麻沙本與隸韻爲一副刊字體不好
以其冊數少乃可常用之故目此
洪适隸釋二十七卷并隸釋續二十一卷适字景伯鄱陽

人左僕射皆漢碑釋文隸釋續畫諸碑形及墓壁畫
像其碑多圭首或笏首上有垂虹或題處偏僻
畫則如影像狀渾黑
洪适隸纂十卷以漢碑摸臨偏旁奇古者上石
石經遺字碑會稽蓬萊閣隸本破缺磨滅不異真
古碑今無矣
佐書韻編姑蘇顏氏本字比諸隸的爲最多寫得
御不好以上書計三十九種美惡雜舉學者皆
當知之此等事業以博爲貴數外更有文字不

欲大繁始言其不可無者然亦自有續古篆韻
五卷疑字一卷附後未暇刊板且令學者傳寫
又有說文續釋方更刪定同志能爲刻之流傳
將來亦盛德事

八字源八辯字

一曰科斗書科斗書者蒼頡觀三才之文及意度
爲之乃字之祖即今之偏旁是也畫文像蝦蟆
子形如水虫故曰科斗
二曰籀文籀文者史籀取蒼頡形意配合爲之損
益古文或同或異加之銛利鉤殺大篆是也史
籀所作故曰篆文
三曰小篆小篆者李斯省籀文之法同天下書者
比籀文體十存其八故小篆爲之八分小篆也
既有小篆故謂籀文爲大篆文云
四曰秦隸秦隸者程邈以文牘繁多難于用篆因
減小篆爲便用之法故不爲體勢若漢款識篆
字相近非有此法之隸也便于佐隸故曰隸書
即是秦權秦量上刻字人多不知亦謂之篆誤

矣或謂秦未有隸且疑程邈之說故詳及之
五曰八分八分者漢隸之未有挑法者也比秦隸
則易識比漢隸則微似篆若用篆筆作漢隸字
即得之矣八分與隸人多不分故言其法
六曰漢隸漢隸者蔡邕石經及漢人諸碑上字是
也此體最爲後出皆有挑法與秦隸同名其實
異寫法載前卷十七舉下此不再敘
七曰款識款識文者諸侯本國之文也古者諸侯
書不同文故形體各異秦有小篆始一其法近

世學者取欵識字爲用一紙之上齊楚不分人
亦莫曉其謬今分作外法故末置之不欲亂其
源流使可考其先後耳

附錄

洗印法

圖書久爲油䘮所膩者先于燈盞内浸一宿次日取
出蘸香爐内灰用硬棕刷乾洗之若䘮未盡更蘸刷
以盡爲度不損印文而清麗若新凡欲洗刷先當用
繩約定以防其滑此法最良

印油法

香油浸皂角于甆器内煎過放冷和熟艾成劑次加
銀硃以紅爲度入絹袋中用甆玉器盛之數日一蘸
忌銅錫器若日久油乾復用煎下油滴取盛器内以
印色置其上使自沁又不可自上澆下此法不蒸不
煉久而益佳與好事者共之

世存古今圖印譜式

宣和印譜四卷

晁克一圖書譜一卷 又名集古印格

王厚之復齋印譜一卷

顔叔夏古印譜二卷

姜夔集古印譜二卷

吾衍古人印式二卷

趙孟頫印史二卷

取字法

硇砂 尾礬 白龍骨 水賊草 蜜陀僧 白
石脂 桑柴灰 各等分 人言 少許

右爲細末先濕字後滲藥末以熨斗熨之乾隨

落

摹印四妙

李陽氷曰摹印之法有四功侔造化冥受鬼神謂之
神筆書之外得微妙法謂之奇藝精于一規矩方圓
謂之工繁簡相參布置不紊謂之巧

書紡學也古以記錄而已然筆法寓焉故學者必
有師承始能名家筆鈴基旨人咸秘吝之篆籕之
學又其甚焉者元吾子行作爲此書援證圖牒据
摭金石論辨頗詳觀者如親獲指授信其[illegible]

之法也往者先君得刻本于燕都藏于家笥垂五
十年不佞少喜六書嘗手覩焉以日久漫漶因授
于梓碑摹印者有所考据于行畸人也不必論其
世傳其可傳者斯可矣

傳國璽譜

滎陽鄭文寶

國璽者本卞和所獻之璞琢而成璧楚求婚于趙以
璧納聘故稱趙璧而秦昭王請以十五城易之趙使
藺相如送璧于秦秦納璧而悋城相如乃詭而奪至
秦皇并六國獨有天下廼命李斯篆書諸工人孫壽
用是璧爲之一云用藍田玉作之其篆文云受命于
天既壽永昌至始皇崩二世立天下大亂劉項起二
世爲趙高所弒立子嬰子嬰立四十日漢高祖先與

諸侯期入關子嬰乃乘素車白馬繫頸以組奉傳國
璽降於軹道旁高祖收璽以子嬰屬吏項羽後殺子
嬰誅戮秦族封高祖還定關中立漢社稷五年誅項
羽而有天下至平帝時王莽纂政鴆殺平帝立孺子
自號安漢公王莽使皇后求國璽后知不能留乃從
綬帶解下投地故一角有缺莽就得之遂稱新室按
玉璽方濶四寸龍鼻色黄上大篆文飾以蟲鳥魚龍
之狀秦相李斯篆其字有八云受命于天既壽永昌
側小書七字曰魏太祖命黄象篆之文曰魏所受漢

傳國璽初王莽之末天下大亂赤眉入長安長安人
公孫賓殺莽于漸臺遂得國璽歸于劉盆子建武中
盆子降世祖故璽入後漢至獻帝董卓作亂張讓段
珪將帝出小平津投璽于洛陽井中孫堅入洛見井
上有五色氣使人浚井乃獲璽孫堅得之尋爲袁術
所奪袁術敗璽入魏太祖至長道鄉公禪位于晉璽
入晉室懷帝爲劉聰所陷帝降聰聰子承鑾得之璽
入聰聰死粲爲靳準所殺劉曜平靳準國稱趙及曜
爲後趙石勒所滅其璽入勒至季龍死石世遂亂中

原魏冉閔盡誅石氏遂稱魏爲前燕慕容儁所敗有
蔵施者得璽謝尚以五百騎送之歸于東晉即穆帝
時也及恭帝傳位宋王劉裕璽入宋至順帝時禪位
于南齊齊王蕭道成求璽璽又入齊至和帝時禪位
于梁王蕭衍以璽入梁武帝太清時侯景作亂臺城
不守武帝崩蕭綱爲簡文帝俄而幽死永福省立昭
明子棟又廢棟自立百餘日軍敗爲羊鯤所殺有趙
賢者爲景所親掌璽綬及鯤敗將一疋藏璽至京口
時有截金者爲盜所劫載璽者乃踣舟中至瓜洲復
進盜力不能制投璽于草中而告大將軍郭敬之徹
之取得與北齊王高洋至高緯爲後周武帝宇文邕
所殺璽入周至靜帝衍禪位于隋文帝璽入隋煬帝
幸江都宇文化及行弑帝崩其璽爲蕭后所掌遂爲
于宇文化及爲竇建德所殺璽入建德後建德爲
一可干所敗蕭后將璽入　庭至唐武德中使人入
取蕭后及傳國璽突厥乃遣蕭后及璽并煬帝少
子玄帝歸遂入唐高祖神堯皇帝受之按唐年譜録
廣明元年十二月五日僖宗幸蜀王建襲負傳國璽

從駕以行天祐初濟陰王祝以壽終璽入于梁梁亡
入後唐莊宗同光之亂歸于明宗明宗崩清泰即位
于岐下王思同張虔釗之舉少奔潞潞帥石敬塘不
納殞于驛署璽後歸于清泰晉高祖擁戎馬自晉陽入
洛河橋不守清泰積薪累日盡驅宗室六宫珍玩一
旦俱焚于摘星樓泰璽俱燼其亦明矣按隋蔣記北
戎入梁國晉少主奉上璽綬戎王惟玉璽制用疏樸
筆工又非真絕疑將有隱易者晉人具以實對文皆
淳化中司言陝右督劉軍于塞下有虔州永壽縣王

傳趙應貞者北燕人老而能記自謂少年事戎爲傳丞相高公堂後官嘗從公至燕子城登重閣得晉舊物得觀璽綬與暦蕃畧同今傳者云秦璽入　亦其語矣至道三年五月十五日滎陽鄭文寶舟中述

玉璽譜

劉名

傳國璽是秦始皇所刻其玉出藍田山是丞相李斯所書其文曰受命于天旣受永昌漢高祖定三秦、王子嬰獻此璽及漢高卽位仍佩之因以相傳故號曰傳國璽漢昭帝時殿中一夜相驚霍光卽召持節郎取璽郎不與光欲奪之郎按劍曰頭可得璽不可得光善之明日遷郎秩二等光後廢昌邑王賀立宣帝光自手解取賀璽扶令下殿至漢平帝王莽簒位

向元后求璽乃出璽投之於地璽上螭一角缺及莽敗時帶璽綬避火于漸臺商人杜吳殺莽取綬不知取璽及莽頭公賓就見綬問綬主所在及斬莽首并璽與王憲憲得無所送又自乘天子車輦李松入長安斬憲送璽詣宛上更始赤眉大司馬謝祿至高陵更始奉璽赤眉赤眉立劉盆子建武三年盆子敗于宜陽獻璽還光武孫堅從桂陽入討董卓卓時已焚燒洛邑徙都長安堅軍于城南見井中旦旦有光軍人莫敢汲堅乃㴱得璽初卓作亂掌璽者投于井中故

堅得之袁紹有僭盜意乃拘堅妻逼求之紹得璽見
魏舉以向肘魏武惡之紹敗得璽還漢以禪魏魏以
禪晉趙王倫篡立使義陽王威就惠帝取璽帝不與
強奪之晉帝永嘉五年王彌立入洛陽執懷帝及傳
國六璽詣劉曜後爲石勒所并璽復屬勒刻一邊云
天命石氏此璽今不復存勒爲冉閔所滅此璽屬閔
閔敗璽存閔之部屬蔣幹晉鎮西將軍謝尚遣督護
何融至購賞得之以晉穆帝永和八年還江南晉元
帝東渡歷數帝無玉璽北人皆云司馬家是白板天
子

相貝經

漢　朱仲

黃帝唐堯夏禹三代之貞瑞靈奇之秘寶其有次此
者貝盈尺狀如赤電黑雲謂之紫貝素質紅黑謂之
朱貝青地綠文謂之綬貝黑文黃畫謂之霞貝紫愈
疾朱明目綬清氣障霞伏蛆蟲雖不能延齡增壽其
禦害一也復又下此者鷹喙蟬脊以逐溫去水無奇
功貝大者如輪文王得大秦貝徑半尋穆王得其殼
懸於觀秦穆公以遺燕鼉可以明目遠察宜玉宜金
南海貝如珠礫或白駮其性寒其味甘止水毒浮貝
使人寡無以近婦人黑白各半是也濯貝使人善驚
無以親童子黃脣點齒有赤駮是也雖貝使病瘧黑
鼻無皮是也蟵貝使胎消勿以示孕婦赤帶通脊是
也慧貝使人善忘勿以近人赤熾內殼赤絡是也醬
貝使童子愚女人淫有青脣赤鼻是也碧貝使童子
盜脊上有縷句脣是也雨則重霽則輕委貝使人志
強夜行伏迷鬼狼豹百獸赤中圓是也雨則輕霽則
重

緯畧云師曠有禽經浮丘公有鶴經雖相畜亦有
牛經馬經狗經下至蟲魚有龜經魚經唯朱仲所
傳貝經怪奇甚朱仲受經於琴高

相手板經　闕名

相手板法出蕭何武臼四晧初出殆未行世東方
見而喜之曰此非庸人所至衛司空隊長見此書歎
服以示許士宗荀仲將

板首尾取五行尋四時定八節明二十四時百不失
一

板長一尺五寸廣一寸五分上狹而薄下廣而厚八
角十二芒並無欹端平板形皆完净合法者吉不合

者凶

板凶小吉多者可用吉少凶多者不可用

舊用白直檀刺榆桑初四林也番當令理通直從上
至下直如絃不得出邊絕理

板頭是君次板頭與君共事必不得中分

板作四分坐一分爲二親左爲父右爲母第二分都
爲婦第三分左爲男右爲女左爲奴右爲婢

板第四分爲田宅財物牛馬猪羊雞犬之屬以五行
十二時分占其處崩毁傷蹋破裂爭節蝸穿兆暄所

屬物必損失死亡
板兩邊左爲城右爲社寬博文彩班班光澤淸淨必
得封邑

相手板經　二

帶格

宋　陳隨隱

格三十二

笏頭一字王外執政兩府
笏頭毬紋宰執
排方御仙花正侍郎知閤節使
螺犀權侍郎
絲頭荔枝正任副使橫行
毬路內侍
海捷幕士節宮
剔梗荔枝訓武郎丁
柘枝快行親從
太平花隨龍忠佐
碎草茶酒班
獅蠻
人仙
犀牛
寶甎

帶格　一

行虎
戲童
寶相
胡荽
鳳子
野馬
雙鹿
方勝
雲鶴

坐神並班直
天王親事官
行獅行門
行鹿御廚教駿
盤鳳翰林司
凹面教坊
醉仙御龍直
獐鹿輦頭司儀鸞司
三品以上玉四品以上金餘並金塗銀鈒

班金塗銅

三器圖義

宋　程迥

敘曰天地肇判陰陽攸分六位時成萬物形著是故體有長短所以起度也壽有多寡所以生量也物有輕重所以用權也是器也皆准之上黨羊頭山之秬黍焉以之測幽隱之情以之達精微之理推三光之運則不失其度通八音之變則可召其和以辨上下則有品以分隆殺則有節凡朝廷之出治生民之日用未有頃刻不資焉者也歷考往古如虞舜垂重華

之典周公作太平之書孔子欲行政於四方孟軻欲揆敘於萬類舍是則何以哉嘗見有司頒禮旣謬誤而莫知先儒談經又濶略而未講於是采歷代之制載籍之文而述度量衡三品圖義焉淳熙十年閏十一月丁酉序

古者度以北方秬黍中者一黍之廣爲分十分爲寸十寸爲尺十尺爲丈十丈爲引量容一千二百黍爲龠謂十二銖二龠爲合謂二十四銖十合爲升十升爲斗十斗爲斛碩權以百黍之重爲銖二十銖爲兩謂兩黃鍾之律十六兩爲斤謂八百十四銖准易文三十斤爲鈞重萬有一千五百二十銖當萬之策數四鈞爲石准四旹之數令文謂鍾律則景合藥劑制官則准式用之餘悉用大者謂一尺二寸爲一大尺三斗爲一大斗三兩爲一大兩

古人以度定量以量定權必參相得然後黃鍾之曆可求八音五聲從之而應也國朝皇祐中阮逸胡瑗累黍定尺旣大於周尺姑欲合其量也然竟於權不合乃謂黍稱三兩已得稱一兩反疑史書之誤及韓忠獻公丁文簡公詳定知阮胡之失然莫能以三品

參相攷也先是范蜀公論曰樂者和氣也發和氣者音聲也音聲生於無形故古人以有形之物傳其法俾後人參攷之有形者何秬黍也律也尺也龠也鬴也斛也算數也權稱也鐘也磬也是十者必相合而不相戾而後爲得也是謂以黍定三品則十者無不該三者尺爲之本周尺也者先儒攷其制脗合者不一至宋景文公取隋書大業中歷代尺十五等獨以周尺爲之本以攷諸尺韓忠獻公嘉祐累黍尺二其一亦與周尺相近頃者司馬備刻石存此尺樣益温

國文正公舊物也苟以是定尺又以是參定權量以合諸器如挈裘而振其領其順者不可勝數也

度周官典瑞云璧羨以起度注云羨不圜之貌蓋廣徑八寸袤一尺漢書律曆志說見存前蔡邕鄭康成杜夔荀勗本字諱呼玉切所論尺有增損始終校大樂八音不知後漢至魏尺長於古四分有餘夔乃爲劉恭依周禮制尺所謂古尺也是以古尺更鑄銅律調叶聲韻後汲郡盜發六國時魏襄王冢得古周時玉律及鐘磬爲新聲闇同于時郡國或得漢時故鐘吹律勗

以合之其聲皆應時人稱爲精密武帝以荀勗律與周漢器合遂施用之勗去千載之下推百代之上法度既合聲音又諧亦可謂密切而有證也

一周尺漢劉歆銅斛尺後漢建武銅尺荀勗所定而晉前尺祖冲之銅尺並同近年司馬備刻周尺漢劉歆尺晉玉尺今圖于後備之云高敏之以漢錢五物參校尺同先是嘉祐中韓忠獻公丁文簡公累黍尺二條其一亦與周尺相近

二晉田父玉尺梁法尺實比周尺一尺七釐

三梁表尺實比周尺一尺二分二釐一毫有奇隋書始用水尺而定律呂大業中吏部用梁表律調八音之器

四漢官尺晉時始平掘得古銅尺實比周尺一尺三分七釐晉荀勗既定晉前尺惟阮咸譏其聲則悲非興國之音亶古今尺有長短所致也後始平掘地得古銅尺不知所出何代果長勗尺四分時人咸服其妙而莫能措意焉宋景文公謂時人掘地得尺乃破周漢之二器亦近夫貴耳賤目者也

五魏尺實比周尺一尺四分七釐即杜夔所用

六晉後尺實比周尺一尺六分七釐晉氏江東所用者

七後魏前尺實比周尺一尺二寸七釐

八中尺實比周尺一尺二寸一分一釐

九後尺實比周尺一尺二寸八分一釐即隋開皇官尺謂之鐵尺及後周市尺

十東後魏尺實比周尺一尺三寸八毫

十一蔡邕銅籥尺後周土尺同實比周尺一尺一寸

五分八釐
十二宋氏尺錢樂之渾天儀尺後周鐵尺同實比周尺一尺六分四釐
後周時達溪震等議令勘周漢古錢大小有合宋氏渾儀尺度無舛者古黃金方寸重一斤令鑄金校驗鐵尺爲迩司馬備刻宋尺後周尺又云太常寺樂律尺少府監祭器景圭渾儀尺皆同實比周尺一尺五分
十三隋萬寶常水尺實比周尺寸八分六釐

十四雜尺實比周尺一尺五分趙劉曜渾天儀土圭所用者
十五梁朝俗間尺實比周尺一尺七分一釐
五代周王朴律准尺比周尺一尺二分有奇
本朝和峴景表尺比周尺一尺六分有奇
阮逸胡瑗皇祐樂書黍尺比周尺一尺七分
韓忠獻公丁文簡公校阮胡尺令尺匠石素等再累到尺二條其一比周尺一尺三分五釐
司馬備刻三司布帛尺一尺三寸五分

頃年禮部頒祭祀儀式畫到造化器尺比周尺一尺一寸二分
量考工記㮚氏爲量深尺內方尺而圜其外其實一鬴註云六斗四升爲鬴漢書律歷志說見前
廻以考工記鬴法積百萬分乘除布等則鬴爲七百八十一分二釐五毫實黍千二百合爲千
五百合合爲千五百六十二分五釐實釐二千四百升爲萬五千六百二十五分實釐二萬四千釜爲億分實黍百五千三萬六千太元數曰凡七十有八黃

鍾之數立焉正與此合於是見阮胡龠合升斗皆大而鄧保信林億等皆小權周禮玉人云駔琮五寸宗后以爲權注駔讀爲組繫之因名焉鄭司農云以爲堅以起量駔琮七寸鼻有半寸天子以權注以爲權故有鼻也漢書律歷志總見前
唐志武德四年鑄開通元通積錢十錢重一兩計一千重六十斤四兩蘇晃曰今錢爲古珍七銖以上比古五朱錢則加重二銖以上廻謂一文爲七銖奇十分銖之二則

所謂三兩爲一大兩者可無疑矣

皇祐新樂圖有銖秤其圖幹上分二十四銖爲一兩止一面有星一繫一盤如民間金銀等子者其錘形如銀

寶記

闕名

五寶八寶

唐開元中李氏者嫁于賀若氏夫卒爲尼號曰真如其行高潔天寶元年七月七日忽于寺庭見五色雲墜[illegible]之一囊中有五物真如藏之祿山亂真如流離楚州安宜縣肅宗元年建子月十八夜真如爲神人召往化城見天帝授以八寶俾獻于朝以沴氣真如乃并前得五寶皆獻之

玄黃天符

長八尺闊三寸形如笏上圓下方近圓有孔黃玉也色比蒸栗澤若凝脂可以辟人間兵疫之氣

玉雞

毛文悉備白玉色王者以孝理天下則見

穀璧

亦白玉也徑五六寸其文粟粒自生非雕鐫之迹王者寶之則五穀豐稔

如意寶珠

大如鷄卵而圓正光色極瑩置室中明如滿月

紅靺鞨

大如巨栗赤爛若朱櫻眎之若不可觸而觸之甚堅不可破

琅玕珠

形如環四分缺一徑可五六寸許

玉印

大如半手其文如鹿陷之印中着物則形見

皇后採桑鉤二枚

各長五寸其細如箸屈之似金似銀又似銅

雷公石二枚

形如斧長可四寸闊二寸無孔膩如青玉諸寶置之日中則光氣連天既進肅宗已寢疾召代宗謂曰汝自楚王爲太子今天賜寶于楚州天祚汝也宜保之代宗受賜即日改年寶應既監國賜眞如號寶和改縣爲寶應自是兵革消息海內小康亦其應也

三代鼎器錄

唐　吳協

商鼎　文王鼎

周公鼎　周姜鼎

虢姜鼎　鄭伯姬鼎

伯姬鼎　晉姜鼎

孔文公鼎　魯公鼎

宋公鼎　單冏鼎

宋君鼎　宋君夫人鼎

東宮方鼎　得鼎

庚鼎　乙鼎

大鼎　姒鼎

欒鼎　趙鼎

辛鼎　癸鼎

龍鼎　陀東

東宮鼎　盤鼎

公緘鼎　子斯鼎

子吳鼎　師寏鼎

父乙鬲 叔夜鬲
季娟鬲 父癸鬲
父甲鬲 父丁鬲
蟬文鬲 龍生鬲
召夫鬲 師毀敦
師毛敦 師旭敦
周姜敦 周虞敦
應侯敦 屌生敦
仲駒敦 孟金敦

刺公敦 叔椰敦
號姜敦 散季敦
仲酉敦 冀師敦
龍敦 屢敦
始敦 何敦
尹敦 牧敦
敔敦 周敦
刜敦 內史彝
周公甗 召公彝

魯侯彝 刜彝
伯宗彝 楚分彝
沈子彝 虘伯彝
司空彝 欽姬彝
仲鼎彝 单從彝
品伯彝 单冏彝
交父彝 楚王畬彝
祖戊彝 商癸彝
季娟彝 父癸彝

祖乙彝 父乙彝
父丁彝 父巳彝
父辛彝 母乙彝
師艅彝 仲父彝
商彝 五彝
伯彝 飲彝
癰彝 形彝
尹彝 憑彝
亞彝 仰彝

仲父彝　小子師彝
庚父鬲　鬲姜鬲
書鬲　父子鬲
父巳鬲　毛乙鬲
乃子鬲　母鬲
虢叔鬲　莫敖鬲
寶德鬲　聿遠鬲
伯鬲　許子鍾
𢀛鍾　商鍾

元子鍾　走鍾
遲父鍾　南和鍾
分寧鍾　許子小鍾
盉和鍾　召公尊
朝事尊　帚子尊
魚尊　叔寶尊
虎尊　父戊尊
祖戊尊　祖辛尊
中尊　太甲尊

父丁尊　商從尊
父癸尊　父辛尊
庚爵　父庚尊
丁青爵　商爵
父戊爵　祖巳尊
父巳爵　巳舉爵
巳爵　舉爵
象帶爵　父乙爵
祖乙爵　伯爵

飲爵　觶爵
父甲爵　主人舉
癸舉　父辛爵
寅簋　左父舉
叔高簋　師寏簋
師奕簋　張仲匜
劉公匜　太公匜
子斯匜　史黎匜
姬寏匜　姬寏豆

单疑豆　仲虔洗
仲虞洗　田季匜
寒戊匜　叔匜
祀公匜　義母匜
張伯匜　季姬匜
季毫匜　祖戊匜
齊侯匜　卭仲盤
伯盞盤　壽盤
史孫盤　卭仲盦

伯盞盦　應婦甗
周陽侯甗　仲信甗
郤甗　孟孋甗
父巳甗　庚甗
飲甗　伯温甗
冀舟師　師淮卣
周卣　冀卣
商卣　兄癸卣
䀠辛卣　母乙卣

父甲卣　祖癸卣
父巳卣　祖戊卣
王伯盉　趠盉
諸友盉　伯玉盉
洮子盉　季毫盉
父丁盉　兹女觚
象觚　父庚觚
甲子觚　平周鉦
奮磬　丁舉瓯

伯索盂　熙之筏
同　武安釜
輒家釜

鼎錄

梁　虞荔

昔虞夏之盛遠方皆至使九牧貢九金鑄九鼎於荆山之下于昆吾氏之墟以若甘㮣之地圖其山川奇怪百物而爲之備使人知神姦不逢其害以定其祥鼎成三足而方不炊而自沸不舉而自藏不遷而自行九鼎既成定之國都桀有亂德鼎遷于殷載祀六百殷紂暴虐鼎遷于周成王定鼎於郟鄏卜世三十卜年七百天所命也及顯王姬德大衰鼎淪入泗水秦始皇之初見於彭城大發徒

出之不能得焉

金華山皇帝作一鼎高一丈三尺大如十石甕像龍騰雲百神螭獸滿其中文曰眞金作鼎百神率服複篆書三足

漢孝景帝鑄一鼎名曰食鼎高二尺銅金銀雜爲之形若瓦甗無足中元六年造其文曰五熟是滋君王膳之小篆書

武帝登泰山鑄一鼎高四尺銅銀爲之其形如甕有三足太始四年造其文曰登于泰山萬壽無疆四海寧謐神鼎傳芳大篆書

元鼎元年汾陽得寶鼎即吾丘壽王所識之鼎高一丈二尺受十二石雜金銀銅錫爲之四面蛟龍兩耳能鳴三足馬蹄刻山雲奇怪之象紀靈圖未然之狀其文曰壽考天地百祥臻侍山伏其靈海伏其異此銘在底下又別有銘或浮或沉皆古文複篆此上古之鑄造也總有九枚

昭帝元平元年於藍田覆車山鑄一鼎高三尺受五

斗刻其文曰宜君王和四方調滋味去腥傷小篆書三足

廢帝賀以天鳳六年登位廢爲海昏侯鑄一小鼎貯酒其形若甕四足受二斗其文曰長滿上小篆書

宣帝甘露元年於華山仙掌鑄一鼎高五尺受四斗擬承甘露刻其文曰萬國伏貽長久鑄神鼎承天酒三足小篆書又建章宮銅人生毛以爲美祥作一金鼎埋之本宫

元帝初元二年鑄一鼎大如甕無足其文曰黃帝膳

鼎小篆書
成帝綏和元年[illegible]平鑄一鼎其文曰寇盜平黃河
清八分書三足高五尺六寸
哀帝元壽元年鑄一鼎府瀾高四尺三足其文曰奉
臣元百用禮鼎小篆書
平帝元始五年鑄一鼎受二斗其文曰寶鼎三足八
分書
王莽建國元年鑄一大鼎高一丈其文曰建國鼎莽
自書埋之漸臺又作一鼎其文曰君臣之鼎並小篆

書三足
後漢光武建元元年鑄一鼎其文曰定天下萬物伏
小篆書三足高九尺
明帝永平十年鑄一鼎於洛水高六尺其文曰蛟龍
伏大篆書三足又鑄一鼎於穀水高五尺其文曰穀
洛小篆書四足
章帝元和二年於北嶽鑄一鼎高四尺無足其文曰
鎮地鼎小篆書
安帝延光四年鑄一鼎於少室山其文曰承露鼎小
篆書四足
順帝永建六年鑄一鼎於伊水名曰魚鼎高四尺三
足
靈帝嘉平元年鑄一大鼎埋之鴻都門其文曰儒鼎
古書三足
漢官儀曰開陽門夜直樓上帝因作一鼎其文曰柱
鼎一足如馬蹄
蜀先主章武二年於漢川鑄一鼎名曰克漢鼎埋之
丙穴中八分書三足又鑄一鼎沈於永安水中紀行

軍奇變又於成都武擔山埋一鼎名曰受禪鼎又埋
一鼎於劍口山名曰劍山鼎並小篆書皆武侯迹又
時龍見武陽之水九日因鑄一鼎像龍形沉水中
蜀章武三年先主作二鼎一與魯王文曰富貴昌宜
侯王一與梁王文曰大吉祥宜公王並古隸書高二
尺
魏武帝鑄一鼎於白鹿山高一丈紀征伐戰陣之能
古文篆書四足更作鼎於太子名曰孝鼎書刻古來
孝子姓名小篆書

文帝黃初元年鑄受禪鼎其文曰受祚鼎小篆書
明帝太和六年鑄一鼎三足名曰萬壽鼎小篆書
吳孫權黃武元年於彭蠡水沉一鼎其文曰百神助陽獸伏三足大篆書又獵於樊山見一姥問得何獸答曰得一豹曰何不截尾遂爲姥立廟幷作一鼎文曰豹尾鼎
孫亮建興元年於武昌鑄一鼎其文曰鎮山鼎小篆書三足
孫皓鑄一鼎於蔣山紀吳之曆數八分書

晉懷帝永嘉六年鑄一鼎沉於瓜步江中無文字鼎似龜形
宋主劉裕晉永初三年從泰中還紀功鑄一鼎於九江其文曰沸泰洛伏大漢古篆書
宋文帝得鰕魚遂作一鼎其文曰鰕魚四足
順帝昇明元年有人於宮亭湖得一鼎上有古文洵漢二字
齊高祖諱道成於齊中池內見龍聞簫鼓聲遂埋一鼎其文曰龍鼎眞書三足

梁武帝大通元年於蔣山埋一鼎文曰大通眞書又鑄一鼎書老子五千言沉之九江中並簫子雲書又大監二年安豐得一角靈龜武帝遂作一鼎投得龜處
陳武帝卽位鑄一鼎文曰元勳鼎沉于浙江
陳宣帝於太極殿中鑄一鼎文曰忠烈常侍丁初正書
太公於渭水得玉璜鑄一鼎刻其文曰璜鼎
秦丞相樗里子作一鼎文曰智囊獨足古文大篆書

荀況在嵩溪作一鼎大如五石甕表裏皆紀兵法大篆書四足
張儀代蜀鑄一鼎高三尺文曰定蜀大篆書
李斯爲丞相鑄一鼎其文曰上丞相鼎埋於上蔡東門
蕭何爲丞相鑄一鼎大如三石甕自表已功其文曰紀功鼎亦是何自作署書體四足
張陵在雲臺山得仙作一鼎寫丹經埋於雲臺山下
車千秋爲丞相鑄一鼎文曰車丞相鼎八分書

馬遷字子長南遊探禹穴作一鼎而小記年月日埋之秦望山

黄霸爲頴川守神雀集遂刻鼎記之

孔光拜丞相鑄一鼎文曰丞相博山漢大篆書

王商爲單于所畏遂令鑄一鼎刻記其功以勸功臣

鍚震爲太尉作一鼎其文曰太尉鼎古隸書

胡廣鑄一鼎其文曰孝子鼎八分書

陳太丘鑄一鼎藏于陘山

王允字子師郭林宗見而奇之允自鑄一鼎曰千里八分書

王仲子爲太司徒鑄一鼎其文曰司徒鼎大篆書

王朗爲司空鑄一鼎其文曰司空鼎複篆書

董卓爲太師鑄一鼎其文曰太師鼎古隸書

蔡伯喈爲侍中封高陽侯作一鼎記漢家曆數邑自書藏于泰山

諸葛亮殺王雙還定軍山作一鼎埋於漢川其文曰定軍鼎又作八陣鼎沉之永安水中皆大篆書又於武都金山作二鼎一大一小並無文蔣亮行軍見其氣象似有王者故鎮之

鍾繇魏文帝賜五熟鼎

吳顧邕鑄一鼎文曰顧元凱之鼎八分書三足

陸遜破劉備軍鑄一鼎紀功其文曰破備鼎

孔愉獲龜放之遂作一鼎刻其文曰孔敬康鼎沉之於水

張衡制地動圖記之於鼎沉於西鄂水中

王羲之於九江作書鼎高五尺四兩周匝書遍刻之沉於水中眞隸書

錢譜

宋　董逌

管子曰湯七年之旱禹五年之水湯以莊山之金禹以歷山之金並鑄幣以救人之困也至周始以金銀爲錢太公立九府圜法始名爲錢錢之形以圓含方輕重以銖國語注云古曰泉後轉曰錢食貨志曰禹湯始用金鑄錢周立九府圜法貨寶於金利於刀流於泉布於布束於帛言泉之流布通於泉流秦鑄半兩錢漢高祖鑄八銖錢文帝鑄四銖錢武帝鑄五

銖錢又鑄半兩錢又鑄側錢一當五漢與有榆莢錢以前錢難用更鑄榆莢小錢以一當百狀如榆莢王莽鑄貨泉經六分重一銖曰小錢一當十三銖曰法錢一當十五銖曰幼錢一當二十七銖曰中錢一當三十九銖曰壯錢一當四十并大錢一當五十立爲九品漢公孫述鑄鐵錢梁王鑄鵝眼錢食貨志曰貯藏曰泉流行曰布古文錢半兩漢志曰秦始皇鑄貨如周錢重如之其文曰半兩漢呂后鑄重八銖文帝鑄重四銖應劭曰今民間半兩中最小輕者是四銖錢也漢武帝建元元年鑄重三銖如錢文曰三銖封寅曰三銖又有別銖穿下有三竪文恐以此三畫爲三銖之別銖重三銖文曰半兩今有折二小錢共六樣皆篆文五銖漢武帝元符五年罷半兩錢行五銖錢王莽廢光武復興魏帝黃初二年鑄西晉南朝宋武帝亦鑄小五銖錢謂之帷文帝後魏宣帝魏文帝又有鷄目五銖隋文帝鑄小五銖其制輕小八九萬纔滿半斛唐高祖武德四年廢五銖錢行開元錢今以篆文推之有七樣大五銖錢今有内廓者小五銖

錢亦有内廓者而前文之面後有點兩星大五銖錢無内廓者錢之背有點四星者昔人錢譜引錢合曰五銖又有穿上一星五字上下各一星南朝梁宋名兩柱錢鋟面傍一星至三星者五字之内上下各一星上或有小星字或有五字穿上横文穿下横文外四角鈌文有廓無廓澗然不可窮盡疑皆當時工人之意非有別於年代今考於古四角缺之有廓無廓自是一種總未嘗考也又封寅曰別有最小五銖文字輕薄未見晉志曰吳興沈克又鑄小五銖錢謂之

沈郎錢是也四道五銖後漢靈帝鑄錢背内郭四角有路抵於外輪漢書云靈帝中平三年鑄四出文錢流布四海

錢譜曰五銖錢有四出道於邊緣俗謂之角錢或謂豈非此錢旣成京師將壞而出流布四海乎至董卓焚宫乃㓶鑾輿西幸長安悉壞五銖錢矣傳形五銖封寅曰傳形五銖劉備所鑄文字輕重大小與五銖無别但以五字爲五銖字在右謂之傳形今考古蜀嘗鑄矣但不言傳形耳

貨泉王莽所鑄徑一寸重五銖今又有内廓者有重廓者其後光武起舂陵泉鄉文成白水眞人是驗其讖也大泉五十國語注云王莽鑄大錢五十徑一寸二分重十二銖直如其文今有折二錢又有小鑄亦不多見今見鏝有斗劍龜蛇之文者未之考也

大泉五百吳王孫權嘉禾五年鑄一當五百文

大泉二千未詳所鑄年代一當二千

大泉當千吳孫權赤烏元年鑄一當千

太平百錢未詳所鑄年代一當百

四銖南朝宋文帝鑄又宋世祖鑄此重四銖

直百五銖南朝梁武帝鑄一當百

布泉陳文帝天嘉二年鑄錢文曰布泉一當百與五銖並行後周武帝寶定元年亦鑄布錢以一當五今有玉筯篆者有柳葉篆文有重廓者董逌錢譜云藏曰泉流曰布又引石氏曰錢徑重四銖懸針書曰者自梁武帝以來有之文曰布泉世謂之男錢梁書曰布泉徑一寸重四銖半婦人佩之即生男也天子頻下詔非勑鑄之錢並不許用敦素疑王莽時鑄亦無

所據後周布泉字皆玉筯與此甚異

大貨六銖陳書宣帝紀曰大建十一年七月辛卯初用大貨六銖隋志曰陳宣帝鑄大貨六銖以一當五銖之十與五銖並行後復當一人皆不從乃相與訛言六銖錢有不利縣官之象徐氏曰謠言大貨六銖有類人乂腰哭未幾宣帝崩竟至陳亡嶺南諸州多以鹽米布交易俱不用此錢矣

五行大布後周武帝紀曰建德三年六月壬子更鑄五行大布錢以一當十與布泉並行四年七月又以

邊境之人多盜鑄乃禁五行大布錢不得入四關張台曰小者至徑八分舊錢之文上五下行又有上大下布者皆古篆文永通萬國後周宣帝紀曰大象元年十一月初鑄文曰永通萬國徑一寸三分重十二銖背面肉好又有徑一寸二分半重八銖皆一當十貨永通泉後周宣帝鑄永泉貨以一當十南唐李璟亦鑄大錢以一當十大定錄曰顯德五年七月江南李氏鑄永通錢貨永安五銖

大和五銖後魏獻文帝皇興年中鑄其文曰大和五

銖徑一寸重五銖常平五銖北齊文帝天保三年改鑄其文曰常平五銖徑八分重五銖皆篆文

以上右錢計二十一樣自秦至隋所鑄之錢其錢之大小文之篆籀廓之有無推之共五十三樣董逌曰又有所謂異錢雖不見於傳記然制作之近古者今錄之如李唐儀散帳錢其文有曰長命富貴金玉滿堂又有忠孝傳家五男二女天下太平封侯拜相之類又博戲之錢背有字皆縵者不及錄

平錢

開元通寶唐會要曰唐高祖武德四年七月十七日鑄歐陽詢制司及書字含八分篆隸二體俗謂之開元通寶其錢徑八分重十二銖積十錢僅重一兩得重輕大小之中今開元通寶錢縵有文如初月者談賓錄曰武德初行開元通寶錢初進樣時文德皇后掐一粉甲痕因不復改鄭虔會粹云熙寧中劉斧撰青瑣高議且曰事由明皇貴妃彼徒見錢文有開元字便乃謂明皇亦不考實之過又有左桃開元錢雙

桃開元錢篆字開元錢封寅曰武宗會昌五年鑄開元錢時廢天下佛寺宰相李德裕請以廢寺銅鐘佛像及僧鈸磬等物命所在鑄錢楊州節度使李紳乃以所廢寺品鑄錢背加昌字以表年號又有物令鑄錢所各加本郡州號名爲背文

京京兆 洛河南 興鳳翔 梁汴梁 荆江陵 桂廣西
潭湖南 廣廣東 福浙東 越浙東 洪江西 潤鎮江
昌成都 鄂湖廣 兗兗州 梓東川 襄襄州 丹河北
益西川 宣宣州 平燕山 楊楊州 藍藍田

共貳拾叁件

乾封泉寶唐會要高宗祀昊天上帝於泰山改乾封年鑄徑一寸重十二銖六分以一當十其年凡舊錢皆廢明年因穀價湧貴商賈不行又明年詔罷之仍行開元錢洎乾封泉寶唐肅宗乾元二年第五錡請鑄小錢徑寸每緡重十斤與開元通寶參用以一當十今有折二錢又有小錢第五錡復爲相命鑄重輪乾元錢徑一寸四分重十二銖其文承目背之外廓爲之重輪又爲之重稜每緡重十二斤以一當五十

法既屢易物貨騰湧米斗錢至七十餓死者滿道上元元年減重輪錢一當二十開元舊錢與乾元錢皆以一當十代宗即位乾元小錢一當二重輪大錢一當三元載作相凡大小錢皆以一當一唐書謂之重寬錢今有當三折二小錢

大曆元寶唐代宗鑄

建中通寶唐德宗鑄

天成元寶後唐明宗年號至德年間安慶緒亦改元天成未知鑄錢否

天福鎮寶晉氏舊史以爲趙石晉所鑄

漢元通寶後漢劉知遠年號

周元通寶後周世宗毀天下銅佛鑄

以上錢係大唐至於五代末所鑄共四十二様

僭僞錢

得一元通寶唐史思明僭鑄

順天元寶見上

保大元寶江南王璟鑄

唐國通寶

大唐通寶南唐世家鑄五代史不載又有錢子

天感元寶未詳所鑄之地

壽昌元寶遼道宗壽昌年鑄

大典平寶錢之鏝有丁字疑五代僭爲錢也

大德重寶僞殷王建所鑄之鏝有殷字者

乾亨重寶僞漢劉龑所鑄

永平元寶前僞蜀王建鑄

通政元寶

天漢元寶

光天元寶俱同上
乾德通寶前僞蜀王衍鑄
咸康元寶前僞蜀王衍鑄
廣政通寶前僞蜀孟昶改元
以上係唐末并五代間僭僞所鑄共二十四樣
北地錢
乾亨通寶宋太平興國七年耶律隆序鑄
統和元寶宋太平興國八年耶律隆序鑄
太平元寶宋天禧五年耶律隆序鑄

清寧通寶宋至和二年耶律隆序鑄
咸雍通寶宋治平二年耶律洪基鑄
大康元寶宋寧熈七年耶律洪基鑄
大康通寶同上
大安元寶宋神宗元豐七年洪基鑄
乾通元寶徽宗崇寧元年延基鑄
天慶元寶宋政和二年契丹國主在燕山府鑄
阜昌重寶宋高宗建炎四年知濟南府劉豫叛降金
金人以山東河南陝西爲濟國立豫僭號改元

阜昌以上並載于聖政錄及見紀年通譜
大定元寶金世宗鑄鏝有甲酉字
正隆元寶金海陵王鑄於大元府
以上係北地錢共一十三樣
三韓重寶楷書一樣　東國通寶楷書篆二樣
東國重寶　海東通寶
海東重寶　朝鮮通寶真書
以上係海東番錢共八樣董遹錢譜引徐氏曰又
有屋駝　錢徑七分厚薄肉好不異中夏敦素曰

宇文若梵書凡十樣
宋朝錢
聖宋元寶宋太祖鑄　宋元通寶同上
太平通寶宋太宗鑄　至道元寶宋真宗鑄
淳化元寶　咸平元寶
景德元寶　太中通寶
祥符通寶　天禧通寶已上宋真宗鑄
天聖元寶　景祐元寶
皇宋通寶　慶歷重寶

明道元寶　至和元寶
至和通寶　至和重寶
嘉祐元寶　嘉祐通寶已上宋仁宗鑄
治平元寶　治平通寶英宗鑄
熙寧元寶　熙寧重寶
元豐通寶神宗鑄　元祐通寶
紹聖元寶　紹聖通寶
元符通寶已上宋哲宗鑄　崇寧通寶徽宗年號
崇寧重寶　大觀通寶

政和通寶　重和通寶
宣和通寶　宣和元寶
靖康元寶欽宗年號　靖康通寶
建炎通寶高宗年號　建炎元寶
建炎重寶　紹興元寶
紹聖通寶見上　隆興通寶孝宗年號
乾道元寶　淳熙元寶
熙寧元寶光宗年號　慶元通寶寧宗年號
嘉泰元寶　開禧元寶

開禧通寶　嘉定元寶
大宋通寶理宗年號　紹定通寶
端平元寶　端平通寶
嘉熙元寶　淳祐元寶
寶祐元寶　開慶元寶
景定元寶　咸淳元寶
德祐元寶度宗年號
已上係宋朝錢共一百三十五様
元朝錢鈔

中統元寶世祖造　至元中行寶鈔
至大銀鈔武宗造　至大通寶武宗造
皇慶通寶仁宗　至治通寶英宗
至和通寶　至正通寶順帝年號
已上元朝鈔三様錢一十四様

泉志

宋　洪遵

正用品

虞錢　夏錢　商錢　周錢　景王錢　齊錢　晉
錢　楚錢　趙錢　秦錢　秦半兩錢　漢莢錢
八銖錢　四銖錢　三銖錢　半兩錢　五銖錢
鍾官赤側錢　後漢五銖錢　四出文錢　魏五銖
錢　蜀直百錢　直百五銖錢　傳形五銖錢　吳
大泉五百錢　大泉當千錢　宋四銖錢　當兩大

錢　孝建四銖錢　二銖錢　景和錢　鵝眼錢
梁五銖錢　公式女錢　五銖鐵錢　大吉鐵錢
大通鐵錢　大富鐵錢　當十錢　四柱錢　陳五
銖錢　大貨六銖錢　後魏太和五銖錢　五銖錢
永安五銖錢　永安土字錢　西魏五銖錢　東
魏永安五銖錢　北齊常平五銖錢　後周布泉錢
[illegible]大布錢　永通萬國錢　隋白錢　唐開元錢
乹封錢　乹元十當錢　重輪錢　小乹元錢　大
曆錢　開元大錢　建中錢　新開元錢　咸通錢
後唐天成錢　晉天福錢　漢漢通錢　周周通
錢

僞品

項梁大錢　吳王濞半兩錢　鄧通半兩錢　王莽
大錢　小錢　貨泉錢　公孫述鐵錢　董卓小錢
五銖錢　沈充小錢　張軌五銖錢　王則河陽
錢　史思明得壹錢　順天錢　李景永通錢　開
元鐵錢　唐國錢　大唐錢　王建永平錢　通正
錢　天漢錢　光天錢　王衍乹德錢　咸康錢

孟昶廣政錢　鐵錢　劉龑乹亨錢　鉛錢　馬殷
乹封錢　天策錢　錢倣錢　王審知鉛錢　開元
鐵錢　王延羲永隆錢　王延政天德錢　馮洪大
典錢　劉仁恭土錢　劉守光應天錢

不知年代品

平當五銖錢　大泉四出錢　大泉五銖錢　雙五
五銖錢　左右五銖錢　太元貨泉錢　通行貨銖
錢　兩銖錢　續銖錢　兩柱錢　女錢　雉錢
對文錢　五銖錢　定平錢　傳形半兩錢　太平

四錢　兩甾錢　一文錢　四出文錢　永光錢
五金錢　太朝錢　天鎮錢　萬歲錢　大興錢
大千錢　天感錢　太興錢　古錢　古文錢　三
字錢　千字錢　黃河錢

天品

天帝錢　寶錢　咸陽錢　金五銖錢　五銖錢

刀布品

白金三品　契刀　錯刀　大布　次布　第布
壯布　中布　差布　厚布　幼布　幺布　小布

貨布　大黃布刀　古布刀　蒙城古刀　長平
古刀　沂州銀刀　長平異布　異布　異布　異
布　異布　異布　異布　異布　異布　異布
異布　異布　異布　異布　異布　藕心錢　蟻
鼻錢　古銅片

外國品

罽賓國錢　烏弋山離國錢　安息國錢　大月氏
國錢　泥婆羅國錢　何國錢　康國錢　拔汗國
錢　條支國錢　拂菻國錢　大食國錢　因墀國

天書錢　日本國和同錢　神功錢　萬年錢　隆
平錢　乹文錢　屋馱國梵書錢　踈勒國大五銖
錢　龜兹國五銖錢　吐蕃國胡字錢　倭國延喜
錢　梵字錢　契丹國天贊錢　應曆錢　重熙錢
清寧錢　大康錢　大安錢　壽昌錢　乾統錢
天慶錢　千秋錢　高麗國海東錢　三韓錢
東國錢　闍婆國梵書錢　交趾國黎字錢　大秦
國錢　三佛齊國錢　佛湼國錢　東沃沮國錢
新羅國錢　高昌國錢　波斯國錢　女國錢　大

月氏國錢　小月氏國錢　中天竺國錢　于闐國
錢　拔和國錢　阿耆國錢　罽支國錢　覩貨邏
國錢　梵衍那國錢　迦畢試國錢　那揭羅曷國
錢　健馱邏國錢　室羅伐悉氐國錢　羯若鞠闍
國錢　鉢邏那伽國錢　婆羅痆斯國錢　尼波羅
國錢　摩揭陁國錢　伊爛拏鉢伐多國錢　憍薩
羅國錢　摩突羅國錢　乹陁越國錢　杜薄國錢
一康居國錢　末祿國錢　軒渠國錢　三童國錢
一阿鈎羌國錢　合衛國錢　層檀國錢一　裸人國

錢　砗渠國錢　驃國錢　巴氏錢　俠錢　賨錢
沙州玉錢

奇品

臺主衣庫錢　羅紋錢　廻紋錢　北斗錢　軒轅錢　柄文錢　日月錢　井文錢　雙五錢　雙十錢　星月錢　四五錢　八星錢　鯨文錢　兎犬錢　明月錢　四神錢　萬國錢　龍文錢　三雀錢　龜背錢　水波紋錢　雙星錢　玄武錢　千秋錢　龍鳳重輪錢　雙鳳錢　雙魚錢　四事錢

單面龍鳳錢　龍鳳錢　藕心錢

神品

輕影錢　消水錢　會稽船錢　青溪宅錢　太平錢　齊興郡錢　齊安郡錢　令公百爐錢　廣家郡錢　僞趙錢　軒轅錢　孫先生錢　桐城錢
白雀錢　壽春錢　應元錢　北海鐵錢　嚴君平錢　科斗錢　鷰口洞錢

厭勝品

永安五男錢　七夕錢　福慶錢　撒帳錢　男錢

辟兵錢　千金錢　豊樂錢　君宜侯王錢　長年錢　富錢　五男二女錢　天下太平錢

香序

宋范曄字蔚宗撰和香方其序云麝本多忌過分必害沈實易和盈斤無傷零藿慘虐詹糖粘濕甘松蘇合安息鬱金㮈多和羅之屬並被于外國無取于中土又棗膏昏懞甲馢淺俗非惟無助于馨烈乃當彌增于尤疾也此序所言悉以比類朝士麝本多忌比庾憬之棗膏昏懞比羊玄保甲馢淺俗比徐湛之比松蘇合比惠休道人沈實易和盞自比也

香譜

宋　洪芻

香之品

龍腦香

酉陽雜俎云出波律國樹高八九丈可六七尺圍葉圓而背白其樹有肥瘦形似松脂作杉木氣乾脂謂之龍腦香清脂謂之波律膏子似豆蔻皮有甲錯海藥本草云味苦辛微温無毒主內外障眼三蟲療五痔明目鎮心祕精　又有蒼龍腦主風疹䵟　人膏煎良不可點眼明淨如雪花者善久經風日或如麥麩者不佳云合黑豆糯米相思子貯之不耗今復有生熟之異稱生龍腦即上之所載是也其絕妙者目曰梅花龍腦有經火飛結成塊者謂之熟龍腦氣味差薄焉蓋易入他物故也

麝香

唐本草云生中臺川谷及雍州益州皆有之陶隱居云形似麞常食柏葉及噉蛇或于五月得者往往有蛇皮骨主辟邪殺鬼精中惡風毒療傷多以一子真香分糅作三四子刮取血膜雜以餘物大都亦有精麄破皮毛共在裹中者爲勝或有夏食蛇蟲多至寒香滿入春患急痛自以腳剔出人有得之者此香絕勝帶麝非但香辟惡以香真者一子着腦間枕之辟惡夢及尸疰鬼氣今或傳有水麝臍其香尤美

沉水香

唐本草注云出天竺單于二國與青桂雞骨馢香同是一樹葉似橘經冬不彫夏生花白而圓細秋結實如檳榔色紫似甚而味辛療風水毒腫去惡氣樹皮青色木似欅柳重實黑色沉水者是今復有生黃而沉水者謂之蠟沉又不沉者謂之生結

白檀香

陳藏器云本草拾遺曰樹如檀出海南主心腹痛霍亂中惡鬼氣殺蟲又唐本草云味鹹微寒主惡風毒出崑崙盤盤之國主消風積水腫又有紫真檀人磨之以塗風腫雖不生于中華而人間遍有之

蘇合香

神農本草云生中臺川谷陶隱居云俗傳是師子糞

外國說不爾今皆從西域來真者難別紫赤色如紫檀堅實極芬香重如石燒之灰白者佳主辟邪瘧癇疰去三蟲

安息香

本草云出西戎似栢脂黃黑色爲塊新者亦柔軟味辛苦無毒主心腹惡氣鬼疰　酉陽雜俎曰安息香出波斯國其樹呼爲辟邪樹長三丈許皮色黃黑葉有四角經冬不彫二月有花黃色心微碧不結實刻皮出膠如飴名安息香

鬱金香

魏畧云生大秦國二三月花如紅藍四五月採之其香十二葉爲百草之英　本草拾遺曰味苦無毒主蟲毒鬼疰鴉鶻等臭除心腹間惡氣鬼疰入諸香用

說文曰鬱金芳草煑以釀鬯以降神也

雞舌香

唐本草云生崑崙及交愛以南樹有雌雄皮不並似栗其花如梅結實似棗核者雌樹也不入香用無子者雄樹也採花釀以成香微溫主心痛惡瘡療風毒去惡氣

薰陸香

廣志云生南海又僻方注曰卽羅香也　海藥本草云味平溫無毒主清人神其香樹一名馬尾香是樹皮鱗甲採之復生又唐本草注云出天竺國及邯鄲似楓松脂黃白色天竺者多白邯鄲者夾綠色香不甚烈微溫主伏尸惡氣療風水腫毒惡瘡

詹糖香

本草云出晉安岑州及交廣以南樹似橘煎枝葉爲

之似糖而黑多以其皮及蠹糞雜之不得淳正者惟軟乃佳

丁香

山海經曰生東海及崑崙國二三月花開七月方結實　開寶本草注云生廣州樹高丈餘凌冬不凋葉似櫟而花圓細色黃子如丁長四五分紫色中有麄大長寸許者俗呼爲母丁香擊之則順理而折味辛主風毒諸腫能發諸香及止乾霍亂嘔吐驗

波律香

本草拾遺曰出波律國與龍腦同樹之清脂也除惡
氣殺蟲疰見龍腦香卽波律膏也

乳香

廣志云卽南海波斯國松樹脂有紫赤櫻桃者名乳
香蓋薰陸之類也仙方多用辟邪其性溫療耳聾中
風口噤婦人血風能發酒治風冷止大腸泄僻療諸
瘡癤令內消今以通明者爲勝目曰的乳其次曰揀
香又次曰瓶香然多夾雜成大塊如瀝靑之狀又其
細者謂之香纏

青桂香

本草拾遺曰卽沉香同樹細枝緊實未爛者

鷄骨香

本草拾遺記曰亦棧香中形似鷄骨者

木香

本草云一名蜜香從外國舶上來葉似薯蕷而根大
花紫色功效極多味辛溫而無毒主辟溫瘧氣劣氣
不足消毒殺鬼毒今以如雞骨堅實齧之粘齒者爲
上復有馬兜苓根謂之靑木香非此之謂也或云有
二種亦恐非耳一謂之雲南根

降眞香

南州記曰生南海諸山又云生大秦國　海藥本草
曰味溫平無毒主天行時氣宅舍怪異並燒之有驗
仙傳云燒之感引鶴降醮星辰燒此香甚爲第一小
兒帶之能辟邪氣其香如蘇方木然之初不甚香得
諸香和之則特美

艾蒳香

廣志云出西國似細艾又云松樹皮綠衣亦名艾蒳
可以合諸香燒之能聚其煙青白不散　本草拾遺

曰味溫無毒主惡氣殺蛀蟲主腹冷泄痢

甘松香

本草拾遺曰味溫無毒主鬼氣卒心腹痛脹滿浴人
身令香叢生葉細　廣志云甘松香生凉州

零陵香

南越志云一名燕草又名薰草生零陵山谷葉如羅
勒山海經曰薰草似麻葉方莖氣如蘼蕪可以止癘
卽零陵香味苦無毒主惡氣注心腹痛下氣令體香

和諸香或作湯丸用得酒良

茅香花

唐本草云生劍南諸州其莖葉黑褐色花白非白茅也味苦溫無毒主中惡溫胃止嘔吐葉苗可煑湯浴辟邪氣令人香

馢香

本草拾遺曰亦沉香同樹以其肌理有黑脉者謂之也黄熟香亦馢香之類也但輕虛枯朽不堪者今和香中皆用之

水盤香

類黄熟而殊大多雕刻爲香山佛像並出舶上

白眼香

亦黄熟之別名也其色差白不入藥品和香或用之

葉子香

即馢香之薄者其香尤勝於馢又謂之龍鱗香

雀頭香

本草云即香附子也所在有之葉莖都似三稜根若附子周匝多毛交州者最勝大如棗核近道者如杏仁許荆襄人謂之莎草根大下氣除胸腹中熱合和香用之尤佳

芸香

倉頡解詁曰芸蒿似邪蒿可食魚豢典畧云芸香辟紙魚蠹故藏書臺稱芸臺

蘭香

川本草云味辛平無毒主利水道殺蟲毒辟不祥一名水香生大吳池澤葉似蘭尖長有岐花紅白色而香煑水浴以治風

芳香

本草云即白芷也一名茝又名䔼又曰莞又曰符離又名澤芬生下濕地河東川谷尤佳近道亦有道家以此香浴去尸蟲

蘅香

本草云即杜衡也葉似葵形如馬蹄俗呼爲馬蹄香藥中少用惟道家服令人身香

蕙香

廣志云蕙草綠葉紫花魏武帝以爲香燒之

白膠香

唐本草注云樹高大木理細莖葉三角商洛間多有五月斫爲坎十一月收脂　開寶本草云味辛苦無毒主癮疹風痒浮腫卽楓香脂

都梁香

荊州記曰都梁縣有山山上有水其中生蘭草因名都梁香形如藿香　古詩曰博山鑪中百和香鬱金蘇合及都梁廣志云都梁出淮南亦名煎澤草也

甲香

唐本草云蠡類生雲南者大如掌青黃色長四五寸取壓燒灰用之南人亦煑其肉噉今合香多用謂能發香復來香煙須酒蜜煑製方可用法見下

白茅香

本草拾遺記曰味甘平無毒主惡氣令人身香煑汁服之主腹內冷痛生安南如茅根道家用煑湯沐浴

必栗香

內典云一名化木香似老椿　海藥本草曰味辛溫無毒主鬼疰心氣斷一切惡氣葉落水中魚暴死木可爲書軸辟白魚不損書

兜婁香

異物志云出海邊國如都梁香　本草曰性微溫療霍亂心痛主風水毒腫惡氣止吐逆亦合香用莖葉似水蘇

藒車香

本草拾遺曰味辛溫主鬼氣去臭及蟲魚蛀物生彭城高數尺白花　爾雅曰藒車芞輿注曰香草也

兜納香

廣志曰生剽國　魏畧曰出大秦國　本草拾遺曰味溫甘無毒去惡氣溫中除冷

耕香

南方草木狀曰耕香莖生細葉　本草拾遺曰味辛溫無毒主臭鬼氣調中生烏滸國

木密香

內典云狀若槐樹　異物志云其葉如椿　交州記云樹似沉香　本草拾遺曰味甘溫無毒主辟惡邪鬼疰生南海諸山中種五六年便有香也

迷迭香
廣志云出西域魏文帝有賦亦嘗用　本草拾遺曰味辛溫無毒主惡氣令人衣香燒之去邪

香之異

都夷香
洞冥記香如棗核食一顆歷月不饑或投水中俄滿大盂也

荼蕪香
王子年拾遺記燕昭王廣延國二舞人帝以荼蕪

香屑鋪地四五寸使舞人立其上彌日無跡香出波弋國浸地則土石皆香着朽木腐草莫不茂蔚以熏枯骨則肌肉皆生又出獨異志

辟寒香
辟寒香瑞麟香金鳳香皆異國所獻杜陽編云自兩漢至皇唐皇后公主乘七寶輦四面綴五色玉香囊囊中貯上四香每一出遊則芬馥滿路

月支香
瑞應圖大漢二年月支國貢神香武帝取看之狀若燕卵凡三枚大似棗帝不燒付外庫後長安中大疫宮人得疾衆使者請燒一枚以辟疫氣帝然之宮中病者差長安百里內聞其香積九月不歇

振靈香
十洲記聚窟州有大樹如楓而葉香聞數百里名曰返魂樹根于玉釜中煮汁如飴名曰驚精香又曰振靈香又曰返生香又曰馬精香又名却死香一種五名靈物也香聞數百里死屍在地聞即活

千畝香

述異記曰南郡有千畝香林名香往往出其中

十里香
述異記曰千年松香聞于十里

檷齊香
酉陽雜俎曰出波斯國拂林呼爲頂敦梨咃長一丈餘圍一尺許皮色青薄而極光淨葉似阿魏每三葉生于條端無花結實西域人常八月伐之至冬更抽新條極滋茂若不剪除反枯死七月斷其枝有黃汁其狀如蜜微有香氣入藥療百病

龜甲香

述異記曰即桂香之善者

兜末香

本草拾遺曰燒去惡氣除病疫　漢武帝故事曰西王母降上燒是香兜渠國所獻如大豆塗宮門香聞百里關中大疫死者相枕燒此香疫則止　内傳云死者皆起此則靈香非中國所致

沉光香

洞冥記塗魂國貢門中燒之有光而堅實難碎太醫

以鐵杵舂如粉而燒之

沉榆香

封禪記黃帝列珪玉于蘭蒲席上然沉榆香舂雜寶爲屑以沉榆和之若泥以分尊卑華戎之位

茵墀香

拾遺記靈帝初平三年西域獻煑湯辟癘宮人以沐頭

石葉香

拾遺記曰此香疊疊狀如雲母其氣辟癘魏文帝時

題腹國獻

鳳腦香

杜陽編穆宗嘗于藏眞島前焚之以崇禮敬

紫述香

述異記一名紅藍香又名金香又名麝香草香出蒼梧桂林二郡界

威香

孫氏瑞應圖曰瑞草曰一名威蕤王者禮備則生于殿前又云王者愛人命則生

百濯香

拾遺記孫亮寵姬四人合四氣香皆殊方異國所獻凡經踐躡安息之處香氣在衣彌年不歇因香名百濯復目其室曰思香媚寢

龍文香

杜陽編武帝時所獻忘其國名

千步香

述異記南海山千步香佩之香聞于千步草也今海隅有千步草是其種也葉似杜若而紅碧相雜貢籍

日南郡貢千步香

薰肌香

洞冥記用薰人肌骨至老不病

蘅蕪香

拾遺記漢武帝夢李夫人授蘅蕪之香帝夢中驚起香氣猶著衣枕歷月不歇

九和香

三洞珠囊曰天人玉女擣羅天香按擎玉爐燒九和之香

九真雄麝香

西京雜記趙昭儀上姊飛鷰三十五物有青水香沉水香九真雄麝香

罽賓國香

盧氏雜說楊收嘗召崔安石食盤前置香一爐煙出如樓臺之狀崔别聞一香非似爐煙崔思之楊顧左右取白角楪子盛一漆毬子呈崔曰此罽賓國香所聞即此香也

拘物頭花香

唐太宗實錄曰罽賓國進拘物頭花香香聞數里

昇霄靈香

杜陽編同昌公主薨上哀痛常令賜紫尼及女道冠焚昇霄靈之香擊歸天紫金之磬以導靈昇

祇精香

洞冥記出塗魂國燒此香魑魅精祇皆畏避

飛氣香

三洞珠囊隱訣云眞檀之香夜泉玄脂朱陵飛之香返生之香皆真人所燒之香也

金磾香

洞冥記金日磾既入侍欲衣服香潔變胡虜之氣自合此香帝果悅之日磾嘗以自薰宫人以見者以增其媚

五香

三洞珠囊曰五香一株五根一莖五枝一枝五葉一葉間五節五五相對故先賢名之五香之木燒之十日上徹九星之天即青木香也

千和香

三洞珠囊峨嵋山孫真人然千和之香

兜婁婆香

楞嚴經壇前别安一小爐以此香煎取香水沐浴其炭然令猛熾

多伽羅香

釋氏會要曰多伽羅香此云根香多摩羅跋香此云藿香旃檀釋云與樂卽白檀也能治熱病赤檀能除風腫

大象藏香

釋氏會要曰因龍鬭而生若燒其一丸興大光明細雲覆上味如甘露七晝夜降其甘雨

牛頭旃檀香

華嚴經云從離垢出若以塗身火不能燒

羯布羅香

西域記云其樹松身異葉花果亦别初採既濕尚未有香木乾之後循理而折之其中有香木乾之後色如氷雪亦龍腦香

薝蔔花香

華經云須曼那華香闍提華香末利花香羅羅華香青赤白蓮華香華樹香果樹香旃檀香沉水香多摩羅跋香多伽羅香象香馬香男香女香拘鞞陁羅樹香曼陁羅花香殊沙華香

香之事

述香

說文曰芳也篆從黍從甘隷省作香春秋傳曰黍稷馨香凡香之屬皆從香香之遠聞曰馨香之美者曰馶(音使)香之氣曰馦(火兼反)曰馣(音淹)曰馧(于云反)曰馥(扶福反)曰馤(音愛)曰馡(方滅反)曰馪(音繽)曰馢(音牋)曰馛(步末反)曰䭱(匹結反)曰馝(蒲結反)曰馞(音悖)曰馠(火含反)曰馩(音焚)曰馚(同上)曰䭼(奴昆反)曰䭫(音彭䭫大香)曰馟(他胡反)曰馜(音條)曰䭲(音你)曰䭷(普沒反)曰馡(蒲結反)曰馞(普滅反)曰䭵(烏孔反)曰馪(音飄)

至治馨香

尚書曰至治馨香感于神明

有飶其香

毛詩曰有飶其香邦家之光

其香始升

毛詩其香始升上帝居歆

昭其馨香

國語其德足以昭其馨香

國香

左傳蘭有國香

久而聞其香

國語入芝蘭之室久而聞其香

香尉

述異記漢雍仲子進南海香物拜涪陽尉人謂之香

尉

香市

述異記曰南方有香市乃商人交易香處

薰爐

應劭漢官儀曰尚書郎入直臺中給女侍史二人皆選端正指使從直女侍史執香爐燒薰以從入臺中給使護衣

懷香

漢官典職曰尚書郎懷香握蘭趨走丹墀

香戶

述異記曰南海郡有採香戶

香洲

述異記曰朱崖郡洲中出諸異香往往有不知名者

披香殿

漢宮閣名長安有合歡殿披香殿

採香徑

郡國志吳王闔閭起響屧廊採香徑

啗香

杜陽編元載寵姬薛瑤英母趙娟幼以香啗英故肌肉悉香

愛香

襄陽記劉季和性愛香常如廁還輒過香爐上主簿張坦曰人名公作俗人不虛也季和曰荀令君至人家坐席三日香爲我如何坦曰醜婦效顰見者必走公欲遣走耶季和大笑

含香

應劭漢官曰侍中刁存年老口臭上出鷄舌香含之

竊香

晉書韓壽字德眞爲賈充司空掾充女窺見壽而悅焉因婢通殷勤壽踰垣而至時西域有貢奇香一著人經月不歇帝以賜充其女密盜以遺壽後充與壽宴聞其芬馥意知女與壽通遂祕之以女妻壽

香囊

謝玄常佩紫羅香囊謝安患之而不欲傷其意因戲賭取焚之玄遂止又古詩云香囊懸肘後

沉香牀

異苑沙門支法有八尺沉香牀

金爐

魏武上雜物疏曰御物三十種有純金香爐一枚

博山香爐

東宮故事曰皇太子初拜有銅博山香爐　西京雜記丁緩又作九層博山香爐

被中香爐

西京雜記被中香爐本出房風其法後絕長安巧工丁緩始更之機環運轉四周而爐體常平可置之於被褥故以爲名

沉香火山

杜陽編隋煬帝每除夜殿前設火山數十皆沉香木根每山焚沉香數車暗即以甲煎沃之香聞數十里

檀香亭

杜陽編宣州觀察使楊牧造檀香亭子初成命賓樂之

沉香亭

李白後集序開元中禁中初重木芍藥即今牡丹也

得四本紅紫淺紅通白者上因移植于興慶池東沉香亭前

五色香煙

三洞珠囊許遠遊燒香皆五色香煙出

香珠

三洞珠囊以雜香擣之丸如梧桐子大青繩穿此三皇眞元之香珠也燒之香徹天

金香

右司命君王易度游于東板廣昌之城長樂之鄉天

妥灌以平露金香八會之湯瓊鳳玄脯

鵲尾香爐

宋玉賢山陰人也既稟女質厥志彌高自專年及笄應適女兄許氏密具法服登車既至夫門時及交禮更著黃巾裙手執鵲尾香爐不親婦禮賓主駭愕夫家力不能屈乃放還遂出家梁大同初隱弱溪之間

百刻香

近世尚奇者作香篆其文準十二辰分一百刻凡然一晝夜已

水浮香

然紙灰以印香篆浮之水面爇竟不沉香獸以塗金爲狻猊麒麟鳧鴨之狀空中以然香使煙自口出以爲玩好復有雕木埏土爲之者

香篆

鏤木以爲之以範香塵爲篆文然於飲席或佛像前往往有至二三尺徑者

焚香讀孝經

陳書岑之敬字思禮淳謹有孝行五歲讀孝經必焚香正坐

防蠹

徐陵玉臺新詠序曰辟惡生香聊防羽陵之蠹

香溪

吳宮故有香溪乃西施浴處又呼爲脂粉溪

牀畔香童

天寶遺事王元寶好賓客務于華侈器玩服用僭於王公而四方之士盡歸仰焉常于寢帳牀前刻矮童二人捧七寶博山香爐自暝焚香徹曙其驕貴如此

四香閣

天寶遺事云楊國忠嘗用沉香爲閣檀香爲欄檻以麝香乳香篩土和爲泥飾閣壁每于春時木芍藥盛開之際聚賓于此閣上賞花焉禁中沉香之亭遠不侔此壯麗者也

香界

楞嚴經云因香所生以香爲界

香嚴童子

楞嚴經云香嚴童子白佛言我諸比丘燒水沉香香

氣寂然來入鼻中非木非空非煙非火去無所着來
無所從由是意銷發明無漏得阿羅漢
香之法
蜀王薰御衣法
丁香　馢香　沉香
檀香　麝香以上各一兩　甲香三兩製如常法
右件香擣爲末用白沙蜜輕煉過不得熱用合和
令匀入用之
江南李王帳中香法

右件用沉香一兩細剉加以鵞梨十枚研取汁於
銀器内盛却蒸三次梨汁乾郎用之
唐化度寺牙香法
沉香一兩五錢　白檀香五兩　蘇合香一兩
甲香一兩煮　龍腦半兩　麝香半兩
右件香細剉擣爲末用馬尾篩羅煉蜜溲和得所
用之
雍文徹郎中牙香法
沉香　檀香　甲香

馢香各一兩　黄熟香一兩　龍麝各半兩
右件擣羅爲末煉蜜拌和匀入新甆器中貯之密
封埋地中一月取出用
延安郡公蘂香法
玄參半斤淨洗去塵土于銀器中以水煮令熟控乾切入銚中慢火炒令微煙出
甘松四兩擇去雜草塵土方秤定細剉之　白檀香剉
麝香顆者俟別藥成末方入研　的乳香細研同麝香入上三味各二錢
右並新好者杵羅爲末煉蜜和匀丸如雞豆大每
藥末一兩使熟蜜一兩末丸前再入杵臼百餘下

油單密封貯甆器中旋取燒之
供佛濕香法
檀香二兩　零陵香　馢香
藿香　白芷　丁香皮
甜參各一兩　甘松　乳香各半兩
硝石一分
右件依常法事治碎剉焙乾擣爲細末別用白茅
香八兩碎擘去泥焙乾用火燒候火焰欲絶急以
盆蓋手巾圍盆口勿令通氣放冷取茅香灰擣着

末與前香一處逐旋入經煉好蜜相和重入藥臼
擣令軟硬得所貯不津器中旋取焼之
牙香法
沉香　白檀香　乳香
青桂香　降真香　龍腦
甲香 灰汁煮少時取出放冷用甘水浸一宿取出令焙乾　麝香 已上入味各半兩擣羅爲末煉蜜拌令勻
右別將龍腦麝香於淨器中研細入令勻用之
又牙香法

黃熟香　棧香　沉香 各五兩
檀香　零陵香　藿香
甘松　丁香皮 各三兩　麝香
甲香 三兩黃泥漿煮一日後用酒煮一日　硝石
龍腦 各三兩　乳香 一兩
右件除硝石龍腦乳麝同研細外將諸香擣羅爲
散先用蘇合油一茶脚許更入煉過蜜二斤攪和
令勻以瓷合貯之埋地中一月取出用之
又牙香法
沉香 四兩　檀香 五兩　結香
藿香　零陵香　甘松 已上各四兩
丁香皮　甲香 各二分　麝香
龍腦 各三分　茅香 四兩燒灰
右件爲細末煉蜜和勻用之
又牙香法
生結香　棧香　零陵香
甘松 各三兩　藿香　丁香皮
甲香 各一兩　麝香 一錢

右爲麄末煉蜜放冷和勻依常法窨過爇之
又牙香法
檀香　玄參 各三兩　甘松 二兩
乳香　龍麝 各半兩另研
右先將檀香玄參剉細盛於銀器內以水浸慢火
煑水盡取出焙乾與甘松同擣羅爲末次入乳香
末等一處用生蜜和勻久窨然後用之
又牙香法
白檀香 八兩細劈作片子以臘茶清浸一宿控出焙令乾用蜜酒中拌令得所再浸一

宿慢火焙乾　沉香三兩　生結香四兩
龍腦　麝香各半兩　甲香一兩先用灰煮次用一生土煮次用酒蜜煮漉出用

右另將龍麝別研外諸香同擣羅入生蜜拌勻以瓷罐貯窨地中月餘出

印香法

夾馢香　白檀香各半兩　白茅香二兩
藿香一分　甘松　甘草
乳香各半兩　馢香二兩　麝香四錢

甲香一分　龍腦一錢　沉香半兩

右除龍麝乳香別研外都擣羅爲末拌和令勻用之

又印香法

黄熟香六斤　香附子　丁香皮五兩
藿香　零陵香　檀香
白芷各四兩　棗半斤焙　茅香二斤
茴香二兩　甘松半斤　乳香一兩細研
生結香四兩

右擣羅爲末如常法用之

傳身香粉法

英粉另研　青木香　麻黄根
附子　甘松　藿香
零陵香已上各等分

右件除英粉外同擣羅爲細末用夾絹袋盛浴了傅之

梅花香法

甘松　零陵香各一兩　檀香

茴香各半兩　丁香一百枚　龍腦少許

右爲細末煉蜜令合和之乾濕得中用

衣香法

零陵香一斤　甘松　檀香各十兩
丁香皮半兩　辛夷半兩　茴香一分

右擣羅爲末入龍麝少許用之

窨酒龍腦丸法

龍麝二味另研　丁香　木香
官桂　胡椒　紅豆

縮砂　白芷已上各一分　馬哼少許

右除龍麝另研外同擣羅爲細末蜜爲丸和如櫻桃大一斗酒置一丸於其中却封繫令密三五日開飲之其味特香美

毬子香法

艾蒳一兩松樹上青衣是也　丁香半兩

酸棗一升入水少許研取汁一椀日煎成膏用　檀香半兩

茅香半兩　香附子半兩　白芷半兩

草豆蔻一枚去皮　龍腦少許另研

右除龍腦另研外都擣羅以棗膏與熟蜜合和得中入臼杵令不粘杵即止丸如梧桐子大每燒一丸欲盡其煙直上如一毬子移時不散

窨香法

凡和合香須入窨貴其燥濕得宜也每合香和訖約多少用不津器貯之封之以蠟紙於靜室屋中入地三五寸瘞之月餘日取出逐旋開取然之則其香尤馩馥也

薰香法

凡薰衣以沸湯一大甌置薰籠下以所薰衣覆之令潤氣通徹貴香入衣難散也然後于湯爐中燒香餅子一枚以灰蓋或用薄銀楪子尤妙置香在上薰之常令煙得所薰訖疊衣隔宿衣之數日不散

造香餠子法

軟灰三斤蜀葵葉或花一斤半貴其粘　同擣令勻細如末可丸更入薄糊少許每如彈子大捍作餠子曬乾貯瓷瓶內逐旋燒用如無葵則以炭中半入紅花滓同搗用薄糊和之亦可

名香譜

宋　葉廷珪

蟬蠶香

交趾所貢唐宮中呼爲瑞龍腦

茵犀香

西域獻漢武帝用之煑湯辟癘

石葉香

魏文帝時腹題國貢狀如雲母可以辟疫

百濯香

孫亮爲四姬合四氣香衣香百濯不落因名

鳳髓香

唐穆宗藏眞鳥出焚之崇禮

紫述香

述異記云又名麝香草

都夷香

洞冥記云香如棗核食之不饑

荃蕪香

燕昭王時出波弋國浸地則土石皆香

辟邪香瑞麟香金鳳香

唐同昌公主帶玉香囊中芬馥滿路

月支香

月支國進如卵燒之辟疫百里九月不散

振靈香

十洲記云聚窟洲有樹如楓葉香聞數百里

返魂香震檀香驚精香返生香却死香

月支國一香五名屍埋地下者聞之卽活

千畝香

述異記云以林名香

黼齊香

出波斯國入藥治百病

龜甲香

述異記云卽桂香之善者

兜末香

本草漢武帝西王母降焚是香也

沉光香

洞冥記云塗魂國燒之有光

沉榆香
拾遺記黄帝封禪焚之
蘅蕪香
漢武帝夢李夫人授此香
百蘊香
飛燕浴身用此
月麟香
文帝宫中愛女號袖裏春
辟寒香

焚之可以辟寒
龍文香
漢武帝時外國進
千步香
南郡所貢焚之千步内猶有香氣
九和香
三洞珠囊曰玉女擎玉爐焚之
九眞香青木香沉水香
皆合德上飛燕襚中物

罽賓國香
楊牧席間焚之上有樓臺之狀
拘勿頭華香
拘勿頭國進香聞數里
精祇香
出塗魂國焚之辟鬼
飛氣香
珠囊曰眞人所燒
五枝香

燒之十日上徹九重
羯布羅香
西域記云樹如松色如氷雪
大象藏香
因龍鬪而生若燒一丸與大光明珠如甘露
兜婁婆香牛頭旃檀香
出釋典
明庭香明天發日香
出胥陀寒國

迷迭香
出西域焚之去邪
必栗香
焚之去一切惡氣
揭車香
本草焚之去蛀辟臭
刀圭第一香
唐昭宗賜崔胤一粒終日旖旎
曲水香
香盤印之似曲水像

鷹嘴香
番人出焚之辟疫
乳頭香
曹務光理趙州用盆焚云財易得佛難求
助情香
安祿山進玄宗含之筋力不倦
夜酣香
煬帝迷樓所夢也

雀頭香
魏文帝遣使於吳求雀頭香
伴月香
徐鉉月夜露坐焚之故名此
雞舌香
漢侍中刁存事又尚書郎含雞舌香奏事
安息香
出三佛齊國
亞濕香
出占城國

金顏香
出大食眞臘國
神精香一名荃蘼一名春蕪
出波弋國前荃蕪香也其皮如絲可以爲布
沉光香明庭香金磾香塗魂香
元封中外國所獻
蓬萊香
即沉水香結未成者成片如小芝及大菌之狀

鷓鴣斑香思勞香

出日南如乳香

橄欖香

狀如黑膠炙燒毫粒經旬不散

墨經

宋　晁　氏

松

古用松煙石墨二種石墨自晉魏以後無聞松煙之製尚矣漢貴扶風隃麋終南山之松蔡質漢官儀曰尚書令僕丞郎月賜隃麋大墨一枚小墨一枚晉貴九江廬山之松衛夫人筆陣圖曰墨取廬山松煙唐則易州潞州之松上黨松心尤先見貴後唐則宣州黄山歙州黟山松羅山之松李氏以宣歙之松類易水之松今兖州泰山徂徠山嶧山沂州龜山蒙山密州九仙山登州牢山鎮府五臺邢州潞州太行山遼州遼陽山汝州竈君山隨州桐栢山衛州共山衛州栢山池州九華山及宣歙諸山皆産松之所兖沂登密之間山總謂之東山鎮府之山則曰西山自昔東山之松色澤肥膩性質沉重品惟上上然今不復有今其所有者纔十餘歲之松不可比西山之大松蓋西山之松與易水之松相近乃古松之地與黄山黟山羅山之松品惟上上遼陽山竈君山桐栢山

可甲乙九華山品中共山何山品下大槩松根生茯
苓穿山石而出者透脂松歲所得不過二三株品惟
上上根幹肥大脂出若珠者曰脂松品惟上中可揭
而起視之而明者曰揭明松品惟上下明不足而紫
者曰紫松品惟中上礦而挺直者曰籖松品惟中中
明不足而黄者曰黄明松品惟中下無膏油而漫若
糖苴然者曰糖松品惟下上無膏油而類杏者曰杏
松品惟下中其出脈青之餘者曰脂片松品惟下下
其降此外不足品第

煤

古用立窰高丈餘其竈寬腹小口不出突於竈面覆
以五斗甕又益以五甕大小爲差穴底相乘亦視大
小爲差每層泥塗惟密約甕中煤厚住火以雞羽掃
取之或爲五品或爲二品二品不取最先一器今用
卧窰疊石累礦取岡嶺高下形勢向背而或長百尺
深五尺脊高三尺口大一尺小項八尺大項四十尺
胡口二尺身五十尺胡口亦曰咽口口身之末曰頭
每以松三枝或五枝徐爨之五枝以上煙暴煤麄以
下則煙緩煤細枝數益少益良有白灰去之凡七晝
夜而成名曰一會候窰冷採煤以項煤爲二器以頭
煤爲一器頭煤如珠如纓絡身煤成硯成片頭煤深
者曰遠火外者曰近火煤不堪用凡煤貴輕舊東山
煤輕西山煤重今則西山煤輕東山煤重凡器大而
輕者良器小而重者否凡振之而應手者良擊之而
有聲者良凡以手試之而入人紋理難洗者良以物
試之自然有光成片者良凡墨有穿眼者謂之滲眼
煤雜窰病也舊窰有蟲鼠等糞及窰衣露蟲雜在煤
中莫能揀辨唯礪多可弭之然終不能無

膠

凡墨膠爲大有上等煤而膠不如法墨亦不佳如得
膠法雖次煤能成善墨且潞谷之煤人多有之而人
製墨莫有及谷者正在煎膠之妙凡膠鹿膠爲上考
工記曰鹿膠青白馬膠赤白牛膠火赤鼠膠餌犀膠
黄莫先於鹿膠故魏夫人曰墨取廬山松煙代郡鹿
膠凡鹿膠一名白膠一名黄明膠墨法所稱黄明膠
正謂鹿膠世人多誤以爲牛膠但鹿膠難得煎法用

罽及胡麻者皆不入墨家之用案隱居白膠法先以米瀋汁漬七日令軟然後煮煎之如作阿膠法又一法細剉鹿角與一片乾牛皮同煎即銷爛唐本草注曰麋角鹿角煮濃汁重煎成膠今法取蛻角斷如寸去皮及赤觧以河水漬七晝夜又一晝夜煎之將成以少牛膠投之加以龍麝鹿膠之下常用牛膠牛用水牛皮作家所謂鄉掘皮最良剔除去毛以水浸去塵汙浸不可太軟當須有性謂之夾生煎火不可暴常以篦攪之不停手貴氣出不昏時時揚起視之以

候厚薄直至一條如帶爲度其胍膠不可單用或以牛膠魚膠阿膠叅和之兗人舊以十月煎膠十一月造墨今旋煎旋用殊失之故潘谷一見陳相墨曰惜哉其用一生膠耳當以重煎者爲良

羅

凡煤須用羅後魏賈思勰曰醇煙擣訖當以細絹篩堈内此物至輕微不宜露篩喜飛去不可不謹

和

凡和煤當在淨密小室内不可通風傾膠於煤中央良久使自流然後衆力急和之貴潤澤而光明初和如麥飯許搜之有聲乃良膠初取之和下等煤再取之和中等煤最後取之和上等煤凡煤一斤古法用膠一斤今用膠水一斤水居十二兩膠居四兩所以不善然賈思勰墨法煤一斤用膠五兩盖亦未盡善也況膠多利久膠少利新匠者以其速售故喜用膠少覩易水奚氏歙州李氏皆用大膠所以養墨時大膠墨紙黃小膠墨紙微黃其力以是爲差凡大膠必厚厚難於和和之柔則善剛則裂若以漆和之凡煤

一斤以生漆三錢熟漆二錢取清汁投膠中打之勻和之如法

擣

凡擣不厭多魏韋仲將墨法鐵臼中擣三萬杵杵多益愈後賈思勰法曰亦擣三萬杵杵多益善唐王君德則用石臼擣三二千杵蓋其擣無數其擣過粘後光不可擣自從臼中捉出爲度出臼納靜器内用紙封羃煨火養之紙上作數穴以通氣火不可間斷爲其畏寒然不可暴暴則潼溶謂之熟粘不堪製作凡

麤膠搗成便丸捍不可遲延稍遲乃皴裂不堪若乍膠擣之一日後膠行力均再入臼搗千餘下乃可凡捍丸時用五人相次人有錢砧椎三五百下舊語曰一椎一折鬭手捷此其法也初椎成爲光劑爲硬劑又過硬劑爲熱劑每一劑傳畢五人成熱劑乃入匠手丸捍

丸

凡丸劑不可不熟又病於熱熱不堪用雖成必不光澤易碎裂凡急手爲光劑緩手爲皴劑一丸即成不

利於再

藥

凡墨藥尚矣魏韋仲將用真珠麝香二物後魏賈思勰用梣木雞白真珠麝香四物唐王君德用醋石榴皮水犀角屑膽礬三物王又法用梣木皮皂角膽礬馬鞭草四物李廷珪用藤黃犀角真珠巴豆等十二物今兗人不用藥爲貴其說曰正如白麵清麵又如茶之不可雜以外料亦自有理然不及用藥者良舊有別集藥法一卷

印

凡底版貴乎直寧大不小平版上俯下平寧重不輕凡底版銀爲上面印牙爲上尋常底版用棠手版用杞蓋底版面印皆以松爲良與楪爲宜凡印大墨以水拭之以紙按之然後用印凡印方直最難用用多裂易水張遇印多方直者其劑熟可知

樣

凡墨樣當取則於古無大小厚薄之限而賈思勰曰墨璽不得過二三兩寧小不大世人遂以薄小爲貴

謂從前奚庭珪然宣府奚庭珪之類小墨在古品中爲佳不如雙脊龍之類大墨亦不可置在劣等要之無大小厚薄醇煙法膠爲本耳蒸淳大利久薄小利新厚大難工薄小易善故匠人不喜於厚大者然太大則不便於用太薄則艱於包當以厚而大者爲佳

蔭

凡墨蔭用炭灰石灰麥糠三種炭灰爲上石灰酷多裂麥糠慢多曲惟炭灰爲上凡用炭灰精篩弗雜弗濕其下惟厚上之厚薄視墨之大小時之晴晦中以

薄紙裂之然置之不平亦曲見風亦裂若用石灰蔭當於新瓦器中置灰灰上用紙紙上復加以灰不可厚若用麥糠蔭以椽架葦縣室中其上糠底糠惟平惟均不可有逆糠凡蔭室以靜密溫小爲貴晝夜不去火然火大則病火暴亦病其晝夜候火隨風日晴晦最爲難又有不用蔭者墨成縣於靜密室中聽自乾又有以衣被覆之使乾者

事治

凡事治墨以水以兎皮以滑石以萊州石以錢以錐

頭以漆以墨以墨最不佳餘錯用之皆良惟此數物不及弄成如弄鞭弄茶瓢

研

凡研墨不獸遲古語云研墨如病凡研直研爲上直研乃見直色不損墨若圓磨則假借重勢往來有風以助顏色乃非墨之真色惟售墨者則研若邪研則水常損其半而其半不及先所用者惟俗人邪研凡墨戶不工於製作而工於研磨其所售墨則使自研之常優一暈凡煤細研之乾運煤麄研之乾疾凡善

之如研犀惡墨研之如研泥

色

凡墨色紫光爲上黑光次之青光又次之白光爲下凡光與色不可廢一以久而不渝者爲貴然忌膠光古墨多有色無光者以蒸濕敗之非古墨之善者其有善者黯而不浮明而有艷澤而無漬是謂紫光凡以墨比墨不若以紙比墨或以研試之或以指甲試皆不佳

聲

凡墨擊之以辨其聲醇煙之墨其聲清響雜煙之墨其聲重滯若研之以辨其聲細墨之聲膩麄墨之聲麄麄謂之打研膩謂之入研

輕重

凡墨不貴輕舊語曰煤貴輕墨貴重今世人擇墨貴輕甚非煤麄則輕煤雜則輕春膠則輕膠傷水則輕膠爲濕所敗則輕惟醇煙法膠善藥良時乃重而有體有體乃能久遠愈久益堅濕則弗能敗自然成質非輕非重

新故

凡新墨不及故墨衛夫人曰墨取十年以上强之如石者益其愈久益堅且自物久斯變墨況其本黑之物煤久而黑黑而紫膠久而固固而乃發光彩此古墨所以重於世凡新墨不過三夏殆不堪用凡故墨膠敗者末之新煤再和殊善入膠久之乃可和然非大膠久蔭弗可

養蓄

大凡養新墨納輕器中縣風處每丸以紙封之惡濕

氣相搏不可臥放臥放多曲凡蓄故墨亦利頻風日時以手潤澤之時置於衣袖中彌善

時

凡墨最貴及時韋仲將墨法不得過二月九月賈思勰曰溫時敗臭寒時潼溶當以十一月十二月正月爲上時十月二月爲下時餘月無益有害既得時須擇晴明無風之日或當靜夜若燒煤之時當以二月三月四月爲上時八月九月五月十月六月七月水潦上濕十一月十二月風高水寒皆不利

工

凡古人用墨多自製造故匠氏不顯唐之匠氏惟聞祖敏其後有易水奚鼐奚鼎鼐之子超鼎之子起易水又有張遇陳贇江南則歙州李超超之子庭珪庭寬庭珪之子承浩庭寬之子承晏承晏之子文用文用之子惟處惟一惟益仲宣皆其世家也歙州又有耿仁耿遂遂之子文政文壽而耿德耿盛皆其世家也宣州則盛匡道盛通盛真盛舟盛信盛浩又有柴珣柴承務朱君德兗州則陳朗朗弟遠遠之子惟進

惟追近世則京師潘谷歙州張谷

墨記

宋　何薳

西洛王迪隱君子也其墨法止用遠烟鹿膠二物銑澤出陳贍之右文潞公嘗從廸求墨久之持烟一奩見公且請以指按烟指起烟亦隨起曰此烟之最輕遠者乃抄烟以湯淪起搨公對啜云嘗自有龍麝氣真烟香也凡墨入龍麝皆奪烟香而引蒸濕反爲墨病俗子不知也

陳贍真定人初造墨遇異人傳和膠法因就山中古

松取煤其用膠雖不及常和沈珪而置之濕潤初不蒸此其妙處也又受異人之教每斤止售半千價雖廉而利常贏餘余嘗以萬錢就贍取墨適非造墨時因返金而以斷裂不完者二十笏爲寄曰此因膠緊所致非深于墨不敢爲獻也試之果出常製之右余實而用之并就眞定公庫轉置得百笏自謂終身享之不盡胡馬南渡一埽無餘繼訪好事所藏蓋一二見也緣贍在宣和間已自貴重斤直五萬比其身在蓋百倍矣贍死婿董仲淵因其法而加膠墨尤堅緻恨其即死流傳不多也董後有張順亦贍壻而所製不及淵亦失贍法云

潘谷賣墨都下元祐初余爲童子侍先君居武學在舍中谷嘗至負墨篋而酣詠自若每笏止取百錢或就而乞探篋取斷碎者與之不吝也其用膠不過五十兩之制亦遇濕不敗後傳谷醉飲郊外經日不歸家人求之坐于枯井而死體皆柔軟疑其解化也東坡先生嘗增之詩有一朝入海尋李白空看人間畫墨仙之句蓋言其爲墨隱也山谷道人云潘生一日

過余取所藏墨示之谷隔錦囊揣之曰此李承宴軟劑今不易得又揣一曰此谷二十年造者今精力不及無此墨也取視果然其小握子墨醫者云可入藥用亦藉其眞氣之力也

沈珪嘉禾人初因販繒往來黄山有教之爲墨者以意用膠一出便有聲稱後又出意取古松煤雜用脂漆滓燒之得烟極精黑名爲漆烟每云韋仲將法止用五十兩之膠至李氏渡江始用對膠而秘不傳爲可惜一日與張處厚于居彥實家造墨而出灰池失

早墨皆斷裂彥實以所用墨料精佳惜不忍棄遂蒸
浸以出故膠再以新膠和之墨成其堅如玉石因悟
對膠法每視烟料而煎膠膠成和煤無一滴多寡也
故其墨銘云沈珪對膠十年如石一點如漆者此最
佳者也余藏之蓋二十年矣其爲人有信義前後爲
余製墨計數百笏庚子寇亂余避地嘉禾復與珪連
牆而居日爲余言膠法并觀其手製雖得其大槩至
微妙處雖其子宴亦不能傳也珪年七十餘終宴先
珪卒其法遂絕有持張孜墨較珪漆烟而勝者珪曰

此非敵也乃取中光減膠一丸與孜墨並而孜墨反
出其下遠甚余扣之曰廷珪對膠于百年外方見勝
妙蓋雖精烟膠多則色爲膠所蔽逮年遠膠力漸退
而墨色始見耳若孜墨急于目前之售故用膠不多
而烟墨不昧若歲久膠盡則脫然無光如土炭耳孜
墨用宜西北若入二浙一遇梅潤則敗矣滕令椴監
嘉禾酒時延致珪甚厚令盡其藝既成即小丸摩試
而忽失所在後二年濬池得之其堅緻如故今椴莊
敏公之子所蓄古墨至多而有鑒裁因謂珪曰幸多

自愛雖二李復生亦不能遠過也
東魯陳相作方圭樣銘之曰洙泗之珍佳墨也
柴珣國初時人得二李膠法出潘張之上其作玉梭
樣銘曰柴珣東窑者士大夫得之蕃金玉比也
崇寧已來都下墨工如張孜陳昱關珪弟瑱郭遇皆
有聲稱而精于樣製
黃山張處厚高景臨皆起竈作煤製墨爲世業其用
遠烟魚膠所製佳者不減沈珪常和沈珪汪通輩或
不自入山亦多即就二人買烟令渠用膠止各用印
號耳

九華朱覲亦善用膠作軟劑出光墨莊敏滕公作郡
日令其子製銘曰愛山堂造者最佳子聰不逮其父
大室常和其墨精緻與其人已見東坡先生所書極
善用膠余嘗就和得數餠銘曰紫霄峰造者歲久磨
眞處可截紙子遇不爲五百年後名而減膠售俗如
江南徐熙作落墨花而子崇嗣取悅俗眼而作沒骨
花敗其家法也
近世人游戲翰墨因其貲地高韻創意出奇如晉韋

韋仲將宋張永所製者故自不少然不皆手製加減指授善工而爲之耳如東坡先生在儋耳令潘衡所造銘曰海南松煤東坡法墨者是也其法或云每笏用金花烟脂數餅故墨色豔發勝用丹砂也

支離居士蘇澥浩然所製皆作松紋皴皮而堅緻如玉石余與其孫之南字仲容游其家所藏不過數笏而余于李漢臣丈得半笏持視仲容云眞家寶也神廟朝高麗人入貢奏乞浩然墨詔取其家浩然止以十笏進呈之自珍祕蓋如此世人有獲其寸許者如

斷金碎玉乃爭相誇玩云大觀間劉無言取其製銘令沈珪作數百丸以遺好事及當朝貴人故令人所藏未必皆出浩然手製珪作此墨亦非世之墨工可及實可亂眞也

晁季一生無他嗜獨見墨丸喜動眉宇其所製銘曰晁季一寄寂軒造者不減潘陳賀方回張秉道康爲章皆能精究和膠之法其製皆如犀璧也

余嘗于章序臣家見一墨背列李承宴李惟益張谷潘谷四人名氏序臣云是王量提學所製患無佳墨取四家斷碎者又和膠成之自謂勝絕此其見遺者因謂序臣曰此亦好奇之過也余聞之製墨之妙正在和膠今之造佳墨者非不擇精烟而不能佳絕者膠法謬也如不善爲文而取五經之語以己意合而成章望其高古終不能佳也序臣又曰東坡先生亦嘗欲爲雪堂義墨何也余曰東坡蓋欲與衆共之而患其高下不一耳非所謂集衆美以爲善也

近于内省任道源家見數種古墨皆生平未見多出御府所賜其家高者有唐高宗時鎮庫墨一笏重二

斤許質堅如玉石銘曰永徽二年鎮庫墨而不著墨工名氏

余爲兒時于彭門冦鈞國家見其先世所藏李廷珪下至潘谷十三家墨斷珪殘璧粲然滿目其廷珪小挺歲久不見膠彩而書于紙間視之其墨皆非餘墨所及東坡先生臨郡日取試之爲書杜詩十三篇下于篇下書墨工姓名因第其品次云

墨工製名多相蹈襲其偶然耶亦好事者冀其精藝追配前人故以重名之也南唐李廷珪子承宴今有

沈珪珪子宴又有關珪國初張遇後有常遇和之子又有潘遇谷之子黟川布衣張谷所製得李氏法面世不多有同時有潘谷又永嘉葉谷作油烟與潭州胡景純相上下而膠法不及陳贍之後又有梅贍云耿德眞江南人所製精者不減沈珪惜其早死藏墨之家多不見也

三衢蔡瑫雖家世造墨而取烟和膠皆出衆工之下其煤或雜取樺烟爲之止取利目前也

近世所用蒲大韶墨蓋油烟墨也後見續仲永言紹

興初同中貴鄭幾仁撫諭少師吳玠于仙人關回舟自涪陵來大韶儒服手刺就船來謁因問油烟墨何得如是之堅久也大韶云亦半以松烟和之不爾則不得經久也

一日謁李子于富春之法門寺出廷珪墨半笏爲示初不見膠彩云是其大父申公所藏者其墨匣亦作半笏樣規製古朴是百餘年物東坡先生所謂非人磨墨墨磨人者不虛語也

潭州胡景純專取桐油燒烟名桐花烟其製甚堅薄不爲外飾以眩俗眼大者不過數寸小者圓如錢大每磨研間其光可鑑畫工寳之以點目瞳子如點漆云

余偶與曾純父論李氏對膠法因語及嘉禾沈珪與居彥實造墨再和之妙純父曰頃于相州韓家見廷珪一墨曰臣廷珪四和墨則知對膠之法寓于此也

王景源使君所寳古墨一笏蓋其先待制公所藏者背銘曰唐水部員外郎李造製云諸李之祖也初介然一見求以所用端石研易之景源久之方與後

携研至行朝有貴人欲以五萬錢易研景純竟惜不與也

筆經　　晉　王羲之

漢時諸郡獻兎毫出鴻都惟有趙國毫中用時人咸言兎毫無優劣管手有巧拙

有人以緑沉漆竹管及鏤管見遺録之多年斯亦可愛玩詎必金寶彫琢然後爲寶也

昔人或以瑠璃象牙爲筆管麗飾則有之然筆須輕便重則躓矣

諸郡毫惟中山兎肥而毫長可用先用人髮杪數

莖雜青羊毛并兎毳裁令齊平以麻紙裹柱根令爭次取上毫薄薄布柱上令柱不見

世傳張芝鍾繇用鼠鬚筆筆鋒勁強有鋒芒余未之信鼠鬚用未必能佳甚難得

嶺外少兎以雞毛作筆亦妙

蜀中石鼠毛可以爲筆其名曰鼲

人鬚作筆甚佳

漢製天子筆以錯寶爲跗

晉武賜張華麟角筆管

製筆之法桀者居前毳者居後强者爲柱耎者爲輔參之以檾束之以管固以漆液澤以海藻濡墨而試直中繩勾中鉤方圓中規矩終日握而不敗故曰筆妙

元 費著

古者書契多編以竹簡其次用縑帛至以木膚麻頭敝布魚網爲紙自東漢蔡倫始簡太重縑稍貴人遂以紙爲便倫宦者也傳多稱其能然受宮掖風旨謟覩貴猶宦者態也智足以創物而亦足以殺身第於文字有功人至今稱蔡倫紙今天下皆以木膚爲紙而蜀中乃盡用蔡倫法牋紙有玉板有貢餘有經屑有表光玉板貢餘雜以舊布破履亂麻爲之惟經屑

表光非亂麻不用於是造紙者廟以祀蔡倫矣廟在大東門雪峰院雖不甚壯麗然每遇歲時祭祀香火樂纍不絶示不忘本也恩足以及數十百家雖千載猶不忘如此

易以西南爲坤位而吾蜀西南重厚不浮此坤之性也故物生於蜀者視他方爲重厚凡紙亦然此地之宜也府城之南五里有百花潭支流爲一皆有橋焉其一玉溪其一薛濤以紙爲業者家其旁錦江水濯錦益鮮明故謂之錦江以浣花潭水造紙故佳其亦水之宜矣江旁鑿臼爲碓上下相接凡造紙之物必杵之使爛滌之使潔然後隨其廣狹長短之制以造研則爲布紋爲綾綺爲人物花木爲蟲鳥爲鼎彝雖多變亦因時之宜

紙以人得名者有謝公有薛濤所謂謝公者謝司封景初師厚師厚創牋樣以便書尺俗因以爲名薛濤本長安良家女父鄖因官寓蜀而卒母孀養濤及笄以詩聞外又能掃眉塗粉與士族不侔客有竊與之宴語時韋中令臯鎮蜀召令侍酒賦詩僚佐多士爲

之改觀朞歲中令議以校書郎奏請之護軍曰不可遂止濤出入幕府自臯至李德裕凡歷事十一鎮皆以詩受知其間與濤唱和者元稹白居易牛僧孺令狐楚裴度嚴綬張籍杜牧劉禹錫吳武陵張祜餘皆名士記載凡二十人競有酬和濤僑止百花潭躬撰深紅小彩牋裁書供吟獻酬賢傑時謂之薛濤牋晚歲居碧雞坊剏吟詩樓偃息于上後段文昌再鎮成都太和歲濤卒年七十三文昌爲撰墓誌謝公有十色牋深紅粉紅杏紅明黄深青淺青深綠淺綠銅綠

淺雲即十色也楊文公億談苑載韓浦寄弟詩云十樣蠻牋出益州寄來新自浣花頭謝公牋出於此乎濤所製牋特深紅一色爾僞蜀王衍賜金堂縣令張蠙霞光牋五百幅霞光彩疑即今之彤霞牋亦深紅色也蓋以胭脂染色最爲靡麗范公 成大亦愛之然更梅溽則色敗萎黃尤難致遠公以爲恨一時把玩固不爲久計也濤以牋名可矣雖良家女乃失身爲妓輩尹欲旨之叚尹誌其墓焉何哉特藉府寶客多天下選一時縱適不少歛大抵唐藩鎮不度皆習然

也濤固得之而諸公似以爲失云

紙固多品皆玉板表光之苗裔也近年有百韻牋則合以兩色材爲之其橫視常紙長三之二可以寫詩百韻故云人便其縱闊可以放筆快書凡紙皆有連二連三連四售者連四一名曰船牋又有青白牋背青面白有學士牋長不滿尺小學士牋又半之倣姑蘇作雜色粉紙曰假蘇牋皆印金銀花於上承平前輩蓋常用之中廢不作比始復爲之然姑蘇紙多布紋而假蘇牋皆羅紋惟紙骨柔薄耳若加厚壯則可勝蘇牋也

蜀牋體重一夫之力僅能荷五百番四方例貴川牋蓋以其遠號難致然徽紙池紙竹紙在蜀蜀人愛其輕細客販至成都每番視川牋價幾三倍范公在鎮二年止用蜀紙省公帑費甚多且杜蜀諸司及州縣緘牘必用徽池紙范公用蜀紙重所輕也蜀人事上則不敢輕所重矣此以價大小言也余得之蜀士云

澄心堂紙取李氏澄心堂樣製也蓋表光之所輕脆而精絕者中等則名曰玉水紙最下者曰冷金牋以供泛使

廣都紙有四色一曰假山南二曰假榮三曰冉村四曰竹絲皆以楮皮爲之其視浣花牋紙最清潔凡公私簿書契券圖籍文牒皆取給于是廣幅無粉者謂之假山南狹幅有粉者謂之假榮造於冉村曰清水造於龍溪鄉曰竹紙蜀中經史子籍皆以此紙傳印而竹絲之輕細似池紙視上三色價稍貴近年又做徽池法作勝池紙亦可用但未甚精緻爾

雙流紙出於廣都每幅方尺許品最下用最廣而價亦最賤雙流實無有也而以爲名蓋隋煬帝始改廣

都曰雙流㸔紙名自隋始也亦名小灰紙

蜀錦譜

元　費著

蜀以錦擅名天下故城名以錦官江名以濯錦而蜀都賦云貝錦斐成濯色江波遊蜀記云成都有九壁村出美錦歲充貢宋朝歲輸上供等錦帛轉運司給其費而府掌其事元豐六年呂汲公大防始建錦院於府治之東募軍匠五百人織造置官以涖之創樓于前以爲積藏待發之所榜曰錦官公又爲之記其略云設機百五十四日用挽綜之工百六十四用杼

之工五十四練染之工十一紡繹之工百一十而後足役歲費絲權以兩者一十二萬五千紅藍紫茢之類以斤者二十一萬一千而後足用織室吏舍出納之府爲屋百一十七間而後足居自今考之當時所織之錦其別有四曰上貢錦曰官告錦曰臣僚襖子錦曰廣西錦總爲六百九十疋而已渡江以後外攘之務十倍承平建炎三年都大茶馬司始織造錦綾被褥折支黎州等處馬價自是私販之禁興又以應天北禪鹿苑寺三處置場織造其錦自真紅被褥而

下凡十餘品於是中國織紋之工轉而衣衫推髻缺舌之人矣乾道四年又以三場散漫遂即舊廉訪司潔已堂剏錦院悉聚機戸其中猶恐私販不能盡禁也則倚宜撫之力建請於朝併府治錦院爲一俾所隸工匠各以色額織造益馬政院重則織造益多費用益夥隄防益嚴其勢然也今取承平時錦院與今茶馬司錦院所織錦名色著于篇俾來者各以時考之

轉運司錦院織錦名色　即成都府錦院

上貢錦三疋花樣

八答暈錦

官告錦四百疋花樣

盤毬錦　簇四金鵰錦

葵花錦　上八答暈錦

六答暈錦　翠池獅子錦

天下樂錦　雲鴈錦

臣僚襖子錦八十七疋花樣

簇四金鵰錦　八答暈錦

天下樂錦

廣西錦二百疋花樣

眞紅錦一百疋

大窠獅子錦　大窠馬大毬錦

雙窠雲鴈錦　宜男百花錦

青綠錦一百疋

宜男百花錦　青綠雲鴈錦

茶馬司錦院織錦名色

茶馬司須知云逐年隨蕃蠻中到馬數多寡以用折傳則無一定之數

黎州

皂大被　緋大被

皂中被　緋中被

四色中被　七八行錦

瑪瑙錦

敘州

眞紅大被褥　眞紅雙連椅背

眞紅單椅背

南平軍

真紅大被褥　真紅雙窠錦
皂大被褥　青大被褥

文州

犒設紅錦

細色錦名色

青緑瑞草雲鶴錦　青緑如意牡丹錦
真紅宜男百花錦　真紅穿花鳳錦
真紅雪花毬露錦　真紅櫻桃錦
真紅水林檎錦　秦州細法真紅錦

鵝黄水林檎錦　秦州中法真紅錦
紫皂段子　秦州麤法真紅錦
真紅天馬錦　真紅湖州大百花孔雀錦
真紅飛魚錦　四色湖州百花孔雀錦
真紅聚八仙錦　二色湖州大百花孔雀錦
真紅六金魚錦

鄴公故物記

唐 李符

三年冬端符於三原令座中揖其郡官有客曰某丞者謂端符曰是衛公之胄也其家傳賜書與他服器十餘物者請謁端符卽丞君爲客謁丞延入就列端符因跪請曰維君僕射公之嗣固願見僕射公之烈之多其事辭雖文記或闕略具天下耳吾皆聞古世傳文帝詔與公服物者願得以觀丞慘廖曰諾卽具家備儀羅步奉賜書一函他物一器出發視玉帶一

首末爲玉十有三方者七挫兩隅者六綴環焉爲附而固者以金丞曰傳云衛公列佩用也玉之粹者若含怡然澤若渙釋然公攝龍就時高祖所賜于闐獻三帶其一也素錦袍一其綃袂促小裁製纖巧密光爛爛如波旁出紫文綾袴一促幅小袖如袍其爲文林樹於上其下有馳馬射者又雜爲狻猊獬豸馳者雜袴一往來鉤屬鎖劒之飾非華人所爲也自始傳於今莫能名其物象終一差秋不類今紛者與筆一奇木爲管韜刻飾以金別爲金環以限其間韜者火鏡二大觿一小觿一筆囊二椰盂一焉當佩於玉帶環者十三物者亡其五存者八大帝爲兒時與公子某作上下文帝命居宮中侍吾兒戲仍賜以皇子服物黃綾袍緋綾袍皆爲龍鸞文志帝襲緋五色爲花若鳥者素錦半袖小袴皆緻巧功良工之爲不能也文帝賜書二十通多言兩河事廖勞苦信必威賞而已其兵事節度皆付公公常從中理也既公疾親詔者數四其一曰有晝夜視公病中老嫗令一人來吾欲熟知起居狀丞曰權文公視此詔常

泣曰君臣之際乃如是耶端符既畢觀中若有物擊惻其心者於玉帶見遠方致物而上不專有以賜有功也於文錦衆物見其時之工志功不至靡也於賜公子以皇子衣服見視臣如友而游兒也於詔征討見擇將材付將職也上當不曲制其事旁他可動哉於問公疾見上答憫公如家人之視子姓也公之勞烈如是其人固有以感之獨推其運吾不信也丞曰子觀吾故物異他人之觀一似動色隱心者於霜露變將每閱者是物人雖爲子工文辭幸爲記吾得觀

以慰吾慕思也

說郛目録

指南車飾 減小樣製

按崔豹古今註指南車黃帝作

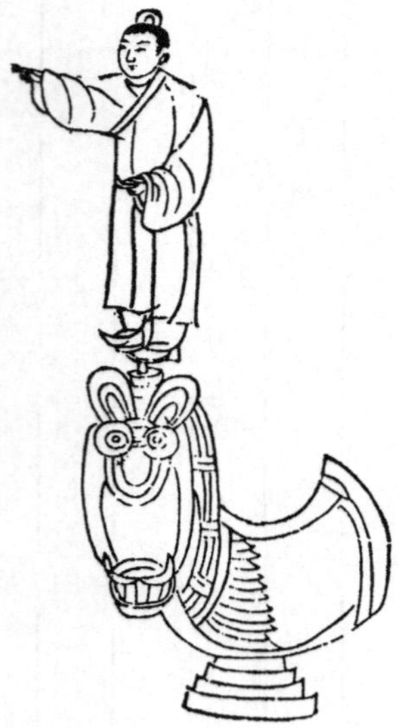

右車飾以黍尺度高一尺四寸二分下長七寸四分轄木口圓徑三寸七分管立木口圓徑三寸四分琢玉爲人形手常指南足底邊圓竅作旋轉軸踏於虫尤之上延祐中獲覩於姚牧菴承旨處玉色微黃赤緋古色包轉闕亦有土花斷蝕處

琱玉虫尤環

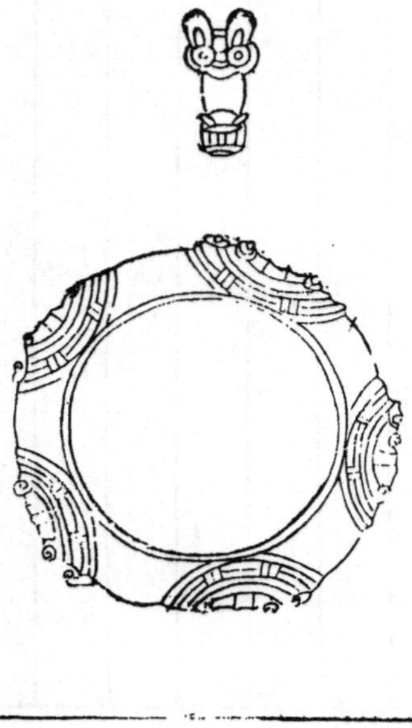

右環以黍尺度圓徑三寸五分厚五分色如赤瑀而內質瑩白循環作五虫尤形首尾銜帶琱縷古朴真三代前物也蓋古者黃帝氏平虫尤因大霧作指南車飾以文玉令其文作虫尤形蓋當時輿服所用之物也延祐中嘗獲覩於張師道學士孫元明處

三螭璏琫依元樣製

瑚玉
蟠螭
神品

夏紫芝得於西京傳是高辛墓中物

右璏琫大小如圖式璏玉色白而古斑黑琫玉色微青而古斑紅黑亦三代前物也至治中嘗觀奉禮郎劉衍祥家

鹿盧

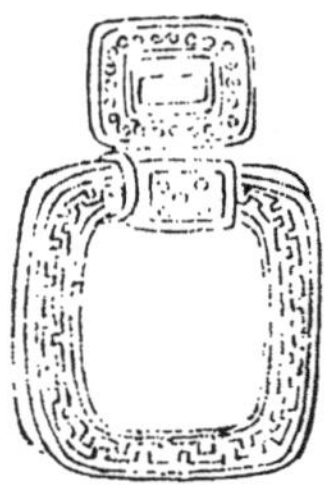

佩劍環也古衣服令云鹿盧玉具劍

玉辟邪

右辟邪高二寸二分長經四寸有半色微白而紅古斑獨間有水銀色處傳是太康墓中物陝右耕夫鋤得之延祐中趙子昂承旨購得之以爲書鎮

此辟邪乃楊元誠同簽自都丁玉工家得之長一尺二寸高三寸二分玉色微青長尾背有甬蓋古鍾簴足也

商琱玉鉤

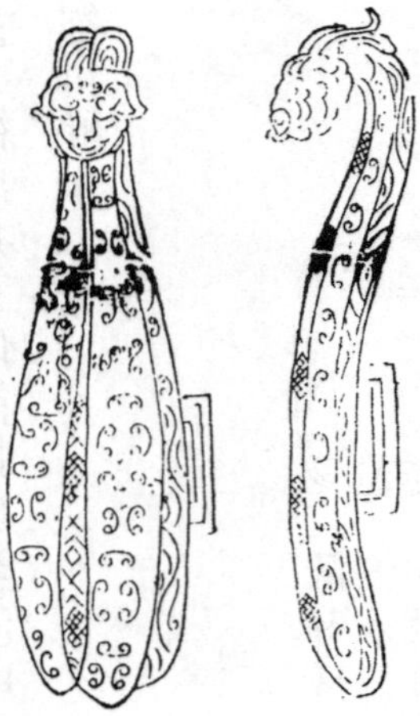

右琱玉商鉤長六寸七分闊徑一寸三分厚四分玉色微白古色微紅𦁟白螭首利腹作卧蚕玉地作細畫水文至治中覩於都城西直門張德常儀舍家

璊玉克耳

蒼玉琀

黄玉珈

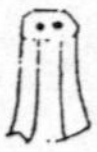

右三物如式

璊玉馬

黄玉人

右璊玉馬首高四寸八分身高四寸一分長五寸四分玉色微青古色紅粉斑斕如桃花鬉尾具完而四足損折至治中南雄太守趙伯昂以古帖易得於磁器劉家命工接完其足姚牧菴先生以黄玉人贈之爲副如司牧者呈馬焉

黃玉轆轤環

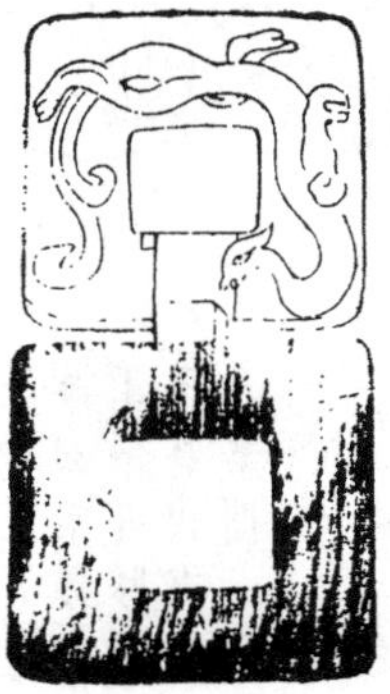

右環方徑二寸四分長五寸三分色如蒸栗古色如紅冀延祐中僕外舅于榮甫得之後歸之武林王氏

璘玉璏子母雙螭

右璏長四寸三分濶一寸三分紅古斕斑而內質白螭齒纖利與子螭對視若不容刀舊張大 物後歸曹元理

雙螭璏

右璏長四寸三分濶一寸三分玉色蒼黃而古色紅潤元磁器劉家物泰定中易貨集古齋

臥蠶璏

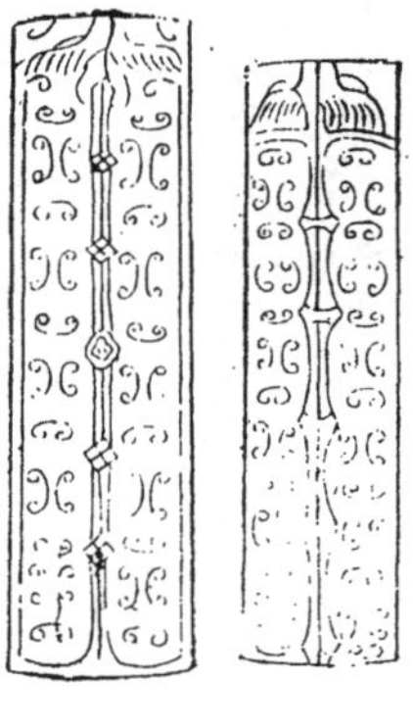

右前一璏文藻磨蝕迫盡纁色點白後一璏純白點赤紅古長濶如式泰定間予得之於王立章先輩後歸武林王氏易李龍眠定林蕭散圖周文矩烏輿圖

瑚玉盤螭

右崔引進所藏

右舊藏高仲器郎中家後歸婺州陶氏

右舊藏趙伯昂家

玄玉驄

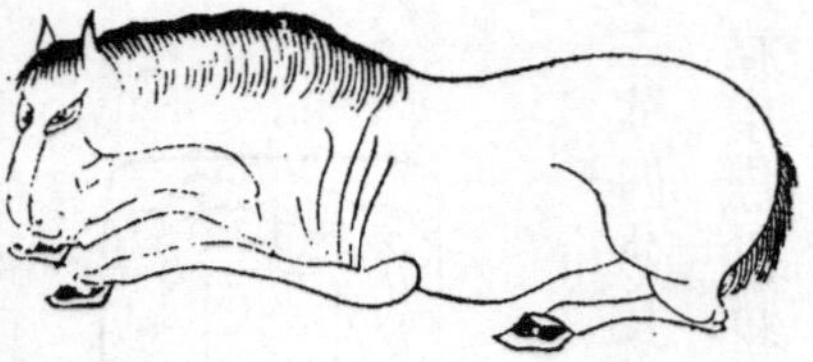

右玄玉驄唐馬式也開元間王毛仲進五色馬隊玄宗器之玉工依五隊色琢玉爲式寘上方几案間

漢雙螭鉤

右鉤長六寸二分闊九分玉色芥白而黑古斕斑作子母螭廻顧狀螭齒纖利如曹元理所藏瓏其製與漢銅鉤類蓋胸腹間佩懸具劍者也

黜古玉璏

右黜古璏天曆中在柯博士處

暈紅玉璏在集古齋後亦柯公物

琱玉商頭鈎

右玉鈎長五寸五分鈎頭作螭首鈎尾作虎首身作曳脚猴子色微牪而綱古絣黃三代物也琱纓實卄

琱玉雙頭鈎

右玉鈎長徑三寸一端作馬頭一端作張口螭頭玉色白而紅古馬頭折接三代前物也

叙頭也詩云副瑱弁六珈

充耳也詩云玉之瑱也

璩三

說文云璩環屬也又曰虎兩舉足爲虖

帶鈎

鞢拘也古衣服令云革帶玉鈎鰈日列辰

杯

飾

韓非子謂紂作象筯而箕子怖必爲玉杯

正

水蒼琥

禮玉藻大夫佩水蒼玉註玉之文也

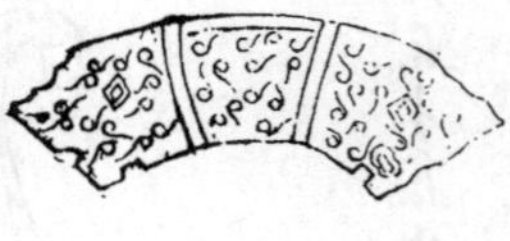

螳螂鉤

阮諶曰螳螂鉤以相拘帶謂之鉤䚢春秋傳曰管仲射桓公中鉤

琫

珌

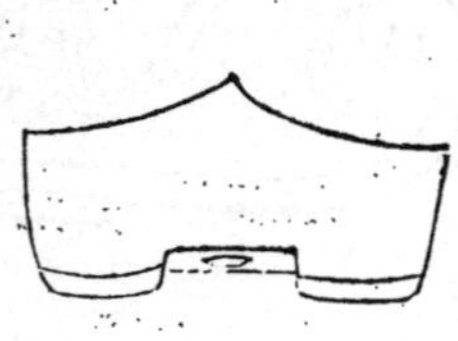

刀削飾也上曰琫下曰珌詩云鞞琫有珌

佩刀柄

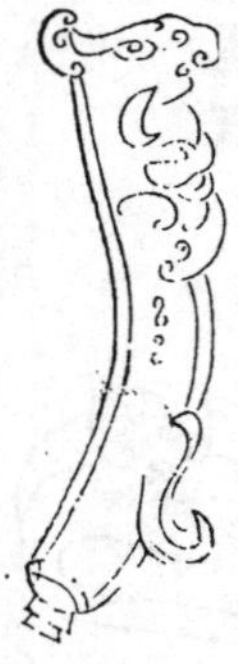

禮內則左佩刀觿

琫

刀削具裝之首尾飾

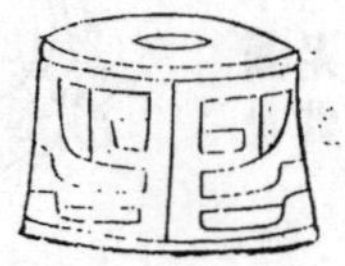

珌

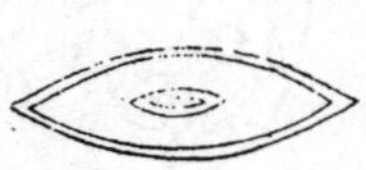

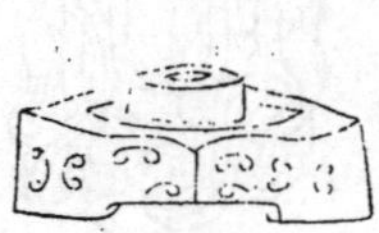

拱璧

右拱璧徑尺色蒼文縮螭鳳中作雲氣老子曰雖有拱璧以先駟馬

璊玉瑑 音衔

說文云禾之赤者曰虋故桎玉同其色謂之璊

文房圖贊

宋　林洪

士之仕皆繇文房始惟唐韓愈東頴爲中書他竟無所聞今圖贊一十八人擬以官酬之俟異日請于朝因俾昌黎顯美有唐

淳祐初元王春元日和靖七世孫可山林洪龍發序

十八學士姓名字號

毛中書　述　君舉　盡心處士

燕正言　玉　祖圭　體玄逸客

楮待制　田　爲良　剡溪遺老

石端明　甲　元樸　岩屋上人

水中丞　潜　仲含　玉蜍老翁

貝光祿　絫　儒文　潔菴小友

石架閣　卓　汝格　小山真隱

邊都護　鎮　叔重　句曲山民

安　元安　如石靜君

黎司直　合　志齊　木訥老人

仝　季方　槐槧書生

刁吏書　剛　克之　桂溪野客

竺祕閣　馮　可馮　無弦居士

曹直院　導　公路　介軒主人

方正字　端　士直　惡圓老叟

齊司封　緘　功父　快閣隱君

胡都統　厚　伯固　兼袖時士

印書記　篆　少章　明信公子

黃祕書　府　惟謹　斗室隱者

槃都承　戢　利用　通怡先生

毛中書

唐中書維穎有孫至我
宋有自宛陵進者亦穎之孫二公在當時帝士
欲柄用髪皆種種矣使天相之早仕以究所學
則昌黎和靖翁亦安有可憐不中書之歎嗚呼
科目資格之弊如此夫

燕正言

愛身而退避固寵而膠滯皆不足以居諫言凹
以馨德聞其惟燕氏旣剛且和而淸而麗資於
玉所與贊何異有所不言言必正矣彼黃與朱
寔同厥徒簡在上心雖鮮用諸然或時贊一言
亦相觀而善之謂摩之意與

楮待制

士起於白屋而寘身於清要者不知其歷幾湔煉也能更相汲引尚無同類則山林修潔士特一草木耳書曰人之有技若已有之吾於正言中書君有取焉

石端明

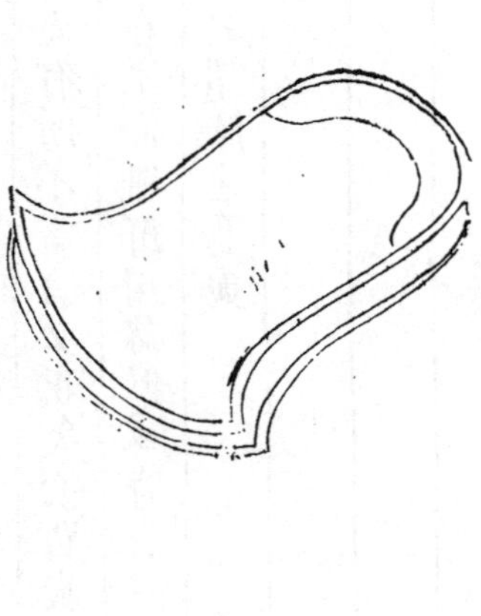

蒙嘗過萬石君之故家憫其子若孫有剛介者往往乏溫潤惟端明兼之且能和平以待物謹靜以養年器之斡墨閫厥亦宜也有若燮卿之隨馬視乃厥祖得無愧焉

水中丞

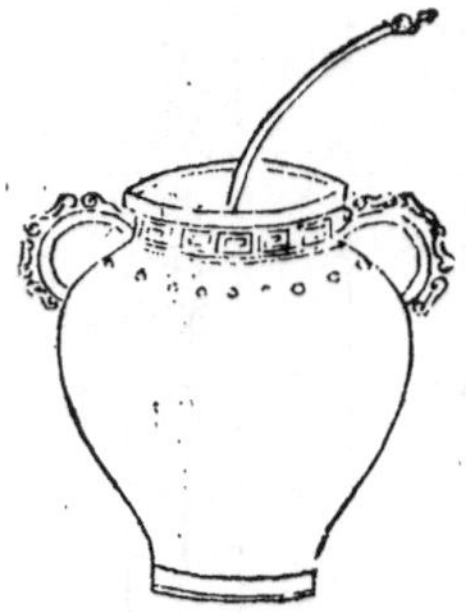

一言之出必有以利澤於當世而後可以任言責若夫當言而不言塞也不當言而言泛也不泛不塞動有利澤其惟水中丞之德乎

貝光祿

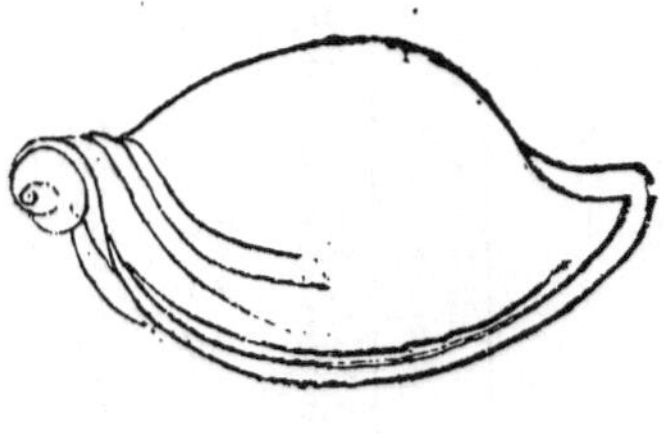

昔貝錦善巧言王投之遠裔逮漢開西南　其孫始得偕明珠文甲輩詣闕下帝嘉其文令佐寫書官衆以其祖好讒不相答迺反身修德益自磨礪及拜光祿卿無復訐矣噫周至漢幾何年見其後尚竊惡之彼譖人者戒之哉

石架閣

架閣與端明同譜系巉巖峻未仕時嘗語人口
孔子作春秋游夏不能措一辭以生殺所繫非
若急於矜燿者以文章病天下及居是官閣之
者往往閣筆而不下蓋亦知所畏矣烏乎筆且
不可以妄動況爲國任賞刑者乎

邊都護

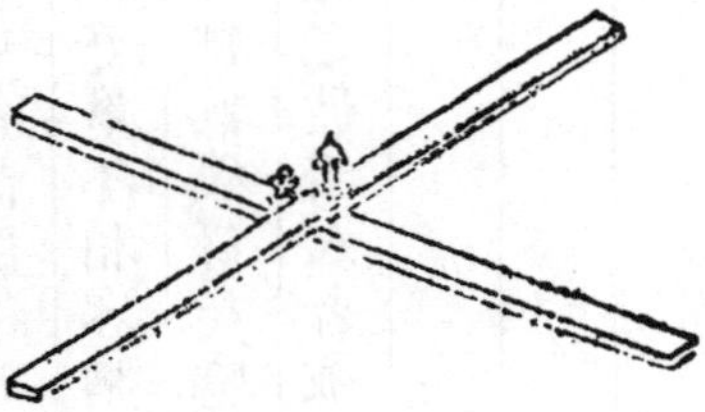

外地風寒聖策未定有能相與鎮壓之使朝行
晏然邊鄙不聳厥功亦大矣然或不相協和進
退自用又豈能制一時飄忽之患哉昔郭汾陽
與李臨淮最不相能及東伐乃執手以誼相勉
每歎世無斯人今見二公良有感夫

黎司直

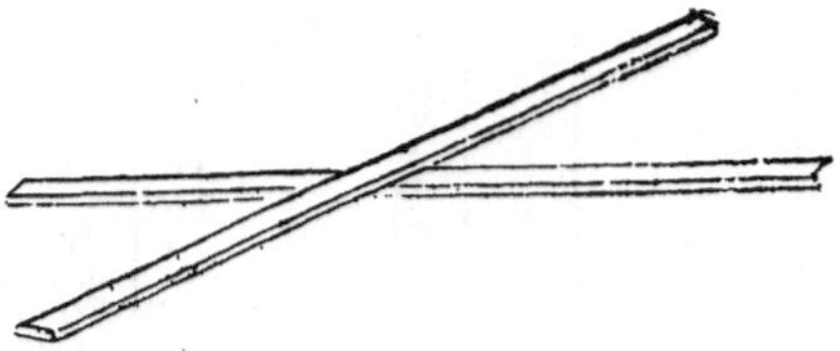

漢開石渠黎氏以材學應詔上書言欲總齊天下書非一人力因以其兄薦帝嘉其能舉親曰卿之弟兄均可謂邦之司直也歟書成因以是官酬之詩云周道如砥其直如矢黎氏之德偹矣大

刁吏書

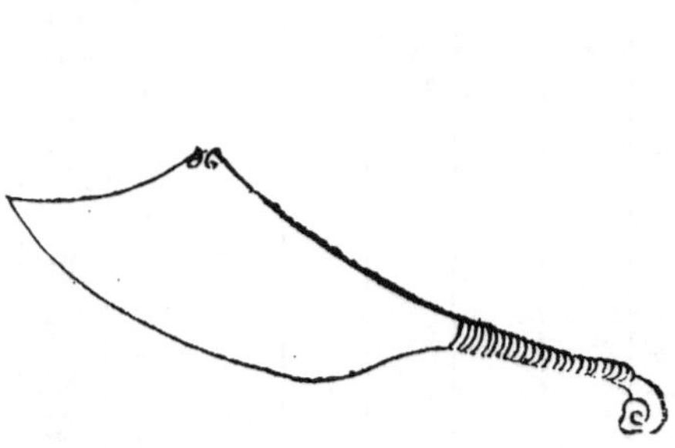

文牘散逸吏並緣爲奸時必得裁鑒剛明之士斯可總齊清議若夫矜惰惟鈍則何所取材惟公行無玷缺又能砥礪廉隅以直道行眞荷槖間千百年一人耳子曰才難不其然乎

竺
秘
閣

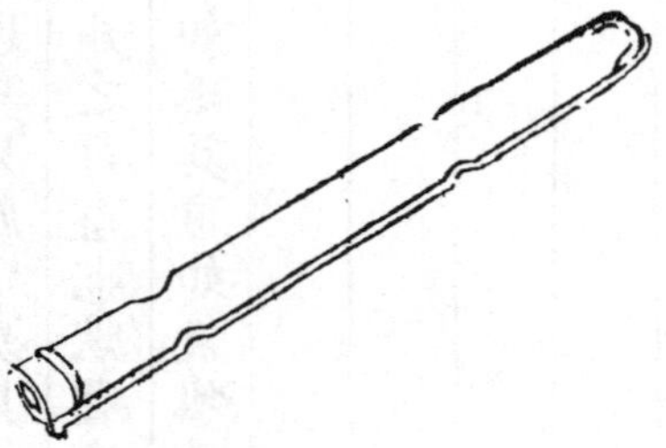

盛夏天子御延英與群臣論治道及邊事歎世無頗牧孰可任一臂力會公在榜進言曰臣雖不能任重願試一障帝嘉其節令帶秘閣往焉及事定不言汗馬勞翻然自號無弦居士淵明爲琴書友可謂功成身退者與

曹
直
院

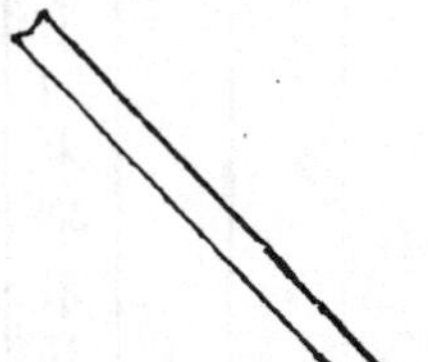

坤臣道也利在方直彼美君子得坤之德畀彼掌綸如絲之出顧瞻周行真一繩墨友者誰歟正字中書惡曲與汙惟正是趨忒以赤心警戒弗渝子曰益者三友此三子者可謂得友直之義乎

方正字

方氏世居歷山介然獨行不屑以枉道進至唐開書庫乃與其黨曹氏出焉帝嘉其直授正字於辯證之功固多然一朋字未正迄今有遺憾焉

齊司封

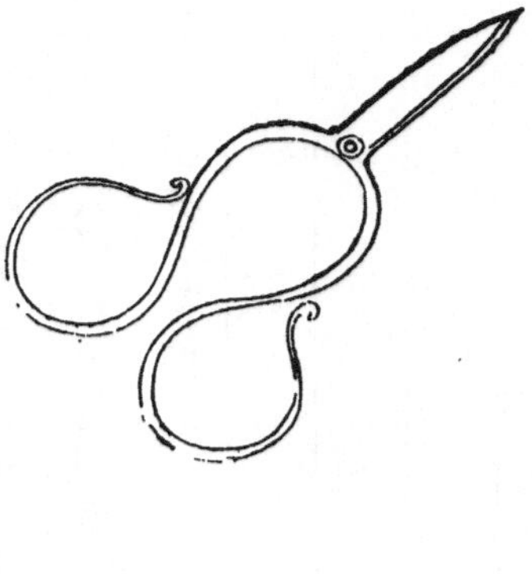

剸裁品秩必得剛正十而後封賞無缺典若高下其手則有不齊患惟公世居幷州以直辯聞不可干以私故斜封墨敕一時咸無焉帝分檢江錫之亦勵其直與

胡都統

兵之逆順猶反覆紙過於用剛則璺生積於川柔則解弛必有以調集固結之乃可以帖服百萬之師於一指不剛不柔如公其人以之制敵勝可古矣若夫符籍散逸行伍缺漏不過隨時補之而已

印書記

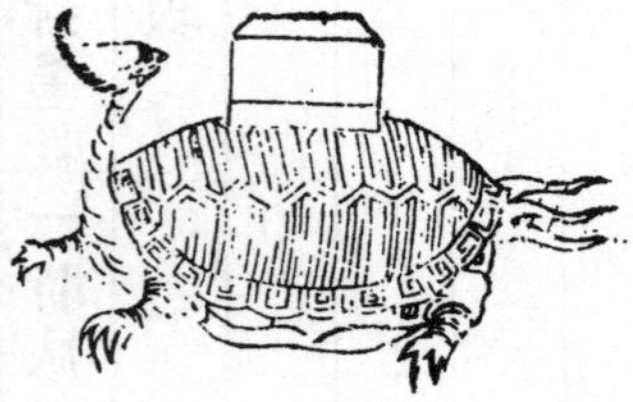

漢符璽郎寧忤一大臣不輒授之璽繼有倒用以擊泚者亦郎之孫世以赤心事君宜其有後也今雖載筆侯藩依紅泛綠在風月間未嘗不加謹焉視乃厥祖可謂若合符節云

黄秘書

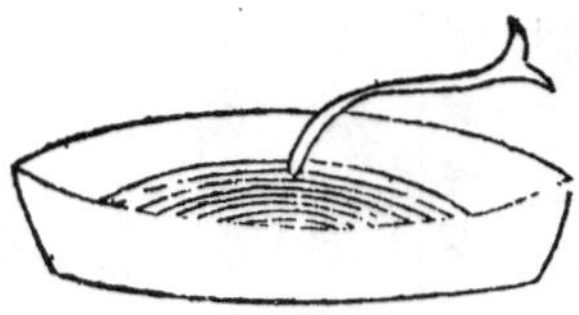

昔在有唐[illegible]雖嫋孅二十四郡鮮不畏避歟與平原走九通事得彼魯人三緘之義授以秘書言惟詣耳達空函者能無靦媿

般都承

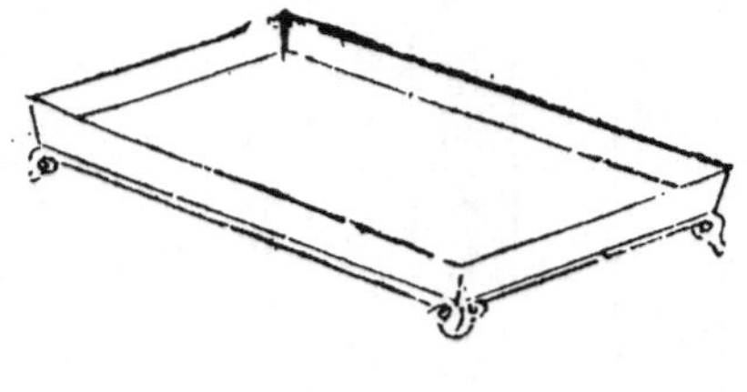

都承旨不用院吏奉行文書惟用士人故陳玄毛穎藉咸預焉後多爲顯官今公一遵舊制凡所需者彬彬皆文墨之流宜乎能參總機要無所遺失儻或後用吏必以口頰衛事又豈能加承上旨歟

文房圖贊續

元　羅先登

毛頴傳始於昌黎前人謂以文滑稽者也其後黄非溫陶之傳不勝其纔至宋季可山林君獨取文房所用十八人各酬以官圖像而贊可謂愈出愈奇矣僕開秘書又從而著名字與號焉僕近於友人王起善處獲觀東本茲復有見示石刻者則其數又倍之乃秋浦羅雪江追補可山之未收錄者亦圖且贊而無名號起善因倣效焉爲撰斯盡矣僕以從游之久故書其梗槩于後云元統二年樊士寬序

圖贊續姓名字號

朱檢正　丹　伯洪　赤城仙侶

木奉使　鶴　敬行　漆園傲吏

平待制　樹　公立　大隱先生

明詔使　光　德耀　開晦公子

房刺史　卷　仲舒　善藏華客

廉護軍　密　思謹　湘筠老叟

高閣學　介　友文　清節處士

樱將軍　斟　思齊　勇退老夫

石鼓院　鎮　子厚　岐山後人

利通直　銳　彌堅　金精山人

焦　桐　良材　清音居士

白　玄　君奕　爛柯仙客

莫　鄣　剛卿　豐城隱君

釋　鑑　無隱　圓明上座

弓　矢　子勁　矍圃老人

葉　嘉　清友　玉川先生

水　函　子方　介石高士

商　門　師古　香山道人

周有八士聖人常以記善人之富予亦於文房四七之際得八人焉兹八人者在晉室間目爲同堂合席之交然皆高尚其事不屑仕進號爲八仙此不特皆雲臺功臣而又有富春釣叟輩出焉敬列于右

朱檢正

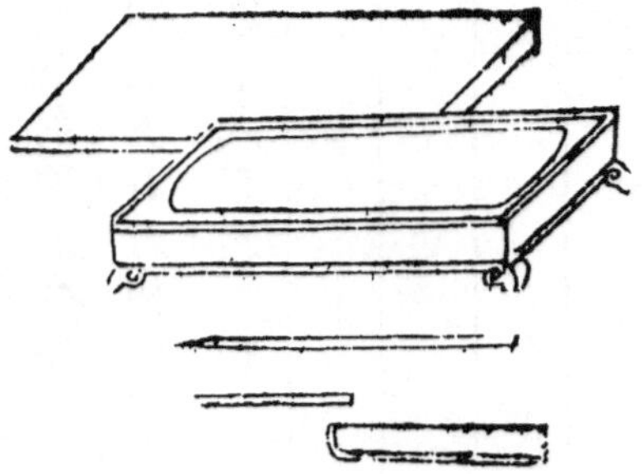

朱與墨氏實同塗異用世以朱墨並稱朝家以墨位上卿先拜正言而朱尚滯散地一日同召至上前朱從容曰朱也當御帝曰俞墨氏常纏數萬言非卿點勘得無續彩覽蔡韻之誤邪

木奉使

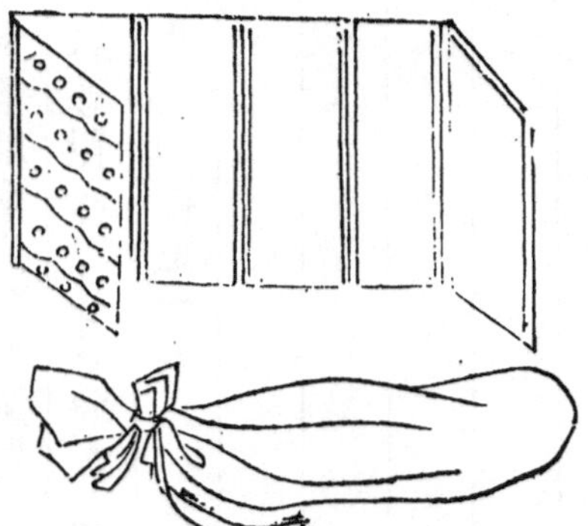

公居山林與楮爲侶楮既見困公起刀鋸寘身鉛槧流芳汗青被以繡衣煌煌使星越國不辭罄折之勞將命不憚往復之塵使乎使乎盡謹厥職當如趙簡子所識毋爲呂惠卿所易

平待御

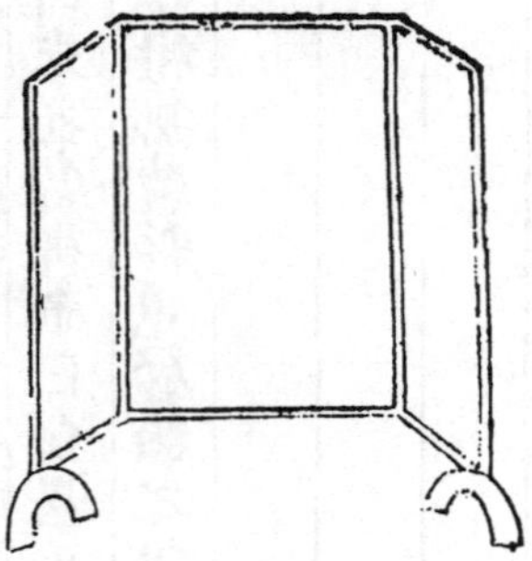

平氏世居天子畔內錄刺史姓名爲職獨公平正得大體觀其文石前陳則有悠然深遠意帝嘉其能召立端明殿與石君相先後焉視其紿女色置雲母者寧不大相逕庭邪

明詔使

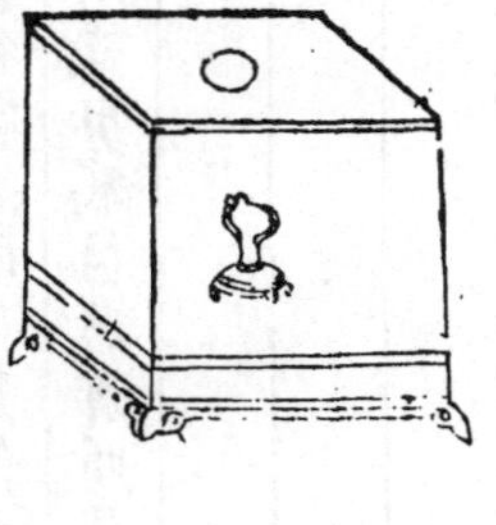

古者考績之法惟在黜幽陟明後之仕者往往迷於富貴蔽於利慾鮮能以光明洞照見也惟茲明公耿耿不寐善開人之昏善繼人之晷有所使令詔之而已其明德遠矣夫

房刺史

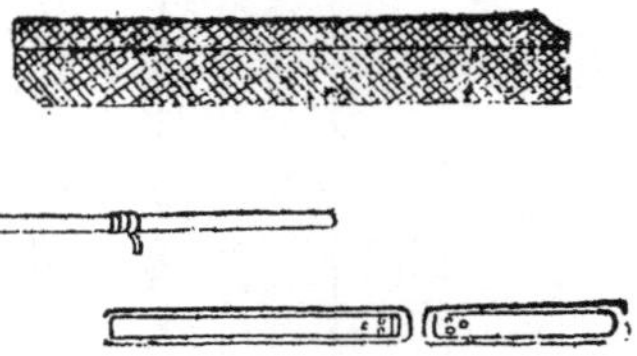

傳曰惟名與器不可以假人然公嘗偕守相造
帝輒觀引見天子亦記其姓名于屏其見收錄
於上如此蟠木非小器必有先爲之容詎非無
因而前也如公可謂眞刺史矣

廉護軍

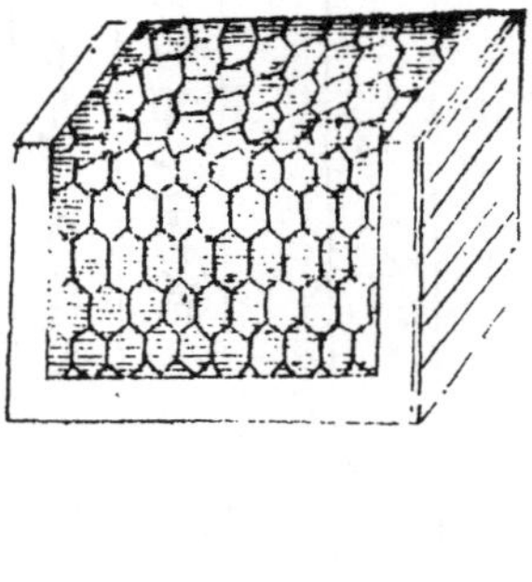

昔燕與趙鬬氣燄未弭廉頗一居上將則氣益
書生遂封於蔚父良有以也蒙莊隱士書林靜
觀圖籍調風塵之警古今亦時有之惟得人如
廉君者卧護境上則纖翳無自而入矣公豈其
苗裔邪

高閣學

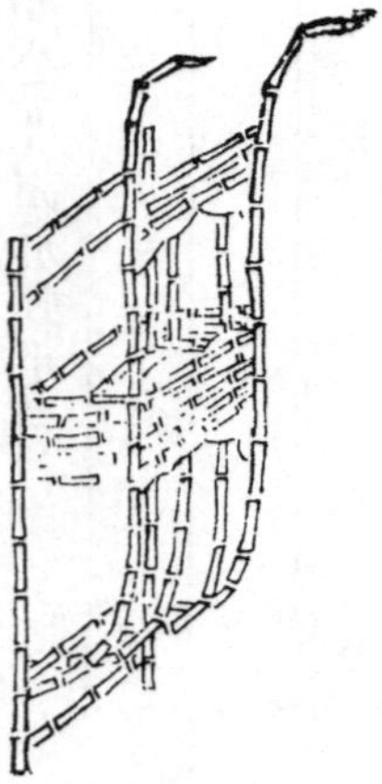

文房圖贊續 九

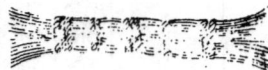

昔鄴侯家多書插架三萬軸非斯人乎何其能任重也蓋箋翰往來簡牘書卷亦各有時苟無職當寧免散漫今得置在高位者羅而收之亦既富矣芸香册府爲今要地陛善次對非曰束之高閣也

椶將軍

文房圖贊續 十

版圖久虧文軌未一公方往相英豪整我幅員公能掘刷精神汛掃穢染不攘臂嚼手間使[illegible]帖服宜乎夥功竹帛也非公其人亦徒有白面書生耳彼惡敢當將軍之勇哉

石鼓院

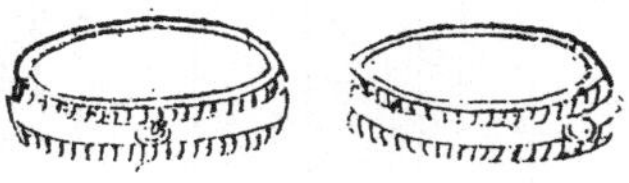

昔岐山之陽有石氏兄弟郎其先世也唐博士韓愈嘗嘉其爲人重厚不遷薦諸太學求切磋益録是子孫皆謹重稱今觀二公之在朝行雖不動聲色而鎮浮力量未嘗有陂傑反側風亦善繩其祖武者與

和通直

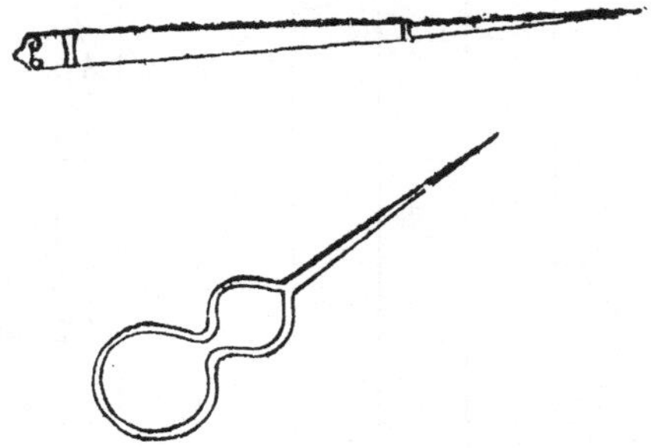

士莫患於進鋭而退速厥有身於簿書文籍間而能極力攻進曾不以利鋭計是亦囊中之脫穎者也顔氏子鑽之彌堅見進而不見止今而後知公之用心蓋剛矣其亦有志於孔子之道歟卓哉

清音居士

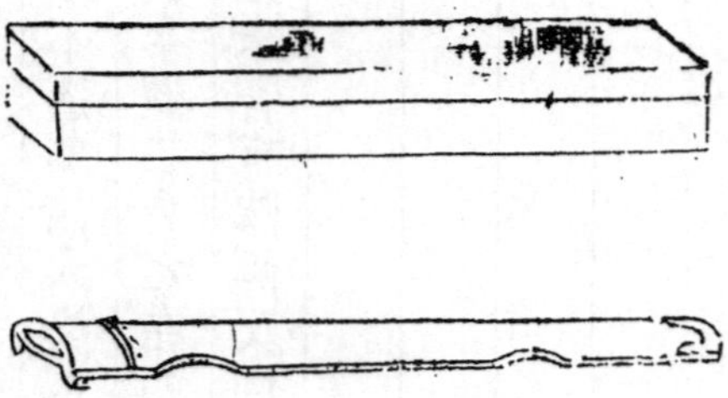

文房圖贊續 十三

白雪陽春高山流水妙趣天通洋乎盈耳伯牙絕響淵明無弦大音希聲靜中之仙

爛柯仙客

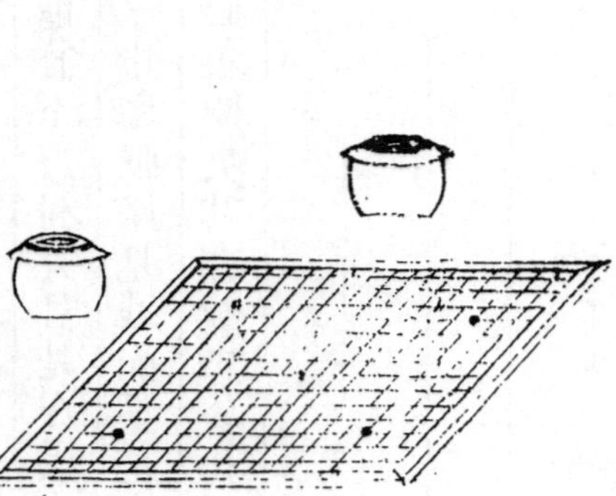

文房圖贊續 十四

順勝逆負動拔靜安往來一轍酬應多端一枰秋水無人乎側知玄知白是曰僊客

豐城隱君

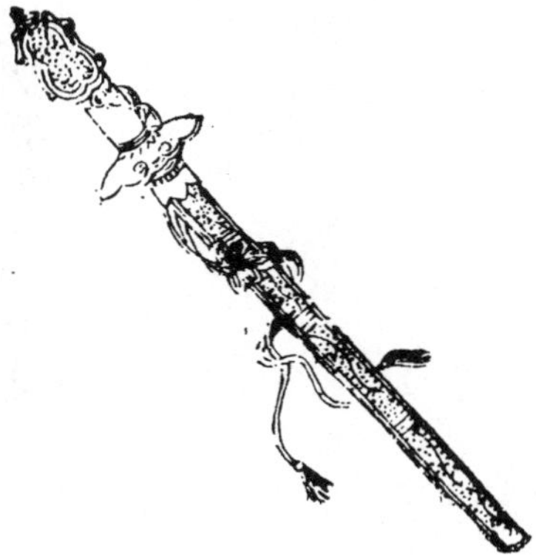

陸斷蛟龍水剸犀革功成身退恪守三尺亦山
之精紫電之光用之則行舍之則藏

圓明上座

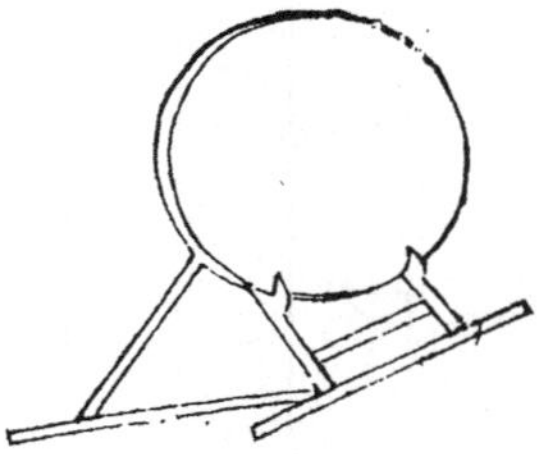

如規之圓如月之明事至能應物來能名以靜
觀動以空觀色妍醜何心間能不惑

矍圃老人

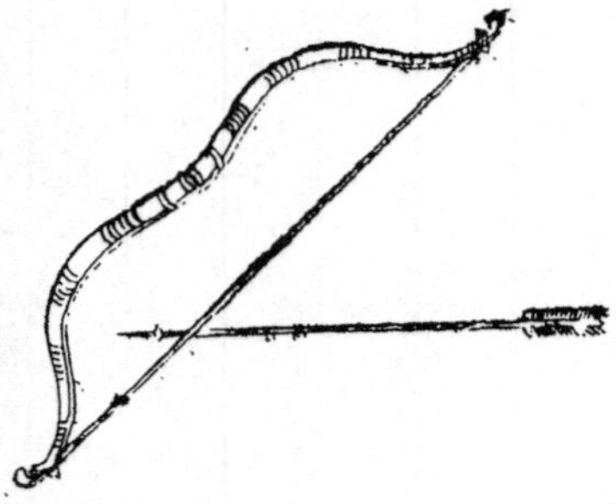

誰毁斯直誰惡斯曲不勉而中不疾而速發跡扶桑定功天山玉關稠老矍圃是閒

玉川先生

毓秀蒙頂蜚英玉川搜攬胸中書傳五千儒素家風清淡滋味君子之交其淡如水

香山道人

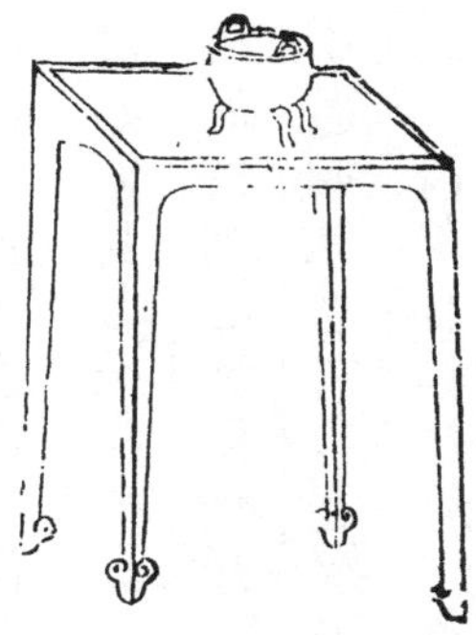

非芷非荃非蘭非蕙生滅一氣博山之裔衆醉我醒衆濁我清此是陋室惟吾德馨

古者史分左右職紀言紀事非有文則不可以行遠然必直書寓褒貶示勸懲宋林洪紀文房通用之器十八類後羅先登續之又十八類各繫以職官名號圖像爲贊托之史事隱然寓褒貶深意可徵其具乎史才不獲登承明奉常之署以直筆章衮鉞是非之用特假是以見志耳沈潤卿刻之以傳俾世之秉刑賞褒貶之權者於是乎法其爲益世道之功不歸之潤卿乎豈徒爲文房之美觀而巳長洲沈周題

燕几圖序

燕几圖者圖几之制也初几有六列等惟三俱廣一尺七寸五分高二尺八寸而其長者二各以廣之數而四之積而爲長七尺也其中者二各以廣之數而三之積而爲長五尺二寸五分也其小者二各以廣之數而兩之則長三尺五寸也以廣倍長而几之制以成縱横離合變態無窮率視夫賓朋多寡杯盤豐約以爲廣狹之則遂創爲二十體變爲四十名因體定名因名取義謂之骰子卓蓋擬其六也燕衎之餘

以之展經史陳古玩無施而不宜寧不愈於世俗之泥於小大一偏之用者乎圖成而來陽宣君谷卿見而愛之欲肆其布置務廣而方則不足於一隅乃增一小者合而爲七而其體始備其名益多余嘉其善變而適於用也易名七星而併圖之名曰燕几圖按圖設席類有雅致顧雖小道亦見吾二人之智若出於一云紹熙甲寅歳十二月丙午日雲林居士黄長睿伯思序

燕几圖

宋　黄長睿

長卓一樣二隻

縱長七尺　可坐四人

横廣一尺七寸五分脚高二尺八寸

中卓一樣二隻

縱長五尺二寸五分　可坐三人

横廣并脚同前

小卓一樣三隻

縱長三尺五寸　可坐二人

横廣并脚同前

卓之横數不宜太廣則倍數太長欲狹亦止於一尺七寸其長准此倍之卓脚以低小爲雅其圖以五寸六七分爲准俗工每泥以見爲卓必放脚闊兩卓相並中即間斷須當斂下廣狹與上同則縱横布置無不齊矣布卓或七或六以至一二今圖凡增多於舊以其長廣同者與其形似者各爲體、二十有五體合爲七十有六名其長廣之數謂如函三之體縱用一中卓二横頭即共長八尺七寸五分横用一長卓即廣七尺㦲一之體縱用一長卓一中卓即共長一丈二尺二寸五分横用三横頭即共廣五尺二寸五分餘體大小皆倣此計之

之體有三

函三

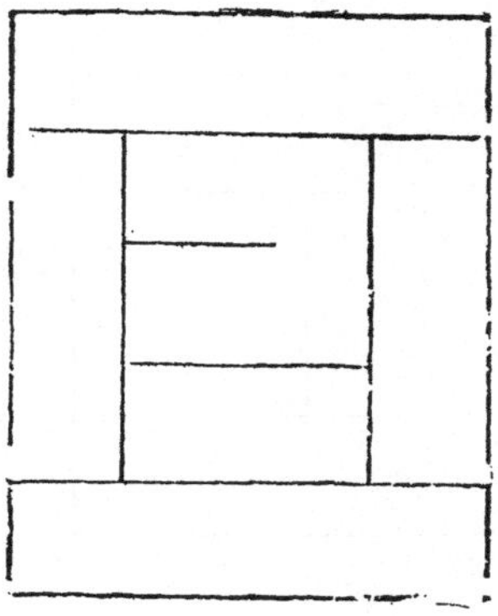

屏山

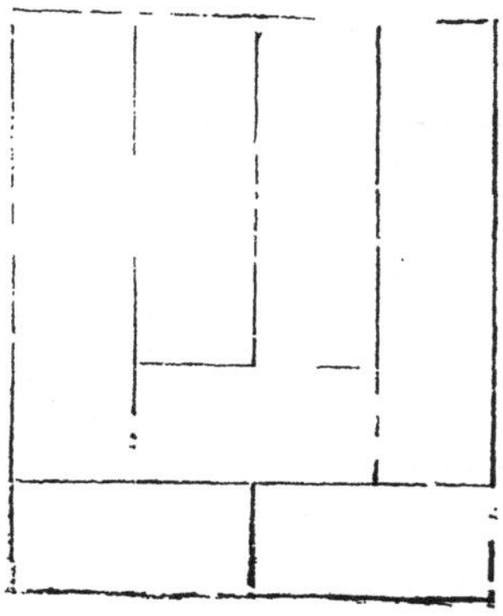

二之體有四

回文

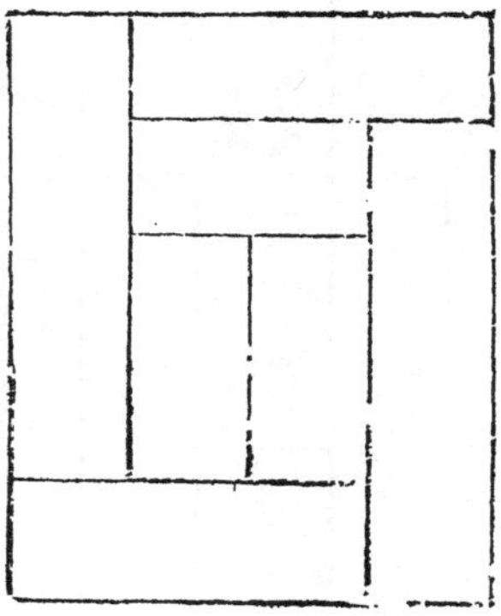

磬矩

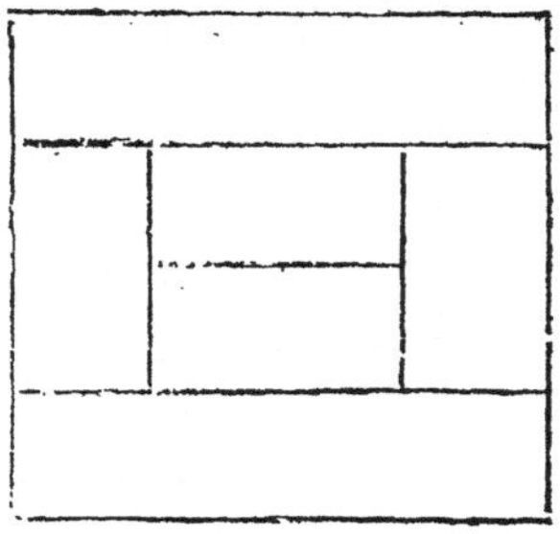

燕几圖

斯千

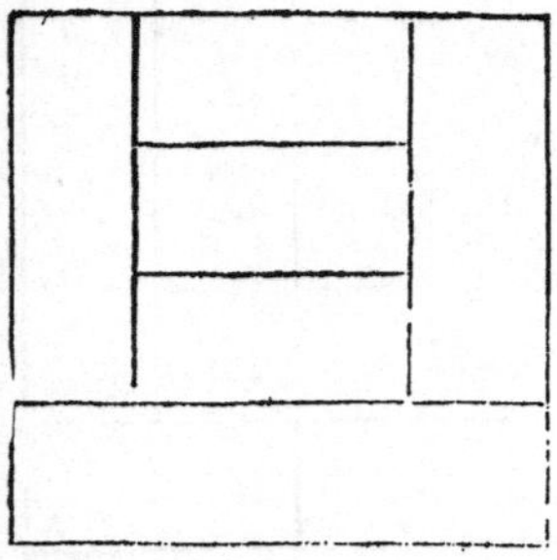

厨一

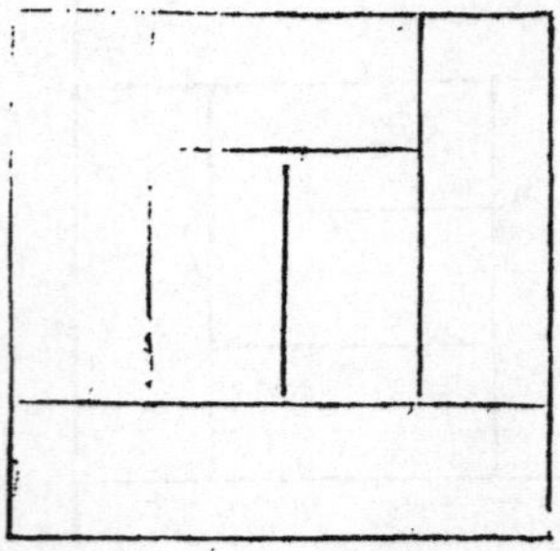

四

燕几圖

三之體有二

雲朶

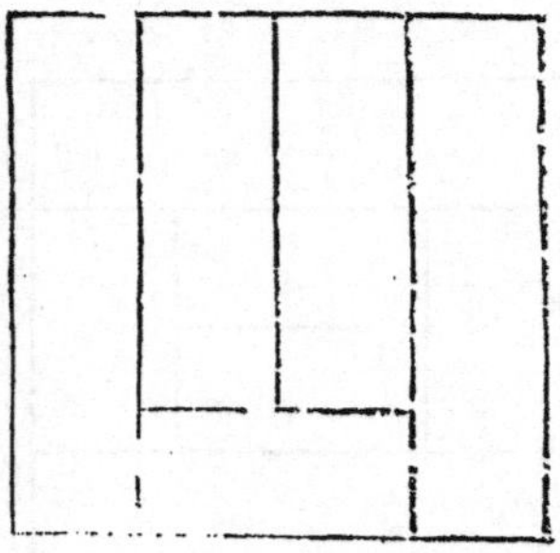

一藏

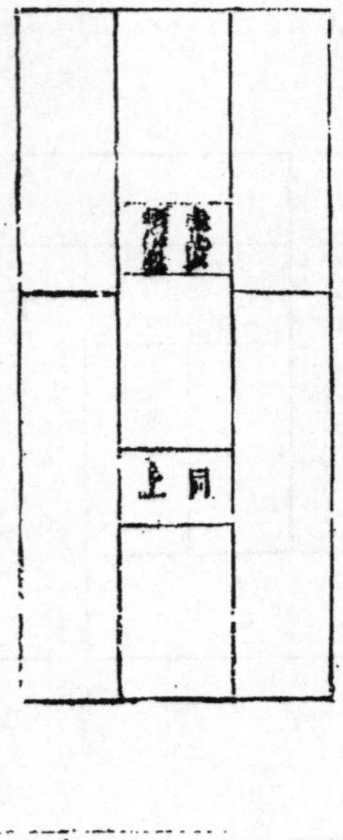

五

虚中

四之體有四

六花

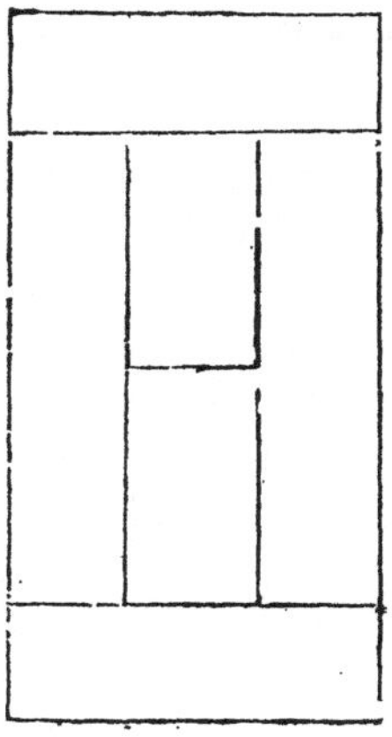

交鎖

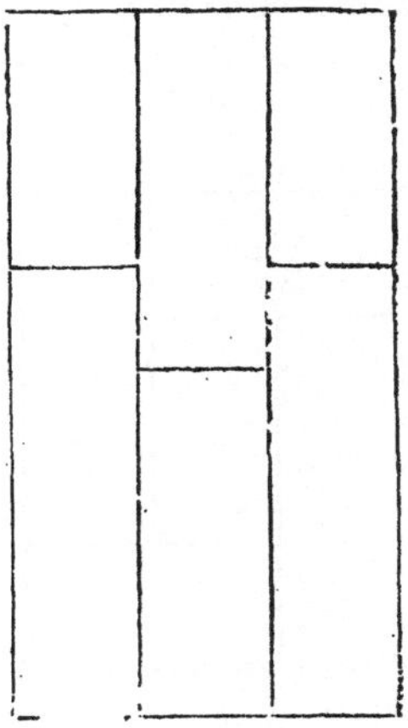

一卍

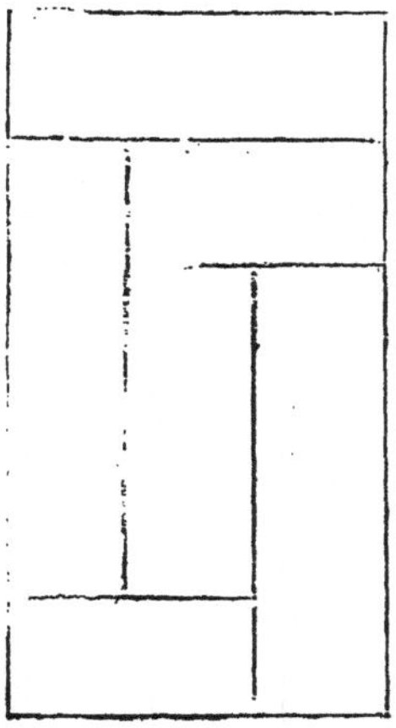

五方

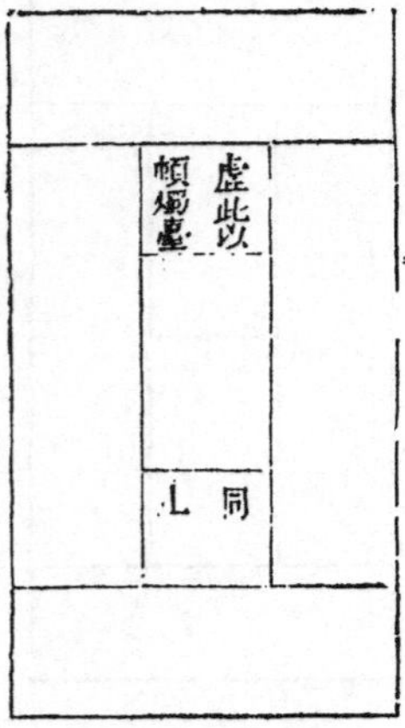

五之體有二

凹字

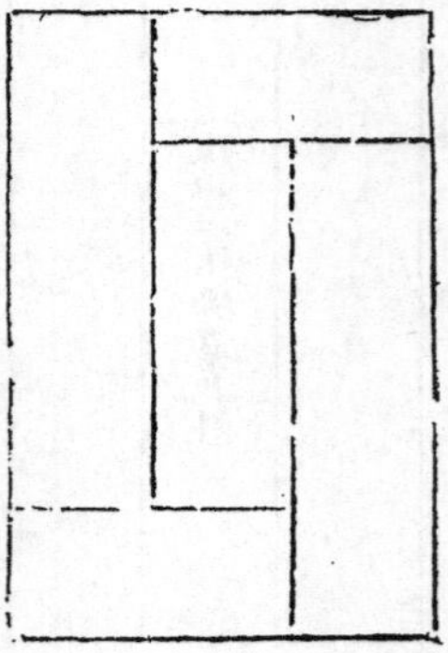

懸帘

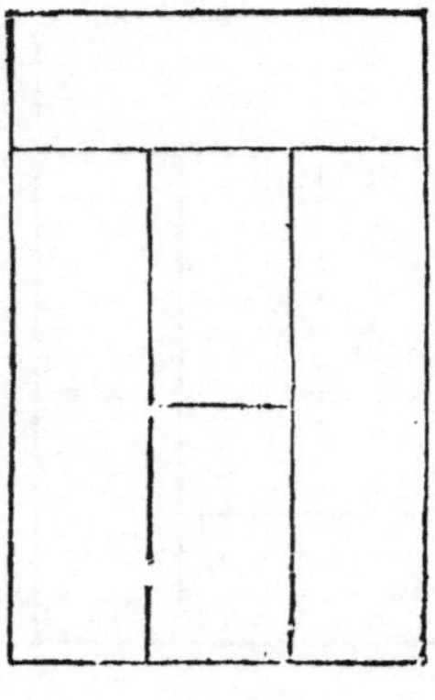

六之體有四

小凹

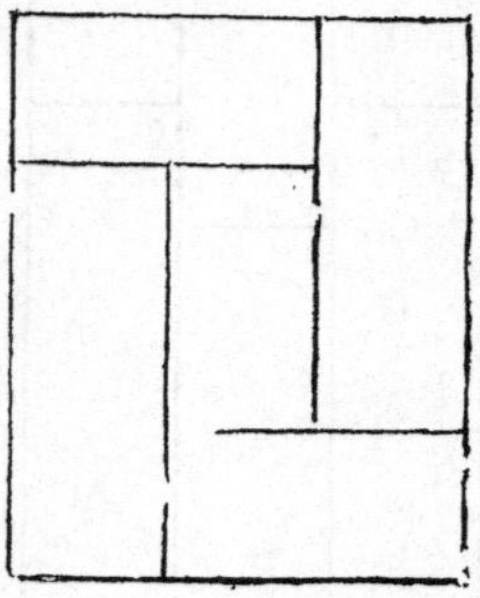

垂箔

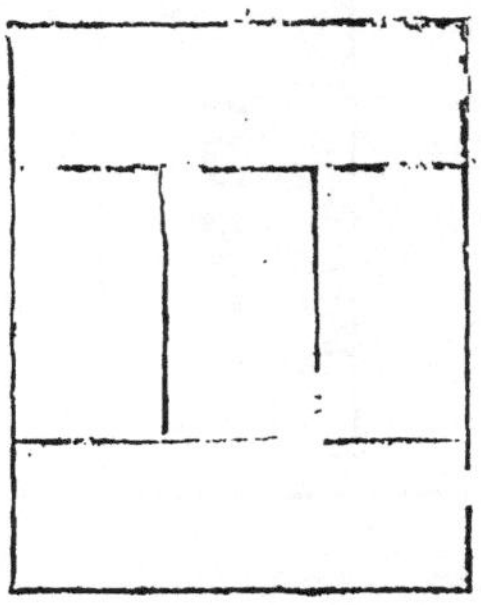

揚旗

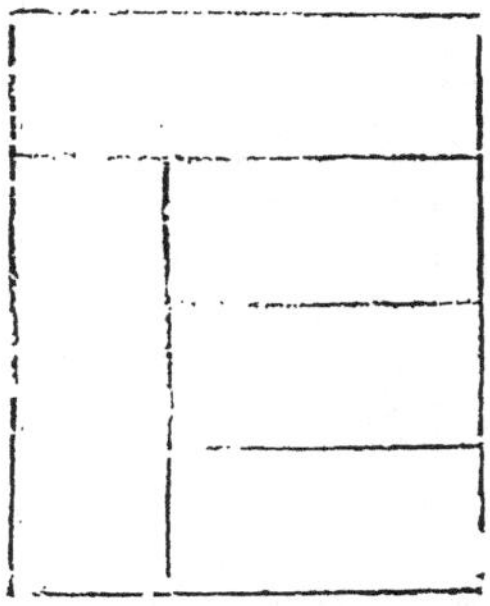

布算

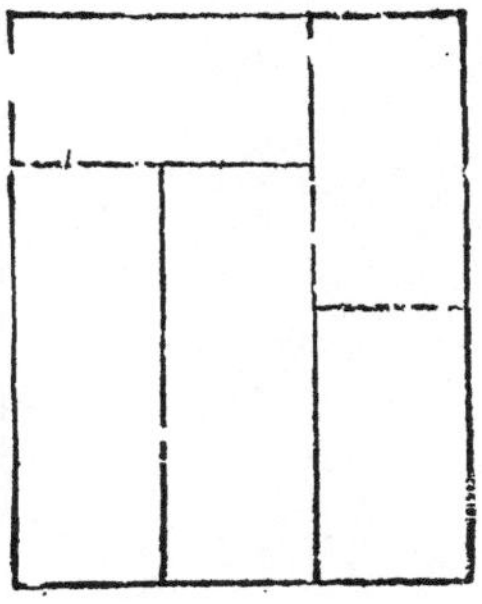

七之體有二

排衙

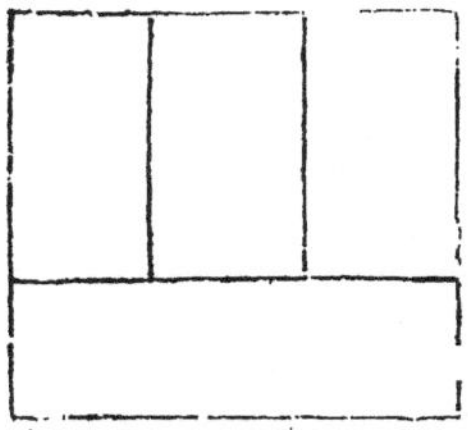

又布算

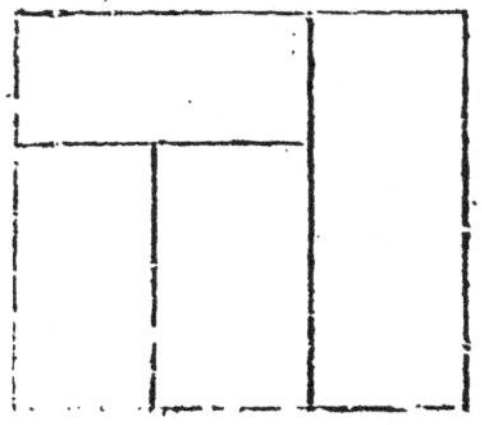

八之體有三

瑤池

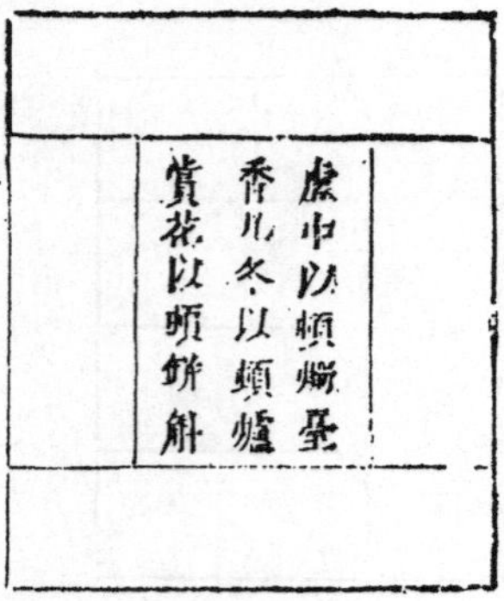

燕几圖 八 十二

金井

玉沼

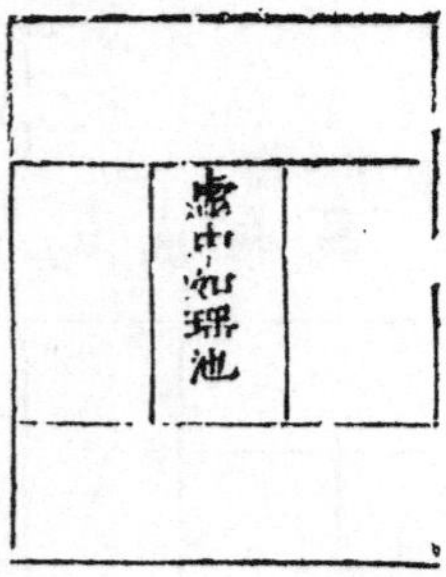

燕几圖 八 十三

九之體有五

鼎峙

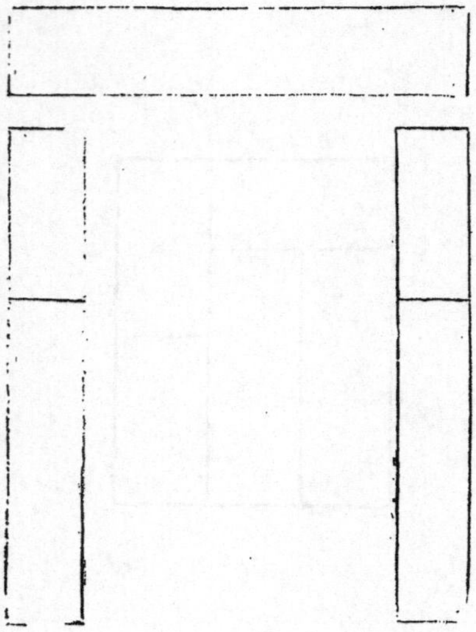

小鼎峙

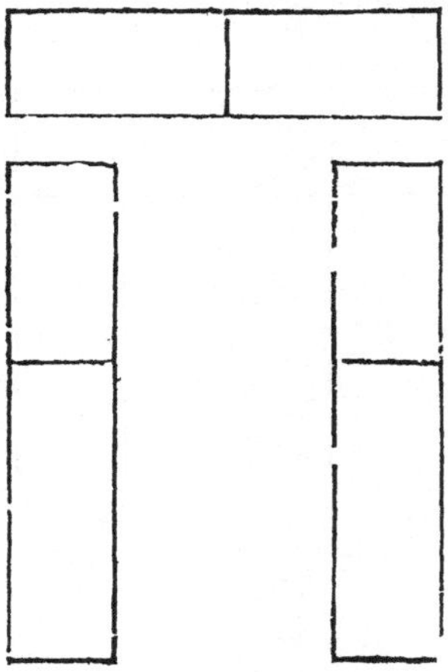

連衡折矩

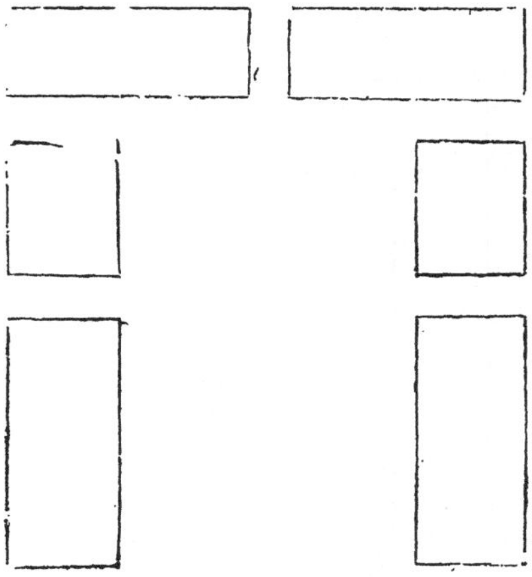

雙磬折

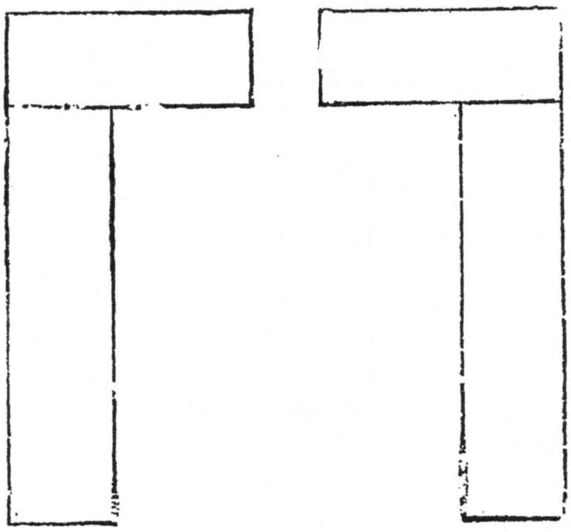

小雙磬

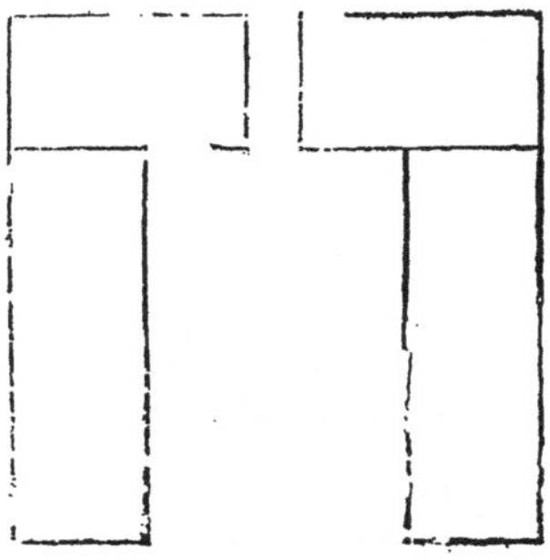

十之體有二

丰帳

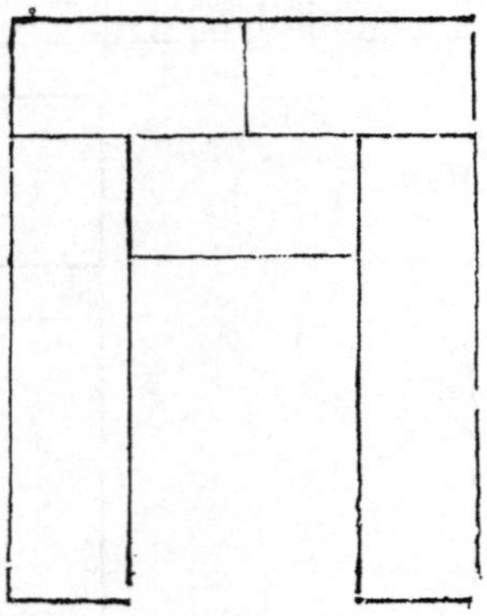

球門

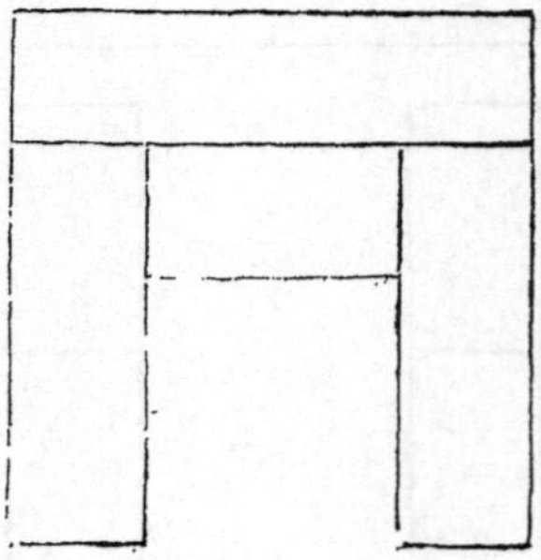

一之體有二

振衣

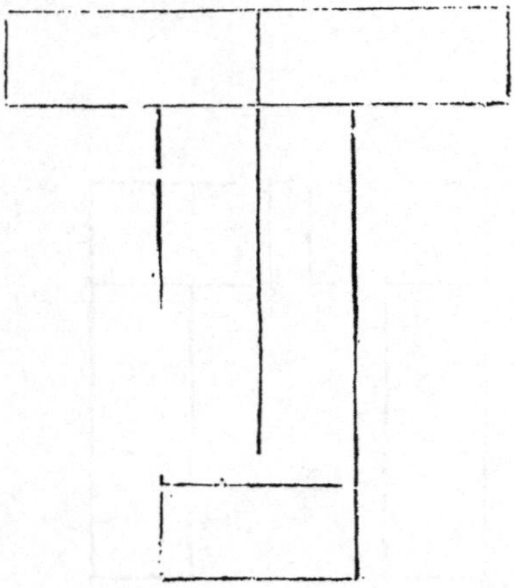

披褐

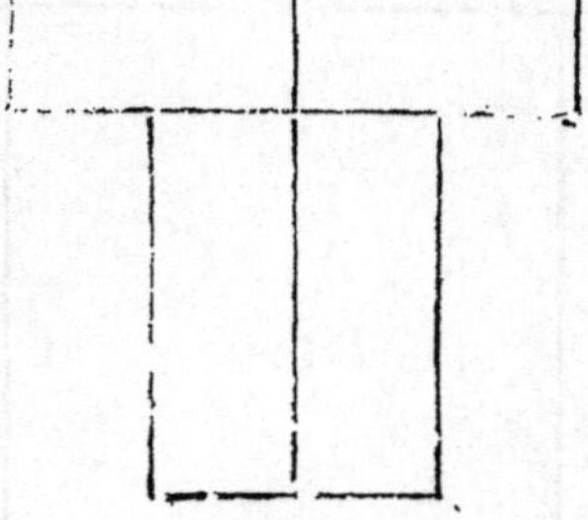

十二之體有七

坐卯

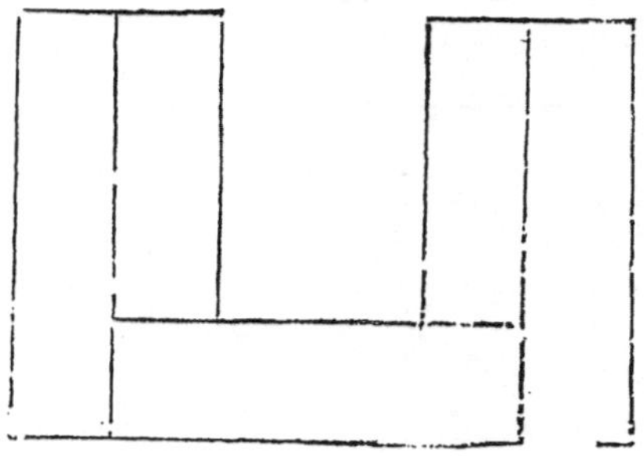

凹字

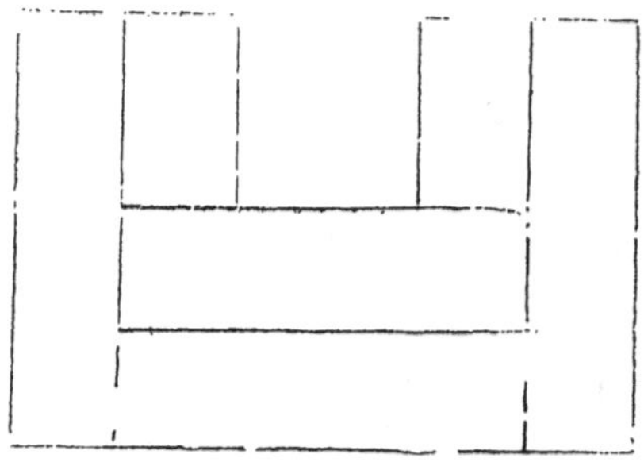

山字

中凵

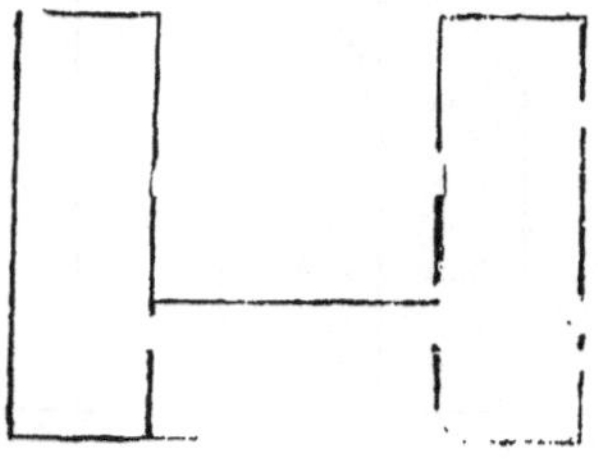

小凵

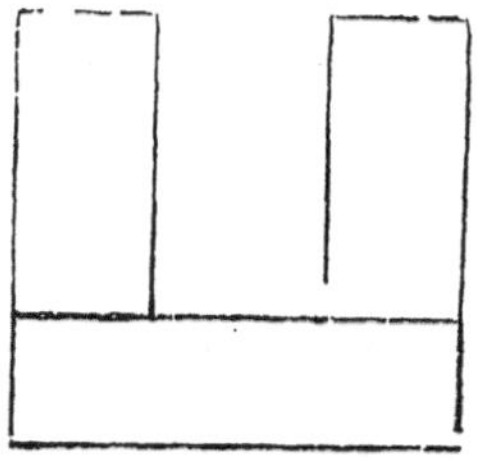

函石

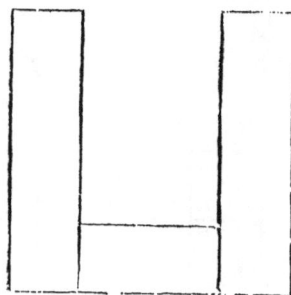

十三體之有一

石闕

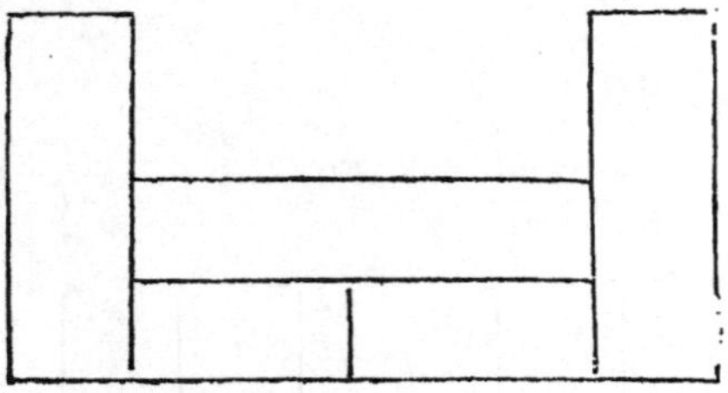

兩儀

燕几圖　入　二十

十四之體有二

離宮

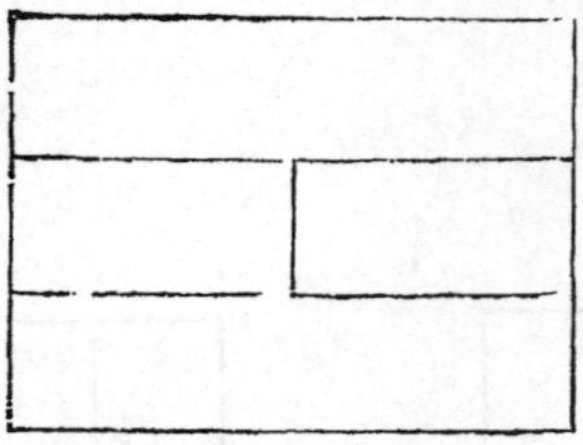

巽戶

十五之體有二

四直

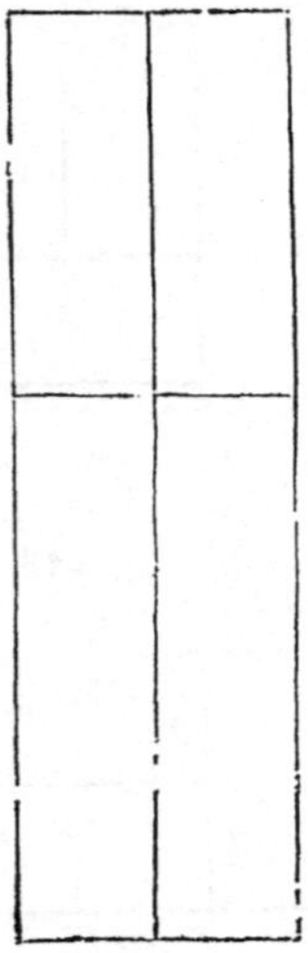

羅紋

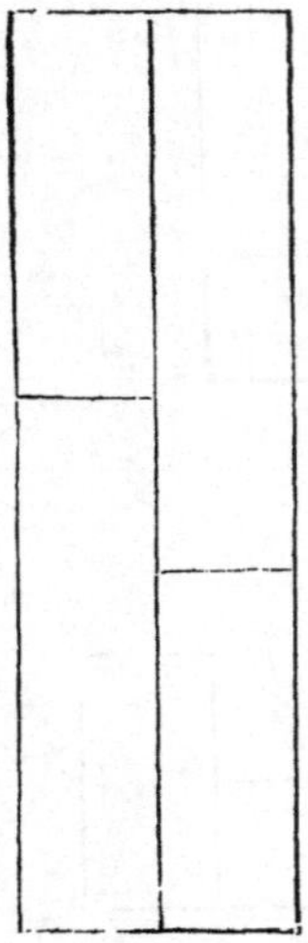

燕几圖　入　二十一

十六之體有二

小四直

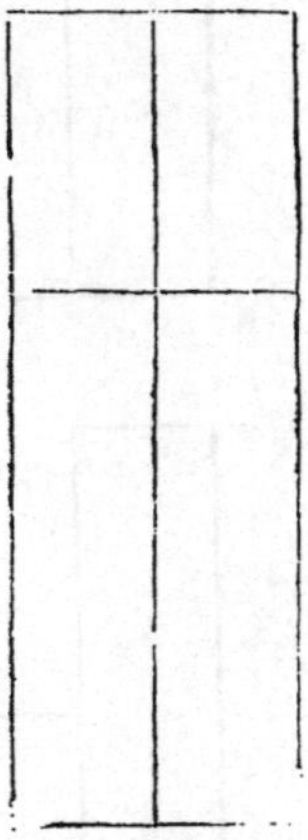

大雙闕

十七之體有三

小雙闕

大羅紋

十八之體有二

長斂股

短斂股

十九之體有三

合符

乾畫

雙候

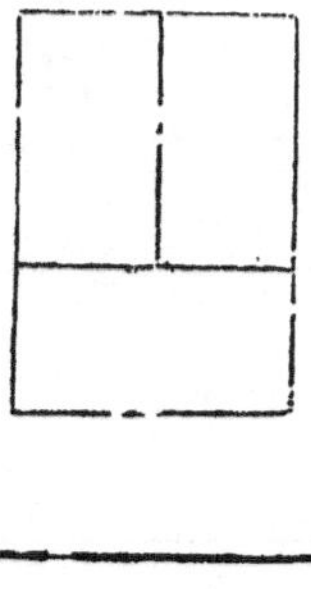

二十之體有一

雙魚

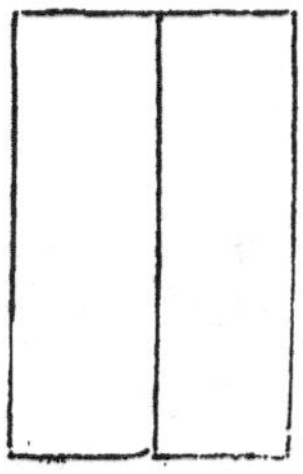

屏方

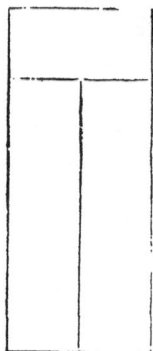

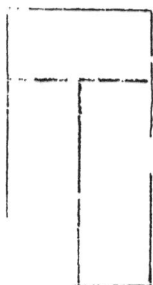

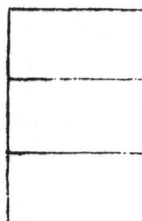

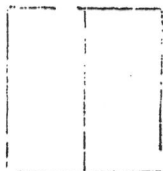

二十一之體有三

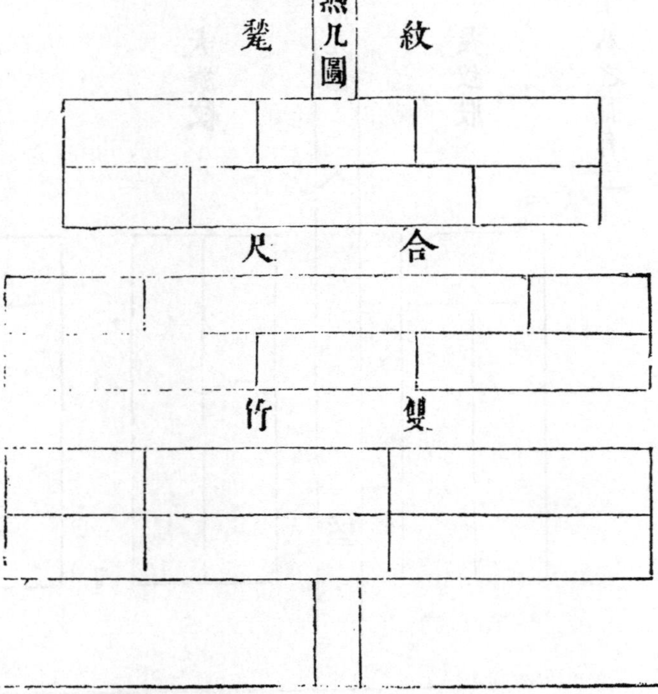

二十二之體有五

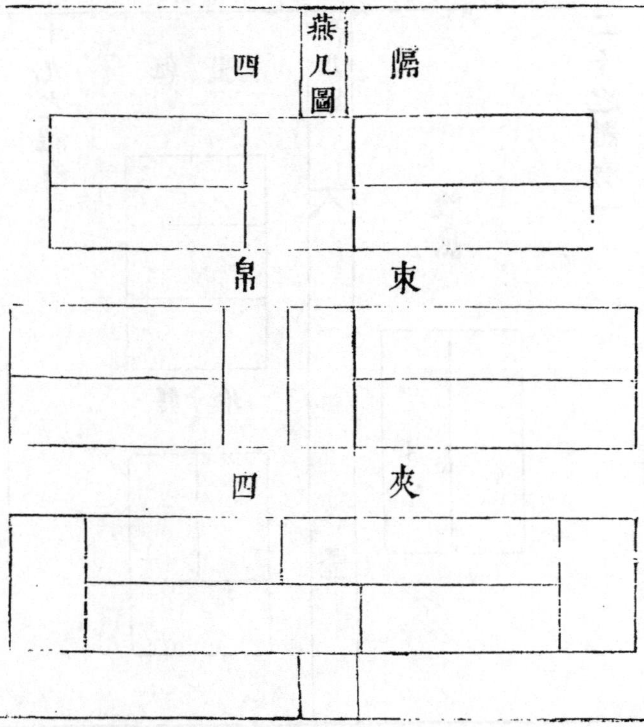

燕几圖

二十三之體有七

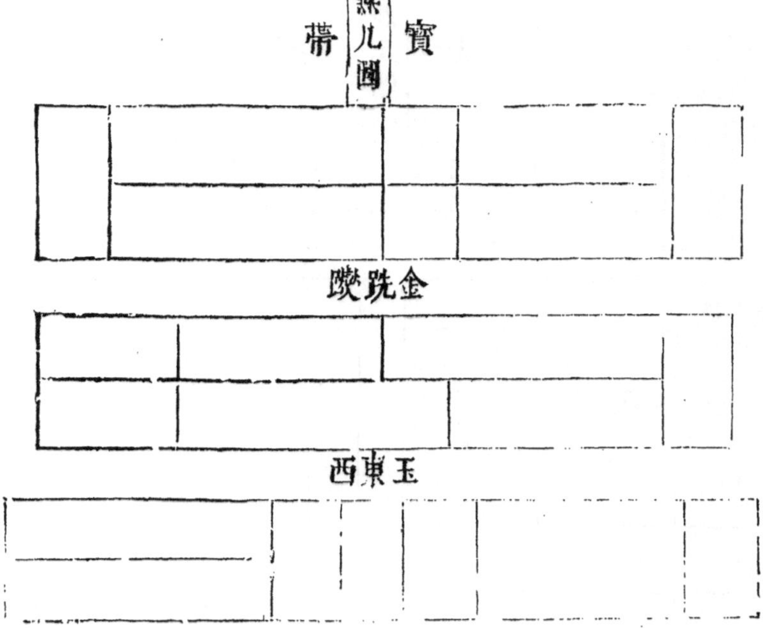

燕几圖　八

二十四之體有六

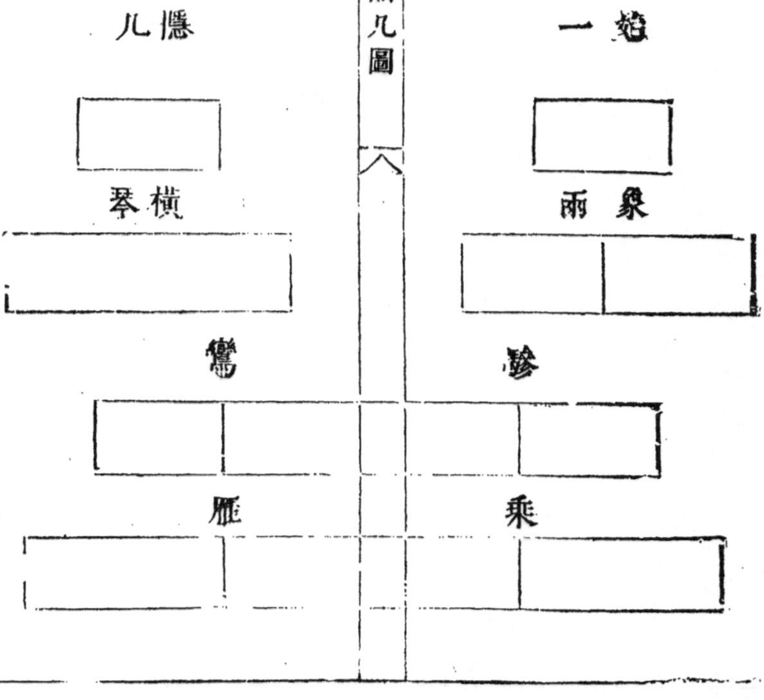

[illegible]十五之體有五

燕几圖

平山

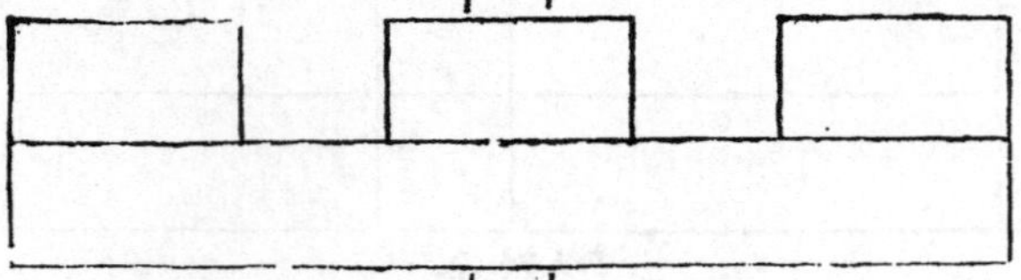

雲堞

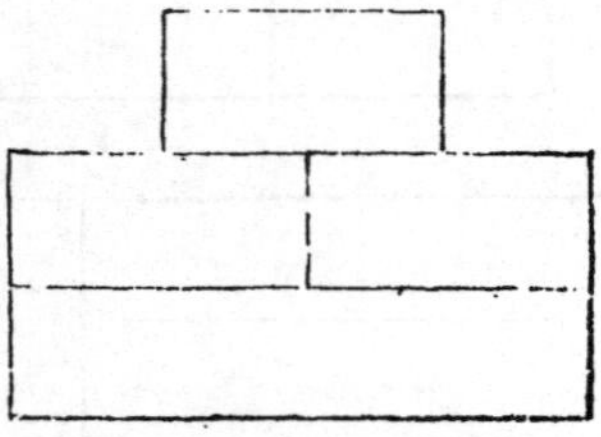

層級

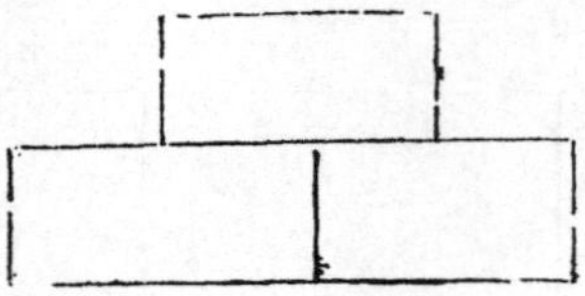

天

燕几圖

石牀

杏壇

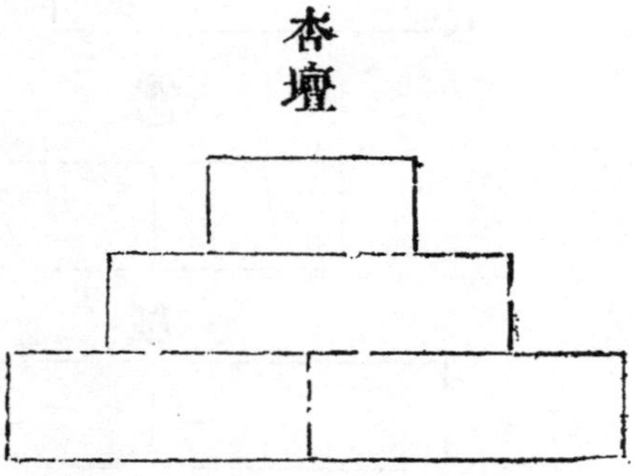

二十九

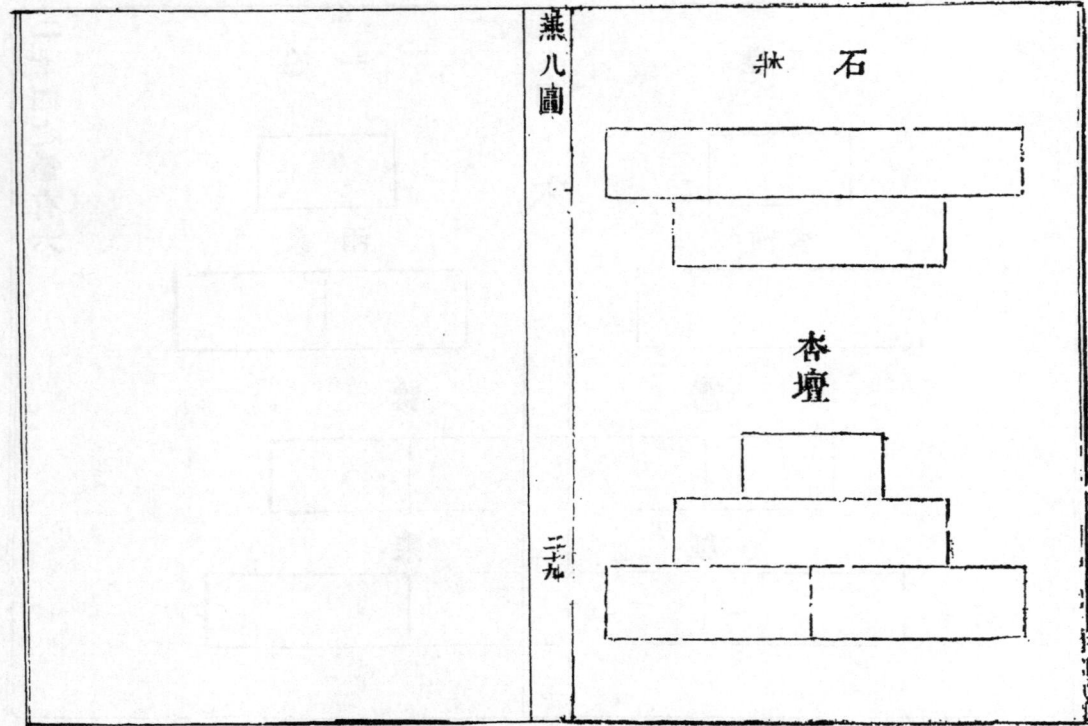

說郛目録

弓第一百

琴曲譜錄

朱　僧居月

凡諸調弄諸家譜錄分爲三古若論琴操之始則伏羲上古明矣今並取堯制神人暢等諸典爲上古秦始皇制詠道德等爲中古蔡邕制遊春等五弄爲下古並列之於左

神人暢 堯製　思親操　耕歷山

五老彈 帝堯製又云舜爲五絃琴南風之詩即是此曲今謂之南薰也

襄陵操 禹製明治水也　禹上會稽 禹製操古穴也

訓由操 湯製習武事也　克商操 武伐紂也　思士操

離憂操 文王製明夷之象也　王受命　岐山操

拘幽操　千金清 並文王製　越裳操 周公製

神鳳操　傷殷操 微子製　離拘操

箕子吟 箕子製　采薇操 許由製　文王操 師襄製

霜操 尹伯奇製　歎樂操　將歸操

龜山操　猗蘭操　獲麟操

畏匡操　厄陳操　閑居操

東武太山操　回風操　悲風操

憶顏回操 巳上十二弄仲尼製　望仙操　懷陵操

仙道操　水仙操　幽澗操

石上流泉操　三峽流泉操　流水操

別鶴操 商陵穆子製　雉朝飛操 牧犢子製　殘形操

梁甫吟　白雪操 並曾子製　鹿鳴操 蜀人製

騶虞操 邵國人製　鵲巢操 邵女製　伐檀操 魏女製

伯姬引 魯保母製　走馬引 耿恭製　正女引 衛女製

列女引 樊姬製　霹靂引 楚高行製　子胥吟 伍子胥製

北鄙操 子路製　南音操 鍾儀製　湘妃怨 女英製

三樂操 榮啓期製　楚妃歎 息嬀製　沉湘怨 屈原妻製

鳳歸林操 羨門先生製　風入松操 雍門周製　易水操

楚光明操 楚光白製　幽蘭操

右並上古琴弄名

詠道德 始皇製　春谷口　刺韓王操 聶政製

秦琴媿 秦姬製免秦王荆軻之難　野老傾盆操　稽康索酒操

羽客銜盃操　竹虫子操　登隴望秦操

[illegible] 杞梁妻製　大風起歌 漢祖製　拔山操 項王製

昭君怨 明妃製　八公操 淮南王製

文君弄 司馬相如製　楚引 龍江高製　將軍歌 霍去病製
董桃歌 後漢人製　五調聲 相如製　長樂聲 明宗製
武溪深 馬援製　雙燕離巢　處女吟
鵾鷄吟　遠遊吟　招來吟
胡笳吟　千里吟　延壽吟
黃老吟　五香引　飛龍引
走馬吟引　枯魚引　琴猴引
梁甫引　大雄引　東武引
白頭吟　青箱引　猛虎行

琴曲譜錄　三

從軍行　堂上行　燕歌行
君子行　妬婦行　秋胡行
豫章行　長安行　洛陽道
平陵道　度田雁　叟昆山
飛天白雀

右並中古琴弄名

遊春　綠水　幽居　坐愁　秋思
此五曲蔡邕昔入青溪訪鬼谷先生所居山東常有人遊因成遊春南有綠澗流因成綠水中即先生所居深邃因成幽居北即高岩峻極猿鳥多哀因成坐愁西即秋風瀟騷而生顯思因成秋思時

廣陵散 嵇康製　獨明君 劉琨製　失女怨 衛元嵩製
烏夜啼 王義慶為文帝所囚家人大懼夜聞烏啼思而成此曲焉　十仙遊
郢客思歸　楚歌行　玄鶴唳
楚客吟　秋風　仙鶴舞
清宵秋竹悲燕初歸　寒松操
仙人勸酒　歸山樂　草虫子
竹吟風　哀松露　悲漢月
長青　短青　登高引望
長側 此四調之嵇氏四弄多貼蔡邕五絃通為九天弄　隴頭

琴曲譜錄　四

幽人折芳桂　悲風吟　鳳遊春
神鳳操　望月操　雙飛操
霜鴻引　澗底桐　岩前桂
秋風落葉　怡神調　金丹焚
天女怨　華池宴　對竹吟
大胡笳十八拍 並蔡琰製　別胡兒　憶胡兒
小胡笳十九拍 並蔡琰製　大沙場　小沙場
出塞　入塞　皇甫
竹林七賢　拜仙壇　碎玉斗

渠下聞蟬　明君　相如題橋
平戎操（並黄鍾調）　楚澤含秋　寒門積雪
越江吟　越溪吟　清夜吟
猿孤吟　三清若賀　看花面
月落書窓　石磬吟　對秋月
猿度碧澗　清江引　聖德頌（並宫調）
玉漏遲　泛虚舟　思親吟
思友人　出山吟　楚歌
金鴈操　晚角（並商調）　邊城聞晚角

卞和泣玉　出塞吟（並角調）　思鄉吟（徵調）
聞杜宇　丁生化鶴　祥雲出洞
巫山神女　清風摇玉珮　伯牙憶子期
楚襄王　虞姬（羽調）　無射商九弄
吊三閭　獨醒操　鶴舞松
離騷九拍（陳康士撰）　鴻鴈來賓（並淒凉調）

右並下古琴弄名

雅琴名録

宋　謝希逸

大琴　中琴　小琴
頌琴　月琴　素琴
清角　鳳凰　號鍾
繞梁　緑綺　清英
焦尾　怡神　寒玉
百衲　響泉　韻磬
荔枝　冰清　春雷

玉振　黄鵠　秋嘯
鳴玉　瓊響　秋籟
懷古　南薫　大雅
松雪　浮磬　奔雷
存古　冠古　涉深
天球　混沌材　玲瓏玉
萬壑松　雪夜冰　玉澗鳴泉
石上清泉　秋塘寒玉　九霄環珮
洗凡　清絶　秋霄

雷石　悲風

琴聲經緯

宋　陳暘

古人之論琴聲有經有緯有從宮商角徵羽文武以上爲經聲也

黄鍾及大呂間暉以上十三聲爲緯聲也

風雅聲陰陽聲武成聲吟詠聲談話聲始息聲五音聲五調聲長樂聲胡笳聲止息聲哭聲蜀聲齊聲楚聲度絃摘聲變臑抑揚聲調絃擬掠聲長彈掉掤聲楚清側聲雅質側聲獨扶輪指聲宛美清聲高望遠

側聲凡此二十四聲爲從聲也

右七絃爲正十三暉爲副正副相應一絃合十三種升降同爲九十一聲琴合太虛一氣運九十種聲如此其變亦已盡矣

至於取聲之法又有木有沉有散有末有剔有擽有擘有綽有瑮有齪有倫以摠之誠去四清二變以諧音律則琴音調而天下治矣

左指按絃因指打聲振動左指令着面左指擊絃隱隱如雷是木聲也

左微按絃右手擊絃泠泠然輕清是汎聲也

左指不按不擊絃鏘鏘然如鍾鐸是散聲也

左指按絃右指打聲抑戀向前後令聲下惆悵是散聲也

右指向下末二三絃左指不着是末聲也

右指向上剔一絃是剔聲也

右食指第一橫文向上蹙擽二三絃畢衆其食指合勢望天是擽聲也

右指向上擘二絃爲擘聲右指向下反剔一絃爲綽

聲

右指掐食指第二橫文上向下擊下絃從寛至急可十餘聲爲巢聲

右兩指各按一絃齊聲打爲擬聲

右兩指倫次共一絃爲倫聲

琴箋圖式

元　陶宗儀

琴面制度

琴腹制度

琴底制度

古琴式

琴面制度

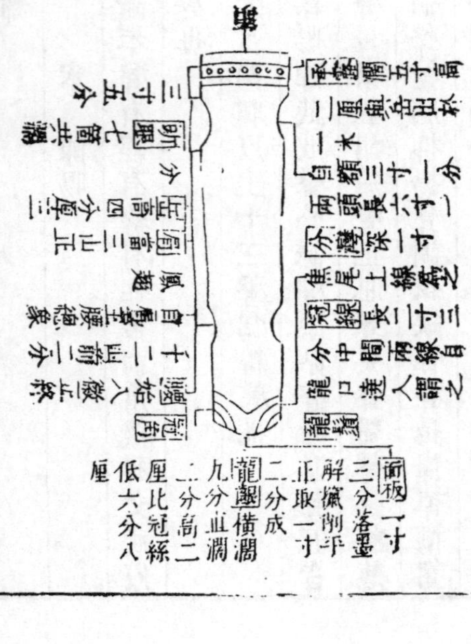

槽腹制度

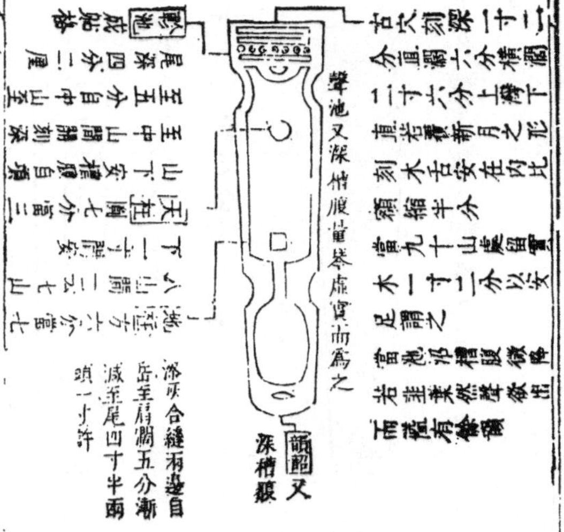

琴底制度

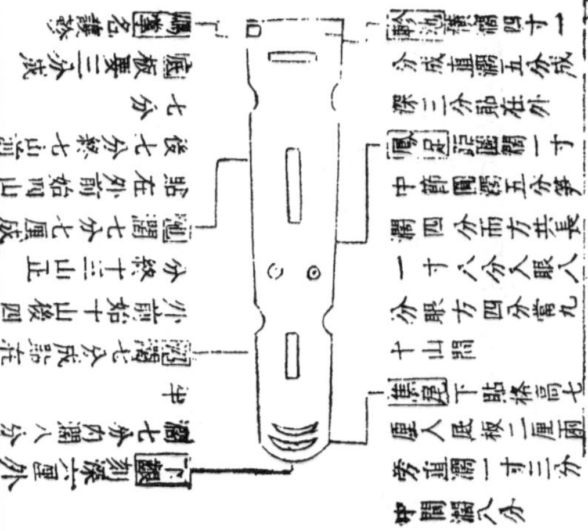

伏羲

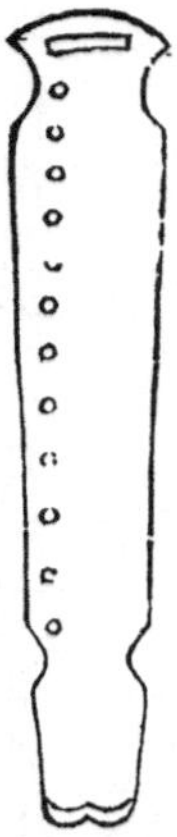

伏羲琴長七尺二寸應七十二候卯二十絃琴也

神農

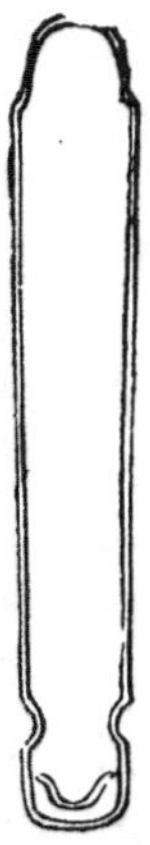

神農琴長三尺六寸三分以應三光也字林云神農造琴五絃長三尺六寸

遞鍾

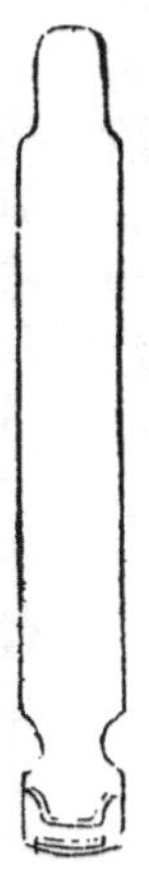

黃帝將會神靈於西山大合鬼神以遞鍾之琴奏淸角之音

虞琴

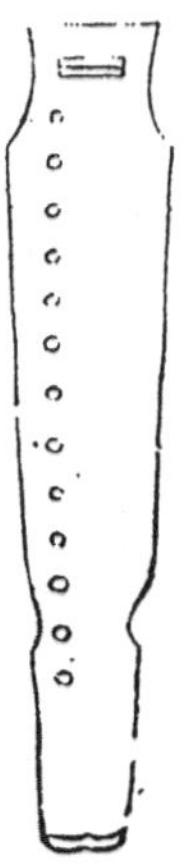

虞舜琴長三尺八寸二分用古玉尺北宣聲三尺六寸臨岳二寸龍唇二寸

一絃

殷師絃撫一絃琴則神祇降

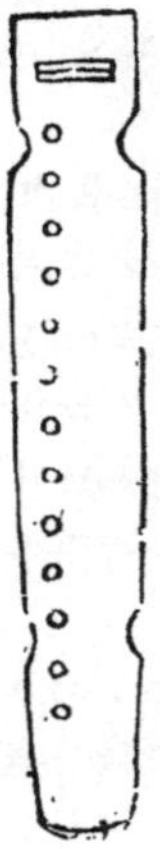

月琴

晉師曠作中為月形圓寫山水

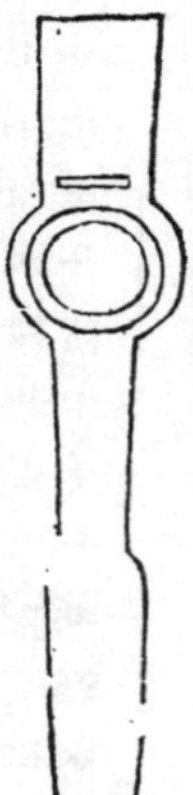

鳳舌

衛秦珏作鳳舌斜飛三寸下有蛟形習徵調角坐風雲中鼓之俄有和氣

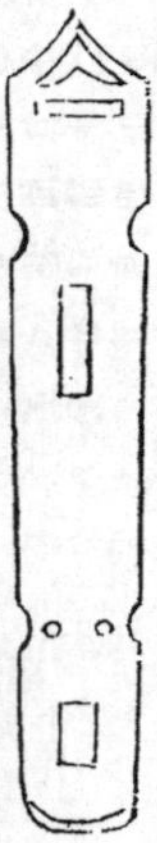

鳳嗉

魏師曹作頂上綴兩圓蟬作二十九引定六十七調

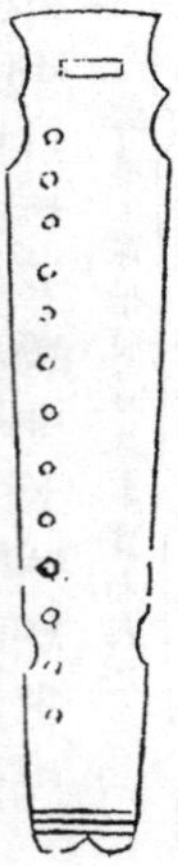

仲尼

孔子琴長三尺六寸四分用周尺琴製惟仲尼列子二琴類太古宜於百世也

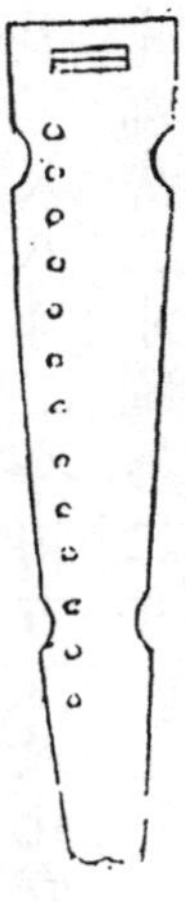

龍首

周召公之後姬剛所作於兩額間出尖勢廣二寸半有清實出遠之音

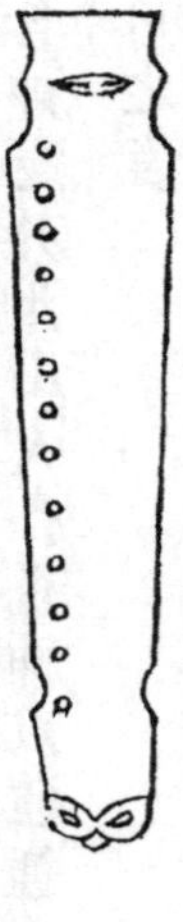

雲和

雲和之琴冬至之日於地上圜丘奏之蓋雲和之木與天相應空桑之木與地相協龍門之林與鬼神和故也

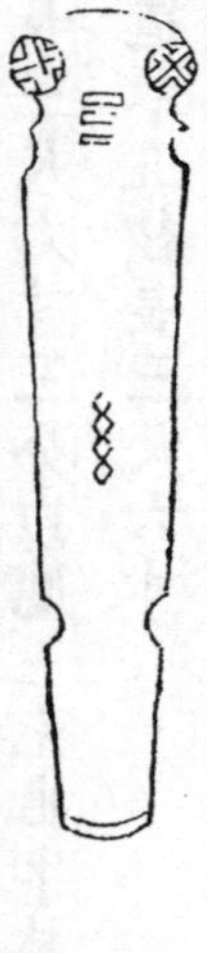

龍腰

魯謝涓子作腰開作半月形三絃如七絃之音

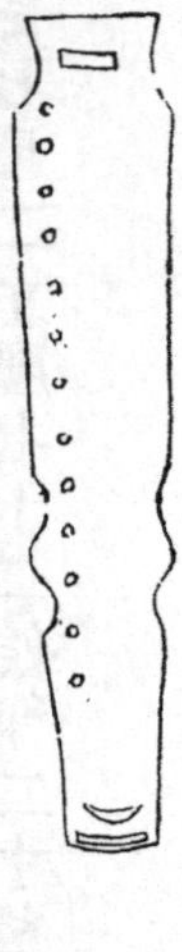

龍額

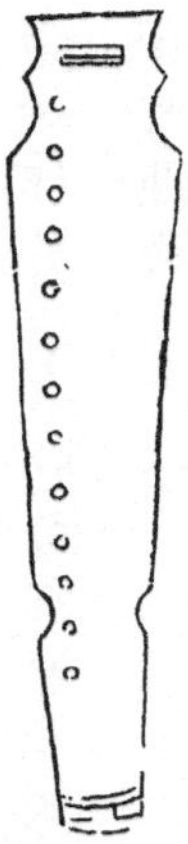

魯賀雲作項肩斜生一寸二分五絃當於准

華子

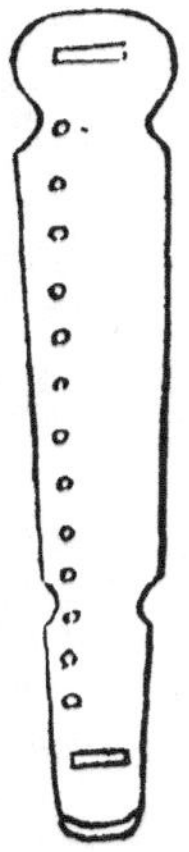

華子作於額覆兩月勢有清濁風雨之音

號鐘

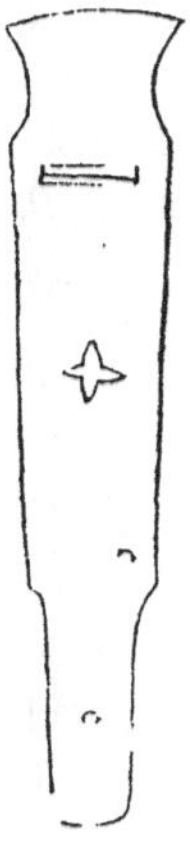

余伯牙作楚辭云破伯牙之號鐘

子期

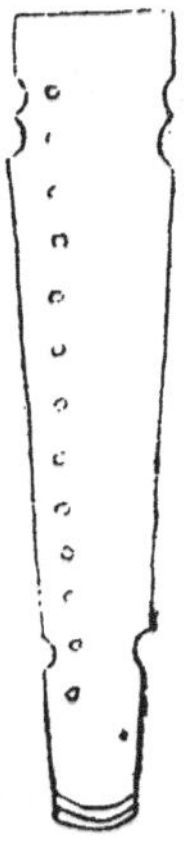

鍾子期作於頂直而深端有亂紋如絲項制半月勢

亞額

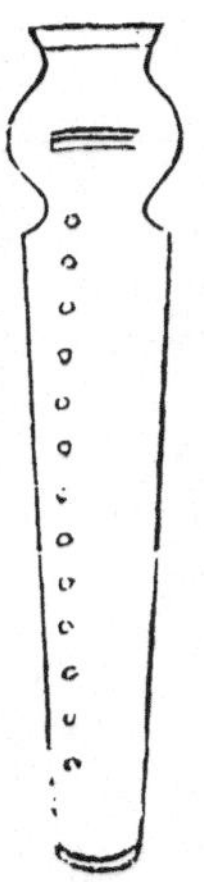

趙胡言作於兩額間爲亞出三寸有大聲備律呂之正變

秦琴

秦始皇作絃軫岳尾俱黑用碧玉爲徽取其所尚也

神暉

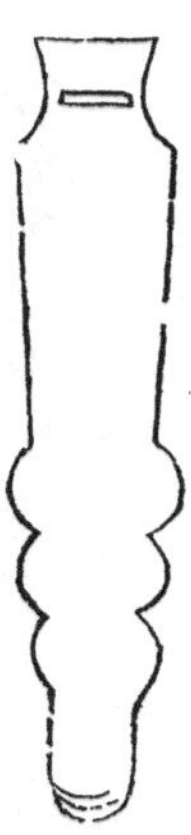

秦陳章作於腰下覆四月相向刻作羽意

龍腮

李斯作於鳳舌之上圓增三寸兩頷間收廣二寸半

雷音

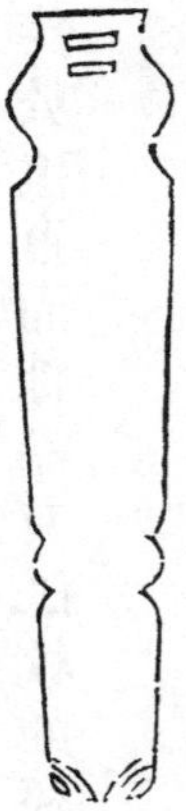

漢師中作於項綴盤環綴二犢形峻有大絃小絃相合之音

焦尾

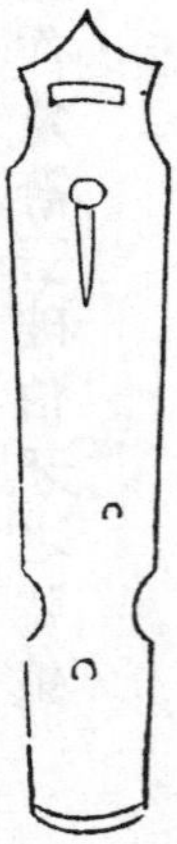

蔡邕聞火烈聲乃爨桐也知其良材遂裁爲琴

玉峯

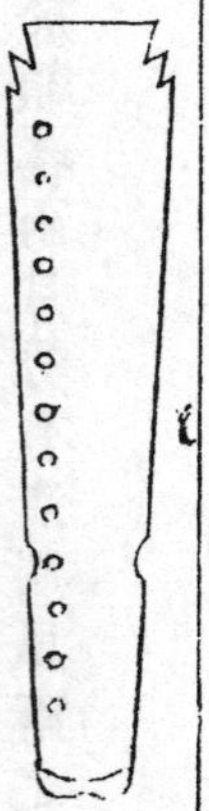

漢馬明王於肩作四峯一絃清而雅

連珠

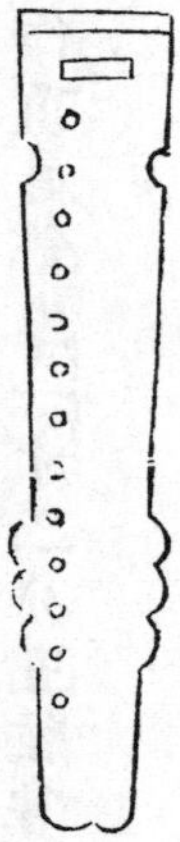

隋逸士李疑作於玉女腰旁爲連珠形絃音清亮俗呼連珠

靈肩

李延甫作於額下制刀形兩腰停有大聲

槽閣

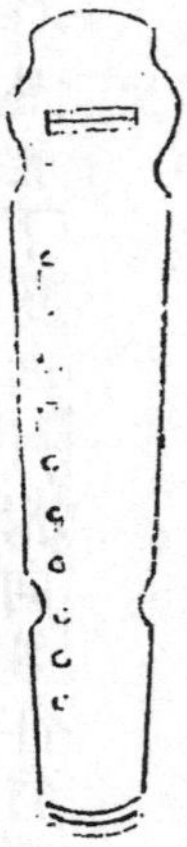

蕃吉利子作於龍池上廣二寸

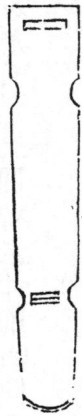

雜書琴事

家藏雷琴　宋　蘇軾

余家有琴其面皆作蛇腹紋其上池銘云開元十年造雅州靈關村其下池銘云雷家記八日合不曉其八日合爲何等語也其嶽不容指而絃不收此最琴之妙而雷琴獨然求其法不可得乃破其所藏雷琴求之琴聲出於兩池間其背微隆若薤葉然聲欲出而隘裴回不去乃有餘韻此最不傳之妙

歐陽公論琴詩

昵昵兒女語恩怨相爾汝劃然變軒昂勇士赴敵場此退之聽穎師琴詩也歐陽文忠公嘗問僕琴詩何者最佳余以此答之公言此詩固奇麗然自是聽琵琶詩余退而作聽杭僧惟賢琴詩云大絃春溫和且平小絃廉折亮以清平生未識宮與角但聞牛鳴盎中雉登木門前剝啄誰扣門山僧未閑君勿嗔歸家且覓千斛水淨洗從前箏笛耳詩成欲寄公而公薨至今以爲恨

琴非雅聲

世以琴爲雅聲過矣琴正古之鄭衛耳今世所謂鄭衛者乃皆胡部非復中華之聲自天寶中坐立部與胡部合自爾莫能辨者或云今琵琶中有獨彈往往有中華鄭衛之聲然亦莫能辨也

琴貴桐孫

凡木本實而末虛惟桐反之試取小枝削皆堅實如蠟而其木皆中虛空故世所以貴孫枝者貴其實也實故絲中有木聲

戴安道不及阮千里

阮千里善彈琴人聞其名多往求聽不問貴賤長幼皆爲彈之神氣冲和不知何人所在內兄潘岳每命鼓琴終日達夜無忤色識者歎其恬澹不可榮辱戴安道亦善鼓琴武陵王晞使人召之安道對使者破琴曰戴安不爲王門伶人余以謂安道之介不如千里之達

琴鶴之禍

衛懿公好鶴以亾其國房次律好琴[illegible]乃鄉

燒夷之士亦自有理

天陰絃慢

或對一貴人彈琴者天陰聲不發貴人怪之曰豈絃慢故或對曰絃也不慢

桑葉揩絃

琴絃舊則聲闇以桑葉揩之輒復如新但無如其青何耳

書醉翁操後

二水同器有不相入二琴同手有不相應今沈君信

手彈琴而與泉合居士縱筆作詩而與琴會此必有真同者矣本覺法真禪師沈君之子也故書以寄之願師安坐靜室自以爲琴而以學者爲琴工有能不謀而同三合無際者願師取之元祐七年四月二十四日

書林道人論琴棋

元祐五年十二月一日游小靈隱聽林道人論琴棋極通妙理余雖不通此二技然以理度之知其言之信也杜子美論畫云更覺良工心獨苦用意之妙有

舉世莫之知者此其所以爲獨苦歟

書仲殊琴夢

元祐六年三月十八日五鼓船泊吳江夢長老仲殊挾一琴十三絃頗壞損而有異聲余問云琴何爲十三絃殊不荅但誦詩曰度數形名豈偶然破琴今有十三絃此生若遇邢和璞方信秦箏是響泉夢中了然諭其意覺而識之今晚到蘇州殊或見過即以示之寫至此筆未絕而殊老叩舷來見驚嘆不已遂以贈之時去州五里

書王進叔所蓄琴

知琴者以謂前一指後一紙爲妙以蛇蚹紋爲古進叔所蓄琴前幾不容指而後劣容紙然終無雜聲可謂妙矣蛇蚹紋已漸出後日當益增但吾輩及見其斑斑焉則亦可謂難老者也元符二年十月二十三日與孫叔靜皆云

文與可琴銘

文與可家有古琴予爲之銘曰攫之幽然如水赴谷醳之蕭然如葉脫木按之噫然應指而長言者似君

朽然遺形而不言者似俟與可好作楚詞故有
書似君之句醉醒同鄒忌論琴云攫之深醳之愉
此言爲指法之妙爾
元豐四年六月二　一日陳季常處士自岐亭來
訪予攜精筆佳紙妙墨求予書會客有善琴者求
予所蓄寶琴彈之故所書皆琴事

雜書琴事　五

古琴疏

吳郡虞汝明

余少好音復好琴至老不衰近尤喜規虞放爽[illegible]
言中有琴事皦命毛先生志之名曰古琴疏始于伏
羲終于六代凡若干則以示同好庶幾有時雅君[illegible]
續而補之神其非遠非高山流水間一暢事乎玉[illegible]
人日識

伏羲將斵礎貢梓帝命下相柏皇斵而爲琴一曰[illegible]
雜二曰祖牀三曰委文四曰衡華

古琴疏　一

黃帝命符于崟山歸大鴻鼓清角之琴以娛帝
祝融取櫃山之櫬作琴彈之有異聲能致五色鳥舞
于庭中琴之至寶者一曰皇來二曰鸞來三曰鳳來
故生長子即名曰琴
鄒屠氏帝嚳之妃也以碧瑤之梓爲琴飾以瑪瑙寶
玉故名瑪瑙
帝俊有琴曰電母一作録夏月電光一照則絃自鳴
此與豐山之鐘謂之霜鳴皆異寶也
晏龍者帝俊之子也有良琴八一曰[illegible]二曰

義輔三曰蓮明四曰白民五曰簡開六曰垂漆
素女携都廣之琴温風冬飄素雪夏零鸞鳥自鳴鳳
鳥自舞靈壽自花

帝相元年條谷貢桐芍藥帝命羿植桐于雲和命武
羅伯植芍藥于後苑武羅伯諫曰帝方崇厥德怪草
奇木懼遷厥嗜宜食駕車之善馬帝不從于是作謳
諫羿乃伐桐爲琴以進帝帝善之名曰條谷帝稍移
于音樂不聽政事爲羿所逐居于商丘援琴作源水
之歌歌曰涓涓源水不壅不塞轂旣破碎庸大其輻

事已敗矣乃重太息

大戊三十一年伊陟作琴名曰國阿

周宣王有琴曰嚮風背銘云牆有耳伏寇在側武王
之遺器也宣王每朝姜后輒以此銘援琴奏之王于
是益兢兢不怠中興之成后與有力焉

齊桓公使甯戚叩牛角而歌衆公鼓號鍾之琴以和
之侍者莫不涕下命後車以歸

宋華元獻楚莊王以繞梁之琴鼓之其聲婉嫋繞于
梁間循環不已楚王樂之七日不聽朝其宵始樊
姬進曰君淫于樂矣昔桀好妹喜之瑟而亡其身紂
聽靡靡之音而喪其國今君繞梁是樂七日弗朝君
樂亡身喪國乎于是以鐵如意錘琴而破之

祝牧入山樵採得異木其狀類琴因斲成之名曰太
古與妻偕隱嘗作歌鼓之曰天下有道我黻子佩天
下無道我負子戴優哉游哉聊以卒歲相樂以終身

楚王子無虧有琴曰青翻後質于秦不得歸因撫琴
歌曰洞庭兮木秋涔陽兮草衰去千里之家國作咸
陽之布衣

昔恒山有雙白鵠化爲二神女舞于臺上已而栖落
霞之琴歌清吳春波之曲遍山俱響

秦惠文有琴二一曰宣和二曰閉邪故夏侯湛琴賦云
聊閉邪于五絃兮覲宣和于萬里

荆軻劫秦王將刺之王曰寡人好琴願聽一曲而就
死軻許之因命琴女文蔡奏曲曲曰羅縠單衫可掣
而絶三尺屏風可超而越鹿盧之劍可負而拔王從
其言遂得脱後名其琴曰超屏

琴鼓山者昔仙人卭疏嘗鼓鳳修之琴于此山故名

琴故亦名鳳修
司馬相如作玉如意賦梁王悅之賜以綠綺之琴文
木之几大餘之珠琴銘曰桐梓合精
張安世五歲能鼓琴讀書過目成誦後爲成帝侍中
其所寶琴二一曰秋梧疎雨一說四字卽琴銘也二
曰白鵠背有子野兩字
趙飛燕與宮奴赤鳳嚜後赤鳳懼事泄亡去后思之
不已製赤鳳來曲恒援琴而歌之未嘗不淚下名其
琴曰鳳皇帝卒不覺也

古琴䟽　四

張機字仲景南陽人受業于張伯祖精于治療一日
入桐柏覓藥草遇一病人求診仲景曰子之腕有獸
脈何也其人以實具對乃嶧山穴中老猿也仲景出
囊中丸藥畀之一服輒愈明日其人肩一巨木至曰
此萬年桐也聊以相報仲景斲爲二琴一曰古猿一
曰萬年
韓玄成有琴曰常清玄成字少翁孟六代孫累官至
太常
崔駰涿郡人字亭伯有琴曰臥水背銘曰空桑之桐

泗濱梓丁緩造琴于策底彈之福降壽彌已李斯小
篆
桓驎字元龍有琴曰叢竹流風榮之孫也
建武十一年蓋國女王遣使獻五絃琴中國制也上
有十六字皆鵲頭書惟首伊王二字可識故名曰伊
王琴上寶之
傅毅字仲武有琴銘曰永寶科斗蟲篆
吳人有燒桐以爨者蔡邕聞其爆聲曰此良才也因
請之刳以爲琴號曰焦尾

古琴䟽　五

荀季和淑有琴曰龍唇一日大風雨失去三年後復
大風雨有黑龍飛入李膺堂中膺諦視識之曰此荀
季和舊物也登卽送還季和恐復飛去獻金于背曰
劉累以鈇之改名曰飛龍
吳叔治修夏月納涼門外將聞桐樹下有琴聲後一
胡請以五百金買此樹叔治曰金欲得耳第吾自以
口就食卽見此樹今何忍伐之後叔治由爲北海主
簿歸已爲族人賣去久之胡以二琴至示叔治一曰
陰姬一曰陽姬不加少漆斲磨光亮其文宛然名在

仙女弄琴之狀云涼天月夜不鼓而自鳴請劉[illegible]
以一相報叔治拒而不受
潘正叔尼有琴題曰抱甕八分書
楊公回方有琴刻云東安造
沈玩琴曰霜宵鐵馬
樻陽令賀韜得吹臺之桐爲琴二一曰嘯魚二曰恒
壽
張弘靜有古琴漆光盡退色如墨石銘曰落花流水
一夕聞鼠聲甚急帷幄琴書命婢以火燭之見有斷
古琴䟽　六
絃繫得一鼠弘靜異之改名曰鼠齧
孫登鼓一絃之琴五音俱備後人效之名曰孫仙
宋太祖琴曰靡玉郎令蕭思話彈于鍾山賜銀鍾酒
者也
戴逵有琴號曰黑鶴背納灘云至人誠玩道德宣情
微音虛遠感物悟靈皆小篆書後永隳武陵王丞對
使破之無不惋惜
戴仲若逵子也有琴曰蹴踘鼠蠕蕭琴即應谷作垂
[illegible]書

王敬伯琴曰感靈舊說敬伯一日泊江渚中是夜風
明露下敬伯悽然心動援琴微弄因感劉惠明亡女
之靈相就如平生敬伯復撫絃歌曰低露下深幕[illegible]
月照孤琴空絃咽霄淚誰憐此夜心女和之曰歌宛
轉琴復哀願爲烟與霧氛氳共此懷故成此名
王韶之琴曰西省晨風韶之字休泰偉子也
宣城王鸞有古琴傳是始元中物背鍜嵌谷風二字
細古篆文王極愛重之一日命謝朓爲詩詠之詩成
王大獎飾稱賞遂用爲驃騎朓字玄暉其詩曰洞庭
古琴䟽　七
風雨幹龍門生死枝雕刻分布護沖響鬱清危春風
搖蕙草秋月滿方池是時別鶴叫倏溼客淚垂
花萼婦沈滿願有寶琴蛇腹斷紋銘曰漂松候月鳳
鳥大篆書女紅小間未嘗離手嘗有詩云逶迤起塵
唱宛轉繞梁聲調絃可以進蛾眉畫不成
吳邁遠琴銘曰邁遠
何仲弘偃爲吏部尚書有琴曰霜空雁響
虞龢琴刻曰歷山夜雨虎爪林梅花斷紋
虞炎會稽人少時至秦望山見獵人得一鹿向炎悲

鳴炎買而放之後過山下遇一人贈以古琴忽不見背有芝英書不可辨後示沈約約覽久之曰土離壟曾獲貝遇文惠至驃騎十六字也是時已爲文惠太子所重官至驃騎將軍矣沈嘆異久之蓋土離塵鹿也曾獲貝贈也始悟其爲放鹿報也

梁武帝賜張士簡率玉琴一張琴背金嵌灌木春鶯四字遒勁有法

柳文暢惲琴號曰春風

徐修仁勉琴銘曰貧士儋傅郎五柳先生無絃琴

薛德音生時有人送琴銘曰德音下又有五字曰天水趙取利故小字天水名德音

樂府解題

唐　劉餗

伯牙操

伯牙學琴於成連先生成連曰吾師方子春在海中能移人意與俱往至蓬萊山留伯牙曰子居習之吾將迎師刺船而去旬日不返伯牙但聞水聲澒洞山林窅杳羣鳥啼號乃嘆曰吾師詔移人意者豈此也援琴而歌頓悟其妙旨

白頭吟

司馬相如將聘茂陵女爲妾文君作白頭吟云淒淒重淒淒嫁女不須啼願得同心人白頭不相離相如以自絕乃不聘

雉朝飛

齊宣王時犢牧子五十無妻見雉相隨而作此曲

別鶴操

商陵牧子妻五年無子父母將令改娶妻聞之半夜間

烏夜啼

宋彭城王義康與義慶相見而哭帝怪之徵還大
妓妾夜聞烏啼叩閣曰明當有赦乃改南州遂作此
曲

藁砧今何在

藁砧爲夫也山上復有山言夫出也何時大刀頭問
何時還也破鏡飛上天言月半時還也

絓合詩

孔融作合其字以成文

泰山吟

薤露歌一名蒿里行又名泰山吟

挽柩歌

漢武時李延年分二曲以薤露送王公貴人以蒿里
送士庶令挽柩者歌又通謂之挽柩歌

烏生八九子

古詞言烏生八九子端坐秦氏樹言烏生子當在巖
今來坐樹間故爲彈所殺

陌上桑

舊說邯鄲女子姓秦名羅敷爲王仁妻仁事趙王爲
家令羅敷採桑陌上趙王見而悅之置酒將奪焉羅
敷善箏作此曲自明不從

東門行

古詞云出東門不顧歸言士有貧不能安拔劍將去
其妻止之曰時清不可爲非願共餔糜不求富貴

君馬黄

言君馬黄臣馬蒼二馬同逐臣馬良艱無罪見逐也

明妃曲

明君卽昭君晉文君諱改爲琴操載昭君齊人王穰

女極美獻之元帝數年帝未見之因單于入朝帝宴
之禁中後宮執事嬪御皆侍昭君在列酒酣帝曰欲
以一女遺單于誰能行者君王怨帝卽出請往帝見
悔之衍說不同

大垂手

古舞而垂其手亦有小垂手及獨搖手之類

坎侯

漢武滅南越祠太一后土令樂人侯琴造坎言坎坎
應節也侯工人之姓因曰坎侯後訛爲箜篌也

定情篇

漢繁欽所作若臂環致拳拳指環致殷勤耳珠致區區香囊致扣扣跳脫致問佩玉結恩情婦人叙志之詞也

合歡詩

晉楊方所作食共並根穗飲共連理杯衣同雙絲絹寢共無縫裯坐必接膝行必攜手如鳥同心如魚比目利斷金石密逾膠漆也

大山小山

招隱詞本楚聲淮南王安所作大山小山擬詩之大雅小雅也

驃國樂頌

闕名

皇天子宅位二十有三載輔臣司徒公鎮蜀十有七年驃國王子獻其樂器與總樂工踰萬里自至於蜀司徒公中書令南康王使者護送於北闕下小臣感至化之光明殊懃懃績之昭炳繼詩人之爲頌序曰聖朝擁神休合靈符化階爲唐邁漢超周與唐虞比崇玄功不宰至理無朕聲教所洎動於無心驃國五印度之種也其風聲教義與中印度同觀風雲占星

氣知中國聖人開中國聖教乃踰越險異崎嶇國俗筋力殫耗形氣瘁然銜感至仁嚮聲唐德遂其忠懇果達神都覲其恭肅莊虔動必中禮吹蠡擊鼓式舞且歌纓絡四垂珠璣粲發既貴而麗爛然可觀自漢以還有德所感文字或至聲樂未聞聆其聲也幽若竽籟靜如景風曲度迴薄將遠而近浮軼雙闕徘徊九域條暢遐邃若躅若止精烈轇轉參差無窮持因回飈擁在高閣此至和之音也其舞節周章旋鶩順序畢述若威鳳旅舉片鶴群翔環合聚散將軒如止

促度應節屈伸若飛風生幡幢氣逸筝簫俯僂[illegible]
前後有聲局流萬變肅然而卒長袂修袖拂面約身
於是綿駒陳左之徒懸口沮色不能進止此至敬之
容也初驃國之王雍國送之且訓其子曰聖唐恩澤
宏被八埏相若勳德若於四海今布於外野欵我塞
門猶懼邊吏抑而不達非聖德之至何臻於此乎且
夫溟渤之外沙石爲關卑濕沮洳瀍漫莫脉經過凡
命或窮河源巔沛雲山陵競玉門回線阻溪不知其
返遠方造於蜀得非潛靈幽贊成國盛美大司徒勳

伐焜耀圖牒發揮紬緗曷以視斯樂識斯人上至於
再三展而閱之賜與滂霈又付史臣下太常附伶官
隸樂章薦清廟設明堂同萬國合八荒詔曰惟爾司
徒阜敬敷五教在寬使遠人來格公守邊之勳也朕
何德焉南康受命色如不容陛下垂天地之仁仁覆
九有驃國之獻有爲而來西南微臣敢偷天功以奉
疆理眇然鯫生感君聖臣忠遠方來同遂作頌曰驃
國之人求自絶垠遠貢其樂作愉聖君明珠璀彬彩
[illegible]盻婆娑槃跚繚繞逶迤南康與胥貢於內庭的
的軒軒有儀有聲書於紬緗畫以丹青功祭執贄羅
于廟庭南康之鎮開闢洞關忠賢群后勳加百蠻惟
昔之盛音聲龕龕巴渝雜戲高祖勃起白狼之至漢
明致理獻詩作歌第彼功美豈若驃國來術萬里進
貢其音感愛其子詳其曲度曆應簫韶感我康時盛
我清朝𨕖水湯湯人林蕭蕭鏗鏘八音蓊鬱繁條窮
地盡理掩古越今載和耳目旁感飛沉上調薰風合
擬虞琴詩頌奏御王澤惟深

唐樂曲譜

宋會稽高似孫

太宗四曲

傾杯曲 長孫無忌作　樂社曲 魏徵作

英雄樂曲 虞世南作

高宗七曲

景雲河淸曲 亦名燕歌景雲見河水淸張文收爲之

喜慶善樂　破陣樂　承天樂

一衣大定樂 伐高麗安洛陽城門觀乜管教舞按新用武之勢

八紘同軌樂 高麗平天下定　夷羗賓曲 遼東平李勣作是曲

明皇三十四曲

立部八曲 太常選坐部伎無性識者退入立部伎又選立部伎無性識者退入雅樂部則雅聲可知一作可和

一太平安舞　二太平樂安舞 太平並周隋遺音

三破陣樂　四慶善樂

五大定樂　六上元樂

七聖壽樂　八光聖樂

坐部伎六曲

一燕樂　二長壽樂

三天授樂 武后天授年作　四鳥歌萬歲樂 武后時有鳥能人言萬歲

五龍池樂 明皇爲郡王時賜第隆慶坊坊之南地忽變爲池中宗泛之以厭其祥明皇即位乃作龍池樂

六小破陣樂　半夜樂

還京樂 明皇自潞州還京師夜半舉兵誅韋后故作此樂

文成曲 明皇作

霓裳羽衣曲 河西節度使楊敬述獻一說羅公遠與明皇遊月宮見仙女數百皆素練霓裳問其故曰云云故作是曲

直道曲 道士司馬承禎奉詔作　大羅天曲 茅上道曲

紫淸　道曲 工部侍郎賀知章作

景雲　九眞紫極

小長壽　承天樂

順天樂二曲 商太淸宮成太常卿韋縚作

君臣相遇樂 曲商調韋縚作

荔枝香 貴妃生日張樂長生殿奏曲未有名會南方進荔枝故名荔枝香

梨園法曲 法曲本隋樂其音淸而近雅煬帝厭其聲淡明皇愛之選坐部伎三百人教之梨園宮女數百亦爲梨園子弟

凉州伊州甘州 天寶樂曲皆以邊地名之又詔道調法曲與胡部新聲合作

千秋節 明皇生日作

代宗二曲

寶應長寧樂 代宗復二京梨園供奉官劉日進獻十八曲宫調

廣平太一曲 大曆元年作

德宗四曲

定難曲 河東節度馬燧獻 繼天誕聖樂 德宗生日昭義節度王虔休獻

中和曲 德宗生日作 孫武順聖樂 山南節度于頔獻

文宗二曲

雲韶法曲 開元雅樂作也臣下功高者賜之又改法曲爲仙韶曲 霓裳羽衣舞曲 此二曲文宗詔太常卿馮定采

宣德一曲

萬斯年曲 李德裕命樂工作萬斯年曲以獻

武宗一曲

播皇猷曲 帝自製宴禮用之

歲紀

陳侍中丰叔齋

條風

一曰炎風起自變天方土之蒼門從東北來

明庶風

一曰谷風起自界天開明之門從東方來

清明風

起自陽天波母之門從東南來

景風

一曰凱風又曰薰風亦曰巨風起自赤天之暑門從南方來

凉風

起自朱天編駒之白門從西南來

閶闔風

一曰盲風又曰飂風亦曰泰風起自成天之閶闔門從西方來

不周風

一曰麗風起自幽天幽都之門從西北來

廣莫風

一曰寒風又曰凉風起自玄天之寒門從北方來

雷

陰陽相薄而爲雷天地之鼓也

雨

陰陽相蒸爲雨

霰

一曰霄雪水雪雜下也雪自上下爲溫氣所搏故曰陽之專氣爲霰

雹

雹之流也陰氣暴上雨則凝結成雹故曰陰之專氣爲雹

雪

水下遇寒而凝因風相襲而成雪也

餘溜

雨後簷滿餘瀝也

野哭

野哭者死喪離別激於中而發也

閨歎

閨歎者閨人之嗟歎聲也

孤嘯

嘯吹聲也又蹙口出聲也

市譁

市譁者來城郭競市之喧鬧也

村唱

村唱者村落之謳吟里巷之聲調也

宵舂

宵舂者民家夜碓杵臼之聲也

夜織

夜織者閨中機杼之聲也

擣衣

擣衣者秋深治衣之聲也

城柝

城柝者邏卒之柝聲也

戍鼓

戍鼓者郡縣嚴更之鼓聲也

昏鐘

昏鐘者節昏夜之鐘聲也

巷笛

巷笛者村巷吹笛聲也

邊笳者

邊笳者北人捲蘆葉吹之作聲也

歸輪

歸輪者驅車之聲也

鳴櫓

鳴櫓者擦舟之櫓聲也

灘聲

水石相激聲也

潮聲

七發曰觀濤廣陵之曲江

谷聲

谷聲者虛谷接物之聲也

林聲

林聲者林木和風之聲也

落葉聲

落葉聲者木葉脆落聲也

鷄聲

鷄聲者陽將升鷄感之而爲聲也

蛙聲

蛙聲者沮澤之鳴蛙也

子鵑

一名雋周蜀鳥也今在處有之

猨聲

猨聲者啼猿聲也

蟬聲

一曰蜩螗通謂之蟬

蟋蟀聲

蛬也一名促織

鴈聲

一曰陽鳥

鳥聲

一曰蜀山鳥

鴟聲

一曰服鳥

嘯旨

唐　孫廣

夫氣激於喉中而濁謂之言激於舌而清謂之嘯言之濁可以通人事達性情嘯之清可以感鬼神致不死蓋出其言善千里應之出其嘯善萬靈受職斯古之學道者哉字闕一君授王母母授南極眞人眞人授廣成子廣成子授風后風后授嘯父嘯父授務光務光授堯堯授舜舜演之爲琴與禹自后廢續有晉太行山僊君孫公獲之廼得道而去無所授焉阮嗣宗得少分其后湮滅不復聞矣嘯有十五章句權輿正畢有十二法　外激　內激　含　藏　散　越

大沈　小沈　疋　叱　五太　五少

皆在十五章之內則嘯之妙音盡矣

權輿章第一

夫權輿者嘯之始也夫人精神內定心目外息我且不競物無害者身常足心常樂常定然後可以議權輿之門天氣正地氣和風雲朗暢日月調順然後喪

神亡其身玉液傍潤靈泉外溉調嗚其出入息端

正其脣齒之位安其頰輔和其舌端考擊於寂寞之間而後發折撮五太之精華高下自恣無始無卒者權輿之音近而論之猶衆音之發調令聽者審其一音也耳有所主心有所擊於情性和於心神當然後人之

外激以舌約其上齒之裏大開兩脣而激其氣令其出謂之外激也

內激用舌以前法閉兩脣於一角小啓如麥芒通其氣令聲在內謂之內激也

含音　二

含用舌如上法兩脣但起如言殊字而激其氣令聲含而不散矣

藏用舌如上法正其齒輔端其脣吻無所動用而有潛發於內也

散以舌約其上齒之內寬如兩椒大開兩脣而激其氣必散於爲散也

越用舌如上法角一聲以舌約其上齒令斷氣絕用口如言失字謂之越也

大沈用舌如外激法用氣令自高而低大張其喉令口中含之大物含氣煌煌而雄者謂之大沈也

小沈用舌如上法小遏其氣令揚大小沈屬陰命鬼吟龍多用之

疋用舌如上法如言疋字高低隨其宜

叱用舌如上法如言叱字高低隨其宜

五太者五色也宮商角徵羽所爲之五大八九五少爲應故爲之大以配仁義禮智信此有否之本謂聲者皆不逃五太但以宮商發應均使次序理則聲理亂則聲亂

嘯音　三

五少者五太之應五太自有陰陽然太權而言至氣爲陽五少爲陰用聲之至詳而後發凡十二法象一歲十二月內激爲黃鍾外激爲應鍾大沈爲太簇小沈爲夾鍾五太爲姑洗五少爲仲呂散爲蕤賓越爲林鍾疋爲夷則此爲南呂人爲無射藏爲大呂律呂相生而成又此則十法二之首也

流雲章第二

流雲古之善嘯者聽韓娥之聲而寫之也淸淵流響妙中宮聲沈浮起伏若龍游戲春泉直上萬仞遙

流雲故曰流雲此當林塘春照晚日和風特宜爲之始於內激次散自含越小沈成於定叱且吾少則流雲之音備矣其音有定所之若龍若虎若蟬若鬼一發之后更無難撓亦由易之有可適亦謂云凡十二嘯之變態極矣夫琴象南風笙象鳳嘯笛象龍吟凡音之發皆有象故虎嘯龍吟之類亦音聲之流今所序故於后

深溪虎章第三

深溪虎者古之善嘯者聽溪中虎聲而寫之也雄之餘怒之末中商之初壯逸寬恣略不屈撓若當夏鬱蒸蕚果四合特宜爲之始於內激既藏又含外激而沈終於五少而五太則深溪虎之音備矣

嘯旨　四

高柳蟬章第四

高柳蟬者古之善嘯者聽而寫之也飄揚高舉縹緲縈徵咽中角之初清楚輕切既斷又續蕚林修竹之下特宜爲之始於大沈次以五少激散越繁而令清終以小沈則高柳蟬之音備矣

空林夜鬼章第五

空林夜鬼者古之善嘯者夜過空林而寫之也[illegible]蟋蟀鐵鶬嗃絕輕不舉纖不減中徵之餘濃[illegible]淒風飛雪之時特宜爲之奏之當以道法先呼[illegible]深於空林之中遮爲應命心當危危然若有所[illegible]於內激次以五少三去宮商耳以越連之則[illegible]鬼之音備矣

巫峽猿章第六

巫峽猿者古之善嘯者聞而寫之也幽[illegible]數里之外若自外而至自高而下雜以風[illegible]

嘯旨　五

響迴然出於衆聲之表中羽之初日瞑空由[illegible]整特宜爲之初以內激切切五連之前二緩而[illegible]三急而高錯總偏此則巫峽猿之音備矣

下鴻鵠章第七

下鴻鵠者出於師曠清角之音古之善嘯者聽而寫之也其聲寬綽浩淼不絕以節洪洞不絕既上未上寛大內外開而樂之輕浮遒急聞而惡之當奏則求此一一聽之受惡分明鴻鵠下矣且善嘯無其聲至遠不越數百尺鴻鵠翔於寞寞之間暑由聞而下也

蓋激氣由於脣齒之間妙聲轉於風景之際[illegible]
和風景和則元氣下降翔雲之間游元氣之上有不
隨而下哉若高秋和風景麗特宜爲之先以外激[illegible]
風鼓十發聲次以定此然後純以五太終以散越成
之三奏而清風來五奏而流雲卷九奏而鴻鵠降則
下鴻鵠之音備矣

古木鳶章第八

古木鳶古之善嘯者聞而寫之也飛聲哀咽洪[illegible]
[illegible]不足鬱鬱振蕩適斷又續寒郊原野[illegible]

若霧特宜爲之始於內激長引之次定此又[illegible]
木鳶之音備矣

龍吟章第九

龍吟者龍吟水中之音善嘯者聞而寫之也深溪[illegible]
沒重厚濕潤高不揚不殺聲中宮商傍暎當[illegible]備[illegible]
潭洞特宜爲之先以內激次含又藏其大終以沈[illegible]
龍吟之音備矣

動地章第十

動地者出於公孫其音師曠清徵也其聲廣博宏壯
始末不屈隱隱習習震霆所不能加鬱結掩遏若將
大激大發又以道法先存以身入於太上之下鼓怒
作氣阿叱而令山嶽俱舉將手出於外夫坤儀至厚
地道至靜而以一嘯動之不亦異乎然有所動之何
者夫人心志而發乎氣氣激於外而成於聲聲含太
宮太商自然與四氣相合則宮動律應陽行陰伏必
陽藏而動陰陰藏而動陽當藏而動之則振[illegible]不定
地居陰陽之上焉有所負者動而所據能[illegible]然則
聲作而見動地之道知音樂之有感不必[illegible]然

後謂動地之聲地氣閉涸煙凝陰沍特宜[illegible]
內激次以大沈藏含恐作動以五太成[illegible]之
音備矣

蘇門章第十一

蘇門者仙君隱蘇門所作也聖人述而不作[illegible]
述廣成務光以陶性靈以演大道非有以成[illegible]作
[illegible]也昔人有遊蘇門者聞鸞鳳之聲其音美[illegible]
其假爲之鸞鳳鸞鳳有音而不得聞之蘇門者[illegible]
[illegible]風之聲后尋其聲乃僊君之長嘯矣[illegible]

上上於養道怡神蓋於俗則致雍熙於昔則致太
平於身則道不死於事則構百靈御五雲於萬物則
各得其所感應之敎莫近於音而僊君得之至於飛
禽獸嘯之末者昔阮嗣宗善嘯聞僊君以爲已若
君請焉方被髮據坐彈再拜而請之願風而請者三
承風而請者再僊君神色自若竟無所對籍因長嘯
數十聲而去僊君料籍固未遠因動清角而嘯至四
五發聲籍但覺林巒草木皆有異聲須臾飄風暴雨
忽至已而鸞鳳孔雀繽紛而至不可勝數籍既懼又

喜而歸因傳寫之十得其二爲之蘇門今之所傳者
是也深山大澤極高極遠宜爲之先發五太五少沈
激內外一十二法備擧方少得蘇門之音矣

劉公命鬼章第十二

劉公命鬼僊人劉根之所爲也昔劉根道成雅好長
嘯爲太守所辱因嘯召太守七世之祖立至其聲清
淨徑急中人已下悉聞之雖志人好古嘯者多不隸
習以故其聲多闕後之人莫能補者謂之元剛格先
以五少之三去宮商次用內激大小沈終以定叱則
劉公命鬼之聲備矣

阮氏逸韻章第十三

阮氏逸韻者正阮籍所作也音韻放逸故曰逸韻用
法多比權與與流雲之靉靆十二間無約束多散越
大雅君子與常才凝凝者皆宜聽之天氣清爽氛垢
之外遐可雜頃覽俗態之樂鄭衛入耳善嘯者多能
爲之林泉逸人每爲呼風亦偶作一韻決寄在衆之
中與矩則短之與盡則止則阮逸韻之音備矣

正章第十四

正者正也深遠極大非常聲所擬近代孫公得之人
未之聽致平和而却老不死者此聲也今有義亡其
聲

畢章第十五

畢者五聲之極大道畢矣堯舜之後有其義亡其聲

嘯旨不著作者氏名觀其命辭殆似出於唐人
而今不可考矣是書人間罕傳書序謂王母授
南極真人真人授廣成子其說誕妄不經惟十
有二法及　孫登阮籍則誠可謂得嘯之旨者

序又謂登無所授而籍之後湮滅無聞予向嘗以使事道經洛陽遊蘇門山訪孫阮遺跡思鸞鳳之聲不可得聞爲之悵悒夫人之聲即天地之聲也人有古今而聲無古今是書既行安知山林之下無孫阮者出然則豈終於湮滅而無聞也哉正德庚辰虎丘老椎郁穆跋

玄眞子漁歌記

唐 李德裕

德裕頃在内庭伏覩憲宗皇帝寫眞求訪玄眞子漁歌歎不能致余世與玄眞子有舊早聞其名又感明主賞異愛才見思如此每夢想遺跡今乃獲之如遇良寶於戲漁父賢而名隱鴟夷智而功高未若玄眞隱而名彰顯而無事不窮不達其嚴光之比歟處二子之間誠有裕矣長慶三年甲寅歲夏四月辛未日潤州刺史兼御史大夫李德裕記

漁歌如左

烟波釣徒玄眞子張志和

西塞山邊白鷺飛桃花流水鱖魚肥青箬笠綠蓑衣斜風細雨不須歸

右一

釣臺漁父褐爲裘兩兩三三舴艋舟能縱棹慣乘流長江白浪不曾憂

右二

霅溪灣裏釣漁翁舴艋爲家西復東江上

反着荷衣不歎窮

右三

松江蟹舍主人歡菰飯蓴羹亦共飡楓葉落荻花乾
醉泊漁舟不覺寒

右四

青艸湖中月正圓巴陵漁父棹歌連釣車子掘頭船
樂在風波不用仙

右五

觱篥格

唐　段成式

觱篥本名悲篥胡人以角為之後乃以笳為首以竹
為管所法者角音故曰角

華角長五尺形如竹筒鹵簿軍中皆用之或竹木或
皮

又有剝楊樹皮捲成觱篥以竹為管而吹之亦有用
桃皮者

南蠻多用蘆葉捲吹

玄女請制角二十四法雷霆聲

吹角三部有長鳴中鳴長鳴叟聲激昂中鳴尤更悲
切

胡角者後漸用之横吹李延年因胡曲更造新聲
十八解

後解唯存黄鵠隴頭出關入關出塞入塞折楊柳黄
覃子赤之楊望行人十曲

教坊家有觱篥部其吹曲破斷送用之

白詩剪削乾蘆插寒竹

觱篥郎令頭管

觱篥格　二

柘枝譜

唐　樂史

樂苑云羽調有柘枝曲商調有掘柘枝此舞因曲爲名

用二女童帽施金鈴抃轉有聲其來也于二蓮花中藏之花折而後見對舞相呈名蓮花舞

昔人云歌舞輕徊其解佩襬紳不待伾帷昵掩莫如柘枝舞云

漢靈好胡舞鼓吹

柘枝譜　一

宋孝武帝大明中以鞞拂雜舞合之鐘石又不特女妓也

舞有大垂手小垂手字舞花舞字舞以身亞地布成字如作天下太平字者是也花舞者着綠不偃身合成花即柘枝舞有花心者是也

漢則巴渝舞女舞晉則白紵舞幡舞扇舞唐則霓裳舞祝柘枝舞態曲調各有攸勝

昔人謂柘枝軟舞婆娑曼延婆娑舞態也曼延舞綴也

蓮花掘柘雅舞也

蓮舞如秋葯被風醞韻雅絕

羯鼓譜　八　三

管絃記

闕名

霓裳羽衣曲凡十三疊前六疊無拍至第七疊方謂之疊遍

霓裳一名法曲獻仙音明皇入月宮記其曲遂于笛中寫之

蔡琰琴曲載有大小胡笳十八拍平調昭君三十六拍

琴以散名如廣陵散云散是曲名如慘弄摻淡序引之類

管絃記　八　一

鼓有漁陽參撾撾及撾並擊鼓杖也參撾是擊故之法

琵琶有八十四調內黃鍾太簇林鍾宮聲彈不出止二十八調

馬融狀長笛空洞無底剡其上五孔一孔出其背似今之尺八也

畫角有雙角即今畫角後用之橫吹有大橫吹部小橫吹部

銅鼓形如坐墪而空其下兩人舁行拊之聲如鞞鼓
響亮不下鳴鼉

鼓吹格

闕名

鼓吹自古用之俗嗣各有名義說者云鼓自一物吹
自竽籟之屬
列于殿庭者爲鼓吹
從行鼓吹爲騎吹
漢代有黄門鼓吹
漢有鼓吹短簫鐃歌皆軍中馬上道路所奏通謂之
鼓吹

漢鼓吹以賜有功
魏晉之代給用鼓吹甚輕晉牙門督將五校悉有鼓
吹
朱鷺等二十二曲列于鼓吹謂之鐃歌軍禮愷樂用
之
魏代鼓吹長簫伎簫伎錄並皆云絲竹合作執節者
歌
衙門譙樓時其鼓吹
謝尚詣庾翼于武昌諮事翼以鼓吹賞尚射破便以

其副鼓吹給之

樂府雜錄

唐　段安節

雅樂部

宮懸四面天子樂也軒懸三面諸侯樂也判懸二面大夫樂也特懸一面士樂也宮懸四面每面五架架即簨簴也其上安金銅仰陽以鷺鷥孔雀羽裝之兩面綴以流蘇以綵翠絲紱爲之也十二律上鐘九乳依月排之每面石磬及編鐘各一架每架列鍾十二所亦依律編之四角安鼓四座一曰應鼓（四旁有兩小鼓爲鞞鼓也）二曰腰鼓三曰警鼓四曰雷鼓皆彩畫上各安寶輪以珠翠粧之樂即有簫笙竽塤篪籥跋膝琴瑟筑將竽形似小鍾以手將之即鳴也次有登歌皆奏法曲御殿即奏凱安廣　雍熙三曲宴華皃即奏

鹿鳴三曲近代内宴即全不用法樂也郊天及諸壇祭祀即奏太和沖和舒和三曲凡奏曲登歌先引諸樂逐之其樂工皆戴平幘衣緋大袖每色十二在樂懸内已上謂之坐部伎八佾舞則六十四人文成各半皆著畫幘俱在樂懸之北文舞居東手執翟

狀如鳳毛武舞居西手執戚文衣長大武衣短小其鐘師及磬師登歌八佾舞并諸色舞通謂之立部伎柷敔樂懸既陳太常卿押樂在樂懸之北面太樂令鼓吹令俱在太常卿之後太樂在東鼓吹居西協律郎二人皆執翬竿亦用綵翠飾之一人在殿上翬竿倒殿下亦倒遂奏樂協律郎皆綠衣大袖戴冠

雲韶樂

用玉磬四架樂即有琴瑟筑簫篪籥跋膝笙竽登歌拍板樂分堂上堂下登歌四人在堂下坐舞童五人

衣繡衣各執金蓮花引舞者金蓮如仙家行道者也舞在階下設錦筵宮中有雲韶院

清樂部

樂即有琵琶雲和箏其頭像雲笙竽箏簫方響篪跋膝拍板戲即有弄賈大獵兒也

鼓吹部

即有鹵簿鉦鼓及角樂用絃鼗笳簫又即用哀笳以羊角爲管蘆爲頭也警鼓二人執朱旛引樂衣文戴也已上樂人皆騎馬樂即謂之騎吹俗樂亦有騎吹也天子鹵簿用大全仗鼓一百二十面金鉦七十面郊天謁廟吉禮即衣雲花黃衣鼓四鉦二下山陵凶禮即衣雲花白衣鼓二鉦二下册太后皇后及太子用鼓七十面金鉦四十面謂之小全仗公主出降及册三公并祔廟禮葬並用大半仗鼓四十面鉦二十面諸矦用小半仗鼓三十面鉦十四面吉凶如上自太子已下册禮及葬祔廟並無警鼓

驅儺

用方相四人戴冠及面具黃金爲四目衣熊裘執戈

揚盾口作儺儺之聲以除逐也右十二人皆朱髮衣白晝衣各執麻鞭辮麻爲之長數尺振之聲甚厲乃呼神名其有甲作食凶者沸謂食夢者騰蘭食不祥者覽諸食名者祖盟強食其磔死寄生者挑根食篪者等振子五百小兒爲之衣朱褶青襦戴面具以晦日於紫宸殿前儺張宮懸樂太常卿及少卿押樂正到西閤門丞并太樂署令鼓吹署令協律郎並押樂在殿前事前十日太常卿并諸官於本寺先閱儺并遍閱諸樂其日大宴三五署官其朝寮家皆上棚

觀之百姓亦入看頗謂壯觀也太卿上此歲除前一日於右金吾龍尾道下重閱即不用樂也御樓時於金雞竿下打赦鼓一面鉦一面以五十人唱色十下鼓一下鉦以千下

熊羆部

其熊羆者有十二皆有木雕之悉高丈餘其上安版床復施寶幰皆金彩粧之於其上奏雅樂含元殿方奏此樂也奏唐十二時萬宇清月重輪三曲亦謂之十二按樂其庫在望仙門內之東壁俗樂古都屬樂

園新院院在太常寺內之西北也開元中始別署左右教坊上都在延政里東都在明義里以內官掌之至元和中只署一所又於上都廣化里太平里兼各署樂官院一所

鼓架部

樂有笛拍板答鼓即腰鼓也兩杖鼓戲有代面始自北齊神武弟有膽勇善鬭戰以其顏貌無威每入陣即著面具後乃百戰百勝戲者衣紫腰金執鞭也鉢[illegible]人之為虎所傷遂上山尋其父屍山有八[illegible]

故曲八疊戲者被髮素衣面作啼蓋遭喪之狀也蘇中郎後周士人蘇葩嗜酒落魄自號中郎每有歌場輒入獨舞今為戲者着緋戴帽面正赤蓋狀其醉也即有踏搖娘羊頭渾脫九頭獅子弄白馬益錢以至尋橦跳丸吐火吞刀旋槃觔斗悉屬此部

龜茲部

樂有觱篥笛拍板四色鼓揩鼓雞樓鼓戲有五常獅子高丈餘各衣五色每一獅子有十二人戴紅抹額衣畫衣執紅拂子謂之獅子郎舞太平樂曲破陣

樂曲亦屬此部秦王所制舞人皆衣畫甲執旗旆外藩鎮春冬犒軍亦舞此曲兼馬軍引入場尤甚壯觀也萬斯年曲是朱崖李太尉進此曲名即天仙子是也

曲部

樂有琵琶五絃箏箜篌觱篥笛方響拍板合曲時亦擊小鼓鈸子合曲後立唱歌涼府所進本在正宮調大遍小者至貞元初康崑崙翻入琵琶

[illegible]殿故有此名合諸樂即黃鍾宮調也奉

驃樂曲是韋南康鎮蜀時南詔所進在宮調亦舞伎六十四人遇内宴即於殿前立奏樂更番替換若宮中宴即坐奏樂俗樂亦有坐部立部也

歌

歌者樂之聲也故絲不如竹竹不如肉迥居諸樂之上古之能者即有韓娥李延年莫愁樂府詩云莫愁在何處住在石城西艇子折雨槳催送莫愁來善歌必先調其氣氤氲自臍出至喉乃意其詞即分抗墜之音既得其術即可致遏雲響谷之妙也明皇朝有韋青本是士人嘗有詩三代主

綸誥一身能唱歌官至將軍開元中内人有許和子者本吉州永新縣樂家女也開元末選入宮即以永新名之籍於宜春院既美且慧善歌能變新聲韓娥延年殁後千餘載曠無其人至永新始繼其能遇高秋朗月臺殿清虛喉囀一聲響傳九陌明皇嘗獨召李謨吹笛逐其歌曲終管裂其妙如此又一日賜大酺於勤政樓觀者數千萬衆喧譁衆語莫得魚龍百戲之音上怒欲罷宴中官高力士奏請命永新出樓歌一曲必可止喧上從之永新乃撩鬢舉袂直奏曼聲至是廣場寂寂若無一人喜者聞之氣勇愁者聞之腸絶洎魚陽之亂六宮星散永新爲一士人所得韋青避地廣陵日夜憑闌于上河之上忽聞舟中奏水調者曰此永新歌也乃登舟與永新對泣久之青始亦晦其事後士人卒與其母之京師竟殁於風塵及卒謂其母曰阿母錢樹子倒矣

大曆中有才人張紅紅者本與其父歌於衢路丐食過將軍韋青所居在昭國坊南門裏青於街牖中聞其歌者喉音寥亮仍有眉首即納爲姬其父舍於後

户優給之乃自傳其藝穎悟絶倫嘗有樂工自撰歌即古長命西河女也加減其節奏頗有新聲未進聞先偸歌於青青召紅紅於屏風後聽之紅紅乃以小豆數合記其拍樂工歌罷青入問紅紅如何云已得矣青出云有女弟子久曾歌此非新曲也即令隔屏風歌之一聲不失樂工大驚異遂請相見欽伏不已再云此曲先有一聲不穩今已正矣尋達上聽翊日召入宜春院寵澤隆異宮中號記曲娘子尋爲才人一日内史奏韋青卒上告紅紅乃上前嗚咽奏云妾

本風塵丐者一旦老父死有所歸致身入內皆自韋青妾不忍忘其恩乃一慟而絕上嘉歎之即贈昭儀也貞元中有田順郎曾爲宮中御史娘子元和長慶以來有李貞信米嘉榮何戡陳意奴武宗已降有陳幼寄甯不嫌羅寵咸通中有陳彥暉

舞工

舞者樂之容也有大垂手小垂手或如驚鴻或如飛燕婆娑舞態也蔓延舞綴也古之能者不可勝記即有健舞軟舞字舞花舞馬舞健舞曲有稜大阿連柘

枝劍器胡旋胡騰軟舞曲有涼州綠腰蘇合香屈柘團圓旋甘州等（字舞以舞人亞身於地布成字也花舞著綠衣偃身合成花字也馬舞者櫳馬人著綵衣執鞭於床上舞蹀躞蹄皆應節奏也開元中有公孫大娘善舞劍器僧懷素見之草書遂長蓋准其頓挫之勢也）

俳優

開元中黃幡綽張野狐弄參軍始自漢館陶令石躭躭有贓犯和帝惜其才免罪每宴樂即令衣白夾衫命優伶戲弄辱之經年乃放後爲參軍誤也開元中有李仙鶴善此戲明皇特授韶州同正參軍以食其祿是以陸鴻漸撰詞言韶州參軍由此也武宗朝有曹叔度劉泉水鹹淡最妙咸通以來即有范傳康上官唐卿呂敬遷等三人弄假婦人大中以來有孫乾劉璃瓶近有郭外春孫有熊僖宗幸蜀時戲中有劉眞者尤能後乃隨駕入京籍于教坊弄婆羅大中初有康迺李百魁石寶山大別有夷部樂即有扶南高麗高昌驃茲康國疏勒西涼安國樂即有單龜頭鼓及筝蛇皮琵琶蓋以蛇皮爲槽厚一寸餘鱗介具亦以楸木爲面其捍撥以象牙爲之畫其國王騎

象極精妙也鳳頭箜篌臥箜篌其工頗奇巧三頭鼓鐵拍板葫蘆笙舞有骨鹿舞胡旋舞俱於一小圓球子上舞縱橫騰踏兩足終不離於球子上其妙如此也

琵琶

始自烏孫公主造馬上彈之有直項者曲項者便於急關中也古曲有陌上桑范曄石崇謝奕皆善此樂也開元中有賀懷智其樂器以石爲槽鵾雞筋作絃鐵撥彈之貞元中有康崑崙第一手始遇長安大旱

詔移南市祈雨及至天門街市人廣較勝負鬬聲樂卽街東有康崑崙琵琶最上必謂街西無以敵也遂令崑崙登綵樓彈一曲新翻羽調錄腰其街西亦建一樓東市大誚之及崑崙度曲西市樓上出一女郎抱樂器先云我亦彈此曲兼移在楓香調中及下撥聲如雷其妙入神崑崙卽驚駭乃拜請爲師女郎遂更衣出見乃僧也蓋西市豪族厚賂莊嚴寺僧善本姓段以定東鄽之聲翊日德宗召入令陳本藝異常嘉獎乃令教授崑崙段奏曰且請崑崙彈一調及彈

師曰本領何雜兼帶邪聲崑崙驚曰段師神人也臣小年初學藝時偶於鄰舍女巫授一品絃調後乃易數師段師精鑒如此玄妙也段奏曰且遣崑崙不近樂器十年使忘其本領然後可教詔許之後果盡段之藝

貞元中王芬曹保保子善才其孫曹綱皆襲所藝次有裴興奴與綱同時曹運撥若風雨而不事扣絃興奴長於攏撚類時人謂曹綱有右手興奴有左手

武宗初朱崖李太尉有樂吏廉郊者師於曹綱盡綱之能綱常曰教人多矣未有此性靈弟子也郊嘗宿平泉別墅值風清月朗攜琵琶池上彈蕤賓調忽聞芰荷間有物跳躍之聲必謂是魚及彈別調卽無所聞復彈舊調依舊有聲遂加意朗彈忽有一物鏘然躍出池岸之上視乃方響一片蓋蕤賓鐵也以指撥精妙律呂相應也

其門中有樂史楊志善琵琶其姑尤更妙絕姑本宣徽弟子後放出宮於永穆觀中住自惜其藝常畏人聞每至夜方彈楊志懇求教授堅不允且曰誓死不

傳於人也志乃賂其觀主求寄宿於觀竊聽其姑彈弄仍繫脂鞓帶以手畫帶記節奏遂得一兩曲調明月攜樂器詣姑姑大驚異志郎告其事姑意乃回盡傳其能矣

文宗朝有內人鄭中丞善胡琴（中丞卽宮官也）內庫二琵琶號大小忽雷鄭嘗彈小忽雷偶以匙頭脫送崇仁坊南趙家修理大約造樂器悉在此坊其中二趙家最妙時有權相舊吏梁厚本有別墅在昭應之西正臨河岸垂釣之際忽見一物浮過長五六尺許上以錦

綺繼之令家僮接得就岸即秘器也及發開視之乃一女郎粧飾儼然以羅領巾繫其頸解其領巾伺之口鼻有餘息即移入室中將養經旬乃能言云是大弟子鄭中丞也昨以忤旨命內官縊殺投于河中錦綺即弟子相贈爾遂垂泣感謝厚本即納爲妻因言其樂及言所彈琵琶今在南內趙家尋值訓注之亂人莫有知者厚本賂樂匠購得之每至夜分方敢輕彈後遇良夜飲於花下酒酣不覺朗彈數曲洎有黃門放鷂子過其門私於墻外聽之曰此鄭中丞琵琶聲

也翌日達上聽文宗方追悔至是驚喜即命宣召乃赦厚本罪仍加錫賜焉咸通中即有米和郎嘉榮子也申旋尤妙復有王連兒也前羽調綠腰注云本自樂工進曲上令錄其要者今以爲名誤言綠腰也

箏

箏者蒙恬所造也元和至太和中李青青及龍佐大中以來有常述本亦妙手也史從李從周皆能者也從周即青孫亞其父之藝也

箜篌

箜篌乃鄭衛之音權輿也以其亡國之音故號空國之侯亦曰坎侯古樂府有公無渡河之曲昔有白首翁溺於河歌以哀之女麗玉善箜篌撰此曲以寄哀情咸通中第一部有張小子忘其名彈弄冠于今古今在西蜀太和中有季齊皐者亦爲上手曾爲某門中樂史後有女亦善此伎爲先徐相姬大中末齊皐尚在有內官擬引入教坊辭以衰老乃至胡部中此樂妙絕教坊雖有三十人能者一兩人而已

笙

笙者女媧造也仙人王子晋於緱氏山月下吹之象鳳翼亦名參差自古能者固多矣太和中有尉遲章尤妙宣宗已降有范漢恭有子名寶師盡傳父藝今在陝州

笛

笛羌樂也古有落梅花曲開元中有李謨獨步於當時後祿山亂流落江東越州刺史皇甫政月夜泛鏡湖命謨吹笛謨爲之盡妙倏有一老父泛小舟來聽風骨冷秀政異之進而問焉老父曰某少善此今聞

至音輒來聽耳政卽以漢笛授之老父始奏一聲鏡湖波浪搖動數疊之後笛遂中裂卽探懷中一笛以畢其曲政視舟下見二龍翼舟而聽老父曲終以笛付漢漢吹之竟不能聲卽拜謝以求其法頃刻老父入小舟遂失所在

觱篥

大曆玆國樂也亦曰悲栗德宗朝有尉遲青官至將軍時青州有王麻奴者善此伎河北推爲第一手恃其藝倨傲自負戎帥外莫敢輕易請者從事臺拜入

京臨岐把酒請吹一曲相送麻奴辭以腹疾不可從事怒曰汝藝亦不足稱殊不知上國有尉遲將軍冠絶今古麻奴怒曰某此藝海内豈有及者也今卽往彼定其優劣不數月到京訪尉遲青所居在常樂坊乃側近僦居日夕加意吹之尉遲每經其門如不聞麻奴不平乃求謁見閽者不納厚賂之卽引見青青卽席地令坐因於高般涉調中吹勒部羝曲曲終汗洽其背尉遲頷頤而已謂曰何必高般涉調也卽自取銀字管於平般涉調吹之麻奴涕泣愧謝曰邊鄙微人偶學此藝實謂無敵今月忝聞天樂方悟前非乃碎樂器自是不復言音律也元和長慶中有黄日遷劉楚材尚陸陸皆能者大中以來有史敬約在汴州

五絃

貞元中有趙璧者妙於此伎也白傅諷諫有五絃彈近有馮季皐

方響

武宗朝郭道源後爲鳳翔府天興寺丞充太常寺調

音律官亦善擊甌率以邢甌越甌去十二隻旋加減水於其中以筯擊之咸通中有吳蠙洞曉音律亦爲鼓吹署丞充調音律官善於擊甌擊甌蓋出於擊缶

琴

古者能士固多矣貞元中成都雷生善斲琴至今尚有孫息不墜其業精妙天下無比也彈者亦衆焉太和中有賀若夷尤能後爲待詔對文宗彈一調上嘉賞之仍賜朱衣至今爲賜緋調後有甘黨亦爲上手

阮咸

大中初有待詔張隱聳者其妙絶倫蜀郡亦多能者

羯鼓

明皇好此伎有汝陽王花奴尤善擊鼓花奴時戴研絹帽子上安葵花數曲曲終花不落蓋能定頭項爾黔帥南卓著羯鼓錄中具述其事咸通中有王文舉尤妙弄三杖打撩萬不失一懿皇師之

鼓

其聲坎坎然其衆樂之節奏也禰衡常衣緑衣擊鼓其妙入神武宗朝趙長史尤精

拍板

拍板本無譜明皇遣黄幡綽造譜乃於紙上畫兩耳以進上問其故對但有耳道無節奏也韓文公因爲樂句

古樂工都計五千餘人内一千五百人俗樂係梨園新院於此旋抽入教坊計司每月之精粹於樂寺給散太樂署在寺院之東令一丞一鼓吹署在寺門之西令一丞一

安公子

隋煬帝遊江都時有樂工笛中吹之其父老病於臥内聞之問曰何得此曲子對曰宫中新翻也父乃謂其子曰宫爲君商爲臣此曲宫聲往而不返大駕東廵必不回矣汝可託疾勿去也精鑒如此

黄驄疊　急曲子

太宗定中原時所乘戰馬也後征遼馬斃上歎惜乃命樂工撰此曲

離别難

天后朝有士人陷冤獄没家族其妻配入掖庭本初善吹觱篥乃撰此曲以寄哀情始名大郎神蓋取良人行第也遂三易其名亦名切子終號愁回鶻

夜半樂

明皇自潞州入平内難正夜半斬長樂門關領兵入宫翦逆人後撰此曲名還京樂

雨霖鈴

明皇自西蜀返樂人張野狐所製

康老子

康老子即長安富家子落魄不事生計常與國樂游處一旦家產蕩盡偶一老嫗持舊錦褥貨鬻乃以半

千獲之尋有波斯見大驚謂康曰何處得此是冰蠶絲所織若暑月陳於座可致一室清涼即酬千萬康得之還與國樂追歡不經年復盡尋卒後樂人嗟惜之遂製此曲亦名得至寶

明皇初納太眞妃喜謂後宮曰予得楊家女如得至寶也遂製曲名得寶子

文敘子

長慶中俗講僧文叙善吟經其聲宛暢感動里人樂工黃米飯狀其念四聲觀世音菩薩乃撰此曲

望江南

始自朱崖李太尉鎭浙日爲亡妓謝秋娘所撰本名謝秋娘後改此名亦曰夢江南

楊柳枝

白傅閑居洛邑時作後入教坊

傾盃樂

宣宗喜吹蘆管自製此曲初撚管令排兒辛骨𩨨拍不中上瞋目瞠視骨𩨨憂懼一月而殂

道調子

懿皇命樂工敬納吹觱篥初弄道調上謂是曲誤拍之敬納乃隨拍撰成曲子

傀儡子

自昔傳云起於漢祖在平城爲冒頓所圍其城一面即冒頓妻閼氏兵強於三面壘中絕食陳平訪知閼氏妒忌即造木偶人運機關舞於陴間閼氏望見謂是生人慮下其城冒頓必納妓女遂退軍史家但云陳平以秘計免蓋鄙其策下爾後樂家翻爲戲其引歌舞有郭郎者髮正禿善優笑閭里呼爲郭郎凡戲場必在俳兒之首也

別樂識五音輪二十八調圖

舜時調八音用金石絲竹匏土革木計用八百般樂器至周時改用宮商角徵羽用製五音減樂器至五百般至唐朝又減樂器至三百般太宗朝三百般樂器內挑絲竹爲胡部用宮商角羽並分平上去入四聲其徵音有其聲無其調

平聲羽七調

第一運中呂調第二運正平調第三運高平調第四

運仙呂調第五運黃鍾調第六運般涉調第七運高般涉調（雖去中呂調之運如車輪轉[illegible]）

上聲角七調

第一運越角調第二運大石角調第三運高大石角調第四運雙角調第五運小石角調亦名正角調第六運歇指角調第七運林鍾角調

去聲宮七調

第一運正宮調第二運高宮調第三運中呂宮第四運道調宮第五運南呂宮第六運仙呂宮第七運黃

鍾宮

入聲商七調

第一運越調第二運大石調第三運高大石調第四運雙調第五運小石調第六運歇指調第七運林鍾商調

上平聲調

爲徵聲　商角同用　宮逐羽音

右件二十八調琵琶八十四調方得是五絃五本共應二十八調本磬除二十八調本外別有二十八中管調初製胡部樂無方響只有絲竹緣方響不響下於中呂調頭一韻聲名大呂應高般涉調頭方得應二十八調是箏只有宮商角羽四調臨時移住應二十八調